21世纪经济学系列教材

社会主义市场经济理论

Theories of Socialist Market-Oriented Economics

（第三版）

李丰才　编著

中国人民大学出版社
·北京·

21 世纪经济学系列教材

总　序

改革开放以来，经济社会的发展对中国经济学教育、教学产生了重要的影响，提出了新的要求。为了使经济学教育、教学根植于我国改革开放和现代化建设的肥沃土壤，服务于时代和实践的需求，中国人民大学出版社从本世纪初就开始组织国内知名经济学者编写适应新时期经济学教学的“21世纪经济学系列教材”。

十多年来，21世纪经济学系列教材已经逐步推出了许多适合中国特点的经济学教科书，影响了一批又一批的青年学子。这其中，我国经济学界杰出教育家、西方经济学学科主要奠基人之一高鸿业先生主编的《西方经济学》，已成为我国高校经济学专业的权威教材，读者早已超过千万！中国马克思主义政治经济学的奠基人宋涛先生的《政治经济学教程》，对马克思主义政治经济学在中国的传播、普及和发展发挥了重要作用。该系列已经出版的其他教材，如孙久文教授的《区域经济学教程》、彭刚教授的《发展经济学教程》、王则柯教授的《博弈论教程》、黄卫平教授的《国际经济学教程》等等，都产生了广泛的影响，为中国的经济学教育做出了贡献。

近几年来，中国的经济学教育、教学面临新的形势，取得了长足的进步：一是我国经济学界教育思想、教育观念已经发生了重大转变，更加重视素质教育；二是教学内容有了重大改革，在学科专业调整建设、课程体系、教学内容改革方面取得了进展；三是教育、教学方法有了重大进步，更加重视理论联系实际，实验、实践、案例教学逐步加强，现代化教学手段被广泛应用。

有鉴于此，为了应对新的形势与变化，中国人民大学出版社在认真调查研究高等学校经济学专业本科培养方案和课程教学大纲的基础上，组织专家学者，经过反复研究论证、合理定位、精心写作、吐故纳新，进一步整合优化了“21世纪经济学系列教材”。这套教材将涵盖经济学专业所有的基础课、主干课、核心课，使学生通过《政治经济学》《微观经济学》《宏观经济学》等基础理论教材的学习，掌握经济学的基础理论，培养厚实的经济学理论功底；通过《产业经济学》《区域经济学》《国际经济学》等应用类主干课程教材的学习，掌握现实经济部门的运行和发展；通过《经济学说史》《经济思想史》《世界经济史》等经济史学类教材的学习，理解经济学的发展和演变规律；通过《计量经济学》《统计学》等经济学方法类教材的学习，掌握经济学的思考方法和具体的研究方法；通过《博弈论》《行为经济学》等专业教材的学习，了解经济学理论的前沿进展；通过《西方经济学典型题题解》《政治经济学学习与教学手册》等基础课程的配套教辅书的学习，牢固掌握所学经济学理论。

这套教材的编写特色主要体现在以下几个方面：

第一，作者阵容强大，教学经验丰富。作者大都是来自中国人民大学、北京大学、清华大学、南开大学、复旦大学、浙江大学、武汉大学等国内重点大学的学科带头人，有很高的科研水平和丰富的教学经验。

第二，在教材编写和内容安排上，强调基础知识、基本理论、基本技能。同时充分吸收国内外优秀教材的优点，定位明确，体系科学，概念准确，深入浅出。

第三，融合本学科现有的研究成果，反映本学科研究的最新进展，反映中国改革开放和现代化建设实践中的新成果，反映当今世界发生的深刻变革对经济学理论和实践产生的影响。

第四，教材重视加入现实经济生活中的案例、新闻素材等内容，使教材的可读性更强，更能够与当前中国经济现实结合起来，使学生能够学以致用。

中国人民大学出版社希望通过这套教材的出版，与广大教师、学生一起研究和探讨，进一步提高中国经济学教材的编写水平，提高经济学教学质量，为经济学的发展，为具有创新能力与实践能力、具有国际视野又了解中国国情的高层次经济学人才的培养做出新的贡献。

作者简介

李丰才，1952年10月生，吉林松原市人，东北师范大学本科、硕士研究生毕业，北京大学经济学教师进修班、高级哲学研究班结业，现为上海金融学院教授。多年来相继从事哲学、经济学、管理学的教学与研究工作，主要研究方向包括：科学哲学认识论范式及演化特征；市场经济理论比较分析；市场经济与政府宏观调控；市场经济与知识经济；学习型组织与企业家精神。主持或参与国家和省级社科规划项目、高教研究项目11项，发表论文100余篇，出版专著4部、合作著作或教材8部，获省级以上优秀论著奖励9项。

内容简介

社会主义市场经济理论聚焦两个主要层面：其一，探索适应市场经济要求的体制改革、结构调整、方式转变、机制创新等具体制度建设，属于社会主义市场经济的前提理论问题；其二，探索市场主体、市场体系、市场机制、市场规则、宏观调控、社会保障、市场法制等基本要素的系统构建，属于社会主义市场经济的基本理论问题。两个主要层面彼此制约、并行不悖并有机统一，构成社会主义市场经济理论的研究对象。

社会主义市场经济理论由基础理论、核心理论和发展理论构成。基础理论探索市场经济的内涵、机制、功能和特征，市场经济与商品经济，市场经济与市场经济体制，市场经济理论的产生、发展与变革等问题。核心理论探究社会主义市场经济的要素整合、系统协调、优化配置、机制创新及其运行机理和效率问题。发展理论探析社会主义市场经济的发展路径、市场结构、战略模式、价值取向、基本标准及其延展机理、氛围。三个方面的理论构成蕴含在两个主要层面的研究对象之中，是研究对象的具体展开。

社会主义市场经济理论是改革开放和中国特色社会主义实践的能动反映，必以中国特色社会主义理论和新时代中国特色社会主义思想为背景，以马克思主义经济理论为指导，以社会主义经济发展实践为动力，以比较和借鉴政治经济学、西方经济学、知识经济学中的合理因素为基础，凸显其理论构建的中国特色。

第三版序言

本书第三版继续第一、二版的理论架构和论述风格，但因第三版篇幅所限，删除了原第六章社会主义市场经济中介论、第十二章社会主义市场经济环境论、第十六章社会主义市场经济比较论（关注这三个章节的读者请参阅本书第二版）；对部分章节文字、数据和图表做了少量增加，对个别章节做了较大修改，增加了十八大以来特别是十九大提出的新理论、新问题，如政府与市场、供给侧改革、新发展理念、生态文明建设、“一带一路”倡议、新时代社会主要矛盾等；也对部分章节文字、数据和图表做了较多删减，使之理论阐述简明扼要、通俗易懂，突出理论体系的内在结构及逻辑性。

本书第一至三章论述社会主义市场经济的基础理论。基础理论源于西方市场经济理论及其发展与变革，源于改革开放和中国特色社会主义理论与实践，是中国特色社会主义理论和新时代中国特色社会主义思想的重要组成部分。社会主义市场经济属于市场经济范畴，社会主义市场经济理论属于市场经济理论的特定形态，必以市场经济理论为基础。本部分集中反映了社会主义市场经济与西方市场经济、社会主义市场经济体制与西方市场经济体制、社会主义市场经济理论与西方市场经济理论的区别和联系，凸显了社会主义市场经济理论与实践的发展轨迹及基本特征。

第四至十章论述社会主义市场经济的核心理论。核心理论既与西方市场经济要素理论相关联，又绝不是西方市场经济要素理论的简单翻版；既反映市场经济的共同特质，是市场经济的共性与个性的统一，又是具有中国特色的理论系统构建，成为一个动态的有机连接的市场要素整体。核心理论的硬核是市场经济要素间的优化配置及整合，核心理论的保护带则是市场经济体制或具体经济制度及运行效率。硬核（要素整合与协调）与保护带（体制或制度改革及效率）的内在耦合与创新方能让资源有效配置。

第十一至十三章论述社会主义市场经济的发展理论。发展理论是理论性质与理论风格的导向系统，具有定位性、引领性和方向性，揭示了社会主义市场经济理论的发展路径及战略趋向。发展理论构成发展观系统，体现了社会主义市场经济的价值观和方法论，显示了社会主义市场经济理论的开放属性和独特风格。

党的十九大明确中国特色社会主义进入新时代，“我国社会主要矛盾已经转化为人民日益增长的美好生活需要和不平衡不充分的发展之间的矛盾”。伴随社会主要矛盾的转化，社会主义市场经济理论与实践也随之发生转化，市场配置资源的战略、重点、任务、目标也进入较高发展层次。聚焦政府与市场、供给侧改革、国资改革、区域协调、创新驱动、精准脱贫、乡村振兴、宏观调控、社会保障、生态文明、“一带一路”倡议等关键问题，成为新时代社会主义市场经济理论创新发展的总目标和新趋向。

第三版的修订在已有参考文献的基础上，着重参考了十八大以来的系列相关文献、论著和统计资料，特别是学习参考了十九大报告等重要文献。探索新时代社会主义市场经济理论，其理论探索的层次性更高、针对性更强，必须始终聚焦发展不平衡不充分等制约因素，直面诸多发展中的新思想、新理论、新观点、新问题，构建新时代优化资源配置的新体制、新机制。作为一种探索和尝试形式，本书必然会存在诸多不足、缺点或错误，诚希广大读者批评指正。

李丰才

2018年6月

目 录

第一章 社会主义市场经济基础论

本章重点：市场经济的内涵；市场经济的机制、功能、特征；市场经济与商品经济的联系与区别；市场经济体制的概念、模式、共性特征；市场经济与市场经济体制的区别与联系；市场经济理论的产生、发展与变革。

简要概括：市场经济是商品经济较高发展阶段的产物，在漫长的简单商品生产和交换时期，市场狭小且作用十分有限，难以产生市场经济。市场经济的要义即是配置资源的手段，是一个自发配置和引导的自由形成过程，商品生产和交换关系的普遍化和规模化，是市场经济形成并发挥作用的显著标志。市场机制和市场要求、基本功能和基本特征表明市场经济的特质在世界范围内是共通的。市场经济与具体社会经济制度相结合、相统一，形成反映特定社会经济制度诉求及要求的市场经济体制，成为市场经济发挥基础性调节功能的前提。市场经济与市场经济体制既相互区别，又相互联系，但不能相互等同，二者彼此映照，共同构成市场经济理论的基石。社会主义市场经济属于市场经济范畴。同样，社会主义市场经济理论属于市场经济理论的特定形态，必以市场经济理论为基础。市场经济、市场经济体制、市场经济理论，以及市场经济与市场经济体制的区别与联系，作为基础性相关概念，是社会主义市场经济理论的基础，构成社会主义市场经济理论研究的逻辑起点。

第一节　市场经济

一、市场经济的内涵

市场经济是 19 世纪末以来在西方广泛流行的经济学概念，在近现代历史发展过程中，市场经济与资本主义密不可分，成为资本主义的代名词，影响深远，尤其是在二战之后成为西方国家特别是发达国家占主导地位的资源配置方式。

市场经济与商品生产和交换紧密联系。早在原始社会末期，由于人类各种生产、分工和交换活动的出现，已经孕育着商品经济的萌芽。然而，在人类社会早期缓慢的历史发展过程中，自然经济占据主导地位，商品经济的萌芽始终处于从属地位，只有发展到封建社会末期，社会分工逐步细化，商品生产和交换关系日益成长并渐趋普遍化，才为资本主义的产生与发展创造了条件，由此商品经济也获得了长足的发展，进入一个较高的发展程度和阶段。

市场经济是人类社会发展到一定阶段的产物，在封建社会之前的人类历史长河中，只有一些简单的商品经济形式，主要用于满足人的简单消费需要，不能形成商品经济的普遍化、规模化，更无法产生市场经济。所以在这个漫长的历史发展进程中，人类社会的经济发展总量低、依存度低、辐射力低、信用度低，长期处于封闭状态，技术能力低下，生产资料不足，消费水平低下，很少出现现代社会频繁出现的经济剧烈波动和经济危机。

在资本主义之前，虽然简单的商品生产、分工和交换活动为人类社会形态的更替创造了条件，但真正意义上的商品经济始终未能充分发展起来，进而形成市场经济。其根本原因在于人类社会生产力的发展规模较小，水平较低，社会分工有限，技术手段落后，经济运行封闭；在于商品生产和交换关系始终重复商品—货币—商品这一简单运行模式。货币只是充当各种使用价值等价交换的媒介，货币形式具有多样性并且可以相互替代，这成为简单商品经济长期停滞不前的根本原因，在以金银为货币单位并得到社会经济体更广泛认可之前，货币始终是在各民族国家或地区一个个狭小范围内充当等价物，致使货币的媒介功能微弱、有限，不能促进商品经济达到普遍化、社会化，无法形成规模经济效应，也无法形成基础性配置资源的市场经济。

商品经济只有发展到资本主义阶段，与资本主义生产关系相结合，推动社会分工多样化、生产力较快发展，才逐渐孕育和助长了市场经济，成为资本主义商品经济较高发展程度的显著标志。因此，并非人类任何社会形态和发展阶段都存在着市场经济，只有发展到较高程度的资本主义商品经济阶段，市场经济才得以适时产生，并凸显市场经济配置资源的合理性及其基本功能。商品经济之所以发展成为市场经济，并不是商品经济的简单翻版，而有其主要条件，即商品生产和交换关系的普遍化，货币功能得到不断强化，货币不仅由金银作为唯一计量单位，而且代替金银的纸币的出现更显示了货币功能质的飞跃；货币突破了简单等价物交换媒介的局限，形成被更广泛认可的货币财富系列投融资功能，进而形成诸多经济体认同的世界主要货币；银行由简单中介人蜕变，证券与金融市场扩张，货币投机功能展现；货币财富惊人的积累形成摧枯拉朽之势，彻底变革了经济体的地域分工限制，促进了开放、竞争的市场体系的生成和经济体活力的增强。市场成为资源配置的基础性调节手段，通过价格、供求、竞争、利率、汇率等市场机制，使自然资源、生产品、服务品和智力等要素在更大范围内自由流动，把资源配置到效益好、绩效高的行业或部门中去，推动了商品经济较高程度的发展。

市场经济是商品经济较高发展阶段的产物，市场经济的要义即为配置资源的手段，是一个自发配置和引导的自由形成过程，商品生产和交换关系的普遍化和规模化，是市场经济形成并发挥作用的显著标志。“一个自由的市场就是产权可以自由交换的市场，市场参与者不必担心征用、偷盗以及由于通货膨胀和其他税收而造成的稀释。市场参与者通过不同的网络来交换不同的产权。”① 依据邓小平的理论，就社会形态而言，社会主义比资本主义更优越，但同样要经过商品生产和交换关系的社会化、市场化长期发展过程，所以，社会主义必须大力发展生产力，大力发展现代商品经济，必然要建立与完善社会主义市场经济体制。② 社会主义市场经济必然以现实为基础、以开放为条件、以改革为动力，学习和借鉴资本主义市场经济发展的经验、教训，结合中国的实际发展状况和需要，把市场经济与社会主义结合起来，探索具有中国特色的市场经济发展之路和创新之路。

国内理论研究把市场经济分为三大类型：简单商品经济或市场经济、资本主义市场经济和社会主义市场经济。“简单商品经济或市场经济是指劳动者自食其力维持生计和简单再生产的商品经济或市场经济。它也是产生最早、跨越各种社会经济制度、存在时间最长的一种商品经济或市场经济。”③

国外理论研究一般也把市场经济与商品交换等经济活动相联系。人们从事经济活动，建立经济关系，将物品作为商品进行交换，使用货币进行买卖活动，或追求货币的增值，这种经济便被称为“市场经济”。根据情况，有时人们也会使用“商品经济”或“货币经济”这样的用语，其意思是大致相同的。因为只要商品关系扩大到一定程度，就会产生货币，而只要存在商品和货币，就形成了市场。“作为人与人之间社会关系中内在的局部性关系，可以说市场经济自古以来就是与人类共存的。”④ 这是一种把简单商品经济等同于市场经济的观点，事实上，简单商品经济只是一种简单商品生产和交换的经济形态，其市场发育缓慢，市场功能微弱，更谈不上资源配置的基础性作用。可见，简单商品经济等同于市场经济的观点有些牵强，还需要做深入的研究。商品经济是存在于多种社会形态中的一般的经济现象，而市场经济则是发达的普遍化的商品经济，因此，无论在理论上还是在实践中，商品经济与市场经济相比，都是一个较为广泛和抽象的概念。市场经济是商品经济高度发展的产物，是商品经济的发达形式。市场经济和商品经济的本质特性和运动规律是一致的，不过考察的角度、重点有所不同。“商品经济着重考察社会分工和商品生产，市场经济着重考察商品交换和商品流通。”⑤ “商品经济不一定是市场经济，但市场经济必然是商品经济，而且是商品经济的一种比较高级的形式。”⑥ 中国改革的目标是建立和完善发达的、社会化的商品经济，而不是简单原始的商品经济，市场经济比商品经济更能准确地反映中国经济改革的目标和方向。⑦

---

① 林毅夫，姚洋．中国的奇迹——回顾与展望．北京：北京大学出版社，2009：163.

② 邓小平．邓小平文选：第三卷．北京：人民出版社，1993：148.

③ 陈华山．社会主义经济论．北京：经济科学出版社，2002：328.

④ 山口重克．市场经济：历史、思想、现在．北京：社会科学文献出版社，2007：1.

⑤ 苏星．邓小平社会主义市场经济理论与中国经济体制转轨．北京：人民出版社，2008：146.

⑥ 吴敬琏，刘吉瑞．论竞争性市场体制．北京：中国大百科全书出版社，2009：126.

⑦ 魏杰．社会主义市场经济理论·制度·体制．北京：高等教育出版社，1994：28.

就市场经济的共性而言，市场经济是以市场机制调节为基础的资源配置的基本方式；是社会化商品经济运行的基本形式；是现代商品经济社会的基本经济体系。比较市场经济的发展过程，在社会化商品经济条件下，资源配置有两种方式：一种是以市场机制调节为基础的市场配置方式；另一种是以计划机制统筹为基础的计划配置方式。市场经济属于前一种配置方式，在资源有限的条件下，它比计划配置方式具有更多的优点和合理性，但市场经济并不排斥计划配置的作用，即使在资源有限的条件下，计划配置仍可发挥功能。而注重对市场配置和计划配置的比较研究，选择市场配置和计划配置的优点，加大对市场配置的深度研究，使两种配置方式能够有机结合起来，应是社会主义市场经济理论研究的逻辑基础或出发点。

现代商品经济社会的基本经济体系集中体现为市场配置方式和基本运行形式，主要包括：以市场机制调节为基础的微观经济体系；以宏观调控为手段的宏观经济体系；确保基本经济体系运行的市场体系和内外环境等。构成基本经济体系的主要因素决定了特定社会的经济结构形式、运行机理和发展方式。

市场经济内涵的基点是价格，价格作为基础性的市场机制引导资源的有效配置，而价格变动既是供求变化的结果，也是引发供求变化的原因，其因果关系是由生产商品的劳动价值所决定的。劳动价值特指生产同类商品或提供同类服务的劳动质量和劳动效率并以货币价格标示的比较价值形式，是市场竞争优化的价值形态。劳动价值决定交换价值，价值决定价格，而不是相反。价格作为价值的转化形式，在各种市场交易过程中始终具有基础性的调节功能，无论是组织之间的谈判、约定和履行各种交易合约，还是陌生人之间的交往、交换与合作，都以价格为基础，价格博弈、竞争和诱导发挥了决定性作用。然而，价格绝不是市场经济内涵的唯一因素，产品质量、服务理念、技术水平、市场信誉、品牌效应、知识产权、资源禀赋、信息通畅、快捷方便、竞争优势、经营战略等核心竞争力要素均可发挥有效配置资源的作用。例如，市场上某种商品价格比同类商品价格便宜可引起众多消费者的购买欲望并引导其购买行为，但某种品牌商品的价格即使较高也会吸引消费者购买；符合质量、安全和环保要求的商品总是稀缺的，其价格具有持久的竞争力，而假冒伪劣商品无论怎样精心包装都将昙花一现，即使加大价格折扣力度也会无人问津。服务、技术、信誉、区位、便捷、战略等核心竞争要素也如此，同样发挥着基础性配置资源的作用。市场经济的内涵是由价格机制和系列核心竞争要素组成的基础性资源配置机制体系或系统。具体表现为价格机制、利率机制、工资机制、供求机制、竞争机制、风险机制等一般运行形式或具体运行形式。

当代市场经济发展的实践表明，即使是较完善的市场经济，也会由于各种原因导致经济障碍，此种障碍既有外部性的市场失灵或功能失效，也有内部性的市场失序或功能紊乱。

关于市场失灵，西方经济学中将其定义为市场功能不能发挥作用的领域或方面，例如，外部性、公共产品、环境治理等。① 市场的功能不是万能的，市场自发运作、盲目调节、过度诱导、肆意投机、资产泡沫化、经济危机等现象，也属于市场失灵范畴。

---

① 保罗·A. 萨缪尔森，威廉·D. 诺德豪斯. 经济学（第十四版）：上. 北京：首都经济贸易大学出版社，1996：298，329，363，539，569.

市场失灵也叫市场失效或市场失败，是市场经济运行过程中的一种共有现象。市场失灵可导致人为的市场垄断，破坏公平竞争规则及环境。市场盲目运作和过度诱导会促使强势市场主体走向集中，进而形成生产垄断、销售垄断和价格垄断，人为地限制、破坏公平竞争规则及环境，严重影响经济活动的质量和效果。

市场失灵可破坏生态平衡。市场的自发运作具有一种外部性，这种外部性包含双重特点，既有正面效应，又有负面效应。例如，对于造成严重的环境污染的个别企业，之所以不能停止生产，原因在于尽管环境污染了，但企业仍可获利，地方政府仍可受益。而生态环境遭到破坏后，整个经济社会发展都必将受到影响，所以，过分依靠市场运作、调节必然会造成无穷的恶果。保护生态环境并实施绿色发展和可持续发展，是单纯的市场调节、引导所无能为力的，需要政府采取强制措施，通过国家立法和严格执法加以解决。

市场失灵可导致市场过度投机，加剧经济波动，加大经营风险，甚至产生危及全球的经济危机。实践证明，如果任凭市场自由运作、盲目调节，就必然会出现市场过度投机、无序扩张、延长风险链条、转嫁经营风险，投机者对市场的错误预测及判断就是建立在市场失灵基础之上的，若过度依赖市场自发调节，经济波动加剧的严重后果就不可避免。市场失灵可导致经济社会发展所必需的基础性产业、设施滞后，形成单个经济效益与整体社会效益的尖锐对立，阻碍经济社会的可持续发展。市场自由诱导、调节，可给投机者带来利益，而获利小甚至不获利的产业和部门，不论是企业还是个人，都不愿意投资。这样，投资者便争相投资获利多的产业和部门，从而形成一些产业和部门投资过热，争相投入上马，而另一些产业和部门投资过冷，无人问津的现象，致使单个经济效益与整体社会效益尖锐对立，阻碍经济社会健康发展。显而易见，市场功能极端化、市场失效或失败，极不利于社会主义市场经济体制的建立与完善，客观上要求政府制定相应政策，采取有力措施，鼓励企业或个人向基础产业、设施投资，或者政府直接投资，以弥补因市场失灵造成的负面效应。

单纯的市场功能只能相对解决微观经济平衡问题，不能妥善解决宏观经济平衡问题。由社会总供求失衡引起的经济衰退、失业和通货膨胀等宏观经济问题，市场的事后调节是难以有效解决的。市场只能反映具体的生产结构和需求结构，而不能有效反映影响经济社会发展的整体经济结构和消费结构。此外，商品生产者和经营者依据市场信息进行分散决策，而市场信息反映的供求关系一般是短期的，由此形成的现实经济结构可能并不是有利于经济社会发展的最佳结构，所以，市场失灵所导致的结果是严重的、影响是长久的。经济社会长远发展的问题需要政府从全局出发，统筹兼顾、系统安排、分层实施、重点推进。市场机制及其相关基础条件愈不健全，市场失灵现象就愈明显。“市场经济不是万能的，它存在一些与生俱来的缺陷和问题，这些缺陷和问题，不能用市场的办法来解决，而只能依靠政府的力量来化解。”① 面对国际金融危机，国外学者也在反思市场失灵或市场缺陷问题，而且见解独特。“情况并非是我们信错了人，而是我们信奉的典范是错误的。2008 年发生的大事表明，将天真的自由市场言论作为政策指导是引发灾难的一个因素。”

① 全国干部培训教材编审指导委员会. 社会主义市场经济概论. 北京：人民出版社，2002：303.

他们主张将主流经济策略和后凯恩斯学派经济策略“兼容并包”，既要颂扬在自由市场里承担风险的行为，又要制定政策控制不可避免的过度投机行为。“华尔街的创新最终将降低特定监管措施的适用性。”因此，有必要时刻保持警惕，并定期修订有关规则，因为根本没有什么灵丹妙药能确保经济可以完全摆脱繁荣-萧条的周期而保持温和增长。①

在市场经济条件下，除了市场失灵等外部障碍之外，还有市场失序等内部障碍及问题。市场失序是指由于某些主要商品市场价格的大幅波动，引起相关上游产品或服务价格和下游产品或服务价格的大幅波动，致使系列商品价格轮番上涨或下跌，导致市场自由调节功能失序，从而引发主要工业资源品过剩、主要消费品价格上涨、上下游之间供求关系扭曲、制造业停滞、消费者不满等危及市场秩序和社会稳定的现象。

市场失序与市场失灵不同，它不是外部性问题，而是内部性问题，是市场本身的问题。例如，近几年来中国接连发生的“蒜你狠”“豆你玩”“姜你军”“向钱葱”等现象即是如此。这些现象既有主要商品产量减少、供给不足的问题，又有中间环节过多、物流成本过高的问题；也有原油价格上涨、通货膨胀推高的问题。这表明市场调节功能也是相对的、有限的，对于经济危机及通货膨胀或通货紧缩等供求之间的剧烈波动，对于房地产市场的巨大泡沫，对于资本市场的疯狂投机炒作行为，对于农产品尤其是蔬菜价格的大幅波动及农民卖菜贱和市民买菜贵问题，对于天价白酒和高价药品的逐级推高问题，对于涉及国计民生、国家安全、基础产业等领域的产品价格调整问题，对于网络经济的规范和引导问题，对于文化产业及发展问题，对于因禽流感引发的长三角地区禽类市场关闭、全城挥泪斩鸡、蔬菜海鲜价格猛涨、禽流感过后禽蛋价格疯涨等问题，单纯依靠市场调节是虚弱无力的，需要国家建立和完善系列产品储备体系，发挥政府主导作用。以煤炭为例，长期以来煤炭一直是紧缺资源，煤炭行业从来就没有不确定性。曾因价格疯涨而出现的“煤超疯”，2012 年则显示了另一种病态，全国最大的煤炭运输港秦皇岛港，6、7 月库存创下十年新高。表现为煤炭交易冷淡，办事大厅无人办理交易手续；煤炭价格大幅下挫，5 500 大卡动力煤综合平均价格两个月不到每吨跌 156 元，从 5 月底的 787 元骤降至 7 月底的 631 元，累计降幅近 20%；煤矿压力陡升，部分煤矿停产近一个月。原因在于工业需求下降，水电量增加，2012 年上半年，重工业用电量累计仅增长 3.6%，全国煤炭消费 19.7 亿吨，增速同比回落 6.6%。从短期看，煤炭需求处于底部区域，但从长远看，市场失序相当严重，仅靠市场调节难上加难。② 另一主要资源品铁矿石也面临同样的困境，铁矿石的库存处于历史高位，而现货钢材价格 9 个月下跌了 24%，中国的钢铁行业并非纯粹由市场配置资源，还有行政力量参与其中，令人费解的是产能过剩不减反增，遭遇行业机制失灵的尴尬。这也表明市场失序在不断扩散，单纯的市场调节无能为力。③

解决市场失灵或市场失序问题，仅靠政府监管也具有副作用，因为政府监管也会失效。“政府也不是万能的神灵，市场不能调节和调节不好的事情，政府并不必然就能调节

① 罗伯特·巴伯拉. 资本主义的代价：理解市场的严重破坏作用并稳固我们的经济前景. 参考消息，2009-04-29.

② 阮晓琴. 秦皇岛港库存创新高，煤炭黄金十年受阻. 上海证券报，2012-07-27.

③ 朱宇琛. 铁矿石：遭遇行业机制失灵尴尬. 上海证券报，2012-07-27.

和调节得比市场好。"[①]"应对市场失灵，要做成本效益分析，更多地从市场基础制度的调整上想办法，而不是一出问题就加强监管，监管是最后一道防线，也往往是成本最高的。""要区分监管和市场基础制度建设，更多地靠制度，而不是监管。"[②]没有永久有效的监管。"西方的监管理念错在它认为一个自由市场自然会找到它的平衡。但这是不一定的，它的反馈机制、互动的情况可能会达到一个把它自己搞乱的情况。""这次危机（指2008年由美国次贷危机引发的世界性金融经济危机。——编者注）的打击在于四道防线都失灵。"[③]

市场经济又具有极强的渗透性，只要资源稀缺，市场经济就会发挥作用，产生功效，即使是市场失灵的外部性领域或是市场失序的内部性方面，也是如此。例如，公共产品中的自然文化景区、城市标志性景观、主题公园、历史文化遗产、教育、医疗、科技、文化等都属于公共产品中的稀缺资源，既不能完全产业化、市场化，又必须由价格调节、市场引导。自然文化景区被冠以世界文化与自然遗产、国家级和省级风景名胜区等头衔，又可被分为5A级、4A级等层级，由于稀缺程度不同，其门票价格也不同；不论是幼儿教育、高等教育、成人教育，还是各种私立教育或短期教育、培训，都是稀缺资源，从学生教育收费到毕业生就业，从教师选拔聘任到考核评价，从教学、科研到管理、服务，具有典型的市场化特征，市场引导教育资源配置，越是稀缺的教育资源（重点幼儿园、重点中学、重点高校等），市场化特征越明显。医疗、科技、文化和诸多内部性的市场失序问题更是如此。市场经济的极强渗透性突破了关于市场失灵即外部性问题的阈值，证明外部性问题只要是稀缺的，就会自动转化为内部性问题，市场就会产生功效。解决市场失灵或失序问题也需市场功能自身协调与救助。

市场经济及调节绝不是放任自由的自动均衡，市场经济强调市场机制的基础性作用，突出资源配置方式这个核心问题，并重视社会范围的资源配置方式、方法，这即是市场经济的功能结构问题。例如，市场价格、供求和竞争等互动关系，是市场经济的"显性"结构。同时，市场经济还有制度结构，制度结构是在功能结构背后起作用的一种"隐性"结构，往往被人们所忽视，甚至"新古典经济学也把市场经济的制度结构作为外生变量从研究中抽象掉"[④]。市场经济的制度结构就是市场经济体制，是市场经济方法、机制得以发挥作用、功能的体制要素及特定制度基础，这种制度基础在每个国家的表现形式是不同的。

人类对稀缺资源需求的无限性与稀缺资源供给的有限性矛盾构成市场经济的基本矛盾，而解决这一基本矛盾的过程便展示了市场经济的基本规律，即市场配置资源的普遍效用规律和比较优势规律。无论在什么社会制度及其经济体制下，这一制约人类生存和发展的基本矛盾始终存在，只不过具体运作规律的表现形式不同罢了。根据这一基本矛盾和基本规律，千百年来人类社会不断思考、尝试和比较多种资源配置方式，直到近现代，商品经济比较发达的西方国家经济体逐渐显示出了市场配置方式的优越性，并最终确立了市场

---

① 戴文标．公共经济学导论．上海：上海人民出版社，2002：265.

② 余力．自由市场制度遇到麻烦，但不会消亡——专访中欧国际工商学院教授许小年．南方周末，2008-11-13.

③ 舒眉，沈联涛．反周期监管不受欢迎但必须得做．南方周末，2009-08-27.

④ 王文寅．国家计划与规划：一种制度分析．北京：经济管理出版社，2006：145.

配置方式的基础性地位，因此，当代人类社会大都选择和运用市场配置方式。然而，市场配置方式也不是万能的，特别是在经济全球化和一体化趋势下，市场配置方式的矛盾渐趋凸显，问题多多。例如，市场配置的合理性与市场错配的现实性的矛盾、问题，市场供求关系扭曲、失灵及其逆向选择的矛盾、问题，市场经济的周期性危机与周期性预防、治理的矛盾、问题，市场基础性调节与政府宏观调控的矛盾、问题，市场诱导与环境保护的矛盾、问题，自由竞争与市场歧视的矛盾、问题，自由贸易与贸易保护主义的矛盾、问题等，亟待人类运用理性睿智予以系统关注、探究和酌处，考验着人类认知、理解、掌握和运用市场经济的智慧。

二、市场经济机制

市场机制只是商品生产和流通过程中外在的表现形式，例如，商品价格、劳动力工资、银行利率等形式，只是内在的价值规律作用的基本实现形式，并适时反映价值规律具体作用的内容和要求。依据西方经济学原理，市场机制是微观经济运行的基本调节体系，引导和调节投资、生产、进出口、消费、服务等经营决策活动，属于自发的微观调节机制。可见，马克思主义政治经济学侧重于市场机制的经济关系和制度分析，通过大量的史料考察和统计资料分析，透过市场机制的各种现象探寻价值规律的本质。而西方经济学侧重于对市场机制表现形式机理的考察，借助数学工具构建各种经济模型，描述各种经济运行曲线，揭示微观经济活动变量及其运行规律。把前者质的分析和后者量的考察结合起来，应是市场机制研究的一个重要方面。

市场机制是市场运行的导向系统和调节系统，是市场各种基本要素功能的自动耦合过程，是市场基本要素相互作用的产物，也是对市场基本要素相互作用系统控制的结果，集中表现为价格机制、供求机制、竞争机制等基本形式。价格机制表现为市场信号系统，一切经济活动都是在价格波动信号的引导下进行的，这种信号引导是客观的、盲目的，而对价格信号引导的判断则是主观的、自觉的。供求机制表现为市场调节系统，一切经济活动又是在供求关系变动的调节下运行的，这种供求调节是普遍的、随机的，但调节的机理及作用的动因则是特殊的、主动的。竞争机制表现为市场效应系统，一切经济活动也是在各种形式的竞争过程中实现的，这种竞争既是原料、产品、技术、人才、渠道、客户等的有形竞争，也是理念、战略、策略、管理、服务、团队、领导力、学习力、综合力等的无形竞争。价格机制、供求机制、竞争机制既相对独立、各有侧重，又相互渗透、融为一体，总是在自动耦合过程中形成运行机制并产生系统功能。

市场机制的运作过程体现为经济关系的相互联系和运动，市场竞争过程中供求关系变化与市场价格之间相互制约的联系和运动。供求关系不平衡引发供大于求或供不应求现象，必然影响该商品或服务的市场价格上下波动，而市场价格上下波动也必然引起该商品或服务的供求关系发生相应变化。供求关系与市场价格之间的相互联系呈对应的连锁反应关系，并内在于各种类型的市场竞争之中。市场竞争过程中信贷资金供求变动与市场利率变动之间呈相互制约的联系和运动。信贷资金供求不平衡引致的供大于求或供不应求现象，必然导致市场利率发生上下波动，而市场利率上下波动也必然引发信贷资金供求关系的相应变化。信贷资金供求关系与市场利率之间的相互联系和运动呈对应的连锁反应。

市场竞争过程中劳动力流向与工资变动之间呈相互制约的联系和运动。劳动力流向变动产生劳动力流进或流出现象，从而引发劳动力流进或流出区域工资的相应变动，而劳动力的工资变动又会影响劳动力流向的相应变动。劳动力流向变动与工资变动之间的相互联系和运动同样呈对应的连锁反应。可见，经济发展直接表现为市场机制作用及其要素之间的相互矛盾运动，要素之间的相互矛盾运动内在于市场机制的作用、功能之中，通过市场机制的作用、功能实现矛盾运动的新陈代谢。市场机制是微观经济系统的核心范畴，组成一种巨大的、无形的客观力量，发挥其基础性的资源配置、调节、引导功能。市场机制的建立与完善不是一蹴而就的，必须创造一系列相关的主客观条件。这主要包括：

（1）培育各类市场主体。

各类市场主体必须产权明晰、权责明确、自主经营、自负盈亏，必须具有独立利益和自主权。

各类市场主体对自身所有权和经济利益的关心，是市场机制能够充分发挥作用的内在基因、动源。

（2）完善市场竞争环境。

市场竞争环境直接影响和制约市场机制作用的发挥，市场竞争环境越完善、充分，市场机制就越灵活、有效。建立和完善较充分的市场竞争环境是实现优胜劣汰的前提要件，可实现稀缺资源的优化配置，推进市场机制运行的科学化、合理化。

（3）形成灵敏的市场信号。

市场信号是一种多层次的竞争引导系统，具有内在的吸引力和刺激力，主要包括商品价格信号、利率和汇率信号、工资和价格水平信号、要素市场价格信号等。市场机制总是通过市场信号的上下波动来刺激和引导各类市场主体的活动、行为，调节各类消费品和资本品的供求变化，协调稀缺资源的优化配置。市场信号滞后、缺乏灵敏度，市场机制运行将严重受限，过度调节或调节不足同样会造成资源配置的严重浪费，加大运行成本。灵敏的市场信号是市场机制及其要素关系变化的指示器，成为市场机制有效运行的前提。市场机制失灵或失序是引发资源错配的根源，也是导致经济危机的主因。

市场经济机制对资源的调节、配置不是自动形成的，而是基于市场化的诸多经济关系的要求实现的，市场化的诸多经济关系的要求即是经济活动共性的普遍要求，无论是何种形式的经济体，都必然具有以下共同的普遍要求。

（1）产权关系的独立化要求。

这是市场经济条件下各类市场主体形成的首要条件，成为市场经济关系确立的基本前提。作为市场主体的企业、集团、个人和其他营利性组织，必须拥有自己独立的财产权和知识产权，成为名副其实的产权主体。市场经济关系即不同产权主体之间的所有权平等的交换关系，只有成为独立化的产权主体，才能获得法人实体所拥有的经营权主体、收益权主体或知识产权主体的地位，自主地参与市场经济活动，形成真正意义上的市场主体。产权关系的独立化是市场主体生产经营自主化的重要条件，包括投资方向、商品流通、经营决策等的自主化和自由化。在市场经济条件下，依据 WTO 规则，无论是企业、其他经济组织还是个人，除了特定国家的个别规定之外，均不受任何国别、地区、行业、部门的限制，可自主决定投资方向和自由转移投资领域；商品自由流通同样不受任何限制、歧视，实行自由流动和公平竞争；市场经济活动以市场信号为引导，自主做出经营决断，实行分散的自主决策。

(2) 资源配置的市场化要求。

资源配置可分为两个层次。“较高的层次是指：资源如何分配于不同部门、不同地区、不同生产单位，其合理性反映于如何使每一种资源能够有效地配置于最适宜的使用方面。较低的层次是指：在资源分配既定的条件下，一个生产单位、一个地区、一个部门如何组织并利用这些资源，其合理性反映于如何有效地利用它们，使之发挥尽可能大的作用。”市场化要求或市场选择决定并引导“资源组合形式”，“影响社会的资源配置”。① 资源配置的市场化要求概指经济社会发展所需的各种生产品、消费品和生产要素、服务要素等资源配置的市场化和一切经济关系的市场化；具体指特定的自然资源、生产资料、消费资料、人力资源、金融资本、资金、技术、信息、服务等资源品的市场化，由市场配置这些资源，使这些资源沿着效率曲线流动，形成由效率曲线波动引领的具有一定风险系数的资源配置的市场化机制，以合理高效地利用资源、节约资源、保护资源，有效地推进资源配置市场化的广度和深度。资源配置市场化要求一切社会经济关系及其活动方式通过市场调节予以实现，一切社会经济关系及其活动方式要以市场为中心，以市场为导向，实行等价交换、平等竞争、公平竞争。在中国这也是深化改革、扩大开放、培育市场主体、完善市场机制、健全市场体系的基本要求。

(3) 市场行为的契约化要求。

市场经济要求市场行为主体作为平等的法人实体和民事主体，在从事经济活动的过程中，应依法达成书面合约或口头承诺，以明确当事人之间的平等权利、责任和义务，并严格履约，使其活动行为契约化、法制化。契约化表明企业行为是合法的、平等的、自愿的，合约双方或多方必须履行合约规定的商品、劳务、价格、时间和结算方式等，确保商品质量和服务质量。契约化还表明企业必须具有信用意识，要严格履约，不经合约当事方同意不得擅自变更合约或解除合约，违反者必须承担相应的经济责任和民事责任。企业、其他经济组织或个人是契约意义上的产权主体、利益主体，可依契约独立地追求自身利益，把盈利最大化视为市场活动的重要目标，追求盈利最大化是微观经济主体充满生机活力的体现，成为市场激励机制的源泉。市场行为的契约化要求企业或个人在追求盈利最大化的同时，主动承担相应的社会责任，要求处理好履行盈利契约和责任契约的相互关系，把最大化追求盈利与主动承担社会责任统一起来。

(4) 经济运行的调控化要求。

任何经济都不能自发、盲目运行，必须实行宏观调控，纳入调控化范畴。这要求国家及政府有关部门实行有利于宏观经济发展和社会稳定的调控策略，通过经济政策、计划指导、经济杠杆、法律和其他手段实施宏观调控，适时适度地调控总供求关系、投资消费关系、进出口关系、劳动就业关系、资本流动关系、实体与虚拟关系，实现市场经济的宏观调控目标。这也要求国家及政府有关部门不得直接干预微观经营活动，指令其做什么或不做什么，而要创造各种有利条件，提供各种服务设施，完善经济运行的软、硬环境，推动

① 厉以宁. 非均衡的中国经济. 北京：中国大百科全书出版社，2009：3，22.

经济活动健康发展。经济运行的调控化也要求建立和完善社会保障体系与之相适应，推进社会成员的医疗保障、伤残保障、失业保障、养老保障等事业社会化，使保障事业覆盖全社会，每个社会成员因此受益，推进社会和谐，发挥保障事业的社会“减震器”功能，为经济社会可持续发展奠定基础和创造条件。

三、市场经济的功能

市场经济的基本功能，是指经济活动的基本作用形式或方式，也是价值规律多种作用形式的展开。它一般具有四个基本功能：

（1）利益引领功能。

在市场经济条件下，每个市场主体都按盈利最大化原则组织生产经营活动，争取较佳投入，获取较大产出和盈利。在最大化盈利功能的引领下，如果原有的投入产出结构或营销结构满足不了盈利最大化的需要，市场主体就会改变原有的投入产出结构或营销结构，构建新的投入产出结构或营销结构，争取最大的经济效益。同样，每个消费者也按照效用最大化原则安排个人或家庭的可支配收入，以货币支出最少、效用最大的消费结构满足个人或家庭的消费需求。在最大化效用的引领下，如果原有的消费结构满足不了个人或家庭效用最大化的需要，消费者就必然要调整、变更原有的消费结构，选择新的消费结构，获得最大化效用。市场经济把市场主体的盈利动机、消费者的效用动机与价值规律有机地结合起来，引领和刺激所有参与市场活动的经济组织或个人，加强风险控制和管理，提高技术水平、劳动生产率或服务效率，走盈利最大化之路。引领和刺激所有进入市场交易活动的消费者有效运用可支配收入，适时调整消费结构，选择相应的交易及消费方式，提高可支配收入的利用率，走效用最大化之路。

（2）信息传递功能。

经济活动中的各种信息，既对市场主体的分散决策行为产生重要影响，也对政府宏观经济政策及重大决策产生重要作用。信息传递功能把政府、企业、家庭或个人联系起来，形成符合市场经济要求的政府经济调控方式、企业资源配置方式、家庭或个人的经济行为方式。这主要表现为：政府有目的、有重点地搜集、整理、筛选各种市场信息，依据各层次市场信息制定调控策略、方针政策、法律法规和必要的行政措施，贯彻到经济运行中去，通过市场信息的多层次、多层面传递及整合，实现宏观调控经济运行的目的；企业、家庭或个人则面向市场，依托市场机制及信号运作，依据市场参数和自主经营决策，安排生产、组织营销或选择投资和消费等活动。这样，政府对经济调控、指导的意图和企业、家庭或个人对市场机制及其信号的灵活反应，经由基础性的多层次、多层面的市场信息传递得以实现。

（3）资源分配功能。

市场经济通过市场供求关系的变化引发市场价格的变动，并引致市场利益关系的调整，以引导商品或要素在各层次市场主体或服务主体间的流动，达到合理分配资源的目的。资源分配功能具体表现为：当某种商品或要素供不应求的时候，该种商品或要素的价格就会上涨，涨到价值以上，该商品或要素的市场主体或服务主体获得较多盈利，这将引起其他市场主体的投资或服务转移到该种商品或要素供不应求的行业或部门，结果使市场对该种商品或要素的供求关系趋于暂时平衡；当某种商品或要素继续流动并超过供求平衡点的时候，市场将出现供过于求的状况，此时该商品或要素的价格便会回落，待回落到价值以下，该商品或要素的市场主体或服务主体就会出现亏损，从而又会引起市场主体或服务主体从该供过于求的行业或部门撤出，转向其他盈利行业或部门，此时该商品或要素的市场供求关系又会趋向暂时平衡；当某种商品或要素的生产或服务继续转移并超过供求暂时平衡点的时候，市场又会出现该商品或要素供不应求的状况。如此循环，商品或要素会被分配到绩效优、效率高的行业或部门，从而实现资源的优化配置。

（4）市场导向功能。

市场导向功能主要通过价格等变动因素在市场主体之间进行横向传递。每个商品或要素的生产者或服务者都是根据市场价格等信息做出市场供给的分散决策的，同样，每个消费者也必然据此做出市场需求的分散决策。这种导向可及时引导各类市场主体经常保持投资和效益的大体平衡，是连续追加投资或消费，还是分期减少投资或消费，或者转移投资或消费，均以效益为中心、以市场为导向。价格上涨或回落激起振荡，这不仅是市场供求关系变动的信号，也是市场主体损益程度的标志，市场导向功能的显著特点是既直接又迅速。市场导向功能可对市场主体形成压力，从更长远的角度应对市场竞争，适时培养或引进人才，加强技术研发，强化风险管理，降低运营成本，提高产品和服务质量。在竞争中较有实力的市场主体必然处于有利地位，具有市场话语权，可影响市场规则、标准的制定，获得垄断利润，否则，必然被淘汰出局。这种市场导向对于每个市场主体都是必然的，既是压力，也是动力，成为推动经济发展和增强经济活力的内在驱动力。①

四、市场经济特征

无论是资本主义市场经济还是社会主义市场经济，都具有共同的基本特征：

（1）市场主体的自主性。

市场主体是微观经济的基本组成要素。在市场经济条件下，任何企业、其他经济组织或个人，都必须是名副其实的市场主体，拥有充分自主权的市场主体，能自主经营、自负盈亏、自我发展、自我约束的市场主体。具体而言，就是根据市场需求状况，自主决定生产经营项目、经营的范围和方向，从市场购买生产经营所需的商品或要素，又通过市场销售其商品或要素，在市场交易活动中实现商品或要素的价值。自主性的根本标志是企业、其他经济组织或个人具有独立的财产权、知识产权、其他无形产权等。只有拥有独立的产权，才能真正确立市场主体的法人实体地位或经济实体地位。中国国有企业改革的核心即实现国有企业产权关系的明晰化、独立化，使国有企业成为市场主体，自主参与市场活动及其市场竞争。

（2）市场关系的平等性。

市场关系的平等性是指市场活动的所有生产者、经营者、服务者和消费者，在身份上是平等的，没有等级、特权；即交易双方或多方当事人之间相互平等，表现为市场交换关系、交易行为的等价性，遵循等价交换原则，交易双方或多方各自所得和付出在价值上大

---

① 吴振坤．市场经济学．北京：中共中央党校出版社，1994：57.

体相等，任何当事人不得利用非经济手段、方法占有他人的财产、劳动成果，损害他人的合法权益；要求商品或要素获得的市场平等和价值实现的市场平等，同时要求为所有市场主体创造平等参与和公平竞争的市场环境，特别是创造平等参与和公平竞争的法制环境，使市场机会均等。

（3）市场活动的竞争性。

市场活动的竞争性是市场经济的固有产物，表现为竞争压力和竞争动力的统一，促使各类市场主体认真研究市场情况，分析市场信息，了解市场需求，化解市场风险，适应市场需求及其变化。尤其在当代市场经济条件下，市场活动的竞争性不仅要依靠物美价廉的商品，更要依靠商品质量和服务质量，不仅要依靠有形的硬实力，如经济规模、技术水平、经济效益等，还要依靠无形的软实力，如治理结构、管理技术、知识产权、组织文化等。竞争性绝不是某种商品或服务的部分竞争或某个阶段的竞争，而是从产品研发到服务和消费领域的全过程竞争，是从经营理念到制度文化的全方位竞争，必须始终保持以质取胜、以优取胜的竞争战略态势。

（4）市场运行的法制性。

市场运行的法制性是市场经济的根本要求。法制性是指建立和完善市场活动正常秩序的法律体系，包括市场立法和执法两大方面，核心是依法保证市场运行过程的公平交易秩序。市场经济要求多种市场活动有法可依，实现市场运行的合规化、规范化、契约化。要求多种市场活动符合法制化、规则化、制度化，依法监督市场活动过程，规范市场参与者自觉遵纪、守法。要求市场活动的外部环境法制化、协调化、生态化，形成公平交易、平等竞争、信息透明的市场外部环境，并对各类市场主体均具有约束力。

第二节　市场经济体制

一、市场经济体制概念

市场经济体制是人类社会多种类型的经济体制之一，是当代世界各国普遍选择的经济体制，是社会生产关系或经济制度的具体表现形式。在一定社会经济制度下，由于各种因素的影响，各国所实行的经济体制可以也应该不同，“实际上各国所实行的经济体制也确实各有不同”①。一般而言，虽然市场经济体制是在特定国家基本经济制度基础上形成的，与特定国家基本经济制度的要求、特点相联系，但是又与特定国家基本经济制度相区别，具有人类社会经济发展共同的运行方式和制度依据，其特定的构成要素无论在当代何种社会经济制度下都是普遍的、共通的，因而市场经济体制与市场经济一样，是一个非制度性的经济概念，同属于中性的经济范畴。

尽管市场经济体制属于非制度性的经济概念，然而一旦被特定国家基本经济制度所选择、构建，便必然会形成反映特定国家基本经济制度需要、特点的相关构成要素，实现相

---

① 曾国安．政府经济学．武汉：湖北人民出版社，2002：1.

关构成要素普遍性与特殊性的内在统一。市场经济体制一般由所有权结构、决策结构、动力机制、信息系统、协调机制和监督系统等要素构成。社会主义市场经济体制是由所有制结构、决策权结构、现代企业制度、市场体系、动力和激励机制、监督和惩罚机制、宏观经济调控体系、社会经济环境等构成要素组成的，由此形成社会主义市场经济体制的基本框架。[①] 具有不同特点的构成要素及其性质、职能、运行方式和相互关系，决定了市场经济体制的不同方式或类型。

所有权结构具有双重表现形式。第一，表现人与自然之间的相互关系，体现特定的社会生产力内涵。第二，表现人与人之间的相互关系，体现特有的社会生产关系要义。双重表现的所有权结构关系构成一定社会市场经济体制的制度基础。当代社会市场经济体制的所有权结构关系一般是多元的，多元的所有权形式共同组成一个国家的所有制结构体系，其中必有一种所有权形式居于主导地位，居于主导地位的所有权形式与其他所有权形式既相互并存、相互渗透，又相互竞争、共同发展。公有制成为占主导地位的所有权形式，就称为社会主义市场经济体制；而私有制成为占主导地位的所有权形式，就叫作资本主义市场经济体制。由此可见，所有权结构不仅决定人类社会对经济体制类型的选择，而且决定人类社会基本经济制度的性质。改革某种不适应生产力发展要求的经济体制，就必然会触及作为基本经济制度基础的所有权结构，所有权结构是市场经济体制的核心构成要素。

决策结构实质上是决策权的选择模式。决策结构由决策权的性质、来源、分配构成。决策权的性质强调决策权属于何种类型，决策权的来源强调决策权以何种方式获得，决策权的分配强调决策权由哪种决策主体做出。一般而言，决策结构可划分为宏观决策结构和微观决策结构。宏观决策结构的主体是国家，国家通过对市场信息的搜集与加工、筛选与反馈，实施宏观决策权自上而下、集中统筹的规约、指导，构成市场经济体制的关键性要素或环节。微观决策结构的主体是各类市场主体，各类市场主体通过对市场信息的搜集、分析、归纳，自主地做出微观经营决策，并经过微观决策权的选择与实施影响和推动其他相关市场主体微观决策权的选择与实施。宏观决策结构是微观决策结构的指导原则，微观决策结构是宏观决策结构的现实基础。宏观决策结构的特点表现为集中统一，微观决策结构的特点表现为分散自主。宏观决策结构与微观决策结构相互联系、相互制约，构成市场经济体制的基本要素之一。市场经济体制是一个决策结构系统，决策结构是表征市场经济体制及类型的主要因素，不同的决策结构、方式决定市场经济体制的类型和趋向。

动力机制是推动市场经济运行、发展的内在动源，是构成市场经济体制的基本因素，主要包括市场主体运作机制、市场制度机制、市场环境机制。市场主体运作机制是以盈利为导向的动力系统，蕴含多层次、多领域的市场主体运作形式、关系，成为动力机制的内源。市场制度机制是由体制规制、秩序、氛围等构架的动力系统，对动力机制具有促进和阻碍作用，成为动力机制发挥功能的基本要件。市场环境机制是由政策、法规、管理、理念、文化等构成的动力系统，成为动力机制运作的软环境系统。动力机制比较完善，市场

---

① 陈秀山．比较经济学概论（修订本）．北京：中国人民大学出版社，1998：238.

经济体制运转就较为灵活，效率较高。反之，动力机制缺失，市场经济体制运转就较为迟钝，效率低下。动力机制形成的内外相关因素不同，决定了市场经济体制的差异。

信息系统是由对市场信息进行储存、检索、分析和传递等构成的特定途径和方法，包括信息构成和信息流向两个方面。信息构成和信息流向不同，是区分不同类型市场经济体制的基本标志。信息构成一般由市场个体信息或微观经济信息、经济政策调控信息或宏观经济信息、国际市场信息或国际经济信息等组成。信息流向有两种基本形式：一种是经济政策调控信息、国际市场信息通过政府部门监管系统的传递而形成的纵向信息流；另一种是市场个体信息特别是企业信息在协调经济活动过程中形成的横向信息流。计划经济体制以纵向信息流为主，一般排斥横向信息流的作用；而市场经济体制则以横向信息流为主，并注重纵向信息流的作用。社会主义市场经济体制强调以横向信息流为基础，注重发挥纵向信息流的宏观调控作用。

协调系统由两个子系统组成：一个是市场微观调节系统；另一个是政府宏观调控系统。两个子系统是微观引导和宏观指导的统一。市场微观调节系统通过市场价格、供求、竞争等机制，微观引导、调节各类市场主体的活动行为、关系，从而构成以市场微观引导为基础的市场经济体制。政府宏观调控系统通过政府中长期发展规划、宏观经济政策和法律、经济、行政等手段，宏观指导、调控经济运行及趋向，从而构成以政府宏观调控为导向的市场经济体制。市场微观调节系统的特点是基础性的微观诱导，政府宏观调控系统的特点是方向性的宏观指导。协调系统的基本职能是调节各类市场主体的决策结构、价值取向和经济利益，调节社会稀缺资源在利益相关者之间的合理配置，保证市场经济体制的有序运转和经济社会的可持续发展。

监督系统是确保市场经济体制合理运行的前提条件，包括两个层次：一是政府监管机构和行业自律机构对市场主体经济活动行为的检查和监督；二是市场主体经济活动行为的自查、自律和自控。政府检查和监督具有重点性、间接性、原则性等特点，通过国家立法、制定宏观经济政策、实施中长期规划等进行整体性的必要检查和监督。市场主体自查、自律和自控具有特殊性、直接性、操作性等特点，通过市场主体决策，制订具体经营规划、确定规划指标、落实经济责任制，以及依据产品质量、技术标准和道德规范等进行具体性的检查和监督。两个层次的监督系统相互联系、相互统一，共同构成市场经济体制的前提条件。同样，监督系统及其相互联系、相互统一的方式不同，是区别不同类型市场经济体制的又一基本要素。①

在市场经济体制各个具体的构成要素中，所有权结构、决策结构和协调机制是最基本的要素，决定其他构成要素及其功能。从具体的构成要素及其相互关系而言，当代市场经济体制一般是建立在以私有制或公有制为主导，以多种所有制形式并存和共同发展的多元所有制结构基础之上的，是主要实行分散自主决策和市场机制微观调节的多类型的市场经济体制。资本主义市场经济体制，是以生产资料私有制为主导，以多种所有权形式并存结构为基础的最典型的经济体制，而且是较为成熟的富有借鉴意义的市场经济体制，成为WTO规则的制度基础。中国要建立与完善社会主义市场经济体制，就必须学习和借鉴资

① 何炼成. 社会主义市场经济学. 西安：西北大学出版社，1993：6.

本主义市场经济体制的成功经验，将其与中国实际相结合，必然实行以生产资料公有制为主导，以多种所有权形式并存结构为基础的具有中国特色的市场经济体制。显而易见，具体的所有权结构及其性质构成市场经济体制的基本内涵。市场经济体制作为特定国家经济制度所选择和构建的经济体制模式，既服务于特定国家经济制度，与之联系，又相对独立，具有自身运行的规律性。特定国家经济制度对其运行方式及规律运用得合理，就能为本国发展服务，相反，违背规律性，就会遭受挫折，甚至失败。

市场经济体制的中性特质是十分明显的。相比较而言，市场经济体制在当前和今后一个相当长的历史时期内，将优于其他经济体制，关键在于市场经济体制与市场这一基础性资源配置方式相适应、相统一，这也是中国选择社会主义市场经济体制的根本原因。

市场经济体制的基本内涵集中表现在以市场为基础性资源配置方式或手段的构架方面。无论是以私有制为主导的所有权结构，还是以公有制为主导的所有权结构，市场经济体制均实行以市场为基础性配置资源形式的自主决策方式，即实行经济活动主体分散自主决策模式。企业、其他经济组织或个人作为微观经济的要素，要求以市场机制调节为基础性手段，自主决策生产经营活动，确保生产经营的质量、水平和效益。政府监管机构作为经济活动的外部调控系统，要以市场机制调节为基础，对企业、其他经济组织或个人的分散自主决策及其活动行为实施调控、监督，即实行以市场机制调节为基础、以宏观调控为指导的经济运行体制。

虽然市场经济体制与特定社会经济制度相关联，但绝不能把二者相混淆、相等同。特定社会经济制度是一定社会占统治地位的生产关系要求的特定经济制度形式，主要包括：特定的所有制形式及其制度关系结构；特定的生产和再生产方式及其制度运行结构；特定的分配方式及其制度关系结构等。传统的社会主义模式严重地混淆了这两个不同层次范畴的问题：一方面根本否定市场经济体制的共性特质，并把市场经济体制与特定的资本主义经济制度相等同；另一方面把计划经济体制推向极端，作为区分不同社会经济制度的标准，把计划经济体制与特定的社会主义经济制度相联系。因此，邓小平多次强调市场经济体制与社会经济制度分属于不同层次，不能相混淆、相等同，二者并无本质的必然联系。①

然而，依据特定社会生产力发展的需要，市场经济体制与社会经济制度又能够结合起来，在特定社会经济制度中发挥其机能。具体而言，同一种社会经济制度及其占统治地位的生产关系，依据生产力发展的要求，可自主选择和构建不同特点的市场经济体制，例如，同样的市场经济体制，在美国与欧洲的表现不同，在日本与欧美又存在很大差异。而不同的社会经济制度，依据生产力发展的需要，又可选择和构建大体相同的市场经济体制，例如，当代不同社会经济制度的国家或地区，都较普遍地选择和构建市场经济体制。市场经济体制的灵活性、普适性最终源于社会生产力发展状况及客观要求，是特定社会生产方式的特有表现形式或实现形式。无论何种性质的社会经济制度，根据自身状况及发展目标，都可选择和构建具有共性特质的同一类型的市场经济体制，并与实际特点相结合，形成富有特色的市场经济体制，资本主义国家如此，社会主义国家也如此。而无论是资本

① 邓小平．邓小平文选：第三卷．北京：人民出版社，1993：373.

主义国家还是社会主义国家，都可依据各自的国情，选择和构建具有不同侧重点的计划控制模式，以促进市场经济体制的发展，实现市场经济体制和社会经济制度的较优结合。

二、市场经济体制模式

市场经济体制的具体构成要素和双重基本内涵，决定了市场经济体制模式或类型的多样性。无论是资本主义市场经济体制，还是社会主义市场经济体制，均呈现多种多样的模式或类型，而资本主义市场经济体制更具有典型性、代表性。可以预言，随着人类未来经济社会的深入发展，社会主义市场经济体制必然会形成更为多样的模式或类型。

资本主义市场经济体制是人类历史上最早实行的发展潜力较大的经济体制，至今已有四百多年的历史，根据所有权结构及其性质，资本主义国家均实行以生产资料私有制为基础的分散决策的市场经济体制，但是，具体的经济体制模式或类型因每个国家的不同特点、要求而不同，表现出多样性。

美国实行典型的无国家规划的经济杠杆调节模式，凸显以私有企业为主体、以市场机制为中心、以利润至上为通则，实行多元抗衡利益的组合与讨价还价决策方式的统一，建立以联邦、州和地方三级监管为特色的间接控制体系，完善法制体系，为政府调控经济运行提供法律依据，运用各种财政、税收、货币、外贸、收入政策直接指导、干预经济活动。① 美国的市场经济并不是完全竞争的体制，因而分散的决策机制遇到了许多障碍。消费者虽然有权决定其消费行为，但由于信息的不对称以及获取信息的代价昂贵，往往难以做出准确决策。由于垄断的存在，大企业占主导地位，众多中小厂商处于被支配地位。美国政府决策在市场经济中的作用越来越大，因此，“美国市场经济的决策机制又不是完全分散的，而是以分散决策为主、集中决策为辅的混合决策机制”②。

英国实行传统的自由市场经济体制，强调市场机制在商品和货币方面基本上自由发挥作用，通过立法管理产业，禁止垄断，国家采取各种传统的货币政策和财政政策指导经济，并以赠款和贷款形式向私有经济的重要部门提供资助，实施高关税、各种进口限制等保护国内企业发展。法国实行有计划调节的市场经济体制，也称为计划指导型市场经济体制，强调私有制的主导地位及作用，主张运用计划指标影响资源分配，干预经济发展方向，资源配置以市场调节为主，市场信息对资源配置起界定性作用，政府在全国范围内实施计划。

德国实行自由与均衡原则相结合的社会市场经济体制，强调以私有制为基础，遵循市场竞争调节机制，主张政府运用财税、金融等经济政策实施总体调节，注意吸收职工参与企业管理，缓解劳资矛盾。③

日本实行政府主导的市场经济体制，致力于“国民混合经济”干预体制，强调建立市场为主、计划为辅，间接控制为主、直接控制为辅，扩张性供给管理为主、抑制性需求管理为辅的模式，实施“窗口诱导”机制，提高运营效率，主张以私有民营经济为主体，以

---

① 黄芝晓，白康斌. 市场经济模式概览. 北京：中共中央党校出版社，1993：21.

② 郭晶. 世界市场经济模式及其最新演进：上卷. 北京：经济科学出版社，2008：27.

③ 毛蓉芳，肖勤福，赵黎青. 当代西方国家的市场经济体制——中国构建市场经济体制的借鉴. 北京：人民出版社，1995：73，74.

市场调节为主导，以政府职能为配应手段，制定经济法律法规，禁止垄断，注重适度的计划性和计划的指标性，向重点产业方面引导，形成共通性、协商性决策，政府作为经济活动主体之一，直接参与经济运行，发挥其主动性、积极性功能。①

瑞典实行福利国家的市场经济体制，强调以私人资本所有制为主导的经济制度是市场经济体制的基础，主张自由竞争占主导地位的市场经济体制，形成养老金制度、医疗保险制度、住房津贴制度、失业保险与失业救济等福利制度，政府实施宏观计划管理，控制经济运行。②

发展中国家或地区的市场经济体制也具有各自的特点，都是一个不断演进的模式。韩国的市场经济体制是典型的由政府主导型向民间（市场）主导型推移的市场经济模式。自20世纪80年代以来，特别是90年代亚洲金融危机之后，韩国开始由政府主导型向民间主导型过渡，并逐步加快这一推移的进程。新加坡实行政府宏观调控的市场经济模式，一方面发挥市场的效率，承认财产私有，促进企业竞争；另一方面在经济自由主义和自由市场的基础上，政府对经济进行强有力的干预和调控，制定并实施若干个经济发展规划，还辅以其他经济调控的政策和手段。巴西实行公司市场经济模式，即政府强力干预，通过国营公司来体现和实施市场经济模式，主要有：加快私有化步伐，降低国有经济的比重；放开价格，减少政府补贴；鼓励出口，限制进口，增加外汇储备；控制工资，限制消费增长；精简机构，提高效率；加强法规建设，按市场规律运作。印度也采用政府主导型市场经济模式，面对比较突出的二元经济结构，在涉及国计民生的重要领域实行公营经济垄断经营，其他领域放开经营，私营部门在GDP中约占3/4。政府对经济的宏观调控除采用财政、金融等手段外，更多的是通过制定社会经济计划和经济政策进行的。③

新兴转轨国家的市场经济模式也处在逐渐演进的过程中。俄罗斯实行社会导向的市场经济模式。20世纪90年代之前，苏联一直实行计划经济体制，市场机制过去没有发挥作用，甚至根本不存在。20世纪90年代之后苏联解体，俄罗斯接受西方国家市场化改革药方，即“休克疗法”，力图建立一个自由经济的资本主义强国。由于市场化改革操之过急，经济运行一蹶不振，1991年其GDP下降11%，通货膨胀率高达2 600%。1997年的亚洲金融危机把俄罗斯经济推向万劫不复的边缘。摆脱亚洲金融危机之后，俄罗斯经济逐渐恢复，并呈现快速增长势头，相对于经济低迷的欧洲，成为欧洲经济名副其实的一个亮点。俄罗斯政府在经济发展中发挥调控、引导作用，推进市场基础性调节，兼顾社会各方面的利益，力求保持社会公平。匈牙利的市场经济模式是现代化的福利市场经济模式，具有西方福利国家市场经济的特点。这主要有：坚持渐进的经济转轨战略，但不排除特定情况下的激进政策措施；坚持以直接出售国有资产的方式进行私有化；采取优惠措施吸引外资，积极参与全球化进程；坚持政府在经济转轨中的作用，为市场经济创造有利条件；注重经济转轨与欧盟经济一体化的协调。匈牙利已经建立了比较完善的市场经济体制。越南实行

① 郭建青，刘凤良，宋利芳. 西方主要发达国家市场经济大观. 北京：中国经济出版社，1993：77，106，145，214.

② 罗肇鸿，张仁德. 世界市场经济模式综合与比较. 兰州：兰州大学出版社，1994：214.

③ 陈杰锋. 世界市场经济模式及其最新演进：下卷. 北京：经济科学出版社，2008：370，447，538，578.

国家管理的市场经济模式。经过20多年的经济改革，越南的市场经济体制已经确立，明确提出“社会主义定向的市场经济”是越南过渡时期总的经济模式，主张多种经济形式共同发展。而作为市场要素的价格、利率、汇率、竞争和分配机制已全面市场化，劳动力、金融、技术和信息等市场体系正在积极培育之中，政府对经济的宏观调控能力增强并与市场机制逐步适应和匹配。①

社会主义市场经济体制作为一种新型的经济体制，应是计划经济和市场经济及其特点、手段在中国特色社会主义实践基础上的有机结合、统一，是人类社会经济发展史上前所未有的经济体制创新，构成具有中国特色社会主义理论的基础、前提，是在经济全球化背景下的市场经济体制与社会主义经济制度相结合的创新模式。依据邓小平理论，社会主义市场经济体制同样表现出多样性。社会主义市场经济体制不是对以往计划经济体制的完全抛弃，而是对经济体制的深刻变革、创新，不能千篇一律，必然是多样性的。社会主义市场经济体制不是对资本市场经济体制的简单模仿，而是对经济体制的系统重组、创新，不能亦步亦趋，必然是多样性的。社会主义市场经济体制既区别于以往的经济体制，又源于以往的经济体制，不是对以往的经济体制的单纯修补，而是对其长处的辩证否定、承继、创新，否则便失去了多样性存在与发展的历史根基，成为无源之水。同样，也不是对资本主义市场经济体制的单纯重复，而是对其优点的合理借鉴、吸纳、创新，否则便不具有多样性的运行机理、功能，成为无本之木。

社会主义市场经济体制是在中国逐步建立与完善的以公有制为主导性结构的新型市场经济体制，开创了市场经济与公有制相结合的新道路，标志着市场经济体制变革的新飞跃。目前还很难预测社会主义市场经济体制模式或类型具有怎样具体的多样性特点，但是，就中国40年来改革开放的实践经验而言，社会主义市场经济体制模式或类型一定要具有中国特色，适合中国的实际状况、特点；一定是市场经济体制的共性与中国社会主义经济制度的个性的结合与统一；一定与中国国有企业的改革、发展相联系，与社会主义法制体系、宏观调控、社会保障体系相联结。上述特点构成了中国式的社会主义市场经济体制模式或类型。随着改革开放的不断深入，社会主义经济制度的变革与发展在未来的社会主义国家中必然生成各具特色的社会主义市场经济体制模式或类型。市场经济体制模式或类型的多样性是客观的、必然的，表现出每个国家经济制度、经济结构及其发展状况的特点和规律性，因此，市场经济体制模式或类型一定是普遍与特殊的统一、共性与个性的统一。

三、市场经济体制共性特征

凡是较为完善的市场经济体制，不论其构成要素及结构关系、社会性质如何不同，都具有以下共性特征：

(1) 多种所有制形式并存。

任何社会经济制度下的市场经济体制，其所有制形式及结构都是多样的，表现为多种所有制形式及结构相互并存。资本主义市场经济体制是以私有制为主导的国有、民营等多

---

① 陈杰锋．世界市场经济模式及其最新演进：下卷．北京：经济科学出版社，2008：623，660，697.

种所有制形式并存的结构体系。社会主义市场经济体制是以公有制为主导的个体、私营等多种所有制形式并存的结构体系。无论市场经济体制的社会性质及背景如何不同，其多种所有制形式并存这一共性特征是显著的。

（2）市场机制、法制监督、社会保障有机统一。

这是所有市场经济体制的又一共性特征。虽然资本主义市场经济体制与社会主义市场经济体制具有根本性区别，市场机制、法制监督、社会保障有机统一的条件、要求、目的大不相同，但是均以市场机制调节为基础，以法制监督为构架，以社会保障为动力，体现了三者统一的共性特征。实践表明，只有市场机制、法制监督、社会保障有机统一了，才能确保市场经济体制的形成、发展与完善，解放生产力和发展生产力，提高综合竞争力水平。

（3）分散决策与集中决策相互依存。

这表现为企业、消费者以分散决策为主，政府以集中决策为主，三个决策主体之间既相互独立、相互区别，又相互依存、相互影响。消费者决策是企业决策和政府决策的主要依据，企业决策直接影响消费者决策和政府决策，政府决策原则上约束、影响企业决策和消费者决策，从而达成分散决策和集中决策的利益、目标趋于协调、一致，而不是相互替代。这是现代市场经济体制的又一共性特征。

（4）实行政府宏观调控。

“国家干预和调节不再凌驾于经济运行过程之外，而是渗透到生产、流通、分配、消费各个领域，成为经济运行机制的内在要素。”① 所有市场经济体制都必须有政府宏观调控与之相配应，都必须通过制定经济政策、发展规划，运用经济杠杆和必要的行政手段，对经济运行过程实施宏观调控。一般是由国家最高立法机关、政府综合部门和经济监督管理部门，依据国家法律法规、政策规章或适时修改国家法律法规、政策规章等，间接影响、控制市场变量关系，调节经济活动关系。实施政府宏观调控主要以市场机制为基础，实行法制调控、政策调控、计划和经济杠杆调控，原则上排斥直接的政府指令和干预，这成为现代市场经济体制又一鲜明的共性特征。

四、市场经济与市场经济体制

在当代人类社会，最典型的经济体制有两种：一种是市场经济体制；另一种是计划经济体制。市场经济体制是世界各国较普遍选择和构建的经济体制模式，原因在于市场经济体制与各国社会生产力发展水平、要求相适应，与世界各国的经济发展状况、需要相适应，与世界各国的资源开发状况和配置程度相适应。中国选择和构建社会主义市场经济体制的原因也在于此。计划经济体制之所以是封闭和僵化的经济体制，原因在于它脱离了社会生产力的发展状况、水平和要求，这并不是说计划经济体制模式本身有什么问题，而是说以往的社会主义国家把计划经济体制模式理想化了，超越了各自的现实国情。可以预言，在人类未来社会生产力高度发展和产品极大丰富的基础上，科学的计划经济体制必将成为普遍的经济体制模式被广泛地选择和构建。显然，作为市场经济发展要求的市场经济

① 龚士其．西方发达国家的市场经济．北京：中国轻工业出版社，1994：17.

体制模式，在当代有其存在和发展的必然性、必要性。

然而，市场经济体制并不等于市场经济，市场经济与市场经济体制具有区别。

市场经济是配置资源的一种方法或手段，属于经济机制范畴，如同商品经济一样，就配置资源的基本方法或手段而言，市场经济即是商品经济。市场经济体制则是以市场调节为基础的并与特定社会生产关系需要相关联的一种经济体制模式，属于经济结构范畴，如同商品经济体制一样，就其作为与社会生产关系相关联的经济体制模式而言，市场经济体制即是商品经济体制。作为配置资源基本方法或手段的市场经济，在当代人类社会的不同经济制度下都可被选择和运用，而作为经济结构及其体制模式的市场经济体制，虽然在人类社会的不同经济制度下也可被选择和构建，但不是以基本经济方法或手段为特征，而是以经济结构组织体系或体制模式为特征。

市场经济与计划经济相对应，属于经济机制的配应或补充的方法问题，二者能够在一定社会条件下相结合、相统一。而市场经济体制与计划经济体制相对应，属于社会经济结构和体制模式的不同类型问题，二者无论如何也难以相结合、相统一，而总是彼此对立、分离的。

市场经济作为非制度性的基本经济方法，与特定社会生产关系或基本经济制度的联系是间接的，这种间接性是通过其一般调节机制及方法符合特定社会经济发展的实际需要而具体转化实现的。

市场经济体制作为非制度性的社会经济结构和体制模式概念，与特定社会生产关系或基本经济制度的联系是直接的，这种直接性是通过经济结构及其共性特质或具体经济制度反映或表现出来的。可见市场经济与市场经济体制相互区别，不能等同，二者分属于社会经济发展过程中的不同层次和方面。

在当代人类社会中，经济方法与经济结构在特定层级上又总是融为一体的，因而市场经济与市场经济体制又具有不可分割的内在联系。

市场经济与市场经济体制内在统一。作为配置资源方法或手段的市场经济必须通过作为经济结构和体制模式的市场经济体制表现出来，在市场经济体制的构架内发挥资源配置的基础性作用，如果市场经济体制的构架不健全、不完善，市场经济就难以发挥作用并产生功能。在这里，经济方法与经济体制有机联系、内在统一。

市场经济与市场经济体制相互一致。市场经济与市场经济体制均属于非制度性概念，无论是市场经济及其一般方法、手段，还是市场经济体制及其共性特质、机理，都是中性的，任何社会生产关系或基本经济制度都可以选择、建构和运用，这种相互一致性能够与各国不同的情况、需要相结合，形成一定国家的经济体制模式。经济方法与经济体制彼此结合、相互一致。

市场经济与市场经济体制相互包含。市场经济通过配置资源的方法、机制体现出市场经济体制的结构状况、水平，即市场经济发挥基础性调节功能，形成合理配置资源的市场机制，一定要在市场经济体制构架内才能实现，并在实现过程中体现市场经济体制的结构状况、水平。市场经济体制通过特定的构成要素及其组合，并与特定的社会经济制度相联系，从体制上体现了市场经济配置资源的程度、水平，即市场经济体制必定要通过其构成要素的组合状况、水平，体现特定的市场经济机制、功能，再现市场经济配置资源的程度、水平。

市场经济是方法，核心要义是有效配置资源；市场经济体制是构架，重点是创造有效配置资源的制度条件。市场经济不能凭空配置资源，必须建立在有利于配置资源的体制构架或具体制度基础之上，这样才能实现具体方法与构架基础的内在融合、内容与形式的相互统一。由此可见，市场经济与市场经济体制是相互蕴涵的动态的统一体，从而推动社会生产力的解放与发展，推动经济社会的发展与进步。而把市场经济与市场经济体制相等同的观点是没有根据的，缺乏深度的辨析与思考。

第三节　市场经济理论

一、市场经济理论的产生

市场经济形成于17世纪和18世纪的荷兰、英国等欧洲主要国家，而（古典）市场经济理论的产生则以亚当·斯密的《国民财富的性质和原因的研究》（简称《国富论》）为标志。亚当·斯密关于两个不同价值的决定的观点，对于市场经济理论的产生及路径选择具有决定性影响。其劳动价值决定被马克思批判继承，构建了与西方经济学不同视角的商品（市场）经济理论；而交换价值决定则被新古典学派继承发展，特别是经过马歇尔等代表人物的系统性分析论证后，在世界获得广泛传播。

经过一个多世纪的理论探索、诠释、拓展与创新，到19世纪末以后市场经济理论才成为在西方广泛流行的经济学概念。20世纪30年代凯恩斯的《就业、利息和货币通论》标志着（现代）市场经济理论的形成。凯恩斯的现代市场经济理论强调国家干预的重要性和必要性，否定了自然耦合、自动出清、自主均衡的古典市场经济理论。尽管后来者对凯恩斯理论的质疑之声不绝于耳，但凯恩斯的现代市场经济理论仍成为二战之后在西方国家中占主导地位的市场经济理论，尔后逐渐向新兴发展中国家传播。

自20世纪70年代末开始，中国逐步实现市场化改革与开放，经过长期不懈的探索与实践，随着社会主义市场经济的逐步建立和完善，渐趋形成了社会主义市场经济理论。

二、市场经济理论的发展

市场经济理论突出市场机制在资源配置中的基础性作用。古典政治经济学把市场机制视为一只“看不见的手”，“像在其他许多场合一样，他受着一只看不见的手的指导，去尽力达到一个并非他本意想要达到的目的”。“他追求自己的利益，往往使他能比在真正出于本意的情况下更有效地促进社会的利益。”① “看不见的手”的调节作用是客观的、自发的，不是关于个别部门或行业的资源配置，而是关于整个社会的资源配置。这种调节及目的与人类的本性相通、一致，通过市场层面“看不见的手的指导”，在道德层面可实现人类社会的和谐、福利、美好和秩序。因为“人类的相同本性，对秩序的相

① 亚当·斯密．国民财富的性质和原因的研究：下卷．北京：商务印书馆，1974：27.

同热爱，对条理美、艺术美和创造美的相同重视，常足以使人们喜欢那些有助于促进社会福利的制度”。不仅如此，“有智慧和有美德的人乐意在一切时候为了他那阶层或社会团体的公共利益而牺牲自己的私人利益”。直至为了仁慈和无上智慧的上帝本身这一更大的社会利益而牺牲“一切次要的利益”。① 这就是亚当·斯密的市场和道德统一的终极和谐目标，其市场理论被后来的古典政治经济学理论推向极致，但道德理论则被逐渐忽略、抛弃。

李嘉图则从价值论出发，通过商品交换价值及其价格分析，批判了亚当·斯密有关价值的含混观念，阐述了具有特点的古典市场经济理论。“如果体现在商品中的劳动量规定了商品的交换价值，那么，劳动量每有增加，就一定会使在其上施加劳动的商品的价值增加，劳动量每有减少，也一定会使之减少。”“劳动的市场价格是根据供求比例的自然作用实际支付的价格。”劳动的市场价格无论与其自然价格有多么大的背离，同其他商品一样，它都“具有符合自然价格的倾向”。当劳动的市场价格超过其自然价格时，劳动者的境况是繁荣而幸福的，反之，当劳动的市场价格低于其自然价格时，劳动者的境况是最困苦的。李嘉图同样秉持市场经济均衡论，即劳动的市场价格与其自然价格之间的上下波动和均衡趋向。这丰富了亚当·斯密的“看不见的手”的调节机制理论。②

萨伊认为市场调节是通过供求机制进行的，“一种货物的价格，如果由于生产成本增加而上涨，那么这种货物就停止生产，或不再成为供给的一部分。因此，在市价上涨时，供给就较为充足，而在市价下降时，供给就较为短缺”。“需求与供给是天平秤杆的两个相反极端，秤杆下垂着贵与廉这两个天平盘，价格是平衡点，在这一点上，一边的动力停止作用，另一边的动力就开始作用。”“在一定的时间和地点，一种货物的价格，随着需求的增加与供给的减少而成比例地上升，换句话说，物价的上升和需求成正比例，但和供给成反比例。”③ 亚当·斯密的“看不见的手”的自由调节更具体化了。

市场配置资源的必要条件就是两个交易者之间的“交换比率，应为其他一切人所知”。“每一个人必被认为纯粹是顾虑自己的需要和私人的利益来交易，且须有完全的自由竞争，使任一个人都为蝇头微利而与任何他人相交换。”“一切商人对于供求状况，对于交换率皆有完全知识的市场，才是理论上完全的；在这种市场上，同一的商品，在同一的时候，只能有一个交换率。”市场上每一次的无差别的选择行为，都会引起一个效用程度的方程式，交换率是一个微分系数，“被购买的物品的量，是购买价格的函数。”市场交换双方“将进行至两方面都获得一切可能的利益为止，到这点，如再继续交换，则效用将有损失。在这一点，两方面都在满足与平衡中，效用程度已达到平衡。”④

古典的市场经济理论转向主观的效用分析，数学方法被运用于市场经济理论分析之中。市场并不是指任何一个特定的货物交易场所，而是指任何地区的全部，在这个地区中，“买主与卖主彼此之间的往来是如此自由，以致相同的商品的价格有迅速相等的趋

① 亚当·斯密．道德情操论．北京：商务印书馆，1997：230，304.

② 彼罗·斯拉法．李嘉图著作和通信集：第一卷．北京：商务印书馆，1962：9，78.

③ 萨伊．政治经济学概论．北京：商务印书馆，1997：325.

④ 斯坦利·杰文斯．政治经济学理论．北京：商务印书馆，1997：81.

势。”如果产量是使需求价格大于供给价格的产量，则卖主就有一种“倾向于增加出售数量的积极力量起着作用”。反之，如果产量是使需求价格小于供给价格的产量，则卖主所获就“不足以使得他们认为值得把这样一个数量的货物运往市场；那些处于怀疑的边际，正在犹豫是否应当继续生产的人，就会决定停止生产，从而就有一种倾向于减少出售数量的积极力量起着作用”。“当需求价格等于供给价格时，产量没有增加或减少的趋势，它处于均衡状态之中。”①

瓦尔拉斯认为古典的市场经济理论，是在“完全自由竞争制度假设下确定的价格理论”。市场上的各种商品或服务的有效需求和有效供给的数量是确定的，“那些求过于供的事物的价格就会上升，那些供过于求的事物的价格就会下降”。新的价格产生，各个交换参与者就会“提供和需要新的数量”，“直到各种商品和各种服务的需求和供给趋于均等。这时的价格就是现时平衡价格，将有效地发生交换”。“关于市场处于全面平衡时商品与服务的价值对稀少性的比例原则，以及由于效用或原始保有量变化而使稀少性发生变化时的平衡价格变动定律，在资本形成方程和流通方程得解以后，是仍然跟以前同样有效的。”②

维塞尔更强调主观的边际效用倾向，认为一切经济的最高原则是效用，在这个市场上，当“价值同效用发生冲突时，效用就一定制胜。”“交换价值就是根据一种预期的交换行为而赋予财物的那种价值。这种意义上的交换价值，和使用价值具有同一性质；前者来源于后者，并且是后者的一种发展形式。这两种价值形式都遵循着同样的一般定律；二者都是主观的；二者的数量又都随个人的境况而异。”③

这种自由放任式的市场均衡被凯恩斯视为古典学派所假设的“各种可能的均衡状态中的一个极端之点”。这种假设不能代表“实际生活中的经济社会所含有的属性”。自动均衡理论“会把人们引入歧途，而且会导致灾难性的后果”。自由放任式的市场经济不充分的理论基础即认为“利率和投资量可以在最优的数值上自行调节，从而没有必要去关心外贸是否平衡”。这犯了一个想当然的错误，“把数千年来管理国家的一个有现实意义的主要目标当作无聊的盲目信念”。④ 凯恩斯和凯恩斯主义者不接受“经济系统内部正在运行一种自我纠正、自我调节的价格机制的论点，该机制将自动维持或使经济系统恢复到生产可能性边界。无形的手并不存在。”⑤“看不见的手”（市场）需要“看得见的手”（政府）加以约束、干预。“对亚当·斯密来说，自由放任是一项纲领。他预言，如果取消了旨在保护特殊利益的一些限制性法律，让私营企业自由活动，那么，国民财富就会大大增加。对新古典学派来说，自由放任成了一种教条，自由贸易的利益成了一项信仰。”“要是政府不干预经济活动的话，自由企业就会按照最有利于整个社会的方式来分配资源。”凯恩斯革命突破了这种自由放任的古典市场经济理论的界限，使之“从超时间的均衡降临到我们此时此地生活在其中的世界”。“对于私营企业制度，在听任它放任自流时，持续的充分就业

① 马歇尔．经济学原理：下卷．北京：商务印书馆，1965：18，36．

② 莱昂·瓦尔拉斯．纯粹经济学要义．北京：商务印书馆，1997：16，405．

③ 弗·冯·维塞尔．自然价值．北京：商务印书馆，1982：82，97．

④ 约翰·梅纳德·凯恩斯．就业、利息和货币通论（重译本）．北京：商务印书馆，1999：7，349．

⑤ 普塔斯瓦玛哈．萨缪尔森与现代经济学基础．北京：华夏出版社，2011：267．

是没有保障的；而依靠政府的政策来控制它，为了缓和经济活动起伏不定的情形，则至少是有可能的。”凯恩斯理论是“适当保守”的，却带有“反对自由放任学说的含义”。米尔顿·弗里德曼企图在“货币理论”的幌子下使纯粹的“自由放任复活”，恢复了“真实”力量和“货币”力量的两分法，认为“真实”力量倾向于均衡是理所当然的。其结论是：“只有不正确的货币政策才会妨碍一国保持它的充分就业和稳定增长。”① 古典的市场均衡理论者又恢复了往日的执著与激情，并在现代货币理论研究方面获得了进一步发展。

哈耶克则从否定政府干预的视角质疑古典学派市场均衡理论，特别是“经济人”假设，认为一个有效的竞争性市场绝不等于“完全市场”或“完善市场”。“第一，那种为了满足均衡分析之假设所必需的完善市场绝不仅限于意指各类商品的特定市场；第二，必须把整个经济系统建设成一个完善的市场，而在这种完善的市场中，每个人都同时知道每一件事情。”“有关完善市场的假设只是对那种认为存在着均衡状态的观点所做的另一种表达而已，但是依旧未能对这样一种均衡状态在何时并以何种方式产生的问题做出任何解释。”②

古典的市场经济理论特别是马歇尔关于市场经济的理论是以静态的机制为中心进行描述的，而以凡勃伦为创始人的制度经济学，则强调市场经济的动态过程，并用进化论观点进行阐述，从而反思了“什么是企业这一重要问题”。无论是市场还是企业，都是进行资源配置的“调节机制”。市场调节是通过“看不见的手”来进行的，“而企业的调节则被视为企业家或经营者主体有意识地进行选择行为的结果”。③

从经济史的观点看，古典经济学特别是新古典经济学关于市场经济理论的模式及公式，“似乎是用未证实的假定来解释一切令人感兴趣的问题。它所涉及的社会是一个无摩擦的社会，在这个社会中，制度不存在，一切变化都通过完善的市场发生。总之，获得信息的成本、不确定性和交易成本都不存在”。制度理论对于市场具有重要的意义。“如果没有一种关于意识形态的清晰理论，或更广泛意义上的关于知识社会学的理论，那么，我们解释现行资源配置或历史变革的能力便会有很大的缺口。除了不能解决白搭车问题这一根本难题外，我们也不能解释每个社会都能正当地进行巨大投资。”④

新制度经济学认为，自亚当·斯密以来，经济学家的所有努力都在“试图构建通过价格机制协调经济运行的那只看不见的手的理论体系”，然而有其他方面的缺陷，即“在研究供给和需求怎样决定价格时，却忽略了那些在市场中决定什么商品和劳务被交易且因而被定了价的因素”。市场经济理论蕴含在新制度经济学分析之中，市场效率与市场制度效率密切相关。“一家企业内部的协调成本和外部的交易成本是由该企业从其他企业那里购买要素的能力所决定的，并且其他企业供给这些要素的能力部分地依赖于它们的协调成本和交易成本，而这些协调成本和交易成本也同样依赖于其他企业。我们所面临的是一个复杂的相互关联的结构。”经济制度的运作效率由分工决定，这种分工就是亚当·斯密所指

① 琼·罗宾逊，约翰·伊特韦尔．现代经济学导论．北京：商务印书馆，1982：61，67，296．

② 冯·哈耶克．个人主义与经济秩序．北京：生活·读书·新知三联书店，2003：68．

③ 猪木武德．经济思想．北京：生活·读书·新知三联书店，2005：26．

④ 道格拉斯·C．诺思．经济史上的结构和变革．北京：商务印书馆，1992：7，48．

的劳动分工，但只有存在交易时，专业分工才有可能，交易成本越低，制度产生的效率就越高。交易成本依赖于一国的法律制度、政治制度、社会制度等，“制度决定经济绩效”，这正是新制度经济学对市场经济理论给出的“重要结论”。[1]

科斯定理的一个重要引申是，“如果所有的交易成本为零，那么，不论生产和交换活动怎样安排，资源的使用都相同。这意味着，在不存在交易成本的情况下，各种制度安排或组织安排不会提供选择的依据，因此也就不能用经济理论来解释”。这样不仅经济组织是随机决定的，而且实际上没有什么经济组织可谈：生产和交换活动完全是由这只“看不见的手”来引导的。传统的古典市场经济理论的分析始终局限于资源配置和收入分配，合约安排作为一类现象一直受到轻视，“在一个被交易成本弄得错综复杂的世界里，这种忽视不仅听凭大量有趣的现象得不到解释，而且实际上模糊了对资源配置和收入分配的理解”[2]。“市场交易和政府交易都是以平等人之间的同意为基础的。区别在于：市场交易在两两人的交易不存在直接的外部性的情况下更有效率；而政府交易则在两两人的交易存在直接的外部性的情况下更有效率。因此，市场与政府的边界就位于两两人的交易与两人以上的交易之间。”或者说“政府交易的边际投入不再带来市场交易费用的降低”。在现实中，“只要交易双方不诉诸法院，法院也就无须干预平等人之间的自由交易”[3]。

市场关系是商品、价值的交换关系，是在给定环境下经济生活的“循环流转”或“均衡趋势”，但这种市场关系或经济关系是以发展为特征的，发展“是在流转渠道中的自发的和间断的变化，它打破了均衡，并且永远改变着和代替着先前存在的均衡状态”。发展是经济生活的变化，不是外部强加的，“而是产生于内部，由自身引起的变化”。发展可定义为“能执行新的组合”，包括引进一种新的产品，采用一种新的方法，打开一个新的市场，征服或控制原材料或半制成品的某种新的供给来源，任何一种工业执行新的组织等。[4] 熊彼特以经济发展理论丰富了市场经济理论。

针对第二次世界大战之后的抑制通货膨胀和制定公共经济政策，加尔布雷斯把市场经济理论划分为计划体制和市场体制两部分，“计划体制和市场体制的差别，并不在于要脱离市场制约、对经济环境施加控制的愿望。这种差别主要体现在实现这种愿望的手段，以及凭借这些手段所能取得的成就方面”。计划体制存在于与政府的关系最为密切的企业中，“要想按照目前的模式生存下去，就必须依靠它对于政府施加的影响和控制”。计划体制下的公司对于价格具有控制权，“计划体制要想保持它对公众的影响力，首先要使公众坚信它的所作所为的价值所在”。市场体制会受到通货膨胀的损害，通货膨胀不是市场体制所固有的，“而且很容易得到纠正”。“在市场体制下个人生产者会根据他不能加以控制的价格做出调整。如果市场对于他的产品或服务有相当强烈的需求，价格就会被提高。”企业在内部根据计划配置资源，自由经营者则根据市场配置资源，两种体制

---

① 科斯，诺思，威廉姆森等．制度、契约与组织——从新制度经济学角度的透视．北京：经济科学出版社，2003：11.

② 张五常．经济组织与交易成本//新望，范世涛．中国经济学经典文选：下．北京：华夏出版社，2011：550.

③ 盛洪．市场化的条件、限度和形式．经济研究，1992（11）：19-23.

④ 约瑟夫·阿洛伊斯·熊彼特．经济发展理论——对利润、资本、信贷、利息和经济周期的探究．北京：中国社会科学出版社，2009：81，83，85.

并行不悖，发挥各自的功能。[①] 这突破了古典市场经济理论的持续均衡及自由配置资源的信条，并与实践相结合，发展了市场经济理论。

新古典经济学关于市场经济理论是以理论上的新自由主义国家为框架的，“新自由主义国家应该支持牢固的个人财产权、法治以及令市场和自由贸易得以自由运转的制度”。“法律框架属于市场上的司法个体之间承担自由协商的契约义务，契约的神圣性与行动自由、言论自由、选择自由的个体权利必须受到保护。”商业和企业在自由市场和自由贸易制度框架内的运作自由也被视为“根本的善”，甚至认为“贫穷问题能够最好地通过自由市场和自由贸易得到解决”。在这个框架下，“市场中所有行为者都有掌握相同信息的渠道”，更不会假定“存在权力或信息的不对称，以至于干扰个人出于自身考虑做出理性经济决定的能力”。“在大众层面上，朝向市场自由和一切事物商品化的推动力很容易走火入魔，并造成社会不和谐。”新权威主义、新保守主义、古典自由主义、市场激进主义和国家现代化的理论叙述和历史叙述，“都与新自由主义意识形态的形成存在密切的、这样的或那样的关系”[②]。其中，新凯恩斯主义在分析中引入了凯恩斯主义所忽视的厂商利润最大化和家庭效用最大化的假设，吸纳了理性预期学派所强调的理性预期假设，试图给凯恩斯主义宏观经济学奠定微观经济基础。新凯恩斯主义认为：“在经济中出现需求或供给冲击后，工资和价格的黏性使市场不能出清，经济会处于非均衡态；即使有理性预期的存在，国家的经济政策也有积极作用，能影响就业和产量。”[③]

市场经济理论经由西方各主要经济学派系统地丰富与发展，被推向极端。市场经济理论只有两百年的历史，亚当·斯密的贡献在于“分析了市场组织经济生活和产生快速经济增长的方法。他说明了价格和市场体系能够在没有任何统一指导的情况下使得消费者和生产者相协调”。几乎在一个世纪以后，“当铁路、纺织和其他部门中充满活力的资本主义企业开始把其影响扩张到世界的每一领域时，出现了卡尔·马克思的批判资本主义的巨著《资本论》”。马克思预言资本主义必然灭亡，“跟着很快发生的将是经济萧条、革命的大动荡和社会主义”。在随后的几十年中，“事实似乎证实了马克思的预言”。特别是19世纪90年代和20世纪30年代的经济恐慌和大危机，导致对“以私有企业为特征的资本主义的可行性提出了疑问”。到了20世纪80年代，“几乎世界的1/3被马克思的学说所统治”。也就是在这个年代，历史车轮又转了一圈，市场经济理论再度被东西方国家所发现、所瞩目。[④]

不仅如此，一般均衡涉及所有商品和要素，并且“个别市场所展示的看不见的手的效率性”可在所有市场之间产生“相互作用”。“在某些限定条件下，竞争性市场的明显的效率性扩展到了市场的总体，但同时也看到，污染、垄断等市场失灵，会给市场经济的效率带来损害。”[⑤]

市场失灵打破了古典市场经济理论的完全竞争模式，防止市场失灵，解决不完全竞

---

① 约翰·肯尼斯·加尔布雷斯．经济学与公共目标．北京：华夏出版社，2010：178，212．

② 大卫·哈维．新自由主义简史．上海：上海译文出版社，2010：74，78，92，93．

③ 吴易风，王健，方松英．市场经济和政府干预．北京：商务印书馆，1998：283．

④⑤ 保罗·A．萨缪尔森，威廉·D．诺德豪斯．经济学（第十四版）：上．北京：首都经济贸易大学出版社，1996：3，525．

争及其造成的污染、垄断等问题，重视政府在市场经济中的作用及其经济责任，关注宏观经济目标与自由市场条件下的价格稳定，就具有更重要的现实意义。“在自由市场的情况下，价格在最大可能的程度上由供求决定，政府对个别价格不加干预。只有赋予企业自由定价的权利，我们才能够保证市场机制将资源配置到最有效的用途上去。”① “市场经济是一种主要由个人和私人企业决定生产和消费的经济制度。价格、市场、盈亏、刺激与奖励的一整套机制解决了生产什么、如何生产和为谁生产的问题。”“市场经济的极端情况被称为自由放任经济，即政府不对经济决策施加任何影响。”然而，在当今世界上没有任何一个经济完全属于市场经济或者指令经济，“所有的社会都是既带有市场经济的成分也带有指令经济的成分的混合经济”。在市场经济条件下，“政府在监督市场运行方面仍然扮演着重要的角色：政府制定法律来监督经济生活，提供教育和治安服务，并管制污染等”②。这就为古典市场经济理论向现代市场经济理论过渡或转化奠定了基础。

与此同时，西方理论界也在反思：经济学之所以未能预测全球金融危机，是因为依靠“有效市场假说”的芝加哥经济学派掌控着主流经济学。20世纪60年代提出的“有效市场假说”认为，“资产（股票和债券）价格会迅速反映市场所有信息”。市场将始终维持均衡状态。因为只要出现值钱的信息，市场就会立即反映信息，价格也会随之上升，不会存在泡沫。而让市场有效运行的核心因素是政府放宽规制，这一理论进而发展为反对政府干预、只重视市场的新自由主义主流经济学。然而，市场有效运作仅仅是一种“假说”而已，在现实中并不存在。“如果在电影院我站起来看电影，对自己再好不过，但会妨碍他人看电影。对个人最合理的行为并不一定对社会也最好。把有益于个人的事情和有益于社会的事情一视同仁，这就是新自由主义犯下的致命失误。”普林斯顿大学教授保罗·克鲁格曼认为，“过去经济学错误地把（理论的）美丽假象当作真相。”③ 当前爆发的全球性金融危机证明马克思对资本主义的批判是正确的。马克思指出，资本主义存在内部矛盾，对经济构成压力，甚至导致出现周期性危机。鲁比尼认为，“马克思是对的，资本主义到了某些时候会自我摧毁。”他解释道，企业现在削减成本，增持现金，导致员工收入减少，令现金不能通过员工回流至企业内；而打工仔同样减少开支，储存起手头上的现金，结果加剧了现金不能流向企业的情况。“我们以为市场会运作，但事实并非如此，虽然每个个人都理性行事，但这却是自我毁灭的程序。”④ 资本主义的效率建立在“看不见的手”的理论基础上，“通过市场，贪欲被套上了笼头，以一种不受人的因素影响和表面上自动的方式为社会目标服务”。因此，美国经济制度已经发展到了时常发生故障的阶段，“需要有一次大检修”。但作为一种生产制度，还没有哪一个新模式能够替换它。⑤

---

① 保罗·A. 萨缪尔森，威廉·D. 诺德豪斯. 经济学（第十四版）：下. 北京：首都经济贸易大学出版社，1996：739.

② 保罗·萨缪尔森，威廉·诺德豪斯. 经济学（第十九版）：上册. 北京：商务印书馆，2012：15.

③ 方显哲. 诺奖讽刺“获奖”主流经济学难测未来. 新浪网，2011-08-12.

④ 佚名. 末日博士鲁比尼：马克思是对的. 联合早报，2011-08-15.

⑤ 阿瑟·奥肯. 平等与效率——重大抉择. 北京：华夏出版社，2010：58.

市场经济理论是社会化商品经济运行基本形式的概括。社会化商品经济运行是通过市场机制调节实现的，市场机制调节表现为商品经济运行的基本形式和基本属性，越是规模化和高水平的商品经济运行形式，越是凸显市场机制调节的作用和功能。就此而言，市场经济也是一种责任制度，利润是一种考核方式。市场经济通过企业这一组织形态划分核算单位，通过利润追溯责任，让每一个人对自己的行为负责，从而真实反映了“竞争为他人创造价值”和“陌生人之间的分工合作”的运行特征。①

市场经济理论也是对现代商品经济社会基本经济体系的总结。它作为商品经济高度发展的产物，是通过市场配置资源的一种方式。就其运行机制而言，不存在社会性质的区别。“市场经济是方法和手段，而不是不同社会制度的标志。”②

三、市场经济理论的变革

20世纪80年代，车轮又转了一圈。东西方国家“再度发现了市场具有产生快速技术进步和较高生活水平的力量。在西方，政府减轻了行业管制的重负，并放开价格控制。最富喜剧色彩的变化发生在东欧，在那里，1989年的和平革命迫使社会主义国家抛弃中央计划模式，并允许市场力量再次迸发出来。在亚当·斯密写作《国富论》之后的两百多年，人们重新发现了他的基本见解”③。然而，这不是历史车轮简单地转一圈，不是西方古典市场经济理论的简单复归，而是一场历史性的理论突破和深刻的革命性变革。

真正发生根本变革的不是苏联和东欧国家，而是中国，是20世纪80—90年代之后的中国，市场经济理论获得历史性飞跃。这种飞跃是从商品经济与社会主义关系问题的探索开始的，经过长达半个多世纪的探索，最终形成了社会主义市场经济理论。市场经济与社会主义基本经济制度相结合，构成市场经济理论历史性变革的实践动力。

社会主义市场经济是在对两个相互联系的基本方面的学习、借鉴和探索的基础上逐渐形成的：一方面是在学习、借鉴资本主义市场经济成功经验和教训并结合中国实际状况、需要的基础上形成的；另一方面是在改革开放、大胆探索、善于总结并比较分析别国经验模式的过程中形成的。因此，社会主义市场经济既与资本主义市场经济相区别，又与市场经济发展的共性方面相一致，有其独特的发展轨迹及基本特征。

商品经济存在于人类不同的社会经济制度之中，从商品经济的萌芽到高度发展，在漫长的发展历程中一直与以私有制为基础的社会经济制度相联系，奴隶社会、封建社会和资本主义社会都是如此。但发展到资本主义阶段，商品经济已经普遍化了，甚至突破了一国地域的界限，形成世界范围的最典型的发展形式，商品经济与资本主义相结合，已经达到历史发展的最高峰。“资产阶级在它的不到一百年的阶级统治中所创造的生产力，比过去一切世代创造的全部生产力还要多，还要大。自然力的征服，机器的采用，化学在工业和农业中的应用，轮船的行驶，铁路的通行，电报的使用，整个整个大陆的开垦，河川的通

---

① 张维迎. 理解和捍卫市场经济. 学习时报，2007-12-17.

② 苏星. 邓小平社会主义市场经济理论与中国经济体制转轨. 北京：人民出版社，2008：46.

③ 保罗·A. 萨缪尔森，威廉·D. 诺德豪斯. 经济学（第十四版）：上. 北京：首都经济贸易大学出版社，1996：4.

航，仿佛用法术从地下呼唤出来的大量人口——过去哪一个世纪能够料想到在社会劳动里蕴藏有这样的生产力呢？”①

商品经济之所以能够与资本主义相结合，有两个价值取向相吻合、相一致的接口，即商品经济与资本主义经济制度都追求商品所有权或物权的利益最大化，利益最大化必然转化为私有权合法化，并形成基础性制度文化认同机制，西方发达国家称之为自由市场制度。商品经济与资本主义经济制度都追求商品所有权或物权的等价交换及其公平竞争，公平竞争可引致所有权或产权的交易自由化，并形成制度性的自由交易体系，西方发达国家称之为自由贸易制度。自由市场制度和自由贸易制度仿佛天然合一，内在地反映了人（确切地讲是经济人）的逐利心态及其不断增长的欲望需求。

从商品经济理论的历史来看，商品经济普遍与私有制相联系，是资本主义基本经济制度产生的基础，成为人类剥削制度之源，而且以往历史上也没有与公有制相联系的制度环境及条件。因此，随着社会主义基本经济制度的建立，理论上可判断与私有制相联系的商品经济将会消亡。“一旦社会占有了生产资料，商品生产就将被消除，而产品对生产者的统治也将随之消除。社会生产内部的无政府状态将为有计划的自觉的组织所代替。”② 列宁在十月革命前也一度持有这种观点，并且深信不疑，赞同社会主义就是要消灭商品经济。③ 马克思主义经典作家这方面认识的局限性并未妨碍后人对商品经济与社会主义关系的理性思考。

理论总是在曲折发展中反复求索、求证，既然商品经济能够与私有制经济制度相结合，成为私有制条件下社会经济发展的一种普遍的经济形式，那么在另一种与之并存的制度环境及条件下也能够与公有制经济制度相结合，公有制经济制度完全可以利用自由市场制度和自由贸易制度及其价值取向，把商品经济的普遍形式内化为公有制条件下社会经济发展的一种更典型的经济形式。波兰著名经济学家奥斯卡·兰格（Oskar Lange，1904—1965）以一般均衡论和福利经济学的价值判断标准为基本分析工具，对社会主义资源配置方式进行了多年探索，第一个从理论形态上较为完整地阐述了市场社会主义模式，“确切地说是‘计划模拟市场’的市场社会主义模式”④。20世纪30年代，兰格发表了《社会主义经济理论》，认为计划经济可以解决合理配置资源的问题，用计划代替市场的功能是可能的和可行的，市场用“试错法”建立经济均衡，而中央计划可以起到市场作用，可以模拟市场，不必求解上百万个方程，只需利用“试错法”根据经济关系的变化提高或降低价格，就可确定供求相当的均衡价格，实现每种产品的供求平衡，从而做到合理的资源配置。⑤ 继兰格之后，波兰的另一位经济学家布鲁斯提出了市场与计划并存的“分权模式”，被概括为“国家左右市场，市场引导企业”的社会主义经济模式。而匈牙利经济学家科尔奈对社会主义短缺经济体制的根源进行了分析，认为对企业数量冲动和无限扩张约束软化

① 马克思，恩格斯．马克思恩格斯文集：第二卷．北京：人民出版社，2009：36.

② 马克思，恩格斯．马克思恩格斯文集：第三卷．北京：人民出版社，2009：564.

③ 列宁．列宁选集：第三卷．北京：人民出版社，1972：847.

④ 余文烈，姜辉．市场社会主义历史、理论与模式．北京：经济日报出版社，2008：117.

⑤ 邹东涛．社会主义市场经济学．北京：人民出版社，2004：36.

的根源在于“家长”式的政府干预和管束，并且预见到社会主义经济市场化的改革非常艰巨。①

20世纪50年代，苏联、中国和东欧等社会主义国家也开始对经济体制进行改革与思考，斯大林在商品经济与社会主义相对立的传统观点方面有所突破，认为虽然全民所有制经济内部不存在商品交换，但在全民所有制与集体所有制之间、集体所有制内部之间存在商品交换仍然是必要的；生产资料不是商品，但消费资料必须是商品；价值规律不能在生产领域起调节作用，但在消费领域必然起调节作用等。虽然在某些方面承认了商品经济与社会主义相联系，但仍然把商品经济限制在狭隘的范围内。②

毛泽东在《论十大关系》中提出，搞经济建设一定要尊重经济规律，什么都管得过死，不给企业一点权力、一点机动的余地、一点利益，恐怕不妥。要学习和借鉴西方先进的科学技术和企业管理方法，工业发达国家的企业，用人少，效率高，会做生意，这些都应当有原则地好好学过来，以利于改进我们的工作。后来毛泽东又提出社会主义还存在商品生产，价值法则还起作用，价值法则是客观存在的经济法则，即是客观存在的规律性，对于社会产品，只能实行等价交换，不能无偿占有。不能孤立地看待商品生产，要看商品生产与什么经济条件相联系：与资本主义相联系，是资本主义商品生产；与社会主义相联系，则是社会主义商品生产。这些都需要不断认识和探索，“逐步地发展成为完全的认识或者比较完全的认识”③。毛泽东关于商品经济与社会主义关系的理论思考及战略，与列宁在20世纪20年代初的理论思考及战略是一致的，即不是“摧毁旧的社会经济结构——商业、小经济、小企业、资本主义，而是活跃商业、小企业、资本主义，审慎地逐渐地掌握它们，或者说，只是随着它们活跃的程度能够使它们受到国家的调节。”“掌握商业，引导商业，把它控制在一定的范围内，这是无产阶级国家政权能够做到的。”④ 表明新经济政策并不改变工人国家的实质，却根本改变了社会主义建设的方法和形式，因为新经济政策容许建设中的社会主义同力图复活的资本主义，在通过市场来满足千百万农民需要的基础上实行经济竞赛。

陈云的理论认识则转为具体，更深入思考商品经济存在的必要性和必然性问题，他把计划经济的主体性和商品经济的调节性统一起来，认为在生产资料社会主义改造完成之后，中国社会主义经济应体现为“三个主体和三个补充”的关系，第一个主体和补充是指生产资料公有制与非公有制结构的关系，第二个主体和补充是指计划管理体制与商品生产的关系，第三个主体和补充是指计划流通体制与市场调剂的关系。⑤ 在社会主义条件下，可以发展商品经济，要更多地发挥商品经济的作用，引进市场机制，更多地发挥市场力量的作用，实行商品交换可使公有制经济各阶层劳动价值得以实现，有利于巩固社会主义生产关系，有利于推动生产力发展。“应该自觉地运用价值规律和供求规律的调节作用，使

---

① 朱舜，赵峰. 社会主义经济理论创新与中国经济发展. 成都：西南财经大学出版社，2005：9.

② 斯大林. 斯大林选集：下卷. 北京：人民出版社，1979：549.

③ 毛泽东. 毛泽东著作选读：下册. 北京：人民出版社，1986：833.

④ 列宁. 列宁选集：第四卷. 北京：人民出版社，1972：575，615.

⑤ 陈云. 陈云同志文稿选编（一九五六——一九六二年）. 北京：人民出版社，1981：12.

买卖愈做愈活，愈做愈大。”[①] 价值规律是客观存在的市场经济规律，社会主义经济建设更应重视价值规律，要通过计算去寻找它、发现它、尊重它，更进一步掌握它，并且为社会主义服务。强调要把“计划、统计放在价值规律基础之上”[②]。整个社会主义到共产主义的过渡阶段，都存在商品生产，都要遵循价值规律。这些理论思考都涉及商品经济与社会主义的关系问题。

20 世纪 60 年代初，苏联经济学家利别尔曼在《真理报》上发表的《计划、利润、奖金》一文认为，苏联的社会主义经济工作，无论是国家计划、企业生产还是劳动者的激励，都必须充分利用价值规律和市场关系。在社会主义社会，“计划经济能够利用好商品货币，商品和流通有利于社会主义经济发展。”[③] 兰格则主张在以公有制为基础的计划经济中，在消费品和劳动力市场范围内，可由市场机制发挥调控作用，提出了社会主义计划经济体制中可以利用市场的理论，并对后来社会主义国家探索计划与市场的关系发挥了重要的先导和启示作用。[④] 兰格认为，“社会主义经济是计划与市场结合的经济，中央计划部门运用市场价格行使市场功能，中央银行模拟市场，负责投资、制定利率、分配资金。在分配关系上，工资由市场关系决定，同劳动者自由选择的产业部门或职业部门的边际产值和边际效应高低密切相关，反映了市场的效率原则；而社会分工则由生产资料公有制关系决定，反映了社会主义的平等原则，意味着效率与平等的一致。”[⑤]

20 世纪 70 年代末，陈云明确提出社会主义经济必须包括计划经济和市场调节两部分，认为 60 年来无论是苏联还是中国“只有有计划按比例这一条，没有在社会主义制度下还必须有市场调节这一条”，整个社会主义时期，社会主义经济必须包含两个部分：计划经济部分和市场调节部分。第一部分是基本的、主要的，第二部分是从属的、次要的，但又是必需的。[⑥] 中国经济理论界在改革开放前后也有这方面的论述，强调社会主义建设，“必须善于利用商品货币关系，其中包括利用市场的作用”，“研究社会主义制度下的商品货币理论，学会如何利用商品货币关系，正确利用价值规律，就成为改革经济管理体制，加快现代化建设中的一项重要课题”[⑦]。

显而易见，这些理论思考极具启发性，含有大胆突破之意，但都具有历史局限性，因为都把商品货币关系或价值规律视为计划经济体制的一种补充形式，并未突破社会主义计划和资本主义市场的对立思维，商品经济只是计划经济体制下调剂余缺的手段，服从计划经济体制的需要。整体上观察，统治了中外半个多世纪的传统社会主义经济理论认定，社会主义同商品货币关系相排斥，同市场经济不相容。计划经济是社会主义的基本特征，市场经济是资本主义的专有物。从 1949 年到 1978 年将近 30 年的政治经济学教科书都是这

---

① 张闻天．关于集市贸易等问题的一些意见//新望，范世涛．中国经济学经典文选：上．北京：华夏出版社，2011：210.

② 孙冶方．社会主义经济的若干理论问题．北京：人民出版社，1979：72.

③ 利别尔曼．计划、利润、奖金．真理报，1962-09-09.

④ 邹东涛．社会主义市场经济学．北京，人民出版社，2004：37.

⑤ 余文烈，姜辉．市场社会主义历史、理论与模式．北京：经济日报出版社，2008：119.

⑥ 中共中央文献研究室．三中全会以来重要文献选编：上．北京：人民出版社，1982：69.

⑦ 薛暮桥．中国社会主义经济问题研究．北京：人民出版社，1979：99，103.

样讲的。在这期间，中国社会主义经济体制就是按照这样的理论框架建立和运行的。①

伴随中国经济体制改革的深入，关于商品经济与社会主义关系的认识逐渐发生转变，起初，一方面认为市场经济不是资本主义的专利，另一方面还强调以计划经济为主，这可被视为对商品经济与社会主义关系的认识的过渡形态。20世纪70年代末至80年代初，甚至邓小平也持有这种过渡形态的认识。他说："市场经济，在封建社会时期就有了萌芽"，认为市场经济只存在于资本主义社会，"只有资本主义的市场经济，这肯定是不正确的。社会主义为什么不可以搞市场经济，这个不能说是资本主义。我们是计划经济为主，也结合市场经济，但这是社会主义的市场经济"②。后来对商品经济与社会主义关系的认识才日趋正确和完善。"正确认识社会主义商品经济，是建立具有中国特色的社会主义经济体制模式的重要理论前提。"要突破把计划经济与商品经济对立起来的传统观念，"有计划的社会主义商品经济的充分发展，是实现中国社会主义现代化的必由之路"③。"理论推导和国际经验都证明，以市场配置为基础的商品经济运行方式是唯一适合于社会化大生产、能够保证有效率地成长的经济体制。因而它的确立，是不可逆转的历史趋势。"④ 计划和市场都是方法，"只要对发展生产力有好处，就可以利用。"好像一谈计划就是社会主义，这也是不对的，"我们以前是学苏联的，搞计划经济。后来又讲计划经济为主，现在不要再讲这个了"⑤。

显然，这是对商品经济与社会主义关系的科学认识，是建立和完善社会主义市场经济体制的理论基础。既然计划经济和市场经济都是方法，没有社会性质的差别，也就不存在主和辅的区别。"何况现实已经说明，继续坚持计划经济为主的原则，已经妨碍了改革开放向深度和广度发展。"⑥ "市场经济是发达的商品生产共有的经济范畴。"只要实行商品制度，社会主义经济"在本质上就依然是市场经济"。"社会主义市场经济既具有市场经济的一般特征，又具有同其他市场经济相区别的特殊本质。"⑦ 伴随改革开放实践的深入，探索市场与政府的关系问题，成为十八大以来理论创新的焦点。"要使市场在资源配置中起决定性作用"，有利于划清市场与政府的界限，有利于明确宏观调控在市场经济环境当中的角色地位，有利于市场经济的长期健康发展。"市场在资源配置中起决定性作用"的提出，是改革的重大理论突破，是社会主义市场经济理论的又一重大创新。⑧

使市场在资源配置中起决定性作用、更好发挥政府作用，这既是一个重大理论命题，又是一个重大实践命题。在市场作用和政府作用的问题上，要讲辩证法、两点论，"看不见的手"和"看得见的手"都要用好，努力形成市场作用和政府作用有机统一、相互补

---

① 张卓元．社会主义市场经济论——中国改革开放二十年经济理论研究主要成果．中国党政干部论坛，1998 (7)：14-15.

② 邓小平．邓小平文选：第二卷．北京：人民出版社，1994：236.

③ 高尚全．论计划与市场．北京：人民日报出版社，1992：11，13.

④ 吴敬琏．通向市场经济之路．北京：北京工业大学出版社，1992：96.

⑤ 邓小平．邓小平文选：第三卷．北京：人民出版社，1993：203.

⑥ 苏星．邓小平社会主义市场经济理论与中国经济体制转轨．北京：人民出版社，2008：41.

⑦ 于祖尧．试论社会主义市场经济//新望，范世涛．中国经济学经典文选：上．北京：华夏出版社，2011：310，315.

⑧ 高尚全．市场定位的三次关键转折．中国新闻周刊，2013：32-33.

充、相互协调、相互促进的格局，推动经济社会持续健康发展。政府和市场的关系是中国经济体制改革的核心问题。将市场在资源配置中起基础性作用修改为起决定性作用，虽然只有两字之差，但对市场作用是一个全新的定位，“决定性作用”和“基础性作用”这两个定位是前后衔接、继承发展的。使市场在资源配置中起决定性作用和更好发挥政府作用，二者是有机统一的，不是相互否定的，不能把二者割裂开来、对立起来，既不能用市场在资源配置中的决定性作用取代甚至否定政府作用，也不能用更好发挥政府作用取代甚至否定使市场在资源配置中起决定性作用。①

十九大明确中国特色社会主义进入新时代，“社会主要矛盾已经转化为人民日益增长的美好生活需要和不平衡不充分的发展之间的矛盾”。伴随社会主要矛盾的转化，解决社会主要矛盾的资源配置体系及其理论视角必然随之发生转化，社会主义市场经济理论与实践必然由“富起来”时代向“强起来”时代转化，市场要素体系内部组合功能更具弹性，资源配置规模及水平更加优化、高效，预示社会主义市场经济及其理论的战略、重点、任务、目标必然进入较高的发展层次或阶段。“中国社会生产力水平总体上显著提高，社会生产能力在很多方面进入世界前列，更加突出的问题是发展不平衡不充分，这已经成为满足人民日益增长的美好生活需要的主要制约因素。”坚持创新、协调、绿色、开放、共享的发展理念，着力解决发展不平衡不充分及其主要制约因素。着力完善产权制度和要素市场化配置，“实现产权有效激励、要素自由流动、价格反应灵活、竞争公平有序、企业优胜劣汰”。着力“构建市场机制有效、微观主体有活力、宏观调控有度的经济体制”，不断增强经济创新力和竞争力。②

基于此，市场经济理论变革实现了第二次历史性飞跃。第一次历史性飞跃跨出了“姓社姓资”的藩篱，突破了计划与市场“绝对对立”的缠绕，通过建立和完善社会主义市场经济体制，极大地解放和发展了社会生产力，成功地破解了人民日益增长的物质文化需要与落后的社会生产之间这个长期难解的主要矛盾。第二次历史性飞跃根基于第一次历史性飞跃，以解决发展不平衡不充分为目标，以破解主要制约因素为主攻方向，聚焦政府与市场、供给侧改革、国资改革、区域协调、创新驱动、精准脱贫、乡村振兴、宏观调控、社会保障、生态文明、“一带一路”倡议等关键问题，逐一精准发力，成为新时代社会主义市场经济理论创新发展的总目标和新趋向。

社会主义市场经济理论以市场经济理论为基础，与西方经济学理论特别是古典经济学理论的发展和变革相联系，也与马克思主义经济学理论的发展和变革相关联，内含市场经济理论共性特点或特征，是市场经济理论发展和变革的结果。社会主义市场经济理论又是改革开放和中国特色社会主义实践的能动反映，以社会主义经济发展实践为动力，内含社会主义基本经济制度的性质、关系及诉求，反映两次历史性飞跃及其理论与实践的特点和规律，是理论基础和实践动力系统整合、综合的结晶。

---

① 习近平．“看不见的手”和“看得见的手”都要用好．新华网，2014-05-27.

② 习近平．决胜全面建成小康社会 夺取新时代中国特色社会主义伟大胜利——在中国共产党第十九次全国代表大会上的报告．新华网，2017-10-27.

要点总结

市场经济、市场经济体制、市场经济理论

分类	概念	要点	分类	概念	要点	分类	概念	要点
市场经济	市场经济内涵	商品普遍化	市场经济体制	市场经济体制概念	体制要素	市场经济理论	市场经济理论产生	古典理论
	市场经济机制	机制调节		市场经济体制模式	多种类型		市场经济理论发展	新古典理论
	市场经济功能	配置资源		市场经济体制共性特征	要素结合		市场经济理论变革	社会主义市场经济理论
	市场经济特征	调节引导		市场经济与市场经济体制	区别联系		市场经济理论意义	市场共性与制度个性相结合

关键词

市场经济；商品生产；交换关系；配置资源；市场经济机制；市场经济功能；市场经济特征；市场失灵；市场失序；市场经济基本矛盾；社会经济制度；市场经济体制；市场经济体制模式；市场经济理论；社会主义市场经济理论；新时代社会主要矛盾。

思考题

一、简述市场经济与商品经济的内在联系。

二、简述市场经济的基本内涵和基本特征。

三、简述市场经济体制的构成要素和共性特征。

四、简述市场经济与市场经济体制的区别与联系。

五、简述市场经济理论的产生、发展与变革。

第二章

社会主义市场经济改革论

本章重点：政府主要职能的转变；政府基本职能的转变；国有企业市场取向改革、建立现代企业制度、组建企业集团；企业转型发展；农业资源配置的市场化、农业产业化和现代化、农村劳动力转移和新型城镇化；收入分配体制改革；微观分配过程、宏观调节过程；社会管理体制改革。

简要概括：社会主义市场经济改革论，就是改革市场经济得以形成并产生作用的经济体制及其具体经济制度的理论。没有较为成熟的经济体制改革，市场经济的个性就无法有序形成，市场经济的共性就无法适时转化。改革的前提在于改革计划经济体制，建立市场经济体制，为发挥市场基础性调节作用创造体制条件或构建制度基础。改革过程即市场经济共性与社会主义基本经济制度结合的过程，社会主义市场经济体制建立和完善的过程，社会主义市场经济逐步形成并发挥作用的过程，社会主义基本经济制度渐进地自我发展与嬗变的过程。社会主义市场经济需要一系列体制改革予以保证，必须通过深化改革才能实现。政府职能转变、国有企业改革、农业体制改革、收入分配体制改革和社会管理体制改革，构成社会主义市场经济改革论的主要构架和基本内容，是社会主义市场经济的重要体制条件。

第一节　政府职能的转变

一、政府主要职能的转变

1. 改革计划体制

改革计划体制作为政府职能转变的前提，具有十分重要的地位、作用，成为社会主义市场经济重要的体制条件。改革计划体制是政府职能转变的首要内容之一。中国的计划体制形成于20世纪50年代，是以排斥市场作用为显著特征的高度集中统一的封闭体制。主要表现为：

（1）计划体制脱离社会生产力发展的实际状况、水平，超越了国民经济实际运行的规模、速度。

在运行机制上背离计划安排应遵循经济规律及其需要，因而计划设计越周详，计划指标越完善，计划指令越具体，计划手段越强化，国民经济运行就越疲软、越封闭、越低下，结果必然与经济规律相悖，导致计划体制运作无效、失败。

（2）计划体制脱离经济社会发展的客观要求，以计划的主观愿望代替客观需要。

在运行程序上背离计划安排应反映价值规律及其必然性，因而计划体制沿着单一的轨道运行，背离经济社会发展规律，必然导致计划体制的封闭性、滞后性。

（3）计划体制脱离国际经济通行的惯例及其准则，排斥市场调节的基础性作用。

在运行方法上背离计划与市场相结合的规定性，致使计划与市场绝对对立起来，与市场经济相分离，必然导致计划体制的片面化、极端化。

社会主义市场经济并不完全排除计划、不要计划，但客观上要求改革计划体制，建立适应社会主义市场经济要求的计划管理体系。

改革计划体制的组织结构，由政企不分、高度统一的组织结构转变为反映市场经济规律的宏观规范的组织结构，实现组织结构由封闭到开放、由单一到多样，成为政府宏观经济部门的主要职能之一。改革计划体制的管理结构，由层层分解计划指标、直接干预微观经济活动的管理结构转变为制定宏观经济战略规划、间接引导微观经济活动的管理结构，实现管理结构由直接到间接、由微观到宏观，成为政府宏观经济监管的主要手段之一。改革计划体制的运行体系，由高度统治的僵化运行体系转变为综合协调的灵活运行体系，实现运行体系由片面到全面、由单式到复式，成为政府宏观经济决策的主要因素之一。

改革计划体制的单一集中统筹模式，确立分散决策与集中统筹相结合、以集中统筹为主的复合模式。从集中统筹及决策代替企业分散决策的单一模式，向以企业分散决策为基础的集中与分散相结合的弹性计划体制的转变，既符合宏观经济发展的需要，也适应微观经济规律的要求。集中统筹及决策应以微观的分散决策为基础，使集中统筹及决策建立在分散决策基础之上，实现集中统筹及决策的科学化、合理化。集中统筹及决策不是各个分散决策的数量相加，而是诸方面主要分散决策的归纳与综合，并以此为平台，实现集中统筹及决策的理性化、规则化。集中统筹与分散决策相结合、以集中统筹为主，成为改革计划体制的最主要特征。计划体制复合模式的构建是政府职能转变的一项重要任务，要从两方面入手：一方面要吸取以往计划体制的合理因素，如集中统一、保证重点等因素；另一方面要学习和借鉴国外集中与分散相结合的成功经验，如决策实证分析、决策程序化和微观调节等因素。

改革计划体制的行政干预、指令模式，建立宏观经济和微观经济相统一的动态控制模式。计划体制的政企不分主要表现为管理和操作上的直接干预、指令，所以，必须改革计划体制，变计划干预、指令为计划指导、引导。变计划的微观干预、指令为计划的宏观调控、引导，把重点转到科学地制定和实施宏观经济规划、方针和政策上来，这是改革计划体制的基本规定、要求。变计划指标的层层分解为计划的合理规范、指导，把重点转到科学地确定计划任务、目标及其适时控制、约束上来，这是改革计划体制的基本原则、要义。变计划的统包、划拨为计划的规划、调节，把重点转到科学地配应市场基础性调节的轨道上来，这是改革计划体制的基本路径、方法。变计划的单一运行机制为计划与市场协调的综合运行机制，把重点转到系统的宏观规划管理、监督及对经济活动的有序调控上来，这是改革计划体制的基本特点、特征。

2. 改革财税体制

在以往的计划经济体制下，中国财税体制同样封闭、僵化，可概括为三个主要特征：

（1）公共财政收支与所有权财政收支相混淆。

公共财政收支是国家作为公共权力代表而发生的财政收支。所有权财政收支是国家作为国有制经济代表而形成的财政收支。两种财政收支性质不同，前者是真正意义的财政收支，后者是国有制经济收支。显然，以往的财政体制混淆了不同性质的经济关系。

（2）日常性财政收支与基础性设施建设财政收支相混淆。

日常性财政收支是国家作为公共权力代表而发挥一般性社会职能所产生的财政收支，即以往的“吃饭”财政。基础性设施建设财政收支是国家作为外部经济维护者而具有承担基础设施建设的职能所产生的财政收支，包括交通、通信、科教、医卫、环保等。以往的财政体制通常把两种根本性质不同的财政收支混淆起来。

（3）中央财税收支与地方财税收支相混淆。

中央财税收支与地方财税收支的功能同一，地方财税收支完全依赖于中央财税收支，而地方财税收支与中央财税收支的调节功能大体相同，极易形成地区性行政垄断，产生地方保护主义。地方财政赤字靠中央财政弥补，并且截流了财政盈余，严重影响、制约了中央财政调节功能的有效发挥，致使资源分配紊乱，经济发展速度缓慢，经济质量和效益下降。

基于此，必须深化财税体制改革，“健全中央和地方财力与事权相匹配的体制，完善促进基本公共服务均等化和主体功能区建设的公共财政体系，构建地方税体系，形成有利于结构优化、社会公平的税收制度”①。

必须把公共财政收支与国有经济收支根本分开，实行税利分流，将国有经济收支职能转向国有经济管理机构，向适应社会主义市场经济要求的公共财政收支方面转变。把公共财政收支与国有经济收支根本分开，才能实现符合社会主义市场经济要求的公平竞争原则，激发国有经济发展的活力。

必须把日常性财政收支与基础性设施建设财政收支根本分开，禁止基础性设施建设财政收支被挤压、挪用，向适应社会主义市场经济发展的基础性设施建设财政收支方面转变。基础性设施建设是社会主义市场经济发展的必需条件，其功能在于弥补市场调节的不足，为经济发展提供良好的基础环境。把日常性财政收支与基础性设施建设财政收支真正分开，断绝日常性财政收支被挤压、被挪用之路，确保基础性设施建设财政投资的专款专用、高效利用，从财源上限制对经济发展过多、过乱的行政干预。

必须把中央财税收支与地方财税收支彻底分开，使中央财税职能与地方财税职能相互

① 胡锦涛. 坚定不移沿着中国特色社会主义道路前进 为全面建成小康社会而奋斗——在中国共产党第十八次全国代表大会上的报告. 新华网，2012-11-17.

区别，形成收支上的相对独立，向适应社会主义市场经济发展需要的财税服务体制方面转变，目的在于实现中央财税对于国民经济运行的宏观调控功能，在于实现地方财税对于地方经济发展的调节及服务功能。这是一个逐步深化的改革过程，起初实行分税制改革，把中央财政收支与地方财政收支明确分开，保持其相对独立性，断绝地方财政转嫁赤字和保留盈余之路，使之依照事权原则实现自我平衡，把中央财税从沉重的负担中解脱出来；后来实行“市管县”财政改革，增加了地方财税的行政层级，市级财税截留现象严重，县级财税困难凸显，制约了县级财税的积极性，不利于发挥地方财税的调节及服务功能。针对这种情况，实行“省直管县”财税改革，就是在政府间收支划分、转移支付、资金往来、预决算、年终结算等方面，实现省财税与市、县财税直接联系，开展相关业务工作。取消市、县之间的日常资金往来关系，建立省与市、县之间的财税资金直接往来关系。省级财政直接确定各市、县的资金留解比例。各市、县金库按规定直接向省级金库报解财政库款。确定市、县财税各自支出范围，进一步理顺省与市、县的支出的责任，市、县不得要求对方分担应属自身事权范围内的支出责任。按照规范的办法，合理划分省与市、县的收入范围。市、县间结算必须通过省级财政办理，年终各类结算事项一律由省级财税与各市、县财税直接办理，市、县之间如有结算事项，必须通过省级财税办理。各市、县举借国际金融组织贷款、外国政府贷款、国债转贷资金等，直接向省级财税部门申请转贷及承诺偿还，未能按规定偿还的由省级财税直接对市、县进行扣款。转移支付、税收返还、所得税返还等由省直接核定并补助到市、县；专项拨款补助，由各市、县直接向省级财税等有关部门申请，由省级财税部门直接下达市、县。市级财税可通过省级财税继续对县给予转移支付。① 这是一次减少财税行政层级、节约财税成本、增强财税效率的全面改革，有利于中央与省级财税相互协调，并在宏观调控中发挥两级财税的重要功能。

改革财税体制是一个宏观的市场取向的改革过程，构成政府职能转变的重要基础。首先，转变财税体制，推进财税手段市场化，发挥财政信用的功能。通过改革财税体制，使国债调节市场化、规范化，使税收调节市场化、公平化，实现由财政透支、贷款向运用国债、税收杠杆调控经济方面转变。其次，发挥财政补贴的功能。财政补贴可划分为消费补贴和生产补贴。发挥财政补贴的功能，有利于弥补市场调节之不足，加大财政手段服务和配应市场调节的力度。通过财政手段的市场化，由弥补亏损的补贴方式向调节和服务市场经济方面转变。最后，改革财税体制，发挥财政支出的调节功能，并使财政支出服从于市场供求关系的需要。财政支出作为调节手段，应紧紧围绕市场供求关系而变动，集中反映市场活动的关系及需求，推动财政支出由简单结算向调节市场供求和引导市场活动方面转变。

改革财税体制，推进财税调节对象及目标的市场化。在以往计划经济体制条件下，中国财税调节对象只是企业、事业单位的具体经济活动，实际上是对企业、事业单位的财税包揽，使企业、事业单位无责任、无活力、无风险，调节对象越细致，其调节功能越疲软。推进财税调节对象及目标的市场化，由对企业、事业单位经济活动的包揽，转向对社

---

① 韩浩，罗沙．省直管县财政改革 2012 年底前全面推行．京华时报，2009-07-10.

会总供求关系的调节，以适应市场主体经济活动分散化、多元化的客观要求，推进财税调节对象由单纯的计划化向综合的市场化方面转变，由对经济活动具体干预、包揽向宏观调控方面转变。打破财政统收统支体制模式，弱化追求财政自身收支平衡的职能，强化追求社会总供求关系平衡的职能。突破财税体制单一的分配功能阈限，把追求社会总供给关系平衡作为财税调节目标，确立宏观调控的重要职能。破除财政赤字向银行透支取得平衡的思路，促进财税体制及其运行的非平衡性效应发生根本性变化，实现社会总供给关系的相对平衡。

改革财税体制，推进财税利益关系的市场化。财税利益关系的市场化是关于财税对收入分配调节的市场化。调节收入分配是财税体制的重要职能之一，在不同的经济体制下，财税利益关系的实现方式是根本不同的。政府财税职能在于运用各种财税政策、法规，依据效率与公平统一的原则，对市场分配过程实施宏观调控，加以规范、引导，实现财税利益关系的市场化。财税利益关系的市场化包括两个基本方面：一方面是对市场分配过程中产生的收入差距过于悬殊予以财税调节；另一方面是对市场分配过程中产生的非正常收入予以财税调节。包括对非主观努力而获得的非正常收入加以调节；对利用法律和政策不完善因素而获取的非正常收入加以调节；对利用市场盲目性调节而获取的非正常收入加以调节；对利用政府经济调节措施而获取的非正常收入加以调节等。此种财税体制及其利益关系的调节，是从行政化利益关系调节向市场化利益关系调节的转变。

完善分税制和财政转移支付制度，健全对县级政府的一般性转移支付制度，完善县级基本财力保障机制，增强基层政府提供基本公共服务的能力。稳步扩大营业税改征增值税试点行业和地区范围。将部分大量消耗资源、严重污染环境的产品纳入消费税的征收范围。适时扩大房产税试点范围。深化资源税改革，扩大从价计征范围。①

3. 改革金融体制

在以往的计划经济体制下，中国金融体制本质上是政府行政机构的附属物，有三个主要特征：金融活动的非市场性、金融经营与金融调节的合一性、金融经营与金融调节的行政性。根据改革实践经验，金融经营的市场化改革包含四个方面：

（1）金融企业应具有相对独立的经营权。

金融企业作为相对独立的市场主体，可根据货币资金供求状况、盈利和社会责任要求，自主选择、决定信贷业务、融资方式和投资方向，并形成重要的金融调节机制。其中包括将国有商业银行转变为股份制银行，将国家政策性银行转变为商业银行，将城市信用社转变为城市股份制商业银行，将农村信用社转变为农村股份制商业银行，引进国际商业银行运营模式，联合、重组国内银行等，形成多层次的中国商业银行体系。在此基础上，把银行经营活动与银行经济利益和社会责任挂钩，提高银行参与市场活动的主动性，在利益机制上成为独立的金融企业。金融企业根据资金运营状况，进行调节性的商业信贷、中间业务和投资，特别是促进各种扩大内需和拉动经济增长的消费信贷等。实行信贷约束制度、风险规避制度和管理制度创新，反映利率变化状况和利率变动趋势，体现金融市场变

① 国务院办公厅. 国务院批转发展改革委关于2012年深化经济体制改革重点工作意见的通知. 中国政府网，2012-03-22.

化及要求。扩大金融企业的业务范围，推出更多金融产品，推动金融衍生工具创新，从而使金融企业成为市场主体。

（2）金融企业的资金流动市场化。

金融企业的资金流动应摆脱无偿调拨、发放的行政控制，向有偿的市场流动及其资金供求选择方面转变。资金流动的市场化，是金融企业成为市场主体的重要条件，也是金融企业市场功能充分发挥的关键条件。要创造条件，展开多层次、多渠道、多形式的资金融通，建立和完善货币市场，建设规范的资本市场，促进资金流动的市场化。这主要包括：拓展多种形式的投融资活动，把财政性投资资金转化为金融化投资方式，由金融企业依据市场状况加以调节、引导。建立和健全社会保障体系，广泛吸收各类保障基金参与长期投资，增加金融企业的资金流量。加快资金流动的市场化进程，促进所有形式的资金借助金融企业的有效运营实现投资方式的转变。

（3）金融工具和基础设施市场化。

通过金融体制改革，切断金融企业与政府部门的行政干预关系，按照市场经济的要求，明确职责权限，自主经营，平等竞争，提高效率。主要包括：促进金融工具市场化，完善金融市场体系，健全金融市场监管法规、制度，形成多层次、多形式的金融企业体系。唯有如此，金融经营才能符合市场经济的规律，才能实现市场化的根本转变。

（4）金融经营形式的多样化。

通过金融体制改革，大力发展股票及证券市场、场外交易市场、期货市场、基金市场、产权交易市场等，逐步形成多层次的直接融资和间接融资相结合的金融经营体系。多样化，即适应社会主义市场经济的要求，推动资金经营与股票及证券经营的协调发展，实现多种形式的货币市场与资本市场的有机统一。金融经营的市场化需要金融企业、资金流通、金融工具及基础设施等诸方面的市场化改革与发展，并且与其他市场相联系，发挥基础性调节功能。金融经营的市场化必须将金融经营与金融调节分开，把金融企业变为市场主体，推进资金运营多样化和金融工具创新，确立由行政化向市场化转变的真正意义上的金融经营体制。

金融监管的市场化改革，即中央银行管理体制适应社会主义市场经济需要的根本性转变，构成中国金融体制转变的基本前提。从金融微观管理体系向金融宏观管理体系的转变，从金融行政干预向金融市场调节的转变，从金融封闭运行向金融开放发展的转变，标志着政府宏观调控体系的日趋形成与完善。金融监管的市场化改革包括三方面内容：

（1）金融监管组织结构的市场化改革。

这是近年来中国金融体制转变的重要内容之一。在以往的计划经济体制下，中国金融监管的组织结构庞杂，经营权与调节权合为一体，运行封闭，效率低下。为适应社会主义市场经济的要求，与国际金融发展和金融监管相联系，金融监管组织结构的市场化改革力度加大、速度加快，主要包括撤销中央银行的各省、市、区分行，设置区域性分行或营业部，成立银行业监督管理委员会、证券监督管理委员会、保险监督管理委员会，建立中国人民银行上海总部等，在组织结构上打破行政区划的条块分割，这为金融监管主体的转变奠定了基础、提供了组织保证。严格规定金融监管的组合机构编制、规模，实施国家公务员制，为适应市场经济规律的监管奠定了组织基础、提供了制度保证。严格界定中央银行与银保监会、证监会的职能、权限，为金融监管组织结构体系的构建奠定了基础、提供了系统性保证。

（2）金融监管方式的市场化改革。

这是近年来中国金融体制改革的又一主要内容。主要包括：转变微观干预模式，向宏观监管模式转变。即把微观干预、调节权转交给商业银行和非银行金融机构，加大宏观监管权，确保社会主义市场经济有序发展。转变高度统一的封闭管理模式，向适度规范的监管模式转变，即对市场化程度较低又是经济发展瓶颈的基础设施、农业、医卫、科教等领域，实施差别化倾斜性调控，把市场化程度较高的一般商品生产、流通及服务等领域纳入混业调控范畴，实施有层次的调控方式的市场化改革。

（3）金融监管构架的市场化改革。

金融监管机构不再承担经营性业务，不再实施微观干预、调节，不再实行被动式行政管理方法，而是通过体制转变、观念转变、组织创新向宏观调控、依法监管、市场调节方面转变。这主要包括：制定和实施符合国家经济社会发展战略目标要求的金融监管方针、政策，研究和制定金融监管法规、规章，制定和实施有利于宏观经济平稳运行的金融监管制度、规则等。监管构架的市场化改革即根据国家总体调控规划、目标的要求，调节货币总供求关系及其平衡，深化金融市场改革，控制资金、资源市场配置的规模、水平，确立金融监管战略、原则，维护金融运行秩序，防范金融风险。要努力“健全金融监管体系，守住不发生系统性金融风险的底线”。①

强化国有控股大型金融机构的内部治理和风险管理。深入推进农村信用社改革。积极培育面向小型微型企业和“三农”的小型金融机构。深化政策性金融机构改革。积极稳妥地推进金融业综合经营试点。加快建立和完善宏观审慎政策框架，研究建立系统性金融风险防范预警、评估体系和处置机制。修订《贷款通则》，规范各类借贷行为，推进民间金融试点工作，合理引导民间融资。推进建立存款保险制度。推动实施银行业新监管标准。深化利率市场化改革，完善人民币汇率形成机制。稳步推进人民币可兑换项目，扩大人民币在跨境贸易和投资中的使用。促进多层次资本市场的健康发展。健全新股发行制度和退市制度，强化投资者回报和权益保护。建立债券市场的监管协调机制，明确监管责任，促进债券市场互联互通。稳妥推进原油等大宗商品期货和国债期货市场建设。积极培育、发展机构投资者，优化资本市场结构。

4．改革劳动人事体制

改革劳动人事体制是政府职能转变的主要内容之一，构成社会主义市场经济的主要体制条件。在以往的计划经济体制下，中国劳动人事体制处于封闭模式之中，典型地表现为：

（1）违背管理规律的劳动人事管理体制。

这表现为劳动人事管理体制以政府行政意志为中心，服务政府行政计划的安排和要求，从事单纯的、服从于政府计划的行政管理，背离了劳动人事管理的科学性，与以管理

---

① 习近平．决胜全面建成小康社会 夺取新时代中国特色社会主义伟大胜利——在中国共产党第十九次全国代表大会上的报告．新华网，2017-10-27．

规律为基础的劳动人事管理体制相悖，不利于甚至阻碍经济社会的发展，成为比较典型的封闭管理模式之一。

（2）违背市场规律的劳动人事分配体制。

这表现为劳动人事的调动及分配以单纯的行政决策为中心，处于僵化的硬性分配模式之中，调令成为劳动人事分配及流动的唯一手段，被调动者或被分配者无任何选择权，造成人力资源惊人的浪费，妨碍积极性、创造性的充分发挥，严重背离了人力资源市场调节或配置的规律性，使劳动人事行政分配体制陷于无休止纠缠的状态之中，严重地阻碍了社会主义生产力的发展。

（3）违背经济机制的劳动人事指令体制。

中国以往的劳动人事体制高度官僚化，与劳动用工、人力资源配置的经济机制相分离，指令性、命令性的劳动人事体制制约了中国经济社会发展对人力资源的有效需求，违背了人力资源合理配置的规律性；指令性、命令性的劳动人事体制背离了劳动人事由经济机制引导的基础性，无法与经济发展相统一、与社会需求相一致，囿于被动的行政指令之中不能自拔。

改革劳动人事体制，主要包括：

（1）对劳动人事组织管理体制实施改革，由封闭式管理体制向适应社会主义市场经济要求的开放式管理体制转变。

由封闭走向开放就是要引入市场竞争机制，以市场机制为导向，发挥市场的调节作用，引导劳动人事组织管理体制的相应调整、必要合并、果断消肿、适时分流，实行劳动人事组织管理的竞争制、淘汰制、优化制，建立新型的人力资源管理体制，适应并促进社会主义市场经济的发展。发挥人力资源管理体制对于经济社会发展的催化剂作用，以经济社会发展需要为契机，实现劳动人事组织管理体制改革的广泛性、深刻性，使之实事求是、讲求实效。完善社会监督机制，发挥社会监督功能，以社会监督为动力，推进人力资源管理体制向精简机构、政务公开、务实高效方面转变，适应并促进社会主义市场经济的发展。

（2）对劳动人事行政监管体制实施改革，由行政指令体制向适应社会主义市场经济要求的行政指导体制转变。

由行政指令转向行政指导就是根据市场经济发展的要求，把劳动人事监管体制转到以市场配置人力资源的轨道上来，这样人力资源管理部门不再运用行政指令管理劳动用工和人力资源流动，而是对市场配置人力资源实施必要的行政指导，实施有目标、有重点的符合规律的控制、监督，并为市场配置创造相适应的体制条件。例如，建立和完善劳动力市场、人才市场、经理人市场等。对此进行必要的指导、调控、监督，实现劳动人事行政监管体制的市场化、规范化，科学实现行政监管的目的。根据国家劳动人事法律法规的规定，把劳动人事监管体制转到法制约束的轨道上来，例如，创造劳动人事行政监管的法治环境，依法行使行政监管权，实施规范的行政监督机制等，实现劳动人事行政监管体制的法制化、规范化，有序实现行政监管的目的。

（3）对劳动人事行政分配体制实施改革，由行政分配体制向适应社会主义市场经济要求的行政调控体制转变。

由行政分配转向行政调控就是依据市场经济发展的要求，把劳动人事行政分配体制转到以综合运用法律、政策等行政调控体制的轨道上来，使行政调控法制化，这样劳动人事部门就由劳动人事行政分配的机构转变为人力资源调控的主体，成为政府宏观调控体系的重要因素之一。例如，涉及劳动用工、组织人事、人才市场等资源配置问题，其可参与政府宏观调控体系的相关调节，发挥独特的行政调控主体的功能。根据市场经济规则的要求，把劳动人事行政分配体制转到以市场配置为基础的行政调控体制的轨道上来，使行政调控市场化，这样劳动人事部门便由劳动人事行政分配的微观调剂单位转变为人力资源行政调控的主体，构成配应市场调节的重要调控主体系统。例如，人力资源以市场配置为基础，以市场信号为导向，制定和实施人力资源调控规划、方针、政策等，发挥人力资源管理部门调控的重要作用。

二、政府基本职能的转变

作为一种制度变迁，政府基本职能转变的实质是权力与责任在各种利益相关主体之间的重新划分与再分配过程，是对政府既定权力与利益格局以及相关责任的调整。伴随着社会主义市场经济体制的逐步建立与完善，政府以往的一部分职能权力和利益受到削弱、冲击，将不断进行调整或边际修正，政府培育市场及市场力量生长的过程即削弱政府既有权力与利益的过程，需要政府具有进行自我权责利边际修正的勇气与决心。政府基本职能的转变既是政府职能权力与利益的改革、调整与变迁，也是政府基本职能的边际修正或系统重建过程，蕴含深层次制度变革、变迁之意。政府要痛下决心将不该管、管不好的事情交给市场，同时管好自己必须管的事。无论是经济改革还是政治改革，核心问题都是政府自身的改革。政府职能转变确实最难，因为政府自身改革将会触动政府和官员的权力和利益。

1. 构建服务型政府

由政府全能管理向有效服务转变，确立政府的服务理念。政府的职能是为市场经济发展服务，为市场经济有效运作服务，为市场经济创造公平、公正的环境。政府职能以社会服务为中心，坚持服务理念不动摇，把政府精力转到为多层次市场体系有效服务上来。逐步确立服务型政府、服务型职能和服务型机制的系统性理念、意识。

明确政府的职能边界。凡是市场能基础性调节的领域、方面，政府就不要命令、干预，特别是发布行政命令和微观干预，政府职能的内涵是创造有利条件、氛围，为市场经济提供有效服务，政府职能的边界不能模糊，要坚持服务职能，谨守服务职责，推进政府社会服务创新。

改革全能化管理职能的“大政府”，向服务型职能的“小政府”转变。“小政府”不等于削弱政府职能，而是强调政府职能及权限的有限性，有限理性的政府即是“小政府”和有效服务的政府，“小政府”应做到不越权、不越位、不包办、不代替，把有限的职能基点放到有效服务上来，提高政府服务的质量、效益和水平。政府职能转变能否顺利推进，关键在于政府自身，根本问题在于政府支配资源的权力太大，要划清楚政府和市场的边界，必须把直接控制经济的全能型政府改造为提供公共服务的服务型政府，并将政府机关的官员更好地置于民众的监督之下。

2. 建设责任型政府

政府职能及职责既是服务，也是责任。具有中国特点的政府职能就是要建设一个自上而下的责任型政府，为市场经济发展提供服务。

建设责任型政府必须依法履行政府职能。责任型政府一定要建立在法制基础之上。责任型政府一定要依法履行职能，把承担责任和依法履职统一起来，从而保证责任型政府的职能明晰、功能到位。

建设责任型政府必须积极推进政府职能的深层次转变。突破无所不能的全能政府、集权政府的阈限，打破全能政府、集权政府的利益链条，真正把市场职能交给市场，经过深层次改革，确立“大市场”和“小政府”的新型责任关系、界限，这个渐进的改革过程即为责任型政府的建设及确立过程。这是一个长期的经历若干痛苦的多因素博弈、妥协、磨合和演化的过程，需要政府层面和市场层面的深层次变革知识、理念、创新和智慧。不能抽象地谈论强政府的优势和弱政府的劣势，要明晰政府权力的边界，建立一个有限的和有效的政府。责任型政府不能取代市场，不能利用公权揽买卖。责任型政府作用的方向是为市场的有效运行建立一个好的制度环境和提供市场无法提供的公共产品，从而提升市场效率，而不是用政府的强制力量去驾驭市场、压抑市场和取代市场。

建设责任型政府必须有所为和有所不为。有所为即建设责任型政府，这是一个要始终坚持的政府工作的中心及重点，必须上下合力、持之以恒、有序推进、永不懈怠。而有所不为即政府管不了也管不好的市场要由各类企业或市场主体根据市场经济规律自主发展、平等竞争和自我完善，责任型政府为市场主体自主发展、平等竞争和自我完善创造条件，并提供多层次服务。

3. 建立监管型政府

由办市场向管市场转变。改革开放初期，政府职能以办市场为主，其结果是市场成为政府的附属物，不是严厉管控就是市场萎缩，市场无人问津成为常态。因此，政府办管不分，既办不好也管不好市场，办市场不是政府职能之所在，政府职能的真谛是监管市场，为市场提供各种有利的环境。实施办管分离，把办市场的职能交给市场组织，通过市场主体的竞争去发展市场、完善市场，并形成基础性调节的市场机制。政府由办市场向管市场转变，其职能是总结监管市场的成功经验和失败教训，探索监管市场的正确路径，使政府职能转到监管市场的轨道上来。

由管理“小市场”向监管“大市场”转变。以往的政府管理市场的方式，是以“小市场”的理念、意识实施管理，是微观的、被动的跟踪管理，把市场牢牢地控制在政府行政管理者手中，致使市场被政府管住管死，无法发挥市场机制的基础性作用。向监管“大市场”转变，就是彻底转变“小市场”的理念、意识，把政府职能转到“大市场”的理念、意识上来。“大市场”的理念、意识不是以行政手段将市场管住管死，而是以法律和各种经济手段监督市场、发展市场、活跃市场，让市场自然发挥基础性调节作用、功能。政府职能不是时时管理市场、事事制约市场、处处卡住市场，而是通过有效监管创造各种有利条件，提供相关产品、服务，让市场自由选择、自主发展、公平竞争。

由行政管理向依法监管转变。打破单一的政府职能行政化弊端，政府职能即行政管理的片面管理模式，确立政府职能依法监管、依规监管的系统监管模式，政府职能必须依法授权、依法运作、依法监管，社会组织、媒体及舆论可对政府依法授权、依法运作、依法监管过程等实施监督，使政府的市场监管职能渐次纳入法制轨道，根本解决政府单纯的行政管理或行政化弊端及倾向。由行政管理向依法监管转变是政府职能转变的基础、前提，具有决定性意义。建立监管型政府与市场主导型市场经济并不矛盾，因为后者就是在前者有效地依法监管的基础上实现的，纯粹的自由市场经济在资本主义发展的早期也是不存在的（但不排除偶然的个例或个案，不具有普遍性），只不过是古典经济学家们理想的理论预期而已。同样，建立监管型政府与政府主导型市场经济并不天然同一，前者是关于政府监管市场的职能理论和问题，总体上属于微观经济范畴；后者是关于一个国家或地区的经济运行模式理论和问题，整体上属于宏观经济范畴。二者的融合、契合之点及其统一性则是显而易见的，也是毋庸置疑的。监管型政府必须从行政命令、自由裁量权超大的政府转变为一个监管透明、公正执法的小政府。监管型政府不仅需要具体操作层面的精心设计，而且需要政府决策者具有长远的眼光、较高的政治智慧和政治决断，打破特殊既得利益集团的阻碍和干扰，推进从威权发展模式向民主发展模式的转型。

4. 组建学习型政府

组建学习型政府的根本目的是通过组织学习对政府职能转变进行影响与推动，创造符合学习型组织要求并保证学习型组织发展的运行机制和体制，使政府工作学习化、学习工作化的体制和机制常态化、规范化，强调学习理念与个人成长不可分离、个人成长与组织学习不可分离、组织学习与政府工作不可分离、政府工作与共同愿景不可分离，自主学习，终身学习，从组织学习机制上促进政府基本职能的转变。

组建学习型政府的核心是推进政府体制和机制创新。体制和机制创新是组建学习型政府的本质性要求，体制和机制创新源于学习型政府内部的组织学习创新，即组织成员善于学习与修炼，组织领导者的有效学习与示范，组织结构扁平化及创造性张力，组织团队的自我创造力、修复力和成长力，组织高度的自律意识和充分的自主管理，达成一致并共享的组织愿景，主动服务于市场经济及其要求，从组织学习基因上促进政府基本职能的转变。根据创新型国家战略及建立社会创新体系的要求，政府体制和机制创新具有全局性意义，政府体制和机制创新可助推科技机构和企业的职能创新。[①]

组建学习型政府的关键是政府组织文化创新。政府组织文化创新要体现学习型组织的主要特征，即开放性、民主性、人本性、学习性、创新性、能动性、多元性、终身性、计划性和智力的资源性。[②] 形成政府职能转变中的组织学习氛围，克服阻碍政府组织文化创新的种种智障与迷思，树立共同的价值观及价值取向，提高组织成员的使命感，引导组织成员的行为，增强组织成员工作与学习的自觉性，提升组织成员的学习力、凝聚力、创新力，持续推进政府组织文化创新，自觉服从于市场经济及要求，从组织学习信念上促进政府基本职能的转变。

组建学习型政府必须在实践中学习、探索，要勇于实践、敢于探索、善于学习，直面

---

① 童潇. 走向学习型社会——社会发展的第四级台阶. 上海：上海三联书店，2004：258.

② 王维. 学习型组织之路——关于“学习型组织”的思考与探索. 上海：上海三联书店，2003：151.

失败，市场经济发展的无限性与组建学习型政府认知的有限性，均要求学会包容挫折与失败，这是组建学习型政府过程中必须着重解决的一个根本问题。

第二节　国有企业改革

一、市场取向改革

中国国有企业是计划经济体制下最为典型的公有制形式之一，产权模糊、政企不分、结构单一、粗放经营、体制滞后、效率低下是其最显著的特点或特征。因此国有企业改革不能一蹴而就，必然是一个渐进的市场取向改革的过程。

市场取向的改革主要集中在两个基本方面：一方面是转变国有企业的运行机制。由计划经济体制下政企不分的附属机制，向市场经济体制下政企分开的独立机制转变，这一进程是通过政府简政放权、扩大企业自主权、转换经营机制、确立法人实体地位、强化法人治理结构、成为市场主体等一系列改革实现的，表现为国有企业的转轨转制、建立现代企业制度、实行股份制经营等运行机制的根本性转变。与之相伴随的是政府与国有企业关系的转变，即政府由直接干预向创造外部条件并推动国有企业运行的机制转变。这主要有：加大政府职能转变的力度，向责任政府、服务政府方面转变，为国有企业转换运行机制提供服务，创造良好的外部条件；制定经济社会发展战略规划和产业政策，引导国有企业有序发展；加快市场体系建设，为国有企业成为真正的市场主体创造条件；促进非公有制经济快速发展，营造不同所有制经济形式的公平竞争氛围；硬化国有企业的预算约束，通过税收、信贷机制调节国有企业运营，走市场化投融资之路等。通过一系列改革举措，使国有企业改革以市场为导向，遵循市场规律，逐步走上市场化轨道。

另一方面是转变国有企业的发展方式。由粗放型经营向集约型经营转变，这一进程是通过实施国有企业内部挖潜、革新、增效，加大改组、改制、改造，建立现代企业制度，实行不同形式的股份制经营方式，提高科技含量和管理水平，确立规范化的市场机制等实现的。表现为国有企业科技进步和管理水平的提高，董事会决策和经理层经营能力的提高，存量资产增值和产品服务质量的提高等，有力地推动了国有企业发展方式的转变。这种转变并非让政府对国有企业撒手不管，而是要分清政府与国有企业各自的职责与权力。实质在于政府对其在国有企业治理及改革中的权责利或治理边界进行重新定位与正确定位，其要义在于政府应将由政府承担的责任与义务从国有企业中分离出来，并为国有企业的治理及改革创造良好的环境，将国有企业本应享有的经营管理与相关利益分配等权力还给国有企业。国有企业两个基本方面的转变可称为一般发展要求的市场取向改革或转变，为社会主义市场经济奠定了微观基础，创造了必要条件。

目前，国有企业的市场取向改革已进入创新发展阶段，国有企业改组改制、建立现代企业制度、股份制运营等已经取得了实质性成果，国有企业运营绩效显著提高，市场竞争实力明显增强。但是，还要处理好国有企业改组改制中的一系列相互关系，主要包括政府在改制企业中的角色和政府与改制企业之间的关系；改制企业的权力转移和不同股东的利益诉求；内部人持股与内部人之间关系的变化。① 在此基础上，国有企业的市场取向改革已转变为适应市场经济要求的理念创新、体制创新、机制创新、研发创新和服务创新，对国有企业整体经营素质提出了更高要求，可称之为深度发展要求的市场取向改革或转变。

与深度发展要求的市场取向改革相适应，国有企业或国有企业集团推出新举措，主要有：加强适应市场经济要求的国有企业党的领导体制建设，充分发挥工会的作用，建立职工代表参与企业决策的机制，塑造以人为本的企业文化，构建每个国有企业和谐发展的共同愿景，调动国有企业职工的改革积极性及创新精神；深化法人治理结构，推进企业家经营决策机制建设，提高国企领导团队的素质，建设适应市场经济需要的现代学习型企业；加强国有企业科技研发的核心地位和作用，建构具有强大实力的产学研联合体，形成以自主知识产权为核心的科技创新体系和知识产权保护体系，推进名牌创新发展战略；组建多元化的国有企业职工社会保障网，实施最低工资保障制度，以有力配合市场取向改革的深化；依法运营，依规操作，平等参与，公平竞争，走市场化、集团化、国际化经营之路，增强国有企业的竞争实力和服务社会的水平。

国有企业市场取向的改革要把国有企业逐步引向市场，最终形成主动参与并具有竞争力的市场主体。其次序为：首先，实施抓大放小举措，把中小型国有企业先行引入市场；其次，实施体制性分离，确立大中型竞争性国有企业的市场主体地位；最后，实施体制性深度分离，对垄断性国有企业实行市场化改革，加速国有企业转轨转制，推进国有企业集团化发展，最终实现以市场取向改革为中心的发展战略目标。根本解决国有企业包袱重的问题，最终形成具有自主创新能力的市场主体。把国有企业“办社会”等沉重包袱放下来，交给政府、基层社区和民间社团，把国有企业债务交由具有资质的投资机构运营，走自主创新之路，最终实现以市场取向改革为中心的自主创新战略目标。推行国有企业多元化发展战略。实行各种形式的股份制、股份合作制、联营制，走公司化、集团化发展之路，走具有国际竞争力的混业经营之路，促进国有企业市场取向改革的深度进展和广度扩张。推动国有企业与其他经济形式的平等竞争、共同发展。这既是市场取向改革的重要思路和途径，也是国有企业重现生机活力的根本条件。建立国有企业产权转让制度，确立国有企业产权转让机制，形成国有企业产权转让及评估体系，确保国有企业资产保值增值，提高国有企业的整体素质和竞争力。

二、建立现代企业制度

现代企业制度是市场经济发展的必然产物，构成国有企业改革的主要目标模式。现代企业制度源于企业制度，包含三个基本内容：企业产权制度、企业组织制度、企业管理制度。企业制度内涵丰富，外延广泛。首先，企业作为生产的基本经济组织形式，一开始就作为一种基本的企业制度被确立起来。其次，企业制度是企业经济形态的法律范畴，一般概指业主制企业、合伙制企业和公司制企业三种基本形式。最后，企业制度是相对于市场制度和政府管理制度而言的。在完全竞争的状态下，市场制度是根据市场供求关系，以市

① 张文魁．中国国有企业产权改革与公司治理转型．北京：中国发展出版社，2007：138.

场价格为信号配置资源的组织形式。政府管理制度是国家设置有关管理部门，运用政策、法规和行政指令等手段，通过规划方式配置资源的组织形式。一般而言，当市场交易成本小于企业组织成本时，采用市场制度最好；反之，当市场交易成本大于企业组织成本时，采用企业制度最好。当政府直接管理成本既小于市场交易成本，又小于企业组织成本时，其直接管理的资源配置方式才是有效的。政府若从直接管理转化为间接管理，则更有利于降低政府管理成本。

现代企业制度是以公司制度为主体的市场经济体制的基本组成要素，包含两层基本要义：现代企业制度是市场经济体制的基本制度；现代企业制度即为现代公司制度。现代公司制度是现代企业制度最典型的形式。现代企业制度实质上就是产权明晰、权责明确、政企分开、管理科学的企业制度。现代企业制度包含三个基本内容：现代企业产权制度，即公司法人制度；现代企业组织制度，即公司组织制度；现代企业管理制度，即公司管理制度。①

现代企业制度的核心是公司治理结构。公司治理结构在传统上有两种对立的观点，即股东价值观和利益相关者社会观。股东价值观强调“公司企业是股东的财产，其他要素如人力资本和中间品的提供者可以从合同中获得法律保障的收益”。利益相关者社会观把公司治理结构定义为“诱使或迫使经理人员内部化利益相关者的福利的制度设计”。通常认为这两种观点在实际中区别并不太大，“如果企业亏损伤害了股东的利益，使得企业难以生存，利益相关者的利益也将受到伤害。”“这两种观点事实上将导致相同的监管经理行动的法律和合同措施。”在公司治理结构问题上，制度经济学不试图去设计“最优的公司控制结构和经理激励合同，而是试图理解公司治理结构多样性存在的原因”。在界定公司治理结构时，“采取博弈论观点”。在讨论公司治理机制的自我实施时，“特别注意组织和金融交易域的制度关联以及来自其他互补性域（如劳动交易和政治域）的制度约束（即制度互补性）”②。制度经济学的观点值得借鉴。

国内理论界把国有企业改革和建立现代企业制度概括为五种理论观点：第一种理论观点认为，国有企业改革的重点在于产权的权能分解；第二种理论观点认为，要使国有企业改革真正实现产权明晰、自主经营、自负盈亏，只有改变国家所有制；第三种理论观点主张实行股份制；第四种理论观点主张实行泛股份制；第五种理论观点主张建立在相关利益者合作逻辑下的共同治理机制。这些理论观点对于深化国有企业改革具有理论指导意义。

国有企业改革不能脱离所处的制度环境，要充分考虑改革的“路径依赖”问题，既要分析国有产权结构，又要分析产权主体，考虑产权在不同主体之间的界定是否清晰，产权是否具有完整性。现代企业制度不等同于单一的资本产权制度，要考虑其他要素的产权，特别是不能忽略劳动产权。不能简单地把公司治理视为股东与经理之间的委托-代理合约，要重视资本以外的其他要素所有者在公司治理中可能发挥的重要作用。思考国有企业改革模式要关注三个重要问题：制度的实现、相应的内部治理结构和具体的企业运行机制。

---

① 邓荣霖．现代企业制度概论．北京：中国人民大学出版社，1995：30.

② 青木昌彦．比较制度分析．上海：上海远东出版社，2001：282.

“国有企业改革既不能走私有化的道路，也不能照搬西方股份制模式，而应该建立劳动产权与要素产权有机结合的联合产权制度。”① 通过改革，把国有企业转变为社会主义市场经济条件下的现代企业制度，是建立和完善社会主义市场经济体制的基本要求。改革主要从三个方面展开：改革国有企业产权制度，确立公司法人制度；改革国有企业组织制度，确立公司组织制度；改革国有企业管理制度，确立公司管理制度。“国有企业改革要注重企业自主权的落实和制度创新权的界定。”②

国有企业产权明晰和国有企业公司改制的基本途径主要是采取股份制经营方式推进的。明晰产权构成国有企业产权制度改革的基本内容。广义的国有资产产权是国家财产权的代表依法对全部国家财产享有所有、占有、使用、收益和处置的权利。在中国，国家财产权的主体是代表国家行使财产所有权的中央政府和地方政府；国家财产权的客体是作为国家主权物质实体的国有资产。狭义的国有资产产权即国有资本财产权，指中央政府和地方政府国有资产监督管理委员会履行出资人权能，代表全体社会成员拥有的经营性国有资本财产权。③ 明晰产权即明晰狭义的国有资产产权或国有资本财产权。国有企业产权，无论是有形产权还是无形产权，均属于国家，这是不言而喻的。但国家是一个大概念，由众多民族、阶层、集团构成，现象上属于国家而不属于任何一个民族、阶层、集团所有，本质上属于国家必然属于构成国家的全民所有。国家所有等于全民所有，全民所有在财产上难以具体界定清楚，在法律上一般是委托给代表国家的政府所有。

然而，政府也具有模糊性，国有企业产权属于哪个政府部门或机构所有，即国有企业产权归属谁，在计划经济体制下历来是模糊的、不明晰的。建立和完善社会主义市场经济体制，国有企业作为其中的一个基本制度要素，产权必须明晰。要通过产权制度改革，实行多种方法特别是股份制方法，把国有企业产权明晰化、归属化，建立真正的国有企业法人制度。而在产权制度改革过程中，每一步都面临着政企不分的困扰，所以，实行政企分开也成了国有企业产权制度改革的基本内容。

对于国有产权改革，也有不同的观点，即认为国有企业犹如一个超级国家公司，不纯粹是一个企业，还是一个权力系统，不仅仅是产权关系那样简单。权力的含义是合法强制力，不受竞争市场的约束。所以，权力的重新界定比产权的重新界定要困难得多。“超级国家公司分权之路走向市场的途中，是不适合用一个合约的理论框架来处理的。”④ 国企在改制重组中要积极引入民间资本，发展混合所有制经济，建立现代产权制度，并对引入的方式、途径以及条件做出具体界定，国企在产权转让和股权转让时不得歧视民间资本，不得单独对民间投资设置附加条件，推动国有企业转换经营机制、转变发展方式。

无论如何，国有产权改革这一关是绕不过去的，要厘清国有产权改革的思路及操作顺序。股份制是一种新型的现代企业组织形式，是反映资产占有关系并由特定社会所有制性质决定的产权组织形式。股份制在本质上属于中性的概念，谁都可以利用，谁利用得好，就为谁服务。股份制在国有企业产权制度改革中的成功运用意味着社会主义经济的微观基

① 刘长庚等. 联合产权制度及企业内部治理结构研究. 北京：人民出版社，2007：280，285.

② 杨瑞龙. 现代企业产权制度. 北京：中国人民大学出版社，1996：171.

③ 李松森. 中央与地方国有资产产权关系研究. 北京：人民出版社，2006：112.

④ 周其仁. 公司理论与中国改革. 南方周末，2008-10-09.

础的重大变革，将引发政府宏观管理及其运行体制的重大变化，为社会主义市场经济奠定必需的体制条件，具有积极的推动作用。

实行股份制能够使国有企业的产权明晰、权责到位，形成风险防范机制，提高国有企业的运行效率。实践证明，已经实行股份制改革的国有企业，其运行方式多样、运行机制灵活、经济绩效显著。实行股份制能够使国有企业的组织形式合理化、规范化，建立自主的国有企业法人治理结构及其管理体系。形成董事会领导下的经理责任制，董事会聘任职业企业家自主地经营管理企业，政府国有资产监督管理部门或国有资产发展基金可作为国有资产代表参加董事会并进行全程监督，但不能直接干预国有企业的经营管理。这样政企不分的痼疾就会被有效消除。实行股份制能够推动国有企业调整结构，优化配置，提高资源配置效率。

实行股份制能够使国有企业集中社会闲置资金，形成积累基金、生产基金、消费基金，资金获得合理流动，提高资金资源的使用效率。实行股份制能够有效地增加国有企业的科技含量，对科学技术转化为第一生产力有重要的推动作用。国有企业股份制改革的目标模式是使国有股在关键行业或部门的股权结构中处于控股地位，以保持国有经济的主导地位。

实行股份制，明晰产权关系，可提高国企运营效率，但不是提高国企运营效率的唯一条件。“所有权、控制权、经营权、收益权等构成的权能结构以及在不同权能主体之间形成的相互制衡关系，还有协调权能结构和权能主体之间关系的激励、约束机制等，都对国有企业的效率产生极大的影响。”“不能只是简单地从所有权关系考察经济运行效率，还应该看到在所有权不变的条件下，对产权制度其他方面的调整和改革也会影响到经济运行效率。”① 显然，实行股份制，明晰产权关系，是一个以产权关系为中心的多因素系统的调整和构建过程，国有企业改革及运营效率提高的关键就在于此。

组建企业集团构成国有企业组织制度改革的基本内容。企业集团是在市场经济条件下，以大型企业为骨干、以优质品牌为龙头、以产学研一体化为重点的现代企业群体。资产一体化是企业集团最主要的特征，成为区别于其他一切联合体的重要标志。企业集团以现代企业组织制度为基础，组织程度和扩张程度极大，既可组建国内某一行业或几个行业的企业集团，也可组建跨国集团或跨国公司。跨国集团或跨国公司是通过向境外直接投资，设立分公司或通过控股、兼并等方式成立子公司，从事经贸和其他投资活动的国际性产业组织形式。跨国集团或跨国公司适应世界经济一体化、全球化的发展趋势，已成为世界经济活动的主角，世界经济、技术、贸易、金融等竞争，不是中小企业之间的竞争，而是大型企业集团或特大型企业集团之间的竞争。中国组建跨国公司起步较晚，与国际跨国公司相比差距很大，但发展速度很快，取得了宝贵经验。例如，中国石油天然气股份有限公司、中国中化集团有限公司、中粮集团有限公司、华为技术有限公司等，推动了国有企业的改革、发展，并为现代企业制度的组织管理奠定了基础，为社会主义市场经济创造了体制条件。要鼓励跨地区的企业兼并、收购和重组，积极推进地区间经济的融合，改善过

① 齐艺莹. 国有资本效率论. 北京：经济科学出版社，2005：121.

度重复建设和规模经济过低的状况。①

组建具有中国特色的企业集团是国有企业组织制度改革的历史趋势，既可以是强弱一体的企业集团，也可以是强强联合的企业集团，无论何种组建形式，都必须确立这样的组织功能。在股份制基础上明确界定产权关系的边际，形成符合社会主义市场经济要求的企业集团。通过企业间的相互参股、控股等形式，实现资产一体化，强化集团成员企业间的联结纽带，构建以核心层企业为主导，以紧密层、半紧密层、松散层企业为主体的经济联合体或企业集团。壮大核心层企业，发展紧密层企业。核心层企业是企业集团的成本中心、投资中心、利润中心、管理中心。紧密层企业和半紧密层企业均是独立的法人，自主经营、自负盈亏、独立核算。核心层企业通过控制其全部股份或部分股份引导集团成员企业的经营活动，其关系是母子公司关系，不是行政隶属关系。在市场经济条件下，可采取国有企业上市、向公众发行股票、分散股东等办法，使控股公司以较少的资产控制子公司较多的资产，达到壮大国有企业集团的核心层企业和发展紧密层企业的目的。组建综合性企业集团，形成企业集团的综合功能，增强国有企业集团的实力。综合性企业集团有利于集团内部成员企业的快速发展，防范经营风险，适应市场经济的多变性，提高边际生产率，增强国有企业集团的实力，推动企业集团国际化。企业集团国际化有利于降低成本，吸收国际先进技术和管理经验，扩大营销网络，充分利用国际资源。综合化、紧密化、多样化、国际化是国有企业组织制度改革与发展的基本趋势。

实行科学管理是国有企业现代管理制度改革的基本内容。科学管理对于国有企业而言具有十分重要的意义。实行科学管理，关键在于国有企业决策科学化。现代企业制度禁绝企业决策主观化，要求决策符合经济规律，建立科学决策机制，注重调查研究，总结决策经验，集中各方智慧，具有长远的发展目标。实行科学管理，关键在于运行程序的科学化。现代企业制度要求无论是集团公司还是集团子公司，都必须遵循企业集团发展的战略规划，依据市场信号行动，实施内部运行责任制，严格按程序、规则、方法操作，进行必要的制度性监督、考核、评估，使企业集团在科学的运行程序、规制中发展。实行科学管理，关键在于国有企业领导层经营理念的科学化。这是国有企业按现代管理制度改革的最主要内容，包括市场观念、质量意识、服务理念、创新精神等。在科学理念的指导下，国有企业才能按公司制程序运作，按经济规律办事，按管理规律控制，实现系统学习、科学控制、优化组合、提高效率。唯有如此，现代企业制度理念才能在适应并推动市场经济发展的过程中稳固地确立起来。

建立现代企业制度是国有企业改革的目标模式，构成社会主义市场经济的重要体制条件之一，既带来发展机遇，又面临严峻挑战，这将是一个长期的阵痛过程。建立现代企业制度，既要遵循 WTO 的通行规则，又要与中国的实际状况、需要相结合，原有形态的国有企业（称国营企业更恰当）将不复存在，新的符合现代企业制度要求的国有企业（称市场主体更恰当）将逐步建立起来。目前，值得注意的一个倾向是：把国有企业改革视为一卖了之，把建立现代企业制度等同于公有制消失，这种典型的认识模式仍然是在用姓

① 史先诚. 中国经济转型期的兼并控制规则和政策研究. 北京：人民出版社，2005：117.

“社”、姓“资”的思维定式看待国有企业改革，是在用姓“社”、姓“资”的僵化观念审视现代企业制度，在理论上和实践上都是错误的、有害的。

“经济体制改革必须以完善产权制度和要素市场化配置为重点，实现产权有效激励、要素自由流动、价格反应灵活、竞争公平有序、企业优胜劣汰。”“要完善各类国有资产管理体制，改革国有资本授权经营体制，加快国有经济布局优化、结构调整、战略性重组，促进国有资产保值增值，推动国有资本做强做优做大，有效防止国有资产流失”。“深化国有企业改革，发展混合所有制经济，培育具有全球竞争力的世界一流企业。”①

三、经营方式多样化

国有企业改革的最终目标是搞好公有制经济，发展公有制经济，为社会主义市场经济奠定体制基础。国有企业改革及建立现代企业制度的内在要求就是，国有经济要被有力地激活，促进国有企业经营方式的多样化。

经营方式的多样化是现代企业制度对国有企业的要求，是国有企业走出困境、参与市场竞争的前提，是发展社会主义市场经济的需要。中国以往的国有企业是政府的附属物，无任何责任、风险可言，最终由国家包保并承担责任、风险，根本谈不上经营方式的多样化。在计划经济向市场经济转变、粗放型经营方式向集约型经营方式转变的过程中，国有企业面临的困难增大、问题增多，竞争对手林立，风险责任被强化，必须依据市场需要实施分散的自主决策，依据市场变化实施多样化经营。国有企业若不能开展多样化经营，就无法参与市场竞争，就必然被无情地淘汰，这已成为一个“铁规律”。

经营方式多样化是国有企业深化改革的必然产物，是建立现代企业制度的必然结果。深化国有企业改革，建立现代企业制度，是国有企业成为市场主体的动能和条件，依据市场需求，走多样化经营之路，在多样化经营过程中谋生存、促发展，从而确立明晰的市场定位及可持续发展战略。

经营方式多样化主要是通过股份制运作方式、国有股权分散化实现的。国有股权分散化概指控股经营、参股经营、混合经营、联合经营等多样化股权运作方式，体现了国有企业经营的多样性和灵活性、在市场经济活动中的主体性和主导性。

经营方式多样化是国有企业与其他经济形式平等竞争、公平竞争的客观要求。国有企业与其他经济形式的竞争，是在市场经济基础上的竞争，是在法律规范、政策引导下的竞争，是在市场竞争规则诱导下的竞争，这种市场竞争极易形成经营方式的多样化，保持国有企业发展的生机、活力。中国市场经济发展的不平衡性决定了平等竞争、公平竞争的不平衡性，不可避免地存在不公平竞争、不正当竞争。在此态势下，其他经济形式发展迅速，竞争能力较强，成为国有企业强有力的竞争对手。竞争性国有企业由于改革过程中的困难及问题，尚缺乏活力，在竞争中处于不利地位，会造成不平等竞争局面。具有垄断性的国有企业，由于独家经营，其他经济形式难以进入，形成竞争力不足、没有压力的状态。随着国有企业改革的不断深入、现代企业制度的逐步建立，竞争性国有企业的竞争力

① 习近平. 决胜全面建成小康社会 夺取新时代中国特色社会主义伟大胜利——在中国共产党第十九次全国代表大会上的报告. 新华网，2017-10-27.

将显著增强，必然在激烈的市场竞争中实行多样化经营战略，而不是退出市场竞争。垄断性国有企业的独家垄断局面也会被逐渐打破，也必然走多样化经营发展之路，否则必将难以生存。

经营方式多样化构成国有企业改革的优选方式之一，成为社会主义市场经济的体制条件，甚至是最主要的体制条件。

四、企业转型发展

1. 企业转型发展定位

企业转型发展定位问题与其内涵的理解、界定相关。近年来，国内关于企业转型发展的研讨主要聚焦在宏观层面，可概括为三个方面的代表性观点：在探索转变经济发展方式的框架下研讨企业转型发展，即转变经济发展方式包含企业转型发展，主攻方向是转方式、调结构、促创新、谋发展，实现经济发展速度、质量、效益相协调，投资、消费、出口相协调，人口、资源、环境相协调，经济发展和社会发展相协调，实现经济又好又快地发展。① 这是一种典型的宏观层面研究的观点，具有普遍性。把企业转型发展视为转变经济增长方式的重要内容之一，注重企业经济增长中的产业升级、品牌效应、技术创新、核心竞争力等的研究与探索，企业转型发展即转变经济增长方式的题中应有之义。② 这也是一种宏观层面研究的观点，与第一种宏观层面研究的观点相比，更强调企业经济增长方式的转变。将经济增长模式与经济增长方式相统一、企业转型发展与经济转型发展相统一，强调转变经济增长方式和走新型工业化道路的重要性、必要性，而转变经济增长方式成功与否最终取决于政府职能的转变。③

企业转型发展受制于政府职能的转变，关键点在于推进政府职能的转变。这种研究观点注重宏观与微观相结合，具有比较广泛的代表性。上述研讨观点都不同程度地涉及了企业转型发展的定位问题，触及诸多企业转型发展定位问题的内外因素、机理和条件，具有重要的研究及参考价值，但一般都停留在宏观研究论证层面，缺少对企业转型发展的深入探索与反思，本书就此问题略做具体分析，以期引发对问题的深入研讨。

中国正面临着历史上最深刻的经济转型发展期，转变经济发展方式即是对经济转型发展期的一种高度概括，而转变经济发展方式或经济转型发展的根基在于企业的转型发展，在于企业转型发展的生机、活力，在于企业转型发展的动力、创新，本质上即企业转型发展的根本规定或定位问题。

根据国家转变经济发展方式的要求，理论上企业转型发展的定位有四个基本含义：(1) 企业转型发展必须遵循市场经济的要求，走市场化之路，特别是国有企业更应如此。要通过转方式、调结构、促内需，加快推动企业发展战略转型，构建符合市场化要求的发展机制，这是企业转型发展的必由之路。(2) 企业转型发展必须遵守法律规范，走法制化之路，这是企业转型发展的基本要义。(3) 企业转型发展必须依靠科技进步，走可持续发

① 国家发展改革委学术委员会办公室课题组．转变经济发展方式研究．北京：中国计划出版社，2009：2.

② 厉无畏，王振．转变经济增长方式研究．上海：学林出版社，2006：9.

③ 吴敬琏．中国增长模式抉择（增订版）．上海：上海远东出版社，2008：16，172.

展之路，这是企业转型发展的根本动力。(4) 企业转型发展必须坚持社会责任，走诚信化之路。这是企业转型发展的前提要件。但在实践中，企业转型发展与其定位及内涵差距甚大，根本原因在于诸多企业把转型发展视为机会主义，习惯于被动跟风，短视行为严重，创新驱动、转型发展的科学理念缺失致使转型发展重形式轻内容、重眼前轻长远、重逐利轻责任。

在企业转型发展的定位问题上还存在一些误区，可归结为四种误区论：

(1) 政府决定论。

把企业转型发展视为政府发展规划、方针政策和宏观调控的产物或对象，企业转型发展围绕政府转，被较普遍地视为政府调控行为的附属物，将企业转型发展放在从属地位，企业转型发展的重任一般都落在各级政府的肩上。不是企业转型发展决定政府调控行为，而是政府调控行为决定企业转型发展，从而颠倒了企业转型发展的基础性、决定性地位。如果由政府直接决定企业的转型发展，认定什么是企业需要突破的关键技术、关键环节，则往往由于政府"缺乏足够的信息和足够的利益关心而发生决策失误"①。

(2) 企业脱困论。

把企业转型发展等同于出现困境的外贸企业、融资困难的小微企业、污染环境的落后企业、倒闭破产的中小企业等问题企业的转产、迁移、技术改造或升级，忽视国有企业特别是国有大中型企业、国有垄断企业的转型发展，致使企业转型发展冷热不均、极不平衡，导致国有企业转型发展严重滞后。

(3) 技术升级论。

把企业转型发展简单地归结为节能减排、绿色环保、高新技术、现代服务等知识经济范畴，转型发展等同于高精尖，等同于企业硬件设施、规模的提高和改善，忽视传统企业、实体经济的转型发展，忽视企业转型发展的内部结构优化、组织学习、企业家治理等管理转型发展问题，企业转型发展的软环境系统还很滞后。企业转型发展中的产业升级和品牌塑造等重要方面"需要有市场的支撑"，实际上远未达到"创建自身品牌的阶段"，还要走很长的路。②

(4) 主体分离论。

把企业转型发展与企业家的主体地位、作用相分离，淡化、忽视企业家在企业转型发展中的决定性作用、意义，企业转型发展似乎由政府等外因推动，企业家的主体地位及功能被弱化，致使企业转型发展面临诸多困境，甚至迷失方向。

鉴于这种定位误区、偏差，政府要逐步减少对企业的微观干预，改变企业家官员化或行政化的弊端，让企业家真正回归企业家家园，并着力创造企业家能力创新的社会环境，从而加速推进企业转型发展的进程。但也有学者认为，基于文化传统缺陷或者政治制度弊端，中国没有独立自由的企业家群体。③ 而要形成独立自由的企业家群体，将是一个长期的改革与发展过程，企业特别是国有企业要构建企业家能力创新机制，发挥企业家能力创

① 吴敬琏. 中国增长模式抉择（增订版）. 上海：上海远东出版社，2008：16，172.

② 李文溥. 转轨中的宏观调控. 北京：经济科学出版社，2006：104.

③ 汪丁丁. 我们的市场经济为何不健康. IT 经理世界，2012 (6)：98.

新及其功能，走企业家创企、治企、转企之路，使企业家成为企业转型发展的领航者。加快企业家人才的培养和创新建设，积极解决企业特别是民营企业企业家人才匮乏问题，在转型中锻炼企业家队伍，在实践中发挥企业家能力，真正形成企业家能力创新机制、氛围，是企业转型发展定位问题的核心因素和关键环节，必须坚持，毫不动摇。

与经济转型发展相比较，企业转型发展的定位问题由理论到实践可归结为三个方面：

（1）企业转型发展是经济转型发展的微观基础，是经济转型发展的基本前提。

企业是市场经济的细胞，企业及产业竞争力的提高意味着经济细胞活力得到增强，国家经济竞争力得到提高，经济增长的微观基础得到改善，可有力地促进经济增长方式的转变。经济转型发展以企业转型发展为基础，企业转型发展决定了经济转型发展的程度、质量、水平，转变经济发展方式、经济转型发展的实现程度是由企业转型发展这一微观基础决定的，因而构成经济转型发展的基本前提。

（2）企业转型发展是经济转型发展的原动力，是经济转型发展的推进器。

经济转型发展的动源来自企业的转型发展，是企业转型发展启动并持续推进的结果，企业转型发展的内生动力是经济转型发展的推进器。

（3）企业转型发展是经济转型发展的风向标，是经济转型发展成功与否的基本标志。

企业转型发展的层次、规模、效益构成经济转型发展的显著标志，决定经济转型发展的基本走向，成为经济转型发展成功与否的基本标志。

企业转型发展的定位问题属于企业发展战略范畴，涉及企业发展战略的所有主要方面，是企业转型发展的根本问题。但其主要内涵包括产业转型发展和管理转型发展两个基本方面，也是经济转型发展的内涵及其题中应有之义，两个基本方面相互影响、相互制约，任何形式的单一转型发展都会得不偿失、付出代价。从趋势上看，中国转型期的企业治理结构优化，特别是国有企业治理结构优化正在发生重要变化，适应企业转型发展的企业治理结构正在逐步调整、优化、变革之中，企业转型发展的定位渐趋清晰，逐步由外因决定论向内因决定论转化，企业管理转型发展成为企业转型发展的关键环节。

2. *企业转型发展理念*

依据企业发展战略理论与实践，企业转型发展的定位问题取决于企业转型发展的理念问题。企业转型发展的理念问题主要表现为：

（1）企业对转型发展的认识普遍比较浅薄，用以往常规思路应对转型发展中的新情况、新问题，缺乏适应企业转型发展的有效管理机制，致使企业转型发展中的诸多障碍难以有效化解、克服，如企业转型发展中的治理结构问题、收入分配问题、环境保护问题、组织学习问题、企业文化问题、社会责任问题等，亟须构建企业转型发展的转型管理理念。

（2）企业产业转型发展和管理转型发展相分离，特别是管理转型发展严重滞后，制约了产业转型及其整体转型发展进程。如重产业转型、技术升级，轻转型治理、转型学习、转型管理，重转型中的硬件建设，轻软件建设等，亟须构建适应企业转型发展的转型机制理念。

（3）适应企业转型发展的新思维、新理念及企业文化尚未建立起来，企业家能力创新的环境非常有限，致使企业转型发展中的短期行为严重，较普遍地缺少企业转型的战略性思维及视野，如转型过程中的机会主义、道德风险、环境污染、企业寻租、短期投资、信用危机等，亟须构建适应企业转型发展的转型战略理念。

企业转型发展的根本理念问题，即企业家能力创新问题常常被淡化、忽视，致使企业转型发展理念模糊甚至缺失，如淡化或忽视企业家个人或团队在企业转型发展中的作用，重视或关注政府在企业转型发展中的作用，企业家能力创新的认知肤浅，创新的环境、氛围十分有限等，亟须构建推动企业转型发展的企业家主体理念。

企业家能力创新这一根本理念问题之所以常常受限并被淡化、忽视，企业转型发展的理念模糊甚至缺失，主要有三点原因：

(1) 企业转型发展的定位被从属化。

政府的强势地位催逼企业快速转型发展，从而弱化了企业家的地位及功能，企业家个人或团队的创新精神、智慧受到抑制，企业家被纳入政府自上而下的指挥链之中，企业家特别是国有企业的企业家被官员化或行政化，紧紧围绕政府的指挥棒转，致使创新动力被严重制约、扭曲、异化，企业家能力创新要素被分散、肢解，难以形成有效平台并真正集结和真实释放出来。这致使企业家能力创新被层层分割、淡化、忽视，企业家能力创新更多地流于形式，从而形成企业转型发展中奇特的政府迷思和企业迷思现象。

(2) 企业转型发展的目标被模式化。

企业转型发展的目标被纳入政府中长期发展目标之中，企业转型发展的目标不是企业自身需要的竞争质量、素质及目标，而是政府强制规定的既定发展层次、规模、水平及目标，因此，企业转型发展的目标并非源自内在，与企业自身需要相关，而是源自外在，由政府规定，从而背离了企业转型发展的理念，也背离了企业家及企业家精神。企业转型发展的目标及愿景应当由企业家引领并通过企业上下达成共识，由企业家个人或团队的创造性导向功能实现。模式化的外在目标与企业转型发展的内在要求相悖，如此模式化的企业转型发展目标必然导致企业转型发展理念的模糊、缺失，这种现象绝非偶然，有其必然性。

(3) 企业转型发展的任务被同质化。

在实践中，企业转型发展的任务千篇一律，服从于、服务于各级政府的发展战略任务和要求，每个企业转型发展的任务被政府发展战略任务和要求同质化，企业家能力创新被同质化的任务和要求严格约束，其创新动能无法充分发挥。与此同时，企业转型发展中的问题多多、困难重重，企业家们面对的内、外部压力不断增大，能力创新被千头万绪的问题所缠绕、被纷繁复杂的困难所掩盖，企业家能力创新这个企业转型发展的理念和企业灵魂被逐渐淡化、忽视。

创新驱动、转型发展的关键在于企业，在于企业家能力创新。政府在转型发展中的作用非常重要，但政府毕竟不是企业，政府的能力是有限的，没有能力知道未来会向什么方向发展，企业转型发展是对未知的探索，由政府指定一个产业发展方向，指定一条技术路线，失败的概率几乎是百分之百，唯一的办法是放手让千百万家企业、千百万人去探索。探索中失败的概率很大，但千千万万的企业和个人在探索，总有一部分人成功，这种成功就能够带动国家的整个产业走向企业转型发展的成功道路。

企业家能力或才能属于人力资本范畴，是“主动资产”，天然属于企业家个人，“并且只能由其天然的所有人控制着这种资产的启动、开发和利用”。[①] 一家企业转型治理结构

---

① 周其仁. 真实世界的经济学. 北京：北京大学出版社，2006：8，15.

的优化水平、发展机能如何，其企业家个人或团队具有决定性作用，这就是企业家的能力创新问题，也即本质意义上的企业转型发展的理念问题。基于此，正确解决理念问题的核心在于两点：(1) 企业治理结构优化、权责明晰、重点突出、目标明确，形成适应转型发展的企业文化、共同愿景和可持续发展氛围；(2) 企业治理结构合理，决策层精干，管理层高效，企业家具有战略视野及领导力、社会责任感和人格魅力，企业转型发展具有凝聚力和向心力。后者更具有现实意义，表明企业转型发展的动因在于企业内部，企业转型发展的基点在于内部治理，企业转型发展的关键在于企业家能力创新。两个核心点均强调企业转型发展的战略管理理念，均强调内部治理结构优化中的企业家能力创新。

3. 企业转型发展机制

企业转型发展的机制在于企业内部，在于企业治理结构优化，而企业治理结构优化的内因在于企业组织学习。治理结构优化与组织学习既表征企业转型发展，又蕴含企业转型发展，构成企业家能力创新的制度基础。这种认知正日益深化并被广泛接受，但在理论上治理结构优化与组织学习的统一性还有待深入探索。

就理论与实践的关系层次及认知而言，企业治理结构优化过程就是组织学习过程，是激发企业转型发展整体活力的过程。企业组织学习的要义即不断强化组织学习，形成企业上下求索、探寻的学习机制及氛围，激发员工的激情和智慧，塑造可共享的企业愿景，提升企业的整体学习力和创新力，应对转型发展过程中的各种问题和挑战，促进企业平稳转型和可持续发展。企业治理结构优化是企业创新过程的产物。企业组织学习的含义始终包括学习创新、组织创新、研发创新、经营创新和管理创新。企业创新是企业学习创新的较高理念及要求，与企业治理结构优化内在相通，与企业整体学习力及创新思维内在相连。企业创新过程内化并砥砺企业治理结构优化及运作程式、操作要点和发展理念重塑，可有序提高企业治理结构优化的层级、水平。企业治理结构优化就是企业的发展过程，企业治理结构优化与企业发展过程统一于企业学习过程之始终，是企业组织学习力深化和创造性张力增强的典型表征形态，构成企业组织学习的永恒主题，可持续推动企业发展，实现企业转型发展的既定目标。企业治理结构优化的目的是明晰企业转型发展路径，推进企业发展方式转变，使企业发展与企业治理相一致，企业治理与组织学习相统一。企业治理结构优化过程就是企业的完善过程，企业完善过程蕴含在企业组织学习成长的过程中，与企业学习过程、创新过程和发展过程相统一，是企业组织学习的出发点和落脚点。企业治理结构优化既是一个正向的企业组织学习修炼和完善过程，又是一个逆向的企业转型发展问询和反思过程，企业组织的学习方向、目标与企业治理结构优化的方向、目标相吻合。

毋庸置疑，企业转型发展的机制问题还在于政府推动、技术创新、市场环境优化、竞争者博弈和客户需求等因素，但在本质上机制问题在于其内部，在于其内部治理结构优化和自觉的组织学习。

企业转型发展的机制问题是一个内外因素联动的系统，而决定这个系统运作、调节的基因不在于外，而在于内，是企业内部因素主导的结果。

企业内部因素繁杂多样，也有主从、层次之别，关键因素是企业内部的主动要素，是在主动要素启动并引领下的企业自觉运作过程，这个主动要素即内部治理结构优化和组织学习。因为治理结构优化和组织学习具有自主性、纠错性、持续性和创造性等特征，是决定企业转型发展及方向的基因，并与其他内部因素相互作用，具有最终决断、调节、导引作用及功能，是企业转型发展的根本性、主导性机制。

企业转型发展的机制问题就是由内部主动要素主导的内外因素相互联结、作用的结果。企业治理结构优化和组织学习构成主动要素的内核或核心，具有持续的引导功能和广泛的发散功能，具有极强的凝聚力、向心力和创造力。这是任何其他内外部因素所无法比拟的，其最终调节机理、主导机能、深层机制是毋庸置疑的，已被各类企业普遍认同并遵循。

4. 企业转型发展动力

企业组织学习是企业家能力创新的基础，特指企业家创新能力得以生成并发挥功能的组织学习愿景、团队、氛围，以此为基础产生学习激励机制，启动并持续提升企业家能力创新。或者说企业家能力创新与企业组织学习息息相关，是企业组织学习力和创新力激发的结果，构成企业组织学习持续化的显著标志。企业转型发展中的任何样式的企业家能力创新，都与各种方式的企业组织学习相关联，都深深印记着企业组织学习的含义。在此基础上，企业家"并不摇旗呐喊、大声疾呼变革，而是富于激情、努力自下而上地改变自己的组织"①。每一项意义深远的创新都以一种"内求的历程为基础"，"潜入内心更深处，从而使实证和真知浮出水面"。② 企业家能力创新就源于这种内求的企业组织学习和企业组织变革。

企业转型发展包含企业产业转型发展和管理转型发展，二者相互影响、相互制约，并通过企业治理结构优化和企业组织学习予以表征，而企业治理结构优化和企业组织学习与企业家能力创新密切相关，构成相互联结的企业转型发展链条，其中企业家能力创新是企业转型发展的动源，具有决定性作用、意义。一个具有企业家能力创新和社会责任感的企业家及其团队对于企业的转型发展是极为宝贵的稀缺资源，其本身是人力资本富饶的象征，对于企业创新驱动、转型发展具有不可替代的作用。必须持续营造有利于企业家能力创新的环境、氛围，提升企业家精神，凝聚企业家智慧，激发企业家活力，展现企业家能力，突出企业家在企业转型发展过程中的主体性、主导性、创造性地位。政府的主要职责是为企业搭建一个好的舞台，创造好的经营条件，为企业创新提供服务，为企业创新提供动力，为企业创新提供能力。企业家能力创新是企业转型发展特别是国有企业转型发展的动力源泉和主体要件。

第三节　农业体制改革

一、农业资源配置的市场化

农业发展，农村现代化，农民生活水平提高，建设社会主义新农村，是社会主义市场经济的重要体制条件，是关系全局的基本问题。

农业资源配置的市场化是社会主义市场经济发展的客观要求。改革开放以来，中国农

① 彼得·圣吉等. 必要的革命——可持续发展型社会的创建与实践. 北京：中信出版社，2010：11.

② 彼得·圣吉. 第五项修炼 心灵篇——体悟当下、深层学习实践、塑造未来. 北京：中信出版社，2010：11.

业资源的配置、流动总体上已经具有相当程度的市场化，但还远远不够，应继续加大市场对农业资源调节的力度，引导农民适度规模经营，调整农业资源配置不合理的供给结构，形成符合农村经济社会发展要求的新比例结构。

农业资源配置的市场化主要包括：

（1）农产品的市场化。

这不仅指主要农产品的生产、制造、仓储、运输、流通的市场化，而且指其他农产品的加工、包装、储存、交易的市场化，同时指农产品的品牌、商标及其专用权转让的市场化。这是一个比较高的市场化配置方式，区别于简单的农产品商品化及其流通，如农村土地、山林、草原、湖泊、湿地、荒地等使用权和转让权的市场化。在承包制基础上，允许承包户把土地等资源的使用权转让出去，依据合同法实行土地等资源使用权的再流转，提高土地等农业资源利用的市场化规模、水平。

（2）农业、农村社会服务体系市场化。

将农产品的流通组织、农业资源的供应组织，特别是农村供电、供水、社会服务等机构市场化，转变为农业、农村、农民发展的中介服务体系，并且通过进一步改革，组建为“三农”全面发展所需的一体化经营实体，例如，农工商、科工贸等集团化公司，农业科技知识推广、培训等服务实体等。

（3）农业无形资产的市场化。

这包括农产品品牌、商标专用权、使用权转让，农业技术发明、专利权转让，“三农”服务信用体系、评估及商誉等。农村劳动力供求关系要市场化。农村劳动力是农业最宝贵的人力资源，包括农村劳动力分散或组合运作的等价性、竞争性，农村富余劳动力就业和创业的市场化诱导，农村劳动力劳务合同的签约与履约关系的规范等。

农业资源配置的市场化是一个系统的改革、发展过程，必须加大政府指导的力度，加大新农村建设的力度，把市场自发调节与政府自觉指导结合起来。大力培育和完善农村商品市场、要素市场，特别是培育和完善农村金融市场，为农业资源的合理配置创造条件。

大力调整和优化农村产业结构、产品结构、技术结构，提高农产品的质量及其附加值，创造具有竞争力的品牌农产品，为农业资源配置的市场化奠定基础。大力发展为“三农”服务的经营性实体，推进农业服务化规模、水平，促进城乡资源的一体化流动，为农业资源的市场化确立体制条件。大力推进农村现代化，加快小城镇建设，加强培训和引导，促进农村剩余劳动力的合理流动、转移，提高其素质和就业质量，提高农业资源的增长质量、水平，为农业资源的市场化创造有利条件。

二、农业产业化、现代化

农业产业化、现代化是中国社会主义现代化的基础，影响和制约社会主义现代化建设的总体发展进程，处于最关键、最重要的地位，也是社会主义市场经济的重要体制条件。

广泛实行以家庭联产承包责任制为中心的农业体制改革，是中国农村改革开放的第一次历史性飞跃；而以农业产业化、现代化为中心的农业体制改革，则是中国农村改革开放的第二次历史性飞跃。农业产业化、现代化也是建设社会主义新农村的主题，可为社会主义市场经济打下坚实的体制基础。

农业产业化就是农业产业链系统化，农工商、科工贸一体化，城乡经济发展协调化。农业产业化是实现农业现代化的基本路径。中国农业发展状况表明，解决问题的根本途径是建立农业产业化体系，解决农产品加工、销售的问题，解决为农业发展各项体系服务的问题。只有农业实现产业化，中间环节畅通，农业现代化才能够实现。实现农业产业化即促进农业生产集中化。在家庭联产承包责任制的基础上加大农业的技术投入和农业规模化经营，实现农业生产规模扩大化和集中化已成为农业发展的必然趋势。促进农业生产专业化。包括农产品生产、加工、流通专业化，农业生产工艺专业化，区域农业生产专业化等，成为农业现代化的基本条件。促进农业服务社会化。实现为农业现代化服务的产前、产中、产后等中介组织的社会化；为农业服务的基础设施条件的社会化；为农业现代化服务的技术手段和技术培训的社会化。农业服务社会化既是农业产业化的客观要求，也是农业专业化的必要条件。促进农业产业化链条的延长。农业产业化的一定发展规模、水平可极大地促进农业产业向生态农业和效益农业转化，使农业产业化链条延长，与国际市场连接。实践证明，农产品加工业发达，农产品附加值就会增大，这是农业产业化最突出的特点、特征。农业产业化与农业现代化并行不悖，农业产业化是农业现代化的基础、前提，农业现代化是农业产业化的基本方向，农业现代化蕴含在农业产业化之中，并通过农业产业化具体体现。促进农业产业化，即力促农业发展的专业化、市场化、现代化，可极大地提高中国农业生产力的发展规模、水平。

促进农业产业化必然会促进农业、农村发展的一系列改革与创新。一是农业体制的改革与创新。促进农业产业化必然会突破所有制限制和条块分割的制约，按市场需求合理配置农业资源，推进农业体制的改革与创新，中国农村改革的成效已经证明了这一点。二是农业组织形式的改革与创新。农业产业化经营必然促进生产、制造、销售、品牌、服务的一体化，推动农业组织形式的改革与创新，并呈现多样化发展态势。三是农业运行机制的改革与创新。即遵循市场供求关系的要求，在生产、制造、销售、品牌、服务等环节的市场主体之间，通过合同制、合作制、股份制等运行机制，逐步建立具有特点的农业发展利益共同体。农业运行机制的改革与创新构成中国农业产业化经营的核心要素。

促进农业产业化是农业由自给性向市场化转变的重要标志，是农民适应市场经济要求的必然选择，是农业生产进入专业化分工的前奏，本质上是诸层次市场主体共同构建市场交换关系。随着经济社会的发展，农产品的同质性、批量性要求和交货时间限定愈来愈严格，与此相适应，农业生产技术、规模和周期的要求也会愈来愈严格。农业产业化要求农业经营由粗放型向集约型转变，而集约型经营的核心即提高农业的科技含量和发展水平。可具体概括为四个方面的问题：

（1）解决农民成为市场主体的问题。

中国目前的农业市场化程度比较低，市场竞争及风险较大，需要采取积极措施加以扶持、引导，首先要对农业规模大户、产量大户、技术大户、销售大户等积极扶持、引导，如支持、扶持家庭农场等，产生示范效应，并逐步转变为名副其实的市场主体。

（2）解决用现代科技提高农业效率的问题。

仅靠千家万户分散的农民接受和推广现代科技，其基础会相当薄弱，由于成本、风险等原因，推广起来周期太长，困难极大，而用农业产业化形式则能够把推广任务承担起来，普及快，成本低，风险小，可迅速提高农业科技含量、水平，显著提高农业效益。

（3）解决农民扩大经营规模的问题。

据统计，中国目前每个农户平均经营约六亩地，家庭承包30年不变，但经营时间不变不等于经营数量不变。依据农业产业化的要求，土地经营的规模必须扩大，经营水平必须提高，经营形式必须多样，土地经营规模扩大是大趋势，但前提是充分保障农民的土地承包经营权，不能限制或强制农民流转承包土地。要加快转变农业发展方式，把发展的立足点转移到提高农业发展质量和效益上来，使农业发展更多依靠科技进步、设施装备改善、劳动者素质提高驱动，更多依靠第一、第二、第三产业发展联动和“四化”（工业化、信息化、城镇化和农业现代化）良性互动，着力增强农业综合生产能力、市场竞争能力和可持续发展能力。加快农业组织和制度创新，在坚持和完善农村基本经营制度的基础上培育新型农业经营主体，建立各种形式的农业合作组织，对规模经营进行政策性规范，促进农业经营的集中化、专业化和效益化，着力构建集约化、专业化、组织化、社会化相结合的新型农业经营体系。① 积极推动农业经营体制、机制创新，扩大农村土地承包经营权登记试点范围，推进农村土地承包经营权流转管理和服务体系建设，探索建立严格的工商企业租赁农户承包耕地准入制度。加大对种养大户、家庭农场、专业合作社和农业产业化龙头企业等新型经营主体的扶持力度，提升新型农业经营体系的竞争力。

（4）解决提高农产品的市场化程度的问题。

农产品的市场化程度是判断农业现代化程度的重要标志，目前，中国农产品的市场化程度正在加快，但水平不高。例如，主要农产品的粮食市场化程度并不高，农民卖粮难、价格低，国家收购难、储存难。两难问题的症结不是国民粮食消费过剩，而是粮食的市场化程度低，加工、转化率低，整体上仍处于粗放种粮、简单卖粮、集中收储、国家调拨层面。因此，农产品的深加工及其附加值增长，市场销售网络通畅，中间服务环节快捷、高效，是解决提高农产品市场化程度的关键条件。要着力培养新型经营主体，既注重引导一般农户提高集约化、专业化水平，又扶持联产经营户、专业大户、家庭农场。发展农民合作组织和多元化服务主体，通过提高组织化程度实现与市场的有效对接。② 加快农产品的市场化速度、提高农产品的市场化程度，构成农业产业化、现代化的基础性条件。

中国改革实践证明，实现农业产业化的具体有效路径是龙头企业带农户模式等新型经营体系，把农户的生产、制造、销售及信息搜集等纳入龙头企业之中，由龙头企业具体运作，以此获得规模效益，实现双赢或多赢。龙头企业与农户签订合同，结成合作组织，这是一种较松散或半松散的组织形式，而半松散的组织形式采用股份制方法，制造、销售企业与农户共同出资成立公司。最紧密的组织形式是农民自己组织合作社，合作社成为制造、销售企业，或制造、销售企业把农户吸收到企业中来。企业加农户是公司进入农业领域经营的模式，不仅是公司投资式进入，而且也是以资本输出为特点的全面进入。加快农业区域性开发和农业产业化进程，提高农民进入市场的组织化程度及其经营规模、水平，

---

① 丁栋. 中国加快农业组织制度创新 构建新型农业经营体系. 中国新闻网，2012-12-21.

② 侯艳，沈静文. 2013年三农工作目标：保供增收 改革创新. 中国新闻网，2012-12-23.

标示着农业利益共同体的形成，农业产业区域化和农业与工业的相融发展。龙头企业向农户转移，从而使农户家庭经营与公司规模效益统一起来，在龙头企业服务半径比较大的情况下，突破社区的狭小范围，实行产业化经营，使之按区域优势发展经济，形成大片基地和区域性支柱产业，跨乡、县、省的龙头经济，按统分结合的双层经营体制来实现新创造、新发展。其中，“分”仍然表现为分户生产、承包经营，“统”指由村统一承担经营，并为龙头企业在更大范围内经营创造条件，真正发挥区域经济的比较优势，其效应可远远超出农业发展范畴。① 农业产业化也是推动农业可持续发展的具体战略。农业产业化与集团化公司参与开发并连为一体，成为调整和优化农业结构、提高农业市场化及其附加值、扩大农业经营规模、提高农业发展水平的强大动力。农业产业化也与经济社会发展环境相统一，在农业产业化、现代化战略指导下，促进农业综合开发，走符合生态平衡要求的可持续发展之路，为社会主义市场经济发展奠定农业基础、创造农业体制条件。农业现代化是中国农业未来相当长时期为之奋斗的发展战略目标，是集约经营、高产优质、高效生态型可持续农业的实现过程，是农产品市场化、农业产业化和农业生产社会化的过程。农业现代化可分为起步阶段、初级阶段和基本实现阶段。②

三、农业、农村发展战略

农业、农村发展战略是中国农业体制改革的指导性战略，这一战略理论、观点和方法系统地体现在党的十五大、十五届二中全会、十五届三中全会和十六届四中全会的文件之中。而十九大进一步提出实施乡村振兴战略。十五大从经济、政治、文化等方面提出了把社会主义现代化建设事业全面推向 21 世纪的宏伟目标及任务，到 21 世纪的前十年，必须着力解决两大课题，这就是“建立比较完善的社会主义市场经济体制，保持国民经济持续快速健康发展”③，从而为中国农业、农村发展战略规定了方向，制定和实施农业、农村发展战略要按社会主义市场经济的要求，坚定不移地把农村改革引向深入，推进农业全面发展。

继续深化农业体制改革，长期稳定发展以家庭联产承包责任制为基础的双层经营体制。以家庭经营为基础是农业生产规律的客观要求，是生产关系一定要适应生产力发展要求的规律所决定的。在中国农村，家庭经营加社会化服务能够容纳不同水平的农业生产力，既适应传统农业，更适应现代农业，具有广泛的适应性和旺盛的生命力。稳定家庭联产承包经营的核心是稳定土地承包关系，长期稳定农村土地承包关系是农村生产力发展的要求，也是农村社会稳定的根本条件。“土地是农业最基本的生产资料，也是农民最可靠的社会保障。长期稳定农村土地承包关系，既是发展农业生产力的客观要求，也是稳定农村社会的一项带根本性的措施。”④ 农村实行土地集体所有制基础上的家庭联产承包经营，不是土地私有化，不改变家庭承包经营的社会主义属性，这是具有中国特色的社会主义农业发展战略的主要目标。

---

① 陆学艺. 农业产业化、农业现代化的实现途径. 中国青年报，1998-11-29.

② 孙东升. 资本、体制与中国农业发展. 北京：经济科学出版社，2003：15.

③ 江泽民. 江泽民文选：第二卷. 北京：人民出版社，2006：18.

④ 同③212.

建立以家庭承包经营为基础，以农业社会化服务体系、农产品市场体系和国家对农业支持保护体系为支撑，适应社会主义市场经济要求的农村经济体制。应始终把发展生产力作为农业、农村工作的中心，一切政策、措施都应有利于提高农业发展水平，增强农村经济活力。进一步改革和完善农村所有制结构，在发展壮大集体经济的同时，采取灵活有效的措施，鼓励和引导农村各种所有制经济形式的发展。在稳定和完善双层经营体制的基础上，促进农村土地、劳动力、资金、技术等生产要素合理流动，调整和优化农业结构，发展多种经营方式，提高联合与协作水平。转变政府职能，指导农民发展各类专业性服务组织，组建国家、集体和农民合作组织相结合的农业社会化服务体系。深化农产品流通体制，渐趋形成国家宏观调控指导下的由市场确定价格的运行机制，促进农产品市场体系的建立与完善。深化农村的投融资体制改革，完善农产品的储备调节、风险基金和销售体系，增加农民收入，建立农村社会保障体系，加快国家对农业的支持和保护体系的建设。改革和规范农村税费制度，取消农业税，推进政府的财政转移支付制度，探索减轻农民负担的治本之策。

扩大农村的基层民主，保障农民直接行使民主的权利。深化农村的社会主义民主法制建设，实行农村基层民主选举、民主决策、民主管理、民主监督，重点推进村级民主制度建设，依法健全村民委员会直接选举制度、村民议事制度、村务公开制度，大力推进社会主义新农村建设，确保农村的健康发展和长治久安。

坚持科学发展观，确保农业发展真正转到依靠科技进步和提高劳动者素质的轨道上来。中国在当前和今后相当长的历史时期内，最重要的是实施科技兴农、科教兴农战略，“将来农业问题的出路，最终要由生物工程来解决，要靠尖端技术。”① 科技兴农、科教兴农是根本解决“三农”问题的关键，提高农业科技含量、发展农村义务教育和职业教育、提高农业劳动者素质，是农业、农村发展战略的基本方针和目标。

采取多种措施，大力增加农民收入。这不仅关系农村市场的发展，影响农产品的质量及市场供给，而且关系社会主义新农村建设，关系农村小康社会的构建。要引导农民依据市场需求调整和优化产业结构、产品结构、技术结构，发展高效优质农业，发展绿色农业，提升产业化经营方式，提高农村的环保水平和农业综合效益。从战略上采取综合措施，营造有利环境条件，不断开辟就业门路，拓宽增收渠道。要在收入倍增中着力促进农民增收，确保在未来几年内，农民收入至少应当与城镇居民收入同步增长，并且要力争超过。②

大力推进农业产业化经营模式，引导大型农工商集团参与农业综合开发，拉长农业内部的产业链，提高各产业链的科技含量，提高农产品加工技术，拓宽农产品销售渠道，提升农产品附加值，形成以农业产业化为纽带、以农产品市场体系为中心、以农工商集团为龙头、推动农业可持续发展的战略体系。③

基于上述农业、农村发展战略，应充分调动农民的积极性和创造性。农民的积极性和创造性是发展农业和振兴农村的根本因素，是推进农业、农村发展战略及其政策的基本准

① 邓小平．邓小平文选：第三卷．北京：人民出版社，1993：274.

② 侯艳，沈静文．2013年三农工作目标：保供增收 改革创新．中国新闻网，2012-12-23.

③ 陆学艺．农业产业化、农业现代化的实现途径．中国青年报，1998-11-29.

则，也是检验农业、农村发展战略及其政策正确与否的根本标准。所谓充分调动，即依法维护农民的民主权利，保护农民的切身利益，积极引导农民参与新农村建设，参与农村各项事业及其管理，投入农业发展和农村制度创新工程，依法行使农民的民主权利。

尊重农民的首创精神。农村改革的成功，不是靠本本，而是靠实践，靠农民的参与热情和首创精神。农业、农村发展战略及其实施就建立在尊重农民首创精神的基础之上，具有充分的实践依据和深厚的群众基础。

探索农村集体所有制的有效实现形式。以家庭联产承包经营为基础，实行统一经营和分散经营相结合的双层经营体制，是中国农村改革的创举，是农村集体所有制的有效实现形式，但还要进一步发展和创新。要进一步鼓励、引导农民发展个体经济、私营经济、合作经济、股份经济，探索股份合作经营方式，把股份合作经济方式引入集体经济运作之中，可极大提高农村集体所有制经济的发展水平。

坚持农村改革的市场取向。要按市场需求导向调整产业结构，实行产业化、专业化经营，促进要素资源合理流动，推动市场取向改革的深入，这对于有效实施农业、农村发展战略具有根本性意义，必须始终不移地坚持。

走新型城镇化道路。积极推进社会主义新农村建设。着力解决“三农”问题，推进农村基层民主与法制建设，保障农民行使民主的权利，加强城乡一体化建设，推动农村文化建设，强化农村环保建设，促进农村的小康社会建设和和谐农村建设，缩小城乡差距，根本改变农村、农业、农民的落后面貌。大力发展农村社会服务体系，积极推进新型城镇化建设，多方面开辟农村通往城市的就业空间，合理有序地转移农村富余劳动力，提高农民的就业机会，促进工业反哺农业，城市反哺农村，完善要素市场体系。加大力度推动资源要素向农村配置，逐步缩小城乡发展差距。大力实施农业扶贫开发，重点推进中西部地区农业的综合发展，强化农民工的技能培训，降低农民工的就业成本，提高农民工的就业竞争力，促进区域经济协调发展。有序推进农业转移人口的市民化，并将此作为一项重要任务加以落实。积极推进城镇化建设，把生态文明理念和原则全面融入城镇化全过程，走集约、智能、绿色、低碳的新型城镇化道路。①

依据十九大战略布局，要积极实施乡村振兴战略，“坚持农业农村优先发展，按照产业兴旺、生态宜居、乡风文明、治理有效、生活富裕的总要求，建立健全城乡融合发展体制机制和政策体系，加快推进农业农村现代化”。“构建现代农业产业体系、生产体系、经营体系，完善农业支持保护制度，发展多种形式适度规模经营，培育新型农业经营主体，健全农业社会化服务体系，实现小农户和现代农业发展有机衔接。”②

总结实施农业、农村发展战略的经验，中国农村改革要力求实现四个层面的突破：(1) 加强农村市场体系建设。特别要加强农村商品市场和金融市场的建设，解决农业、农村发展的投融资瓶颈问题。(2) 积极推进农业产业化经营。把产业化经营与新型城镇化建设、农产品流通体系建设和农村剩余劳动力就业结合起来，鼓励农民发展各种形式的专业

---

① 蒋彦鑫. 中央经济工作会议要求明确改革路线图时间表. 人民网，2012-12-17.

② 习近平. 决胜全面建成小康社会 夺取新时代中国特色社会主义伟大胜利——在中国共产党第十九次全国代表大会上的报告. 新华网，2017-10-27.

组织和合作经济组织。(3) 大力推进农村社会服务体系建设。特别是大力推进农村基础设施建设，城乡交通和通信网建设，医疗服务体系建设，义务教育和职业教育、先进技术推广和培训体系建设。(4) 努力提高农民生活水平。创造各种有利条件，加大农民就业和创业力度，努力增加农民收入，提高农民生活质量、水平。

农业、农村发展战略的具体实施，以及具体实施过程中所建立的农村最基本的生产关系、交换关系、经营方式和社会服务体系，已成为发展社会主义市场经济必需的体制条件。

第四节 收入分配体制改革

一、双层收入分配体制

收入分配体制是社会主义市场经济必需的体制条件。改革计划经济体制下的收入分配体制，建立适应并促进市场经济的收入分配体制，是深化经济体制改革的又一基本内容。

以往计划经济体制下的收入分配体制是一种单一的财政分配体制，表现在两个方面：(1) 国民收入的初次分配体制。即从企业总收益中扣除企业积累基金和上缴财政税收之后，其余额按照劳动量标准分配给企业职工，企业职工以工资、奖金等形式取得劳动报酬。(2) 国民收入再分配体制。即中央财政集中企业上缴的利税总额，扣除必要的积累基金之后，其余额再分配给各非物质生产部门，也就是财政分配拨款，各非物质生产部门按照国家规定的各类工资标准分配给相应职位或级别的干部、职工，各非物质生产部门的干部、职工以工资、津贴、奖金等形式取得工作报酬。国民收入的初次分配和再分配体制，完全按单一的分配渠道一次性分配给各不同物质生产部门的劳动者和各非物质生产部门的工作者，共同分配原则按同一标准、层次进行，无收入差距悬殊的问题，平均主义占主导地位。

这种单一的双层收入分配体制的特点在于收入分配体制服从于高度集中统一的计划体制，混淆了微观分配过程和宏观收入调节过程，在收入分配体制上坚持收入和分配的计划性、收入和分配的平均性、收入和分配的滞固性。把按劳分配原则抽象化、单一化，片面强调劳动量标准的区分，忽视劳动质的差别，只坚持平衡的量的分配标准，忽略差别的质的分配标准。过度关注等额标准及平均主义原则，排斥劳动质的差别及个人收入的效率原则，强化均等，淡化效率，把公平与效率直接对立起来，会导致收入分配体制长期的“大锅饭”弊端，无法从利益原则上充分调动劳动者的积极性、创造性。机械地运用马克思所设想的未来社会个人消费品分配的规则、方法和形式，脱离社会主义初级阶段的国情和生产力发展水平，收入分配体制过于行政化、平均化、程式化，排斥市场调节在收入分配体制中的基础性作用，无法充分发挥社会主义的优越性。

由于实行单一化的双层收入分配体制，在收入分配过程中始终追求平均主义的公平和效率的直接结合，形成了一套既无效率又不公平的“大锅饭”式的收入分配制度，因此，收入分配体制的改革必须首先明确：收入分配过程与收入调节过程既相互联系，又相互区别。在程序上，收入分配过程先于收入调节过程，因此，收入分配过程应以效率原则为标准，应当突出收入分配的效率、质量、水平。而收入调节过程应以收入分配过程为基础，并独立于收入分配过程，所以，应以公平原则为标准，合理调节收入差距，防止收入差距拉大。此外，要兼顾效率与公平原则。尽管在具体操作上效率与公平原则不能在宏观上或微观上同时兼顾，但在收入分配过程与收入调节过程中应始终坚持有重点的效率与公平的结合、统一。社会主义市场经济要求收入分配体制的市场化，并在经济制度上加以确认，使收入分配过程与收入调节过程相对独立，效率原则主导收入分配过程，即在微观上以效率原则引导分配，公平原则相配应；公平原则主导收入调节过程，即在宏观上以公平原则指导分配，效率原则相配应。依据市场经济的要求，政府可直接控制收入过程，间接地引导、调控分配过程。

推进收入分配体制的改革，就是要变双层收入分配体制的单一化为市场化，应始终坚持两个基本原则：一是坚持效率分配原则，消除收入分配过程的均等化，体现效率优先原则，充分调动劳动者的积极性。二是坚持公平分配原则，使收入差距保持在适当的可控范围之内，体现兼顾公平原则，维护社会稳定，推动经济社会发展。而坚持效率与公平原则，就必须建立符合社会主义市场经济要求的市场化的双层收入分配体制，即把收入分配过程划分为两个层次：微观分配过程和宏观调节过程。微观分配过程坚持以效率原则为主，消除平均主义，适当拉开收入分配差距，保持有效激励性；宏观调节过程坚持以公平原则为主，通过运用各种经济杠杆加以公平调节，例如，通过累进所得税对高收入者征税，通过社会保障对低收入者予以保障，通过财政转移支付帮扶落后地区或困难群体，通过减免税赋等措施提高某一阶层劳动者的收入水平等，使收入差距保持在适当可控范围之内。市场化的双层收入分配体制应是社会主义市场经济条件下收入分配的基本模式，表明市场经济与收入分配体制的内在联系与统一。

二、微观分配过程

微观分配过程包括两个层面：（1）市场对企业、其他经济组织或个人的分配。企业、其他经济组织或个人通过市场销售产品或提供服务，以此获得经营收益，也称市场实现过程。这个层面的微观分配过程以社会劳动在各种产品和服务上的配置为基础，在特定时期内，社会对某种产品或服务的需求以及分配在某种产品或服务上的劳动都是有限的，超过限度，某种产品或服务的收益就不能实现，为此而付出的具体劳动也不能被社会所接受和承认，或者说市场不能自动为企业、其他经济组织或个人分配收益。（2）企业、其他经济组织或个人从市场实现过程中获得的经营收益在其内部进行分配。参与生产经营或服务活动的各生产要素通过这个层面的微观分配过程，获取各自的收入。两个层面的微观分配过程相互联系、相互制约，共同构成符合市场经济要求的微观分配过程。

微观分配过程是通过市场调节作用实现的，较充分地体现了效率分配原则。经营效率高可从市场上获得较高的经营收益，而经营效率低则只能够获得较少的经营收益，甚至亏损。正是由于市场调节的内在分配功能，才促进了效率的提高，推动了经济的发展，形成了特定形式的微观分配过程。

符合市场经济要求的微观分配过程主要包含两个基本内容：

（1）有效性。

企业、其他经济组织或个人向市场供给的产品或服务必须是有效的，或者说能够被社会所承认，能满足社会需要，如果产品或服务的供给量超过社会的需要量，那么就不会被社会所承认，就会被市场效率所淘汰。

（2）高效性。

企业、其他经济组织或个人必须高效率地为市场提供优质产品或服务，谁的效率高，谁就能在微观分配过程中取得较高的经营收益；反之，谁的效率低，谁就只能获得较少的经营收益，甚至亏损或严重亏损。

对于向市场供给同类产品或服务的企业、其他经济组织或个人而言，市场调节可使其比较在单位产品或服务上的投入，从而在竞争中形成社会必要劳动时间，市场只承认社会必要劳动时间和比社会必要劳动时间少的投入，以促进企业、其他经济组织或个人最大限度地降低成本和提高效率。由于在一定时期内社会必要劳动在各生产领域中的份额及数量是有限的，市场只承认分配在各生产领域中的必要劳动，并且以最少投入为尺度选择必要劳动量，从而促进企业、其他经济组织或个人以较高的效率为市场提供最有效的产品或服务。

微观分配过程及效率原则是通过市场机制调节实现的。通过价值决定和价值实现过程，依据市场价格机制调节体现效率分配原则。价值决定过程是将个别劳动时间还原为社会必要劳动时间，个别价值还原为社会价值的过程。通过供求机制和竞争机制，把千差万别的个别劳动时间均衡为统一的社会必要劳动时间，即社会价值。市场机制决定哪种生产条件下的个别价值决定该产品或服务的社会价值，即社会必要劳动时间，并且按社会必要劳动时间补偿个别劳动的消耗。所以，劳动生产率较高的企业、其他经济组织或个人的个别价值便还原为较高的社会价值，获取较高的利润，而劳动生产率较低的企业、其他经济组织或个人的个别价值则还原为较低的社会价值，获取较低的利润，甚至出现亏损。市场机制以效率分配原则诱导、刺激企业、其他经济组织或个人节约劳动成本、改进技术、加强管理、提高劳动生产率。价值实现过程是价格还原为价值的过程。企业、其他经济组织或个人的产品或服务在市场交换中能否从价格形式上实现其价值，是由该产品或服务的总量能否适应社会对其需求量所决定的。社会对各种产品或服务的需求量最终决定了社会总劳动时间分配给企业、其他经济组织或个人的必要比例量，进而形成产品或服务之间的价格比例。如果产品或服务的供求不平衡，那么价格与价值就会产生不一致现象，而市场机制调节是以效率确定哪些产品或服务被淘汰于社会需求量之外，并按效率的高低次序选择效率高的产品或服务，选择的结果必然使效率分配原则获得具体实现。[①] 市场机制调节是通过价值规律实现其效率分配原则的，因而在中国需要较完善的市场制度、灵活的市场机制、风险性的内在压力，以及机会均等的公平竞争环境。但目前通过市场机制调节实现效率优先原则的制度还很弱，其根本原因在于价格机制、利率机制等基础性调节的功能有限，受行政保护的成分较大，必然产生排斥竞争的各种现象。因此，必须深化市场制度改革，完善市场体系特别是完善资本市场体系，限制政府对市场的直接干预，消除市场分割和垄断，防范和化解市场风险，确立以市场机制调节为基础的微观分配过程，确保效率分配原则的有效实现。

---

① 魏杰．社会主义经济调节通论．北京：人民出版社，1994：106．

市场机制调节的微观分配过程完成之后，企业、其他经济组织或个人将经营收益在其内部进行分配，实际上是对生产要素报酬的支付。其核心是遵循效率分配原则，即按照生产要素在生产经营过程中贡献的大小，相应地支付报酬，贡献大就获取较多报酬，反之亦然。报酬与效率直接联系，效率成为微观分配过程的基本准则。微观分配过程所分配的经营收益是各生产要素在生产经营中创造的效率集合物，是由各生产要素各自的效率决定的，微观分配过程只能依据各生产要素的效率进行分配。企业、其他经济组织或个人在自负盈亏的条件下，必然具有效率定分配的内在要求，微观分配过程主要依据效率分配原则，效率分配原则及其分配上的收入差距必须通过企业、其他经济组织或个人依据有关法律、规制兼顾公平分配原则予以内部平衡。“过大的收入差距及其不公平现象，本质上并非产生于效率定分配体制，而是非效率因素定分配的结果。”① 企业、其他经济组织或个人在其内部分配过程中涉及的效率分配原则，是通过资产收益制度和劳动报酬制度实现的。资产收益是按效率原则分配的资产报酬，劳动所得是按效率原则分配的劳动报酬。资产收益和劳动报酬是效率分配原则的具体体现形式。资产和劳动所获得的收益与报酬不包括任何非效率性收益。

微观分配过程需要体现效率分配原则的完善的分配体制，但目前在中国还未形成较为完善的体现效率分配原则的分配体制，只是建立了国家与企业之间的利润分配比例体制。此种分配体制虽然使企业职工的个人利益、国家利益都与企业利润相联系，能在一定程度上调动企业职工的积极性，然而，由于企业内部尚未形成合理的个人收入分配体制，使职工个人收入与企业利润挂钩，并未真正促进职工通过提高效率而获得较多收入，往往靠发放奖金来维持生产积极性，这样企业必然要通过各种非规范行为获取高额利润，并在市场秩序紊乱的状态下形成企业之间利润的非正常差距。同时，企业原有体制下存在的技术、资金、人才等方面的差别，又会作为非主观努力因素加剧企业间利润的差距，形成企业之间人均实现利润的巨大差别，从而导致收入分配的严重不公平现象。尽快确立体现效率分配原则的企业内部分配体制是收入分配体制改革的一项重要任务，决定了社会主义市场经济体制的建立与完善。

企业、其他经济组织或个人在其内部体现效率分配原则，必然会形成与生产要素之间的双向选择机制，即企业、其他经济组织或个人必然选择效率高的生产要素，生产要素也必然选择按效率支付报酬的企业、其他经济组织或个人。因此，这在客观上要求大力培育生产要素市场，特别是大力培育金融市场，为这种双向选择机制创造条件。而中国目前难以形成效率分配原则的一个重要原因就是缺乏这种符合市场经济要求的双向选择机制，缺乏比较完善的生产要素市场体系。例如，目前地区之间、城乡之间、阶层之间的收入差距等不公平现象的产生就是由于缺乏这种双向选择机制造成的，各种人力资源还无法按效率分配原则合理流动。也就是说，市场还无法形成一种能够确保按高效率获得高收入的抗衡力量，无法形成一个双方共同评价贡献及相应收入的机制。确立符合市场经济要求的双向选择机制，形成使双向选择机制发挥功能的生产要素市场，既成为企业、其他经济组织或个人按效率原则进行分配的重要前提，又构成社会主义市场经济体制的基本条件。

---

① 魏杰．社会主义经济调节通论．北京：人民出版社，1994：309.

三、宏观调节过程

宏观调节过程，作为宏观经济活动的组成部分，是从全局利益出发，维护社会公平，确保社会生活稳定，促进经济社会发展，其原则是保持社会公平。收入调节过程的基点必须以公平分配为原则。

宏观调节过程也要考虑效率，但已不是某个生产经营企业的微观效率，而是社会整体的宏观效率，体现了社会公平基础上的全体社会成员的公平感及其积极性和创造性。宏观调节过程要以公平分配原则对全体社会成员的收入进行调节，消除非主观努力性收入，调整过大的收入差距，保持社会公平。

宏观调节过程的目的在于维护社会公平，使社会各成员的收入差距保持在有利于协调经济利益关系，促进经济社会发展的限度之内，绝不能过于悬殊。宏观调节过程一般应从限制过高收入和促进低收入者增加收入方面着手。限制过高收入的实现机制是累进所得税制度，促进低收入者增加收入的实现机制是收入保障制度。累进所得税制度对收入过高者的调节，一般是通过转移支付制度转化为收入保障基金，成为收入保障制度的源泉实现的。累进所得税制度和收入保障制度及连接二者的转移支付制度，共同组成宏观调节过程的公平分配原则的实现机制，成为社会主义市场经济的重要体制条件。

累进所得税制度是确定特定所得税起征点和起征点上的累进征收率，对不同程度的高收入者征税的税收制度，目的是按高收入者的收入程度调节高收入者和低收入者之间的差距。累进所得税的起征点及其累进税率，既要体现公平分配原则，又不能挫伤高收入者的积极性。建立累进所得税制度的前提条件是法人和自然人的收入税制化，法人和自然人的所有收入状况都反映在义务收缴人的账面上。税收征收机构依此了解所有法人和自然人的收入状况，并且形成依据市场规则建立的一整套财政金融制度和会计审计制度。[①] 中国在改革开放初期，由于政府长期掌握分配过程，形成了一种较为典型的平均主义分配制度，这样，不仅没有调节高收入的累进所得税制度，而且没有累进所得税制度要求的财政金融制度和会计审计制度。因此，建立宏观的收入调节制度，确立与新分配制度相联系的累进所得税制度，以及与累进所得税制度相联系的财政金融制度和会计审计制度，并相应地构建与此相关的其他宏观监督制度，是中国收入分配制度改革的主要内容。

收入保障制度是通过增加低收入者的收入，缩小过于悬殊的收入差距，实现在效率基础上的公平分配原则主导的保障制度。其主要包括社会救济制度、社会福利制度、社会保险制度等，这些制度对低收入者的收入保障的内容是不同的。社会救济制度主要是对非常规性因素所引起的收入降低实施的保障制度。社会福利制度是通过扩大公共消费的形式增加低收入者实际收入的保障制度。社会保险制度是对常规因素所引起的收入降低实行的保障制度。上述收入保障制度的不同内容从不同方面增加了低收入者的收入，可缩小过于悬殊的收入差距，有利于实现社会公平、公正。实行累进所得税制度和收入保障制度，限制高收入和增加低收入，消除收入差距悬殊的状况，实现公平分配原则，需具备两个条件：各种社会利益关系基本理顺和社会经济体制基本完善。中国存在多种所有制经济形式的差

---

① 魏杰．社会主义市场经济通论．北京：人民出版社，1994：342．

别，存在不同所有制经济形式内部收入分配的差别，存在收入分配不公平现象，主要是由各种社会利益关系被扭曲和经济体制不健全造成的，属于体制性收入分配不公平，这是累进所得税制度和收入保障制度所无法解决的，必须通过进一步深化体制改革予以消除。累进所得税制度、收入保障制度及公平分配原则也有待通过深化体制改革实现。发达国家由于具备这样两个条件，累进所得税制度、收入保障制度及公平分配原则可得到实现。例如，日本的企业家阶层在微观分配过程中人均月收入可达到500万日元，比一般的国家公务员的月收入高出10余倍，但经过宏观调节过程及贯彻公平分配原则，企业家阶层最后的实际人均月收入为200万日元左右，只比一般国家公务员的月收入高出4倍左右，从而使企业家阶层和国家公务员之间的收入分配差距缩小，并且保持在合理的可控范围之内。[①] 确立效率分配原则与公平分配原则动态的纵向统一构架，即在微观上依据效率原则进行分配，在宏观上依据公平原则调节收入，是中国收入分配体制改革的目标模式，并且与建立社会主义市场经济体制的目标模式相适应、相统一，构成社会主义市场经济的重要体制条件。

市场经济的改革条件就是市场经济得以形成并产生作用的经济体制及其经济制度。没有较为成熟的体制条件，市场经济的个性就无法有序形成，市场经济的共性就无法适时转化。建立和完善体制条件的关键在于改革，其内涵主要是政府管理体制改革、国有企业改革、农业体制改革和收入分配体制改革，为市场经济基础性调节创造体制条件或构建制度基础。改革过程即市场经济共性与社会主义基本经济制度相结合的过程，社会主义市场经济体制建立和完善的过程，社会主义市场经济逐步形成并发挥作用的过程。创造体制条件不能一蹴而就，是社会主义经济基础及制度渐进地自我发展与嬗变的过程。

深化收入分配制度改革，要坚持共同发展、共享成果，在不断创造社会财富、增强综合国力的同时，普遍提高人民的富裕程度。坚持注重效率、维护公平，初次分配要注重效率，创造机会公平的竞争环境，再分配要更加注重公平，提高公共资源的配置效率，缩小收入差距。坚持市场调节、政府调控，充分发挥市场机制在要素配置和价格形成中的基础性作用，发挥政府对收入分配的调控作用，规范收入分配秩序，增加低收入者收入，调节过高收入，突出增量改革，带动存量调整。[②] 完善工资制度，健全工资正常增长机制，规范公务员津贴补贴制度，推进事业单位实施绩效工资制度，改革国有企业工资总额管理办法，加快建立统一规范的企业薪酬调查和信息发布制度。

统计资料显示，西方发达国家居民收入占GDP的比重一般为50%～60%，比如美国为65%、日本是60%、英国高达71%，而中国城乡居民收入占GDP的比例却从1985年的56.18%下降至2007年的50%左右，2010年则下滑至43%。政府财政收入占GDP的比例过高，国民缴纳的税收过多，在政府、企业、居民三方的利益分配中，政府很强，百姓很弱，在初次分配中，国家财政收入节节攀升，而居民劳动报酬率却持续下降。中国城乡居民家庭之间、个人之间的分配不公更为严重。根据国内学者的研究，目前中国的基尼系数已经超过国际公认的0.4的警戒线。国民之间收入差距扩大，收入最高的10%家庭与收入最低的10%家庭的人均收入相差65倍，高收入人群通常都凭借手中的权力非法获取

---

① 魏杰．社会主义市场经济通论．北京：人民出版社，1994：345．

② 国务院．国务院批转发展改革委等部门关于深化收入分配制度改革若干意见的通知．中国政府网，2013-02-06．

隐性收入和灰色收入。调查数据显示，2008年中国居民住户的隐性收入至少有9.3万亿元，还不包括经济普查中的5.4万亿元的灰色收入。造成收入分配严重失衡的原因很复杂，行政性垄断固守阵地、地方政府偏重于GDP增长、户籍制度壁垒、城乡二元分割体制等，正是这些长期积累的体制弊端在初次分配上拉开了居民之间的收入差距，而许多涉及初次分配的法律法规的执行力度和监管力度又不够，最终导致贫富差距日益扩大。调整初次分配格局应是收入分配改革的重点，在调整初次分配的同时，再分配调节也要发力，这样才能切实改变目前普通居民及劳动者收入偏低、分配格局严重失衡的现状。①

第五节　社会管理体制改革

一、政府公共管理改革

政府公共管理体制即社会管理体制，是围绕社会管理活动建立的一系列制度、规范和措施的总和，其目的及目标是有效率地处理社会事务，协调社会利益关系，解决社会问题，化解社会矛盾，满足公众的正当社会需求，保障社会的有序运行，维护社会的和谐稳定。政府管理职能可划分为两大方面：经济管理职能，即政府宏观调控；社会管理职能，即政府公共管理，有时也与政府行政管理职能（政府内部和外部事务管理）相联系。政府公共管理就是指后者，即政府的社会管理职能。

政府公共管理的对象也称为非营利性机构或组织，按照约翰·霍普金斯大学非营利性机构比较研究中心的分类体系，可划分为12个大类，24个小类。12个大类包括文化与休闲、教育与科学研究、卫生、社会服务、环境、发展与住房、法律、慈善中介与志愿行为鼓动、国际性活动、宗教活动和组织、商会专业协会工会、其他。② 在这12个大类及24个小类中，有些可以成为营利性组织或机构，自主地参与市场竞争，并与政府公共管理脱钩，例如，某些文化与休闲组织可转化为重要的文化产业；一些社会服务组织可以转化为经营性服务产业；特定发展与住房组织能够转化为房地产业；一些营利性的民办教育与科学研究组织参与市场竞争等。这些政府公共管理对象的分离与分化应是政府公共管理改革的问题，并且成为日益凸显的社会管理体制改革的重点或难点问题。

政府公共管理改革的突出问题集中表现为：（1）政府与市场的职能边界仍不清晰。尽管多年来政府职能历经多次调整改革，在政企分开、政资分开等方面取得了重大进展，但政企不分、政资不分的现象依然不同程度地存在，有些地方、有些部门对微观经济运行管得过多、过细。与此同时，行政审批事项还较多，一些行业的垄断经营问题比较突出。政府公共服务和社会管理职能较弱。（2）政府缺位、越位的问题还没有完全解决。在一些政府应当发挥作用的领域还存在“缺位”问题，如市场监管职能在一些地方、领域履行不到位；基本公共服务缺乏质量标准，数量有待增加。在一些本应由社会组织发挥作用的领域存在政府“越位”问题，政府承担了过多的社会职能，导致政府责任过大、风险过于集

① 降蕴彰. 收入分配改革年内定案 发改委人社部达成共识. 经济观察报，2012-05-11.

② 陈昌柏. 非营利性机构管理. 北京：团结出版社，2000：3.

中。(3) 政府组织结构不尽合理，协调运行机制时有不畅。合理的政府组织结构能够明确部门职责，提高行政效率。当前，中央与地方之间的事权划分还不十分清晰，财力配置不尽完善；同级政府部门之间权责不清，个别部门同时承担着审批、执行、监督、评价等多个职能，部门之间的合作、协调机制不顺畅；对行政权力的监督制约尚需进一步加强。①

政府公共管理改革的重点在于厘清营利性组织与非营利性组织的界限，彻底剥离营利性组织，依附于政府或政府办事业的非营利性组织应与政府脱钩，而尚未与政府公共管理对象分离的组织或机构，其运作体制和机制也须进行根本性改革，使其提供公共产品或准公共产品的社会服务功能得以强化。因营利性组织与非营利性组织混杂，致使政府公共管理对象复杂化，必须通过改革逐渐地把已存在的或准营利性组织或机构推向市场，由市场决定生存，而以往的政府公共管理体制和机制必须实现根本性转变。

政府公共管理改革的目标在于推进政府公共管理和公共服务体制的创新。公共管理改革必须从体制机制上实现突破，以建设公共服务型政府和提高公共服务水平为基本目标，政府公共管理部门必须以公共性和非营利性基本原则运用公共资源，必须确保公共产品的公共性，使之变成一种真正的公共利益和公共产品，把对社会事业的投入变成公共财政、公共投入，积极探索市场经济条件下的政府公共管理及服务方式。全面推进社会事业单位及社会事业管理体制改革，提高政府管理社会生活的能力，改善公共服务的质量和效率，促进社会公平。

政府公共管理改革的要求在于改革政府公共管理的财政结构，加大社会发展投入在政府总预算中的比重，加大公共财政投入力度。政府公共管理体制是否完善，是否向公共服务型政府转变，关键在于公共管理的财政结构变化。以加强公共服务为着力点，推动政府转型。该由政府管理的一定要管理好。在基本公共服务方面，应通过合理的财力配置保障国民获得大体相同的基本公共服务。强化政府的社会管理和公共服务职能，合理用好财政资金，形成不同层级政府间的合理职责分工，缩小地区之间和城乡之间基本公共服务的差距，改革公共服务的提供方式。建立完善的政府公共管理综合决策机制，着力研究政府职能、部门合作、部门设置、公众参与、财政支持、社会影响评价、技术支持等问题。②

政府公共管理改革的举措在于深化行政审批制度改革，以投资、社会事业和非行政许可领域为重点，清理、减少和规范现有审批事项，建立、健全新设行政审批事项审核论证机制，开展国务院部门行政审批电子监察试点。该由政府管理的一定要转移出去。应切实减少行政审批事项、积极推进事业单位改革、发展和培育可承接公共服务职能的社会组织，逐步形成政府、市场、社会既分工明确又相互协调的新型结构。深入开展政府绩效管理试点。积极推行行政问责制，探索建立绩效考评结果问责机制，强化对违规决策的责任追究力度。全面推进地方财政预算、决算公开。深入推进省直接管理县（市）改革试点，扩大县级政府的经济社会管理权限。稳步开展经济发达镇行政管理体制改革试点。全面实施素质教育，推进学校的民主管理。推动公共教育资源重点向中西部、农村、边远山区、

---

① 王德颖，苏超，冯俏彬. 深入推进行政体制改革. 传承，2013 (1)：16-17.

② 丁元竹. 推进社会管理体制改革的四点思考. 鞍山社会科学，2005 (B11)：40-41.

民族地区和城市薄弱学校倾斜，促进教育公平。深化科技体制改革，促进科技与经济社会发展紧密结合。完善科技资源优化配置和科技评价奖励机制，建立健全多元化的科技投融资体系。加快健全全民基本医保体系，巩固完善基本药物制度，加强基层医疗卫生服务体系建设。深入推进县级公立医院改革和城市公立医院改革试点，加快形成对外开放的多元办医格局。研究制定扶持社会组织发展的政策措施，建立健全政府向社会组织购买服务的制度。制定出台行业协会改革试点指导意见，开展其他社会组织改革试点。① 大力发展社会组织，合理调整和改革现行监管模式，改革和规范现有社会组织，加快社会领域改革开放步伐。推进和谐社区建设和管理，深化社区管理体制改革，推进社区公共服务体系建设，加大社区基础设施建设，积极开展社区活动，增强社区发展活力。加强政府公共管理立法，依法实施公共管理，建立科学有效的政府公共管理政绩评价体系。

政府公共管理更主要地体现在对国有资本的投入及管理方面，国有资本具有公共性，其投向应当体现公共目标。例如，在市场失灵的领域引导社会投资、推进科技进步和产业升级、保障经济和国家安全、支持民生建设项目等。在亚洲金融危机时期，中国香港特别行政区政府为救股市，以上千亿港元敞开收购恒生指数股，在市场回升之后迅速有序退出并解散基金。20 世纪 60 年代，美国政府出资几百亿美元实施阿波罗登月计划，结果发展了一个完整的航天产业，至今仍保持领先地位。这些都是国有资本实现公共目标和矫正市场失灵的案例。② 尽管在良好运作的情况下，大多数可以获得高倍率的回报，但政府公共管理及投资的出发点不是短期的保值增值，而是实现经济社会的公共目标。

政府公共管理改革迫切需要抛弃政府办市场的思维，建立反垄断调查、行业合规监管、价格听证、知识产权保护、预算论证与监督等制度和手段体系，建立公平自由的商业环境，管市场，而不是办市场。政府公共管理改革也要抛弃政府办社会的思维，让社会自我管理，政府没那么多手段、财力和精力来管理社会。市场的归市场、社会的归社会、政府的归政府。③

加快建设法治政府，用法律法规调整政府、市场、企业的关系，使政府依法管理经济和社会事务，推进政府工作的制度化、规范化和程序化，确保行政权力在法律范围内行使；严格依法行政，完善执法程序，坚决克服有法不依、执法不严等现象；强化对行政行为的法律监督，做到用法律管权、依法律办事。

二、社会组织公共管理改革

社会组织是指政府公共管理的各种形式的非营利性组织或机构，例如，公办学校、幼儿园、研究机构、医院、福利院、慈善机构、公园、博物馆、科技馆、体育馆、各种公共设施维护和管理组织等。社会组织公共管理改革，即事业单位管理体制改革，既要实施事业单位分类改革，把具有营利性的组织或机构从事业单位分离出去，彻底根除事业单位办企业的弊端，又要推进事业单位管理体制改革，解决政府办事业、事业单位行政化问题，

---

① 国务院．国务院批转发展改革委关于 2012 年深化经济体制改革重点工作意见的通知．中国政府网，2012-03-22.

② 陈清泰．国企进一步改革需超越争议 公平竞争．人民日报，2012-06-04.

③ 郎咸平．一些中国官员自我感觉良好，应学习美国．中国青年报，2012-05-20.

精心设计，严格实施，提高效率和服务水平，体现事业单位的公共性、公益性、公平性和服务性特点。对于社会公共组织的收费要严格依法规定，并实施广泛的社会监督，特别是社会反映强烈的公立医院就医难、看病贵问题，公立学校择校难、乱收费问题，公共场所门票贵、乱涨价问题，公立慈善机构受捐赠资金管理不透明、违规使用问题，公共基础设施长期收费问题，各种学会、协会不透明收费、乱摊派等问题，必须深化改革、依法治理，并逐步提高其公共性、公益性、公平性和服务性水平，有序推进社会组织公共管理体制和机制改革，提高其公共管理效率。

公共组织运行过程以政府公共管理为目标，以国家预算拨款为主要资金来源，其运行收费具有补充性和辅助性作用，不应以营利为目的，这是一个必须严格遵循的“铁律”，成为社会组织公共管理改革的主攻方向。要区分公共服务的提供与生产，将事业单位打造成公共产品的生产主体之一，成为政府的助手和伙伴；完善事业单位法人治理结构，重在构建以理事会为中心，决策、执行、监督相互分离、相互制约的新模式；高度重视事业单位改革的政府条件，确立事业单位相对于政府的正确定位。另外，还需解决好事业单位改革后经济上的可持续问题。这可以从四个方面着手：形成战略目标，兼顾社会效益与经济效益；形成透明、多元化参与的治理结构；形成多元化的筹资体系；形成复合型人力资源结构和激励约束机制。

社会组织公共管理改革在于将社会组织内部管理体制和机制由无效率或低效率向有效率或高效率转变。其改革的目标为改变人浮于事、干好干坏一个样、效率低下的弊端，提高公共管理效率和服务水平，是一个伴随经济社会发展的需要而转变、提升的过程。社会组织公共管理改革的动因源于社会需要，服务于社会发展，提升社会生活质量、水平。

社会组织公共管理改革在于将公共管理方式由项目信息的封闭和不透明向公开和透明转变。实行公共服务项目（收费）信息公开，做到公开、公正、公平和透明，接受社会大众、舆论监督，这是社会组织公共管理改革的重点和难点。

社会组织公共管理改革在于由背离市场经济向服务市场经济转变。社会组织公共管理应与市场经济互补，作为公共性（非市场性）手段，可有效地服务于政府宏观调控的需要，实现国家经济社会发展的既定目标。

加强社会管理创新，逐步实现政社分开，使政府与社会形成既分工又合作的关系。高度重视政府在推动社会管理创新方面的主导作用；政府应为社会组织发展让出空间，放权给社会，培育社会的自我组织、自我管理、自我服务和自我修复能力。大力扶持、发展各类社会组织，适应政府职能转变的需要，承接政府转移出来的部分公共服务职能；形成灵活的协调机制，有效维护不同社会群体的合法利益。积极探索社会组织承接政府职能的类型、方式等问题，鼓励和扶持社会组织发展，推进社会组织去行政化、去垄断化改革，形成社会组织提供服务、政府购买服务的格局。①

三、建立社会管理协调机制

社会管理协调机制是由对社会系统内的事务进行管理的各类专门机构所组成的系统，

① 王德颖，苏超，冯俏彬．深入推进政体制改革．传承，2013（1）：16-17．

包括各级党委、政府、职能部门和各类社会组织。社会管理协调机制是指为最大限度地整合社会资源，形成社会管理合力，营造系统共振、部门配合、社会联动局面而设计且必须共同遵循的相关流程、规则与制度。社会管理协调机制是通过对社会管理系统内各个方面进行合理组织与调配，将内在力量凝聚成一个整体，以适应社会管理需要的过程。社会管理协调机制是贯彻落实、督促检查社会管理的方针政策，协调统筹社会系统重大活动，制定并分解社会管理的总体目标和任务，沟通交流社会管理的重大情况和信息，实现社会管理系统整体工作最优化的过程。①

社会管理体制改革，必须充分发挥政府的主导作用，建立社会管理体制改革的总体设计机制和协调机制。在现有社会管理框架内分管社会发展的政府机构很多，社会发展和社会管理是一个整体，社会管理体制改革需要有总体设计，而分部门的改革不利于从整体上完善社会管理体制，不可避免地会形成利益部门化趋势。同时，社会组织也必须参与社会管理体制改革，从而形成政府部门和社会组织共同参与的系统的、有效率的社会管理协调机制。

政府部门和社会组织共同参与社会发展和社会管理决策，构建以政府为主导的社会管理协调机制，本质上是在经济发展和社会发展之间探寻一种平衡手段，社会管理协调机制必须兼顾经济目标与社会目标的统一。在经济目标和社会目标之间建立一种平衡和协调机制，除了政府主导因素外，另一个必要因素在于各个社会组织的参与，在各个社会组织及其利益群体之间达成某种程度的妥协。这种协调机制有利于弥补经济的外部性或市场失灵，有利于发挥市场配置资源的基础性作用。

要点总结

改革及其主要内容、目标

构架	主要内容	基本目标	构架	主要内容	基本目标
政府主要职能转变	改革计划体制	计划调控	政府基本职能转变	大政府向小政府转变	构建服务型政府
	改革财税体制	财税调节		大市场与小政府新型责任关系	建设责任型政府
	改革金融体制	投融资市场化		办市场向管市场转变	建立监管型政府
	改革劳动人事体制	人力资源流动化		政府体制和机制创新	组建学习型政府
国有企业改革	市场取向改革	转换运行机制	农业农村改革	资源配置市场化	市场基础性调节
	现代企业制度	法人治理结构		农业产业化、现代化	现代农业体系
	组建企业集团	形成核心竞争力		农业、农村发展战略	新农村建设
	经营方式多样化	灵敏的市场反应		劳动力转移和增加收入	新型城镇化

① 王斌，刘忠艳．新时期社会管理系统协调机制的构建与实施．领导科学，2012（17）：22-24.

续前表

构架	主要内容	基本目标	构架	主要内容	基本目标
分配体制改革	分配体制市场化	市场化双层分配体制	社会管理体制改革	政府公共管理改革	明晰政府与市场边界
	微观分配过程	以效率分配原则为主导		社会组织公共管理改革	转变管理职能、提高管理效率
	宏观调节过程	以公平分配原则为主导		建立社会管理协调机制	政府主导的设计机制和协调机制

关键词

计划经济体制；市场经济体制；转变政府职能；计划体制；财税体制；金融体制；劳动人事体制；国有企业改革；现代企业制度；企业转型发展；农业资源配置；农业产业化；农业现代化；新型城镇化；乡村振兴战略；微观分配过程；宏观调节过程；社会管理体制改革；政府公共管理；社会组织公共管理。

思考题

一、简述政府职能转变及相关要点。

二、简述国有企业改革的问题和难点。

三、简述中国农业、农村改革的成绩和突出问题。

四、简述收入分配体制改革的基本原则。

五、简述社会管理体制改革的重点及目标。

第三章

社会主义市场经济特征论

本章重点：市场经济与社会主义制度；市场经济与多种所有制形式；公有制为主导的市场经济；市场经济与多种分配方式；市场经济条件下的按劳分配；计划与市场相结合。

简要概括：商品经济与社会主义制度相结合，表征商品经济的非制度属性；市场经济与社会主义制度相结合，映现市场经济的共性功能。属性表征与功能映现有机组合，建立在以公有制为主导的多种所有制形式并存和以按劳分配为主导的多种分配方式并存，以及计划与市场相结合的基础上，构成社会主义市场经济的基本特征。社会主义市场经济是在两个相互联系的基本方面的学习、借鉴和探索的基础上渐趋形成的：一方面是在学习、借鉴资本主义市场经济成功经验和教训并结合中国实际状况、需要的基础上形成的；另一方面是在改革开放、大胆探索、善于总结并比较分析别国经验模式的过程中形成的。社会主义市场经济既与资本主义市场经济相区别，又与市场经济发展的共性相一致，有其独特的发展轨迹及基本特征。社会主义市场经济，既反映了市场经济的共性要求，又蕴含了社会主义的理性诉求，更体现了社会主义的愿景及目标模式。

第一节　市场经济与社会主义制度

一、商品经济与社会主义经济制度

只有建立与完善社会主义市场经济体制，商品经济才能真正与社会主义经济制度相结合。这是因为社会主义社会的经济关系仍然是作为不同利益主体表现出来的，不仅要求商品经济普遍存在及发展，满足不同利益主体的需要，而且是公有制经济制度本身固有的属性决定的。在社会主义初级阶段，劳动者作为生产资料的主人，国家作为生产资料的最终所有者，均不是直接占有生产资料，一定要通过商品生产关系和商品交换关系间接地加以实现。

劳动者对生产资料的占有权利是平等的，但劳动者之间还存在利益差别，这种利益差别将成为一种基本的社会化表现形式，劳动者之间的利益差别和利益实现决定了社会主义及其公有制经济也必然采取商品经济的形式。同时，各种非公有制经济形式的存在及发展也决定了非公有制经济形式之间、公有制经济形式与非公有制经济形式之间、境内经济形式与境外经济形式之间，都必须采取商品经济的形式，才能表明各种利益主体的存在及其实现各自的利益。社会主义必须通过比较充分的商品生产、交换，才可能现实地体现其基本性质和内在要求，使商品经济与社会主义相结合。①

商品经济与社会主义的关系具有内在统一的客观必然性。这是因为发展社会主义生产力，必须通过大力发展商品经济，才能稳步地推进社会主义经济运行及其不断增长，形成具有巨大发展潜力和优越性的建立在商品经济较为充分发展基础上的社会主义。社会主义初级阶段，要经历一个相当长的商品经济发展过程，这个发展过程就是“逐步摆脱不发达状态，基本实现社会主义现代化的历史阶段；是由农业人口占很大比重、主要依靠手工劳动的农业国，逐步转变为非农业人口占多数，包含现代农业和现代服务业的工业化国家的历史阶段；是由自然经济半自然经济占很大比重，逐步转变为经济市场化程度较高的历史阶段”。② 只有这样，才能逐步实现社会主义的工业化和经济的社会化、市场化、现代化。可见，商品经济与社会主义的结合是客观的动态统一。

既然商品经济必然与社会主义相对立、不相容，把商品经济视为私有制和剥削的渊源，那么作为商品经济发达形态的市场经济，当然也就必然与社会主义相对立、不相容了。市场经济能否与社会主义相结合，在考验着社会主义改革者、创新者的勇气和智慧，他们进行了长期不懈的探索与追求。20 世纪 50—60 年代，毛泽东提出了尊重经济规律和尊重价值法则的思想，陈云论证了社会主义经济的主体和补充关系，孙冶方主张把计划和统计放在价值规律之上，于光远认为社会主义始终存在商品经济等，实际上这些理论已经接近社会主义经济是有计划的商品经济的命题。20 世纪 70—80 年代，国内理论界对社会主义商品经济存在的原因、市场经济与公有制兼容、计划与市场的关系等一系列问题，进行了大量的卓有成效的探索，先后提出了“计划经济为主，市场调节为辅”、“社会主义有计划的商品经济”、“计划经济与市场调节相结合”、“社会主义的市场经济”等观点。20 世纪 80 年代末 90 年代初，邓小平多次强调计划和市场都是方法，资本主义可以利用，社会主义也可以利用。“计划经济不等于社会主义，资本主义也有计划；市场经济不等于资本主义，社会主义也有市场。”③

市场经济本质上是较高发展程度的商品经济，是较高发展程度的商品经济普适的运行机制，所以，从来没有脱离商品经济的现代市场经济，更从来没有脱离市场经济的现代商品经济。承认商品经济与社会主义关系的客观必然性，就必须承认市场经济与社会主义经济制度结合的客观必然性。

---

① 宋涛. 政治经济学教程（第四版）. 北京：中国人民大学出版社，1995：287.

② 江泽民. 江泽民文选：第二卷. 北京：人民出版社，2006：14.

③ 邓小平. 邓小平文选：第三卷. 北京：人民出版社，1993：373.

作为商品经济较高发展程度的市场经济，毕竟与一般商品经济具有差别，其功能也是一般商品经济所不具备的。市场经济所反映的本质关系，即是商品使用价值与交换价值的关系、商品与货币的关系、生产者和消费者的关系、买者和卖者的关系。这是市场经济最本质的关系，在这个层次上，不可能辨认出市场经济依存的社会经济制度及其性质。市场经济作为非制度性概念，无资本主义和社会主义的差别，既可以与资本主义结合，也可以与社会主义结合。

二、市场经济与社会主义兼容

市场经济与社会主义兼容，主要表现为市场经济能够与社会主义公有制兼容、统一，市场经济能够与社会主义分配关系兼容、统一。“社会主义公有制要符合市场经济的要求，公有制与市场经济具有内在的关系和联系”。应把公有制与市场经济之间的关系“提高到客观规律的高度来认识”，“社会主义公有制适应现代市场经济性质规律，是生产关系适应生产力规律在社会主义社会的具体表现形式”。①

市场经济与社会主义公有制兼容、统一，是社会主义市场经济的首要特征。市场经济与社会主义公有制属于两个不同层次的范畴，市场经济是经济手段、方法，社会主义公有制是经济制度、生产关系，经济手段、方法与经济制度、生产关系又能够兼容、结合、统一。社会主义公有制具有双重的利益关系，就是宏观上的一致性与微观上的差别性之间的关系，这种利益关系与市场经济追求的主要目标，即经济利益的差别性，构成了对立统一的关系。市场经济与社会主义公有制互为前提、相互适应、相互促进，本质上是由社会主义生产力发展水平决定的。

市场经济与社会主义公有制兼容、统一，具有现实的必然性，社会主义初级阶段的公有制经济发展程度较低，还存在着公有制经济的差别，仍然需要采取市场经济的商品生产和交换关系。社会主义公有制客观上要求市场经济充分发展，而市场经济恰好为社会主义公有制提供了相适应的运行方式。在社会主义初级阶段，只有在充分发展市场经济的基础上，社会主义公有制才能获得巨大的生机与活力，得到不断的发展与完善，从而构成了市场经济与社会主义公有制兼容、统一的现实基础。

市场经济与社会主义公有制兼容、统一，不是一方改变另一方的基本属性和要求，而是在保持各自基本规定和要求的前提下，通过对方的基本属性和要求来实现自身的基本属性和要求，从而实现二者的有机兼容、结合、统一。概言之，应按照市场经济的要求改革社会主义公有制的存在形式和运行方式，使社会主义公有制在其发展中取得符合市场经济规律的特定的历史形式，这绝不是改变社会主义公有制的基本性质，更不是倒退为私有制。应依据社会主义公有制的要求建立反映公有制发展规律的市场经济特定的存在形式和运行方式，这种要求并未损害市场经济的本质规定和要求，只是从主体利益关系、运行机制等方面赋予市场经济在特定历史发展过程中的新理念、新特点。

市场经济与社会主义结合，就成为“社会主义条件下的市场经济”，“具有市场经济的

---

① 陈湘舸．新市场社会主义导论．上海：上海三联书店，1998：59.

共性，同资本主义条件下的市场经济在运行规则上是相通和相似的”，“在社会主义条件下，市场经济是和社会主义基本制度结合在一起运行的，因而也就必然会形成一些自身的特点”。[①]“所谓社会主义市场经济，就是说，它是同社会主义基本经济制度结合在一起的市场经济。”[②] 即把市场经济的共性纳入以公有制为主导的经济体系之中，通过市场基础性调节，实现资源的合理配置，达到不断解放和发展生产力、建设社会主义的目的。“社会主义市场经济也是现代市场经济。”在市场经济之前冠以社会主义，是为了“表明社会主义基本经济制度应该而且能够同市场经济相结合”。因此，社会主义市场经济也可被称为社会主义条件下的市场经济。“它既有市场经济的共性，又有社会主义的特性。”“社会主义市场经济是对传统的社会主义计划经济和建立在私有制基础上的资本主义市场经济的一种扬弃。换句话说，社会主义市场经济就是在生产资料公有制基础上，以市场机制为社会资源配置的基本手段的现代市场经济。”[③] 市场经济与社会主义结合的属性、特点和方向非常明确，不可动摇。

社会主义市场经济以社会主义为导向，社会主义导向意味着以社会主义国家的宏观调控和社会组织的有力行动，建立和完善社会主义市场经济体制、体系、机制、秩序，创造有利于市场基础性调节的软硬环境，发挥市场配置资源的作用，以确保社会及其每个成员都能平等地享有社会财富。社会主义导向要求：社会主义国家政府和社会组织的集体行动引导一切经济活动向着有益于整个社会的方向发展，保障社会成员最基本的生存和发展条件，强调一切具有劳动能力的人都应努力劳动，都有自由发展的平等机会。或者说，社会主义市场经济是以社会主义国家为主导的，依据市场经济规律，实施科学的宏观调控，并为培育社会主义因素而进行的市场经济。[④]

市场经济与社会主义结合，是在社会主义特定发展阶段、制度背景、体制条件、基本任务和基本目标规范下的结合，是特定条件下的经济制度与经济机制的新式结合、统一。致力于“公正和诚信，平等地促进所有人，包括所有弱势人群的福祉”。“如果一个社会的经济发展成果不能真正分流到大众手中，那么它在道义上将是不得人心的，而且是有风险的，因为它注定要威胁社会稳定。”[⑤] 社会主义市场经济理论具有显著的社会主义理性诉求，与最高的社会伦理道德准则相一致，社会主义市场经济理论应该代表市场经济理论的新趋向。

就共性而言，市场经济本身没有所谓的姓“社”姓“资”之分，但市场经济一旦与特定的社会基本经济制度相结合，确立了社会经济制度发展的导向，并承载着代表特定社会制度的理性诉求，就一定会生成特定社会经济制度框架下的资源配置方式。市场经济的社会主义导向，势必要求政府和社会组织在所有制经济形式、运作规制、征信体系、道德规范、组织治理等方面广泛地介入，宏观调控市场经济的运行。

以社会主义为导向的市场经济仍然属于市场经济共性范畴，社会主义的导向不可能一

---

① 马洪．什么是社会主义市场经济．北京：中国发展出版社，1993：6.

② 蒋学模．政治经济学教材（第十版）．上海：上海人民出版社，1999：289.

③ 赵宝石，杨敏．中国市场经济体制论．北京：人民出版社，1994：4.

④ 吴江．中国模式面临生死考验，不可自夸盛世．北京日报，2009-02-09.

⑤ 温家宝．用发展的眼光看中国——在英国剑桥大学的演讲．新华网，2009-02-03.

蹴而就，它也会产生导向性失误，就像市场经济无法避免经济危机一样。不论是政府的宏观调控及决策，还是社会组织的集体智慧及行动，都不可能保证社会主义导向永远正确无误，也会形成导向性失误或失灵，经常需要及时的事后调整和修正，以确保社会主义导向的正确路线和方向。因为社会主义导向需要政府来把握，而政府和市场一样，也是“非完美的”，有自己的利益追求，也要付出成本，政府会不可避免地存在导向的局限性，所以，不存在“市场失灵靠政府”的简单公式。“市场不完美，政府也不完美。凯恩斯主义者逻辑上的矛盾就在这里，市场不完美，政府却是完美的。”①

就微观而言，只要发挥市场配置资源的基础性作用，市场的自发引导就会促使市场主体头脑发热、盲目冲动地扩张，特别是经济金融的强杠杆率引致信用无限膨胀，泡沫加剧，最终必将导致经济总量失衡，经济危机的发生就会不可避免。也就是说，社会主义市场经济也会产生经济危机，只不过社会主义的导向及理性诉求更具长远性和战略性，可集中民意、顺应民意，高度发挥导向决策机构的集体智慧，自我修复能力较强，风险防范意识较强，对经济调节的监管力度较强。

市场经济与社会主义结合，建立和完善社会主义市场经济体制，是社会主义不可逾越的阶段，构成社会主义初级阶段的基本任务。社会主义市场经济有助于市场主体竞争机制的形成，提高社会主义劳动生产率。市场经济是被中国改革开放实践证明最富生机活力的运行机制。社会主义市场经济同样是一种竞争性经济机制，经济利益的内在驱动、激励和竞争的无形压力，迫使市场主体必须审时度势，转变观念，适时采用新技术、新工艺、新手段，提高技术水平和劳动熟练程度，加强科学管理，提高产品质量和服务水平，从而在客观上有力地推动社会主义分工和资源合理配置，提高社会主义劳动生产率。社会主义市场经济有助于推进国有企业改革，提高经济效益。在以往的计划经济体制下，国有企业依附于政府，缺乏经营自主权，运行体制滞后，运行机制固化。社会主义市场经济有助于推进国有企业改革，建立现代企业制度，实行股份制运营，形成适应市场经济规律的运行体制和机制，通过市场引导推进国有企业改革、优化结构，增强竞争实力。社会主义市场经济有助于提高人民的生活质量、水平，实现中国特色社会主义的基本任务、目标。中国改革开放实践表明，实现中国特色社会主义任务、目标的手段是多种多样的，但市场经济手段更具有特殊的优点、长处，是提高人民生活质量、水平，实现中国特色社会主义任务、目标的最佳手段。中国特色社会主义在于能够最大限度地满足人民日益增长的物质文化需要，这种需要千差万别、瞬息万变，所以仅靠政府指令性计划和行政手段干预是无法实现的，必须采用市场经济手段，通过市场基础性调节、诱导，形成规范的调节机制。同时要不断探索和总结计划与市场相结合的经验和教训，建立政府宏观调控与市场微观调节相适应的长效机制，不断完善有管理的社会主义市场经济，以促进社会主义生产力不断发展，创造日益增多的社会财富，提高人民生活质量、水平。

概括而言，社会主义公有制及其基本经济制度要吸纳、兼容市场经济理论，系统构建社会主义经济理论，特别是构建社会主义市场经济理论，并使市场经济理论建立在社会主

① 余力．自由市场制度遇到麻烦，但不会消亡（下）——专访中欧国际工商学院教授许小年．南方周末，2008-11-20．

义基本经济制度及其实践基础之上。社会主义公有制及其基本经济制度要运用、创新市场经济手段或方法，使市场经济手段或方法成为配置资源的基础性调节机制，促进社会主义生产力的解放与发展。社会主义公有制及其基本经济制度要通过自身的不断改革开放适应市场经济的发展，构建适合市场经济发展的具体运行体制和机制，为市场经济发展创造有利条件。所谓兼容、统一就是市场经济与社会主义相互适应、相互包含、相互统一。

第二节 市场经济与多种所有制形式

一、多种所有制形式并存

中国正处在社会主义初级阶段，由于初级阶段的生产力发展水平较低，商品生产、交换及分工的程度不高，社会主义公有制的社会化水平不高，客观上必然产生多种所有制形式并存的局面，而且这种并存局面将长期存在。多种所有制形式并存，是指社会主义公有制经济形式的国有经济、集体经济，非公有制经济形式的个体经济、私营经济、外资经济、港澳台投资经济，公有制经济和非公有制经济多种形式的联营、参股、混合等经营形式。多种所有制形式并存，即是关于多种所有制经济形式的相互补充、平等竞争、共同发展。

多种所有制形式并存具有必然性，决定了多种所有制经济形式的存在方式、运行模式、作用形式及其发展的层次性、差异性。其一，这是生产力发展水平的客观需要。在社会主义初级阶段建设小康社会，生产力发展水平总体上还是较低的，发展极不平衡，因此，需要多种所有制经济形式与之相适应，以促进生产力的发展，提高经济发展的质量、规模、水平，提高人均GDP水平，解决总体上不平衡问题，提升生产力发展的层次、水平。实践证明，实行多种所有制经济形式并存要比单一所有制经济形式好得多，多种所有制经济形式并存具有必然性。其二，这是社会化程度较低的公有制经济形式的客观选择。单一的公有制经济形式无风险意识，更无竞争意识，缺乏内在的生机活力，但要持续生存和发展下去，就必须选择市场竞争，就必须学会市场竞争，就必须作为普通的竞争者与其他所有制经济形式并存、竞争，这样才能在竞争中不断提高其社会化程度和水平，增强其生存与发展的活力。其三，这是建立与完善社会主义市场经济体制的内在要求。社会主义市场经济体制为多种所有制经济形式的并存与发展提供了体制平台，要求经济形式的多样性和开放性，要求多种经济形式的自律性和他律性，要求多种经济形式的竞争性和多赢性，提高资源配置的合理性和公平性，由此也进一步促进社会主义市场经济体制的建立与完善。

国有经济和集体经济是社会主义公有制经济中的两种基本形式。国有经济是社会主义公有制经济发展程度相对较高的经济形式，指生产资料归国家所有的经济类型。其中包括中央和地方政府运用国有资产投资建立的企业，也包括实行企业化经营、国家不再核发经费的营利性事业单位和社会团体，以及上述企业、事业单位、社会团体使用自有资金投资建立的企业。国有经济中的大型或特大型企业集团是在国家控制下占主导地位的公有制经济形式，一般具有行业或部门的市场垄断优势，关系国计民生，将会日益集中经营，但改革的趋势是逐步消除其市场垄断优势。而国有经济中的中小型企业是在市场引导下的公有制经济形式，一般不具有行业或部门的市场垄断优势，其地位和作用将日趋市场化、分散化。

集体经济是社会主义公有制经济发展程度相对较低的经济形式，指生产资料归公民集体所有的经济类型，包括城乡所有使用集体资产投资兴办的企业、农村家庭联产承包经营户，以及个人通过集资自愿放弃所有权、经工商行政管理机关审核批准的集体所有制企业。集体经济中的工商企业，包括改革开放之初的乡镇企业等，将日益走向分化，一部分演变为股份制民营企业，一部分转变为个体承包经营企业，两部分将逐步成为市场主体，参与多种所有制经济竞争。而农村家庭联产承包经营户将长期存在，在发展过程中将会逐步演化，其承包经营形式、承包经营规模和承包经营水平将会日益丰富多样。

各种非国有经济，包括个体经济、私营经济、外资经济、港澳台经济等形式，是多种所有制经济的基本存在形式，成为社会主义市场经济的新兴主体。多种所有制经济并存和竞争主要指这些具有生机活力的经济形式的存在、发展和竞争。个体经济是生产资料归劳动者个人所有，以个体劳动为基础，劳动成果归劳动者个人或家庭占有和支配的经济形式，包括所有依法律、法规产生的个体工商户、农村个人承包经营企业和个人合伙企业，成为中国非公有制经济形式中发展程度最低的、最普遍的经济形式。个体经济是一个发展中的经济形式，在特定条件下可演变为私营经济和各种股份制经济。私营经济是生产资料归公民个人所有，以雇佣劳动为基础的经济形式，包括依法律、法规登记注册的私营独资企业、私营合伙企业和私营有限责任公司，成为中国非公有制经济形式中发展程度较高的、较普遍的经济形式。同样，私营经济也具有转化的特质，可形成与多种所有制经济形式竞争、渗透、融合、创新的新经济形式。

外资经济是外国投资者根据中国有关涉外法律、法规，以合资、合作、独资、兼并、重组、控股、借壳等形式在中国境内投资形成的经济形式，包括中外合资经营企业、中外合作经营企业、外商独资企业、控股企业、重组企业、兼并企业等经济形式，其竞争实力强，技术水平高，管理手段先进，具有市场竞争优势及典型示范作用。港澳台经济是港澳台地区投资者参照中国大陆有关涉外经济法律、法规，以合资、合作、独资、控股、重组等方式投资形成的经济形式。这部分经济形式发展势头快、形式多样、极具竞争力，也是中国大陆市场竞争中最具活力的经济形式。

混合经济是不同所有制形式按比例共同投资所组成的新经济形式，包括联合经营公司、混合经营公司、参股经营公司等，是经济运行方式多样化的基础形式，也是公有制经济与非公有制经济多种形式混合运行的主要形式，成为多种所有制经济并存与发展的最具活力的新型经济形式。股份制经济是指全部注册资本由全体股东共同出资，并以股份制形式投资建立的公司制经济形式。“股份制是企业的一种经营形式、财产组织形式，它本身并不反映有什么属性，股份制的性质取决于投资者的性质。”① 股份制经济不具备独立的社会经济属性，而是一种有效的经济实现形式，多种所有制经济特别是混合经济都可采取股份制经营方式。在中国，股份有限公司和有限责任公司两种基本的组织形式成为改革国有企业、形成法人治理结构、建立现代企业制度的主要经济形式。股份制经济在中国具有极大的发展潜力和广阔的发展空间。

---

① 厉以宁. 中国经济改革与股份制. 北京：北京大学出版社，1992：12.

民营经济也是多种所有制经济所采用的一种有效的经营方式，尤其是非公有制经济所采用的特殊经营方式。也有人把民营经济视为私营经济，实际上，民营经济同样不具有独立的经济属性，它只是一种有效的经济实现形式，是中国改革开放以来渐趋形成的富有生机活力的经济方法或有效形式。国内理论界主流观点认为，应该从经营权角度认识和理解民营经济。民营经济的概念随着经济发展和经济形势的变化而不断变化，其概念的内涵和外延始终处于变化状态。从理论研究的角度看，民营经济的内涵是确定的，民就是国民的概念，非居民不包括在内；营就是经营权。“民营经济的范畴包含个体经济、私营经济、乡镇企业、改制后的国有民营经济、非国家与集体控股的股份制企业等几个方面。”① 也包括由民间商会、工商联等社会团体或民营企业家兴办，经国家主管机关注册核准的民营企业、民营中介组织、民营有限责任公司等。民营经济实质上属于私营经济范畴，在社会主义市场经济条件下，民营经济属于生产资料私人所有的经济形式，是以雇佣劳动为基础的经济形式，是对生产力发展有重要推动作用并服务于社会主义建设事业的一种新的经济形式，与生产资料所有制改造以前的私营经济没有任何经济联系。② “民营经济的发展，体现了中国从单一的公有制经济向多种经济并存的经济制度变迁。”民营经济对于社会就业的贡献日益明显，已成为增加就业的主渠道；民营经济的产出增长率高于全国平均水平；民营经济的纳税总量快速增长，成为国家财力增加的重要力量；民营经济的出口保持高速增长，是对外贸易的重要生力军。③

混合经济、股份制经济、民营经济等不具备独立的社会经济属性，只是一种有效的经济实现形式。民营经济正在积极探索建立现代企业制度，调整、改进组织架构，完善法人治理结构，建立人力资源管理和激励约束机制，提高竞争力和创建名牌，推进民营企业文化建设等，逐步迈向现代企业之路。在中国社会主义发展进程中，以公有制为主体、多种所有制并存的结构将长期存在，多种所有制经济形式的经营方式将日趋多样化。

必须坚持和完善中国社会主义基本经济制度和分配制度，毫不动摇巩固和发展公有制经济，毫不动摇鼓励、支持、引导非公有制经济发展。④

多种所有制并存既是中国经济体制改革的重要成果，也是所有制结构历史演变的大趋势。以公有制为主体，是指公有制经济在国民经济体系中占主导地位，并不排斥非公有制经济在经济体系中的主体地位。在社会主义市场经济条件下，既坚持多种所有制并存中的公有制经济的主导地位和作用，也强调多种所有制并存在市场活动关系中的主体地位、平等竞争和共同发展的意义。

二、市场经济与多种所有制形式的关系

社会主义市场经济要求多种所有制并存。社会主义市场经济是社会主义经济制度与市场经济共性的结合、统一，客观上要求市场主体多元化、经营方式多样化，并以多元的市

---

① 许崇正等. 民营经济发展与制度环境. 北京：中国经济出版社，2008：6.

② 周晓梅. 我国现阶段私营经济发展问题研究. 北京：经济科学出版社，2006：2.

③ 戴园晨. 中国经济的奇迹——民营经济的崛起. 北京：人民出版社，2005：86，100.

④ 习近平. 决胜全面建成小康社会 夺取新时代中国特色社会主义伟大胜利——在中国共产党第十九次全国代表大会上的报告. 新华网，2017-10-27.

场主体并存为前提。如果市场主体数量有限、种类单一、运作乏力，就无法展开相互之间多种形式的竞争。市场主体的多元化及其相互并存即多种所有制经济形式的并存，社会主义市场经济只有在多种所有制经济形式并存的前提下，才能得到系统的建立、发展和完善。社会主义市场经济本质上要求以公有制为主导，其他所有制与之并存，平等竞争，共同发展，而单一的所有制是与社会主义市场经济的客观要求相悖的。

社会主义市场经济有利于公有制经济利益的提高和实现。社会主义公有制经济形式为了获得更大的经济利益，实现其商品、服务价值，关注商品、服务的使用价值，尽可能地改进生产技术，提高科技含量，确保商品质量和提供人性化服务，创造市场占有率较高的商品或服务品牌，增强竞争实力，以满足经济社会发展对其需求。社会主义公有制经济形式追求自身利益的过程，也是向社会提供更优质的产品或服务的过程，是在市场竞争中增进社会整体利益的过程。这两个过程只有在社会主义市场经济条件下，在市场机制的引导、调节下，才能得到合理配置和有效实现，即社会主义公有制经济形式获益愈多，国家和社会所得到的利益愈大。社会主义市场经济有利于公有制经济利益的提高和实现，有利于社会物质财富的集聚和增长，有利于转变经济发展方式和应对风险，有利于与非公有制经济展开竞争及其主导地位和作用的充分发挥。

社会主义市场经济有利于非公有制经济的发展与完善。社会主义市场经济为非公有制经济的发展与完善提供了规制基础。从本质上看，非公有制经济产权独立，权责明晰，其形成本身就建立在市场经济诱导、调节的基础上，适应市场的要求，参与市场竞争，依据市场进行分散决策，与市场经济存在着天然的联系。所以，社会主义市场经济能极大地促进多种所有制经济形式的发展与完善，有利于多种所有制经济形式之间展开广泛的竞争，增强不同经济形式的竞争力，推动非公有制经济的发展与完善，满足多种所有制合理并存、相互竞争和共同发展的客观要求。

三、公有制为主导的市场经济

市场经济总是与一定的社会基本经济制度相联系。市场经济可以建立在不同所有制的基础上，成为不同形式的市场经济，可以是以私有制为主导的市场经济，也可以是以公有制为主导的市场经济，或者多种所有制形式并存的市场经济。资本主义市场经济是以生产资料私有制为主导的市场经济，社会主义市场经济则是以公有制为主导的市场经济。把公有制与市场经济结合起来，是邓小平理论的重要观点和历史性突破，也是社会主义市场经济理论的基本特色。这样，既同以私有制为主导的资本主义市场经济划清了界限，又同那种认为搞市场经济就必然要私有化的观点划清了界限，也同那种“一大二公三纯”，不允许私有制存在的观点划清了界限。[①] 建立以公有制为主导的社会主义市场经济，是史无前例的经济体制和机制创新，为此，绝不能思想僵化、保守，必须转变观念、大胆地试、大胆地闯。“三十几年的经验教训告诉我们，关起门来搞建设是不行的，发展不起来。”“经

① 刘家声，禹健．社会主义市场经济理论是毛泽东商品经济思想和陈云市场思想的继承和发展．兰州大学学报，1999（2）：79-83.

验证明，关起门来搞建设是不能成功的，中国的发展离不开世界。"① 要赢得与资本主义相比较的优势，就必须大胆地吸收、借鉴人类社会创造的一切文明成果，"坚持改革开放是决定中国命运的一招"②。

社会主义市场经济不能游离于世界市场经济之外，必须融汇其中，在比较借鉴中构建具有自己特色的市场经济模式。社会主义市场经济是在不懈的探索试验中确立起来的，即通过大胆地尝试、深化改革、扩大开放，实现经济体制和机制的转型与创新。

概括起来，建立与完善以公有制为主导的社会主义市场经济，要实事求是、开拓进取，要立足国情、自力更生，要积极探索、不搞争论，要抓住机遇、把握重点，要不搞形式、不搞趋同，要发展自己、形成特色。这即是邓小平反复强调的，不搞盲目的、无比较的发展，不搞脱离自己特色的、无规则的发展，而有比较的、有规则的发展就是大胆地试的结果，大胆地闯的结晶，就是对社会主义市场经济理论的能动构建和创新。显而易见，公有制主导基础上的市场经济是合理吸取借鉴和大胆探索创新相结合的产物，其中，合理吸取借鉴是构建以公有制为主导的社会主义市场经济的前提，大胆探索创新是构建以公有制为主导的社会主义市场经济的动源，离开这个前提，隔绝这个动源，就无法形成社会主义市场经济理论。显然，坚持以公有制经济为基础、为主导，不能只重所有制之"名"，更要重所有制之"实"。所有制问题的实质是资产为谁所用、为谁谋利，这才是问题的根本。因此，"不必过分关注公有制与非公有制经济的比重问题，而应更多注意在有利于生产力发展的前提下，使经济发展成果能够为绝大多数人所共享。"③ 社会主义市场经济是以公有制经济为主导的一种特殊的经济运行机制，与资本主义市场经济既相互区别，又相互联系。市场经济不能脱离某一社会形态而存在，它与不同的社会基本经济制度相结合所建立的市场经济体制之间存在根本的区别。

社会主义市场经济必然具有完全不同于资本主义市场经济的制度特征，主要表现为：在经济制度上，社会主义市场经济是市场经济与社会主义基本经济制度相结合，是公有制占主导地位的市场经济。在分配体制上，社会主义市场经济以按劳分配为主体，把按劳分配与按生产要素分配结合起来，是防止两极分化和注重社会公平的市场经济。在宏观调控上，社会主义市场经济在国家宏观调控下发挥市场配置资源的基础性作用，是宏观调控基础上的市场经济。④

就市场经济的制度背景而言，社会主义市场经济不同于资本主义市场经济，主要表现为：首先，市场主体结构不同。社会主义市场经济以公有制为基础，其他所有制与之并存、竞争、共同发展，宗旨是增强社会主义的经济实力。其次，市场运行目的不同。社会主义市场经济受社会主义基本经济制度制约，运行目的在于推动经济发展方式转变，使经济发展可持续化、可循环化，充满发展生机和内在活力。再次，市场发展结果不同。社会主义市场经济必须体现社会主义基本经济制度的客观要求，为促进经济增长提供动力，从而推进经济社会发展，逐步摆脱贫穷，防止两极分化，增进人民福祉，实现社会主义条件

---

① 邓小平. 邓小平文选：第三卷. 北京：人民出版社，1993：64，78.

② 同①368.

③ 董德刚. 所有制问题也要进一步解放思想. 南方周末，2008-02-28.

④ 傅利平，吴兆彤. 社会主义市场经济理论与实践. 天津：天津大学出版社，2009：160.

下的共同富裕。最后，市场运作方式不同。社会主义市场经济是自主调控、调节的过程，在深化计划经济体制改革的基础上，缩短市场经济自发的常规运作时间，通过强有力的政府推动和法制规范，发挥市场的基础性作用，强化有重点的宏观调控，使之由自发调节转变为主动调控，由系统培育转化为机制完善。显然，这种不同点即是社会主义市场经济理论的“中国特色”，决定了社会主义市场经济的目的和发展方向。①

就市场经济的自然属性而言，社会主义市场经济与资本主义市场经济具有共同点。具体表现为：首先，经济关系市场化。这要求市场作为推动生产要素流动和促进资源优化配置的基本运行机制，经济活动关系直接或间接地处于市场关系之中。这要求企业具有商品生产经营所需的法定权利、义务，企业以市场为导向，依据市场规则运作，对反映资源稀缺程度的市场价格做出灵敏的反应。这也要求企业产权商品化，实现自由转让。企业国有产权依据市场规则和法律规定可进入产权市场交易。其次，市场体系完善化。这要求既要建立和完善消费品、生产资料等的商品市场，又要建立和完善各种要素等实体的和虚拟的市场，使市场形成一个功能完善的体系，以调节商品、要素等实体经济或虚拟经济的交易过程，提高经济效益和社会效益。最后，市场监管法制化。这要求运用相关法律、法规和政策等手段，建立高效的市场监管体系，严格执法，规范执法，约束市场活动，维护市场经济秩序，确保市场的基础性调节，实现依法监管的目标。同时，这也要求宏观调控的间接化，价格、供求等基本的经济活动关系由市场自发形成，政府只能通过指导性、预期性调控，通过法律法规、经济政策、发展规划、经济杠杆和必要的行政手段，对经济活动关系予以宏观控制、监督、引导。

社会主义市场经济与资本主义市场经济的异同，既反映了社会主义市场经济的特殊规定性，又表现出社会主义市场经济与市场经济的共性及其特征，凸显了社会主义市场经济以公有制为基础的鲜明特色。但需要强调，这种公有制基础上的市场经济还只是一种初级形式，在资金、劳动力和土地等要素方面离市场经济还有很长一段距离。公有制基础上的市场经济，即社会主义市场经济，处在市场化进程中或市场经济的转轨进程中，利用市场手段刚刚解决了“温饱”问题，刚刚“及格”，离“小康”和“优良”还有相当长的距离。② 40年的改革开放，有10多年还是在旧体制中挣扎，新体制的真正形成大概有20年的时间，市场经济制度的完善不是一个简单的过程，取决于各种因素。③ 十九大报告明确指出，从现在到2020年，是全面建成小康社会的决胜期。中国亟须深化改革、不断完善，前瞻性地探索较成熟的社会主义市场经济理论与实践的结合之路。

第三节　市场经济与多种分配方式

一、多种分配方式并存

市场经济能够与社会主义分配关系兼容、统一，成为社会主义市场经济的重要特征。

---

① 王东京，王天义. 中国市场经济十大理论问题. 北京：中共中央党校出版社，1999：9.

② 顾海兵. 尚处初级的中国市场化进程. 社会科学报，2009-01-08.

③ 樊纲. 改革三十年，转轨经济学的思考. 南方周末，2008-08-28.

市场经济与社会主义分配关系同样属于不同层次的范畴，市场经济是规律、规则，社会主义分配关系是原则、尺度，但经济规律、规则与分配原则、尺度也能够兼容、结合、统一。市场经济的规律、规则实质上就是价值规律及规则，其根本要求是，商品价值量必须以社会必要劳动时间为尺度，实行等价交换。社会主义分配关系强调个人消费品的分配原则、尺度，其含义是根据劳动者的劳动数量和质量分配个人消费品，实行等量劳动相互交换；基本要求是强调不以个别劳动时间为尺度，而以社会必要劳动时间为尺度，通过等价交换予以实现。可见市场经济规律、规则及其作用、要求与社会主义分配关系的原则、尺度及其作用、要求是吻合的、一致的，相互提供了相适合的基本前提和有效的实现形式。

市场经济与社会主义结合，构成社会主义市场经济。“建设有中国特色社会主义的经济，就是在社会主义条件下发展市场经济，不断解放和发展生产力。”“坚持和完善社会主义公有制为主体、多种所有制经济共同发展的基本经济制度；坚持和完善社会主义市场经济体制，使市场在国家宏观调控下对资源配置起基础性作用；坚持和完善按劳分配为主体的多种分配方式，允许一部分地区一部分人先富起来，带动和帮助后富，逐步走向共同富裕；坚持和完善对外开放，积极参与国际经济合作和竞争。保证国民经济持续快速健康发展，人民共享经济繁荣成果。”①

所有制形式的多样性决定了分配方式的多样性。以公有制为主导的市场经济客观上要求分配方式以按劳分配为主体、为主导，多种分配方式与之并存。

多种所有制形式并存，决定多种分配方式并存。“每一历史时代主要的经济生产方式和交换方式以及必然由此产生的社会结构，是该时代政治的和精神的历史所赖以确立的基础。”② 生产方式决定分配方式，生产资料所有制形式决定产品的分配形式。“消费资料的任何一种分配，都不过是生产条件本身分配的结果；而生产条件的分配，则表现生产方式本身的性质。”“随着历史上一定社会的生产和交换的方式和方法的产生，随着这一社会的历史前提的产生，同时也产生了产品分配的方式方法。”③ 多种分配方式作为权利平等的象征，本质上也是不公平的，它同任何权利一样，是以不平等为前提的。“任何权利都是把同一标准应用在不同的人身上，应用在事实上各不相同、各不同等的人身上，因而‘平等权利’就是不平等的，就是不公平。”④ “权利永远不能超出社会的经济结构以及由经济结构所制约的社会的文化发展。”⑤ 社会主义市场经济的本质是以社会主义公有制为基础，多种所有制形式并存的所有制结构，与此相联系，作为所有制内在表现形式的分配方式，也必然是以按劳分配为主体、为主导，多种分配方式并存的分配结构。二者是决定和被决定的关系，多种分配方式并存又反作用于多种所有制形式并存。“分配并不仅仅是生产和交换的消极的产物；它反过来又同样地影响生产和交换。”⑥

---

① 江泽民．江泽民文选：第二卷．北京：人民出版社，2006：17.

② 马克思，恩格斯．马克思恩格斯选集：第一卷．北京：人民出版社，1972：257.

③ 马克思，恩格斯．马克思恩格斯选集：第三卷．北京：人民出版社，1972：490.

④ 列宁．列宁选集：第三卷．北京：人民出版社，1972：250.

⑤ 同③12.

⑥ 同③188.

以社会主义按劳分配为主体、为主导的多种分配方式并存，是多种所有制形式并存在分配方面的表现，受制于多种所有制形式并存。但是，多种分配方式并存及其不同所有制经济利益的实现，又会调动各种所有制经济的积极性和创造性，促进多种所有制形式并存的不断发展与完善。多种所有制形式并存，只有通过相适合的多种分配方式并存及其反作用，才能获得各自的经济利益，实现各自的价值目标，促进多种所有制形式并存的层次、规模、水平不断提高。

多种所有制形式并存，以公有制为基础，国有经济占主导地位，决定了多种分配方式并存，按劳分配占主导地位。在社会主义市场经济条件下，公有制经济内部实行按劳分配，劳动者获得自己的经济利益，实现自己的价值，可进一步巩固公有制经济的基础地位和主导作用。在多种分配方式中，以按劳分配为主体具体表现为：在社会主义公有制的国有经济和集体经济中按劳分配占主导地位。在其他多种经济形式的分配方式中按劳分配起主导作用，其他分配方式与按劳分配相互补充。按劳分配是社会主义的分配原则，各种非按劳分配形式必受按劳分配原则的影响、制约，并贯穿社会主义市场经济运行过程之始终。

以公有制为主导的多种所有制并存，通过市场机制调节得以合理运作、有序发展，内在地决定了按劳分配在多种分配方式中的主体地位和主导作用，同时决定了按劳分配的局限性。这就是按劳分配只承认劳动者劳动量和质的差别，不承认资金或资本占有等方面的差别，这样一来，仅靠按劳分配就无法调动非公有制经济和其他投资者、经营者的积极性。而调动非公有制经济和其他投资者、经营者的积极性，又是市场经济的客观要求，因而非按劳分配方式应运而生具有其存在和发展的必然性、必要性。以按劳分配为主体、为主导，多种分配方式并存，具体表现形式为：

按劳分配表现为计算各种劳动数量和质量的工资、津贴、奖金等，是指在多种经济形式特别是国有经济和集体经济范围内，一切有劳动能力的人，都尽其所能地为所在国有经济或集体经济劳动，经过对其劳动做必要的扣除后，以劳动为尺度，按照劳动者提供的劳动数量和质量取得相应的劳动收入。

非按劳分配表现为在多种经济形式范围内的劳动者收入、经营收入、资金资产收入、合法的非劳动收入、按劳动力价值获得的收入等，是按劳分配范围以外的各种分配形式，也是多种所有制形式并存的客观要求及与其相适应的分配形式。例如，个体劳动者收入，是指个体经济组织以一定资金和劳动从事工商业生产、经营活动，以收抵支，照章纳税，所余利润归劳动者个人或家庭所有。这种收入的源泉主要是劳动。经营收入是通过各种承包经营、租赁经营等所取得的收入，经营收入并不取决于经营者所付出的劳动量，其中相当一部分为风险收入和机会收入。资金资产收入指个人以资金储蓄、借贷、入股、购买股票和债券，以及从事资产租赁运营所取得的利息、股息、价差、红利、租金等收入，是资金资产所有权在经济上的具体实现形式。合法的非劳动收入是中外合资、合作、外商独资、控股、兼并或重组等企业中凭借资本所有权取得的利润，以及私营企业雇工所带来的非劳动收入。按劳动力价值获得的收入是指受雇于外资企业、合资企业、民营企业的劳动者，通过其必要劳动所得到的工资收入，是劳动力价值或价格的转化形式。

非按劳分配形式与多种所有制形式并存相适应，成为按劳分配的必要补充，其作用是十分重要的，有利于合理配置劳动力、资金、技术、产权等资源，有利于促进多种所有制经济形式的竞争和发展，增强社会主义经济整体实力，推动经济社会的发展与进步。社会主义分配方式的多样性表现为：以按劳分配为主体、为主导，多种分配方式并存，共同组成社会主义市场经济条件下的分配结构。

二、市场经济与多种分配方式并存的关系

社会主义市场经济为多种分配方式并存提供了客观依据。社会主义市场经济的特殊性，决定了分配方式必然是以按劳分配为主体、为主导，多种分配方式并存的结构。社会主义市场经济要求市场主体多元化，从而使多种分配方式并存成为可能，多种所有制形式并存必然要求多种分配方式并存与之相适应。社会主义市场经济更加强调市场机制配置资源的基础性作用，而实现资源在收入分配中的合理索取权，脱离市场主体的利益关系及其市场机制调节是难以想象的。所以，市场主体的多元化决定了按劳分配方式与各种非按劳分配方式长期共存和发展的必然性。多种分配方式并存以市场经济为客观依据，并且再现了社会主义市场经济的特殊性及基本特征。

在中国经济体制改革过程中，随着生产资料所有制结构的调整和改革，分配关系也必然会发生深刻的变化，形成多种分配方式并存的局面。多种分配方式并存具有客观必然性，中国特色社会主义存在多种所有制形式，与此相适应，必然存在多种分配方式。在社会主义市场经济运行过程中，资本、劳动力、技术等各种生产要素都是不可或缺的，各种生产要素的所有者必然要求按照要素资源的稀缺程度及贡献大小参与劳动成果的分配，这样就势必存在利息、股份分红、租金、风险收入等分配方式，这是社会主义市场经济的客观要求。坚持按劳分配为主体、为主导，多种分配方式并存的制度，把按劳分配和按生产要素分配结合起来，有利于配置资源、促进经济发展、保持社会稳定。

社会主义市场经济更加要求效率与公平的统一。效率与公平的统一，是多种分配方式并存的集中体现。效率是关于劳动者在劳动过程中所消耗的劳动量与所获得的劳动成果的比率，是微观分配过程的具体反映和要求，即每个劳动者通过诚实、合法的劳动，包括体力劳动和脑力劳动，获得相应的收入或报酬，体现为多劳多得、少劳少得，保持劳动竞争的态势，相对拉开劳动者之间的收入差距，坚持具有劳动能力者不劳动不得食的分配原则。公平是关于合理调节各层次劳动者或集团的利益关系的原则，是宏观收入调节过程的具体反映和要求，即国家对整个社会分配过程的宏观调节是通过宏观的收入分配政策、累进所得税等措施、办法，将不同层次的劳动者个人收入或集团利益差距控制在合理的范围内，以避免或缩小劳动者个人收入或集团利益的悬殊差别，从而确保社会主义的公平原则。可见，效率与公平的统一，不是同一层次或层面的静态的统一，而是不同层次或层面的动态的统一。根据公平理论，公平的内涵可做三种解释：起点平等、标准平等和结果平等。起点平等强调每个劳动者都在相同的起跑线上展开竞争。标准平等强调社会要运用统一尺度来衡量劳动者的业绩，以此确立每个劳动者的社会地位和经济利益。结果平等强调每个劳动者的收入均等化。起点平等和标准平等有利于激发劳动者的智慧和创造力，有利于社会生产力发展和提高经济效益，起点平等和标准平等的要求即是社会主义市场经济的要求，而结果平等的实质是非效率的，与社会主义市场经济的要求相悖。在社会主义市场经济条件下，效率与公平不能做排他性的抉择，放弃效率求公平或者放弃公平求效率，既

脱离社会主义发展的国情，又违背社会主义市场经济及其要求。

中国以往的计划经济体制，是一种僵化的运行模式，只片面强调结果平等，并作为衡量的唯一标准，从而舍弃了效率标准，不可避免地导致平均主义，难以激发劳动者的积极性、创造性，严重阻碍了社会主义生产力的解放与发展。社会主义市场经济强调开放性、竞争性，因而是灵活的经济机制，坚持起点平等、标准平等、机会平等，每个劳动者都是平等的竞争者，每一市场主体的利益都是通过平等竞争实现的。显然，起点平等、标准平等及尺度，与分配方式的多样化紧密相连。改革开放的实践证明，市场机制作用发挥得较为充分的地方，经济活力就比较强，经济发展态势也比较好，效率与公平便可获得相对的、合理的统一。

依据邓小平理论，社会主义市场经济特别强调效率，一部分人和一部分地区通过诚实劳动和合法经营先富起来，即为在特定条件下市场效率原则的体现。贫穷不是社会主义，同步富裕又不现实，所以，必须通过市场调节，允许和鼓励一部分人和一部分地区先富起来，带动愈来愈多的地区摆脱贫穷，走向富裕，这是多种分配方式并存的典型表现。但任何事物的发展都具有两面性，允许和鼓励一部分人和一部分地区先富起来，容易导致资源配置的不平等化，产生新的两极分化，因此，必须毫不动摇地坚持和贯彻公平原则，防止贫富差距拉大，把差距控制在合理范围内，保持社会和谐发展，这也是邓小平长期思考的发展战略问题。社会主义市场经济与共同富裕能够统一，这是由社会主义的本质决定的，具体表现为：共同富裕不等于同步走向富裕，应是有先后顺序的富裕，共同富裕是最终目标。一部分人和一部分地区先富起来，是实现最终目标的具体途径、方法。社会主义市场经济的基础性调节，能够确保一部分人和一部分地区先富起来，社会主义国家通过立法和制定政策，实施科学的宏观调控，建立和完善社会保障体系，就能够消除两极分化，逐步实现共同富裕。建立和完善社会主义市场经济体制，大力发展生产力，不断增加社会财富总量，就会形成坚实的财力基础，具备逐步缩小贫富差距的物质条件，共同富裕便有了基本保障，社会主义市场经济与共同富裕一定会实现有机统一。这种有机统一构成社会主义市场经济与多种分配方式并存关系的基本表征形态。

三、市场经济条件下的按劳分配

按劳分配是社会主义市场经济理论的基本特征之一。为实现社会主义共同富裕的目标，就必须在分配上坚持按劳分配为主体、为主导，多种分配方式并存的制度。按劳分配是与公有制经济相适应的分配形式，或者说按劳分配是公有制经济在分配关系上的实现形式。坚持社会主义市场经济的价值取向，就必然坚持按劳分配为主体、为主导的社会主义分配原则。只要坚持按劳分配为主体、为主导的社会主义分配原则，就能够调动劳动者的积极性、主动性和创造性，让社会财富更多地被创造出来。社会主义市场经济条件下的按劳分配同马克思设想的非商品经济条件下的按劳分配在本质上一致，也就是在社会主义条件下，以劳动者的劳动数量和质量为尺度分配消费品是比较典型的多劳多得、少劳少得、不劳动不得食的个人消费品的分配方式。

社会主义市场经济条件下的按劳分配又与马克思设想的非商品经济条件下的按劳分配不同，具有显著的特点。

按劳分配的对象不是在一国全社会范围内按统一标准进行，而是在不同经济形式中特别是国有经济、集体经济和事业单位中按统一标准进行。按劳分配的主体不是整个社会，而是企业特别是国有企业、集体企业和事业单位组织，在这个范围内，劳动者劳动的数量和质量是其获得个人消费品的基本依据、标准，劳动报酬即货币工资、津贴、奖金等。有且仅有在这个范围内，才能基本体现等量劳动领取等量报酬，并在总体上体现多劳多得的量的规定性和不劳动不得食的质的规定性，这种规定性及其实现是由社会主义市场经济提供的，对其他分配方式具有参考和借鉴意义。

按劳分配的主体不是直接指每个劳动者的具体社会劳动，而是指劳动者的平均社会劳动，即社会必要劳动时间。每个劳动者的具体社会劳动以企业或事业单位为依托，并通过市场交换关系，才可能转化为社会必要劳动，从而每个劳动者的具体社会劳动才能构成社会总劳动的一部分。按劳分配的主体必须采取商品生产和商品交换形式才能实现其价值，被市场所承认，同时才能使其使用价值得以有效运用和发挥，市场经济是按劳分配的基础，即为社会主义市场经济条件下按劳分配的特定内涵。

按劳分配的形式不是马克思所设想的劳动证书形式，每个劳动者不可能直接向社会领取消费品，而必须通过工资、津贴、奖金等货币形式领取。由国家或企业依据一定的等级标准、规定，向每个劳动者发放与其等级标准、规定相对应的货币，而后由每个劳动者根据消费或投资的需要，通过市场交换用货币购买消费品或接受服务，通过市场交易储蓄货币或进行货币资金投资等。显然，按劳分配的形式还必须采取劳动工资、津贴、奖金等货币形式，必须通过等量货币加以精确衡量及体现，必须实行等价交换才能有效实现，市场经济为按劳分配提供了基本的价值实现形式，并使按劳分配与社会主义市场经济的内在要求相适应、相统一。

第四节　计划与市场相结合

一、计划与计划功能

社会主义市场经济属于当代市场经济的一种新类型，是当代市场经济的创新形式。这种新类型或创新形式凸显了计划与市场为资源配置的两种基本形式，并实行计划与市场不同方式的有机结合。或者说，注重计划与市场符合中国实际需要及特点的结合，成为社会主义市场经济的优选模式。

就理论而言，计划也是商品经济发展的产物，是在商品经济较充分发展基础上形成的。商品经济越发展，市场化程度越提高，宏观的和微观的资源配置的计划性就会越周密，只不过这种计划性服务于、配应于市场基础性调节的需要，不能成为替代市场的主导性调节机制，因为商品经济体制是资源短缺或短缺经济的一种适时的制度安排，还不具备使计划成为主导性调节机制的基础和条件。而实行以计划为主导性调节手段的真正意义上的计划经济体制，则是人类未来产品经济社会的需要及制度安排。

就理论运用及其实践而言，实行排斥市场的以计划为主导性调节手段的准计划经济体制，在20世纪初叶和中叶社会主义国家建立的初始阶段，有其存在和产生作用的特殊性。

社会主义国家在其建立前后的一段较长时期内，一般把马克思主义关于未来社会的计划、计划经济思想予以片面化理解和运用。马克思曾设想无产阶级通过暴力革命夺取政权之后，应立即着手“尽可能更快地增加生产力的总量”。消除阶级剥削和压迫，创造日益增加的社会财富，并在“最先进国家”的基础上构建未来的共产主义社会。① 因此，未来的共产主义社会已经消除了阶级剥削和压迫现象，社会生产力获得极大发展与提高，社会财富犹如泉水般涌流，可实现社会经济发展的高度计划化。“一旦社会占有了生产资料，商品生产就将被消除，而产品对生产者的统治也将随之消除。社会生产内部的无政府状态将为有计划的自觉的组织所代替。”“当人们按照今天的生产力终于被认识了的本性来对待这种生产力的时候，社会的生产无政府状态就让位于按照全社会和每个成员的需要对生产进行的社会的有计划调节。”商品的资本主义占有方式，就让位于那种以现代生产资料的本性为基础的“产品占有方式”。② 这样一来，以往人类社会的商品生产和交换关系已不复存在，社会产品的生产和流通、分配和消费将终止商品货币这些市场形式，直接通过社会计划安排并采用“劳动证书”形式而实现。③ 这种分析预测具有一定的科学性，但在社会主义国家建立前后的初期实践及其具体理解和运用中却造成了极大的片面性，仿佛无产阶级只要夺取政权，把资本收归国家所有，建立以公有制为基础的计划经济体制，而无须创造任何相关条件，马克思的未来设想当下即可预期实现。实际上，对马克思主义关于商品经济理论的认识具有片面性，似乎马克思主义否定商品经济在社会主义社会存在的可能性和必要性。其实，马克思对于社会主义是否要消灭商品经济的问题，提出了四种设想：第一种设想是，社会主义社会不存在商品、交换、价值；第二种设想是，社会主义经济是时间经济；第三种设想是，社会主义经济是商品经济；第四种设想是，社会主义经济是存在交换的经济。④

显然，马克思的前两种设想否定了社会主义社会存在商品经济，而以往社会主义的实践与马克思的前两种否定设想相联系，并把其否定设想推向极端，形成刚性的理论思维定式，即社会主义社会既然消灭了商品经济，而商品经济的任何形式的复活都必然导致资本主义，那么，社会主义国家只能实行计划经济。马克思的后两种设想承认社会主义社会还存在商品经济，既然还存在商品经济，那么发展商品经济就有利于社会主义，商品经济与社会主义就能够兼容，这是具有极其宝贵价值的设想，至今仍具有重要意义。但这些设想在以往的社会主义理论与实践中不被重视，因为这些设想是在经济学手稿中阐述的，而经济学手稿的分析一般被视作不成熟的思想理论，极易被忽略。究其原因，还在于以往社会主义国家一般是在落后的社会经济基础上建立的，决定了其建立前后的社会生产力发展水平较低，社会资源稀缺，社会财富的创造十分有限，普遍地采取计划配给制度，这种配给制度还无法采用“劳动证书”形式，因而商品货币不能被取消，这样计划、计划经济手段

① 马克思，恩格斯．马克思恩格斯选集：第一卷．北京：人民出版社，1972：272.

② 马克思，恩格斯．马克思恩格斯选集：第三卷．北京：人民出版社，1972：323，319.

③ 同②10.

④ 杨圣明．社会主义市场经济理论问题研究．北京：经济科学出版社，2008：20.

便被运用到极端，严重地抑制了市场、市场经济手段的运用，造成计划性与经济规律相悖的局面。由此表明，马克思的前两种设想及分析没错，计划、计划经济手段没错，关键在于以苏联为代表的社会主义国家建立前后的初期实践均脱离了各自的国情及实际状况，过早地实行了单一的计划经济体制模式，这也是社会主义国家后来普遍地进行改革的根源之所在。

社会主义国家建立初期普遍地把社会主义与资本主义尖锐地对立起来。由于市场、市场经济长期与资本主义经济制度相结合，并且取得了一系列成功的经验、规则和方法，从而形成了根深蒂固的市场经济即为资本主义的观念模式。而以推翻资本主义统治为目标的社会主义革命和建设，就自然要实行与资本主义相对立的经济手段、方法，即实行以计划为主导的计划经济体制，马克思设想的未来社会的计划、计划经济思想被人为地套用于现在，结果必然适得其反，把计划手段唯一化，与市场手段对立起来，形成计划经济即为社会主义的观念模式。这就是姓“社”和姓“资”思维模式产生的原因。

二战之后建立的社会主义国家都普遍地效仿苏联的社会主义模式，实行单一的计划经济体制，建立以计划为主导的社会主义国家一体化的经济体制模式。这样便把本来应与市场相结合的计划手段推向了极端，并严重脱离了社会主义国家生产力发展状况、水平，尽管也取得了一些令人鼓舞的成效，但在总体上却是片面的、不合理的。社会主义发展实践表明，计划、以计划经济为主导的经济体制及其充分发展，将在未来的产品经济社会中得到完美的体现。但在社会主义初级阶段对其予以合理运用，又不是绝对行不通的，前提是必须与市场相结合，正像商品经济早在自然经济条件下就产生萌芽并发挥作用一样。

伴随着人类社会商品经济的普遍发展与提高，社会主义市场经济的逐步建立与完善，经过一个或几个世纪的对社会主义的不懈探索与追求，商品经济将逐渐转化为产品经济，未来的产品经济社会的大门就会被人类叩开，这样以计划为主导的真正意义上的计划经济体制必将在未来产品经济社会中发挥重要的基础性作用。而那时的市场、市场经济也不会即刻消逝，仍将在一个相当长的时期内产生作用，只不过把基础性的调节作用、功能让位于计划、计划经济罢了。

以往实行的计划经济体制属于特定社会主义条件下的“早产儿”，但又绝不意味着否定计划可以产生作用的现实合理性，否定计划为合理配置资源的基本形式，否定计划配置在社会主义市场经济条件下的必然性、必要性。其界定的基本前提是以谁为主导，以计划为主导的经济运行方式就是作为“早产儿”的以往的计划经济体制，它应是未来产品经济社会的经济运行方式；以市场为主导的经济运行方式就是符合现实社会生产力发展状况、水平的市场经济体制，应是商品经济社会普遍实行的经济运行方式，但它绝不否定、排斥作为资源配置基本形式的计划、计划经济。

正因为如此，改革以往的计划经济体制，建立和完善社会主义市场经济体制，并不意味着完全摒弃计划。计划作为配置资源的基本形式之一，是现代社会经济运行必须遵循的共有规律。

计划作为配置资源的基本形式，在任何类型的市场经济条件下都发挥着重要作用。资本主义市场经济只有遵循计划的内在要求，才能充分显示市场经济的基础性作用，推动资本主义社会生产力的解放与发展。社会主义市场经济同样要遵循计划的客观要求，符合计划发展规律，这样才能形成充满生机活力的社会主义市场经济，推动社会主义社会生产力的解放与发展。

计划作为共有规律，蕴含在任何形式或类型的市场经济运行方式之中。特别是在社会主义市场经济条件下，其独特的作用形式主要表现为宏观经济的计划发展及其调节，主要包括：国家或区域经济发展战略规划、经济发展方针政策；经济运行的计划组织、协调、控制、指导；经济活动的计划检查、监督、规范、约束等。同时，计划也体现在对微观经济运行的指导、调节中，微观经济必须遵循国家或区域的宏观发展战略、原则、方针及指导思想，必须具有各自符合市场要求的具体操作计划、程序和方法等。

计划作为配置资源的基本形式和任何社会经济发展所遵循的共有规律，实质上不是社会经济制度及体制问题，而是社会经济机制及手段、方法问题。计划为经济运行的机制、手段、方法，因此，资本主义可以利用，而且已经探索出一系列可以利用的成功经验和方法；社会主义也可以利用，中国改革开放的实践证明，社会主义完全能够比资本主义利用得更好、更合理、更科学。

计划与计划经济体制具有根本性区别。首先，计划作为市场经济条件下配置资源的基本形式，与市场相联系、相统一，计划不姓“社”，也不姓“资”，计划与计划经济一样，是经济机制及手段概念。而计划经济体制与市场经济体制是绝对对立的经济模式，它只强调计划体制的高度集中统一性、指令性及其计划安排的层层分解，否定市场配置资源的基础性作用，属于特定社会经济制度下的一种固化的经济体制模式。其次，计划属于经济机制范畴，构成任何类型市场经济都必须遵循和运用的宏观调节体系，特别是在政府宏观调控体系中具有原则性指导和战略意义。而计划经济体制则把计划永恒化，把一切微观经济活动高度统制起来，用包罗万象的计划安排代替市场调节，是违背经济规律的封闭经济体制。计划与计划经济体制具有根本性区别，不能混淆。邓小平关于计划与市场都是手段，社会主义还是要实行计划经济与市场经济相结合，就是针对计划经济体制的弊端而提出的。① 他强调社会主义市场经济要汲取以往计划经济体制的经验教训，借鉴西方发达国家市场经济体制的成功经验，把计划机制及手段运用好，实行计划与市场相结合，以构建符合中国实际的社会主义市场经济的计划调节体系。

计划作为经济机制及手段，在市场经济条件下同样可发挥作用，是人类经济发展必须遵循的客观规律。计划并不反映特定社会的经济关系，具有中性的特点。建立在不同所有制基础上的不同类型的市场经济体制，都必须遵循计划规律，运用计划规律，掌握计划规律。

社会主义市场经济客观上要求有计划的发展。社会主义市场经济要求宏观经济发展的社会化、一体化，要求经济发展体现战略规划及计划的意图，仅靠市场微观调节是不够的，还要实行宏观计划调节，使微观经济和宏观经济保持协调的比例关系。社会主义市场经济要求经济运行过程具有计划性，通过宏观计划调节，发挥市场配置资源的基础性作用，确保市场经济条件下的社会公共利益的实现。社会主义市场经济要求防止市场调节的盲目性，规避市场风险，客观上要求必要的计划调节，实行计划与市场相结合，以弥补市

---

① 邓小平. 邓小平文选：第三卷. 北京：人民出版社，1993：148.

场盲目性所造成的种种波动和风险。

遵循计划规律，发挥计划功能，应按照经济社会发展的需要，将经济总量按发展规划及计划比例配置在各个经济区域或部门，促进资源在宏观上的合理配置，推动经济按规划及计划比例发展。计划功能是计划机制及其调节作用过程，要求计划与实际状况、特点、需要相结合，有效的计划应以充分的科学根据为前提，只有正确的计划或基本正确的计划才能实现社会主义市场经济的发展规划及战略意图，才能形成真正意义上的计划功能或计划调节。

计划功能是经济发展规律在经济决策主体思维中的能动再现，这种再现侧重于对整体发展时空及过程的思考、把握。计划功能主要表现在经济发展的宏观性规划领域、整体性调节方面，这是社会主义市场经济运行过程的必然要求，也是坚持市场基础性调节的必然要求，否则，市场就会产生大量的盲目性，并经常出现令人烦恼的信号紊乱、供求紊乱和秩序紊乱。在这里，计划功能表现为五个统筹，即“统筹城乡发展、统筹区域发展、统筹经济社会发展、统筹人与自然和谐发展、统筹国内发展和对外开放”，以更大程度地发挥市场在资源配置中的基础性作用，“不断提高驾驭社会主义市场经济的能力”。① 应当强调，驾驭社会主义市场经济的能力绝不是违背经济规律的主观蛮干，而是发挥市场在资源配置中的基础性作用基础上的计划统筹能力和宏观决策能力，是现代市场经济的基本要求。

计划功能在宏观方面主要表现为：首先，宏观规划功能，即根据经济社会发展的需要，依据法律法规、经济政策和市场经济的要求，基于经济发展及总体运行状况，制定符合特定时期经济发展规律的具有全局意义的经济战略及规划。例如，国家制定的国民经济和社会发展规划就是宏观规划功能的产物。其次，宏观调节功能，即在发挥市场基础性调节功能的基础上，在宏观上运用计划手段对经济总量运行予以必要的组织、协调、调整、控制。例如，国家关于应对经济危机所采取的扩大内需推动消费结构优化和经济结构调整等举措，就是通过严格规范、要求、引导、调节等计划手段操作的。最后，宏观指导功能，即国家根据经济社会发展战略、方针、政策，依据市场基础性调节的要求，对经济整体运行实施各种方向性、原则性的指导、诱导、规范、约束，以促进宏观经济的平稳运行和微观经济的有序发展。例如，加入WTO之后，国家持续推进的对外开放战略，特别是承诺开放国内市场和诱导走向国际市场的战略，就是运用计划指导功能实现的。

计划功能可转换为国家中长期发展规划、国家财政预算、国家货币供应与调节计划等主要形式。国家中长期发展规划，是计划功能在宏观经济发展过程中的运行态势或走势的具体体现。国家财政预算，是计划功能在财政收支及分配过程中的具体体现。国家货币供应与调节计划，是计划功能在货币收支及调节过程中的具体体现。因此，计划功能构成政府宏观调控的基本手段，政府宏观调控主要是贯彻国家经济社会发展规划及对经济运行过程进行重点调控，对国家财政预算及其实施过程进行重点调控，对国家货币供应与调节运营状况进行重点调控，并力求实现三个基本方面的总量平衡。计划功能或计划调节的目的

① 胡锦涛．全面落实科学发展观//中共中央文献研究室．深入学习实践科学发展观活动领导干部学习文件选编．北京：中央文献出版社，党建读物出版社，2008：62．

在于确保政府宏观调控的科学性，政府宏观调控目标的合理性，政府宏观调控任务的预期性，政府宏观调控方法的可操作性。

计划功能在微观方面也具有重要作用，例如，企业、其他经济组织或个人的经营计划及策略，既反映计划功能及其预期目标、任务、原则，又构成微观经济运营的指标性、规范性依据。同样，消费者的消费计划及消费结构水平，一方面与国家整体计划控制规模、水平相适应，另一方面又体现为消费者具体消费的计划性、可行性轨迹。

计划功能或计划调节主要体现在宏观方面。如果制订计划或实施计划导致主观性、片面性，背离了经济社会发展的规律性，与市场相悖，就会使计划失效，致使计划功能及运行结果无效或失败。

无论是以往的计划经济体制，还是资本主义市场经济体制，以及社会主义市场经济体制，都要正确处理计划与市场的关系，把计划放在重要的战略位置，并在微观上与市场经济规律相结合，否则，就会造成计划失效。这种失效总是从计划与市场相分离的对立中反映出来。以往的计划经济体制排斥市场，把计划推向极端，用计划取代市场，形成一种固化的功能失效的计划体制、机制。早期的资本主义市场经济体制排斥计划，把自由市场推向极端，用市场取代计划，形成一种盲目的功能失效的市场体制、机制。社会主义市场经济体制同样具有把计划与市场分离、对立的客观性、可能性，夸大或忽略任何一个基本方面都必然造成计划失效现象的频繁发生。例如，改革开放初期强调以计划经济为主，以市场经济为辅；后来又过分强调市场调节，致使宏观经济膨胀、失控；加入 WTO 之后，投资领域盲目扩张，造成宏观经济结构失调；目前由国际经济危机引发的经济下滑和失业上升等，都是典型的计划失效现象，应当引起高度重视。要认真总结经验，把握好深层次的计划与市场关系问题，重视计划的客观性、规律性问题探索，研究市场经济条件下计划与市场较优结合模式，发挥计划功能，减少计划失效，推动社会主义市场经济的健康发展。

二、市场与市场功能

市场、市场经济属于商品经济范畴，是商品经济较高程度发展的必然结果，主要表现在微观经济发展之中，是当代人类社会配置资源的普遍形式。或者说，市场配置资源的普遍形式是双向的，“是资源配置的好坏由别人说了算、不由你自己说了算的一种交易制度，任何人不为别人创造价值，就不可能获得收入”。价格只是提供了一个有价值的市场信号，要由买的人说了算。市场配置资源更意味着不是简单的价格竞争，而是看谁更有能力生产新的产品，开拓新的市场，发现新的原材料，采用新的组织形态，为消费者创造更高的价值。[①] 同计划一样，市场配置资源构成人类社会经济发展的基本规律。只要存在现代商品生产和交换关系，市场就会发挥作用，就会产生基础性调节功能，满足经营者和消费者的利益及需要。市场总是在微观方面产生基础性调节功能，其中健全的市场法制、完善的市场体系、灵活的市场机制、独立的市场主体，以及较为平衡的市场供求关系，是市场作用得以发挥的基本要件。

---

① 张维迎. 理解和捍卫市场经济. 学习时报，2007-12-17.

市场作为合理配置资源的基础性调节手段，具有不反映特定社会经济制度的中性特点。市场不姓“资”，资本主义可以利用，而且利用了几百年，取得了许多宝贵的经验和教训；社会主义也可以利用，但利用的时间太短，还缺乏市场理念及其理论与实践经验，需要向资本主义学习，需要在社会主义实践中探索。

市场作为资源配置的基本形式，可超越社会经济制度的局限，具有普适的应用价值，与市场经济体制具有根本性区别。首先，市场与市场经济一样，属于经济手段概念。市场经济体制则是特定社会经济制度下的经济体制安排，具有多种类型，是与计划经济体制相对应的概念。其次，市场是基础性调节手段，由价格、供求、竞争、利率、汇率、工资、风险等经济杠杆构成，成为经济运行的基本调节机制。市场经济体制则是社会经济制度特定的体制模式，由所有权结构、决策结构、信息系统、动力机制等体制要素构成，成为当代世界各国较普遍的经济体制模式。再次，市场、市场经济与计划、计划经济相对应，是配置资源的两种基本形式，二者可以而且能够在特定条件下结合；而市场经济体制与计划经济体制相对应，是特定社会经济制度下的两种经济运行体制，二者在任何条件下都无法结合。市场、市场经济与市场经济体制是分属于不同层次的经济范畴，前者是配置资源的基本形式、手段、方法，属于中性的机制性范畴，后者是经济运行的体制、方式、模式，属于中性的规制性范畴。但二者在本质上应是统一的，即市场经济体制是市场配置资源及规则的构架基础，为市场调节经济活动和引导经济行为提供相关的制度条件。

市场功能在任何经济体制模式及类型中都发挥重要作用，是不同类型的经济体制必须遵循的资源配置形式，具体表现为：市场按照盈利最大化的标准，引导社会生产、交换、分配、消费过程。市场依据收入最大化的标准，把不同的生产要素配置到不同的投资领域，引导生产要素的合理配置。市场把消费品给予消费者，只要收入分配合理，这种配给就是一个高效率的过程。市场可解决合理配置稀缺资源或稀缺资源可供选择问题，包括生产什么、生产多少、如何生产、为谁生产等问题。

市场功能主要表现在微观方面，包括市场微观引导功能、市场微观约束功能、市场微观调节功能。市场微观引导功能是市场最典型的作用形式，即通过市场价格、供求、竞争等信号，引导微观经济活动按市场要求运行，按市场规律和规则操作，引导微观经济结构调整和优化组合，引导微观经济主体分散决策和自担风险。市场微观约束功能是市场最基本的作用形式，即通过市场规制、市场规范、市场秩序等硬约束机制，约束微观经济的生产经营范围、方式、关系、行为、趋向，约束产品质量、服务质量、经济效益、利润动机、运作幅度等。市场微观调节功能是市场最普遍的作用形式，即通过市场价格的调整、供求关系的平衡、竞争的强化、信息的筛选等方式，调节微观经济运行的价值取向、运作秩序、资产组合、产权交易，调节微观经济的运营规模、数量、速率、效益、水平。可见，市场微观引导功能、市场微观约束功能、市场微观调节功能总是综合为一体，产生综合性市场功效，发挥不同侧重点的基础性功能。市场功能通过市场机制及特定的市场体制，广泛地作用于微观经济运行之中，成为社会主义市场经济的基础性资源配置手段。

市场功能因作用层面的不同可转化为不同的具体形式，表现为：通过市场信号，刺激商品生产者改进技术，加强管理，提高效益。商品生产者生产的动机、目的是利润最大化，所关注的是市场价格、供求等，通过市场信号符合规律地刺激、引导，可适时调整商品生产者的产品结构、技术结构、营销结构，提高科技含量，提升运营规模、水平。通过市场信号刺激商品生产者增强服务意识、改善服务质量、提高服务水平。商品生产者服务的动机、目的也是利润最大化，基于市场价格、供求、竞争等信号，刺激、引导商品生产者提高服务理念、增强服务意识、创设服务品牌、提高服务质量和服务信誉。消费者的动机、目的是达到消费品或服务满意度的最佳化、消费收入的最大化、消费质量的最优化。这同样是通过市场信号诱导、调节、刺激实现的，以使消费结构不断优化，消费品位、层次不断提高，消费满意度不断提升，推动微观经济持续发展。通过市场信号调节社会再生产过程，以节约资源、降低成本、提高质量、增进效益。社会再生产过程是一个复杂的循环系统，在整体上由宏观计划调节、指导，具体由市场微观调节、引导。市场微观调节、引导更具有基础性作用、意义，可推动各种资源的集约经营和节约利用，促进市场调节基础上的经济循环与增长。市场功能是建立与完善社会主义市场经济体制所必需的，具有重要的意义。市场功能恰当地发挥作用，有利于提高劳动生产率、节能降耗、推动经济增长，而无须庞大的行政机构插手，可节约经济运行成本，提高经济发展质量、水平。

由于社会主义市场经济体制正在逐步建立与完善之中，中国新旧体制转换过程复杂，市场化程度较低，生产要素特别是资本要素还不能实现完全的、自由的流动，致使市场信息滞后，这都可能造成一定程度的市场失灵，甚至会加剧市场失灵。因此，市场调节的有效性十分有限，必须依靠法治建设和相关基础制度建设，予以法治规范、政策指导、综合协调，把市场失灵现象控制在一定的范围、限度之内，减少由此引发的社会阵痛。

三、计划与市场相结合的特征

计划与市场相结合是当代市场经济运作的典型形态。但国内理论界的一些人并不认同计划与市场能够相结合，认为市场无须计划，只有市场本身配置资源就够了，谈论计划是多余的，计划等于计划经济体制，对建立与完善市场经济体制有害无益。因此，不应区分资本主义市场经济和社会主义市场经济。① 这是一种非此即彼的思维，要么市场，要么计划，二者不能相容，与否定市场作用的以往的计划思维方式如出一辙。还有一种观点认为，计划经济的实践最终证明了计划神话的破灭，使人们更加重视把计划和市场二者结合起来，即市场社会主义的问题。② 计划与市场的经济理论认知和实践本质上是社会主义市场经济理论问题还是市场社会主义理论问题，值得商榷。

在以往计划经济体制下，计划是单一的、绝对的，有排斥市场的作用和扼杀市场的功能，无论是宏观经济还是微观经济，单纯的计划指令，层层分解的计划指标，计划主导生产、交换、分配、消费过程，构成了庞大的计划体系。显然，缺乏市场基础性调节作用的计划经济，难以启动并激活社会经济活动，必然造成严重的计划失效。资本主义市场经

---

① 苏星．邓小平社会主义市场经济理论与中国经济体制转轨．北京：人民出版社，2008：46.

② 张军．比较经济模式：关于计划与市场的经济理论．上海：复旦大学出版社，1999：84.

济，只注重市场作用，市场作为“看不见的手”自发调节经济活动，缺乏宏观的计划指导、控制，致使经济危机频发，经济波动加剧，经济衰退反复，造成以事后调节为特征的市场失灵。汲取计划失效和市场失灵的经验教训，社会主义市场经济的较优运行方式应是计划与市场相结合。应明确，这里所讲的计划不是既管宏观又管微观、无所不包的计划，而是只管宏观，微观的事情主要由市场去管；资源配置的基础性手段是市场，计划是弥补市场缺陷的必要手段；计划不再是行政指令性计划，而是指导性、战略性、预测性的计划，同时必须有导向作用的约束、问责功能。① 建立在公有制基础上的社会主义市场经济是“计划与市场的统一”。“计划与市场的结合要有一个过程，需要创造一定的条件。”这就是公有制经济占主导地位，企业自主经营，建立科学的政府宏观调控体系等。②

计划与市场相结合是社会主义市场经济的客观要求。社会主义市场经济较高程度的发展客观上要求商品生产、交换关系的宏观运行和微观运行相互联系、相互制衡、相互作用、相互统一，组成一个有序的运行整体，提高经济发展规模、水平，增强经济发展的平衡性、持续性、稳定性，因此，把计划与市场结合起来成为社会主义市场经济运行的客观要求及趋势。同时，实行计划与市场相结合也是克服计划失效和市场失灵的必然选择，只有计划与市场相结合，才能有效地防止片面的计划失效或市场失灵，有利于社会主义市场经济的健康发展。

计划与市场相结合也是实行宏观经济指导和微观经济引导的客观需要。社会主义市场经济一方面需要强有力的宏观经济指导体系，这方面的显著优势是计划及其功能；另一方面需要规范性的微观经济引导系统，这方面的突出优势是市场及其功能。宏观经济指导体系必须以市场功能为基础，微观经济引导系统必须以计划功能为原则，所以，把计划与市场结合起来，是宏观经济指导和微观经济引导的有机统一及整体功能的显现，是社会主义市场经济功能不断增强、体系不断完善的具体体现。

任何合理的市场经济模式及类型都应是计划与市场相结合、相统一，这是邓小平理论的基本观点。计划与市场相结合，即计划经济与市场经济相结合，是两种基本的配置资源形式或手段的结合，构成当代社会特定样式的资源配置基本方法，纯粹的计划配置或单纯的市场配置都是片面的、不合理的。无论何种社会经济制度及其经济体制类型，谁结合得好，就为谁服务，“它为社会主义服务，就是社会主义的；为资本主义服务，就是资本主义的”③。建立与完善社会主义市场经济体制，是邓小平在经济体制比较基础上的战略选择，既不要妄自菲薄，完全摒弃自己的发展经验、办法，又不能照抄照搬，盲目模仿别国的经验、做法，应当根据自己的实际状况、需要，通过深化改革扩大开放，把计划与市场结合起来，建立有利于解放生产力和发展生产力的市场经济体制。“只搞计划经济会束缚生产力的发展。把计划经济和市场经济结合起来，就更能解放生产力，加速经济发展。”④

资本主义也在反思如何更有效地利用市场经济问题，主张建立创新型资本主义，探讨

① 刘国光. 社会主义市场经济是有计划的. 社会科学报，2009-02-12.

② 高尚全. 论计划与市场. 北京：人民日报出版社，1992：75.

③ 邓小平. 邓小平文选：第三卷. 北京：人民出版社，1993：203.

④ 同③148.

如何通过市场的力量为穷人服务，认为在人的本性中蕴藏着两股巨大的力量：一是自利；二是关爱他人。资本主义利用了人性中自利的力量，取得了经济进步和社会发展，但这只服务于富人；穷人就只能依靠政府援助和慈善捐赠。21世纪的新型资本主义需要对此进行调整，通过市场的力量以及制度创新来服务穷人。这个新制度有两个使命：赚钱盈利；让那些无法充分享受市场经济好处的人群的生活得到改善。实现创新型资本主义的办法就是帮助贫困国家的企业进入发达国家的市场，例如，可帮助非洲国家农民进入上等咖啡市场。① 毫无疑问，2008年发生的国际金融危机使倡导完全自由放任的市场基本教义派受到打击。即使克鲁格曼、萨默斯、斯蒂格利茨这样的经济学家也不会否认，尽管市场制度并非完美无缺，它仍是迄今人类历史上最有效率的经济制度——如同民主制度一样，需要创新运用市场力量的体制和机制，我们还没有看到可以替代它的其他更好选择。② 可见，西方仍在不断探索资本主义如何更好地利用市场经济的问题，这对社会主义市场经济极具启示性。

中国社会主义建设经验证明，以往计划经济体制下的计划手段排斥市场的基础性作用，缺乏市场调节机制，浪费资源，模式封闭，无法有效地解放生产力和发展生产力；以往计划经济体制下的计划手段高度合一，缺乏权责明晰的运作体系，效率低下，人浮于事，无法启动生产力主体的积极性、创造性；以往计划经济体制下的计划手段无限膨胀，缺乏利益约束机制，经济责任弱化，风险意识淡薄，无法激励社会主义的创新精神，必然严重束缚生产力的解放和发展。以往计划经济体制下的计划手段的缺陷恰是市场经济体制下的市场手段的优点之所在。因而计划与市场相结合及其必然性并不完全否定计划经济体制下的计划手段，而是继承其长处，汲取其经验，同样不是全盘照搬资本主义市场经济体制下的市场手段，而是合理吸收其优点，借鉴其经验，把两种经济体制下的计划长处和市场优点整合起来，建立具有特色的社会主义市场经济体制，达到极大地解放生产力和发展生产力的目的。“多年的经验表明，要发展生产力，靠过去的经济体制不能解决问题。所以，我们吸收资本主义中一些有用的方法来发展生产力。现在看得很清楚，实行对外开放政策，搞计划经济和市场经济相结合，进行一系列的体制改革，这个路子是对的。”③

中国曾长期实行高度集中的计划经济体制，把计划看成绝对的，这束缚了生产力的发展。然而，国际经济危机表明：“市场也不是万能的，一味放任自由，势必引起经济秩序的混乱，社会分配不公，最终受到惩罚。”“真正的市场化改革，绝不会把市场机制与国家宏观调控对立起来。既要发挥市场这只看不见的手的作用，又要发挥政府和社会监管这只看得见的手的作用，两手都要硬，两手同时发挥作用，才能实现按照市场规律配置资源，也才能使资源配置合理、协调、平衡、可持续。”④ “计划和市场，是社会进行资源配置的两种基本方式和手段。”⑤ “计划与市场调节都是配置资源的形式，同时，又是经济运行的

① 比尔·盖茨. 21世纪的新资本主义——“用市场力量和制度创新，服务穷人”. 南方周末，2008-02-28.

② 胡祖六. 凯恩斯从来没有消失过. 南方周末，2008-10-16.

③ 邓小平. 邓小平文选：第三卷. 北京：人民出版社，1993：149.

④ 温家宝. 用发展的眼光看中国——在英国剑桥大学的演讲. 新华网，2009-02-03.

⑤ 吴敬琏. 通向市场经济之路. 北京：北京工业大学出版社，1992：40.

一般调节手段和管理方法。二者不具有社会的根本属性，也不是相互对立的。”“计划与市场不是划分社会制度的标志。”① 由计划经济体制向市场经济体制转变是中国改革的目标模式，现象上似乎把计划全部摒弃了，建立一个无计划配应的市场经济体制是一种误解。依据邓小平理论，深化经济体制改革就是摒弃计划经济体制的弊端，吸收市场经济体制的优点，把二者的优点结合起来，发挥各自优势的合力，建立和完善计划指导与市场调节相结合的社会主义市场经济体制，这才是社会主义市场经济的真实含义。②

计划与市场相结合是两种基本手段的结合、互补。计划与市场都是手段，计划与市场相结合，首先是两种基本手段的结合，是两种基本手段功能的互补，是充分发挥计划与市场各自长处、优点的结果。计划手段包括：宏观规划战略、宏观经济政策、计划指导和监督等。市场手段包括市场价格信号、利率信号、税率信号、工资信号等。计划与市场相结合，本质上是计划的宏观指导与市场的微观引导相结合，是宏观计划与微观引导的优势互补、统一。

计划与市场相结合是两种调节机制的结合、统一。计划与市场作为两种可相互配应的调节机制，在社会主义市场经济条件下能够而且必然相互结合、统一。计划调节机制包括计划制订机制、计划实施机制、计划监测机制等，是市场经济运行的宏观调节机制。市场调节机制包括市场价格机制、市场供求机制、市场竞争机制等，是市场经济运行的微观调节机制。两种调节机制的结合、统一，是以市场调节机制为基础、以计划调节机制为原则的结合、统一。“市场追求的是利益最大化，这是市场经济的优点，给经济发展带来了强大的动力。”“市场追求的常常是眼前利益最大化，而不是长远利益最大化；市场追求的是局部、个体利益的最大化，而局部、个体利益的最大化并不一定导致社会利益的最大化，甚至损害社会利益。这就要求发挥国家计划的作用，校正市场的短视行为。”“要尊重市场，不要迷信市场；不要迷信计划，但不能忽视计划。”③

计划与市场相结合是两种运作模式的结合、融汇。所谓的运作模式是指符合市场经济要求的、有利于社会主义经济发展的运行方式或运作形式。计划运作模式是社会主义市场经济在宏观上选择的主要运作形式，表现为经济运行是在战略规划模式控制下进行的，其特点在于把握和控制经济发展战略任务、目标，以及整体实施的宏观政策、方针和原则。市场运作模式是社会主义市场经济在微观上选择的主要运作方式，表现为经济活动是在以市场调节为基础的市场运作模式引导下进行的，其特点在于调节和引导经济发展过程、活动行为、交易秩序。计划与市场相结合就是两种基本运作模式的优势结合、融汇及特定条件下的统一。

邓小平把计划与市场相结合称作两种方法的结合。计划方法与市场方法的结合主要是在汲取发达国家市场经济发展经验、教训的基础上进行的。计划方法侧重于宏观方面，市场方法侧重于微观方面；计划方法是指导性的，市场方法是引导性的；计划方法是自觉的，市场方法是自发的。计划与市场两种方法的结合实际上又是计划与市场功能优势互补

---

① 高尚全. 论计划与市场. 北京：人民日报出版社，1992：80.

② 李丰才. 邓小平发展生产力思想研究. 长春：东北师范大学出版社，1998：172.

③ 刘国光. 社会主义市场经济是有计划的. 社会科学报，2009-02-12.

的具体表现。

计划与市场相结合的方式可以做多层次、多视角的划分，但无论如何划分都是相互联系的。同时，“计划与市场结合的形式将随着生产力的发展和经济发展的新的客观要求而不断演化和更新，没有固定不变的、一劳永逸的形式”。“计划与市场相结合的形式总是与一定的经济发展水平和商品经济发达程度相联系”①，从而表明社会主义市场经济是计划长处与市场优点特定形式的有机结合，是特定经济发展条件下的两种基本方法、手段的适度统一。

这具体表现为：计划宏观指导与市场微观调节相结合；计划适时控制与市场优化配置相结合；计划公平规制与市场效率原则相结合；计划统筹规范与市场公平竞争相结合。计划与市场相结合、相统一，是开放的、动态的结合、统一，目的是实现资源的合理配置，实现社会主义市场经济条件下的经济效益和社会效益的统一，推动经济社会的持续发展与进步。

计划的长处如何适应市场的优点，市场的优点怎样体现计划的长处，是一个最难处理和把握的问题。这个连国外经济专家也感到头疼的问题，在中国改革开放实践中已经取得了突破，获得了把计划和市场相对结合起来的成功经验，这已是一个不容否定的实践问题，对于促进生产力发展具有重要意义。在政府职能转变滞后和市场体系尚不完善的情况下，计划的长处或优点就是集中力量办大事，做市场无法做到的事情，例如，国务院关于十大产业的振兴规划，关于四万亿元人民币的投入计划，关于生产大飞机的计划，对于区域发展政策的扶持等。尽管对于这些计划的制订及实施始终存在着激烈的争论，甚至存在着诸多尖锐的质疑、反对或否定意见，却是发挥计划长处的大胆试验，并取得了一些令人瞩目的成效和成果。市场的优点或长处就是发挥基础性调节作用，做政府做不好的事情，例如，引导投资和消费，调节供求关系，优化经济结构，扩大内需等。可见，计划长处与市场优点相结合，起主导作用的是政府方面，政府既是经济体制改革的推动者，也是计划长处与市场优点结合的设计者，更是计划与市场结合路径的探索者，政府的使命重大，任务艰巨。但政府不是万能的，中央政府各有关部门之间、中央政府和地方政府之间，以及中央政府各有关部门与地方政府各有关部门之间，都是推进计划长处的管理者。一方面，会产生推进过程中的政府部门利益与计划长处的诸多矛盾，甚至产生对立问题，这将严重弱化计划长处功能，形成各种形式的政府“暗障”，阻碍计划长处功能的发挥，以往的指令性计划又会改头换面；另一方面，各种形式的政府“暗障”必然影响计划与市场结合的有效性，严重制约市场配置资源的基础性作用，政府行政干预也会死灰复燃。两方面叠加有可能使计划长处与市场优点的结合流于形式，重蹈计划失效和市场失灵的覆辙。因此，一定要加强对政府计划执行力的监管，推进政府计划执行力的依法问责制度，建立和完善效能监察机制，促进政府职能转变，为计划长处与市场优点的结合创造有利的制度条件。社会主义市场经济理论立论的基础是社会主义与市场经济能够相互结合，而不像传统理论认定的那样是完全对立的。不仅要从理论上论证二者能够结合，更要在实践上广泛和反复证明二者能够结合。以往的市场经济都是同资本主义

① 高尚全. 论计划与市场. 北京：人民日报出版社，1992：84，88.

或者私有制相结合，在社会主义条件下发展市场经济是前无古人的伟大创举，也是一项全新的课题。社会主义与市场经济相结合，是社会主义和市场经济两个方面相互适应的过程。一方面，公有制要着力适应市场经济，要通过股份制形式实现同市场经济的结合；另一方面，市场经济的发展要着重适应社会主义共同富裕的目标。这样就能实现社会主义与市场经济的有机结合。①

国内理论界还存在这样一种观点，就是把市场手段与经济体制等同起来，把计划经济与市场经济对立起来，认为市场经济只有一个，无社会主义市场经济和资本主义市场经济之区分，中国以往的计划经济体制就是计划或计划经济。② 其实，计划经济与市场经济一样，都是方法或手段，中国改革的是计划经济体制，不是计划或计划经济。计划、计划经济作为方法或手段，与市场、市场经济的概念是等同的，二者能够在特定条件下实现有机结合、统一。市场经济的历史发展经验也证明，市场经济体制的较优模式必然是计划与市场两种基本方法或手段的结合、统一，所以，把经济手段与经济体制等同起来的观点是不正确的，认为两种基本方法或手段非此即彼的观点也是难以成立的。

在中国，对计划与市场关系的认识是伴随较长时间的新旧经济体制转变，伴随改革开放不断深入而深化的过程。从实践上讲，中国在改革开放的实践探索中确立了社会主义市场经济理论，突破了“社会主义与市场经济关系”这个世界性和世纪性难题，突破了传统社会主义经济理论的束缚，终于走出了一条有中国特色的社会主义道路，创造了中国经济增长的奇迹。

从理论上讲，中国市场化改革是渐进式的，从对计划与市场关系的研究到社会主义市场经济理论的确立，经历了一系列的中间阶段。大体上划分为三步：第一步是在经济活动中引入市场机制；第二步是确立社会主义商品经济论；第三步是确立社会主义市场经济论。③ 计划与市场是争论已久的理论问题，也是社会主义市场经济理论的基本问题之一。计划与市场不是体制或制度问题，而是手段或方法问题。计划与市场不是非此即彼的对立关系，而是亦此亦彼的互补关系。计划功能侧重于宏观调控，市场功能侧重于微观调节。计划与市场作为配置资源的基本手段，不是万能的、无限的，而是相对的、有限的，发挥计划功能的长处和市场功能的优点，防止资源配置中的计划失败和市场失灵，是正确处理计划与市场相结合的关键所在，构成社会主义市场经济理论的现实基础。资本主义也有计划，社会主义也有市场。在当代，任何社会经济制度都能够实现计划与市场的结合，尽管西方经济学理论对此予以了否认，认为计划等于计划经济或计划经济体制，市场是自由主义的，市场天然地与计划相互排斥，但这在国际金融危机面前则显得更加苍白无力。而在社会主义条件下实现计划与市场相结合，更具理论创新性和实践特征，是衡量社会主义市场经济及其理论发展程度和成熟程度的指示器，构成其最显著的特征。

---

① 张卓元．社会主义市场经济论：中国改革开放的主要理论支柱．光明日报，2008-12-19.

② 魏杰．市场经济前沿问题——现代经济运行方式．北京：中国发展出版社，2001：30.

③ 张卓元，王伟光．中国经济学30年（1978—2008）．北京：中国社会科学出版社，2008：11，35.

要点总结

社会主义市场经济的基本形式、关系和特征

分类	基本形式	基本关系	基本特征
商品经济与社会主义	采取商品价值形式	社会主义商品生产	经济价值化
	构建商品交换关系	社会主义商品交换	交易市场化
	发展多种经济形式	社会主义市场竞争	市场竞争化
	与社会主义制度结合	社会主义商品经济	关系非制度化
市场经济与社会主义	与公有制兼容、统一	多种所有制并存	公有制的主导性
	与按劳分配兼容、统一	多种分配方式并存	按劳分配的主导性
	多元化的经济结构	多种经济形式竞争	市场经济的基础性
	与社会主义制度统一	社会主义市场经济	理性诉求的特色性
计划与市场	计划手段与市场手段相结合	两种手段协调、渗透	基本手段互补化
	计划调节与市场调节相统一	两种机制结合、联结	运行机制互补化
	宏观计划与微观市场相融汇	两种方式兼容、协调	配置方式互补化
	计划经济与市场经济相一致	两种理念耦合、重构	经济模式互补化

关键词

商品经济；市场经济；社会主义；多种所有制形式、多种所有制经济并存；市场经济与公有制兼容；市场经济与按劳分配兼容；多种分配方式；多种分配方式并存；计划功能；市场功能；计划与市场。

思考题

一、简述商品经济与社会主义的结合、统一。

二、简述市场经济与社会主义的结合、统一。

三、简述多种所有制经济并存的必然性。

四、简述社会主义市场经济与资本主义市场经济的异同。

五、简述计划功能和市场功能的互补性、统一性。

第四章

社会主义市场经济主体论

本章重点：市场主体及其活动、地位；国有经济的主体地位；国有经济的控制力；集体经济的主体地位；非国有经济的构成；个体经济的主体地位；私营经济的主体地位；外资经济的主体地位；混合经济形式；混合经济的主体地位。

简要概括：市场主体是市场经济运行的基本要素之一，是市场经济得以产生功能的内在动力。市场主体是一个多层次系统，由国有经济、非国有经济和混合经济组成。国有经济为主导的多种所有制经济并存构成市场主体的横向结构，各种形式的混合经济构成市场主体的交叉结构。市场主体的横向结构和交叉结构及其活动关系、行为、秩序成为市场经济运行的基本方式。市场主体活动的过程即市场经济运行并产生功能的过程，市场主体的结构形态和综合素质决定了市场经济运行的质量和效益。培育和塑造市场主体系统，发挥多种所有制经济的优势，提升公有制经济的控制力水平，形成市场主体系统的公平竞争态势，是社会主义市场经济充满生机活力的源泉。社会主义市场经济不仅需要完善的运行体制及制度环境，而且需要规范有序的市场主体系统。各层次市场主体系统规范的市场活动关系、行为、秩序，在微观上体现社会主义市场经济的基础性作用及要求，在宏观上反映政府宏观调控的客观规定性。就市场主体及其理论的重要性而言，社会主义市场经济建立与完善的程度取决于市场主体系统的培育、塑造及发展程度。

第一节　市场主体

一、市场主体的内涵

市场主体是市场经济活动的主体存在关系的总和。从广义角度来看，依据部门分类，市场主体是所有参与各类市场活动的家庭部门、企业部门、政府部门、金融服务部门和外国部门的总和。[1] 把市场主体定义为在市场竞争中，自由进出的从事生产、经营、服务、进出口、投资、投机、中介等交易活动的各类厂商、家庭、政府、金融服务和外国部门，属于广义的市场主体范畴。在只有商品市场和要素市场的条件下，两部门模型（即只有家庭部门和企业部门）的国民收入核算恒等式为储蓄之值等于投资之值：$S=I$。在三部门模型中，政府参与进来，市场扩大了，金融市场形成，国民收入核算恒等式为：$S+(T-G)=I$。$(T-G)$ 是政府税收减去转移支付。四部门又有外国部门介入，国民收入核算恒等式为：$S+(T-G)=I+(X-M)$。$(X-M)$ 是卖给外国的商品和服务与从国外购买的商品和服务之差。由此四部门市场主体结构确立。[2]

广义的市场主体包括：各类从事生产经营活动的企业、家庭；购买商品或接受服务的生产者、经营者、消费者；从事资产运作、委托经营、中介服务的投资机构、咨询机构、服务机构；从事税收、转移支付、投资、采购商品的政府部门及研发部门、非政府组织；金融服务部门和外国部门；等等。广义的市场主体是商品生产者、经营者、服务者、消费者及其存在关系的总和，是一个多层次的主体系统。

从狭义的角度来看，市场主体特指市场活动关系中商品生产者和经营者的总和，原则上必须经国家有关主管部门核准注册，包括具有法人资格和不具有法人资格的各类工商企业、其他经济组织和个人，是关于所有从事生产经营或服务活动的经济实体的统称。我们这里所讲的市场主体，是从狭义的角度而言的。

具有法人资格的各类工商企业、其他经济组织和个人，主要有如下几个特点：(1) 具有独立的产权，是分散的自主经营决策的经济实体。(2) 具有组织机构和章程，一般实行董事会领导下的经理人负责制。(3) 经国家有关主管部门注册登记，领取企业法人营业执照或企业法人经营许可证，依法确认其法人资格。(4) 依法享有自主经营权和承担纳税、资产保值增值、赞助社会公益事业、债务风险等责任、义务。

可以将其做多层次划分。按所有制性质划分，可分为国有企业、集体企业、私营企业、外资企业等。按所属行业或部门划分，可分为工业、农业、交通运输、建筑工程、商业、金融企业等。按综合生产能力划分，可分为大型企业、中型企业、小型企业等。按生产要素构成比例划分，可分为劳动密集型企业、资本密集型企业、技术密集型企业、知识密集型企业等。

不具有法人资格的各类工商企业、其他经济组织和个人，主要表现特征为：虽然具备自主经营、自负盈亏的相关条件，但不具有法人实体条件。例如，从政府或其他行政事业部门刚刚分离出来的经营性公司，其产权关系还不明晰；还未转换经营机制的某些国有企业，其政企职责并未彻底分开。虽然经国家有关主管部门注册登记，但还不是法人实体的核准注册。例如，没有组织机构和章程的某些实力较弱的私营企业或民营企业；分散生产经营的个体工商户等。虽然作为市场主体而存在，但其生产经营的基础条件很差，波动性、流动性、风险性很大。例如，某些非法人企业或公司的融资能力、技术水平、管理方法、质量效益等很差，无长期经营战略，短视行为严重，极易变换形式，并且侵权行为比

① 石良平，黄炳志等．宏观经济学．北京：高等教育出版社，2000：23.

② 宋承先．现代西方经济学（宏观经济学）（第二版）．上海：复旦大学出版社，1997：31.

较突出。

市场主体是市场活动过程中最基本的要素，所有市场活动关系、行为、秩序都是由各类市场主体组成的相互联系、相互制约的结构体，各层次市场主体及其活动关系构成市场经济的核心内容。尽管从广义的角度看，消费者群体也作为市场主体形成买方集团，并与商品生产者和经营者所组成的卖方集团相互对立统一，共同组成市场经济活动关系、行为、秩序，但与狭义的市场主体相比，商品生产者和经营者即厂商的市场活动关系、行为、秩序更为突出、关键。市场组成要素、市场客体质量、市场服务水平、市场信息传递等，与作为市场主体的厂商活动关系、质量、水平密切相关，应由厂商首先承担。因此，狭义的市场主体及其活动关系、行为、秩序自然构成市场经济的核心内容，是社会主义市场经济建立与完善过程中的重点和难点，并贯穿市场经济发展过程之始终。

伴随着市场经济的不断发展与完善，狭义的市场主体不断规范化、完善化，市场活动关系的层次、水平明显提高，市场经济的法制环境和制度文化显著提升，与之相适应的广义的市场主体活动关系、行为、秩序更具特殊意义，尤其是更为凸显消费者群体的主体地位、意义，此时，市场经济必然发展到一个较高层次、阶段，标志着市场经济的成熟期到来。而在此之前的所有市场经济模式或类型，无论发展程度有多高，例如，西方发达国家的市场经济发展程度比较高，但各种形式的投资和贸易保护主义还大量存在、种种侵权行为还难以消失，消费者仍然属于市场中的弱势群体，无法成为真正意义上的市场主体，因此，到目前为止的市场经济模式或类型都是不完善的，均需要大力培育各层次的市场主体，规范市场主体活动关系、行为、秩序。

二、市场主体的活动

市场主体的活动是市场经济运行的中心，主要涵盖市场经济活动目标和经营方式的选择、市场主体创新意识和活动行为、市场活动关系和环境氛围等。其中市场主体的各类活动行为更为突出、重要，包括市场主体的生产行为、营销行为、技术行为、分配行为、管理行为、创新行为等。从市场经济发展的过程来看，市场主体的生产经营或服务活动，实际上是商品生产者和经营者的全部经济行为关系的总和，无论处在何种发展层次、阶段，均决定并制约其他各种相关活动行为及其变化过程。在中国特色社会主义发展实践过程中，市场主体的各类活动行为及其正效应，表征了多种经济形式运作的成熟程度、水平，决定了市场经济基础性作用的质量、水平，也是微观经济和宏观经济平稳运行、协调发展的显著标志。万事开头难，建立市场经济、发展市场经济，首先要系统规范市场主体的各类活动行为，这是一个制约市场经济发展全局的出发点和落脚点；市场主体的各类活动行为及其正效应，是市场经济基础性作用生成的关节点。而在一个紊乱、无序的市场主体活动区域内，何谈市场经济秩序和合理配置资源？

就广义的角度而言，市场主体活动还包括购买商品、接受服务或从事投资的广大消费者的市场活动，例如，消费者获取收入，可自主选择消费方式，原则上分为货币储蓄、购买债券、股票等投资形式和购买消费品、接受服务等消费形式，涉及两个基本方面的比例关系及相应的投资选择、消费选择。广大消费者的可支配收入及其投资活动和消费活动，内在地决定市场经济活动的发展程度、水平，构成市场活动关系的重要方面。目前，扩大消费者的投资活动和消费活动，特别是消费活动更具积极意义。拉动内需关键是扩大消费活动领域，提升消费需求，激活消费热点，提供消费服务，使强劲的消费增长转化为持续的经济增长和经济发展，以积极应对经济衰退和经济危机。

就市场活动的核心内容而言，市场主体活动主要指商品生产者和经营者的市场活动关系、行为、秩序，也即狭义的市场主体及其活动关系、行为、秩序。一方面，市场主体活动是自主活动行为，按照分散决策原则，依据市场信号自主选择与创新，不受其他任何因素的影响，体现商品生产者和经营者自主经营、自负盈亏、自我约束、自我发展的本质属性。另一方面，市场主体活动又是依法活动行为，是在国家法律法规约束和方针政策指导下的自主选择与创新过程。市场主体活动是分散决策与法制规范的统一。目前，中国的市场主体活动还存在分散决策能力较差和违法违规等较严重的失控现象，例如，各种经济合同欺诈行为、非法集资行为、制假售假行为、多层次传销行为、侵权行为等，亟须采取综合措施，严格执法，系统监控，建立有利于市场主体活动的公平竞争秩序。

据统计，2017 年上半年全国新登记市场主体 887 万户，同比增长 13.2%，每天新登记的市场主体约 4.9 万户，每天新设企业 16 000 家。而在 2014 年 3 月 1 日之前，全国每天新设企业 6 900 家。2014 年每天新设企业 1 万家，2015 年每天新设企业 12 000 家，2016 年每天新设企业 15 000 家，2017 年上半年每天新设企业 16 000 家。现代服务业保持快速增长势头，教育、科学研究和技术服务业、文化体育和娱乐业的同比增速分别为 41.1%、22.0%、18.0%。高技术产业稳步增长，新登记高技术制造业企业 1.2 万家，增长率为 15.3%。①

改革开放的实践证明，在社会主义条件下大力培育、塑造市场主体系统十分必要，而不断强化对市场主体活动的监管、规范则更为紧迫，自由放任与法治经济是格格不入的。大力培育市场主体系统，精心塑造市场主体系统，是有效地依法监管、规范市场主体活动的重要前提，否则将难以实现培育和塑造市场主体系统的目的。市场主体素质的高低，决定市场经济运行的质量、层次、效率、水平，决定经济社会能否可持续发展，决定和谐社会的构建与创新。大力培育、塑造市场主体系统，与市场主体分散决策、自主选择和创新并不矛盾，是相辅相成、对立统一的。

三、市场主体的地位

（1）市场主体是推动市场经济活动的最基本要素，在社会主义市场经济发展过程中处于核心地位。

这具体表现为：市场主体是商品或服务及其市场供给关系的核心要素。市场主体本身的质量、水平决定商品或服务及其供给关系的质量、水平。市场主体既是盈利者，以提供优质商品或服务获得自身的生存和发展，又是责任者，具有承担社会责任的使命。社会主义市场经济及其制度要求更注重社会责任，而勇于承担社会责任的市场主体必然视供给质量如生命，其主体地位具有典型示范和引领作用，例如联想集团。反之，社会责任缺失，无限追求利润最大化，甚至见利忘义，其市场主体地位终将丧失殆尽，例如三鹿集团。市

---

① 国家工商总局. 2017 年上半年市场环境形势发布会. 国务院新闻办公室网站，2017-07-13.

场主体是商品或服务及其交换关系的核心要素。同样，市场主体自身的质量、水平决定商品或服务及其交换关系的质量、水平。这方面的市场主体比较复杂、多样，既有经营者，又有消费者：是对经营者的服务质量、水平的要求愈来愈高，对经营者的信誉、商誉的评价愈来愈严；对消费者的多层次消费风格、水平的要求趋于时尚化、大众化，对消费者的素质、审美的观感正在提升。作为商品或服务及其交换关系的市场主体，其主体地位在于可展开多层面交易博弈并推进商品或服务及其交换关系的稳定、平衡。市场主体是社会财富增长的核心要素。市场主体既是社会财富的创造者、提供者，又是社会财富的保值者、增值者，包括创造和增值物质的和精神的财富、创造和增值实体的和虚拟的财富，本质上决定经济体财富的不断创造和增长，决定经济社会的持续发展与进步。市场主体是市场活动关系不断开放、拓展的核心因素。在中国，不断开放、拓展市场主体更加具有重要意义，因为社会主义市场经济需要市场主体大胆地试和大胆地闯，需要市场主体不断开拓与创新，需要具有生机活力的市场主体，唯有如此，才能形成适应社会主义市场经济要求的、具有创新机能的市场活动关系。市场活动关系是社会主义生产力和生产关系对立统一的重要结合点、生长点。市场主体及其市场活动关系具有决定性地位、意义，整体上制约市场经济发展的规模、结构、进程、水平。

（2）市场主体是促进市场经济发展的最积极因素，在社会主义经济体系中处于前导地位。

这具体体现为：市场主体通过分散的自主经营活动及经营效率，客观上积极促进了市场经济的健康发展。市场主体在市场信号的引导下自主经营、自负盈亏、自我发展、自我完善，实行分散的经营决策，承担经营风险，提高经营效率，履行社会职责，市场淘汰率是很高的，其本身就是市场积极性的凝聚和创造性的发挥过程，就是其主体地位的确立和促进市场经济健康发展的过程。市场主体的依法经营活动及市场行为客观上积极促进了市场经济的有序发展。在社会主义市场经济条件下，市场主体既分散自主经营，又依法自主经营，禁止所谓的自由放任主义，自主经营和依法经营是市场主体生存与发展的铁律，是社会主义市场经济体制的客观规定，其市场行为表现为刚性的市场规制、秩序，可有力地促进市场经济的有序发展。市场主体的经营质量、水平客观上积极促进了市场经济的创新发展。市场主体既是商品生产者、经营者，也是效用生产者、服务者，其经营服务的质量、水平具有极强的创新意义和社会价值，或者说，其经营服务质量、水平唯独坚持特色和创新，才能促进市场经济的创新与发展。市场主体作为复杂多变的主体系统，作为促进市场经济发展的最积极因素，其前导地位是毋庸置疑的，较集中地反映了社会主义生产力的发展现状、特点、水平。

（3）市场主体是决定市场经济运行取向的最主要因素，在社会主义市场经济发展过程中处于关键地位。

这具体表现为：市场主体的多元活动是有目的的选择与创新，是有方法的创新与建构，是有动力的建构与发展。市场主体的多元活动展现为经营方式的多样化、一体化、集团化，例如，具有核心竞争力的企业集团或跨国集团，其多元活动具有应对风险的整合机能、适时创新的内在潜能、转型发展的强大动能，成为决定经济运行取向的最主要因素，其多元活动可产生整体效应、合力，引领并推动市场经济发展。市场主体的多元活动及其规模层次、水平、效益，构成市场经济运行取向的最主要因素，可驱动市场多元活动的不断提高、经营素质的不断提升，引领经营方向。作为市场活动的主角，市场主体的特定存在方式、作用方式和发展方式可直接影响、制约社会主义市场经济运作的走向，始终处于关键地位。

第二节　国有经济

一、国有经济的主体地位

国有经济是以国有资产为基础或控股的各类工商企业和其他经济组织的总和。国有经济在中国属于门类齐全的占有核心地位的有机整体，构成社会主义公有制经济的坚实基础，是最具强大实力的市场主体。特别是以国有大中型企业为代表的国有经济，虽然与发达国家的跨国集团相比还存在很大差距，但通过国有企业改革，建立现代企业制度，实行股份制和国际化运营，越来越显示出其发展的规模、实力和水平。

国有经济的主体地位是由社会主义公有制性质及其在国民经济整体实力中的作用决定的。社会主义公有制性质决定了国有经济的基础地位和战略意义，国有经济是中国经济发展的主导方面，中国经济发展的整体实力、水平是由国有经济支撑的。近十几年来，虽然国有经济在GDP中所占的比重有所下降，但其主体地位举足轻重，不容动摇。国有经济的主体地位表现为在国民经济发展中的核心作用，因为中国经济体制的改革取向不是建立混合经济体制，而是建立以公有制为主体、多种所有制并存和共同发展的社会主义市场经济体制，与此目标相对应，国有经济如果不处于主体地位，不发挥核心作用，那么社会主义市场经济就失去了支柱，如果“社会主义市场经济就等同于混合经济，建设社会主义的目标也就成了一句空话”①。

有关统计表明，虽然国有经济在GDP中所占的比重有所下降，但运营方式趋于多样化，国有经济在经济总量中仍占据主体地位。这具体表现为：国有资产在社会总资产中占据优势，国有企业控制国民经济的命脉，对经济发展起主导作用。国有经济总量在扩大，综合实力在增强。据统计，1997年中国国有企业共计25.4万家，2007年减少到11.5万家，年均减少1.4万家。国有企业资产总额为13.9万亿元，2007年增长到35.5万亿元，年均增长率为9.8%。在国民经济的主要领域、重点产业、关键环节，国有经济始终居于主体地位。在2017年美国《财富》杂志公布的世界500强中，第二、三、四名都为中国内地国有或国有控股企业。2003—2011年，全国国有企业实现的营业收入从10.73万亿元增长到39.25万亿元，年均增长率为17.6%；实现的净利润从3 202.3亿元增长到1.94万亿元，年均增长率为25.2%。截至2011年底，全国国有企业资产总额为85.37万亿元，所有者权益为29.17万亿元，分别是2003年的4.3倍和3.5倍。全国国有企业拥有自主知识产权专利21.4万项，其中中央企业13.7万项。中央企业境外资产总额为3.1万亿元，

① 伍柏麟. 国有企业核心论. 上海：复旦大学出版社，2002：32.

营业收入为 3.5 万亿元，实现净利润 1 034.5 亿元，分别占全部中央企业的 11%、16.9% 和 11.3%。在上缴利税、国家财政收入总额中国有经济占据绝大多数份额，居于重要的主体地位。2003—2011 年，全国国有企业累计上缴税金 17.1 万亿元，2011 年国有企业上缴税金占全国税收的 38.4%。一批国有企业在竞争中发展壮大，上榜《财富》世界 500 强的国有企业由 2003 年的 6 家增至 2012 年的 54 家。① 而在市场开放领域中，国有经济在数量上不具有竞争优势，仅 2007—2008 年每年减少国有及国有控股企业 4 000～5 000 家。②

国有经济的主体地位、优势不能仅仅表现在量的方面，更要体现在质的方面。国有经济要在改革发展中凝聚动力，在市场竞争中提高活力，在系统管理中增强效率，在结构优化中提升速率，应该而且必须推进其质的发展，充分体现其主体地位和优势。国有经济的存在和发展，关系到国民经济运行的全局和方向，占据根本性主体地位。国有经济的主体地位及重要作用并不排斥其他市场主体的地位、作用，而是在与其他市场主体的市场竞争中显示其根本性主体地位和发挥重要作用，并对其他市场主体的存在与发展具有广泛启动和积极促进作用；在市场竞争中，在共同发展中，凸显其主体的优势地位及其关系国民经济运行全局和方向的影响力、支配力。

在“十五”期间，国家对企业集团的发展政策做出重大调整，由过分强调集团数量转到高度注重集团质量，国有及国有控股企业集团的发展变化趋势与中国大企业集团的发展战略是一致的。虽然国有及国有控股企业集团在数量、资产总额、营业收入等方面的比重下降，但其主体地位凸显。截至 2005 年底，企业集团年末资产总额首次超过 20 万亿元，达到230 763 亿元，其中，国有及国有控股企业集团年末资产总额为 198 046 亿元，比上年增长了 15.0%，国有及国有控股企业集团年末资产总额年均增长速度达到 14.6%。2 845 家企业集团盈亏相抵后实现利润总额 10 391 亿元，其中，80%的国有及国有控股企业集团盈利，盈亏相抵后实现的利润总额为 8 769 亿元，占总额的 84.4%。实现的利润总额比 1997 年增加了 7.9 倍，年均增长速度为 55.0%。平均净资产收益率为 8.2%、总资产报酬率为 5.4%、劳动生产率为 54.9%。国有及国有控股企业集团在维护国家所有者权益、提高国有资本运营效益、实现国有资本保值增值等方面做出了突出贡献。国有及国有控股企业集团年末股东权益总额为 77 178 亿元，资本保值增值率为 114.5%，比上年提高 2.6 个百分点，国有资本保值增值率基本上处于 110.0%～114.5%之间，表明其自有资本获取收益的能力不断增强和运营效益不断提高。尽管国有及国有控股企业集团数量所占比重不断下降，但对经济社会发展的贡献并没有下降。国有及国有控股企业集团实现税金总额 6 354 亿元，占全部企业集团总量的 87.5%，是税收的主要贡献者。据测算，2003—2005 年，国有及国有控股企业集团生产增加值占当年 GDP 的比重分别为 13.1%、14.5%和 15.2%，对经济增长的贡献率年均在 22.1%左右，年均拉动经济增长约 2.2 个百分点。国有及国有控股企业集团不断向国家经济命脉、关键行业或领域集中，促进了产业结构的调整和行业结构的优化，增强了国有经济的控制力与带动力。在按国有及国有控股企业集团资产规模排序的前十大行业中，以能源、通信、交通运输业为主。前

① 王勇. 国务院关于国有企业改革与发展工作情况的报告. 中国人大网，2012-10-26.

② 中国改革发展研究院. 2008 年中国改革评估报告. 中国企业改革网，2009-01-15.

十大行业中，数量占 62.7%的国有及国有控股企业集团，拥有 94.1%的资产总量。国有及国有控股企业集团在十大行业中的平均资产规模达到 239.7 亿元，比全部企业集团平均资产规模多出 100 多亿元。①

截至 2012 年底，国有企业累计实现总收入 423 769.6 亿元，同比增长 11%。其中，中央管理企业累计实现总收入 223 461.3 亿元，同比增长 9.5%；地方国有企业累计实现总收入 163 211.1 亿元，同比增长 11.6%。国有企业累计实现利润总额 21 959.6 亿元，同比下降 5.8%。其中，中央管理企业累计实现利润总额 12 240.8 亿元，同比下降 0.6%；地方国有企业累计实现利润总额 6 914.2 亿元，同比下降 15.8%。国有企业应交税费 33 496.3 亿元，同比增长 6.6%。其中，中央管理企业累计应交税费 17 607.8 亿元，同比增长 5.4%。地方国有企业累计应交税费 8 245.6 亿元，同比增长 1.7%。中央企业销售净利润率、净资产收益率和成本费用利润率分别为 4.2%、7.2%和 6.1%，地方国有企业分别为 3.2%、4.2%和 4.4%。②

二、国有经济的控制力

中国的国民经济体系，主要由国有经济构成，国有经济决定国民经济体系的构架、特点、方向，并且日益确立其关键的主体地位和主导作用。国有经济主体地位及其主导作用是通过多种运营方式实现的，是社会主义与市场经济结合、兼容的结果。

国有经济主体地位及其主导作用主要体现在控制力上，即在关系国民经济命脉的重要产业和关键领域起支配作用，在企业控股或产权转让等方面可在更大范围内支配更多的资本。据统计，在以往计划经济体制下，国有经济遍布各个领域、行业，各类国有企业点多面广，分散了国有经济资源的配置，总计 30 多万家国有工商企业，每家工商企业的平均净资产只有 1 000 万元左右，并且都需要国家来管，实际上国家既管不了又管不好，严重削弱了公有制经济的主导作用。现象上国有经济数量居领先地位，但本质上数量领先并非一件好事，它可使数量代替质量，导致控制力下降，支配力丧失。因此，国有经济必须实施布局结构调整，优化结构，塑造品牌，提高竞争力，变数量领先为质量优势，增强整体规模及其控制力、辐射力。“只要坚持公有制经济为主体，国家控制国民经济命脉，国有经济控制力和竞争力得到增强，在这个前提下，国有经济比重减少一些，不会影响我国的社会主义性质。”③ 这就消除了担心国有经济的比重减少、国有产权被转让将会改变公有制性质的误解，从而有力地推动了国有经济的健康发展，增强其控制力、支配力。

国有经济的控制力具体表现为国有经济在国民经济的主要领域、行业、部门发挥主导作用，控制着国民经济的命脉，处于决定性的优势主体地位。国有经济在国家税收、财政收入总额中占主要份额，是增强综合国力的主导因素，决定国民收入分配和再分配的一切主要层面，处于关键性优势主体地位。国有经济在与多种所有制经济平等竞争、共同发展

① 李文海．国有及国有控股企业集团的发展现状与作用．中国统计信息网，2006-09-05.

② 佚名．2012 年全国国有及国有控股企业经济运行情况．新浪网，2012-10-26.

③ 江泽民．江泽民文选：第二卷．北京：人民出版社，2006：71.

的过程中，居于主导地位，影响和制约平等竞争、共同发展的整体运行格局、过程、方向。国有经济在国家经济社会发展战略中占突出地位，其改革的力度、影响的幅度决定国家经济社会发展战略的系统制定与实施。国家经济社会发展战略就是以公有制经济如何深化改革、扩大开放、治理结构、转换机制、建立适应社会主义市场经济需要的制度基础为基本内容的，是实现社会主义现代化建设任务、目标的主要依托。发展多种所有制经济形式，建立适应经济社会发展要求的市场经济体制、机制，转变经济发展方式，坚持科学发展观，走节约型、循环型、环保型发展之路，推动经济社会可持续发展，突出改革、发展中的国有经济的控制力及其基础性、关键性、重要性作用。国有企业产权多元化、决策自主权提升增强了国有经济的控制力。据统计，2000 年母公司登记注册为国有企业集团的有1 725 家，其中，母公司改制为公司制的企业集团有 1 265 家，占 73.33%。2001 年，母公司登记注册为国有企业集团的有 1 772 家，其中，母公司改制为公司制的企业集团有1 269 家，占 71.61%。上市公司股权的多元化更加明显。在已改制的国有企业中，经营者从市场选聘的企业比例达到 89.8%，未改制企业经营者从市场选聘的比例也达到76.4%，改制和未改制企业的经营者从市场选聘的比例合计为 86.3%。而 1993 年，该比例仅为 3.4%，1993—2001 年年均提高 49.82%。改制前，71.3%的企业选择集体决策模式，22.1%的企业选择集权模式，6.6%的企业选择分权模式。改制后，选择集体决策模式的企业占比下降为 55.8%，选择集权模式的企业占比下降为 18.6%，选择分权模式的企业占比上升为 24.8%。89.4%的企业是独立选择自己的决策模式的，另有 10.6%的企业是在政府干预或指导下选择决策模式的。而 1993 年，有决策自主权的企业比例为54.9%，1993—2001 年年均提高 6.28%。[①] 国有经济的控制力不在于数量领先，而在于质量优势；不在于处处占优势、居主导地位，而在于在关键领域及环节占优势、居主导地位、起支配作用；不在于运行方式单一化、取同一模式，而在于运行方式多样化、取综合模式。传统观点总是把国有经济视为全民所有制的唯一形式，其实这是一种严重的误解。实践证明，公有制不能只是一种形式、一个模式，可以而且应当是多种形式、多个模式。股份有限公司作为企业的资本组织形式，适应市场化、全球化要求，有利于提高资本运营效率，属于经济运行机制、手段问题，绝不能武断地规定其是公有还是私有的，社会主义和资本主义都可以利用股份制为自己的发展服务。不同所有制可以有同一种实现形式，而同一种所有制又可以采取多种实现形式，市场经济作为资源配置的方法、手段，任何所有制形式都可以利用，这就是邓小平南方谈话的基本思想、观点、原则。公有制实现形式的多样化将有力推动国有企业改革，促进国有经济发展。

股份制企业作为混合所有制经济形式，属于公有制经济还是私有制经济，关键要看控股权掌握在谁的手中，国家控股或集体控股就具有明显的公有制性质，有利于扩大公有资本的控制权、支配权，增强公有制经济的主体地位。“第一，我国是社会主义国家，必须坚持公有制作为社会主义经济制度的基础；第二，我国还处于社会主义初级阶段，需要在公有制为主体的条件下发展多种所有制经济；第三，一切符合‘三个有利于’的所有制形

① 高明华. 中国企业市场化进程研究. 国研网，2004-03-29.

式都可以而且应该用来为社会主义服务。”① 这样做绝不会使国有经济及其控制力削弱，反而会增强国有经济控制力及其充分发挥。改革经济体制，调整经济结构，加大开放力度，借鉴别国经验，建立社会主义市场经济体制，其根本原则就是为了巩固社会主义生产关系，完善社会主义公有制，提高公有制经济发展水平，凸显其主体地位及控制力，从而体现社会主义优于资本主义的特点。

国有经济的控制力不是对以往计划经济体制下的公有制经济形态的简单位移，而是深刻的产权制度改革，确立法人治理结构，实现国有经济产权关系的明晰化；不是对以往计划经济体制下的公有制经济运营方式的简单调适，而是深刻的运营机制变革，建立以市场为导向的多种运营机制，实现国有经济运营方式的多样化；不是对以往计划经济体制下的公有制经济关系的简单组合，而是深刻的生产关系结构改革、调整、优化，消除国有经济的体制性垄断，突出与其他所有制经济平等竞争和共同发展基础上的国有经济的主体地位及其控制力，实现国有经济关系结构的市场性、灵活性。比较经济体制及其经验教训，社会主义的“优越性在于能做到全国一盘棋，集中力量，保证重点。……缺点在于市场运用得不好，经济搞得不活。”②

克服社会主义的缺点，发挥社会主义的优越性，积极汲取、借鉴别国的成功经验和失败教训，建立符合中国实际需要的社会主义市场经济体制，就能有效地确立国有经济的主体地位，发挥国有经济的控制力、支配力，实现建设中国特色社会主义的目的。

确立国有经济的主体地位，发挥国有经济的主导作用不是一蹴而就的，需要创造一系列相关条件。主要包括：

（1）进一步深化国有企业改革，建立现代企业制度，实行多种方式的股份制经营，尤其要深化产权制度改革，优化法人治理结构，建立依法监督机制，形成产权明晰、权责明确、政企分开、管理科学的运行体制、机制，这是确立国有经济主体地位和发挥其主导作用的前提条件。

（2）加强经济立法，确认和推动国有经济运营方式的多样化，依法保护其主体地位，充分发挥其主导作用，把国有经济的主体地位和主导作用纳入法制轨道，这是确立国有经济的主体地位和发挥其主导作用的外部条件。

（3）努力学习和借鉴国外企业运营的成功经验，建立与完善企业家市场，形成国有经济依法委托或授权经营管理的运行体制，把国有经济真正重组、激活起来，实行科学的运作程序、规则、方法，将其纳入相关制度建设轨道，这是一项最关键的制度及体制条件。

（4）积极推进国有经济结构的调整、优化，形成以市场为导向的国有经济运行机制，不断增强国有经济的主体地位和主导作用，积极参与国内外市场的竞争。

（5）深入推进国有经济布局、结构的战略性调整，使国有资本更多地向重要行业和关键领域集中，向具有优势的行业集中，向大企业、大集团集中，向企业主业集中。同时要吸收民间资本参与国有企业改制重组，发展混合所有制经济。国有经济发展与民营经济发

---

① 江泽民．江泽民文选：第二卷．北京：人民出版社，2006：19.

② 邓小平．邓小平文选：第三卷．北京：人民出版社，1993：16.

展并不矛盾，国有经济改革虽然从来不排斥民营经济和外资经济，但也要防止出现国进民退的现象。

2011年国有企业社会责任指数领先于民营企业和外资企业，而中央企业社会责任指数年度增幅最大。国有企业已成为吸纳就业的重要主体。截至2011年，仅国务院国有资产监督管理委员会（简称“国资委”）主管的中央企业就有1 200多万名职工、700多万名农民工、600多万名离退休工人。国有企业平均税负远高于民营企业。2011年，国资委主管的中央企业上缴税费1.3万多亿元，近年来，其上缴税费每年增长约20%。国有经济的存在在一定程度上是因为市场失灵，通过国有经济在社会责任方面的表率作用和道德感召，既可弥补民生与社会保障的不足，也可引导市场更有序地发展。①

国有企业一旦垮掉对今天的中国的影响是不可想象的，民营企业现在难以单独承担中国走向世界前沿位置所必须承受的艰难任务。历史上崛起国家中的国有企业都有不可替代的贡献，如果今天中国对国企“自废武功”，西方诸国必将集体松一口气。当然，国有企业中存在的问题不少，就像民营企业也有问题一样。国有企业领导层还未完全摆脱官本位体系，腐败率不低，这些都要经历变革。有的超大型国有企业还遭遇世界大公司常面临的垄断质疑，这个问题要与公众认真沟通。打造一批在市场上强大、社会信任度高的国有企业应当成为政府重建公信力的战略性突破口。毫不动摇地巩固和发展国有经济，同时毫不动摇地发展非国有经济，两个毫不动摇不是临时国策，而应当是持久的，不会因任何蛊惑而轻易偏向一边。目前一些舆论的批评长时间集中在国有企业身上，这同中国人民的根本利益背道而驰，全社会应当对之警觉，重新站回到各种所有制企业的中间位置。②

国有企业改革的方向是使国有企业彻底市场化。在20世纪末，通过改革，国有中小企业彻底民营化、市场化，在中小企业层面已经没有国有企业了。目前正在进行的国有大企业改革，其方向是公众化、市场化，即通过资本市场把国有大型企业改造成为上市公司，成为市场竞争主体，独立承担民事责任，这就是公众化、市场化方向。若干年后，当这项任务完成之后，就会发现中国国有大型企业都变成龙头公司了，现在中央企业60%以上的净资产都已经进入上市公司了，这个方向非常清楚。③

国有经济改革绝不是消灭国有企业，无论在东方还是西方，国有企业都是崛起中国家的支柱。④ 当代国家间的竞争，在经济层面的直接表现就是企业之间的竞争。在关系国家安全与经济命脉的重要产业和关键领域保持国有经济的控制力，既是中国特色社会主义原则的要求，也是国家战略的需要。特别是大型骨干国有企业，是维护国家经济、科技、国防安全的基础，是国家财政收入和民生建设的支撑，是以自主创新支撑经济结构优化升级的经济基础。中国的国情决定了必然要发展国有企业，作为发展中的社会主义国家，单纯依靠私营企业很难赶上发达国家。在南北竞争的背景下，在西方国家独占、主导、垄断的前提下，只能培养自己的500强“航母”，而不是摧毁它。鉴于中国历史和现实的因素，国有企业在中国将占有比在一般市场经济国家中更高的比重。在市场经济条件下生存、发

① 国务院国资委党委．坚定不移地推进国有企业改革发展．求是，2012（5）．

② 社评．舆论应回到国企民企的中间位置．环球时报，2012-05-17．

③ 邵宁．国有企业改革当前重点是实现彻底市场化．2012博鳌亚洲论坛，2012-04-02．

④ 穆积山等．国企构筑大国经济基石．环球时报，2012-04-18．

展、做强做大，是现代国有企业发展的方向。国有企业改革的重点是向跨国公司看齐，把国有企业培养成能够在世界市场上占有一席之地的、有控制力的、有影响力的跨国公司。①

三、集体经济的主体地位

集体经济与国有经济共同构成社会主义公有制经济的硬核。所谓硬核，即强调集体经济是社会主义公有制的基础和基因。集体经济与国有经济相互联系、相互作用，共同构成公有制经济的核心要素，是占主导地位的市场主体。集体经济是以集体资产为基础或控股的各类工商企业和其他经济组织的总和。集体经济的组织程度和发展水平较低，是较低程度的公有制经济形式，主要包括集体工商企业、农村家庭联产承包经营户、中介服务集体组织等。虽然集体经济的组织程度和发展水平较低，但其区域分布广、存在数量多、转换动能强、作用功能大，作为公有制经济的组成部分，在经济社会发展中处于非常重要的主体地位。

集体经济的主体地位更突出地表现在地方经济发展中，特别是城镇化及其城乡经济一体化和农业产业化、现代化发展中。这主要表现为：在地方经济发展中居于主体地位，发挥积极的主导作用；在地方税收、财政收入中占主要的份额；在农业、农村发展中处于重要的主体地位，农村集体经济、城乡工商企业、其他集体经济形式已成为农业产业化、现代化的主力军；在地方经济发展中充当纽带、桥梁作用，在横向经济联合中占有突出地位，例如，以集体经济组织形式为基础的农工商贸一体化的企业集团等。

集体经济的数量在逐年减少，多样化经营和集约化经营的能力在提升，集体经济的素质和质量在提高，其主体地位在城镇化及城乡一体化和农业产业化、现代化发展进程中发挥了重要作用。

第三节　非国有经济

一、非国有经济的构成

非国有经济是一个多样化的经济结构体，由多种所有制经济形式组成，包括个体经济、私营经济、港澳台投资经济、外资经济，以及上述经济形式的联合经营、混合经营等形式。非国有经济不仅仅是社会主义经济的必要补充形式，而且更主要的是社会主义市场经济的重要主体，非国有经济的主体地位及作用已在修改之后的《中华人民共和国宪法》中得到确定，非国有经济作为社会主义市场经济的主体之一和重要组成部分，在社会主义基本经济制度范围内获得了应有的合法地位，展示了广阔的发展空间。据统计资料分析，20 世纪 90 年代和 21 世纪初是中国非国有经济发展最快的时期，1985 年在工业经济总量和财税收入总量中非国有工业经济仅占 3%。1995 年非国有经济在工业经济总量中的份额

---

① 尚前名. 媒体分析国企舆论偏见：西方借个案渲染国企弊端. 新浪网，2012-04-28.

剧增至 30%，增长近 10 倍。1993—2003 年，非国有经济在随机抽取的总样本中的比重从 25%增加到 88.6%，国有经济的比重则从 75%减少到 11.4%。

截至 2015 年 9 月底，全国实有个体工商户 5 285 万户，私营企业 1 802 万家，吸纳全国就业人口三分之一以上，吸纳城镇就业人口四成以上。从 1990 年至 2014 年，个体工商户从业人数从 2 093 万人增加到 1.06 亿人，增长了 4.06 倍；私营企业雇工人数从 148 万人增加到 1.14 亿人，增长了 76.03 倍；私营经济投资者人数从 22 万人增加到 3 000 万人，增长了 135.36 倍。①

非国有经济主体地位的增强和作用的提升，有利于提高国有经济的整体素质及活力，有利于社会主义生产力的解放与发展，有利于社会主义经济利益的整体均衡及发展，是对中国特色社会主义理论与实践的创造性发展，具有重要的意义。

二、个体经济的主体地位

个体经济是以个人或家庭成员或合伙人为基础的个体所有制经济形式，从法律上界定：在城镇，个体经济是遍布城乡的从事生产、加工、营销、服务等的个体工商户或合伙人；在农村，个体经济是从事生产、经营、服务等的承包经营户或合伙人。个体工商户和承包经营户是特定的个体经济形式。个体经济因为是以个人或家庭财产或合伙人财产为基础形成的，所以其市场化程度不高，运营方式简单，经营过程分散，发展规模较小，竞争实力薄弱。个体经济的存在与发展极为适合社会主义初级阶段的发展状况、特点和需求。大力发展个体经济，主攻方向是在较成熟的个体经济之间、个体经济与私营经济之间，实行生产方式的根本性变革，由个体经济向私营经济转变，由粗放型经营向集约型经营转变，由第一、第二产业经营向第二、第三产业经营转变。

截至 2013 年 2 月底，全国实有个体工商户约 4 060 万户，从业人数约 8 000 万人，资金总额约 2 万亿元人民币。分行业看，全国个体工商户 90%集中在第三产业，有 3 600 多万户，8%在第二产业，2%在第一产业。分地区看，50%的个体工商户位于东部地区，约有2 000万户，30%位于中部地区，20%位于西部地区。改革开放以来，全国个体工商户总体呈现快速发展态势。1978 年全国仅有 14 万户个体户，到 1999 年达到 3 160 万户。从 2000 年起，工商部门开始对“死户”进行清理，导致实有个体户数量连续 5 年下降，至 2004 年达到 2 350 万户的“谷底”后开始回升，此后一直保持较快增长势头。②

在第二、第三产业领域中，特别是在第三产业领域中，个体经济的主体地位在不断提高，主体作用在不断增强。目前，发展个体经济的重点是控制数量，提高质量，为地方经济发展服务，为县域经济发展服务，为城镇化建设服务，使个体经济向农业、科技、教育、服务等领域发展，大力提高个体经济发展的质量和水平。

三、私营经济的主体地位

私营经济是生产资料归业主所有，以雇工形式从事生产经营服务的一种私有制经济

① 佚名. 中国个体私营经济与就业关系研究报告. 中国工商报，2015-10-30.

② 张晓松. 中国个体户超 4 000 万户资金 2 万亿 第三产业占九成. 中国新闻网，2013-02-16.

形式。私营经济的财产所有权归业主所有，在法律上是指从事雇工经营，并经国家县及以上工商行政管理机关登记注册的一种特定的非公有制经济形式。私营经济存在的主要形式有私人合伙企业、私营公司、有限责任公司等。私营经济的生产经营规模、水平比个体经济要高得多，也是适合中国社会主义初级阶段的发展状况、特点和需求，以产权明晰和决策分散为主的非公有制经济形式。发展私营经济的战略应向为农工商贸一体化经营服务、为科技教育服务、为中介服务、为信息服务等方面转变；向开放经营方面转变；向为地方经济发展服务方面转变；向为城镇化建设服务方面转变；向为地方经济新增长服务方面转变。

就本质而言，民营经济属于经营方式范畴。民营经济是改革开放以来产生的多种所有制经济所采用的一种经营方式，尤其是私营经济的经营方式，例如，私营企业组建的民营公司、国有企业改制后剥离形成的民营企业、私营企业控股国有或集体经济的经营形式、私营企业家从事的光彩事业等经营形式等。民营经济还是国有企业改组、改制，国有产权交易、参股经营或混合经营等的一种有效的实现形式，也是私营经济参与国有资产重组、转让及运营的一种特定的经营方式。

民营经济可分为广义民营经济、内资民营经济和狭义民营经济。广义民营经济是指除国有和国有控股企业外的多种所有制经济；内资民营经济是指广义民营经济减去港澳台及外资的经济成分，包括集体和个体私营及其他的混合经济；狭义民营经济单指个体、私营经济。①

在社会主义市场经济条件下，民营经济具有典型的经营示范性、咨询服务性、社会公益性、改革攻坚性、扶贫济困性等特征。目前，大力发展民营经济，有利于私营经济发展规模、水平的提高和效益的增长；有利于社会主义经济运营方式的多样化和国有资产保值增值；有利于社会主义市场经济的发展及其市场主体的培育与完善；有利于提高国民经济的发展速度、质量、效益。

数据显示，2012 年，民营经济在 GDP 中的比重已经超过 60%，前 10 个月，规模以上民营工业企业增加值的累计增速为 14.9%，较 2011 年出现一定程度的回落，但仍高于国有工业企业 6.4%和全国工业企业 10%的平均水平，在不断夯实实体经济基础的过程中，民营工业企业做出了突出贡献。民营经济是民生经济、富民经济，发展民营经济，要进一步增强“民间投资 36 条”实施细则的可操作性，抓紧在市政、能源、电信、铁路、金融等领域落实一批具体项目，贯彻落实督查机制，不断增强民间投资意愿，扩大民间投资比重。2012 年前 9 个月，民营企业参与海外并购的数量占到总数量的 62.2%，首次超过国有企业。②

截至 2013 年 3 月底，中国实有企业 1 374.88 万家。其中，私营企业 1 096.67 万家，占企业总数的近 80%，据此测算，全国私营小微型企业有 885.23 万家。而在小微型企业内部结构中，小型企业占 14.88%，微型企业占 85.12%，小型企业与微型企业的比例约为 1∶5.72。小微型企业特别是私营小微型企业的蓬勃发展，表明中国市场主体正

---

① 全国工商联研究室．非公有制经济背景材料．中华全国工商业联合会网站，2006-09-22.

② 中国私营企业研究课题组．2012 中国私营企业调查报告．中国网，2012-04-24.

处在日益完善之中，民营经济的生存成长环境得到有效改善。[1] 私营经济的主体地位主要体现在不断发展的第三产业和现代服务业之中。由于私营经济经营规模、水平与国有经济相比相对较低，同时又受到行业、部门、重点产业国有经济垄断地位的限制，所以其主体地位主要在开放的、竞争比较充分的第三产业领域中体现出来。例如，产品加工服务、消费品流通、信息咨询服务、广告经营服务、市场中介服务等领域是个体私营经济广泛存在与发展的沃土，其主体地位可获得比较充分的展示、发挥。

发展个体私营经济，充分发挥其主体地位、作用，必将有力地促进社会主义市场经济的发展和完善。这具体表现为：

（1）生产者的主体地位。私营经济对于促进第一、第二、第三产业协调发展，特别是促进第二、第三产业发展，积极推动民营中小企业的发展，发挥了积极作用，有力地启动了三个产业的有序循环。

（2）经营者的主体地位。个体私营经济的优势是从事各种服务业，其经营规模适度，经营机制灵活，经营手段多样，对于优化产业结构，提高服务质量，提升消费水平，推进市场体系建设，发挥了重要的催化作用，有力地启动了服务对于生产和消费的拉动作用。

（3）竞争者的主体地位。私营经济的主体地位与国有经济的主体地位并不矛盾，而是相互竞争、共同发展的，构成社会主义市场经济主体系统之间不同层次的对立统一。竞争者的主体地位，不仅没有削弱国有经济的主体地位，而且通过市场竞争和企业间的资本联合、重组，极大地促进了国有经济的发展与完善，扩大了国有经济的支配领域、范围。特别是在解决国有企业转型发展、优化结构、下岗职工再就业等关系国计民生的领域、方面，竞争者具有不可替代的主体地位和作用。

四、外资经济的主体地位

外资经济是中外合资、中外合作、外商独资、境外战略投资等的特定经济形式的总称。外资经济是中国改革开放以来发展最快的非公有制经济形式，是经国家有关管理机关登记注册、审核批准，核发中华人民共和国经营执照或经营许可证，享有在中国大陆从事生产、经营、服务或经济联络等的经济形式，可从事核准范围内的经济活动，并且受中国法律保护，成为中国经济的重要组成部分，构成社会主义市场经济的又一重要主体。外资经济已成为中国经济发展的亮点，其主体地位主要表现为：

（1）市场投入中的主体地位。截至 2008 年年底，全国实有外商投资企业 43.49 万家，比上年增加 2.85 万家，增长了 7.01%，投资总额为 2.32 万亿美元，比上年增加 0.22 万亿美元，增长了 10.48%；注册资本为 1.3 万亿美元，比上年增加 0.15 万亿美元，增长了 13.04%，其中企业法人平均注册资本为 451.47 万美元，比上年增长了 11.84%。投资总额在 1 000 万美元以上的外资企业实有 4.3 万家，占外商投资企业总数的 14.93%，比上年增加 2 375 家，增长了 5.85%。在亚洲地区投资的企业为 25.57 万家，占外商投资企业实有总数的 58.78%，注册资本为 8 193.81 亿美元；在拉丁美洲地区投资的企业为 3.58 万家，注册资本为 1 821.32 亿美元；在北美洲地区投资的企业

① 国家工商总局. 全国小型微型企业发展情况报告. 中国政府网，2014-03-31.

为 3.42 万家，注册资本为 987.42 亿美元；在欧洲地区投资的企业为 2.25 万家，注册资本为 1 051.66 亿美元。来自世界六大洲 211 个国家或地区的外商的在华投资呈现出多元化趋势。①

(2) 市场竞争中的主体地位。据统计资料分析，1979—2007 年，中国实际利用外商直接投资 7 602 亿美元，平均每年约 262 亿美元，2002 年以来利用外资一直居于世界前三位。近 10 年来中国吸引的外商直接投资（foreign direct investment，FDI）一直稳步增长，1993—2001 年年均流入中国的 FDI 为 403.1 亿美元。2001 年在全球 FDI 流量下降 51%的情况下，中国吸纳的 FDI 同比增长 15%，约占全球投资流量的 6.4%。2002 年中国吸纳外资同比增长 12.6%，占全球 FDI 流入总量的比例上升到 9.98%。中国产业链及其配套网络快速发展，各种产品产业链迅速形成，能够为跨国公司提供范围广泛的上下游关联产品与服务。跨国公司在中国投资多以新建方式为主，以并购方式进行的 FDI 仅占中国吸引外资的 6%。随着国内生产能力过剩，市场竞争加剧，跨国并购必将成为推动中国利用外资的新的增长点。②

(3) 市场扩张中的主体地位。统计数据显示，外资经济的市场策略十分灵活，在中国市场扩张的实力持续增长，所占比重不断提高，作为中国经济特殊的组成部分，在资金融通、技术转让、资本运作、管理理念和操作方法等方面日益显示出其潜在优势。截至 2008 年年底，全国实有外商独资企业 25.75 万家（含分支机构），占外商投资企业实有总数的 59.21%；中外合资企业 11.13 万家，占 25.59%；中外合作企业 6.16 万家，占 14.17%；外商投资股份公司 0.45 万家，占 1.03%。外商投资企业在第三产业实有 21.87 万家，占实有总企业数的 50.28%，注册资本为 4 873.98 亿美元，比上年年底增长了 21.49%，占注册资本总额的 37.48%；第二产业实有 20.89 万家，占实有总企业数的 48.02%，注册资本为 7 968.95 亿美元，增长了 7.76%，占注册资本总额的 61.27%；第一产业实有 0.74 万家，占实有总企业数的 1.7%，注册资本为 162.6 亿美元，比上年年底增长了 10.27%，占认缴注册资本总额的 1.25%。③

外资经济的市场扩张策略是抢占制高点，以 2004 年为例，外资经济的市场扩张呈现出以第二产业为主、以第三产业为辅的特点。其中，外资经济在东部地区第二、第三产业中的比重分别为 68.25%、31.75%；中部地区第二产业的比重为 71.71%；西部地区第二产业的比重为 60.08%。东部地区外资制造业占整个东部地区的 63.76%，中西部分别为 60.24%、50.46%。当年外资经济的整体资产周转率为 83.32%，其中东部地区为 93.74%，中部地区为 65.06%，西部地区仅为 33.11%，东部地区的市场扩张处于相对优势地位。④

截至 2012 年年底，全国外商投资企业为 44.06 万家，下降了 1.32%，但注册资本为 11.83 万亿元，增长了 8.52%。全国新批设立外商投资企业 24 925 家，同比下降了 10.1%；实际利用外资金额 1 117.2 亿美元，同比下降了 3.7%。其中，服务业实际利

① 国家工商总局办公厅统计处. 全国市场主体发展情况报告. 国家工商总局网站，2009-04-10.

② 葛顺奇. 中国利用外资的业绩与潜力评析. 国家统计局网站，2008-11-06.

③ 国家工商总局办公厅统计处. 全国市场主体发展情况报告. 国家工商总局网站，2009-04-10.

④ 王丹丹. 中国外资经济区域分布状况. 财经界，2007 (7)：90-91.

用外资 538.4 亿美元，同比下降了 2.6%，占全国总量的 48.2%，超过制造业 4.5 个百分点。美国对华投资 31.3 亿美元，同比增长了 4.5%；日本对华投资 73.8 亿美元，同比增长了 16.3%；欧盟 27 国对华投资 61.1 亿美元，同比下降了 3.8%；亚洲 10 国和地区对华投资 957.4 亿美元，同比下降了 4.8%。中部地区实际利用外资 92.9 亿美元，同比增长 18.5%，占全国总额的 8.3%。东部地区实际利用外资 925.1 亿美元，同比下降了 4.2%，占全国总额的 82.8%。西部地区实际利用外资 99.2 亿美元，同比下降了 14.3%，占全国总额的 8.9%。①

外资经济作为社会主义市场经济的重要主体，有助于国有企业改革和发展，激发经济发展活力，提高经济发展质量、水平；有助于实现不同所有制经济的相互联合、混合运营，增强竞争实力，为经济发展提供国际市场信息，深化外向型经济发展战略，积极参与国际市场竞争；有助于较快地发展中国的区域经济，特别是中西部地区经济，可有效解决中国经济发展的不平衡问题，其发展实力、运营效率、竞争技巧和灵活的转移机制，对于落后地区经济由封闭走向开放、缩小区域经济发展差距、积极参与国内外市场竞争发挥了关键作用。其主体地位的示范性、诱导性、灵活性、效率性是不言而喻的。

第四节　混合经济

一、混合经济形式

混合经济也称混合所有制经济，是指在同一经济组织中，不同的产权主体多元投资、互相渗透、互相贯通、互相融合而形成的新的产权配置结构和经济形式。② 混合经济是多种所有制经济形式的相互融合、统一，是中国改革开放以来产生的新型经济形式。混合经济具有产权明晰、结构合理、适应性强、反应灵活、实力雄厚等特点，实际上是多种所有制经济形式在特定条件下优势互补的产物。在社会主义市场经济条件下，混合经济具有旺盛的生命力。

顾名思义，混合经济是多种所有制经济形式通过联合、参股、控股等方式组成的，其功能在于把多种所有制经济形式融为一个整体，并通过结构调整的合力体现出来，即实行多种所有制经济形式的联合、控股、收购、兼并、重组等，形成相互融合、统一的合力，产生单个所有制经济形式所不具备的综合性功能。发展混合经济是社会主义市场经济的客观要求，混合所有制是混合经济的产权基础，多种所有制经济形式统一于社会主义经济体系之中，可构筑一种新型的多样式经济组织。发展混合经济就是产权清晰地吸纳不同的利益主体，不是彼此隔绝的共存，而是彼此渗透的共生，融合为一个新的利益共同体。发展混合经济有利于突破国有经济独大的弊端，建立真正意义上的产权主体多元化、治理结构法人化的混合经济组织及制度。发展混合经济对于增强社会主义经济整体实力、改革国有

① 佚名. 2012 年全国吸收外商投资情况. 百度文库，2013-01-17.

② 常修泽. 发展混合所有制经济：完善市场经济体制新课题. 百度文库，2012-10-31.

经济、搞活集体经济、促进民营经济、提高社会主义生产力发展水平、增强综合竞争力、积极参与国际市场竞争具有十分重要的意义。

混合经济中的公有制经济，是由国有经济或集体经济以参股、控股、联合、兼并等形式体现出来的，成为公有制经济运营形式多样化的一种典型形式。混合经济中的公有制经济及其主体地位不是单一的体现，而是综合的体现，即视其参股份额的多少、控股能力的大小、参与联合或兼并的资产数量及质量比例等，综合地显示这部分公有制经济及其主体地位以及在混合经济发展中的主导地位。可见，其主体地位是以国有或集体资产特定目标的重组方式为前提，以参股、控股的股权数量为依据，以参与联合或兼并的资产实力为基础。

混合经济中的公有制经济所占股份数量和资产实力的大小，相应地体现其主体地位的程度和力度，发挥主导作用的广度和深度，表征其主体地位在混合经济发展中的效率及竞争力水平。因此，对混合经济中的公有制经济及其主体地位，必须予以关注，它从一个侧面表明，社会主义公有制经济形式一旦与市场经济结合起来，就会凝聚巨大的发展潜力和产生多样化的转化功能。其综合性的主体地位和作用可成为社会主义经济发展的一种新模式、新增长点并引领未来发展方向，其主体地位更为突出，应当高度重视、积极引导、大力发展。

截至2002年年底，混合所有制经济中的公有制经济成分的比重约占1/3，这部分公有制经济成分占全国经济7个百分点。国有经济的比重依然偏高，不仅国有工业企业资产占工业部门总资产的比重（65%）明显过高，而且国有及国有控股企业实现产值占整个工业总产值的比重（47%）也偏高，即使国有经济在整个GDP中所占的比重（33%）与理想目标相比也存在一定距离。在工业领域，浙江、广东、江苏等省的国有和非国有比重的格局为20∶80（浙江）、25∶75（广东）、29∶71（江苏）；而东北、西北及西南某些省（区），国有和非国有工业的比重仍为80∶20，甚至89∶11，因此应当加快这些地区的国有资产的置换。从行业来说，要特别强调推进垄断性行业改革，实施这些行业的资产重组，这是发展混合所有制经济的新的突破点，应给予特别重视。① 混合经济的未来发展趋势应是混合经济多样化重组及发展，提高混合经济的竞争力。

二、混合经济的主体地位

混合经济中的非公有制经济是由实力较强的个体私营经济、港澳台投资经济和外资经济等以参股、控股、联合、重组等方式构成的。混合经济中的非公有制经济仍然是社会主义市场经济的重要主体，但其存在形态不是独立的，而是与公有制或非公有制经济形式以混合形态存在的，混合形态以参股多少、控股大小、出资份额、重组实力为基础，表明非公有制经济运营方式的灵活性、竞争实力的增强性、运行规模的扩充性、发展潜力的渗透性，是社会主义市场经济条件下多种所有制经济相互联系、相互作用、平等竞争、共同发展的一种新运行模式，是非公有制经济主体地位扩大、作用凸显、实力增强的典型形式。混合经济中的非公有制经济及其运行模式也是社会主义经济不断发展、提高的必然结果，

---

① 常修泽. 发展混合所有制经济：完善市场经济体制新课题. 百度文库，2012-10-31.

其发展程度、水平有助于转变经济发展方式，有助于变革和优化市场主体结构，有助于增强社会主义市场经济活力。

混合经济中的非公有制经济的主体地位突出表现为：在多种所有制经济形式资产组合中的主体地位，以其经营灵活、务实、高效而著称。在国民经济协调发展中的主体地位，其构成的混合经济实力最为强大。在区域或地方经济发展中的主体地位，其独特的混合形式及经营战略可有力地带动区域经济发展。在组建有限责任公司和建立企业集团中的主体地位，非公有制经济混合在治理结构、发展潜力、管理思维和操作方法方面表现出巨大的示范效应。非公有制经济存在形态的多元化，决定了在混合经济中主体成分及运作方式的多元化特点。混合经济中的个体经济成分及其主体的存在和运行方式一般以参股、合作或联合等形式标示。混合经济中的私营经济成分及其主体的存在和运行方式一般以参股、控股、兼并或重组等形式体现。混合经济中的港澳台投资经济成分及其主体的存在和运行方式一般以注资、控股、联合或重组等形式展现。混合经济中的外资经济成分及其主体的存在和运行方式一般以收购、兼并、置换等形式表示。这些都表明社会主义市场经济的主体系统具有多样化的结构、多功能的手段，以及相互融通、优势互补、共同发展、创造多赢等特点。

据研究分析，在国资投资的混合所有制经济存续企业中，17.14 万家为混合所有制企业，占比为 46.11%。从出资额看，投资到混合所有制企业中的金额为 16.50 万亿元，占比为 41.82%。央企投资混合所有制企业的数量逐年上升，由“十一五”初期的 8.77%上升至 2014 年的 17.63%，提升了 8.66 个百分点。在混合所有制企业中，经济成分组成形式复杂，混合类型交叉，其中含私营成分的 6.21 万家，占国资投资混合所有制企业总量的 36.23%；含外资成分的 1.56 万家，占混合所有制企业总量的 9.13%；含自然人出资的 5.68 万家，占混合所有制企业总量 33.17%。从行业分布看，国资投资的混合所有制企业前五行业为租赁商务服业、批发零售业、制造业、科研技术服务业和房地产业，企业数量分别为 2.79 万家、2.71 万家、2.61 万家、1.68 万家和 1.41 万家，合计占国资投资的混合所有制企业的 65.35%。十几年来，含私营成分的混合所有制企业增加 3.28 万家，增长 112.09%，年均增速为 7.81%；含外资成分的混合所有制企业增加 0.6 万家，年均增速为 4.9%；自然人参与投资的混合所有制企业增加 2.06 万家，年均增速为 4.62%。①

社会主义市场经济是多元经济利益主体的有机统一，是多种所有制经济共同发展的必然选择；发展混合经济，增强非公有制经济在混合经济中的主体地位，也是客观的要求，可提高市场主体间的组织凝聚力、辐射力。社会主义市场经济又是有差别的经济利益主体的相对统一，各种所有制经济都具有自身的利益要求与实现形式，大力发展混合经济，增强非公有制经济在混合经济中的主体地位，也是发展的必然选择，可促进多元的市场主体共同利益的增长和各自利益的实现。同时，各种形式的混合经济也具有脆弱性，极易产生利益摩擦，难以内部协调和转嫁经营风险，致使混合实力削弱、生命周期缩短等，亟须形成规范的内部治理结构，加强外部监督，创造有利环境，引导和促进混合经济健康发展。

---

① 全国混合所有制经济发展研究报告. 中国工商报，2015-12-16.

要点总结

市场主体的形式、关系和地位

<table>
<tr><th>类型</th><th>主体形式</th><th>主体关系</th><th>主体地位</th><th>类型</th><th>主体形式</th><th>主体关系</th><th>主体地位</th></tr>
<tr><td rowspan="6">广义的市场主体</td><td>家庭部门</td><td>基础主导</td><td>消费和储蓄</td><td rowspan="6">狭义的市场主体</td><td>工商企业</td><td>经营主导</td><td>生产经营服务</td></tr>
<tr><td>企业部门</td><td>基础主导</td><td>生产和投资</td><td>混合企业</td><td>方向主导</td><td>股份经营服务</td></tr>
<tr><td>政府部门</td><td>宏观主导</td><td>税收和支出</td><td>外贸企业</td><td>贸易主导</td><td>商品服务贸易</td></tr>
<tr><td>金融部门</td><td>宏观主导</td><td>投融资服务</td><td>其他经济组织</td><td>行业主导</td><td>投资经营服务</td></tr>
<tr><td>外国部门</td><td>宏观主导</td><td>贸易盈余</td><td>家庭或个人</td><td>分散主导</td><td>经营服务</td></tr>
<tr><td>其他组织</td><td>宏观主导</td><td>消费服务</td><td>中介组织</td><td>服务主导</td><td>中介服务</td></tr>
<tr><td rowspan="4">公有制经济</td><td>国有经济</td><td>结构主导</td><td>支柱产业领域</td><td rowspan="4">非公有制经济</td><td>个体经济</td><td>环节主导</td><td>经营服务</td></tr>
<tr><td>集体经济</td><td>城乡主导</td><td>城乡经营服务</td><td>私营经济</td><td>环节主导</td><td>经营服务</td></tr>
<tr><td>混合经济</td><td>控股主导</td><td>控股经营服务</td><td>外资经济</td><td>投资主导</td><td>投资服务</td></tr>
<tr><td>控股集团</td><td>关键主导</td><td>关键领域环节</td><td>混合经济</td><td>方式主导</td><td>控股经营</td></tr>
</table>

关键词

市场主体；广义的市场主体；狭义的市场主体；市场主体关系、主体地位；国有经济；集体经济；控制力；非国有经济；个体经济；私营经济；民营经济；外资经济；混合经济。

思考题

一、市场主体的内涵及其特点。

二、国有经济的市场主体地位。

三、国有经济的控制力及表现。

四、如何界定民营经济的性质。

五、混合经济的主体地位。

第五章

社会主义市场经济体系论

本章重点： 市场体系及其划分、构成；商品市场；消费品市场、生产资料市场；要素市场体系；金融市场及其功能；文化市场；电子商务。

简要概括： 市场体系由商品市场、要素市场、文化市场、电子商务等组成，是现代市场经济的核心。市场体系可做广义市场和狭义市场、有形市场和无形市场、实体市场和虚拟市场的划分，是引导市场主体活动的信号系统，是市场经济基础性作用的循环系统，是政府实施宏观调控的参照系统，是促进经济社会发展的中枢系统。市场经济的功能源于市场体系的功能，市场体系的功能源于各类市场的机能及完善程度。市场体系不是一成不变的，而是内在要素相互渗透、有序组合和不断增生的动态结构体。市场体系不是单一的，而是多样的，是多层次市场体系。要素市场是一个多层次的、涵盖广泛的市场体系，其中的每一个要素市场既相对独立又相互联系，在市场体系中发挥独特的作用，是社会主义市场体系发展程度和完善程度的主要标志。市场体系是社会主义市场经济的运行枢纽、轴心，具有普适的诚信理念，规范的活动规制，严格的筛选机制，公平的交易秩序，是市场经济的核心要素。培育社会主义市场体系，形成合理配置资源的机制，推进市场体系的内外开放，是社会主义市场经济的一项基础工程，也是促进经济社会持续发展的关键环节。

第一节　市场体系

一、市场体系划分

市场体系可做狭义的和广义的划分。狭义的市场体系，一般指商品生产和交换的具体场所。广义的市场体系，概指一定范围内的商品生产关系、交换关系、分配关系和消费关系的总和。

市场体系是商品生产和交换发展的必然产物。商品经济发展的实践表明，商品生产和交换发展到什么程度，市场体系就成熟到什么程度。只要存在商品经济和社会分工，在客观上就决定了市场体系空间拓展的无限性。商品经济越发展，社会分工越细化，商品生产的规模就越大、水平就越高，商品交换的数量、种类就越多，市场体系的规模、范围就越大。同时，市场体系的扩大又推动了商品生产、交换和社会分工的进一步深化。可见，单一的市场无法适应较高程度的商品经济发展的需要，必须构建一个相对独立的反映错综复杂关系的多层次市场体系，才能适应并推动商品经济的发展。

（1）培育市场体系是社会主义市场经济的内在要求。

社会主义市场经济是较高程度的商品经济，伴随着商品经济社会化、现代化程度的不断提高，对市场需求的范围、种类不断扩大，市场内涵将进一步深化，所以，纳入社会主义市场体系之中的市场绝不是单一的，而必然是多样的，这是社会主义市场经济内在要求的结果。应当强调，社会主义市场体系并不是伴随着社会主义市场经济的运行而自动产生和发展的，需要大力培育，积极建设，社会主义市场经济的内在要求及其实现与大力培育和积极建设市场体系的主观能动性密切相关、有机统一。因此，培育和建设社会主义市场体系是社会主义市场经济发展过程中的基本环节和主要任务。

（2）培育市场体系是实现不同层次市场主体利益的客观要求。

虽然社会主义市场经济是建立在公有制基础上的较高程度的商品经济，但是不同层次的市场主体利益并不能直接取得，必须通过市场交易及等价交换关系间接取得，因为不同层次的市场主体利益不能通过无偿占有他人劳动获得，必须通过市场体系这个商品生产、交换关系的轴心或调节机制实现，从而决定了培育市场体系的客观必然性。随着社会主义经济商品化、市场化、社会化程度的不断提高，市场的供求关系会变得日趋复杂，仅靠单一的市场是无法满足各种利益多层面的发展需要的，必须构建一个比较完整的市场体系，才能满足或实现不同层次市场主体利益的客观要求。可见，培育社会主义市场体系实质上是调节各层面市场主体利益的基本途径。

（3）培育市场体系是调动各层面市场主体的积极性、发展社会主义生产力的必然要求。

培育市场体系的根本目的在于有效实现各方面利益主体的要求，促进社会主义经济的不断发展与进步。这种有效实现绝不是单纯的生活消费品的实现，还应是不同利益主体的各种投资、服务及其精神文化消费的实现。培育市场体系，通过市场体系有效地实现不同利益主体的需要，可调动各层面市场主体的积极性和创造性，夯实社会主义市场经济体制的基础，解放和发展社会主义生产力。

据统计，到 20 世纪 90 年代末，以建立和完善社会主义市场经济体制为目标的改革已经取得了突破性进展，市场经济新体制在经济生活中居主导地位，市场调节已经成为中国经济生活的主导机制。其中，经济总量的 90%已经市场化，85%以上的生产资料价格、90%以上的工业产品价格、95%以上的生活资料价格由市场调节，国家计划管理的生产资料和生活资料从 5 年前的 1 000 多种下降到 30 多种。① 其主要标志是：市场化程度大大提

① 贺劲松．中国国企改革脱困出现重大转机．中国青年报，2000-07-17.

高，市场机制在资源配置和经济生活中的调节作用日益突出；市场体系系统培育的趋势更加明显；通过财政、税收、金融、外贸、计划、投资、价格等体制改革，更多运用经济和法律手段的宏观调控构架初步建立，国民经济基本实现了平稳发展的良好势头，政府经济管理职能、方式发生根本转变；以公有制为主体、多种经济形式共同发展的格局已经形成，以股份制改革为内容的企业改组、改制顺利推进；全方位的对外开放格局基本形成，从而为系统培育市场体系奠定了基础，创造了条件。

二、市场体系的构成

市场体系是由各类市场组成的纷繁复杂的整体，各类市场之间相互联系、相互作用、相互渗透、相互制约，构成市场经济运作的基础、前提。依据内容划分，市场体系由四个基本市场组成：商品市场、要素市场、文化市场、电子商务。四个基本市场相互联系、相互制约，在市场体系中处于不同的地位，发挥着不同的作用。

（1）商品市场。

商品市场是市场体系的基础，既与物质生活息息相关，直接反映经济社会发展的状况、水平，又是有力推进生产力发展的物质条件，为其提供生产资料、劳动工具和劳动对象，为科技成果转化为现实生产力提供基础平台。

（2）要素市场。

要素市场是市场体系的中枢，不仅是调节经济活动的枢纽，也是国民经济持续发展的动力，直接引导人才、金融、技术、信息、土地与房产等要素的市场配置，决定经济发展规模，产业结构和消费结构的层次、水平。“要素市场和产品市场在许多方面是相似的，同样是由供给和需求双方的相互作用共同决定价格，并据此协调经济资源的有效配置。”① 其中，劳动力市场是动力，成为各种人力资源合理流动、各类人才创造力得到有效发挥的推动力。金融市场是源泉，成为调节各种投融资活动的循环系统。技术市场是前导，能够把先进适用的技术尽快地转化为特定的生产或服务工艺、技艺，引导各种技术资源有效配置，提高经济效益和社会效益。技术市场作为前导，是各种发明专利、工业产权、企业品牌、商标权、著作权等知识产权实现转化的根本路径。信息市场是纽带，可提供多层面的市场信息，成为维系宏观经济和微观经济协调运行的桥梁。房地产市场是龙头，可拉动相关产业的投资和消费的增长，创造多方面的就业机会，满足经济社会发展的多样化需求。

（3）文化市场。

文化市场是市场体系的航标，是由诸多文化形式或载体交易所构成的整体，渗透在多层次的市场体系中，具有航标功能，发挥十分重要的引领作用。文化市场经营的产品主要是满足人类精神文化生活需要的各种文化品、艺术品，如图书、工艺品、美术作品、音像制品、影视作品、戏剧、文艺表演、物质文化遗产、非物质文化遗产和各种文化知识产权等。文化市场可合理配置各种文化资源，使各种文化资源转化为巨大的物质财富和精神财富。

---

① 陈章武．管理经济学．北京：清华大学出版社，1996：248.

(4) 电子商务。

电子商务是市场体系的新发展趋势，是各类虚拟市场设计与现代信息技术整合的产物，是一个正在崛起的新兴模式，在市场体系中占有非常重要的地位，是亟须逐步发展和完善的相对独立的市场体系之一。电子商务把有形市场和无形市场、实体市场和虚拟市场、网络市场和信息市场统一起来，发挥着独特的作用、功能，是以往有形的实体市场所无法比拟的，是市场体系发展的历史性创新，具有重要的意义。

第二节 商品市场

一、消费品市场

消费品市场是满足消费者需求的市场形式或类型。消费品属于最终产品，只有通过消费品市场才能实现消费品的价值，使消费者获得消费品的使用价值。消费品市场是消费品生产者和消费者之间产生联系的基础，或者说是消费品交易双方或多方之间博弈的场所。在中国，消费品市场可细分为商品批发市场、商品零售市场、城乡集贸市场等。

(1) 商品批发市场。

商品批发市场属于具有商品集散地功能的综合型交易市场，从事商品的大宗批发业务，涵盖商品批发的所有业务环节。商品批发市场具有极强的积聚功能和辐射功能，成为区域经济发展、市场繁荣的重要标志。中国自从改革开放以来，发展最快、功能最大的市场就是商品批发市场，成为有形市场的典型代表。例如，浙江义乌小商品城、辽宁西柳商品市场等。

(2) 商品零售市场。

商品零售市场是商品批发市场的延伸，属于各个销售终端市场，也可称作商场、大卖场或连锁超市。商品零售市场点多面广，规模化经营，集团化发展，国际化运作，成为产、销、研、服一体化的商品零售市场体系，呈现纵横交错的多样化商业营销模式。尤其是国际零售商业集团的进入，促进了中国商品零售市场运作水平的提升，商品零售市场竞争更加激烈，并购、重组的趋势十分明显。例如，国际商业零售“巨无霸”沃尔玛、家乐福等的进入，彻底改变了中国传统的零售经营模式，其经营理念新颖，营销策略灵活，服务质量精准，规制要求更高，客户的满意度成为衡量商家经营绩效的基本标准，引发了国内商品零售市场的集中化及并购、重组浪潮。

(3) 城乡集贸市场。

城乡集贸市场属于比较简单的商品市场形式，遍布中国城乡各地，一般是在个体工商户、承包经营户和周边农户自发交易的基础上逐步形成的，伴随着农工商贸集团化发展，城乡经济一体化步伐加快，城乡集贸市场将发生重大变化，即由分散化向集中化转变，由简单交易向功能引导转变，由满足需求向提高质量转变，由封闭型卖方市场向开放型买方市场转变。城乡集贸市场的发展必然与商品批发市场和商品零售市场走向融合，形成一体，在服务“三农”和社会主义新农村建设中发挥重要作用。

消费品市场具有重要的功能，具体表现为：消费品市场是满足经济社会发展需要的基础。消费品市场既提供丰富多彩的商品和服务，与居民生活息息相关，又体现国民经济发展的程度、水平，反映经济社会发展的规律及要求。消费品市场是调整和优化经济结构的动力源泉。消费品市场的运行可有效实现商品或服务的价值，激励消费品市场主体不断创新，可有效地引导内需，提高消费结构、水平，并成为促进经济结构调整和优化的动力源泉。消费品市场是国民经济可持续发展的动态标志。消费品市场的发展与繁荣反映了国民经济的发展与繁荣，其合理配置功能成为国民经济可持续发展的风向标和晴雨表，是商品市场功能提升的集中反映。大力培育、发展消费品市场，形成消费品市场调节机制，成为建立与完善社会主义市场体系的基础环节。

消费品市场具有以下特点：具有为数众多的购买者或购买群，企业、家庭、个人、政府、事业单位和其他组织都是消费品的购买者，并形成具有一定消费需求理念、意愿和边际消费倾向的购买群。具有种类繁多的消费品或服务品，区分出各种消费阶层或群体，并且了解其具有的特定文化程度、消费水平的差异性。消费者具有购买消费品的重复性、批发性，注重品牌、质量和服务环境等特点。购买力具有较大的流动性，由于每个消费者或消费群的购买力有限，对所需消费品的购买数量、质量持慎重态度，自由选择性和随机性较大，导致购买力在不同地区之间流动，尤其在中心城市、交通枢纽或旅游景点地带，流动购买力占相当大的比重。

伴随社会主义市场体系的逐步建立与完善，消费品市场发生了根本性变化。2008 年，中国消费品市场在经受了特大自然灾害和国际金融危机考验的背景下，仍然保持了稳定增长态势，且大部分商品增速较快。在平均价格普遍明显上涨的情况下，消费者对知名品牌的信赖度不减，品牌仍是引领市场消费方向的主要因素。中国行业企业信息发布中心对全国重点消费品市场的年度调查结果显示，2008 年中国消费品市场呈现以下几个特点：大部分商品保持较快增长的态势；平均价格上涨明显；知名品牌竞争力增强，品牌集中度进一步提高；国产品牌仍在多个领域保持领先优势，但市场份额呈下降趋势。从全国调查的 80 余种主要消费品的市场销售情况看，销量排前十位的产品的平均市场占有率为 68.33%，比 2007 年提高了 19 个百分点，表明名优品牌的竞争力进一步增强。分类别看，家电类消费品的市场集中度依然最高，其后依次为日化类、文化办公类、日用品类、食品类、服装类。调查结果还显示，在消费品销量前十位品牌的市场份额构成中，国产名优品牌占 64.39%，比 2007 年下降 3.35 个百分点，表明外资品牌进一步加大了对国内市场的渗透力度，但国产品牌本土化优势依旧明显。①

国际食品分析机构的一项研究显示，截至 2011 年年底，中国食品杂货市场规模已达 9 700 亿美元，超过美国的 9 135 亿美元，成为世界上最大的食品杂货市场。据消费者新闻与商业频道（Consumer News and Business Channel，CNBC）报道，这一数据是伴随着中国快速的经济增长、庞大的人口数量和不断上涨的食品价格得来的。有分析师认为未来几年中国和美国消费者之间的消费差距将会进一步拉大，到 2015 年中国的食品

① 佚名. 2008 年名品引领中国消费品市场稳定增长. 国际商报，2009-03-26.

杂货市场的规模将达到1.46万亿美元。①

截至2012年年底，中国消费品市场呈现五大特征：农村消费潜力初显，其销售增速超越城镇；中、西部地区零售额增速快于东部地区，区域发展的协调性进一步增强；吃、穿、用等生活必需品增长较快，而住、行类消费增长相对较慢；网络消费增势强劲，影响力进一步扩大；消费者品牌意识进一步增强，名优品牌的市场集中度进一步提高。消费品的市场销售总体呈现稳定增长的格局，名优品牌的市场份额进一步提高，接近70%。从中国行业企业信息发布中心在全国调查的80余种主要消费品的市场销售情况看，销量前十位产品的市场占有率平均为68.66%，比2011年提高了1.39个百分点。分类别看，消费品市场集中度由高到低依次为：家电类，日化、日用品类，食品类，文化办公类，服装鞋帽类。2013年，在居民收入快速增长、新型城镇化建设推进、科技创新、新消费热点等一系列因素的影响下，中国消费品市场迎来了难得的发展机遇。②

二、生产资料市场

生产资料市场是生产资料交换的场所，是社会主义市场体系的重要组成部分，构成物质资料生产、流通的基本调节机制。改革开放以来，生产资料的配置由以往的政府计划调拨逐步转为市场价格调节，市场定价成为生产资料配置的基础性调节手段，极大地减少了中间环节，有力地推动了经济快速发展。

生产资料市场是有形市场形式之一，具有以下特点：生产资料市场配置的商品不是最终产品，绝大部分属于中间产品，用于生产制造所需的原材料，厂商对生产资料的品种、规格、性能等有严格的要求，所以生产资料市场配置的商品必须品种齐全，能满足不同厂商的特定需求。厂商对生产资料市场的特定商品需求数量多，交易量大，属于大宗交易或固定交易，因此，其特定商品交易的次数较少，而使用的周期较长，一般需签订长期或中短期供货合约，并由第三方物流提供服务，给予厂商生产制造所需原材料的储运保障。生产资料市场对生产资料消费需求的配置具有专用性、配套性、品牌性等特点，要求生产资料的种类、规格标准化，质量、品牌优质化，具有国际质量认证标志。

生产资料市场在社会主义市场体系中具有重要地位、作用，是市场基础性调节的主渠道，构成市场调节机制的中心环节之一。社会主义市场经济客观上要求物质资料生产持续运行和不断更新，保持生产流程和工艺技术的先进性，保持市场营销的通畅性，使生产资源品及时获得价值补偿和实物替换；客观上要求生产结构、产品结构和服务结构不断与社会需求结构相适应，保持弹性结构优势，提高综合竞争力，有效实现生产资源品的较优配置；客观上要求物质资料生产主体、消费主体和服务主体的经济利益关系适时得到合理调整，满足不同利益主体的需求。生产资料市场则是实现上述三个客观要求的重要调节机制。具体而言，生产资料市场是企业实现扩大再生产的内循环系统，只有通过生产资料市场这个内循环系统的合理配置，才能满足每一个企业扩大再生产的需要。生产资料市场是社会生产、流通和消费有序运行的内调节系统，只有通过生产资料市场的价格、供求、竞

① 羽佳. 中国已成为世界最大食品杂货市场. 中国新闻网，2012-04-05.

② 周锐. 2012年中国消费品市场稳定增长 名优品牌占7成份额. 中国新闻网，2013-03-21.

争等信号的引导、调节，才能满足从社会生产到社会消费有序发展的需要。生产资料市场是商品生产者之间、经营者之间、生产者与经营者之间物质利益分配的内协调系统，只有通过生产资料市场的引导、协调，才能合理地满足每个商品生产者、经营者的物质利益及需要。显然，如果生产资料市场不健全、竞争无序、交易混乱、信号失真、功能微弱，那么就无法实现经济社会发展的目标及要求。生产资料市场是社会主义市场体系的基础机制，在市场配置过程中，作为劳动手段和辅助材料的生产资源品的价值要转移到新产品中去，而作为劳动对象的原材料等生产资源品，不仅价值发生转移，而且直接构成新产品的物质要素。因此，生产资料市场的结构水平、发展规模直接影响消费品市场的结构水平、发展规模，生产资料价格水平直接影响消费品的成本和价格水平。生产资料市场作为社会主义市场体系的基础机制，最终制约、影响社会主义市场经济的调节质量和运作水平，生产资料市场的重要地位、作用日益凸显。

截至2012年年底，全国生产资料市场实现由“缓中趋稳”向“稳中回升”态势的转变，前三季度受经济增速减缓、宏观环境趋紧的影响，生产资料流通行业发展减速、市场价格持续下跌、企业效益明显下滑。第四季度伴随着制造业需求回暖和固定资产投资提速，生产资料的市场需求持续回升、流通规模增速逐月小幅提高。全社会生产资料销售总额为50.1万亿元，按可比价格计算，同比增长约11.9%，增速较2011年同期回落1.3个百分点。全社会物流总额为177.3万亿元，按可比价格计算，同比增长9.8%，增幅较2011年同期回落3.5个百分点左右。就增速而言，虽然较2011年同期有所回落，但仍然快于GDP的增长，这显示流通产业的基础性地位和先导性作用依然突出，流通规模增速回落是与转变经济发展方式相适应的。全年生产资料销售总额增速与GDP增速的弹性系数为1.53，保持在1.2～1.6的合理区间范围内。从监测的大类品种看，成品油、机电产品价格继续下跌，环比分别下降了0.9%和0.3%；黑色金属、原煤、木材和汽车价格由升转降，环比分别下降了0.8%、0.9%、0.3%和0.04%；受美国、日本量化宽松政策的影响，有色金属价格止跌回升，环比上涨了1.0%。①

第三节　要素市场

一、金融市场

金融市场可作狭义和广义之分，狭义金融市场是指各类市场主体之间融通资金的具体场所。完善的狭义金融市场具有风险识别的功能，例如，商业银行的信贷产品交易和风险控制、证券市场的股票发行和交易及其信息披露、各类金融机构高杠杆融资及累积泡沫等。狭义金融市场的交易场所固定，属于有形的金融市场范畴。广义金融市场是指各类市场主体在融通资金中所形成的复杂的交易关系的总和，包括有形交易市场和无形交易市场，或者称为场内交易市场和场外交易市场，是实体市场和虚拟市场的统一。规

① 曾庆宝．2012年生产资料市场形势分析及2013年预测．中国物流信息中心网站，2013-02-01.

范的广义金融市场也具有风险识别的功能，是狭义金融市场和广义金融市场正向的相互传导的结果。如果金融市场制度不完善、机制不健全，其风险识别功能就会很差，甚至会加剧市场风险。

金融市场作为经济体投融资的中枢系统，构成社会主义市场体系的核心要素。社会主义市场体系的完善与发展在很大程度上取决于金融市场体系的完善与发展，特别是广义金融市场体系的完善与发展。

金融市场由货币市场和资本市场组成。根据现代金融理论，货币市场是指短期（一年期或一年期以内）的各种货币资金借贷、融通市场，包括短期外汇市场、银行间同业拆借市场、短期票据贴现市场、短期票据交换市场等。资本市场是指中长期（一年期以上）的各种资金借贷、融通和金融衍生品交易的市场，包括中长期贷款市场、证券市场、期货市场、保险市场、产权交易市场、黄金市场等。资本市场可作多层次划分，是一个多层次的市场体系。就横向而言，一般由中长期贷款市场、证券市场、基金市场、期货市场、保险市场、黄金市场，以及各类金融衍生产品市场等构成。就纵向而言，其中的每一个市场都可进行多层次划分。例如，证券市场可分为股票发行和交易市场、债券发行和交易市场、基金交易市场、期货和期权交易市场、金融衍生产品交易市场，也可分为场内交易市场和场外交易市场等。多层次资本市场体系运营的目标可概括为三个：资本价值的创造过程、资本价值的转移过程和资本风险的分摊过程；追求四个效应：资本市场的规模效应、结构效应、管理效应和财务效应。①

中长期贷款市场是通过企业、其他组织或居民向银行抵押贷款，获得资金融通的市场，是企业、其他组织或居民融通长期发展资金的主要渠道。证券市场涵盖债券市场和股票市场等，而债券市场又包括国债市场和企业债市场。国债市场由国债发行市场和国债交易市场组成，是国家定期发行各种形式的国库券、国家公债的市场，发行市场也称一级市场，由中央政府部门代表国家依法向各类国债承销商发售债券，国债承销商主要是商业银行、券商和非银行金融机构等。交易市场也称二级市场，是各类国债承销商承购一定比例的国债后，再向社会公众、团体等出售的市场。企业债市场是指经政府证券管理部门批准的由企业向社会公开发行一年期以上的企业债券的市场，一般由发行债券的企业与商业银行或非银行金融机构签订委托承销合同，依据合同，商业银行或非银行金融机构向社会公众、团体出售债券，成为中国大型国有企业融资的主渠道之一。股票市场由股票发行市场和股票交易市场组成，股票发行市场也称一级市场，股票交易市场也称二级市场。上市公司通过一级市场公开发行一定数量的股票，获得一定比例的资金融通，通过二级市场进行股票交易，获得市场的认可。中国现有上海和深圳两大证券交易所，通过遍布全国各地的证券营业部，运用现代信息技术，进行股票或债券的快速准确交易。期货市场是指商品合约或金融衍生品合约等买卖的市场，是金融市场的重要组成部分，中国现有上海、大连、郑州等商品期货交易所，是期货合约交易的主要市场。保险市场是财产险市场和人寿险市场的总称，财产险市场和人寿险市场可做更多层次的划分，成为金融市场的重要组成部分，保险市场具有其他市场不可替代的特殊地位、作用，对于经济社会的发展具有独特的

---

① 何小峰，韩广智．资本市场理论与运作．北京：中国发展出版社，2006：15.

稳定功能。产权交易市场是指各种产权交易的场所，对于深化国有企业改革，建立现代企业制度，促进国有资本保值增值，均发挥了基础性调节、引导作用。黄金市场是指黄金交易及其定价的场所，中国现有的上海黄金交易所成为黄金买卖的主要市场，也成为国内黄金定价及合理配置的主要调节机制。

金融市场是社会主义市场体系的枢纽、中心，是资金资源合理配置的主要途径，是企业融资及其经营发展的主要依托，也是实施宏观经济调控的主要手段，具有十分重要的地位和作用。经济社会发展须金融市场先行，而金融市场先行的基础在于金融体制改革。按时间顺序分析，1997—2000 年是中国金融体制改革的深化阶段。改革的目标是初步建立与完善和社会主义市场经济相适应的现代金融体系、金融制度和良好的金融秩序。改革的主要内容有：改革中国人民银行的设置和宏观调控方式，充分利用利率等货币政策工具调控货币供应量；调整国有商业银行业务，收缩营业网点，重点为大中型企业融资服务，实行自主经营、自我约束；建立城市商业银行，重点支持地方中小企业发展；继续引进国外金融机构；对银行业、证券业、保险业实行分业管理、分业经营体制。2000—2006 年是中国金融体制改革的创新阶段。改革的目标是大力推进国有商业银行改革与创新，推进金融市场体制与机制创新，主要包括实施国有商业银行的股份制改革，建立国有资产经营公司，剥离不良资产和债务，加快境内外上市的步伐，使之成为名副其实的股份制商业银行；推进金融市场创新，完善金融市场制度，建立多层次的金融市场体系；推进金融监管体制创新，加强金融流动性监管、风险控制、协调监管、一线监管等创新，建立征信体系，发挥政府监管、自律组织监督、法律监督和舆论监督的作用；改革政策性银行体制和农村信用社体制，形成多种形式的融资渠道，建立符合市场经济要求的农村金融体制、为社会主义新农村建设服务的金融市场体系，推进金融体制创新；引进合格境外机构投资者(qualified foreign institutional investor，QFII)，培育合格境内机构投资者（qualified domestic institutional investor，QDII)，推动金融运行机制创新；强化金融市场开放和基础性制度创新，在金融市场准入、人民币业务开放、人民币汇率形成机制、资本项目流动、软环境建设、金融生态建设和国际金融建设等方面推进创新。

由于大数据、云计算、人工智能等高科技的运用，打破了传统金融市场的界限，促进了金融市场的发展与创新。特别是互联网金融的突起，跨领域的虚拟金融市场和实体金融市场的日益融合，彻底改变了金融市场的传统样式。电子商务系统、银联支付系统、支付宝、财付通、网银在线、快钱支付等跨领域交易支付体系的构建，网联清算平台的运行，赋予金融市场更广泛的内涵，并与传统金融市场创新与发展同步，共同构筑了当代金融市场体系。互联网金融是传统金融机构与互联网企业利用互联网技术和信息通信技术实现资金融通、支付、投资和信息中介服务等新型金融业务模式。互联网与金融深度融合是大势所趋，将对金融产品、业务、组织和服务等产生深刻的影响。互联网金融就是互联网技术和金融功能的有机结合，在开放的互联网平台上形成的功能化金融业态及其服务体系，包括基于网络平台的金融市场体系、金融服务体系、金融组织体系、金融产品体系以及互联网金融监管体系等，并具有普惠金融、平台金融、信息金融和碎片金融等相异于传统金融的模式及其市场体系。

可见，金融市场有助于金融体制改革与创新，有助于金融服务业的发展与提升，有助于金融开放和金融生态环境的生成，有助于金融监管新路径的探寻，有助于社会主义市场体系的建立与完善。建立与完善金融市场体系，要重点突破金融市场主体创新、产品结构创新、监管体系创新等问题。

二、劳动力市场

劳动力市场是劳动力使用权转让达成一系列交易合约的场所总和。"劳动力市场是配置劳动力并且协调就业决策的市场。""由于在任何时候都有众多买者和卖者，劳动力市场上的决策和行为彼此会发生影响。""劳动力市场是一个多维的概念。"① 劳动力使用权转让，是在劳动力供求关系中并在自愿的条件下进行的平等交换活动，反映了以劳动交换合约为基础的劳动力供给与需求之间的关系，只有这种交换活动经常化、交换关系普遍化，才会形成具有调节功能的劳动力市场。

劳动力市场也可做狭义和广义之分。狭义的劳动力市场是指某一专业劳动力供求关系在劳动力使用权转让上达成一系列交易合约的场所，或者被称为单个劳动力市场。广义的劳动力市场是指由许多单个劳动力市场总和组成的劳动力市场体系，或者被称为总和的劳动力市场。广义的劳动力市场既包括高端的人才市场、企业家或经理人市场、大学生就业市场等，也包括低端的短期劳务市场、长期劳务市场、农村劳动力就业市场等。

劳动力市场是生产社会化和经济社会发展的必然产物。在社会主义市场经济条件下，劳动力市场具有显著的特点。首先，劳动力市场以生产资料公有制为基础，劳动力交换活动的双方中，购买方是多种所有制经济形式，例如，各种类型的企业、事业单位或个人，不是私有制条件下的资本家，转让方是各种层次的劳动者，不是私有制条件下的一无所有的无产者。其次，劳动力市场普遍遵循等量劳动等价交换、按劳计酬的原则，转让者基于劳动合约取得与自己劳动力价值相当的报酬。最后，劳动力转让后，劳动者依然享有自由选择劳动或职业的权利，享有所在企业或单位的民主管理权利和义务，并不体现资本主义的雇佣劳动关系。

由于中国经济整体发展水平不平衡，特别是地区发展水平不平衡，造成人口密度、资源状况、科技水平和教育程度等存在很大差异，而培育劳动力市场可促进劳动力资源符合经济社会发展需要的合理流动，实现普通劳动者、专业技术人才、高层次人才等资源的有效配置，推动社会主义生产力的发展与创新。培育劳动力市场可突破以往封闭的用工体制，克服能进不能出、能上不能下的就业制度弊端，推动企业用工制度和劳动人事制度的改革，促进企业改善生产经营状况，提高经营管理水平，节约人力资源，增强发展活力。培育劳动力市场可形成劳动力资源配置的竞争机制，促使劳动者努力学习，拓宽知识，钻研业务，不断提高科技文化水平和综合能力，有利于提高劳动者的综合素质和劳动力资源的质量。大力培育劳动力市场的目的在于实现劳动力与生产资料的较佳结合，达到劳动力资源的较优配置，建立与完善社会主义市场体系。

（1）培育劳动力市场要与经济结构调整相适应。

通过培育劳动力市场推动经济结构调整，实现经济结构由二元向一元转变（刘易斯拐点），实现这一转变的关键是劳动力由无限供给变为供求均衡，并科学分析中国距离拐点

---

① 张抗私，周鹏等．当代劳动经济学．北京：经济科学出版社，2000：33.

还有多远。

（2）培育劳动力市场要与城乡真实的就业状况相适应。

通过劳动力市场引导就业，降低失业率，促进就业率增长，特别是促进农村劳动力就业率增长。2000年中国失业率达到最高峰，尔后开始下降，到2005年真实的失业率只有5.2%。2006年转移农村劳动力1.32亿人，总体特征是总量大、速度快，城乡就业增长非常快，与GDP增长速度一致。

劳动力市场呈现一体化趋势。逐步突破分割局面，趋于均衡一体化。研究发现，2004年全国制造业工资趋于一体化，2005年农村劳动力就业收入与制造业工资的差距在缩小，其中地区的贡献率从2003年的28%下降到2005年的20%，反映了劳动力市场的一体化趋势。① 2012年面对世界经济复苏明显放缓和国内经济下行压力加大的严峻形势，就业工作的进展好于预期，前11个月，城镇新增就业1 202万人，第三季度末城镇登记失业率为4.1%，就业局势保持稳定。2013年就业工作的目标是：城镇新增就业900万人以上，城镇登记失业率控制在4.6%以内。②

中国劳动力市场存在三个结构性缺口：其一，“两头紧”。高端人才紧俏，包括技师、高级技师及猎头公司最感兴趣的部分高级管理人才；从事简单劳动、不需要太多技能但工作强度较大的岗位很紧俏，如力工等。其二，女工紧缺。从产业结构看，加工贸易型企业对女工的需求量最大。一些沿海地区的电子科技等企业需要大量的组装工，从事电脑、玩具组装的大部分是女工，而在当地，女工十分紧缺。此外，全国各地住宿、餐饮业对女服务员的需求量也非常大。其三，劳动条件相对较差、工资低的企业缺工严重。针对2007年春节返乡农民工进行的一项调查显示，一部分农民工过了春节就不想回原单位，觉得工资太低的占51%，觉得加班太多吃不消的占22%，觉得学不到知识的占14%，觉得没有前途的占16%（其结果中有选择两项的）。据调查，2007年企业新招员工的平均工资预期为985元/月，比2006年每月增加了36元，增长了3.8%，但对2007年打算继续外出务工人员的调查则显示，他们对平均工资的预期为1 374元/月，比2006年每月增加了185元，增长了15.56%。基于此，需要完善多种制度：改善用工条件，规范管理，吸引和留住人才，依靠低廉的劳动力成本的发展模式必须转变为依靠技术、提高附加值的发展模式。加强培训，尤其是实用技术的培训。加强制度创新的研究，让大量农村剩余劳动力放心地走出来，增加劳动力供给总量。加强信息服务，畅通劳动者求职就业的渠道，使农村劳动者外出务工前，在县乡免费得到政策咨询和就业信息服务；在进城求职期间，在公共职业介绍机构得到免费职业介绍服务，在民办职业中介机构得到诚信服务。③

劳动力市场建设的重要问题即应对国际金融危机，实施积极的劳动就业政策，推动社会主义市场体系发展。主要包括：

（1）加大农村劳动力就业市场建设。

推进农村劳动力就业培训教育，开展信息咨询服务，加大监督管理，保障农村劳动力

---

① 蔡昉．中国劳动力市场的真实现状．中国经济网，2007-08-13.

② 中研普华公司．2012年中国就业目标超额完成情况分析．中国行业研究网，2012-12-19.

③ 翟燕立．中国劳动力市场存在三大结构性短缺．光明日报，2007-08-01.

劳动权益。同时，促进农业产业化和小城镇建设，把劳动力市场扩展到乡、镇、农村，通过市场和计划调节、引导农村劳动力的就业流向，逐步缓解农村劳动力高度集中在发达地区就业的态势，解决农村劳动力在当地就业的问题。

（2）加强大学生创业市场建设。

就业难、创业难已成为与国际金融危机并行的难题，加强大学生创业市场建设，实行在校期间系统的创业教育，加强创业市场培训组织建设，提高大学生创业能力的个性化培训，创造有利于大学生创业的环境，提高大学生创业技能、水平。

（3）促进服务业发展，使服务业成为劳动就业的主体。

应适时加快经济转型和结构调整，促进服务业发展，实行积极的劳动就业政策，实现就业模式多样化。伴随服务业成为经济活动的主体，灵活的就业比重将不断上升，推进就业模式多样化，例如，实行各种形式的短期就业、派遣就业、自营就业、独立就业、兼职就业、项目合同制就业、季节性就业、家庭就业等。

（4）加强劳动力市场理论和政策研究、国内外劳动力市场比较研究。

把促进就业作为劳动力市场建设的中心任务，常抓不懈，深入研究。就业是人类社会生活的核心，是人类生存和发展的基础，是“实现自我和为后代带来希望的手段”。就业是社会稳定的关键。[①] 探索劳动力市场系统建设的规律，科学引导劳动力市场建设，预测劳动力市场走向，提高劳动力市场建设水平，促进劳动力市场健康发展。

三、技术市场

技术市场是技术贸易的场所，技术贸易是指技术商品转移活动或技术商品交易活动。科技成果、知识产权商品化和社会化是技术市场形成的基础。技术市场交换的技术商品属于广义的技术概念，是人类“控制自然和改造自然的手段的总和”[②]，既包括有形的技术知识载体，例如，技术设备、技术部件、技术模型、技术软件、技术网络、科技书籍等，又包括无形的科技知识、技艺、技能、方法，例如，技术专利权、科技著作权、科技产品商标权等。技术市场是重要的生产要素市场之一，是中国社会主义市场经济体制的重要组成部分，也是国家创新体系的重要组成部分和科技中介服务体系的中坚力量。技术要素价格作为技术要素价值的货币表现形式，既是技术要素市场的核心元素，又具有不同于一般商品价格的特殊性。培育和发展技术市场，完善技术要素价格的形成机制，对于建立和完善社会主义市场经济体制，进一步发挥科技进步在经济社会发展中的促进作用，具有十分重要的意义。1985 年 3 月，《中共中央关于科学技术体制改革的决定》明确了技术市场是社会主义商品市场的重要组成部分，肯定了技术市场的作用，将技术市场建设作为科技体制改革的重要突破口，第一次从国家制度层面解释了技术市场的内涵、地位和作用。同年 4 月，《中华人民共和国专利法》正式实施，为技术交易提供了知识产权保护的制度支持。1987—1990 年，中国陆续颁布并实施了技术合同法等法律、法规，技术开发、技术转让、技术服务和技术咨询成为法定的技术交易形式。从此，技术市场开始

---

① 沈琴琴，杨伟国. 全球视野下的劳动力市场政策. 北京：中国劳动社会保障出版社，2008：271.

② 武春友，张米尔. 技术经济学. 大连：大连理工大学出版社，1998：2.

快速发展。

技术市场交换、转让的技术商品同样具有一般商品的使用价值和价值，又具有自身的突出特点。这具体表现为：技术商品的使用价值在于提高社会生产的经济效益，而不是一般性生活消费品。技术商品的使用范围越广、使用时间越长，其使用价值就越大，而不像一般性消费品的使用价值被一次性消耗掉。技术商品的交换只是技术商品使用权的转让或转移，技术商品的所有权不因转让或转移而丧失，而一般商品则是商品所有权和使用权同时转移。实现技术商品的使用价值必须具备一定条件，就是购买者必须具备足够的技术、经济、资金、人才、管理等相关条件，唯有如此才能吸收、消化技术商品，发挥技术商品的功能，这成为科技成果转化为第一生产力的基础条件。首先，发展技术市场，可实现科研机构、高等院校和企业的有机结合，构筑产学研合作联盟，实现科技成果的适时转化，有利于科技进步，增强科技竞争实力。其次，发展技术市场，可形成科技成果转化的竞争机制，有利于企业成为科技研发和转化的主体，提高科技成果转化的质量，推动科技发展与经济发展互动。最后，发展技术市场，可形成科技人才特别是高技能人才的合理流动，减少科技人才的流动成本，实现科技人才及其智力资源的有效配置。诞生于改革开放之初的中国技术市场，现在已经成为科技资源合理配置、科技成果转化为现实生产力的主渠道。

据统计，“八五”时期，中国已有各类技术贸易机构 5.4 万多家，技术市场从业人员达百万以上，其中，专业技术人员近 60 万人。签订并认定的国内技术合同数量快速增长，达 113.52 万项，成交额达 950.22 亿元人民币，分别比“七五”时期增长了 19%和 235%。中国技术市场上的各类科研机构通过转移技术实现技术贸易总收入 394 亿元人民币，相当于国家财政拨给科研机构事业费的 1.5～2 倍。技术市场发展呈现三个特点：企业特别是大中型企业正逐步成为技术输入和输出的双向主体；工业企业通过国内技术市场吸收、消化新技术，开展技术改造、技术组合，共支付技术合同金额 610 亿元人民币，占同期国内技术贸易总额的 64%；科技成果通过技术市场由城市向农村，由沿海向中西部地区大规模延伸。技术市场已成为推进科教兴农、农业产业化、现代化和社会主义新农村建设的强大动力。

进入 21 世纪，随着信息经济的蓬勃发展，创新日益成为经济发展的主要动力。“能为接受方带来超过社会平均盈利能力的机会的技术创新，其商业价值集中体现在技术创新的扩散之中。具体又以其中的核心部分——创新技术的有效扩散为代表。”① 技术要素是经济发展的关键资源，技术市场在生产要素市场中的地位越来越突出。

据统计，2017 年上半年，全国共签订技术合同 113 807 项，成交金额 4 073.3 亿元，与上年同期相比增幅为 20.7%。四类合同构成中技术服务合同较上年增长 19.8%，成交金额 2 070.9 亿元；技术开发合同增幅为 31.5%，成交金额 1 377.2 亿元；技术转让合同涨幅为 7.5%，成交金额 499.3 亿元；技术咨询合同较上年下降 5.8%，成交金额 125.9 亿元。按技术领域统计，成交金额居前三位的是电子信息、城市建设与社会发展以及现代交通领域。其中，电子信息技术成交金额 1 386.4 亿元，较上年增长 46.2%；城市建设与

① 武春友，张米尔. 技术经济学. 大连：大连理工大学出版社，1998：126.

社会发展技术成交金额 746.3 亿元，增长 79.5%；现代交通技术成交金额 492.6 亿元，下降 18.8%。在各技术领域中，农业技术领域增幅明显，成交金额为 120.9 亿元，增长 86.8%；航空航天、环境保护、生物、医药和医疗器械技术领域有所增长，先进制造、核应用、新材料及其应用和新能源与高效节能技术领域成交金额较上年有所下降。技术交易主体仍以企业为主导。企业法人输出 79 837 项，成交额 3 637.2 亿元，比上年同期增长 26.2%，占各类主体总输出额的 89.3%。科研机构输出成果 12 106 项，成交额 265.5 亿元，比上年同期增长 0.1%。高等院校输出 18 230 项，成交额 85.7 亿元，下降 14.2%。各级政府科技计划项目继续通过技术市场转移、转化。2017 年上半年共有 11 745 项各级政府科技计划项目成果进入技术市场，成交金额 559.0 亿元，较上年同期增长 67.7%。其中，国家和部门计划项目3 075项，成交金额 153.7 亿元，同比增长 17.6%；省（区、市）计划项目 4 395 项，成交金额 283.4 亿元，同比增长 15.0%。①

四、信息市场

信息是人类社会生存和发展不可缺少的条件。广义的信息是指事物通过载体和有序能量间接显示自身存在的方式、状态，也是一种客观存在。狭义的信息是指经过人的大脑加工、整理之后，接收使用者具有某种使用价值的物质载体。信息市场是信息商品交换的场所。信息市场交换的商品是各种有用的信息资源，例如，各种实用技术信息、招生求职培训信息、医药保健信息、科学知识信息等。信息市场的出现标志着市场经济发展到较高层次、水平。狭义的信息市场是指信息商品交换的场所，受时间和空间条件的限制，可以分为固定场所、流动场所、长期场所、临时场所。广义的信息市场是指信息商品交换关系的总和。这种信息商品既包括各种有形和无形的信息商品，也包括各种信息咨询服务；这种交换关系既包括买卖双方在特定场所的交换关系，也包括不在特定场所的交换关系。特别是电话、传真、计算机网络等现代信息技术的应用，使交换活动突破了时间和空间的限制，在信息市场上，没有固定场所的交换活动越来越普遍。

信息市场既是要素市场的组成部分，满足社会生产的需要，也是一般的商品市场，满足社会生活的需要。这是由信息市场交换的客体——信息商品本身的性质决定的。从其用途来看，有满足生产经营需要的决策信息、产品信息、竞争信息、生产工艺信息等，有满足人们生活需要的旅游信息、娱乐信息、健身信息等。在研究信息市场的概念时，应注重从广义的信息市场角度进行研究，而不是从性质上将信息市场割裂开来，也不像国外那样将信息设备制造业的产品也划入信息市场交换客体的范畴。

信息市场是信息经济时代的要素市场，是现代市场体系的重要组成部分。一方面信息商品的生产要素地位凸显，决定了它是要素市场的重要组成部分，是其他生产要素产生经济联系的纽带。另一方面随着人们对信息消费需求的提高，信息商品的最终消费地位又使它成为消费品市场的组成部分，满足人们的消费需求，并促进信息产品从生产领域向消费领域的转移。如同土地、矿藏等生产资源一样，信息资源也是稀缺的。这种稀缺性并不是指信息资源可能被耗尽，而是指在给定的时期内，信息资源供给量与需求量相比，显得相

① 科技部. 2017 年上半年全国技术市场交易快报. 中国政府网，2017-08-28.

对不足。信息市场体系也可以从广义和狭义两个方面理解。广义的信息市场体系指信息市场的现实构成要素和潜在构成要素，由市场主体、市场客体和狭义的市场组成。狭义的信息市场体系特指信息商品交易场所。

信息市场的主体是指信息产品交换的当事者，包括机构和个人。信息市场主体由信息商品的供给者、需求者、中介方和管理方构成。供给者是在信息市场提供信息商品的机构和个人。供给者是信息商品交换的决定因素之一，没有供给者就没有信息商品的交换。需求者指从信息市场获得信息的机构和个人。需求者购买信息商品的愿望和能力构成信息市场的动源之一。中介方指信息商品或信息服务的经营者，包括信息经纪人和企业的信息交流机构等，是联系信息商品供求关系的纽带，发挥催化剂作用。管理方指对信息市场进行监督管理的政府或社团等机构。

信息市场的客体是信息市场主体之间交易关系的对象，即信息商品或信息服务。信息市场客体的结构复杂多样，可分为专业性信息市场和综合性信息市场。专业性信息市场是单独经营某一专业领域的信息商品或服务的场所，具有产品形式多样等特点。综合性信息市场是各类信息商品或服务交易的统一体，包括信息发布会、信息咨询服务、信息传递服务、信息代理业务等。

信息市场是多样化的市场体系，也可做多层次划分。信息市场主体之间关于信息商品或服务的权利让渡或交易，具有不同的时间组合方式，并形成信息市场的时间结构，即现货交易信息市场、远期合约交易信息市场、信用交易信息市场：

（1）现货交易信息市场。

现货交易信息市场是买卖双方达成交易后即时进行交割的市场，反映信息市场主体权利让渡和交换客体的时间易位是同步的。其优点在于真实反映信息市场的供求关系，有利于适时调整供求关系，减少负面的扩散效应和联动效应，有利于竞争选择，并对信息经济活动进行及时的反馈控制。其缺点在于随机波动性较大，信息商品价格、交易数量等不能预先确定，市场风险较大，容易引致企业的短期行为。

（2）远期合约交易信息市场。

远期合约交易信息市场是买卖双方达成交易合约后，在将来的某一日期进行交易的市场，反映信息市场主体权利让渡和交换客体的时间易位是分离的。远期合约交易市场上的信息商品一般是未生产出来的信息商品，表现为信息商品或服务的期货合约及行为。

（3）信用交易信息市场。

信用交易信息市场是以延期付款或预收货款等方式进行信息商品或服务交易的市场，反映信息市场主体与客体交易方式在时间上的同步性和异步性。信用交易信息市场有利于调节信息商品或服务在时间上的分离，提高资金的利用效率，促进信息商品向生产领域转移。

信息市场主体之间关于信息商品或服务的权利交易又具有不同的空间组合方式。信息市场的空间是指市场主体支配客体活动的范围。信息市场的空间结构是指各种市场活动范围大小所占的比重及其相互关系。

（1）依据空间变动范围，可将其分为固定型信息市场、临时型信息市场、通信型信息市场。固定型信息市场是进行长期信息商品或服务交易的固定场所，例如，国家或地方举办的人才市场、信息咨询公司、技术交易所、专利事务所、商标代理所等固定的交易场所。临时型信息市场是进行短期信息商品或服务交易的临时场所，例如，各种形式的信息发布会、产品展销会、技术成果交流会等。通信型信息市场是借助通信方式进行异地信息商品或服务交易的市场，例如，电话、传真、视频、网络以及各种形式的产品广告、服务信息、新闻传播、流动宣传站等。

（2）依据空间结构范围，可划分为地方性信息市场、全国性信息市场、世界性信息市场。地方性信息市场，是信息商品或服务交换以地区为活动空间的市场，反映信息市场主体支配客体空间活动的有限性。全国性信息市场，是信息商品或服务交换以全国范围为活动空间的市场，是由若干相互联系的市场辐射形成的次中心市场，存在若干节点，并反映信息市场主体支配客体空间活动的扩散性。世界性信息市场，是信息商品或服务交换以世界范围为活动空间的市场，由相互开放的国际区域性信息市场构成，反映信息市场主体支配客体空间活动的广域性。①

在20世纪80年代世界新技术革命和90年代全球信息化浪潮的推动下，中国的信息产业取得了长足的发展，信息市场也随着信息产业的发展特别是信息服务业的发展逐步建立和完善起来。目前，中国的信息市场体系包括：

（1）产业化咨询公司。

咨询服务属于高层次的信息处理服务，是专业知识和信息相结合的产物，其种类繁多，涉及政策、管理、工程、技术、经济、贸易等。

（2）技术市场。

把技术作为一种商品，通过技术信息经纪人的中介服务实现其价值，主要有两种形式：技术的有偿转让和以合同形式进行的协同开发。

（3）科技信息市场。

这包括政府信息机构和科技信息机构的信息中心、图书馆等。

（4）电子信息服务市场。

这包括数据库信息服务市场和网络信息服务市场。

（5）信息技术市场。

这即为软件开发与系统集成业，从事信息技术商品开发和信息技术服务。②

信息市场体系具有重要地位，具体体现为：信息市场的发达程度是信息产业、对信息经济的重要特征，成为信息产业不可或缺的组成部分。信息产业必须以信息市场的价格信息、供求信息为引导，信息产业的发展水平和信息商品或服务的质量、水平必须通过信息市场得以检验和评价，可促进信息产业规范化发展。信息市场是社会主义市场体系的重要组成部分，既是要素市场，又是消费品市场。其要素市场地位主要体现在为经济实体提供大量有效信息资源，提高企业发展潜力和竞争力，促进经济社会发展。

信息市场体系具有重要功能，主要表现为：

（1）信息市场的催化功能。

在信息时代，信息市场的参与者必须改变传统观念，树立“信息财富观”“信息商品

---

① 佚名. 信息市场的含义与体系结构. 百度文库，2009-05-12.

② 高杰. 中国信息市场体系和信息服务业现状及对策. 情报探索，1999（2）：1-2.

观”“信息竞争观”“信息效益观”。信息市场的发展可促进现代信息观念的形成。

（2）信息市场的媒介功能。

信息市场可推进新产品、新工艺、新材料的研发，促进科技成果的适时转化。信息市场是科学技术与经济之间的桥梁和纽带，促进二者的有机结合。

（3）信息市场的存储与整序功能。

信息市场对信息采取特殊的、灵活的、便于查询供给的方法进行整理并存储。

（4）信息市场的检验、评价和监督功能。

通过对信息商品的评价和检验、对信息商品及交换过程的监督管理，确保参与者的权利和义务。

（5）信息市场的调节功能。

信息市场以较充分的信息为依据，以利益杠杆为约束，可发挥微观引导和宏观调控功能，实现较优配置资源的目的。①

信息市场体系在组织结构、经营方式、监督管理等方面具有自身的显著特点。

（1）扩张性。

随着信息经济的不断发展，对信息商品的需求无论在品种上还是数量上都呈扩张之势，信息商品的供给能力不断增强。信息产品的互补效应使得信息商品消费的连带性凸显，增加了信息市场的扩张性。

（2）多样性。

从交换客体看，信息商品内容丰富，不同的信息商品在交换过程中呈现不同的个性。从交易形式看，信息商品的交换关系可以不在同一时间、同一地点发生。例如，举办信息发布会、展览会、交易会，实行集中对口的信息商品或服务交易；举办信息商店、信息茶座、信息银行等；开展系统的信息承包服务；进行网上信息检索和查询服务等。

（3）复杂性。

信息商品的本质是知识、信息，具有准公共产品的共享性特征，因此，信息商品的交易可能是所有权或使用权的全部或部分转让，表现为十分复杂的特点。

（4）渗透性。

信息市场与其他要素市场相互渗透、相互融合，随着市场主体活动的多样化，单纯的信息市场已不能适应发展的需要，逐渐呈现混合型、多功能的信息市场，与其他要素市场联结并相互作用的综合化信息市场，具有较强的信息筛选和风险信息识别功能，信息市场机制不断完善。

信息市场体系的快速形成与发展对于建立社会主义市场体系具有重要意义。有利于增强社会公众的信息价值观念，重视开发利用信息，促进信息产业的发展，调动信息研发的积极性，推动信息技术创新。有利于形成符合市场经济规律要求的社会分工，促进信息生产和处理产业从物质生产部门分化出来，成为专业化产业，而信息处理专业化可大大降低信息生产成本，节约社会必要劳动时间，形成信息市场的主体系统。有利于信息筛选、加工、整合，提高信息商品的质量，缩短信息转化的时间，提高信息市场运行质量、水平。

① 陶长琪，陈文华等．新概念经济．南昌：江西人民出版社，2005：52.

有利于信息研发的市场化、社会化，与社会生产和需要相结合，与其他要素市场体系相结合，减少信息生产的盲目性，提高信息生产的效率。

五、房地产市场

房地产市场，是指依据国家有关法律法规和政策，在规定的范围内，进行房产交易和地产使用权有偿转让的场所。房地产市场是争议颇多的问题市场，市场化是房地产发展的必然趋势，但不能过急，一定要遵循房地产市场的规律，根据实际情况有目标、有重点地积极推进，总体上要遵循循序渐进的原则。例如，城乡商业房产和地产必须市场化，而公共房产和地产、居民自住房产和地产就不宜完全市场化。房地产市场作为要素市场体系的重要组成部分，是指由市场来配置的那部分房地产资源。房地产市场以市场供求关系为基础，发挥供求机制引导的基础性作用，同时要在国家宏观调控的指导下，防止房地产投机和房地产泡沫，使之平稳运行和有序发展。

房地产市场分为房产市场和土地市场两个基本方面。房产市场主要经营房屋买卖、委托买卖、委托互换、收购旧房、房屋维修、委托管理房产、小型联建、委托代办新建住宅手续、基建拆迁估价、危漏房技术鉴定、委托修建设计等。土地市场主要经营土地所有权变更、土地使用权转让、土地经营租赁等。土地不仅是一个单纯的“自然综合体”，而且是由各项自然因素综合了人类劳动成果的“自然-经济综合体”，包含自然特性和经济特性两方面基本特征。[①] 土地所有权的变更，主要指根据经济社会发展的需要，在国家法律和政策指导下，经过政府有关部门批准，政府、企业或事业单位等用地单位依据批准的用地面积有偿征用土地，例如，农村集体土地通过有偿方式转变为国家所有的建设用地、城市居民住房拆迁改变为城市商业用地等。土地使用权转让实际上是一种土地的再租赁形式，即土地承租单位在租约有效期内将闲置土地有偿转租给需用单位，租约期满后再将土地使用权收回。土地经营租赁也叫“批租”，即国家或集体土地向需用单位或个人出租，并一次性收取租期的租金，是土地资源合理配置的一种重要形式。[②]

中国的土地市场包括三个层级的市场：

（1）国家土地市场。

国家有偿征用农村集体土地和有偿出让国有土地使用权，由国家土地管理机构垄断经营，但要实行中央政府的严控，防止盲目占用耕地。

（2）土地开发市场。

这是由具有法人资格的土地开发公司对土地进行综合开发、经营所形成的市场，是一个比较混乱的投机性市场，土地批租和寻租乱象频生，亟须依法规范。

（3）土地使用权横向转让市场。

这是将土地作为抵押品或将土地使用权转租的市场。

从住宅市场的视角分析，国家土地市场属于一级市场，主要指住宅土地市场。土地开发市场属于二级市场，主要指住宅土地转让市场和新建商品住宅销售、出租交易市场。土

---

① 毕宝德. 土地经济学（第三版）. 北京：中国人民大学出版社，1996：3.

② 刘小玲. 制度变迁中的城乡土地市场发育研究. 广州：中山大学出版社，2005：92.

地使用权横向转让市场属于三级市场，主要指存量住宅流通市场，即新建住宅经过第一轮交易后，进入第二轮交易的市场。① “完善的土地市场需要健全的产权制度做保障，在一个国家的发展过程中，如果土地产权不明晰，缺乏有法律效力的土地证，土地市场的效益功能难以发挥。”②

在土地市场产权制度还不明晰的情况下，可先行推进土地使用制度改革，将城镇增量土地的一部分通过拍卖、招标和协议方式有偿出让给使用者，使之进入城镇土地市场，使经营性土地使用权出让市场范围不断扩大。政府对土地市场的宏观调控不断强化，依据土地利用总体规划，实施用途管理制度，严控农业用地转为建设用地，盘活存量建设用地，优化建设用地供应布局和结构，基本形成了集中统一的土地供应关系。土地市场制度建设取得了明显进展，市场环境逐步得到改善。土地产权进一步细化和明确，土地权利体系开始构建，在坚持土地公有制的前提下，实行土地使用权与所有权的分离，按照市场进行配置，“依法明确出让土地使用权、承租土地使用权、作价土地租赁和国有土地使用权作价出资或入股土地使用权等有偿使用权的权能”。加快土地市场新旧体制转换的进程，对城市国有土地进行全面清查，实施土地产权登记。对历史遗留的土地存量采取一定期限的过渡性措施，使其逐步并入土地市场配置的轨道。要搞活存量土地流通，改革土地交易的高税率制度，规范土地二、三级市场。要实行土地产权制度创新，明晰土地产权关系，规范土地使用权、受益权、转让权、出租权和抵押权。完善土地产权流动制度，加快机制转换，使土地资源向土地资产转变。强化对土地市场的宏观调控与管理，对土地供应总量实施宏观调控，通过规范土地出让方式调控房地产市场，使土地资源在开发利用中得到综合平衡。③

中国房地产市场的发展始终处于不均衡状态，这种不均衡源于住宅供给严重短缺的20世纪70—80年代。虽然经历了30多年的快速发展，取得了巨大的成绩，但在房地产市场快速发展过程中，经历了多次大起大落，存在许多制约发展的因素，造成了地产市场供求不均衡的现象。房价涨幅过快，商品房和商品住宅平均销售价格涨幅突破两位数；东部地区房价涨幅最高，并有进一步上升趋势；部分大中城市房价上涨过快，平均房价涨幅已连续几年在15%以上；房价上涨过快现象呈蔓延态势，由东部沿海地区向中、西部地区扩散。房价过快上涨已成为社会关注的热点问题，严重影响了房地产市场的持续健康发展，影响了宏观经济和社会的稳定性。这具体表现为：

（1）市场需求偏大，供求矛盾突出。

房地产市场的供求状况已由几年前的需求不足，转变为阶段性、结构性需求过度扩张。2000年以来，全国商品房销售面积增幅连续五年大于竣工面积增幅，其中，2004年销售面积增幅高出竣工面积增幅11.6个百分点。近几年，商品住房供求总体上差距逐步缩小，但局部地区仍出现了供求紧张的状况，东部地区特别是一线城市尤为突出，商品房供不应求，导致价格不断攀升，并带动二手房价格上涨。一些地方拆迁规模反弹，带来被动性住房需求上升，加剧了供求矛盾。

① 张泓铭等．住宅经济学．上海：上海财经大学出版社，1998：344.

② 林毅夫，姚洋．中国奇迹——回顾与展望．北京：北京大学出版社，2009：286.

③ 刘小玲．制度变迁中的城乡土地市场发育研究．广州：中山大学出版社，2005：92，114.

（2）市场供求结构不合理。

商品房市场中非住宅开发比例偏大，空置面积上升。商品住宅中低价位、中小套型住宅供应比例偏低。在部分城市的商品住宅供应中，100 平方米/套以上占总量的 60%～70%，有的城市高达 87%。全国经济适用住房开发投资出现负增长，有的地区甚至停止了经济适用住房建设。房地产市场供求机制不敏感，不能很好地反映房地产价格和供求关系的内在联系，因而其自动调节市场的能力较弱。房地产开发商关注的不是普通住宅，而是热衷于建高档商品房，形成结构性的供过于求等不均衡问题。

（3）房地产市场价格调节机制滞后。

价格机制是调节土地、房地产资源优化配置最重要的市场机制。房地产市场的价格机制不仅调节市场供求的变化，还调节房地产买卖市场和租赁市场的结构。购房和租房是房地产消费的两种形式，具有一定的替代性。如果房价过高，消费者就会选择租房。如果租金过高，消费者就会选择买房。价格机制起着调节租价比的作用，使租金和房价维持在一个合理的范围内。由于市场供应结构不合理，致使房地产价格机制不能有效调节市场供求关系。由于土地供应的有限性、房地产的不可移动性以及产品的差异性等特点，房地产市场虽然存在竞争，但竞争具有不充分性并存在一定的垄断现象。此外，房地产市场的信息不完全和不对称性是影响供求行为的重要因素，增加了房地产供求运行的风险性，也给市场供求双方带来了种种矛盾。由于房地产市场信息不完备，房价趋于刚性，房地产市场也难以达到供求均衡状态。

中国房地产市场体系由四部分组成：（1）以供求双方为中心的房地产交易系统。该系统主要由房地产供给者和需求者组成，是房地产市场体系的主体。房地产供给者——房地产开发企业大多脱胎于国有企业体制，存在经营机制不活、决策随意性大、非理性投资问题严重、不注重研究市场和消费者行为及心理、不注重市场营销和产品定位等问题，致使市场上无效供给产品过多，难以形成有效需求。有的产品定位不准、交通不便、配套设施不齐全，导致产品积压、大量空置。有的开发项目不注重市场上产品结构的变化，盲目追求高档次、高品质，而不愿意建设普通住宅。（2）以中介服务机构为中心的房地产支持服务系统。这主要涉及房地产评估、经纪、咨询、律师服务和房地产金融服务等。目前，部分地区房地产中介机构鱼龙混杂，经营不规范的行为屡见不鲜，有关房地产中介行业的法规也不健全，市场管理难度大，房地产金融业发展不完善，金融业对房地产中介市场的支持力度不够，使房地产中介市场缺乏支撑。（3）以政府为中心的房地产调控和管理系统。中国对房地产市场的调控手段和调控政策都还不够完善，管理体制不顺畅，这影响调控的力度和广度。管理部门较多，包括规划、建设、土地、财政、税收等多个部门，在对房地产市场进行监管时，经常出现协调难等问题，综合运用各种调控手段的能力比较弱。（4）以业主为中心的物业管理服务系统。中国物业管理行业由于起步较晚，目前仍处于发展期。物业公司数量众多，服务质量良莠不齐，相当一部分质量差，大多数物业管理公司规模较小，综合竞争力不强。物业管理的法规建设滞后，有些法规仍然是粗线条的，有争议的地方没有被明确界定，业主委员会和物业公司的协调力度不大。

房地产市场虽然取得了较大发展，但房地产市场体系尚处于不断构建中，有关房地产市场的法律、法规尚不完善，宏观调控机制尚未形成，市场主体行为缺乏规范，中介机构还处在不断规范中，物业管理也存在法规不健全、行为不规范等问题，房地产投资市场和建筑施工市场比较活跃，而物业管理市场和销售市场发展滞缓。房地产金融市场和中介服务市场发展严重滞后，水平很低，呈现明显的“断层”现象。一个发育良好的房地产市场需要一系列较完善的运转机制，尽管中国的房地产市场有了较大发展，但还没有形成较为完善的房地产市场体系。

要针对房地产市场发展中的种种问题采取系列发展对策。坚持稳定协调发展战略。制定房地产市场发展的近期和远期规划，统筹协调涉及土地征用、建设开发、税费减免的问题。建立住房保障体系，把各类保障性住房作为重点，增加低收入群体的住房供应，保障大多数人安居乐业。鼓励房地产企业积极参与落后地区房地产的开发建设，缩小地区差距。要按照建设资源节约型、环境友好型社会的要求，建立科学合理的住房建设和消费模式。要合理规划，优化布局，科学建设，提高住房省地、节能、节水、节材、环保等的水平。加快房地产业的结构调整，推动房屋开发、设计、装修、销售等流程的整合，降低因开发商占地、设计院规划项目、策划公司包装和推广项目、建筑公司建设项目、建材商供应项目材料、代理公司销售项目、居民分散装修住房等各环节严重割裂而增加的房产价格和房屋成本。正确引导居民的住房消费。转变住房消费观念，正确引导居民按照自己的实际情况购房，形成低收入家庭租住廉租房，有一定负担能力的家庭购买经济适用房，中等收入以下家庭购买限价房，中高收入居民购买商品房的理性消费格局。推进房地产市场稳定发展。完善有区别的税收、信贷政策，对房地产市场相关税收减免政策予以调整，发挥货币政策灵活调节的优势，防止房地产市场大起大落，推进房地产市场稳定发展。加强商业性房地产的信贷管理，严格房地产开发贷款管理和住房消费贷款管理。对购买两套以上住房的居民要提高其贷款利率和最低首付款比例，增加其支出成本，抑制过度需求，以此推进房地产市场发展并确保社会公平。加快住房金融体系改革。制定房地产金融产品的相关法律规范，构建完善的住房金融体系，形成房地产业和金融业相互促进发展的协调机制。拓宽房地产企业的合法融资渠道，鼓励通过股权合作、公司上市、房地产信托、项目债券化等渠道融通资金，降低银行业风险。加强市场监测和早期预警，强化风险提示和商业银行、投资银行、机构投资者、会计审计机构和评级机构的信息披露制度，推动房地产业金融创新。①

房地产市场建设是要素市场体系建设中的重要环节，目前还存在很多尚待研究的问题，亟须在理论与实践结合的基础上进行深入探讨。

（1）政府高度垄断土地市场问题。

政府控制土地市场没有错，但政府受利益驱动控制土地市场就有问题了。受利益驱动就必然使土地价格失去供求机制的约束，地价过快上涨，提高房地产开发商的经营成本，并最终把高额经营成本转嫁给普通购房者，这就是近年来争论最多的关于高房价的问题。如果不从根本上解决土地交易由市场定价而非政府控制这个关键环节问题，那么房地产市场就不可能得到规范发展，房地产市场机制就难以建立并有效运作。

（2）商品化房产和非商品化住房的界定问题。

由于住房商品化和市场化的过度推进，造成贫困群体的经济适用性住房和社会保障性

---

① 陈丽君．重构中国房地产市场结构体系．金融时报，2009-02-02．

住房与普通居民的商品房相互混淆，房价高和住房难问题凸显，成为难以治理的社会问题，因此，需要理清思路，清晰界定商品化房产和非商品化住房的界限，同步推进商品化房产建设和非商品化住房建设，尤其要重视非商品化住房建设，加大政府投入力度，满足贫困群体的住房需要。以此为基础，才能促进商品化房地产市场的健康发展。

(3) 二手房交易和廉租房交易的税费过高问题。

交易税费过高抑制了二手房交易和廉租房市场交易的活跃度和发展，普通居民住房难和住房贵问题难以得到改善，市场发展空间受限，不利于房地产市场的发展。因此，降低二手房交易和廉租房交易税费势在必行。

(4) 房地产市场监管滞后问题。

政府紧盯房地产市场交易中的利益和利益链，房地产开发商为获取话语权和高额利润与政府巧妙博弈，政府精力分散，对房地产市场调控、引导及软环境建设时紧时松，致使房地产市场畸形发展。由于政府控制和影响房地产市场，造成中心城市地价和房价节节攀升，中小城市或乡镇廉价土地被大量占用，农民耕地严重流失。显而易见，政府监管滞后是关键因素。政府要明确监管定位和职责，转变趋利式监管方式，加大执法和监督力度，促进房地产市场规范、有序地发展。

要素市场是一个有机整体，在社会主义市场体系中占有重要地位，在促进社会主义市场经济发展过程中发挥着重要作用。要素市场可为社会主义市场体系奠定基础，为国民经济平稳运行创造条件。要素市场建设是一个较长期的发展过程，发展很不平衡，需要从全局上予以谋划，使之科学发展。

第四节　文化市场

一、文化市场的分类

文化市场是社会主义市场体系的重要组成部分，概指各种文化产品、文化载体和文化创意等交易活动关系的总和。文化市场渗透在十分广泛的社会生活领域，与人民精神生活的需求层次、水平息息相关，也与社会主义物质文明、精神文明、政治文明、社会文明及和谐社会构建直接相连，文化市场建设就蕴含在其中。

文化市场中的交易产品丰富多彩，文化产品、文化载体和文化创意是社会主义物质文明、精神文明、政治文明和社会文明有序融汇的浓缩，理论与实践生动统一的积淀，现实与历史有机结合的聚焦，现在与未来多路径沟通的阶梯。文化市场中的交易产品包括种类繁多的图书、艺术创作、音像制品、影视作品、文艺作品，以及文化交流活动、文化知识产权转让等。

文化市场可做多层次划分，就文化产品的生产方式划分，可分为文化产品的出版市场，例如报纸、杂志、图书等；文化产品的传播市场，例如广播、电视、互联网、各种广告等。就文化产品的经营方式划分，可分为固定的文化市场，例如图书城、博物馆、影视院、文化中心等；临时的文化市场，例如图书展销会、文物展览、艺术创意展示等。就文化产品的交易形式划分，可分为艺术作品、音像制品、影视作品、戏剧作品展出或演出等；图书报刊、文物竞拍、文化交流、文化知识产权转让等。

文化市场具有极强的渗透性、综合性：广泛地存在于商品市场中，例如连锁超市或大卖场设立文化用品、图书专柜等；广泛地渗透在要素市场中，例如技术市场的科技图书营销点、信息市场的文化信息咨询与服务、要素市场运营中的文化内涵等。

文化市场作为社会主义市场体系的重要组成部分，是一个既特殊又普遍的市场，与商品市场、要素市场既有区别，又有联系，具有其他市场无法替代的作用、功能。

文化市场是满足人民日益增长的精神文化需要的主渠道。人民日益增长的物质生活需要和精神生活需要是相互统一的，因此，仅有满足人民物质生活需要的商品市场和要素市场是远远不够的，还必须有满足人民精神生活需要的文化市场，并作为一个主渠道服务人民的精神文化生活，丰富人民的精神文化生活，促进人民精神文化生活的发展与进步。

文化市场是沟通社会主义物质文明、精神文明、政治文明、社会文明的基本环节。社会主义文明相互传导、反馈的基本环节是文化市场，其重要作用在于把四个文明连为一体，成为沟通四个文明建设的纽带、桥梁，并成为推动四个文明同步发展的强大动力。或者说，文化市场为四个文明建设的有机统一提供了基础性调节或配置手段，成为维系四个文明建设同步发展的动力源。

二、文化市场的问题

文化市场的问题主要有：文化市场涵盖范围广泛，分散在不同的领域，点多面广，许多低俗的、暴力的、淫秽的东西充斥着文化市场，对其难以实行及时监管。文化市场监管主体多部门化，各自为政，致使文化市场发展不平衡，文化资源配置机制滞后、弱化，难以形成文化市场体系。文化市场主体多层次化，市场主体素质参差不齐，逐利化和败德现象严重，制约了文化市场功能的发挥，阻碍了文化市场的健康发展。文化市场的理论研究不足，短期行为严重，缺乏长远的、战略的理论研究视野，整体上理论探索落后于市场实践，不利于社会主义市场体系的发展和完善。

文化市场的问题复杂多样，需要统筹兼顾、突出重点，需要系统的监管和引导。大力推进农村文化市场建设。主要是城乡文化市场联动建设，实行定期的文化下乡活动，为“三农”服务，为社会主义新农村建设服务；加强农家书屋建设和农村互联网建设，创造有利于农村文化市场建设的环境；建立和完善农村文化市场体系，营造健康向上的农村文化生活和精神文明氛围，确立农村文化市场的运行机制。

加强对互联网的整治和监督管理，对网站、搜索引擎、博客等中的违法和不良信息实施依法整治。目前，网上的低俗、暴力和淫秽色情内容已成为一大公害，严重破坏了网络环境，对文化市场构成严重污染，必须实行坚决果断的专项整治，确保文化市场健康发展。截至 2012 年年底，国家版权局、公安部、工信部、国家互联网信息办公室联合开展打击网络侵权盗版的专项治理“剑网行动”，成效显著，各地版权部门提请通信管理部门关闭网站 129 家。① 对于违法违规网站变换网址、重新开张的，予以严惩，要切断违法违

① 孙自法，董子畅. 2012 年“剑网行动”关闭网站 129 家. 中国新闻网，2012-02-28.

规网站的利益链，建立依法整治的长效机制，以净化网络文化市场的氛围。

强化对文化产品出版市场的监督管理。特别是对图书、报纸、杂志等出版物的监督管理，规范出版社或杂志社收取版面费这一突出问题，收取版面费已成为文化产品出版市场长期难以根治的病症，不仅使文化产品的质量严重下降，而且严重侵蚀了文化市场环境，阻碍了文化市场的健康发展。要制定经营性出版社或杂志社收取版面费的相关标准，非经营性出版社或杂志社禁止收取版面费，建立新闻出版部门必要的检查和监督体制，广泛听取文化产品产权或著作权所有者的意见和建议，构建公众举报监督制度，对违规收费者要予以严惩，确保文化市场有序发展。

三、文化市场的改革与创新

（1）文化市场的相对独立性。

文化市场具有自身的特点和规律，既具有极强的渗透性，又自成体系，相对独立，具有其他市场所不具备的特殊运行方式和调节功能，成为一切文化资源合理配置的主要调节手段，而且这种调节手段与其他市场的调节手段具有显著的差别。

（2）文化市场的功能扩散性。

文化市场是实现人民精神文化生活需要的基础，是培养和提高人民文化素质的动源，是提供民族文化背景信念的依托，具有极大的功能扩散性，蕴含在人类社会生活方式和生产方式中及构建和谐社会过程之始终。

（3）文化市场的内容丰富性。

文化市场本身具有内容丰富、信息多样、品位多元，以及内涵广泛、富有魅力等显著特点，是启迪人类的思想动源、提供文化消费的媒介、提高文化品位的支点、增进文化交流的窗口。

文化市场是社会主义市场体系成熟与否的显著标志。文化市场内在联结、相互作用，结构有序、功能完善，才能发挥不可替代的整体功能，并使社会主义市场体系充满生机活力，成为维系社会主义市场经济平稳运行和有序调节的持续动力。

继续推动经营性文化单位转企改制。积极推进非时政类报刊出版单位的体制改革。鼓励实施促进文化产业发展的政策措施，开展文化产权交易市场建设试点，促进文化产品和要素合理流动。深化一般时政类报刊社、公益性出版社、代表民族特色和国家水准的文艺院团等的管理体制改革。完善公共文化服务投入保障机制，鼓励实施各类文化企业参与公共文化服务的政策措施，加快建立公共文化服务体系。深化文化行政管理体制改革，推动政企分开、政事分开，理顺政府和文化企事业单位的关系。完善管人管事管资产管导向相结合的国有文化资产管理体制。①

文化市场创新，首先应当推进制度文化创新，制度文化创新是文化市场创新的前提。制度文化特指以信用、诚信意识为核心的资本文化。无论从生成还是发展视角观察，中国文化市场中的制度文化都较为浅薄，均缺乏较深层次的制度文化及氛围，理性成熟的制度文化尚未形成。由此导致的种种逐利行为、欺诈行为、背弃行为成为阻碍文化市场健康发

---

① 国家发展改革委. 关于2012年深化经济体制改革重点工作的意见. 中国政府网，2010-03-22.

展的顽疾，制度文化创新已成为文化市场建设的重中之重，越来越显得必要和紧迫。

第五节　电子商务

一、电子商务的含义

电子商务是指通过互联网构拟的空间和媒体，以数字形式表达各种信息而进行的商务活动；以计算机技术、网络技术和远程通信技术为基础，以商务活动为主体，以电子化方式为手段，借助国际互联网进行联系，有效地组织商务贸易活动，实现商务活动过程的电子化、数字化和网络化的一种新型商业运营模式。

电子商务是将传统的商业活动通过新兴的通信网络加以运作，即在互联网上进行商务活动；是运用现代信息技术，对各项商务活动进行持续优化的过程。电子商务是一个不断发展的概念，可做狭义和广义之分。狭义的电子商务也称电子交易，即利用网站提供的通信手段实现网上交易活动，例如网上购物、网上股票交易、电子贸易、电子银行、网上纳税、网上报关等。广义的电子商务又称电子商业，是指包括电子交易在内的、利用网站进行的全部商业活动，例如，网上广告、订货、付款、客户服务、货物递交等销售服务，以及市场调查分析、财务核算、生产安排等利用互联网开发的商业活动。①

电子商务的先驱 IBM 公司于 1996 年提出了 electronic commerce（E-commerce）的概念，到了 1997 年，该公司又提出了 electronic business（E-business）的概念。实际上，这两个概念及其内容是有区别的，E-commerce 应翻译成电子商业。有人将 E-commerce 称为狭义的电子商务，将 E-business 称为广义的电子商务。E-commerce 是指实现整个贸易过程中各阶段贸易活动的电子化。E-business 是利用网络实现所有商务活动业务流程的电子化。E-commerce 集中于电子交易，强调企业与外部的交易与合作，而 E-business 则把涵盖范围扩大了很多。电子商务涵盖范围广泛，可分为企业之间、企业与消费者、消费者之间、企业与政府等基本模式，而企业之间、企业与消费者是电子商务的主要模式。随着互联网使用者人数的快速增加，电子商务的市场份额迅速增长，电子商务网站层出不穷。

二、电子商务的属性及功能

（1）电子商务的普遍性。

作为一种新型的网上交易方式，电子商务将生产企业、流通企业以及消费者、政府和家庭带入了一个网络经济、数字化生存空间。

（2）电子商务的方便性。

交易过程不再受地域的限制，客户能以非常简捷的方式完成过去较为繁杂的商务活动，如通过网络银行能够全天候地存取账户资金、查询信息等，使企业对客户的服务质量得到大大提高。

---

① 许国柱．电子商务实务．北京：清华大学出版社，2010：3.

（3）电子商务的整体性。

电子商务能够规范商务处理的工作流程，将人工操作和电子信息处理合成一个不可分割的整体，这不仅能够提高运作效率、节约交易成本，而且能够提高系统运行的严密性。

（4）电子商务的安全性。

安全性是一个至关重要的核心问题，要求网络能提供一种端到端的安全解决方案，如加密机制、签名机制、安全管理、存取控制、防火墙、防病毒保护等，这与传统的商务活动截然不同。

（5）电子商务的协调性。

其本身是一种协调过程，要求客户与公司内部、生产商、批发商、零售商之间互相协调，更要求银行、配送中心、通信部门、技术服务部门等多个部门通力协作，电子商务的全过程是一个严密的协调整体。

（6）电子商务的集成性。

以计算机网络为主线，对商务活动的各种功能进行高度集成，同时也对商务活动的商务主体各方进行高度集成。高度集成性使电子商务极大地提高了运营效率。

电子商务具有广告宣传、咨询洽谈、网上订购、网上支付、电子账户、服务传递、意见征询、交易管理等基本功能。电子商务以现代信息技术为基础，以互联网为载体，以网站为平台，以网上合约为依据，以现代物流为渠道，形成与以往市场截然不同的市场形态和交易体系，其快捷的交易功能是以往市场所无法比拟的。

电子商务是更快捷、更方便、更广泛的虚拟交易市场，这是传统商品交易市场所不具备的。电子商务交易平台是互联网网站，由网站运营商把交易过程集中在各门户网站上，用户提交预购订单，通过网上银行账户结算、快递物流商送货，较快地完成商品交易，并提供各种便捷服务。

电子商务彻底突破了以往商品交易市场单一性的界限，各类传统的市场交易活动都可由一家商务网站实现一站式服务，并准确快捷地完成各种商品或服务的交易，为现代功能多样的大市场发展开辟了广阔的空间。电子商务作为一种创新型市场体系，一般由互联网网站、运营商、交易系统和支付系统、物流系统构成，四个方面缺一不可，形成相互关联的电子商务体系。电子商务与实体市场互补，虚拟空间与实体交易对接，节约了交易成本，达到了市场交易的“帕累托最优”，极大地拓展了现代市场体系的内涵，促进了市场经济的繁荣与发展，实现了现代市场体系的历史性飞跃。

2011 年中国电子商务交易总额再创新高，达到 5.88 万亿元（人民币，下同），同比增长 29.2%，相当于当年国内生产总值（GDP）的 12.5%，其中，大中型电子商务交易额在 2012 年达到 10.69 万亿元，发展迅猛。电子商务改变了传统的营销模式，网络零售正在成为新的经济增长点，逐步成为满足居民消费的有效手段。2011 年底，中国网络购物用户达到 1.94 亿人，实现网络零售总额 7 825.6 亿元，同比增长 53.7%，网络零售总额占社会消费品零售总额的比重达到 4.32%。中国大型企业普遍应用电子商务实现原材料网上招标采购和网上营销等，大规模节约了企业成本，同时中小企业开展电子商务的比例也已超过 40%，中小企业电子商务应用规模扩大。截至 2011 年年底，中国电子商务服务企业突破了 15 万家，电子商务服务业的收入达到 1 200 亿元，2011 年中国第三方网上支付交易达到 2 610 亿元，远远超过同期社会商品零售额的增长。①

目前，电子商务的发展正在从拼价格向拼服务转变。传统商业或主动“触电”，发展成实体加电商的“双轮驱动”模式，或实行差异化竞争，在网上商店销售和实体店不同的商品；或利用微博、微信、APP 等平台，推送促销活动，增强目标消费群的黏度。电子商务不仅拉动了国内消费，而且促进了经济内生增长，并导致传统商业零售领域重新洗牌。同时，电子商务仍存在爆发式增长的土壤，原因在于西部省份和三四线城市的商贸、物流布局存在缺口，消费需求并未得到满足，这部分刚性需求必将推动电子商务进一步发展。② 2015—2016 年，中国电子商务及交易规模超过 3 万亿元人民币。

2017 年上半年，中国电子商务发展仍保持着较高的增速。2016 年 12 月—2017 年 5 月，网上零售总额达到 30 229 亿元，比上年同期增长 35.3%，为中国电商零售同期的最高纪录。其中，实物商品网上零售额 23 272 亿元，服务网上零售额 6 957 亿元。社会商品零售额占比达到 13.35%，同比提高 3 个百分点。2015 年北美网络零售占社会消费品零售额的比重大约为 7.7%，欧洲约为 8.2%，全球约为 7.4%。中国 2015 年为 10.8%，2016 年为 12.6%，2017 年 1—5 月为 13.2%，已超过全球平均水平。中国消费者 2017 年第一季度网上购买价值 14 045 亿元人民币（约合 2 041 亿美元）的商品，是美国 981 亿美元网上零售销售额的两倍多。截至 2016 年年底，移动购物在整体网络购物交易规模中占比 70.7%，同比增长 15.3%，移动购物正在成为网络消费的主要方式。网络零售市场交易额约占全球电子商务零售市场的 39.2%，连续多年成为全球规模最大的网络零售市场。电商企业不断扩充品类，优化服务，升级物流体系，使电商购物体验持续提升。农村电商、跨境电商等各种细分电商领域加快增长。在垂直电商领域深耕，延伸了产业链，使电子商务保持了持续增长的动力。中国网民数量达 7.31 亿人，全年新增网民 4 299 万人，增长率为 5.2%。互联网普及率达到 53.2%，超过全球平均水平 3.1 个百分点，超过亚洲平均水平 7.6 个百分点。网购用户数量达到 4.67 亿人，网购渗透率达到 63.9%。③

“互联网＋”就是“互联网＋各个传统行业”，但不是简单的相加，而是利用当代信息通信技术以及互联网平台，使互联网与传统行业深度融合，创造电子商务新的发展生态。“互联网＋”具有六大特征：一是跨界融合。“＋”就是跨界，就是变革，就是开放，就是重塑融合。敢于跨界，创新的基础就更坚实；融合协同，群体智能才会实现，从研发到产业化的路径才会更垂直。二是创新驱动。创新驱动发展正是“互联网＋”的特质，用“互联网＋”思维求变、自我革命，更能发挥创新力量。三是重塑结构。信息革命、全球化、“互联网＋”打破了原有的社会结构、经济结构、地缘结构、文化结构。权力、议事规则、话语权不断发生变化。四是尊重人性。“互联网＋”力量之强大来源于对人性最大限度的尊重、对人体验的敬畏、对人创造性发挥的重视，例如卷入式营销、分享经济等。五是开放生态。生态的重要特征是开放性，推进“互联网＋”，就是要化解制约创新的环节，把孤岛式创新连接起来，由决定性的市场驱动并实现价值。六是连接一切。连接是层次性和

---

① 商务部. 中国电子商务发展报告（2010—2011）. 上海证券报，2012-05-30.

② 倪元锦，王晓洁. 电子商务 PK 传统零售 从春节透视“网购新经济”. 中国新闻网，2013-02-16.

③ 中国社科院，央视财经. 2017 年中国电子商务半年报. 中国国际电子商务网，2017-07-07.

差异性的统一，连接一切是“互联网+”的目标。①

物联网是新一代信息技术的重要组成部分，就是特定时期物物相连的互联网。其一，物联网的核心和基础仍然是互联网，是在互联网基础上延伸和扩展的网络；其二，物联网的用户端可延伸和扩展到特定时期或阶段的任何物品与物品之间及其信息交换和通信，以实现智能化识别、定位、跟踪、监控和管理的一种网络。物联网通过智能感知、识别技术与普适计算等通信感知技术，广泛应用于网络的融合中，也因此被称为继计算机、互联网之后世界信息产业发展的第三次浪潮。物联网是互联网的应用与拓展，应用创新是物联网发展的核心，目的是实现特定方式的物与物、物与人及其物品与网络的连接，方便识别、管理和控制，物联网为电子商务创造了广阔的发展空间。作为当代战略新兴产业的物联网具有五个层级，即支撑层、感知层、传输层、平台层和应用层，五个层级分别占物联网产业规模的2.7%、22.0%、33.1%、37.5%和4.7%。而感知层和传输层参与厂商众多，成为竞争最为激烈的领域。国内物联网产业已初步形成环渤海、长三角、珠三角以及中西部地区等四大区域集聚发展的总体产业格局。其中，长三角地区产业规模位列四大区域之首。物联网也为国家智慧城市建设奠定了基础，实现智慧城市特定形式的互联互通与协同共享。物联网概念已经是一个“中国制造”概念，物联网已被贴上“中国式”标签。②

三、电子商务的监管

（1）电子商务立法。

电子商务运行过程还存在诸多无法可依问题，致使电子商务市场比较混乱，亟须制定国家层面的电子商务立法，形成电子商务法和电子商务法实施细则，使电子商务有法可依，依法规范电子商务发展，推动电子商务市场的大发展、大繁荣。

（2）电子商务网站监管。

加强对电子商务网站的跟踪监管力度，进行实时监控，谨防假冒网站、欺诈网站、钓鱼网站的违法违规行为，及时取缔。对合规网站进行定期或不定期的检查监督，受理消费者投诉或举报，约束电子商务网站的经营行为。

（3）电子商务主体监管。

对电子商务运营商的监管，依据有关法律法规对电子商务运营商的资质、服务、交易、结算和合规行为，进行定期的跟踪检查监督，使其运营活动符合法律规范，为消费者提供优质服务。

（4）电子商务客体监管。

这是对电子商务交易品或服务品质量和运作行为的监督管理。这方面的违法违规现象五花八门、花样翻新，网上消费者投诉举报量大增，大多集中在所订购商品或服务的质量问题、价格问题、退货问题、投诉无门问题等方面，必须依法治理、依法规范，保护消费者的合法权益，维护电子商务的市场秩序。

---

① 国务院．国务院关于积极推进“互联网+”行动的指导意见．新华网，2015-07-04.

② 工业和信息化部．物联网“十二五”发展规划．中国政府网，2012-02-14.

（5）电子商务环境监管。

依法净化电子商务环境，建立电子商务运营实名登记制、服务承诺制、违约处罚制、质量监督制等监管机制。加大依法监管力度，推动电子商务市场文化建设，形成电子商务依法经营、诚信经营、合规经营、自律经营的良好氛围。加强物流系统建设，推进物流系统运营监管，确保网上购物及交易的安全性、规范性，保护网上购物者、交易者的合法权益。

要点总结

市场的体系、地位、功能及特点

市场	体系	地位	功能	特点
商品市场	消费品市场	国计民生基础	配置消费资源	多样性、分散性
	生产资料市场	经济循环管道	配置生产资源	大宗性、配套性
要素市场	金融市场	经济系统中枢	投融资调节	专业性、虚拟性
	劳动力市场	经济运行基础	人力资源调节	合约性、专业性
	技术市场	综合竞争力标志	技术转化中介	复杂性、专有性
	信息市场	经济社会联结纽带	信息资源调节	扩张性、渗透性
	房地产市场	经济发展风向标	土地、房地产调节	固定性、范围性
文化市场	文化出版市场	社会文明发展动力	文化生产传播	规范性、自主性
	产品交易市场	市场体系完善标志	文化产品配置	多样性、辐射性
电子商务	电子商务平台	新型网络市场	网络虚拟空间	技术性、集成性
	平台交易系统	新型交易平台	网上交易服务	便捷性、系统性
	平台支付系统	新型结算方式	网上支付服务	准确性、方便性
	平台物流系统	新型流通方式	物流配送服务	快捷性、安全性

关键词

市场体系；社会主义市场体系；商品市场；消费品市场；生产资料市场；要素市场；金融市场；劳动力市场；技术市场；信息市场；房地产市场；文化市场；电子商务；互联网；“互联网+”；物联网；电子商务监管。

思考题

一、简述市场体系的内涵及功能。

二、简述要素市场体系的构成。

三、简述金融市场及其创新。

四、简述文化市场及其特点。

五、简述电子商务的属性及功能。

第六章

社会主义市场经济机制论

本章重点：市场机制的含义、功能和特点；市场机制的作用条件；市场机制的一般形式；一般运行机制创新；市场机制的具体形式；具体运行机制创新。

简要概括：市场机制是一只“看不见的手”，是市场经济的内循环系统，市场经济运行的基本调节机能构成市场经济运行的核心因素。市场机制的一般形式具有普遍性，任何市场体系都普遍遵循其基本调节机能。市场机制的具体形式具有特殊性，在不同的市场体系中具有不同的调节功能。市场机制是市场经济的自生机能，具有自发调节的特性。供求关系决定供求价格，供求价格影响供求关系，是一个在诸多生产者、经营者和消费者之间的反映和被反映、作用和反作用、影响和被影响的多维调节体系，涵盖市场供求、竞争、价格、利率、风险等的运行机制。市场经济及其有序运行就是通过市场机制一般形式和具体形式的调节机能实现的，从理论上对市场机制的内涵、功能、特点和作用条件进行分析，是理解、把握市场机制运行模式的基本前提。现代市场经济既关注市场机制创新，又重视市场机制风险，强调用“看得见的手”对“看不见的手”实行必要的监督或控制，社会主义市场经济也是如此。

第一节　市场机制

一、市场机制的含义

市场机制属于经济机制范畴。经济机制源于“机制”，“机制”一词源于希腊文mechane，意指机器的构造和运作原理。机器是由相关的零部件根据机械学或电学原理组合成为特定的因果关系，相互联系，并按照一定的程序、方向运转。而机制即指机器遵循一定程序、方向运转的过程中，各相关零部件之间相互联系、互为因果的连接关系及运转方式。后来，生物学、医学通过类比的方式使用机制的概念，例如，生物机制、生理机制、病理机制等，用以动态表示当有机体内发生生理的或病理的变化时，各个器官之间的相互联系、相互作用及调节方式。经济机制是指一定社会经济体内部各构成要素之间相互联系和相互作用的制约关系及特定功能，经济机制存在并作用于一定社会经济体发展过程之始终，是社会经济活动关系、行为、秩序的最基本的调节机制。由于经济机制在社会经济体运行过程中发挥着特定的调节功能，因而又被称为经济运行机制。

现代社会经济体都是围绕市场运行的，而经济机制又总是通过市场发挥作用的，基于此，经济机制又可称为市场机制。在一定社会经济体的运行过程中，市场机制是通过市场价格、供求、竞争等相互联系和相互制约的方式所产生的基础性调节机能，是建立起市场供给与市场需求之间动态平衡的自我协调运行过程。根据经济学理论，市场机制的这种自我协调运行的过程，就是价值规律发挥调节作用的过程，作为基础性调节机能的市场机制，首先是以价值规律为基础或前提的，因为典型的市场经济运行方式必然是商品经济较高程度发展的结果，价值规律的基础性地位和作用是不言而喻的。其次是价值规律作用的普遍形式，市场价格与价值的背离，以及背离幅度和波动曲线由商品和货币的供求关系、竞争关系决定，而作为基础性调节机能的市场机制，正是市场价格、供求、竞争等价值规律发挥作用的普遍形式，市场机制与价值规律必然同一。再次，与价值规律相比较，市场机制只是现代社会经济体运行的基础性调节机制，而价值规律不仅在现代社会经济体运行过程中始终发挥作用，并通过市场机制这个普遍形式表现出来，而且在任何商品经济条件下都发挥作用，所以，强调市场机制的基础性调节作用，更符合市场经济的特殊性要求，更能确切表达市场经济的实质和特征。

市场机制是伴随商品经济较高程度的发展而发展起来的，商品经济的发展程度越高，市场机制发挥的作用越大。在简单商品经济条件下，由于社会生产力发展水平较低，商品生产和交换被限制在十分狭小的范围内，价值规律的形成及作用也十分有限，因此市场机制便无法形成。在资本主义商品经济条件下，由于科学技术的发展及其在经济社会中的广泛应用，劳动密集型产业向技术密集型和资本密集型产业转化，粗放型经营被集约型经营和品牌化经营所代替，商品经济获得了空前发展，市场规模不断扩大，市场类型不断更新，不仅在一国范围内快速发展，而且突破了国家界限，逐步形成区域性或国际性的统一市场体系，区域性或国际性的统一市场体系逐步发展、完善，其市场价格、供求、竞争日益获得国际形式，市场机制系统形成并达到前所未有的作用程度、水平。社会主义市场经济作为市场经济与社会主义经济制度结合的产物，其作用方式也属于较高发展程度的经济机制范畴，尽管与资本主义市场经济相比，无论从时间还是空间上看，差距都是巨大的，需要一个较长的比较发展和互动发展过程，需要得到发达国家经济体的承认或接受，即承认或接受其市场经济地位。只有经过一个较长期的发展过程，市场机制在社会主义条件下的系统形式及功能才能逐步地确立起来，并渐趋形成相对比较优势，比较充分地显示社会主义经济体发展的竞争力、吸引力和优越性，从而提升社会主义经济体的巨大发展潜力。可见，市场机制的基础性调节作用意义重大。

二、市场机制的功能

无论是社会主义市场经济，还是资本主义市场经济，其运行机制都是同一的，具有共性的功能或作用。概括起来，市场机制具有四大功能：

1. 经营导向功能

在市场经济条件下，社会生产与社会需要之间相互联系、相互制约，社会生产一定要适合社会需要，社会需要一定要推动社会生产。任何市场主体及其市场活动行为，都必须适应社会生产与社会需要之间内在的关系、要求，否则，盲目扩张或收缩都会使供求关系失衡，导致不同程度的经济危机。为了动态地保持一定社会经济体的供求关系平衡，就要发挥市场机制在社会生产与社会需要之间重要的经营导向功能。

一般而言，在商品经济发展的初级阶段，商品或服务供不应求，卖方市场占优势但并未形成垄断的情况下，如果社会对某种商品或服务的需求增加，就必然通过该商品或服务的市场价格上涨表现出来，在市场价格上涨信号的引导下，其他商品生产者或服务者就会千方百计地转移自己的资金、技术、人才、管理等生产要素，投资于获利较大的商品或服务领域，从而使这个领域或部门的生产规模扩大。相反，如果社会对某种商品或服务的需求减少了，该商品或服务的市场价格就会下跌，迫使许多生产者或服务者从该商品或服务领域撤出生产要素，转移到其他有利可图的领域，从而使这种商品或服务领域的生产规模缩小。

而在商品经济发展的较高阶段，商品或服务供大于求，买方市场占优势但卖方市场形成个别垄断的情况下，如果社会对某种商品或服务的需求增加，但由于这个领域卖方市场形成了个别垄断，使该商品或服务的市场价格持续上涨，而其他商品生产者或服务者又无法自由进入，从而形成垄断价格和垄断利润，经营导向功能受阻。相反，如果社会对某种商品或服务的需求减少，同样在这个领域卖方市场形成个别垄断的情况下，该商品或服务的市场价格不会下跌，商品或服务的垄断者也不会自动转移，而是形成某种形式的垄断联盟，经营导向功能失真。这样一来，经济运行可能发生紊乱，此时，经营导向功能就会向社会发出求救信号，通过政府采取灵活的宏观调控政策、依法监管和使用经济手段调节，禁止和消除垄断，维护平等竞争环境和公平竞争秩序，经营导向功能重新发挥正向调节作用。

可见，经营导向功能作为一种市场信号，在公平竞争的条件下，成为引导商品生产者或服务者分散决策最灵敏的指示器，并且通过供求关系的波动、变化，自发地调节社会生产与社会需要之间的内在联系。而在垄断条件下，其市场信号是通过政府宏观调控的有力配应和保证实现的，从而推动了社会生产与社会需要的相互统一，最终符合社会需要。

2. 资源配置功能

人类社会经济发展的实践表明，无论是自然资源还是社会资源，在某种意义上都是有限的、稀缺的，社会生产越发展，社会分工越细化，资源合理配置或分配就越重要。市场机制作为一种普遍的资源配置信号，客观上必然要求资源向效率较优的生产或服务领域流动，以使资源得到合理配置，达到较优的利用效果；必然通过价格杠杆、供求机制和竞争手段促使有限的资源在更广的范围内自由流动、合理配置，以节约资源、循环利用资源，满足日益增长的经济社会发展的需要。同样，资源配置功能也需要有利的社会法制条件和市场制度条件，尤其是在出现市场垄断和经济危机的情况下，更需要实施有效的政府宏观调控和必要的依法监管，排除市场垄断，克服经济危机造成的不利因素，振兴基础产业和支柱产业，营造良好的市场制度环境，从而确保资源配置功能的有效发挥。

3. 技术创新功能

市场机制作为一种内在的激励因素、动力因素，在产权明晰、存在竞争压力和政府宏观调控的条件下，可促使每一个商品生产者或服务者优化结构、努力创新，以把握自身生存和发展的机遇。例如，各类厂商总是通过市场机制的激励功能、动力功能来强化自主研发实力，加强自主知识产权保护，实施技术创新发展战略，特别关注市场信号的波动、变化，以此为契机，注重技术、人才、管理及其产品或服务的适时重组和更新，提高生产或服务的规模、水平，推进可持续发展。但在产权模糊、无竞争压力和政府宏观调控失败的条件下，技术创新功能的激励作用就会丧失，无法产生应有的功能，例如，改革开放前的公有制经济、具有垄断性的企业、公共服务业等。技术创新功能对于引导企业自主创新，变革管理理念，优化治理结构，推进品牌化战略、市场化运作和国际化发展，具有重要的导向意义。

4. 发展均衡功能

在经济体自由竞争的条件下，社会总供求之间的平衡普遍地采取市场机制调节方式，即通过各类市场价格信号、供求关系的变动自发地调节社会总供给和总需求之间的关系，实现总供求之间的相对均衡。特别是在经济转型过程中，在强势政府的规范下，通过发展均衡功能可有效地缓解经济剧烈波动，抑制通货膨胀或紧缩，防止经济衰退，克服经济危机，推动经济平稳运行和持续发展，实现总供求之间的相对平衡。实践证明，发展均衡功能是调节和引导总供求的基本手段，但如果仅依靠发展均衡功能引导是不完整的，容易产生总供求的严重失衡，需要正确的宏观调控与之相配应。唯有如此，遵循市场机制的调节和引导才可减少经济运行成本，提高经济效益和社会效益，促进经济体良性循环和持续发展。

三、市场机制的特点

1. 相对独立性

市场机制是市场经济本身所固有的，是各层次市场内部要素相互联系、相互作用的结果。人类既不能随意构建和创造市场机制，也不能主观改变和消灭市场机制，市场机制总是依存于市场经济，只要在市场经济条件下，市场机制就必然是客观的独立存在并发挥作用，不以任何个人或集团的主观意愿为转移。这具体表现为：(1) 在微观经济运行过程中，市场机制作为灵敏的指示器，可动态地提供商品或服务的供求信息、价格信息，以及利率、汇率和工资等的变动信息，每一个市场主体就是通过对供求、价格、利率、汇率和工资等信息的选择和处理，做出分散的生产经营决策，这种分散的生产经营决策始终围绕市场机制及其信息变动展开。(2) 在宏观经济运行过程中，市场机制作为调节杠杆，在社会经济发展的各个环节之间独立地发挥基础性调节作用，推动宏观经济的结构调整和总量平衡。市场机制的独立性与宏观调控的必要性相关联，具有密切的正相关性，构成政府宏观调控的基础，政府宏观调控的必要性、有效性，以遵循、符合市场机制的基础性调节为前提。

2. 内在自发性

市场机制不仅自发调节、引导商品或服务的生产决策行为，而且自发调节、引导商品或服务的质量、品牌、信誉和竞争力的交易决策行为，这种调节、引导均表现出自动的和自调的特点。商品或服务的生产决策行为和交易决策行为具有内在自发性和随机性，参与市场活动的各类市场主体生产什么、生产多少、为谁生产等价值判断，必须依据市场信号做出，符合市场需求。如果市场信号发生了变化，生产经营决策也必须随之调整、变化。在市场机制自发调节过程中，随机决策较快的市场主体，其生存能力就强，发展潜力就大；反之，反应迟钝、决策滞后，就会遭受挫折，甚至被市场淘汰。商品或服务的质量、品牌、信誉和竞争力的交易决策行为，必然是自主交易和自主选择的过程，复杂多变的交易价格、交易时间、供货数量和质量、品牌、信誉度和竞争力等合约规定，都是在市场机制的自发调节、引导下有规则地进行的，无须任何外在因素的干涉、干预。如果人为地干涉、干预自主交易活动，就失去了市场经济的固有属性，造成市场机制自发调节、引导的失效，必然受到市场经济规律的报复、惩罚。所谓强者恒强、优者更优，即是遵循市场机制调节，实现优胜劣汰的结果。可见，市场机制的自发调节、引导作用主要体现在微观经济运行之中，具有普遍调节、引导的功能。但对于市场机制的自发性调节和引导的负面效应，即造成经济剧烈波动、过度投机、贫富分化、经济危机等现象，不能等闲视之，必须予以正确引导，通过政府宏观调控把市场机制自发的基础性调节控制在合理的范围之内，实行政府宏观调控与市场机制调节的内在制约和统一。

3. 普遍运动性

无论是宏观经济还是微观经济，都是一个复杂的有机体，基于供求关系，这个复杂的有机体的内部因素必然相互关联、相互诱导，处在频繁的运动变化之中。这种运动性是普遍的，存在于各种类型的社会经济体及运行之中，构成市场相关因素相互制约和相互作用的运动过程。例如，市场利益和份额诱导市场竞争，市场竞争引致供求波动，供求波动引发价格涨落，价格涨落促使市场主体决策等相关因素变化。如果市场相关因素的某个或几个环节产生停滞或滞后状态，那么其他相关因素就会受到牵连，无法相互传导，致使运动受阻，造成市场循环不畅，市场秩序紊乱，无法发挥特有功能。普遍运动性是社会经济体各种相关因素相互关联、诱导和作用的结果。

四、市场机制的作用条件

1. 培育市场主体

一个拥有良好的市场化程度和诚信度较高的多层次的市场主体，是市场机制发挥作用的首要条件。市场机制直接调节的对象就是市场主体，市场主体的生产经营活动能否市场化、有序化、规范化，成为市场机制能否产生功效、发挥作用的首要条件，因此，培育多层次的市场主体是实行市场经济的前提，具有重要意义。培育市场主体，就要精心塑造、组织和规范多层次的生产经营主体和消费主体；依法建立、评价、指导多层次的市场中介组织；科学组建、规范、协调政府监管机构和民间自律性机构，使多层次的市场主体活动行为制度化、法制化和规范化，使之成为具有社会责任感的名副其实的市场主体，这样，市场机制才能产生功效、发挥作用，才能有效运作，合理配置资源，并发挥持续的基础性调节、引导功能。

2. 完善市场体系

市场机制不会凭空产生功效、发挥作用，必须依托较为完善的市场体系，并以此为平台，发挥其基础性调节功能。完善市场体系是在建立各类市场的基础上，依据统一性、完整性和竞争性的要求，推进各类商品市场、各种要素市场和文化市场之间的相互衔接和互动，形成各类市场之间相互联系、相互传导和相互制约的机制，构成统一、竞争、开放、有序的市场体系，为市场机制发挥作用创造条件。否则，各类市场之间相互封闭、体系缺环和秩序紊乱，就会引发市场之间联系的中断，难以形成系统的信息传输、反馈机制，合理调节功能被扭曲，造成市场机制运作功能失效。可见，完善的市场体系作为市场机制发挥作用的基本条件，在中国经济转型、经济社会可持续发展和全面建设小康社会的过程中具有重要的意义。

3. 健全市场法制

健全的市场法制是指关于市场经济的立法、执法和监督制度的完整性、规范性。健全的市场法制不能自发形成，必须自觉构建。健全的市场法制与市场机制功能成正比，市场法制越健全、市场机制越灵敏，市场功能越强大、越能充分发挥作用。相反，市场法制滞后，执法不严，规制无序，必然导致市场秩序混乱，市场机制将无法发挥作用。市场机制发挥作用需要健全的市场法制予以保障，这是最重要的作用条件。经济发展的实践表明，市场法制不健全、法律法规不配套、执法监督不到位、制度规则不统一，都会引发市场规则混乱和无序竞争，扭曲市场运作方向，加大经济运行成本，直接影响市场机制基础性调节的效率。加快市场法制建设、健全市场法制、创造市场机制作用的法制条件，成为建立与完善社会主义市场经济体制的一项最紧迫的任务。

4. 转变政府职能

转变政府职能是市场机制发挥作用的又一重要条件。当代任何类型的市场经济体制或模式，都离不开政府的系统组织、参与、调控，无政府系统组织、参与、调控的市场经济体制或模式已不复存在。转变政府职能，首先要转变政府的经济管理职能，从直接的行政指令、干预向间接的政策指导、协调转变，从行政配置向宏观调控转变。其次要转变政府的社会管理职能，即从事无巨细的直接管理向公共产品及社会服务管理转变，从大政府、弱势政府向小政府、强势政府转变。最后要转变政府的管理理念，向服务政府、法治政府、责任政府方面转变，使政治体制改革与经济体制改革相适应、相配套、相平衡，为市场机制发挥作用创造有利条件。转变政府职能，主要是依据经济政策、法律法规和经济参数实施宏观调控，为市场机制发挥基础性调节作用创造相适应的条件。政府职能转变的力度愈大，市场机制作用的力度也愈大；政府宏观调控的质量、水平就愈高，市场机制作用的效率就愈充分、愈普遍。

市场机制的作用条件是综合性的多种基本条件的耦合及统一，其中，每一个基本条件都必须依靠大力培育、组织、规范和引导，依靠多方面的系统探索、研究、追求和创新，只有这样，多种基本条件才能逐步实现自身因素的发展与完善，从而构成市场机制发挥作用的系列相关条件。

第二节　市场机制的一般形式

一、竞争机制

竞争机制作为一般形式的市场机制，反映多种形式的竞争与市场供求关系、价格变化、要素配置等市场一般活动之间的有机联系。竞争机制一般与价格机制、信贷机制等相互联系、相互统一，共同发生作用，普遍存在于各类市场体系之中，属于共性的市场机制。商品市场的竞争机制主要包括交易双方之间的复杂竞争、买者之间或卖者之间的交错竞争等。要素市场的竞争机制主要包括要素所有者之间的竞争，要素所有者、转让者与各类需求者之间的竞争，要素中介组织之间的竞争等。文化市场的竞争机制主要包括文化产品出版的竞争、文化产品交易的竞争、文化知识产权转让的竞争、文化市场主体之间的竞争、文化中介组织之间的竞争等。在竞争机制充分发挥作用的条件下，任何因素都不能垄断市场，也无法长久地垄断市场价格。但在垄断因素的制约下，竞争机制将受到极大的限制，垄断价格和垄断利润抑制了公平竞争。因此，只有发挥政府和法律禁止垄断的权威性及作用，消除垄断，保护和促进公平竞争，才能发挥竞争机制的激励和引导作用。

竞争机制在同一商品或服务领域内部主要是通过价格竞争发挥作用的。反映在不同商品或服务领域之间，竞争机制主要是通过资金、技术、人才和管理等资源由利润较低的领域向利润较高的领域流动实现的。例如，某个厂商以雄厚的竞争实力占据较大的市场营销份额，获得通畅的资金融通渠道，吸引先进的技术成果和专门人才等。竞争机制充分发挥作用和持续展开的标志是优胜劣汰：一方面确保价格、信贷等机制充分、积极地发挥各自的调节功能；另一方面又保证对市场活动关系的合理调节，形成平等竞争的局面。可见，竞争机制是市场机制一般运行过程中的基本要素或方面，可合理调节各种经济体内外要素的比例关系，激励各种要素发挥潜能，有效配置各种稀缺资源，推动经济持续发展。

在市场经济条件下，竞争机制一般是通过直接接受相关客户或消费者的评判和检验，以此形成无形的市场压力、动力，迫使市场主体适时调整经营策略，变革经营意识，改进技术，加强管理，提高服务水平，取得市场竞争的主动权，增强市场竞争力，实现市场主体生存与发展过程中的优胜劣汰的。竞争机制一般也是在反垄断过程中形成并发挥作用的，对于在竞争中产生的各种负面效应，例如，违法违规行为、制假造假行为、市场欺诈行为、侵犯知识产权行为等，可以通过经济立法、严格执法和必要的行政措施等予以禁止或限制，并根据情节轻重给予相应的经济处罚或者依法取缔，甚至追究其刑事责任。从这个意义上讲，竞争机制是在反垄断、反不正当竞争、依法监督管理过程中形成的。作为商品经济较高发展程度的市场经济，特别是社会主义市场经济，更注重发挥竞争机制的激励和引导作用，因为社会主义市场经济更关注市场竞争活力问题，没有竞争活力就没有社会主义市场经济；更强调市场公平竞争问题，没有公平竞争就不可以称其为社会主义市场经济；更凸显竞争机制的作用及其表征社会主义经济制度的理性诉求，这就是称其为社会主义市场经济的理由。

竞争机制的运行过程及作用、功能是相关市场运行机制综合作用的结果，同样需要一系列相关条件。概括起来，其必须具备以下主要条件：

（1）商品生产者和经营者应成为具有自主权的市场主体。

这是竞争机制运行过程能够充分展开的先决条件。充分发挥竞争机制的作用，就必须给予商品生产者和经营者作为市场主体的地位和权利，主要包括生产经营方式的自主权、投资方向和运行规模的分散决策权、市场取向和价值判断的自由选择权等。只有如此，竞争机制才能在真正意义的市场主体之间充分展开，发挥其普遍的激励和引导功能。

(2) 商品生产者和经营者能够在竞争中获得相应的经济利益。

这是竞争机制运行过程能够充分展开的基本动力。商品生产者和经营者之所以积极参与市场竞争，完全在于自身的经济利益，在于经济利益实现的差别程度，如果在竞争中不能获得相应的经济利益，就会失去参与竞争的主动性。因此，发挥竞争机制的作用就必须确保商品生产者和经营者在市场竞争中所获得的经济利益不受侵犯，效益好的企业获得较多利润，税后可用于增加工资基金或奖励基金，或用于技术研发和规模经营；对贡献大的企业可减免、调节税收，使之获得竞争中的正当利益；建立合理的价格形成机制，确保企业依据市场供求调节价格的合理定价权。这样，竞争机制才能有序展开，才能获得一般运行过程的内在动力。

(3) 保护公平竞争，防止市场垄断。

公平竞争与市场垄断是直接对立的两个范畴，保护公平竞争，防止市场垄断，成为竞争机制在运行过程中能够充分展开的重要条件。商品生产者和经营者对竞争机制的反应程度与其是否处于市场垄断地位直接相关，若处于市场垄断地位，则对竞争机制的反应较为消极、迟缓，所以，要确保竞争机制发挥作用，就必须消除垄断因素，保护公平竞争。目前，中国的市场垄断现象仍较严重，特别是大型国有企业的行业垄断和公共产品生产或经营的垄断现象较为突出。例如，仍然不同程度地存在着因行政分割所造成的市场垄断；因稀缺资源独占所造成的市场垄断；因资本不能自由流动所引发的市场垄断等。这些因素严重阻碍了竞争机制作用的充分发挥，必须依法消除。所谓依法消除，即依据反垄断法，消除阻碍竞争的部门或地区的所有权壁垒，创造公平竞争的条件；消除排他性行业垄断，鼓励多种经济形式参与垄断行业的生产和经营；消除投资和贸易保护主义及其反调控行为，促进商品、服务、产权、商誉等资源的横向流动。这些措施将有力地保护公平竞争，有效地防止市场垄断，促进竞争机制形成及合理运行。

(4) 创造公平竞争的环境。

创造公平竞争的环境是竞争机制运行过程充分展开的基本要件，关键是建立统一开放的市场体系及生态环境。一般而言，竞争机制发挥作用的程度决定于市场体系及生态环境的完善程度。市场体系分割，市场环境恶化，竞争机制就难以形成并发挥作用。创造公平竞争的环境，主要是建立和完善市场法制体系、制度规范体系，为公平竞争创造有序的外部环境；建立和完善开放的商品市场体系、要素市场体系和文化市场体系，为公平竞争创造规范的内部环境；建立和完善政府监管体系、社会征信体系和道德自律体系，为公平竞争创造良好的信用环境。创造公平竞争的环境，就是促进所有市场主体，包括政府部门，遵循市场规律、规则，促进商品、服务、资金、技术等要素交易的公平竞争，确保市场主体的自由选择权和公平交易权，消除市场垄断，破除行业壁垒，在市场竞争中提升运营实力，提高质量水平，实现各类市场主体的利润目标和社会责任。

二、供求机制

供求机制一般是通过市场价格、利率等的具体运行过程及相互作用表现出来的。价格与价值的背离、价格与价值的一致由供求机制引起，供求机制是实现价格与价值相对背离或趋于一致的主导性运行机制，否则价格机制的具体运行过程便难以启动，价格机制的功能将难以发挥。利率由资金供求关系决定，利率的合理变动，可降低筹资成本，提高资金利用水平，促进商品生产者和经营者不断改进生产经营技术，提高劳动生产率，增强竞争力，并使其生产经营活动首先具备供给略大于需求这个基本条件。

作为一般运行过程的重要机制，供求机制在各类市场体系中均发挥重要的调节作用。微观经济学把供求机制视为商品价格与商品供求关系的内在联系，并用供求平衡曲线予以描述。如图 6-1 所示，纵轴 P 表示商品价格，横轴 Q 表示商品的供求量，点 E 表示某种商品的供求平衡点。D 为商品的需求曲线；S 为商品的供给曲线。其中，需求曲线 D 自左上方向右下方移动，表示消费者对某种商品的需求改变，从而引起该商品价格及供给情况的变化。撇开其他因素不谈，如果消费者对某种商品的需求增加，那么就会引起该商品价格的上涨，而价格上涨对厂商有利，使其增加该商品的产量及市场供给量，此时，由于价格上涨，货币购买力有限，消费者会减少对该商品的需求量。如果消费者对某种商品的需求减少，那么就会引起该商品价格下跌，而价格下跌对厂商不利，使其减少该商品的产量及市场供给量，甚至转移资金、技术，去投资获利更大的商品或服务行业。此时，由于价格下跌，货币购买力增加，这会刺激消费者的有效需求，使其增加对该商品的需求量，从而表明商品需求量与价格成反比。供给曲线 S 自右上方向左下方移动，表示厂商对某种商品的供给减少，从而引起该商品价格及其消费量的变化。同样，抛开其他因素不谈，如果厂商增加或减少某种商品的产量，那么消费者便会产生对该商品需求的饱和或不足，由此引起该商品的价格下跌或上涨。价格上涨，厂商会增加商品的供应量，价格下跌，厂商会减少商品的供应量，从而表明商品供给量与价格成正比。商品需求与商品供给之间相互联系、相互制约，形成特定层次的边际需求曲线和边际供给曲线，也就形成了市场经济条件下的相对平衡的供求机制，以调节、引导商品生产和交换关系。

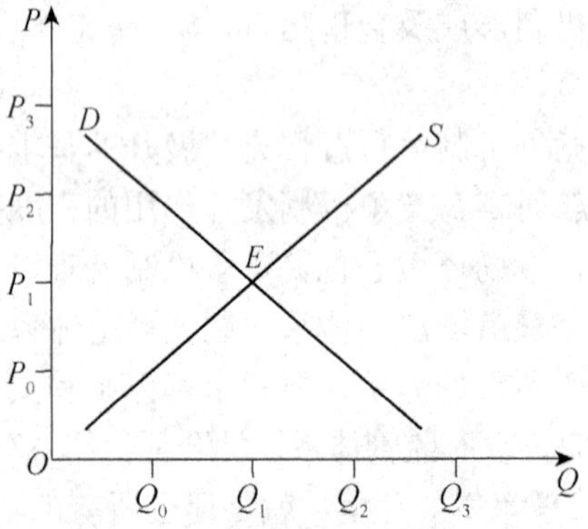

图 6-1　供求平衡曲线

除市场供求关系自发形成调节机制外，现代市场经济更加强调对自发形成的调节机制的政府宏观调控和引导，因为自发调节机制总会引发供求关系利益博弈的过度投机或消费，产生难以规避的市场风险，并周期性地产生经济危机。例如，市场需求曲线右上方可设 AD 线，市场供给曲线左上方可设 AS 线，见图 6-2，建立政府宏观调控和引导曲线，根据市场供求关系或消费倾向的变化，政府通过 AD 线和 AS 线加以必要的干预，影响重要产业和产品市场供求关系的微观走向，并设定可控的防范市场风险的上限和下限，规范市场供求机制自发运作的区间、条件和环境，把市场风险控制在社会可承受范围之内，犹如一道防火墙，降低市场风险和周期性经济危机的冲击。这样一来，市场供求机制的弹性会减少一些，市场机制调节的作用会减弱一些，但市场过度投机的风险会得到有效抑制，市场供求机制的自发运作被控制在政府自觉的宏观调控之下，实现“看不见的手”与“看得见的手”的内在制约与统一。例如，在社会主义市场经济条件下，中央政府对关系国计民生的重要产业和产品供求关系的控制和引导，特别是对涉及国计民生的重要产业和产品价格的控制和引导等，就显得尤为重要和必要。

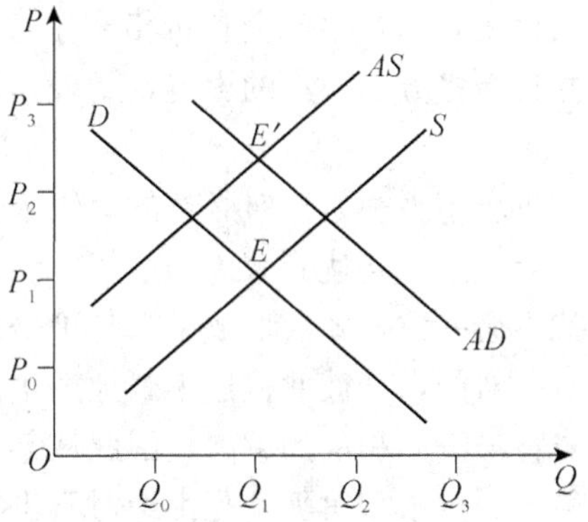

图 6-2　供求调控和引导曲线

对上述供求机制的描述可具体概括为：如果商品的需求超过供给，即求大于供，那么商品就会由于短缺而价格上涨，因而必然刺激短缺商品的生产和市场供应；而短缺商品的生产和市场供应的不断增加就会造成该商品生产的逐步饱和及市场供应的过剩，这样一来，商品价格又会下跌。如果商品的供给超过需求，即供大于求，那么商品就会由于过剩或积压而价格下跌，这必然迫使过剩或积压商品生产的停止或转移及市场供应量的减少；而过剩或积压商品生产的停止或转移及市场供应量的减少，又会造成对其需求的相对增加，直至变为短缺商品，这样一来，商品价格又会上涨。这是一种假设没有市场垄断、在自由竞争条件下的供求机制运行过程。如果出现市场垄断，就必须运用政府宏观调控工具对价格过度上涨或过度惜售的商品予以调控，特别是对垄断商品的价格予以调控，可实现资源合理配置、有利于民生和社会公正的目的。这就是供求机制的一般运行过程及其作用的表现方式。供求机制的作用表现为以下几个方面：

商品供求关系的变化引起市场价格的涨落，而市场价格的涨落又会刺激商品供给和需求的相应增减，即供求影响价格。如果某种商品供大于求，那么生产该商品的社会劳动时间的一部分就不能被社会所承认，因而该商品价格必然要低于其价值，表现为较低的市场价格。如果某种商品供不应求，结果正好相反，生产该商品的社会劳动时间会被社会所承认，因而该商品价格必然会高于其价值，表现为较高的市场价格。同时，价格也会反过来影响供求关系，表现为供求随价格涨落而增减。需求按与价格相反的方向变动：价格下跌，需求增加；价格上涨，需求减少。供给按与价格相同的方向变动：价格上涨，供给增加；价格下跌，供给减少。

供求关系总是无止境地上下波动，供给和需求相互关系的变动要受很多因素的影响。在市场经济条件下，需求是指有购买力、有投资力的需求，需求变动的大小取决于货币收入、资本收益的增减和货币购买力、资本投资力的增减，货币购买力、资本投资力的增减表现为消费价格、投资成本的上涨或下跌。货币收入的增减一般称为需求的收入弹性，货币购买力的增减一般称为需求的价格弹性。由于商品之间的相互替代作用，一种商品价格的变动可引起其他有关商品需求的变化，这即为需求的交叉弹性。同时，供给也是具有弹性的，供给弹性是指商品供给量对价格变动的反应程度，即商品价格按一定比例上涨或下跌所引起的商品供给量的增加或减少的比率。“供给弹性较为复杂，涉及生产周期的长短，生产规模的大小，资金转移的程度，以及生产资料价格和生产过程中工程技术等方面。”①由于供求双方都具有弹性，并且受多方面因素的影响，所以，供求关系便处于不断的波动或变动之中。

供求平衡是相对偶然的，供求不平衡是绝对必然的。供求关系作为决定供求机制的最重要因素，在本质上从来就不会一致，若达到某种程度的一致，也只是某种相对偶然的现象。正是因为供求关系从来就不会一致，才会形成供求与价格相互联系、相互作用的动态运动过程。供求不平衡是绝对必然的，会彼此接连不断地产生。如果不平衡偏离到一个特定的方向，就会引发另一个与特定方向相反的偏离，因此从某一时期的整体过程来看，供求关系总是一致的、相对平衡的。供求相对平衡是由绝对不平衡及其运行过程形成的，相互对立的各种不平衡的不断转化都是通过供求机制的运行过程及其作用实现的。“供求机制是供求双方复杂矛盾运动的一种内在平衡机制。”②

由于 *AD* 线和 *AS* 线的政府宏观调控和引导，商品供求关系利益博弈的自发运作区间和方向会得到有效制约。*AD* 线和 *AS* 线的政府宏观调控和引导必然会使市场供求弹性减少，灵活性降低，但市场垄断和市场风险却得到有效制约，整体上有利于供求关系的稳定均衡，有利于经济的有序发展，有利于社会的公平、公正、和谐和稳定，并体现社会主义市场经济的发展潜力和社会主义经济制度的优越性。

市场经济的发展实践表明，在买方市场条件下，供求机制一般能有效地推动商品生产的平衡发展和经济效益的提高，在买方市场上集中地表现为商品供给略大于需求，此时的市场价格是由优等生产条件下的单位商品的个别价格决定和调节的，那些个别价格高于价值的商品及其一部分社会劳动便不能被社会所承认，其经济利益受损，从而使商品生产者努力改善经营管理，采用先进技术和方法，大力提高劳动生产率，降低单位生产成本。同时，在买方市场中，供给略大于需求的状况会使多种市场信号基本趋于正常，既能为商品生产者的经营活动提供正确的引导，又能保证市场机制调节作用的充分发挥，推动经济发展。相反，在卖方市场条件下，商品供给小于需求，表现为商品供不应求，其市场价格并不是由优等生产条件下的单位商品的个别价格决定和调节的，劣等生产条件下的单位商品的个别价格也能实现其价值，造成优劣厂商不分、价格上涨、盲目逐利的现象，严重损害了消费者的利益。同时，商品供不应求也会使市场信号失真，供求关系失控，难以发挥供求机制的调节作用。

---

① 保罗·A. 萨缪尔森，威廉·D. 诺德豪斯. 经济学（第十四版）：上. 北京：首都经济贸易大学出版社，1996：115.

② 魏杰. 社会主义经济调节通论. 北京：人民出版社，1994：216.

建立买方市场的基本途径有：(1) 扩大社会需求，主要是开辟市场流通渠道，鼓励和推动多方面的社会需求，合理控制经济运行速度和发展规模，并与社会需求相适应。(2) 指导社会供给，主要是合理调整产业结构，改善资源配置条件，提高科技含量和规模效益，保持经济协调发展，走内涵发展之路，利用国际分工提高高附加值产品的出口能力，积极参与国际市场竞争。(3) 扩大社会需求和及时指导供给相结合，从需求和供给两方面协调市场交易关系，保持买方市场的态势，使供求机制充分发挥其效用。

三、风险机制

在市场经济条件下，所有商品生产者和经营者都面临着盈利、亏损，甚至被兼并、破产的可能性，都必须承担损失及风险。商品生产者和经营者一旦承受了损失及风险的压力，就会内在地形成生产经营的主动性和创造性，适应市场需求，满足市场需要。只有在风险机制充分发挥作用的条件下，每一个商品生产者和经营者才能依据市场的需求，积极探索、精心规划，把风险减少到最低限度，努力提高产品质量和经济效益。作为一般形式的市场机制，风险机制一般是通过以下三个方面具体实现的：

1. 通过确立市场主体的硬预算约束关系，实现风险机制的调节

预算约束是指通过预期收入控制支出，是微观经济学分析企业或家庭经济活动的关系时所提出的预算线的概念。例如，企业或家庭选择甲、乙两种商品时，可根据自己收入的多少，甲、乙两种商品相对价格的高低，画出一条预算线。如果价格在预算线之内，那么就可以实现购买；如果在预算线之外，那么就不能实现购买。这种预期收入对支出的约束，不是事后的结算关系，而是事前的行为约束关系。依法硬化预算约束会使企业的经济活动承担某种程度的风险，企业购买或不购买某些商品和生产要素，扩大还是缩小经营规模，是内部挖潜还是外延扩张，首先要考虑是否具有风险，以及风险的大小，从而依法确立企业的硬预算约束关系。风险机制对企业经济活动关系、行为具有重要的约束及规范意义。风险机制与硬预算约束是相辅相成的，风险机制的作用在于给企业的生产经营活动施加压力，实施必要的调节，约束其分散经营决策行为，在硬预算约束条件下，会增加企业的风险压力，使其提高风险防范意识，形成规避风险的能力。建立和完善风险机制，就必须改革以往的软预算约束体制，将企业的利益期待联系由国家包保转换为市场调节，一旦企业的利益期待联系转向市场调节，其经济利益与市场实现成果便会紧密联系起来，并随时面临或承担市场风险，这样，风险机制的作用就会逐渐地充分展开。

2. 通过建立和完善企业风险制度来发挥风险机制的功能

建立和完善企业风险制度意味着企业对自己的生产经营状况、行为要承担全部经济责任和风险。在中国新旧体制转轨过程中，建立和完善企业风险制度，关键要建立企业的风险责任承担制和追究制，使风险责任规制化、法制化，明确风险责任主体。建立和完善企业的自负盈亏制度，确认企业之间经济利益的差别，绩效好的企业获得较多的经济利益，绩效差的企业不能获得经济利益，从而对风险机制做出积极反应。只有当国家不再为企业承担风险，银行不再为国家承担风险买单，企业真正成为风险活动和风险责任的主体时，风险机制才能触动企业的中枢神经，企业才能对风险机制的功能产生迅速的反应。

3. 通过实行企业破产制度来实现风险机制的作用

破产是风险机制最高层次的作用形式，也是风险机制正常运行的关键条件。在以往的

计划经济体制下，企业不承担任何风险的重要原因就是企业无破产制度。国家保护企业免于承担风险，无论亏损多么严重，也绝不会破产，企业风险转变成为国家风险，这样企业不可能把生产经营活动作为风险性活动，风险机制缺失的结果就是企业生产经营活动不依赖成本、价格、利润等市场信号，这最终必然导致企业生产经营活动的低效率或无效率。实行企业破产制度就是强化风险机制对企业生产经营行为的影响、作用，明确企业生产经营活动即风险性活动，如果生产经营状况持续恶化，严重资不抵债，企业无法继续履行生产经营的责任、义务，就必须依法停业、倒闭或破产。这是一个较为规范的在风险机制调节下的市场制度，破产制度及其实行构成风险机制发挥作用、力促企业努力经营、提高经济效益的必要条件。对失去偿债能力的企业，包括国有企业，必须依法破产或依法被收购，实行及时的破产或收购处理是风险机制调节的必然要求，形成风险机制一般运行过程的必要因素、条件。据统计，1996 年，在中国 58 个试点城市中，破产终结的企业共计 1 099 家，被兼并的企业 1 192 家，下岗分流 123 万人。1997 年涉及破产或兼并的企业有 2 980 家，其中大中型企业占 70%，涉及资产总额 4 150 多亿元，职工 560 万人。1994—2005 年，中国实施政策性破产的企业有3 658 家，核销银行呆坏账准备金超过 2 000 亿元。全国符合关闭条件的资源枯竭性矿山和国有企业还有 2 000 余家，涉及金融债权 2 400 多亿元。国有企业将实现依法破产，进入市场化的有序退出机制。①

四、资本机制

资本机制作为比较典型的现代市场经济机制，其一般形式主要反映在多层次的资本市场体系之中，在金融市场发展过程中发挥着普遍调节和引导作用。根据当代资本理论，资本机制包含资本形成机制和资本市场形成机制两方面要义。② 资本形成机制主要包括资本供给要素的形成机制、资本需求要素的形成机制、资本供需交易体系的形成机制。显然，资本市场形成机制内在于资本形成机制之中，呈相互包含、内在关联之势，区别在于，资本形成机制是就资本机制的要素关系而言的，资本市场形成机制是就资本机制的功能态势而言的。在中国，资本机制的三个基本要素都不成熟、不健全，存在诸多问题，就供给要素形成机制而言，单一的银行储、贷、汇成为目前主要的资本供给形式，其他渠道如股票、债券等都很不完善，无法满足经济社会对资本的多样化需求。就需求要素形成机制而言，资本需求形式多样，资本需求总体上大于供给，而单一的资本供给形式严重制约了需求要素的增长。就交易体系形成机制而言，供需要素往往背离，难以形成灵活有效的配置机制，在运行过程中，经常出现交易体系失控、交易信息失真、交易行为失范、交易安全无法保障等现象。③

显然，资本形成机制的有效建立更为关键，在很大程度上影响、制约资本市场形成机制的有效建立，主要包含以下几个层面的资本机制：

1. 货币转化为资本机制

货币转化为资本机制，即 G—G′的运行机制。首先，除了传统的储蓄利息收入之外，

① 段文斌. 企业破产走向有法可依. 人民网，2006-09-25.

② 王益，孙波，李万寿. 资本形成机制与金融创新. 北京：经济科学出版社，2003：15.

③ 赵凤岐等. 中国资本市场发展战略. 北京：北京大学出版社，2003：29.

货币转化为资本的机制主要是指能够系统地形成多渠道融通资金和多形式投资的资本机制，货币所有者和货币需求者能够在多渠道融资和多形式投资的资本机制调节下满足各自的需要，实现互惠、互利、双赢。多渠道融资是货币转化为资本的基本前提，多形式投资是货币转化为资本的内在动力。良好的投资机会和巨大的增值潜力成为资本形成机制的关键要素，反过来又会促进融资渠道的多样化。其次，货币转化为资本的机制还指由于消费需求的不断增长促进厂商的信心增强，从而启动生产的增长和投资的扩张，特别是消费需求新增长点的出现，可促进新兴产业的生长及其产业链的延伸，使货币转化为资本的能量增强，资金融通的概率增大，富余资金流向资本市场的速率加快，新式投资及产业链形成反过来又会促进消费需求的不断增长与创新。再次，货币转化为资本的机制也指投资者依据市场供求规律及交易价格从事货币现货、期货、期指、期权等投机行为，由此获得货币利差、保值和增值，从而实现货币转化为资本。最后，货币转化为资本的机制也表现在国际经济贸易方面，特别是进出口贸易方面。出口贸易的货币表现是指商品或服务等出口以换取外汇，实现由外币表现的本币的增值。进口贸易的货币表现是指商品或服务等进口以付出本币，实现由本币表现的外币的增值。此种进口贸易的本币付出以满足国内生产和消费的需求为前提，最终可促进投资和消费的增长，促进出口贸易的增长，实现货币转化为资本。货币转化为资本的机制，其功能是将社会闲置资金转化为由资本市场引导的长期投资，不断提高社会直接融资的比重，维护金融运行安全，推动经济社会发展。

目前，中国货币转化为资本的市场通道已经初步建立。例如，除了证券交易市场之外，还建立了支持中小企业发展的二板市场，分步推进创业板市场建设，尝试建立区域性小额资本市场，扩大场外交易市场等，使投资、融资、出口、消费形式趋于多样化。但是，仍存在薄弱环节，甚至缺环现象还较为严重。融资难，信息不对称，市场配置层次、水平低，这些都从多方面制约了货币转化为资本机制的发挥，所以，货币转化为资本的运行体制、机制等基础要素亟须重点建构、提高和完善。①

2. 利润转化为平均利润机制

利润转化为平均利润机制，即 $P—\overline{P}$ 的运行机制。利润转化为平均利润的机制是中国资本市场的核心机制之一，主要表现为均衡价格机制、垄断价格机制和特定行业的国家垄断与控制机制。

均衡价格机制是由竞争及均衡价格运动形成的。均衡价格即生产成本＋平均利润，是市场竞争的结果。在市场经济条件下，由于厂商的运营成本、技术水平、管理效率等不同，决定了同类产品或服务价格间的差异性，但市场销售价格或服务价格必须遵循均衡价格水平，即价格转化为一定市场竞争条件下的同类产品或服务的生产价格，形成市场均衡价格引导下的为获取平均利润而展开的竞争，其结果必然使厂商的个别利润转化为市场的平均利润，资本市场机制由此形成，并产生导向功能。

垄断价格机制是由特定条件下的市场垄断或政府管制形成的，属于过渡性资本机制。就实质而言，资本市场机制必然以垄断价格机制为基础，资本主义市场经济和社会主义市场经济都是如此。垄断价格机制的生成条件在于实力雄厚的垄断组织的产生，在于生产资

① 马洪. 中国市场发展报告. 北京：中国发展出版社，2004：108.

本和金融资本的相互融合及混合生长，在于生产价格转化为垄断价格、平均利润转化为垄断利润成为可能。具体而言，在特定发展时期和特定条件下，打破垄断不等于摒弃垄断，取消价格垄断也不等于不要垄断价格，某些价格联盟是必要的，例如特定时期的电信业、邮政业、家电业等。某些价格控制是必需的，例如特定时期的稀缺产品和公共服务产品等。合理的垄断价格机制是中国资本市场机制形成的必要条件。

特定行业的国家垄断与控制机制，表现为具有防御性的资本或产业，例如军工；具有服务性的资本或产业，例如文化、卫生；具有公益性的资本或产业，例如公共设施或公共产品；具有保障性的资本或产业，例如石油、电力；具有调控性的资本或产业，例如财税、金融。这些资本或产业作为不具有自由竞争属性的资本或产业，是国家综合竞争力的基础，成为维系资本市场机制运作的根本要件。

3. 资本所有权转化机制

资本所有权转化机制，即 C—C′的运行机制，包括资本权转化机制、物权转化机制、知识产权转化机制。

资本权转化机制包含两个方面：一个方面是资本权转化为债权；另一个方面是资本债权转化为股权。前者一般表现为资本投资，例如，货币资本投资可通过资本市场融通转化为资本投资，使货币资本所有权转化为债权，依据合约可使货币资本所有权获得保值和增值。后者则表现为资本债权可分散化，并可转化为更加灵活的股权形式，既指优质资本债权的股权化，通过股权化使优质资本资源的市场配置更加合理、高效，也指亏损资本债权的股权化，通过战略投资者的市场化收购、处置，转化为具有某种投资价值的股权形式，即转化为新的投资资源。债权转化为股权，同样可使资本权经过有效转化得到保值和增值。

物权转化机制，特指财产权转化为有形产权的机制，包括土地、房产、固定设备、生产资料等有形产权，可通过资本市场调节转化为具有增值意义的新的投资资本。

知识产权转化机制，主要指技术发明权、专利权、商标权、著作权、版权等无形资产的转化机制。这种特殊的无形资产转化机制的形成是中国资本市场机制成熟的重要标志，从而表明任何产权交易及其市场化配置都应是通畅的、有效率的，产权资源尤其是无形产权资源的利用充满无限生机与活力。

资本所有权转化机制包含十分广泛的内容或领域，是中国长期以来最紧缺、贫乏的领域，并且存在相当多的棘手问题，例如，债转股、股权分置、资本全流通、房地产市场引导、知识产权保护等，已成为中国资本市场机制建设的重中之重。

4. 国际资本转化机制

国际资本转化机制，即 Cg—Cg′的运行机制，包括国内资本转化为国际投资的机制、国际资本转化为国内投资的机制、人民币汇率形成机制、上海国际金融中心建设等。

国内资本转化为国际投资的机制，表现为国内资本通过国际市场调节转化为某种国际投资形式，如政府或企业在国际市场上发行国际债券，进行外汇交易、期指期权交易等，融通国际资金；国内资本直接投资国际金融业，例如 QDII、投资某种国际实业或跨国经营等。

国际资本转化为国内投资的机制，表现为在国内资本市场调节下国际资本的国内流动、转移。例如：国内“三资”企业的资本运营即是国际资本转化的结果；国际资本在国内资本市场上的多种融资形式，例如QFII等，也是国际资本流动、转移的结果。

人民币汇率形成机制是国际资本转化机制的突出形式，构成中国资本市场形成机制的前提。中国应发展外汇交易零售市场，改革银行结售汇制度，推动贸易和投资的便利化，稳步推进资本账户开放，拓宽人民币汇率生成的市场基础；完善外汇交易批发市场，增加市场交易主体，开发避险工具，改进交易方式，适度扩大银行间市场汇率浮动幅度；健全人民币汇率对一篮子货币的参照体系，维护外汇市场平稳运行，有序推动利率市场化进程。①

上海国际金融中心是国际资本转化机制的重要枢纽，中国资本市场形成机制的主要平台。当前中国主要应建立人民币产品研发机制，为金融服务业流程再造和金融衍生品创新打造平台，使之由内向型向外向型发展，有序形成资本研发、生产、营销、创新机制，逐步发挥金融资本的聚集、流动、辐射等功能，节约资本转化成本，提升资本的国际竞争力。截至2008年年底，上海共有已开业的外资法人银行17家，占全国外资法人银行总数的53.1%，在上海注册的外资法人银行的总资产为8 450.5亿元，占全国外资法人银行总资产的84.8%；共有外资法人财产险公司7家，占全国外资法人财产险公司总数的63.6%；中外合资寿险公司共有12家，占全国总数的46.2%；中外合资基金管理公司19家，占全国总数的57.6%，管理的资产规模约为5 000亿元，占全国所有中外合资的基金管理公司所管理的总资产规模的58.2%。外资法人银行、外资法人财产险公司、中外合资基金管理公司的数量均占全国的50%以上。上海共有金融机构899家，较年初增加67家，其中外资金融机构395家，较年初增加35家。上海还集中了股票市场、银行间同业拆借市场、债券市场、外汇市场、票据市场、期货市场、金融期货市场、黄金市场，是目前全球要素市场最集聚的城市之一，日益成为全国资金市场和资本市场的中心。近年来，众多国际评级机构不遗余力地进军中国市场，目前，全球三大评级巨头标准普尔、穆迪、惠誉都在上海设立了办事处。②

五、一般运行机制创新

一般运行机制创新是竞争机制创新、供求机制创新、风险机制创新和资本机制创新的基本功能形态，蕴含在市场运行过程之始终，对经济活动具有基本信号调适、诱导、引领等功能，是市场一般性基本功能适时调整、适度完善的结果。

1. 竞争机制创新

竞争机制创新要创造市场竞争的内外部条件、氛围。不断完善竞争主体的治理结构，创新市场游戏规则，在利益博弈中形成市场竞争压力或动力，建立普适的由低到高的制度化流动机制，推动商品、资金、资本、技术、人才、管理等要素的合理配置，提高竞争效率。完善有利于自由竞争、平等竞争、公平竞争的法制体系。依法规范市场竞争，优化竞争结构，禁止不正当竞争，约束市场垄断，生成市场竞争动力，形成有利于推进市场更

---

① 周小川，刘明康．谈金融改革和监管．上海金融报，2004-03-13.

② 姚玉洁．上海外资法人银行占全国外资行总数五成以上．新华网，2009-01-22.

新、增强市场活力、实现经济利益的市场竞争机制。关键在于完善和创新有利于竞争机制发挥基础性调节作用的市场规制，强化市场规制的共性，突出市场规制的刚性，发挥市场规制的韧性，确立市场规制的个性，形成以完善和创新的市场规制为基础的竞争机制。

2. 供求机制创新

供求机制创新主要是不断完善市场供求关系结构，特别是不断完善机构投资者的供求关系结构，建立通畅的供求关系网和灵活的供求调节机制，形成投资者和融资者相互制约、互动发展的平台，建立真实反映市场供求关系的相对均衡结构，改善供求状况，提高供求质量，防止供求信息不对称及其畸形引导。问题的关键在于扩大有效需求，调整供给结构，使政府作用和市场作用双管齐下。① 解决供求机制创新的前提，一要依法规范供给主体的行为。特别是商业银行、非银行金融机构、上市公司和机构投资者的行为，引导供给主体长期投资，抑制短期行为，强化供给主体的诚信意识，严律失德失信，严惩肆意投机。二要依法规范供求中介服务行为。特别是证券公司、基金公司、会计师事务所、律师事务所和咨询评估机构的行为，建立供求中介服务指标体系和评价体系，强化服务意识和道德自律，依法治理供求中介，惩治违法违规行为。要点在于转变以政府干预为主导的供求关系结构，建立以市场导向为基础的供求关系结构，创造供求机制发挥作用的相关条件、氛围，保持供求的弹性和相对均衡，完善供求保障体系，发挥供求机制的基础性调节作用。

3. 风险机制创新

风险机制包括风险预测评估机制和风险防范控制机制。风险机制创新的要义在于通过风险机制信号的引导，完善企业内控制度，规范信息披露制度，强化资本硬约束关系，推进企业制度创新。风险机制创新问题的基点在于强化风险预警体制建设和风险预测评估体系建设。提高风险预警体制和风险预测评估体系的科技含量，确立常规性风险预警指标体系，实施动态分析监测。② 要加强风险控制体系建设。建立规范的硬约束管理体系，形成有序的监控机制和规范的控制协调体系，创新联动的外部监督机制。要系统强化风险问题意识和风险责任意识。加强风险控制和风险问责制度建设，突出风险防范和风险处置机制建设。其重点在于持续推进建立现代企业制度，深化企业法人治理结构，特别是国有企业法人治理结构，使之成为自主经营的市场主体，确立优胜劣汰机制和适时破产机制，推动以风险防范为重点的风险机制创新，为风险机制的一般运行调节奠定基础。

4. 资本机制创新

中国资本市场形成机制的基本问题是资本市场供求关系及其开放的问题，前提是人民币汇率市场化改革及其形成机制的问题。这是一个连锁问题，形成一系列有层次的问题链。就本质而言，汇率形成机制包含汇率制度和汇率水平问题，反映一个国家以货币表现的经济发展的质量、程度、信用和水平。例如，人民币汇率参考一篮子货币的相对比价水平集中体现为中国经济运行水平及货币价值水平。市场化汇率制度和汇率水平的系统建立，将有利于中国资本市场和货币市场的实质性对接，有利于资本项目的自由开放，是资

---

① 成思危. 虚拟经济论丛. 北京：民主与建设出版社，2003：100.

② 曹凤岐. 中国资本市场创新. 北京：北京大学出版社，2003：380.

本机制创新的前提条件。资本机制创新的核心是经常项目和资本项目的自由流动机制的建立，包括国内市场和国际市场的自由流动机制，使资本市场发挥配置的基础性作用。其问题的关键在于人民币汇率如何以市场供求为基础，在于市场供求基础上的参考一篮子货币的形成机制，在于有步骤地开放资本项目，在于形成规范的资本市场法制体系等，这是一个比较长的渐进式发展过程。

资本机制创新在于市场形成机制创新，现象上是一般运行机制创新和具体运行机制创新，本质上则是创新模式市场取向的选择与确立，涉及诸多深层次的机制创新问题。而资本市场的制度基础、组织结构、调控方式的日益完善及其系统连接，构成中国资本市场形成机制创新模式的根本原理和深层要件。

图 6-3 中的内侧箭头走向为本原机理，是市场形成机制的决定性要素；外侧箭头走向为派生机理，是市场形成机制的配应性要素。本原机理和派生机理不断循环，交互作用，渐渐生成多层次资本市场体系和机制。

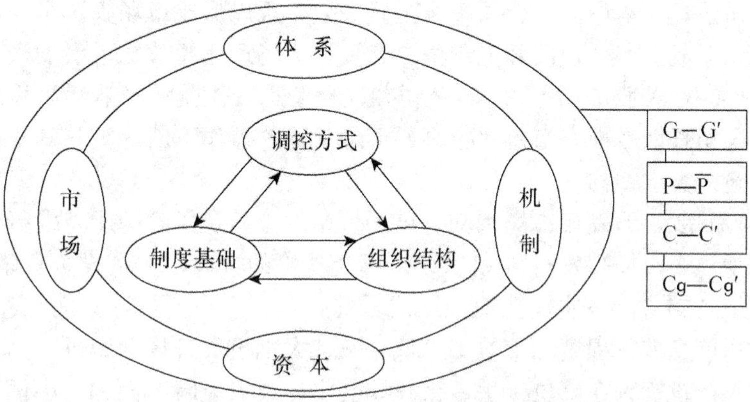

图 6-3　资本市场体系和机制

中国的二元经济决定中国的二元市场，解决二元市场问题的钥匙就在解决二元经济的问题之中。因此，如果用纯粹的市场机制和手段解决目前中国资本市场的问题，也必然会走向极端，打乱中国市场取向改革的进程，欲速则不达。利率市场化、资本项目开放、资本市场形成机制等问题，将是一个渐进的体制、机制改革及相互制衡的交互作用过程。从这个角度看，资本机制的构建和创新，用纯粹理论式推论行不通，例如构建理论模式或数量模型等；用市场经济国家已走道路和经验简单类比也走不通，例如模仿和描述发达国家的成功做法；必须是符合中国实际状况及需要的创新性探索、开创性实践，才走得通。由此便可以解析为什么中国资本市场如此迥异，尤其是资本市场中的种种现象，例如，一股独大、所有者虚置、上市融资、关联交易、风险意识淡薄等，都是渐进的市场取向改革过程中的附属物，因为你无法要求中国资本市场一开始就进入理想化的规范状态，无法企盼参与者的活动行为和诚信素质均非常高，更无法想象机构或个人会始终自觉坚持长期投资，而不是短期炒作，也无法迅速建构兼具投资、融资和资源配置系统功能的资本市场。中国资本市场要素初生，供需信号微弱、滞后或失真，因此成熟的市场供需关系尚未形成。

六、市场风险问题

在市场经济条件下，只要市场机制发挥基础性调节作用，当这种基础性调节作用发展到一定程度时，就会产生商品奇缺或商品过剩、通货膨胀或通货紧缩、高杠杆率扩张或资金链断裂等现象，这些现象就会逐渐生成市场风险，就会出现一系列市场风险问题。政府实施的各种宏观调控或“救市”举措就是针对市场风险和市场危机做出的，但无论如何也不可能消除市场风险和市场危机，人类只能尽力去利用市场机制的正效应，尽力去减少市场机制的负效应，这即是市场机制的“双刃剑”功能。所谓经济危机就是市场风险累积的结果，而化解市场风险实际上就是积极处理经济危机，这是一条反复出现的普遍规律。这里主要以中国资本市场为例来简要分析几个市场的风险问题。

脱节性风险问题，即中国上市公司内部控制和资本市场运作的脱节及风险问题。制度经济学认为，产权界定不明晰，公司治理混乱，就会形成内部人控制和机会主义行为。其结果将导致公司治理成本增大，公司资源配置失效，难以形成市场筛选企业机制并影响公司治理及效率，造成上市公司内部控制失灵和资本市场运作脱节，可引发极大的不稳定性及市场风险。① 中国A股市场上的ST公司和题材概念炒作就是脱节性风险问题的典型例证，尽管上市公司长期亏损，市盈率极高，但题材概念炒作不断，被其套牢的投资者不计其数，市场风险极大。

分离性风险问题，即发行市场和交易市场价格的分离及风险问题。发行价格与交易价格的分离表现为一级市场高发行价和二级市场交易价的分离，大批投资者争相网上申购，然后助推二级市场交易价格非理性地泡沫式暴涨，不管上市公司基本面和经营效益如何，也不管上市公司信息披露程度和市盈率高低，致使大批投资者蜂拥跟进，诱多陷阱防不胜防，最终导致大批投资者在高位接手、被长期套牢的极大风险。例如，中国石油、中国平安、中信证券、中国铝业等市场分离性风险问题公司即是如此。

非平衡性风险问题，即市场投资功能和融资功能结构的非平衡性及风险问题。表现为大量的上市公司长期淡化对股东的股权分红、利润回报，相反，则热衷于增发、配股、扩容，从而弱化了资本市场的投资功能，恶化了资本市场的融资功能，使投融资结构严重失衡，长期处于非平衡之中，诱导投资者无视价值投资，实施所谓的快进快出策略，短期投机炒作致使资本市场供求关系紊乱，在短期内产生大幅度的剧烈波动。短期炒作（投机行为）和快进快出（投机策略）隐含着极大的非平衡性风险问题。

差距性风险问题，即投资者结构现状和投资者结构优化的差距性及风险问题。目前，机构投资者结构、规模及水平不高且非理性，个人投资者数量众多且具有盲目性，从而形成投资者结构现状和投资者结构优化之间的较大差距，理性的投资者结构（价值投资者结构）的建构尚待时日，而非理性的投资者结构（投机者结构）难以在短期内改观。其潜在的差距性风险问题严峻。

弱化性风险问题，即行业规范和道德自律的弱化性及风险问题。这表现为对券商、基金公司、会计师事务所、审计事务所、律师事务所，以及注册分析师、股票交易软件经销

---

① 卢现祥，朱巧玲. 新制度经济学. 北京：北京大学出版社，2007：260.

商等服务中介失德、失范行为的监督机制弱化，对其包装推荐、绩效分析、利益合谋、误导投资者等失范、失德行为难以约束，隐含着较大的弱化性风险问题。

失序性风险问题，即证券交易所微观监管和市场交易规则的失序性及风险问题。除对A股、H股设涨跌幅限制，公司重大事项停牌，交易异动暂时停牌外，其他微观监管措施和交易规则处于失控状态。例如，对交易日交易者单笔卖出量没有限制，就意味着允许投资机构巨量卖出，连续砸盘，造成市场恐慌；而对交易日交易者单笔买入量也无限制，许可投资机构巨量买入，连续推升，制造诱多陷阱。可见，此种失序性风险问题危害极大。

悖逆性风险问题，即政策干预和市场力量的悖逆性及风险问题。在中国资本市场建立的初期，政策干预、引导是必要的，也是必需的。但在资本市场由制度变革到战略转型的新时期，政策干预和引导应逐步减退，市场调节及市场力量应逐步增强，但政策干预又不能戛然而止，要有一个减退期，这样政策干预和市场力量便无法相向而行，往往在市场力量趋向利多之时，政策干预趋向唱空。在2007年10月—2008年12月的一年多时间中，沪市综指由6 124.04点下跌至1 600点左右，深市成指由19 531.15点下跌至5 000点左右。当政策干预强调利多之时，市场力量反而不断唱空。沪指自2009年8月4日的3 478点高点一路震荡下跌到2012年12月4日的1 949点低点，创下近三年半来的历史新低。当前市场动能明显欠缺，投资者信心不足，弱市行情尽显。如此一来，必然产生较大的悖逆性风险问题。

滞后性风险问题，即资本制度和资本制度文化的滞后性及风险问题。无论从生成还是发展视角考察，中国资本市场均显得滞后，缺乏较深层次的制度文化氛围，由此导致种种逐利行为、欺诈行为、背弃行为、侵权行为，成为阻碍资本市场健康发展的顽症，制度文化建设已成为重中之重，越来越显得必要和紧迫。

上述风险问题，既有体制性风险问题，有结构性风险问题，又有投机性风险问题，这些风险问题可相互交织、相互感染、相互传导，形成系统性风险，对中国资本市场的健康发展危害极大，必须予以高度重视。风险问题的成因是一个多因素交织的复杂体系，既有历史遗留因素，也有现实发展原因。揭示风险问题的成因，正确应对风险，理性把握风险，对于构建市场体系和完善市场机制具有重要意义。风险问题的成因可从二元经济因素、政策影响因素、投机博弈因素、资本文化因素等四个方面加以认识。

（1）二元经济因素。

中国经济是典型的二元经济。二元经济决定二元市场结构，解决二元市场结构问题的钥匙就存在于解决二元经济的问题之中。中国公司治理滞后，这更突出地体现了二元经济及其资本市场的结构性风险。这种由二元经济决定的结构性风险表现为国有公司产权界限不明晰，委托代理关系弱化，内控机制失灵，政策依赖严重，市场取向较低，国有资产运营面临着因公司治理结构滞后造成的结构性风险。① 这也表现为市场投资者结构和投融资结构的不合理性，机构投资者运营规模小且不理性，个人投资者数量多且具盲目性。市场投融资比例失衡，融资行为（圈钱动机）持续高涨，投资行为（价值动机）严重不足，这

---

① 吴敬琏．当代中国经济改革．上海：上海远东出版社，2003：121.

种现象持续下去必然隐含着较大的结构性风险。

(2) 政策影响因素。

政策影响和政府干预是中国资本市场建立过程中的一个显著标志，这样的市场可被称为“政策市”。在中国资本市场20多年的快速发展过程中，政策影响和政府干预发挥着重要作用，可以预测，由政策影响和政府干预而形成的资本市场惯性还将在一个较长的时期内发挥重要作用。但从理论上看，在资本市场由制度变革到战略转型的新时期，“政策市”应当逐步减退，由市场逐步发挥主导作用。如果投资者和市场中介对政策产生深度依赖，并且资本市场的惯性依然较强劲，那么任何程度的政策减退和市场功能的增强都会给投融资者带来心理上的不适应，使之过分企盼管理层干预和出台政策利好消息等，从而背离市场规律的引导，对市场的调节功能固化，均会产生战略转型期政策因素主导让位于市场功能主导所引发的市场风险。①

(3) 投机博弈因素。

短期的、非理性的市场投机博弈行为，以市场无名小辈变为声名显赫的庄家为投机博弈资本，以市场某种利好或利空信息为投机博弈依据，以煽动或诱惑特定投资群体为投机博弈取向，以特定题材概念股票为炒作对象，可引发大规模的各类投资者疯狂参与的投机博弈（炒作）狂潮。其典型特征是在牛市中的非理性行为、短期行为、跟风行为、爆炒行为。② 从历史上看，经历300多年风雨的纽约证券交易市场，在其每一次大牛市中都伴随着疯狂的投机博弈活动，引致巨大的投机性风险。18世纪90年代，19世纪30年代及60—70年代，20世纪20—30年代、60—70年代及80年代等都是如此。③

中国资本市场近20年快速发展过程中三次牛市中的投机博弈行为也是如此。这种投机博弈因素既与市场法制不健全相关，也与执法机制不完善相连。目前中国资本市场的法律体系构架已初步确立，正在逐步拓展、细化和完善之中，而执法体系还不健全，严格执法、公平执法、公正执法还需长期强化。法制制度环境的不完善，一系列的规制性缺陷，阻碍了资本市场风险防范机制的建立，并给资本市场的投机博弈提供了条件。④ 而目前游戏规则的缺失、游戏规则的不完善或是游戏规则的执行不力，已成为资本市场投机紊乱的根源之一。⑤ 制度缺失是形成投机博弈的主要因素，市场运行制度不规范，制度效率不高，制度管理重叠，协调成本增大，缺乏平稳性、协调性、灵活性，亟须深化制度改革与创新。

(4) 资本文化因素。

中国历史上既缺少资本制度，更缺失资本文化，与发达国家资本市场相比存在资本观念和资本文化方面的差距。资本文化中的股权文化及其实质是信守回报承诺，债权文化的核心是还本付息。但很多情况则相反。如此根深蒂固地与资本文化相悖的观念，是不断产

---

① 吴晓求. 中国资本市场：从制度变革到战略转型. 北京：中国人民大学出版社，2007：7.

② 张维迎. 博弈论与信息经济学. 上海：上海人民出版社，2004：40.

③ 约翰·S. 戈登. 伟大的博弈——华尔街金融帝国的崛起. 北京：中信出版社，2005：19，41，139，275，325.

④ 巴曙松. 中国金融市场大变局. 北京：北京大学出版社，2006：184.

⑤ 刘毅. 金融监管问题研究. 北京：经济科学出版社，2006：277.

生市场风险问题的总根源。所以，必须对投资者进行资本文化教育和资本市场风险教育，并予以有效的制约和引导，加速构建资本文化，塑造以诚信为核心的资本文化价值观，促进资本文化行为方式的建立，以促进中国资本市场的持续健康发展。

中国资本市场风险问题的成因是一个多因素体，其形成过程、机理首先是缺乏系统的市场制度设计及规范机制。例如，资本市场结构单一，功能不完善；执法及法制环境建设还较为滞后；监管体系固化，监管机制呆滞；诚信意识淡薄，资本文化缺失，投机行为严重；缺乏有技术、懂规则、善管理、国际化的高层次资本市场人才等。其形成过程、机理其次是缺乏有效的法制体系及执法机制，亟须推进规范的依法运作制度、主体资质认证制度、信息披露制度、违法违规惩罚制度、风险提示制度和系统征信制度建设，防止和规避各类市场风险。

风险防范对策要从完善公司治理、规范市场运行、构建风险防范机制、建立长效监管机制等制度建设入手，把防范对策与优化机制结合起来，常抓不懈，探索社会主义市场经济条件下的风险防范机制，推进风险防范的信息化、制度化建设，以有效地防范和化解各类市场风险。

(1) 完善公司治理结构。

要完善公司治理结构，依法规范监督，防止内部人控制和机会主义行为，确立市场筛选企业的运行机制，防范和化解制度性风险。① 要优化机构投资者的治理结构和投资结构，形成长期稳健投资的机构投资者；要优化个人投资者的理念及素质，优胜劣汰，逐步减少数量，提高质量，形成不可或缺的个人投资者群体。确立诚信价值观，建立以诚信为核心的资本文化，形成良好的非正式制度体系，并与公司制度相对接，促进资本市场规范发展。

(2) 规范市场运行机制。

在股指期货等做空机制难以预期推出的情况下，仍须严格规范市场发行和交易规则，依规规范管理，防止市场发行和交易失控，确立规范的交易规制体系，防范和化解投机性风险。要继续完善网上申购发行规制和股票交易涨跌幅限制，包括改进网上申购结构，提高个人申购比例；确立机构投资者的日单笔交易量（单笔买入量和单笔卖出量）和总交易量（日买入总量和日卖出总量）限制；建立交易量警戒线规制，超警戒线交易者要交纳与交易量相匹配的累计税费；上市公司配股、增资、扩容要对持股股东作相应回报的承诺；不应限制大小非交易，但其必须遵守交易量限制和超警戒线交易累进税规制；券商、注册分析师、股票软件经销商等服务中介要诚实守信，要对误导投资行为负责，并建立其失范、失德、失信数据库和中介服务淘汰机制，规范资本市场服务环境；建立跟踪交易席位异动的交易警示和谈话制度，规范交易所的交易秩序，促进市场公平竞争和平稳发展。

(3) 构建风险防范机制。

借鉴国际资本市场的经验，构建风险防范机制，首先要加强对市场中介职业道德和职业操守的教育、培训，提高其执业道德水平。其次要完善市场监管的配套体系，实现由静

---

① 李荣融. 规范国企改革. 新华网，2006-01-23.

态监管向动态监管的转变，关注、控制、防范和化解各类风险。再次要加强区域或国际市场监管的交流与合作，疏通监管体制瓶颈，激励监管创新，切实防范各类风险的相互传递、渗透和扩大。最后要加强打击各种金融欺诈活动，形成内部控制体系，对各类交易活动依法全程审查、监督，及时防范各类风险。

(4) 建立长效监管机制。

确立依法监管、协调监管的理念。资本市场监管中的参与者资格核准、发行监管、交易监管、风险监管、资金监管、违规监管、退出监管等职能，应由市场组织机构承担，这更符合市场化的特定要求。资本市场监管中的对参与者的行业规制、道德规范、诚信教育、执业操守教育、业务考核、竞争提示等职能，应由市场自律机构担当，更符合规范化的相应要求。政府要明晰市场监管定位，把微观监管权交给市场组织主体，走市场化监管和协调监管之路。转变科层式监管体制，建立矩阵式、网络式监管体制，形成监管机构横向协调体制和机制。注重资本跨境流动的分析与监测，关注资本风险在国际的传递和扩散，推动国际监管协作，密切跟踪和控制跨行业、跨市场、跨地区的资本风险。及时制定系统防范市场风险的突发事件预案，并由依法授权的专门的监管工作机构负责，确立协调应对不同类型、范围和程度的市场风险的快速反应机制。

第三节　市场机制的具体形式

一、价格机制

价格机制是存在于各类市场体系中的具体运行机制。价格机制表现为商品的供求与价格的有机联系和互动，商品供求关系的变化引起价格的变动，价格的变动又引起供求关系的变化。这种相互联系及互动表明供求关系相对趋于一致，价格与价值相对趋于统一，价值规律的客观要求得到具体实现。

价格机制与供求关系的内在联系可用价格供求曲线予以分析，见图 6－4：纵轴 P 为某一商品的价格，横轴 X 为某一商品的需求量。撇开其他因素不谈，如果该商品的价格上涨，那么生产该商品的厂商为获得更多利润而提高产量，增加了该商品的市场供给量，同时也会吸引其他厂商广泛参与，形成资金、技术等要素向此方面转移。相反，如果该商品的价格下跌，那么生产该商品的厂商因利少或无利而降低产量，减少了该商品的市场供给量，同时会引起一些该商品生产厂商的退出或资金、技术等要素向其他方面转移。与之相对应，如果该商品价格上涨，消费者就会减少对该商品的需求量，反之，如果该商品价格下跌，消费者就会增加对该商品的需求量。如此围绕价格变化的供求双方之间的相互制约、相互影响，最终会产生供求双方或多方可接受的边际产品价格及其均衡态势，即 E 点上的均衡价格，以基础性地调节、引导供求关系，促进商品生产的发展和市场的繁荣。由于价格机制自发运作的周期性风险很大，同样可以用 AD 作为政府的宏观调控和引导曲线，见图 6－5，对价格机制予以有效引导，实现价格机制的基础性调节作用。

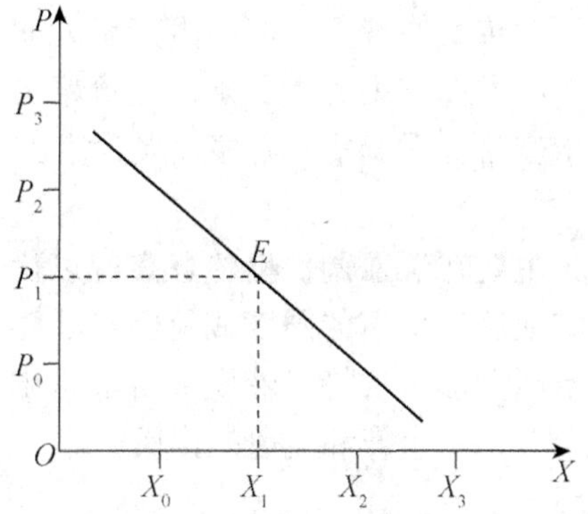

图 6-4　价格供求曲线

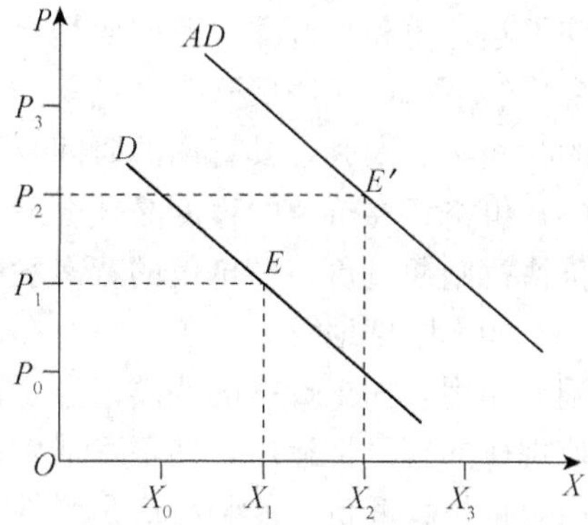

图 6-5　价格调控和引导曲线

价格机制具体运行方式的多样性决定了具体作用形式的多样性，表现为在不同的作用层次上具有不同的具体功能。对于生产同种或同类商品的生产者而言，价格机制是其竞争的工具，为了在市场竞争中占据有利地位，在价格上以廉取胜，在质量上以优取胜，必须通过商品价格和质量的竞争力予以实现。对于生产不同商品的生产者而言，价格机制是调整产业结构和方向的信号，价格机制决定的价格比例是社会资源在不同领域合理配置的选择条件，价格比例的变动及其同价值比例趋于一致，会引导各类市场主体调整生产结构和营销结构，推进适度规模经营和可持续发展。对于政府宏观调控而言，价格机制是经济杠杆、手段，价格机制将价格总水平的变动信息反馈给政府，政府则运用这些变动的信息，发挥价格机制的基础性调节作用，促进市场总供给与总需求的相对平衡。对于广大消费者而言，价格机制是调整需求结构和方向的信号，价格水平的上升或下降直接影响广大消费者的购买力，调节消费需求的结构、方向、水平；价格比例的变化必然引导消费者考虑产品的替代性，放弃购买价高商品或价低商品，达到适时调节市场需求结构和方向的目的。

价格机制作为利益调节和供求关系的指示器，是市场机制的动力要素。价格机制的作用是通过价格与价值的背离及其趋于一致实现的。或者说，价格机制能否充分发挥作用，关键在于价格与价值的背离状况。

（1）价格与价值背离的方向不能固定。

价格以价值为中心，并围绕价值上下波动，从而调节了商品和服务的供求关系。价格下跌会刺激需求，限制供给；价格上涨会限制需求，刺激供给。价格与价值背离的方向不是固定的，而是上下波动的，通过价格涨落自发地调节商品和服务的供求关系。如果价格背离价值的方向固定化、凝固化了，就会造成一些商品或生产要素的大量过剩、积压，另一些商品或生产要素的严重短缺、脱销，这样价格机制就无法发挥确保供求关系相对平衡的功能。

（2）价格与价值背离的时间不能太久。

价格机制通过价格与价值的背离过程发挥调节作用，但是，这种背离只能是短暂的，不宜过久。如果价格背离价值的时间过长，那么就必然会产生两种不可避免的现象：一是价格过低的商品产生非经营性亏损，并且长期得不到补偿；二是价格过高的商品可轻而易举地获得额外盈利。这样，不同商品之间就会产生不等价交换现象，商品生产者之间一定会出现冷热不均，无法展开公平竞争。可见，价格机制发挥作用的重要条件是价格与价值背离的时间不能太久，其背离的时间要以适应商品生产者公平竞争、有序发展为宜。

（3）价格背离价值的程度必须合适。

价格机制通过价格与价值的背离发挥调节作用，主要在于强调价格的背离应以价值为基础，不能无限度地背离。价格只有在总体上能灵敏地反映价值的限度或范围，才能充分发挥调节作用，如果价格的背离超过了这个限度或范围，那么价格必然脱离价值基础，导致价值规律的盲目性运作，便不可能发挥价格机制调节商品生产和流通的作用。

（4）价格背离价值的强度应是弹性的。

价格通过与价值适度地背离而发挥作用，因此，价格与价值背离的强度应是弹性的，不应是刚性的。如果价格背离价值的强度过度硬化、不可逆，那么价格机制就会被移植、失灵，无法发挥其调节功能。

政府对 *AD* 线的调控和引导，具有对价格控制和引导的功能。一是对市场价格过度涨落进行调控，使之平稳均衡；二是对厂商生产及供给进行控制，达到供求均衡。把价格机制的作用控制在合理范围内，尽管价格机制的弹性减少一些，但是可预期能规避市场风险，发挥宏观调控的有序引导和稳定市场的功能。

价格机制作为具体运行过程的市场化机制，要充分发挥调节作用，不应是价格背离价值的方向固定化、背离的时间过久化、背离的程度无限化、背离的强度刚性化，而应是动态地背离、灵活地背离、适度地背离、弹性地背离。价格机制充分发挥调节作用的关键即逐步放开价格，由供求关系的变动决定价格，让价格围绕价值自由波动。但自由波动必然会产生大起大落，导致价格机制调节功能紊乱，而政府对 *AD* 线的调控和引导是绝对必要的，可控制价格机制的有序运行。此外，我们也不否定某个时期对于某些特殊商品的政府定价与控制，这种定价机制也是伴随市场价格的变化而变动的，比单纯的市场价格的自发调节平稳得多。例如，对石油价格、粮食价格、公共产品价格的调控和引导（*AD* 线），本质上是对这种特殊商品的政府定价与控制，仍然以价格机制的基础性调节为前提。

二、利率机制

利率机制表现为存贷款利率与货币资金供求关系之间的有机联系和互动。利率机制是市场机制具体运行过程的基本形式，成为金融市场的重要调节机制，主要在货币资金供给和需求关系方面发挥基础性调节作用。

利率是货币资金的“价格”，利率的变动可灵活调节货币资金的供求关系。在较为完善的金融市场条件下，利率会自动地伴随货币资金供求状况的变化而变动，信贷资金会根据利率差别而变动，有序地在社会经济体之间合理配置。而信贷资金的合理配置、有序流动，可灵活地促进货币资金供求关系的平衡，推动利率朝着接近货币资金供求关系平衡方向的具体运动。

利率机制的调节作用也是多方面的，主要表现为：（1）利率的高低与企业利润之间的联系。企业存款利息是企业的收入，企业贷款利息是企业的支出。一定水平的存款利率和贷款利率会促进企业勤于经营、科学核算，追求资金运用的效率。（2）利率的差别与企业投资走向的联系。利率的差别可诱导企业投资的走向，有利于企业投资结构的调整和投资方向的合理化，有利于企业节约投资成本和对资金资源的高效利用。(3) 利率水平与宏观调控的联系。利率水平可配合价格水平作为宏观调控的经济杠杆，综合地调节宏观经济的运行，调节总供给与总需求的相互关系及其平衡，特别是货币总供给与总需求的相互关系及其平衡。(4) 利率的变化与消费的联系。一定利率水平下的消费水平和消费结构是稳定的，而利率的变化会使消费和消费结构发生相应的变化。反过来，消费和消费结构发生变化又会影响利率的变化及变化的幅度。

利率机制的调节作用主要是通过两种信号进行的，即利率总水平信号和差别利率信号。

(1) 利率总水平信号。

利率总水平信号是指一定时期内国家的利率平均总水平，主要反映货币资金的供求状况和经济发展过程中的总供给与总需求状况。利率总水平信号调节货币资金的供求关系、矛盾，进而调节社会总供求关系、矛盾，从而保持了经济运行的总平衡。在市场经济条件下，货币资金总供给与总需求平衡的实现形式是市场货币供求平衡，若货币总需求超过总供给，便会产生利率提高、货币数量过少、物价上涨的情况。所以利率总水平和价格总水平是宏观总量是否平衡的集中反映，也是宏观控制货币总需求的参照值。宏观调节主要抓住利率总水平和价格总水平，采取相应的宏观对策，运用调节供应量等手段，使总水平符合宏观战略规划的目标要求，实现宏观总量的平衡。利率总水平信号不仅被动地反映货币总供求关系、状况，而且对货币供求总量的平衡又具有自动调节作用。货币总需求与市场价格水平和利率水平相互联系、相互作用，各种经济活动关系是通过价格水平和利率水平自动调节实现的，从而实现了货币总供求的平衡。当货币总需求超过总供给时，价格总水平的上涨推动了利率总水平的提高，在高利率的刺激下，一方面投资者会减少投资需求，另一方面消费者会增加货币储蓄，最终恢复社会总供求的相对平衡。当货币总供给超过总需求时，价格总水平便会下降，进而推动利率下跌，在低利率的刺激下，一方面投资者会增加投资，另一方面消费者会设法减少货币储蓄，最终实现社会总供求的相对平衡。可见，利率总水平是调节社会总供求关系的主要运行机制，应当充分发挥利率机制的自动调节作用，但在金融市场不完善的条件下，在一定程度上控制利率总水平的变动是非常必要的，这对于实现政府宏观调控下的货币总供求的相对平衡具有重要的意义。

(2) 差别利率信号。

差别利率信号是指不同项目在贷款利率方面的差别。如果对某些项目的贷款利率高，其贷款额就会减少；如果对某些项目的贷款利率低，其贷款额就会增多。这种差别利率及其变化会引起货币资金在各个经济体之间自由流动，从而调节了经济发展的规模、效益、水平。贷款利率的差别变动是调节经济结构关系的重要机制。差别利率信号的调节功能主要表现在两个方面：差别利率信号可加强差别价格信号的调节作用，差别利率变动与差别价格变动相互联系。如果某些商品价高利大，便意味着该商品供不应求，对信贷资金需求量大，于是利率较高，诱使银行将更多的信贷资金注入该商品的生产或研发领域。如果某些商品价低利微，便意味着该商品供过于求，对信贷资金需求量小，于是利率较低，因此银行就会减少对该商品的生产或研发的贷款，阻止信贷资金注入该领域，必要时甚至将资金抽走。显然，差别利率信号能够发挥补充差别价格信号的作用，促进价格接近于价值，加快资源在各领域之间的转移。差别利率信号可减弱差别价格信号的调节作用，主要在价格信号扭曲时发挥作用。当某些商品供不应求，但由于价格信号扭曲，不能调节货币资金向该领域投入的时候，如果对这些商品生产或研发的贷款利率较低，就可以诱使资金向该领域转移。当某些商品供过于求，但由于价格信号扭曲，大量资金仍然向该商品生产或研发领域流动的时候，如果对这些商品生产或研发的贷款利率较高，就可以限制资金流入该领域。

为充分发挥利率机制的作用，要创造条件，推进人民币汇率形成机制的市场化，并逐步放开利率，使利率与价格紧密联系，确保利率机制充分发挥作用；使利率与信贷资金供求紧密联系，对信贷资金的供求关系发挥信号引导作用，确保利率调节信贷资金供求关系及投资走向。利率机制通过利率变化影响货币资金供求来发挥调节作用，因此，货币资金的供求能否及时反映利率的变化，是利率机制能否有效调节的关键。使利率总水平伴随价格总水平的变动而变动，有效地控制社会总需求，提高利率的投资弹性，使信贷双方对利率具有高度灵敏的反应，加大利率对社会经济活动的调节引导性和内在制约性，充分发挥利率机制的调节作用。加强信贷利率的硬度，信贷利息不能偏低，更不能存贷倒挂，应根据资金占用的平均效益采取适当灵活的利率。信贷利息要具有风险性约束，形成对违法违规行为的制约作用。市场经营主体要有一定比例的自由资金，贷款要有适销、适用的资产作抵押。若无力偿还贷款，金融机构有权依法处理抵押资产，否则，利率机制就失去了调节作用。

三、工资机制

工资机制表现为工资与劳动力供求之间的联系和互动，是要素市场，特别是劳动力市场的重要调节机制。工资机制与价格机制、利率机制相互联系，共同发挥基础性调节作用。工资机制作用的充分发挥有赖于劳动力市场的建立与完善。工资机制反映劳动力的使用状况，只要其他要素市场开放，工资机制就会产生作用。

工资机制的调节作用是多方面的，主要体现为：

（1）刺激经济发展。

一方面，工资机制可促进劳动者积极工作，劳动者付出的劳动数量越多、质量越高，获得的工资就越多，可有力地刺激经济快速发展。另一方面，工资机制可促进企业高效率地发挥劳动力的潜能，降低劳动成本，增强市场竞争的活力及实力，可极大地刺激经济快速发展。

（2）协调总供求矛盾。

工资机制可通过工资增长幅度的变化反映总供给与总需求的状况，为总供给的宏观调控提供向导，为总需求的宏观调控提供依据。工资机制反映劳动力的供求状况，反映劳动力就业的竞争激烈程度。撇开其他因素不谈，当某个行业或部门的劳动力供不应求、工资水平较高时，其他行业或部门的劳动力就会流向这个行业或部门，使该行业或部门劳动力供不应求的状况得到缓解，乃至消除。反之，当某个行业或部门的劳动力供过于求、工资水平较低时，部分劳动力就会流出这个行业或部门，使其劳动力供过于求的状况得到暂时缓解或消除。工资机制可约束消费膨胀，是控制总需求、协调总供给矛盾的重要运行机制。工资机制的调节作用也是贯彻收入分配政策，对付工资成本推进型通货膨胀的重要手段。

(3) 合理配置劳动力资源。

工资机制是通过各行业、各地区、各部门之间的差别工资实现调节的，当某一行业、地区或部门的生产供不应求，需要更多的劳动力时，这个行业、地区或部门的工资水平因对劳动力的需求增加而上升，工资水平的上升会将更多的劳动力吸引过来，从而使劳动力按照社会经济发展的需要得到合理配置。反之亦然。

发挥工资机制的作用需要创造相关条件，主要有：

(1) 积极培育劳动力市场。

工资机制是通过劳动力在工资信号的引导下自由流动而实现的。如果劳动力市场不健全、不完善，劳动力便无法自由流动，那么工资机制就无法发挥引导、调节作用。积极培育劳动力市场是工资机制发挥作用的重要前提条件。工资机制是市场信号，不应是行政信号。工资机制应反映劳动力供求状况和经济体经营的供求状况，并能灵敏地随着劳动力供求状况和经济体经营状况的上下波动而变化，要求不要把工资信号作为行政信号，放开企业工资的直接控制权，即企业的工资由企业自主决定，按市场行情自行规定工资标准，以利于企业运用工资机制调节劳动力的供求关系。但在国有大中型企业中，工资信号行政化还较为普遍，高层领导者的工资和一般员工工资的差距很大，工资机制的调节作用有限，功能很弱，需要通过深化工资市场化改革，形成具有调节功能的工资机制。

(2) 制定和实施正确的收入政策和劳动政策。

收入政策的核心是工资和物价指导线，由政府根据长期劳动生产率增长的状况确定工资和物价的增长标准，从而把工资和物价增长率控制在劳动生产率平均增长幅度之内。收入政策的目的在于防止工资水平的上升幅度大于劳动生产率的上升幅度，避免经济增长过程中通货膨胀加剧，为工资机制发挥作用创造良好的环境。劳动政策的核心是劳动力能够自由流动。在市场经济条件下，工资机制的完善及作用的充分发挥是一个比较长的一系列改革过程，由于劳动力工种不同、技术熟练程度不同、劳动力供求的地区或行业差别等的限制，必然难以使劳动力在工资机制的调节作用下自由流动，因此，要深化改革，大胆探索，大力实施以劳动力培训为主要内容的劳动政策创新，通过各种方式的就业指导和创业培训促进各种类别的劳动力或人力资源适应就业和创业的需求，消除结构性劳动力流动的障碍，保证劳动力自由合理地流动，为发挥工资机制的调节作用创造条件。

四、具体运行机制创新

具体运行机制创新是价格机制创新、利率机制创新和工资机制创新的基本功能形态，与一般运行机制创新相比，具有鲜明的个性功能特征。具体运行机制创新是市场基本功能有序联系、相互作用及调整、规范的结果，对经济运行更具有灵活的调节、引导意义。

1. 价格机制创新

价格机制创新，包括生产价格创新和交易价格创新。改革商品或服务的定价机制，特别是改革资本市场上的产品发行定价机制，试行多种形式的集中竞价或网上竞价，建立规范的集中竞价或网上竞价流程及监督体系，使发行价格反映企业的经营绩效水平，引导企业的发展走向，体现市场的价格发现功能和价格引导功能。改革交易价格机制，使交易价格与企业经营业绩相匹配，与经济发展水平相统一，形成灵活的、理性的交易价格机制，体现市场的交易价格信号功能和引导投融资功能。

推动价格机制创新，要完善价格体系，对发行价格和交易价格实施合规调控与管理。要完善价格监督体系，系统把握价格浮动历史及运行趋势，防止价格与价值严重背离、扭曲。要完善价格法制，谨防种种价格违法违规行为，保持市场价格相对稳定。要完善市场浮动价格机制，构建富有弹性的价格形成机制和价格管理机制。①

2. 利率机制创新

利率机制是市场投融资效率的具体调节机制之一，包括利率总水平机制创新和差别利率机制创新。② 通过反映一定时期市场投融资效率的总体状况，积极推动利率总水平的相应变动或具体调整，形成利率总水平信号参照体系，影响市场投融资的总供给和总需求，引导投融资主体特定时期的价值取向和运行安排，以此反映市场投融资的规模、水平、效益及趋向。反映一定时期不同市场主体在不同领域、不同项目上的投融资利率或效率差异，通过差别利率机制推动投资利率由低向高变动，提高投资效益，推动融资利率由高向低变动，降低融资成本，投融资按差别利率相向变动、调整，实现差别利率信号的具体引导功能创新和调节功能创新。突出三个要点，依法规范以市场调节为基础的利率形成机制，遵循利率形成规律，约束政府干预行为。突破市场相互分割的制约，创造有利条件，着力建立和完善利率运行机制，发挥利率机制连接市场和引导市场的作用。循序渐进，先易后难，由此及彼，依法规范，稳步推进，确立利率机制广泛的微观调节功能。利率机制反映在外汇市场上就形成汇率机制，汇率机制和利率机制内在相连，依据不同的调节对象可实现特定形式的相互转化。利率机制反映在市场交易国际化方面，可转化为汇率机制。汇率机制创新，要改革固定汇率机制，推进以市场为基础的有管理的汇率形成机制的建立，形成有弹性的浮动汇率机制。要推进人民币汇率形成机制创新，使人民币与一篮子货币相挂钩、参照，及时推进人民币汇率的适时改革，保持人民币汇率的相对稳定，促进人民币汇率的逐步国际化，做到一如既往地踏着“中国节拍”。③ 汇率改革可分三步走：把人民币作为国际结算货币；加快人民币资本项目可兑换，使之成为投资的货币；推进人民币汇率形成机制的改革，使之成为很多国家中央银行可持有的储备货币。④

3. 工资机制创新

工资机制创新，重点在于工资形成机制创新。这主要包括：

（1）企业基本工资机制创新。

建立以企业工会为代表的职工工资谈判制度，逐步形成不同类型的企业基本工资博弈构架，确立可相互比较的企业工资形成机制，以调节和引导各种人力资源的合理流动，形成有调控的工资机制创新体制及氛围。

---

① 胡汝银. 强国背后必有强大资本市场. 上海金融报，2006-03-17.

② 魏杰. 社会主义市场经济通论. 北京：中国人民大学出版社，1993：172.

③ 佚名. 人民币汇改踏准“中国节拍”. 上海金融报，2005-07-26.

④ 戴相龙. 人民币国际化分三步走，汇改会加快. 2012博鳌亚洲论坛，2012-04-03.

（2）其他组织基本工资机制创新。

建立政府指导与其他组织自主决策相结合的制度机制，形成相对平衡的横向工资优化机制，加强工资调节和工资博弈的规制建设，确立富有弹性的工资形成机制，促进有管理的工资机制创新。转变工资认知模式，改革刚性的工资体制，建构工资增长与经济增长相适应的运行机制，正确处理工资差距、工资增长、工资均衡的关系，使工资机制调节有利于体现效率优先、兼顾公平的原则，有利于促进经济社会又好又快地发展。

要点总结

市场机制划分及其运行方式、特点、监督和创新

机制划分	主要形式	调节方式	机制优点	机制缺点	运行监督
市场机制一般形式	竞争机制	优胜劣汰	公平交易	市场垄断	消除垄断
	供求机制	关系调适	经济平衡	滞胀失序	控制总量
	风险机制	风险提示	规避风险	引发危机	风险预警
市场机制具体形式	价格机制	信号诱导	灵敏调节	实体泡沫	价格监控
	利率机制	变动引导	灵活调控	资本泡沫	政策影响
	工资机制	机制牵引	激励创新	收入差距拉大	维护公平
机制创新	主要形式	主要内容	主要方法	主要目标	主导方式
一般运行机制创新	竞争机制创新	竞争主体、环境	依法规范	公平竞争	宏观主导
	供求机制创新	供求关系、结构	调适关系	结构优化	宏观主导
	风险机制创新	风险评估、防范	科学预测	化解风险	宏观主导
	资本机制创新	系统构建、规范	完善制度	形成机制	宏观主导
具体运行机制创新	价格机制创新	发行、交易价格	改革完善	灵敏度	微观主导
	利率机制创新	总水平、差别	系统规范	市场化	微观主导
	工资机制创新	企业、其他工资	合理有序	调节性	微观主导

关键词

经济机制；市场机制；供求机制；竞争机制；风险机制；价格机制；利率机制；工资机制；一般运行机制；具体运行机制。

思考题

一、简述市场机制的功能及其作用条件。

二、简述供求机制及其作用。

三、简述价格机制及其作用。

四、简述风险问题的成因及防范。

五、简述一般运行机制创新。

第七章

社会主义市场经济规则论

本章重点：市场规则的构成；市场规则的实质、意义；市场规则的运作过程；市场规则的监督管理；市场规则与经济规律。

简要概括：市场规则是市场经济运行的基本准则，构成社会主义市场经济理论的重要内容。市场规则是市场经济客观要求的产物，也被称为市场“游戏规则”。没有规矩不成方圆，没有市场规则就不可能产生市场经济及其功能。市场规则也是市场经济运行的必然结果，是市场活动关系、行为、秩序的规制化、制度化和法制化，具有依法确立、严格规范和系统监督等主观强制色彩。市场规则是硬约束规则和软约束规则的统一，前者的约束功能在于法制化和制度化，具有强制性。后者的约束功能在于德制化和信用化，具有诱导性。硬约束规则和软约束规则殊途同归，统一于社会主义市场经济运行过程之始终。市场规则不能自动形成，需要持续维护、监督与创新。市场规则的运作不是自发的，而是自觉的，是市场监管机构和行业自律组织主动维护、协调和完善的过程。市场规则的建设成为建立与完善社会主义市场经济体制的重要任务。

第一节 市场规则

一、市场规则的构成

市场规则是国家为确保市场经济运行，依据市场规律所制定的规范市场主体活动的各种规章制度，包括法律、法规、契约和公约等，是市场运行过程各层次活动行为准则的总和及规则体系，其内容构成较为复杂。从新制度经济学的角度定义，市场规则分为两类：一类是市场的外在规则，属于正式的制度安排，包括法律、法规和政策等，以外在强制的形式约束市场主体的行为，可被称为正式约束。外在规则是由政府相关机构根据市场经济内在要求制定，市场主体必须遵守的一系列行为准则，可划分为体制性规则和运行性规则。体制性规则主要体现在承认和维护财产所有权的法律制度之中，以保证市场主体的权益不受侵犯。运行性规则主要存在于政府制定的有关市场活动的法律、法规、条例之中，例如，市场进出规则、市场交易规则、市场竞争规则等。另一类是市场的内在规则，属于社会所认可的非正式的制度安排，包括价值信念、伦理规范、道德观念、风俗习惯、意识形态等，构成对市场主体非强制性的约束，可被称为非正式约束。在多数情况下，内在规则引导着市场主体的行为，尽管如此，实际上所有复杂的经济体都采用了外在规则，因为内在规则无法排除由于信息不完全、信息不对称所引发的市场主体的“机会主义”“败德行为”，这样很可能出现囚徒困境。要促成市场主体之间的合作博弈，外在规则是必要的。外在规则通常作为必要的强制后盾服务于内在规则，例如，社会信用制度就是以诚信的商业道德为基础、以法律为保障的市场规则体系。在某些情况下，外在规则可以取代内在规则，但如果试图用外在规则取代所有内在规则，就会出现问题，就像地方保护主义一样，推行越来越多损害市场内在运转的外在规则，就会导致监督成本和执行成本急剧上升，市场活力呆滞，行政协调部门不堪重负。因此，必须注意外在规则与内在规则的相互协调。新制度经济学认为，判断规则是否有效，除了规则本身是否完善外，更重要的是该规则的实施机制是否健全，离开了实施机制，任何规则尤其是有正式约束的规则就形同虚设。实施机制是否有效主要看违规成本的高低。强有力的实施机制往往使违规成本极高，远大于违规收益，从而能有效制止违规行为的发生，保证市场经济的有序运行。“所谓市场规则，即是指一系列相辅相成的由社会认可的非正式约束、外在强制的正式约束及其有效的实施机制所构成的规则体系。”①

有效的市场规则的功能主要表现为四个要点：

一是减少交易成本。

交易成本由市场交易活动中的信息搜寻成本、谈判成本、缔约成本、履约监督成本以及违约处理成本构成。在市场秩序混乱的情况下，由于信息、监督和执行问题难以解决，交易成本高昂，而市场规则能使原本复杂的市场交易活动过程变得更易理解和更具可预见性，提供一种简化识别负担、减少交易成本的关键功能。有效的市场规则无疑将促进市场主体之间的信任，有助于克服市场原生焦虑，从而创造一种信心，即市场是有规律的，市场风险是有限的。在这种信心的支持下，市场主体的行为就能趋于稳定，交易成本也能下降，进而促进知识和劳动的进一步分工，而这种分工是经济社会发展的基础。

二是提供产权保护。

产权的明确界定和保护是市场主体进行市场交易的前提条件，有效的市场规则必须保证个人或组织有权享有其拥有的资产，并有权自主运用资产，有权占有资产收益，有权自由处置资产，其他人侵犯其产权将受到惩罚。市场规则为市场主体提供产权保护，其实质是为个人或组织提供了一个相对的经济自由空间，既保护又限制了个人或组织在经济领域的自由度。在市场规则划定的经济自由空间里，个人或组织在运用所有权财产上享有自主权，这是谋求财产最佳利用从而实现社会资源最优配置的必要条件。

---

① 刘根荣. 完善市场规则 优化市场秩序. 价格月刊，2003（5）：11-13.

三是维护契约关系。

所谓契约，是一项有约束力的协议，包括两个主要的步骤，即支付议定价格和按协议移交产权。上述两个步骤在缔结契约协议时同时完成的契约，可被称为一次性的共时性契约，即时现货交易就是这种性质的契约。在缔约和这两个步骤之间有一个时间间隔，并且在两个步骤之间存在一定的时间差，这类契约可被称为非共时性契约，远期现货交易和期货交易就属于这种类型的契约。有效的市场规则可以通过“质押”机制或引入有声誉的中间人，防止在偿还财产上出现机会主义，保证履约。还有一类重要的契约是无限期契约，是指建立一种或长或短的持续性契约关系，含有贯穿始终的相互义务，但无法控制所有可能出现的随机事件，这样的契约被称为关系性契约。关系性契约同样必须依靠市场规则，市场规则能以一种适当的可预见的方式对随机事件做出反应。有效的市场规则在经受了时间的检验后成为“知识仓库”，有助于使契约伙伴节约缔约成本和履约成本，建立起降低交易成本所必需的信任。市场规则还有助于使契约中的特殊做法转变为标准化的惯例，并因此节约信息成本和再协商成本。

四是促进市场竞争。

市场竞争是买卖双方的动态互动过程，诱导生产者与消费者搜集信息以追求产权收益的最大化。交易成本是知识不足的产物，而竞争有助于减少无知，并扩散新知识，具有节约交易成本的作用。市场竞争的充分展开有赖于有效的市场规则：一方面可阻止市场过度竞争或不正当竞争，如低价倾销、盗取商业秘密等；另一方面可防止市场垄断行为，如厂商的价格串谋行为。①

市场规则可以有效地约束和规范市场主体的市场行为，使市场运行有序化、规范化和制度化，保证市场机制合理运行并发挥配置资源的基础性作用。没有好的市场经济及市场规则，市场秩序就无从建立，难以发挥市场经济的基本功能，社会主义市场经济体制也不可能真正建立起来。因此，建立和规范社会主义市场经济秩序，必须首先建立和健全社会主义市场规则。就主要构成部分而言，市场规则是由市场进出规则、市场竞争规则、市场交易规则和市场仲裁规则构成的，并成为市场规则的主干和支撑点，所有市场规则都是依据这个主要构成部分展开的。

1. 市场进出规则

市场进出规则是市场主体和市场客体进入或退出市场的法律规范和制度准则，是对市场主体或市场客体能否进入或退出市场的基本评判。也就是说，哪些商品生产者和经营者可以合法地进出市场，哪些商品和服务可以在市场中自由流通，都必须从市场规则上清楚地反映出来，由市场规则予以确定。市场进出规则既可通过将不符合进入市场要求的经营者及商品或服务拒之于市场之外的方式来维护市场的有序运行，又可通过使不应该在市场之中继续存在的经营者及商品或服务退出市场的方式来维护市场的有序运行。市场进出规则是通过规范市场主体的行为来保证市场的有序运行的，即规范市场主体进入市场的资格、经营功能、责任义务、退出行为和退出准则。市场进出规则需要通过保证商品或服务使用价值的有效性来保证市场运行的有序化，即对进入市场的商品或服务的使用价值做出

---

① 刘根荣. 完善市场规则 优化市场秩序. 价格月刊，2003（5）：11-13.

明确的规定和要求，包括制定商品或服务的质量要求，符合社会利益的要求，价格、计量和包装等的要求，否则不能进入市场。①

市场进出规则是从规范市场主体行为、确保市场活动有序进行方面展开的。首先，规范进入市场的资格。这也就是依据有关市场法律法规和政策规制，对市场进入进行统一的资格审查，明确其应具备的资格要件，确认其合法身份，并由政府有关管理机构核发相应的证明。例如，获得营业执照或经营许可证、获得法人营业执照或法人经营许可证等，才可以合法地进入市场，从事核准范围内的生产经营或服务经营活动，而未经政府有关管理机构审核并注册登记的不得进入市场。其次，规范经营功能。根据中国有关市场的法律、法规及规定，商品生产者和经营者在进入市场进行交易之前，必须依法明确其经营范围、经营项目、经营方式，并且要规范化，不得随意变更。如果确实需要变更，包括部分变更或全部变更，必须申请变更登记，经政府有关管理机构批准，方合法、有效。再次，规范责任和义务。凡进入市场进行交易，必须按照市场规则的相关规定，合法经营，照章纳税，遵守职业道德，热情为消费者服务，自觉接受监督。如果不履行其责任、义务，非法违规经营，破坏市场交易秩序，侵害消费者合法权益，那么将依据市场规则的有关条款，受到查处和处罚。最后，规范退出市场行为。企业的破产、歇业、兼并、收购等行为必须符合一定的法律程序。根据市场有关法律、法规和制度的规定，退出市场必须依据退出市场规则的有关规定，向政府有关管理机构提出退出申请，经批准注销其生产经营或服务经营资格，收回其营业执照或经营许可证。任何依法、依规进入者不得任意退出，目的是保证市场供求关系的合理性及其平衡，防止因自由退出而造成市场缺位或市场垄断。

现实中的中国市场体系尽管有市场进入和市场退出的相关规定，但在商品市场上，无营业执照或营业许可证的进入者有之，退出市场不申请注销者也大有人在，这些现象与中国现阶段市场经济发展的状况有关，即面临全球性经济危机，大量的失业群体或贫困群体需要就业和创业，必须对这部分群体的自由进出市场放宽条件限制，必须实行一个必要的市场自由进出的缓冲期，甚至可容许城市马路市场的存在，待将来失业群体和贫困群体明显减少了，就业和创业的相关条件具备了，再实施严格的市场准入和退出规则。而对其他社会群体则必须实行严格的商品市场或要素市场准入和退出规则，特别是对金融市场必须实行严格的进出规则。对金融市场的准入资格、条件、行为约束等的要求都是相当高的，因为金融市场是一个高风险市场，必须实行严格的进出控制。

市场进出规则及其作用还要保证市场客体即商品使用价值的有效性，确保市场活动的有序化。市场进出规则要对商品的使用价值制定明确的质量标准和做出一系列规定要求，并采取相应的措施，防止不符合质量标准和一系列规定的商品或服务流入市场，对已流入市场的不符合质量标准和一系列规定的商品或服务，一经被检查或举报，便予以依法查处，追究当事人的责任。例如，对婴幼儿奶粉含有大量三聚氰胺的三鹿集团的查处即是如此。这具体表现为：商品或服务质量要符合国家产品质量法和国际质量检验标准等有关法律规定及要求，确保商品或服务的质量，保证商品或服务的安全，维护消费者的合法权益。商品或服务的效用要符合社会利益，不利于社会稳定、有害于身心健康的商品或服务

① 魏杰. 规范市场秩序和贯彻市场规则. 中国党政干部论坛，2003 (11)：13-15.

不得进入市场。商品或服务要名副其实，商标标记要与商品或服务种类相一致，商品或服务质量应与广告或说明书相符合，任何名不副实的商品或服务，尤其是假冒、侵权的商品或服务，都不得进入市场。商品或服务的价格、计量、质量、包装等要符合有关法律、法规和规则的要求，对进入市场的商品或服务，从质量到价格都要制定明确标准及规定，不符合标准及规定的商品或服务不能进入市场。目前，虽然中国已经加入 WTO，但市场规则还在逐步建立和完善之中，仍存在无照经营、仿照经营、提供假冒伪劣商品或服务、侵权行为等诸多问题，严重侵害了生产者、经营者和消费者的合法权益，对现有市场规则造成极大的冲击，必须加大执法力度，确保市场进出规则的标准性和权威性。也就是说，进入市场都必须依法明确经营范围、经营方式，只有符合市场进出规则的标准及规定，才能合法地进入市场。任何商品或服务都必须符合市场进出规则的标准及规定，经过严格审查，不符合标准及规定的商品或服务不准进入市场，对违规者依法查处，对严重违规者吊销其营业执照，甚至追究其刑事责任。

2. 市场竞争规则

市场竞争规则是以法律形式维护市场公平竞争的基本准则。市场竞争规则要求市场主体之间进行自由、平等的商品、劳务和产权等的交易，平等地从事各种形式的市场竞争，即市场主体的机会均等、竞争公平。提供均等机会和维护公平竞争的市场竞争规则就是体现反垄断法的基本规制，把维护公平竞争作为基本准则，要求市场主体必须依法运作、自主选择、公平竞争，实现合法的竞争收益。商品生产和交换关系在本质上是公平、平等的互利关系，公平竞争是市场运行法制化的基本要求，而市场竞争规则则是实现这一基本要求的根本保证，否则就无法实现优胜劣汰，也无法发挥竞争机制的基础性调节作用。市场竞争规则要反映公平竞争的内在要求，使市场主体能够机会均等地按照统一市场价格取得生产要素；使市场主体能够机会均等地进入市场，包括机会均等地制定价格和确定销售地区等；使市场主体能够平等地承担税收及其他方面的负担，没有任何优惠或不公正的负担；维护各个方面的平等竞争，如市场主体之间的就职机会均等和经营机会均等等。“市场竞争规则必须充分反映公平竞争的全部内在要求，以保证市场的公平竞争。”① 简言之，市场竞争规则是市场公平竞争的基本标准和内在要求的反映，确保市场主体能够机会均等地依据市场价格购买所需商品、服务和各种要素；确保市场主体能够机会均等地进入市场并依据市场需求自主生产或营销；确保市场主体能够平等地依法享有生产或经营权利和承担相应的责任、义务。反对市场垄断，维护公平竞争环境、氛围。市场竞争规则只有充分反映市场公平竞争的基本标准和内在要求，才能实现维护市场公平竞争的目的。

市场竞争规则是市场主体之间地位平等、机会均等竞争关系的制度体现。概括起来，市场竞争规则一般从三个基本方面贯彻公平竞争原则和规范竞争行为：（1）维护公平竞争，禁止各种形式的市场垄断。这主要是指消除市场分割，打破竞争壁垒，促进资源的合理流动；破除市场主体的等级差别，确立平等竞争机制，实行公平税赋原则和公平价格原则，确保市场公平竞争，禁止幕后交易、合谋交易、排他性规定、价格歧视、欺诈行为等，维护公平竞争环境。（2）规范公平竞争行为，禁止不正当竞争行为。这是指禁止经营

① 魏杰. 规范市场秩序和贯彻市场规则. 中国党政干部论坛，2003（11）：13-15.

者采用欺骗、胁迫、利诱、诋毁以及其他违背公平竞争的准则等手段，从事市场交易，损害竞争对手的利益。其一，禁止商业欺诈的行为。这包括禁止假冒他人注册商标的行为、仿冒知名品牌的行为、擅自使用他人企业名称或姓名的行为、伪造或冒用商品质量标志的行为、虚假广告宣传行为、欺骗性有奖销售行为与巨奖销售行为、欺骗性价格竞争与暴利行为等。其二，禁止侵犯商业秘密的行为。这包括禁止不正当地获取、披露、使用或允许他人使用权利人商业秘密的行为。其三，禁止诋毁竞争对手商业信誉与商品声誉的行为。这包括禁止经营者以排挤竞争对手为目的，通过捏造、散布虚假信息对竞争对手的商业信誉和商品声誉进行恶意诋毁、贬低，以削弱其市场竞争能力的行为。其四，禁止商业贿赂行为。这包括禁止经营者在市场交易中以秘密支付财物或其他报酬为手段，取得有利于自己的交易机会和交易条件的行为。其五，禁止干扰市场正常交易的行为。这包括禁止强买强卖，利用顾客连环推销，违法传销的行为等。(3) 禁止限制竞争行为，规范商品或服务的竞争行为，保持市场竞争的公平性。这是指禁止经营者滥用其拥有的市场优势地位和市场权力，或两个以上的经营者通过协议等方式就交易价格、交易条件等方面达成一致意见，妨碍公平竞争，损害竞争对手的利益，主要包括：一是禁止附条件交易行为，即违背购买者意愿采用搭售和附加其他不合理条件的交易行为。二是禁止强迫交易行为，即采用胁迫或其他强制手段从事交易，以及妨碍他人从事市场交易的行为。三是禁止超经济强制行为，即利用行政力量，限制和破坏正常市场竞争的行为。四是禁止低价销售排挤竞争对手的行为，即以排挤竞争对手为目的，在一定的市场和时期内以低于成本的价格销售商品的行为。五是禁止限制竞争的协议行为，即以协议的方式，共同决定商品的价格、产销量、技术标准、交易客户、交易地区等，从而限制市场竞争，牟取超额利润的行为。六是禁止串通投标行为，即投标人之间或投标人与招标人之间私下串通，共同损害招标人或其他投标人利益的行为。七是禁止垄断行为，即禁止通过独占、兼并、独家交易、股份保有、董事兼任等形式，达到完全、永久地排斥竞争对手，取得独占、控制和支配市场地位的行为。

市场竞争规则是保证公平竞争，维护市场秩序的重要法则。一方面，我们要认真学习和借鉴西方发达国家关于市场竞争规则建立与完善了的成功经验，尽管发生了经济危机，其市场竞争规则仍有可学习和借鉴的方面。另一方面，要深化改革、大胆实践，建立与完善具有中国特色的市场竞争规则。依法维护市场竞争规则，确保市场竞争规则的法制性、权威性、公平性。作为维护市场公平竞争的市场竞争规则，要把超经济的特权干预、垄断和市场分割、欺诈和腐败等各种干扰作为主要限制目标。应该要求市场主体靠自己的比较优势和经营才干，靠对市场信息的捕捉和综合判断，靠提高效率和节约成本，来获取竞争收益。公平竞争是市场有序化的基本要求，没有公平竞争，就不可能实现优胜劣汰，就不可能发挥市场监督管理的积极作用。

3. 市场交易规则

市场交易规则是市场主体进行经营活动的准则与规定，是市场主体在市场交易过程中应遵守的原则和行为规范，是维持市场秩序的基本保证。如果没有市场交易规则，市场主体的交易行为就会无章可循，就不可能有良好的市场秩序，因而必须发挥市场交易规则的作用。

市场交易规则的第一个职能是规范市场交易方式。交易公开化，即一切交易活动都要在有组织的市场上公开进行，明码标价、公平交易，不容许幕后活动与黑市交易；交易货币化，即交易以货币为媒介，让货币执行价值尺度的职能，以防止不等价交换和不公平交易，使交易建立在货币价值尺度的基础上；信用票据化，即通过信用票据促进商品交换，并使商业信用规范化；交易规则化，即交换必须依据规则进行，例如，经营场地规则、计量器具规则、批发和零售规则等，以形成良好的交易秩序。

市场交易规则的第二个职能是规范交易行为。市场交易规则主要是形成自愿的而非强制的公平交易，使买卖双方进行互惠和诚实守信的活动，反对和禁止强买强卖、巧取豪夺、坑蒙拐骗等非法行为。一方面这要求交易双方规范地进行交易活动，禁止各种非正当交易；另一方面这为双方的规范交易创造良好的环境。

市场交易规则的第三个职能是规范交易价格。这是市场交易有序化的重要内容和基础，市场混乱往往突出地表现为价格的混乱，因而市场交易规则必须把规范价格作为重要的内容。要明确价格形成制度，对于包括作价原则、作价方法、申报和监督制度在内的一整套价格形成过程，做出明确规定，不允许任何交易者违背价格形成制度。规范交易价格的重点是防止无根据定价、转手加价和故意涨价，破坏市场价格的稳定性。①

市场交易规则是关于市场多层次活动的基本准则和规定，是维护市场经济秩序的基本保证。这主要表现为：

（1）遵守合约规则。

凡进入市场从事生产和交易活动，交易双方或多方都必须遵守合约的规定，包括洽谈合约、签订合约、履行合约和违约处罚等方面，都要严格遵守和执行合约约定及其程序，以合约为准绳，强化合约规范，直至实现合约规定条款为止。遵守合约规则是市场交易规则中的最基本准则。

（2）遵守公平交易规则。

市场交易必须坚持平等原则和公平交易规则，要建立多层次的社会监督机制，禁止各种排他行为、歧视行为和保护主义，形成规范的违反公平交易的处罚制度，以确保公平交易规则和公平竞争秩序。公平交易规则是市场交易规则中的最普遍准则。

（3）遵守诚实守信规则。

市场交易规则始终强调交易者必须诚实经营、坚守职业道德、秉持诚信理念，交易过程要遵守职业道德规范，坚持诚实守信规则，坚持信用文化，坚持社会责任。诚实守信规则是市场交易规则中的最高级准则。

4. 市场仲裁规则

市场仲裁规则是市场仲裁机构对市场主体之间的经济纠纷进行仲裁必须遵守的行为准则和规范。所谓仲裁，又称“公断”，是指在一个国家的法律许可或规定的范围内，双方当事人把经济纠纷共同交由所选定的非司法机关第三方，第三方依据双方当事人所签订的协议、合同等，在核定事实的基础上，按照一定的程序对纠纷做出裁决的一种活动。“仲裁”的基本含义就是“居中公断”。市场主体利益的多元化和追求利益最大化的特性，以及其他诸多复杂因素，使得市场交易活动和其他经济交往活动经常产生利益冲突，在交易双方或多方难以协商时，纠纷便不可避免。为化解纠纷，交易双方或多方可选择仲裁，请

① 魏杰．规范市场秩序和贯彻市场规则．中国党政干部论坛，2003（11）：13-15.

求仲裁机构提供仲裁服务。在市场经济条件下，仲裁服务作为使纠纷获得解决的第三者的调解和裁判，也是一种特殊的商品，具有使用价值和价值。仲裁服务商品的使用价值的特点在于，不是以物的形式，而是以活动的形式提供一种效用。这种效用可以满足纠纷双方或多方公正、及时化解纠纷的需要，同时可以维护市场的正常运行，保障市场经济的健康发展。在商品交换活动频繁、纠纷大量出现、公力解决不济的情况下，仲裁方式被广泛运用。随着商品经济的发展，仲裁活动也日益商品化，并从一般的商品市场和生产要素市场中分离出来，逐步发展成一个相对独立、具有争议解决功能的特殊服务市场，成为市场体系中重要的、不可或缺的组成部分。

市场仲裁规则蕴含在非常广泛的领域中，大致包括市场主体纠纷、商品纠纷、劳动争议、海事争议、物权纠纷、电子商务纠纷、知识产权纠纷等，其中每一个领域由于纠纷或争议的内容不同，其市场仲裁规则也相应地进行了调整。目前，比较突出的领域是知识产权纠纷仲裁和劳动人事争议仲裁。各类网络侵权纠纷、著作权侵权纠纷呈明显增加趋势，涉及计算机软件、数据库、互联网等与信息技术有关的新类型著作权案件不断涌现，版权纠纷不断增加，文化产业涉外案件的比例上升。著作权领域纠纷案件越来越复杂，纠纷往往表现为技术问题与法律问题交织，新问题层出不穷，审理难度也随之增加，并呈现发现侵权行为难、法律关系不清晰、确定侵权主体难、获取证据难、提交证据不完整、高额赔偿难的特征。中国国际经济贸易仲裁委员会充分利用网上解决域名争议的经验，针对电子商务纠纷及其他经济贸易争议，制定了《网上仲裁规则》，该规则对网络知识产权纠纷较为适用。而制定劳动人事争议仲裁办案规则则加大了对劳动人事争议过程中各类细节规定的力度，例如，关于仲裁过程中回避申请的提出、证据的搜集与提交、仲裁时效的中断、用人单位情况的变更等。

据统计，自《中华人民共和国仲裁法》实施以来，各种仲裁机构共受理各类纠纷 7 万多件，涉及生产资料市场、消费品市场、金融市场、技术市场、信息市场、房地产市场等生产要素市场，以及其他服务市场，争议金额达 1 500 多亿元。纠纷的公正、及时仲裁保护了当事人的合法权益，保障了社会主义市场经济的健康发展。“仲裁服务市场服务于社会主义市场体系、服务于市场主体，为仲裁服务商品的交换提供条件，合理配置仲裁服务资源的功能初显。”① 市场仲裁规则主要涵盖四个方面：

（1）完善仲裁制度。

贯彻和执行市场经济的相关法律、法规和政策，依法完善市场纠纷处理的各项制度，包括市场纠纷仲裁程序、受案范围、争议管辖、申请时效、仲裁裁决、办案时限等制度规定，确保市场纠纷得到及时、公平、有效的处理。

（2）遵循公平原则。

市场仲裁规则的重要原则即遵循公平，这体现为依法仲裁，法律面前人人平等。依规裁决，坚持仲裁制度的公平性和公正性。仲裁过程公平，申请仲裁的经济纠纷各方都是平等的公民、法人和其他组织，遵循统一的市场仲裁程序、标准及规定。仲裁结果公平，实事求是，达成各方可接受的结果。

---

① 佚名.《中华人民共和国仲裁法》构建的仲裁服务市场研究．法律快车网，2008-11-14.

(3) 组建仲裁团队。

按照市场仲裁规则的要求，组建一支高素质的仲裁队伍，培养锐意进取的团队精神。引进先进调解技术、仲裁服务的ISO-9000质量保证体系，建立局域网，实现网上办公、网上仲裁受理，实现仲裁服务商品的升级，增强国际竞争力，创立国际品牌，学会市场营销。宣传和介绍仲裁服务商品，变市场主体为潜在的仲裁当事人。

(4) 仲裁规则统一。

这是指要把握统一的市场准入条件、统一的市场运行规则和统一的市场开放要件。统一的市场准入条件，就是强调仲裁申请者要符合《中华人民共和国仲裁法》的有关条款规定，适用有关条款规定的合同纠纷、财产权益纠纷或劳动人事争议等范围。统一的市场运行规则，就是坚持解决纠纷的基本程序和仲裁标准相统一，仲裁规则与实体法律、政策规范和道德规范相调整、相统一。统一的市场开放要件包括对内开放和对外开放。对内开放，符合条件的市场主体可任意选择国内仲裁服务市场，任意选择仲裁服务的提供者；对外开放，国内仲裁服务市场与国际仲裁服务市场的基本结构和基本运行规则相近，遵循协议仲裁原则、独立仲裁原则、仲裁保密原则、一裁终局原则、国际相互认可原则和协助执行裁决原则，实现与国际仲裁服务市场接轨。

让消费者了解仲裁服务商品，增强消费意识，运用仲裁方式解决纠纷，是当前积极发展中国仲裁服务市场的重点和难点。中国现有的仲裁服务市场规则是对成熟消费者的要求。所谓成熟的消费者有三个方面的要求：(1) 具有纠纷解决方式的选择能力，可以订立有效的仲裁协议；(2) 懂得仲裁的法定程序，知晓其权利和义务；(3) 具有当代仲裁理念，认可仲裁双刃剑的特征，自觉接受公正裁决的结果。事实上，中国现阶段大多市场主体还达不到这些要求，这与社会主义市场经济体制刚刚建立和仲裁服务市场仍处于初级阶段有关。要大力推广仲裁制度，使消费者尽快成熟。实践证明，此举符合国情，行之有效，有利于中国仲裁服务市场的建立和完善，能促进仲裁事业可持续发展。①

二、市场规则的实质

市场规则是国家依据市场基础性调节的客观要求，凭借国家政权的力量和权威所制定并实施的所有市场活动都必须遵守的制度性规范总和。市场规则的实质就是以国家法律、法规的公约、契约等形式严格规定下来的市场运行准则，或者说是将市场活动合理化、有序化、契约化的特定制度标准。

市场规则绝不是主观臆断的产物，而是市场运行过程的内在要求，是经济规律特定形式的反映或外在表现。市场规则是市场运行过程内在要求的法制化和制度化，其客观存在依人的意志而转移。并不是只要实行市场经济，就必然能实现资源的合理配置。没有规矩，不成方圆。只有具备公平、公正的市场秩序，市场才能合理、优化地配置资源。良好的市场秩序依赖市场规则。没有市场规则，就会导致市场无序，不仅妨碍市场基础性调节作用的有效发挥，而且还会阻碍、破坏经济社会的正常运行。因此，市场规则的根本目标就是要保证市场经济健康、有序地运行，使市场能有效地发挥资源配置的

① 佚名.《中华人民共和国仲裁法》构建的仲裁服务市场研究. 法律快车网，2008-11-14.

基础性调节作用。

市场规则本质上是价值规律的必然要求。具体表现为：

（1）等价交换的要求。

商品生产者是通过交换商品的外在形式来反映交换各自劳动的内在形式的，这种劳动交换不以具体劳动时间为标准，而以社会必要劳动时间为尺度，因而劳动交换必然转化为价值交换，形成等价交换，而等价交换则是价值规律的必然要求。

（2）平等竞争的要求。

商品生产者在进行等价交换的过程中，其劳动能否被社会所承认或承认多少，既取决于劳动的数量和质量，也取决于劳动是否符合社会劳动的合理配置，因而等价交换过程必然表现为平等竞争的过程，平等竞争构成了价值规律作用的基本形式，是价值规律的必然要求。

等价交换和平等竞争成为市场运行过程的最基本要求，而作为市场运行过程内在要求的市场规则，必须反映等价交换和平等竞争的基本要求。或者说，等价交换和平等竞争是市场规则最根本、最核心的内容，其他各种规定都是由此延伸和派生出来的。

市场规则是一般性、确定性和开放性的统一。一般性意味着在规则面前人人平等，应保护各市场主体同等的基本权利；同时意味着程序平等，每个市场主体都有凭借自己的资源进行公平竞争的自由权利。违背一般性必然会削弱市场规则的规范性、权威性。例如，根据企业所有制性质不同而采取的税收区别对待政策，既不利于公平有序的市场竞争，又常常引发处于竞争不利地位的企业的大量偷逃税行为，破坏了国家税法的有效实施。确定性意味着正常的市场主体都应该并能够清晰地理解市场规则的含义，知晓违规后果，并能恰当地使自己的行为与之相对应。简化规则、降低规则运作成本是保证市场规则确定性的根本路径。开放性意味着允许市场主体通过创新行为对新的市场环境做出反应。开放性要求市场规则适应经济发展的新情况、新问题并可灵活调整。面对市场环境的不断发展变化，若市场规则不能适时调整，必然会束缚市场主体的创新，制约市场主体对新市场环境的适应能力。市场规则的确定性并不排斥开放性。稳定性是相对的，开放性是绝对的，开放性是稳定性的内在要求。①

市场规则的有效性与有限性。市场规则与其他规则一样，不是绝对的、万能的。以往的市场规则理念是把市场规则的有效性建立在一个单纯的目标——财富的创造之上，这个目标在人类发展的初级阶段无疑是最重要的。然而，从更广泛的视角观察，基于市场经济基本要求的市场规则未必永远有效，而且即使在人类还被贫困所困扰的时候，它也并不是唯一的规则。因为除了创造财富外，人类还有别的追求。将单一的财富目标转变为更为根本的关注“人的快乐与幸福”的社会发展目标，已经展现出了新的视野、新的理论和新的应用。这一转变无论是在国家政策的宏观层面，还是在企业家所面临的微观层面，都会产生重大的影响，“因为它改变了人和人关系的原则”②。

① 刘根荣．完善市场规则 优化市场秩序．价格月刊，2003（5）：11-13.

② 茅于轼．市场规则的有效与有限．新浪网，2006-03-29.

第二节　市场规则的运作过程

一、市场规则的功能

市场规则属于市场制度范畴，从制度上为各种市场活动订立标准，任何市场活动都必须以标准为准绳，违规者必受惩罚。在实践上，一般把市场规则称为市场“游戏规则”，或者称之为竞争“游戏规则”，犹如竞技体育比赛一样，市场活动是在比赛规则和标准的严格规范下进行的。

因此，市场规则更加重视以制度规则为标准的公平性、公正性和透明性，更加强调遵守市场规则基础上的平等竞争和公平竞争，由此实现资源的合理配置和市场主体的优胜劣汰，从而发挥市场规则的重要作用。市场规则的功能具体表现为：

（1）市场活动关系、行为、秩序的制度标准。

所有参与市场活动的组织或个人，无论其身份、地位如何，都不能游离于这个制度标准之外，都必须遵守这个制度标准，即遵循同一的不可违反的市场规则或“游戏规则”，从而确保市场主体竞争的公平性。

（2）市场机制发挥调节作用的制度基础。

市场机制发挥调节作用一般是通过市场信号自发的、随机的引导进行的，之所以能够实现自发的、随机的引导，是由市场规则这个同一的、不可违反的制度基础决定的，否则，必然丧失市场机制自发的、随机的引导功能。由此确保市场竞争过程的公平性。

（3）市场体系能够合理运行的制度手段。

任何层面的市场体系的合理运行都要靠系统化、程序化、法制化的市场规则来维系和支撑，市场体系运行的不合理性或市场体系运行机能的缺失，原因在于市场规则的不健全或不完善。市场规则是市场体系合理运行的制度手段，可保证市场竞争的透明性。

发挥市场规则的重要作用，关键在于完善市场规则。要从转型期中国的情况出发，利用全球性经济危机带来的发展机遇，通过规则的整合、修订与创新，辅之以有效的实施机制，形成既符合国情又与国际惯例相通的市场规则体系，优化市场经济秩序，促进社会主义市场经济有序发展。建立市场规则，完善市场规则，发挥市场规则的功能，在中国还需要创造一系列的相关条件，才能得到有效实现。

创造有序的市场环境是市场规则发挥作用的前提条件。确保市场总供给与总需求的相对平衡，谨防严重的总需求膨胀，也严防严重的总需求不足。市场价格、利率、汇率、税率等参数灵敏地反映了市场的运行状况，市场信号能够从微观上引导企业的自主决策。市场活动要透明化、规范化，市场活动关系、行为、秩序通过市场运行过程及状况被清晰地表现出来。

完善相关的体制条件是市场规则发挥作用的基础条件。企业应成为自主经营、自负盈亏的市场主体，只有企业与政府不存在产权关系模糊和职责不清的问题，企业才具有竞争意识和风险意识，才能自主地从事市场活动，才能自觉地遵守市场规则，实现市场竞争中的自身价值及利益。完善的企业产权关系、明晰的产权边界及基础，可有力地启动市场规则的功能。理顺政府职能，规范政府行为。政府依法行政是市场经济有序运行的条件和保证。在经济转型期，政府既是正式约束规则的供给方，又是实施机制的主体，而转型期规则的供给落后于需求，需要一个强势的政府。但政府不是万能的，而且政府行为受其目标函数的制约，政府行为不当会造成市场规则失效、市场秩序恶化。“政府失败”比“市场失败”更可怕。因此，必须界定政府活动范围，规范政府行为，依法行政，加强行政监督。资源配置方式必须依靠市场供求状况及其关系的变化，仅靠政府分配资源，弱化市场配置的作用，市场规则便无法发挥作用。市场主体的多层次活动只有在制度约束下进行，市场规则所严格界定和要求的信用关系、合同关系、交换关系、竞争关系才能以规制形式确定下来，以保证市场规则作用的充分发挥。

建立完善的市场法制是市场规则发挥作用的基本条件。这主要包括：(1) 建立约束市场主体活动关系的法律法规体系。例如，公司法、合同法、银行法、价格法、竞争法、会计法、审计法、律师法、证券法、保险法、质量法、监督法、仲裁法等。中国市场立法既要加大力度，完善市场法律体系，又要加强已有法律法规调整的力度，提高立法效率、水平。依据 WTO 原则及标准，清理不合理规则。新制度经济学的研究表明，不合理规则会导致经济人理性地从事“不合理行为”，合理的规则设计安排会促成经济人的合理行为。中国目前市场经济秩序混乱的一个重要原因在于某些市场规则存在不合理性，从而导致市场主体的“不合理行为”。所以，按照 WTO 的原则，清理不合理规则，加强对合理规则的研究，依法规范市场规则，凡是不符合 WTO 要求的规则，应主动清理，及时废止，或者修改、调整和完善。(2) 建立高效的市场执法队伍。调整和优化市场执法结构，强化市场执法力度，推进市场执法的透明度，强化市场执法的效能监督。健全市场监管体制，强化监管力度，实现多层面、全方位的市场监督，包括必要的纪检、监察、审计监督，执法制度监督，社会媒体及舆论监督等。完善诉讼制度，扩大审判手段在市场执法中的适用层面。加强执法队伍建设，建立一支高素质、有权威、高效廉洁的行政执法队伍，提高市场执法队伍的整体素质。(3) 建立和完善社会信用体系。现代市场经济就是信用经济，市场化程度越高，对社会信用体系的要求就越高。由于中国信用体系发育程度低，直接影响市场体系的建设，成为制约市场机制发挥基础性配置资源功能的障碍，因此，要完善市场规则，规范市场经济秩序，就必须建立和完善社会信用体系。要通过多种方式强化市场主体的信用观念和信用意识，建立信用管理的法律制度，加强信用立法和执法，促进信用中介组织的发展，建立由政府资信数据库、行业内资信数据库、征信机构资信数据库组成的社会信用数据库，建立和完善政府信用监督与管理体系，强化企业内部的信用管理。

不断提高市场主体素质是市场规则发挥作用的重要条件。市场规则发挥作用的程度，最终取决于市场主体的素质。建立与市场经济相容的产权制度。市场交易是产权的交易和调整，产权是否明晰，能否自由交易，成为市场交易能否顺利进行的基本前提。中国产权制度相对滞后，表现为转型期国有产权模糊，政企不分，效率低下，甚至国有资产流失，阻碍产权制度改革的深化。个体私营经济的产权缺乏权威性保护，影响非公有制经济的健康发展。建立与市场经济相容的产权制度，必须对各市场主体的产权进行明晰界定与法律保护，为市场规则有效运行奠定体制基础。提高市场主体的法制观念和遵法守法意识。制度文化和伦理道德本身构成市场规则的非正式约束，是市场规则不可或缺的组成部分。以法律制度形式存在的市场规则正式约束的作用离不开制度文化和伦理道德基础。正式约束与非正式约束是否相容，对市场经济秩序的和谐稳定至关重要。坚持市场经济的平等、自由、诚信、利己、利他、权利与义务统一的理念，摒弃平均主义、等级观念、依附观念、重利轻义意识，塑造符合社会主义市场经济要求的制度文化和伦理道德基础，不断提高市场主体的职业素养和道德水平。提高广大消费者的消费理念、法律意识、监督意识、质量观念、参与意识和仲裁意识。这种提高既有强制性一面，又有自律性一面，两方面并行不悖，具体体现在商品生产者、经营者、服务者和消费者的整体素质不断提高之中，体现在买方集团和卖方集团的平等交易结构及关系之中。如此，市场规则发挥作用的重要条件才能具备，从而确保市场规则成为市场主体活动的基本标准、尺度及既定目标。积极培育和完善市场中介组织。发展各类行业协会、地方商会等民间社团组织，将市场功能交由市场中介组织处理。

二、市场规则的具体运作

市场规则的具体运作展现为市场活动关系从初始到终结的系统规约过程，包括四个相互联系和相互制约的基本方面：

（1）判断市场参与者资格，严把市场准入关。

这是通过对市场参与者是否具有参与市场活动资格的审查、判断而严把市场准入过程。这主要包括对各类市场参与者的申请进行依法审查、核准注册、颁发营业执照；对不合格者依法驳回注册申请、不予注册登记等。严把市场准入关成为市场规则具体运行的前提，构成确保市场活动效率的关键环节。通过判断市场参与者资格这一关隘，可有效防止不合格参与者的进入，确保市场的运行质量。特别是对于金融市场等要素市场而言，判断市场参与者，严把市场准入关，更具有重要意义。

（2）甄别市场活动关系，规范市场交易关。

这是通过对进入市场的各类市场主体活动关系的筛选、甄别而规范市场交易的过程。这主要包括对各类市场主体交易活动实施具体行为规定和协调办法，进行定期或不定期的检查监督，依法引导、约束其活动行为，激励其市场活力，防止市场垄断和机会主义，保持公平的市场交易秩序。

（3）监督市场活动走向，控制市场退出关。

这是通过对停止交易或退出交易的市场主体的信息进行跟踪监督而控制市场退出的过程。这主要是及时进行停止交易或退出交易的备案审查，予以注销或撤销，并建立注销或撤销档案，掌握停交或退出的时间、数量、去向等，控制退出关口，以保持必需的市场主体数量和质量，促进市场主体的合理流动，实现市场运作过程的健康发展。

（4）公平处理经济纠纷，完善仲裁制度关。

市场主体之间的商贸纠纷、劳动人事争议、物权纠纷和知识产权纠纷等，无法通过内部协商解决，就必须通过第三方的仲裁组织仲裁解决。因此，构建仲裁组织、完善仲裁制度、规范仲裁规则、贯彻仲裁法律、坚持仲裁公正，成为市场规则具体运作的重要方面。完善仲裁制度关，对于优化市场规则中的准入关、交易关和退出关具有稳定和保障意义。

市场和市场体系的多样性和多层次性决定了市场规则具体运作层面的差异性。主要表现为市场不同，市场规则的具体运作重点、倾向也不同。在商品市场上，市场规则主要突出平等竞争和公平竞争，无论是市场进出过程还是交易活动过程，都表现出平等性和公平性，因为现代社会的商品市场一般都以买方市场为主，商品或服务供过于求，消费者选择余地较大，商品或服务的透明度较高，关键是要遵循卖者之间的公平竞争规则、买者个体或群体的公平消费规则和买卖双方之间的公平交易规则。商品生产者和经营者的任何形式的交易及纠纷，消费者的任何投诉行为，都与反对垄断和保护主义，都与自身要求的公平性被伤害密切相关。而要素市场的市场规则则侧重于交易过程中的资信和诚信规则，虽然要素市场也强调平等性和公平性，但更重视参与者的资质及信用记录，更关注交易过程中的诚信意识及对市场规则的遵守，因为要素市场风险较大、交易品或服务品透明度较低、专业性较强，交易者不容易识别，特别是金融市场的资金产品或其他金融衍生品更是如此，要素市场最可怕的问题是交易者失信，把风险转嫁给别人，所以要素市场的信用文化建设和要素市场参与者具有诚信意识及诚信经营理念非常重要。可见，商品市场的市场规则凸显公平性、平等性，反对任何形式的市场垄断和保护主义，在国际贸易领域更为突出地强调这一平等性和公平性规则。要素市场重视建立和完善风险防范规制和严惩交易失信规制。文化市场的市场规则侧重于文化产品或服务的内涵及质量，更关注文化产品或服务的知识产权保护，更重视文化市场规则的标准性及监管的权威性。虽然市场具有一般性的共性规则，但在中国现阶段更应重视不同市场上规则的个性，突出重点，发挥市场规则具体运作的作用、功能。

第三节　市场规则的监管

一、市场经营主体监管

市场规则作为市场的制度性规制，不是一蹴而就的，同样需要政府和民间行业自律组织等对其运作进行监督管理，以保证市场规则的有效运作。否则，市场规则的运作效率就会大大降低，也会失去其制度标准的意义和功能。

市场经营主体是指经营各类市场业务的营利性企业或公司。各类市场体系的建设和管理都是由具有经营市场业务的营利性企业或公司承担的，一般通过政府主导下的招投标或授权进行。市场经营主体必须依据市场法律、法规从事经营，依据市场规律开展运作，依据市场规则实施监管，自然成为市场规则监督管理的微观组织。

市场经营主体也被称作市场流通组织，包括具体经营各种商品的流通组织机构，以及与之相适应的管理体制和管理方法，其功能是加速商品流通及规范市场交换过程。市场流通组织本身又是由各种组织机构组成的一个整体。按照市场流通的物质承担者来划分，主要有：商品流通组织，如各种供销机构；资金流通组织，如各种银行和非银行金融机构、证券交易所等；劳动力流通组织，如职业介绍所、人才交流中心等；技术流通组织，如专利技术交易所、技术咨询服务机构等。市场经营主体的特点决定了其对市场规则运作实施监督管理的特殊性，这种监督管理属于微观经济监管范畴，并与其经营性业务管理融为一体，具有建设和管理的双重功能，构成直接的微观监督管理体系。

市场经营主体对市场规则的监督管理主要表现在交易过程中，主要有：(1) 对市场交易活动的监督管理，即依据市场规则对市场交易活动关系、行为、秩序进行监督管理，对经营商品质量或服务质量进行监督管理，对经营信誉和服务承诺进行监督管理。(2) 对市场经营效率的监督管理，即依据市场规则对市场商品或服务的供求关系进行监督管理，对市场流通渠道、物流配送进行监督管理，对市场运作效率和服务质量进行监督管理。(3) 对市场环境的监督管理，即依据市场规则对市场设备、设施进行系统维护管理，对市场卫生、安全、保障进行规范检查管理，对市场突发事件应急处理机制实施监控管理等。这种直接的微观监督管理活动适用于商品市场的建设和管理，特别适用于商品批发零售市场和城乡集贸市场的建设和管理，也适用于部分要素市场的建设和管理，例如，劳动力市场、技术市场和信息市场等的建设和管理，对于形成统一的区域市场体系或全国市场体系，促进城乡经济一体化和农业产业化、现代化发挥着重要作用。

市场经营主体的监督管理是直接的微观控制与管理，目的在于维护市场规则的法制性、权威性和标准性。这种微观监督管理涉及市场经营环境、市场供给条件、经营者、消费者、商品或服务、服务质量及效率、经营信誉等多个层面或领域，其微观监督管理过程既是市场规则有效发挥作用的过程，也是市场规则发挥作用的重要条件。这种直接的微观监督管理总是与市场规则的作用结为一体的，对于确保市场规则的有效运作，维护各层次市场体系的秩序与安全，促进微观经济活动的法制化、规则化、制度化具有重要意义。

这种集建设和监管于一体的监管制度也存在不少弊端，由于缺少内部制约机制，极易滋生市场监管腐败、地方投资和贸易保护主义，削减市场规则的标准性和权威性，因而只能是一个过渡性的制度安排。伴随着经济体制改革的深入和市场监督管理制度的完善，市场经营主体监督管理制度将逐步被政府部门监督管理制度代替。

二、行业主管部门监管

行业主管部门是指所属企业经济活动的主管机构。市场主体的划分一般以主体经营业务所属行业为依据。中国各类市场主体的经营活动，包括国有企业、民营企业、外资企业和其他混合经营企业等，都分属于不同的行业主管部门。

行业主管部门对市场规则运作的监督管理，主要侧重于对所属企业和其他经济组织进入市场之前的申报进行审批；进入市场之后的行业规范和政策指导；依据法律法规规范其生产经营活动；对企业、其他经济组织的运营状况、经济效益和治理结构等进行必要的监督管理。行业主管部门对市场规则运作的监督管理具有宏观监管成分，但实质上仍然属于微观经济管理范畴。

行业主管部门对市场规则运作的监督管理主要有：(1) 对所属企业组织的形成进行审批。这是对所属企业、其他经济组织予以行业审批、核准，未经行业主管部门审核设立，不具有合法的生产经营资格，更无法取得营业执照或经营许可证，此种监督管理同属于市场准入关的前置审核范畴。行业主管部门的审核成立是所属企业、其他经济组织获得注册登记和纳税登记并取得营业执照或经营许可证的前提要件。(2) 对所属企业组织的活动进行规范。这主要是依据市场规制的要求，运用法律、法规、政策和必要的行政手段引导、约束、激励企业组织的活动行为，进行行业检查、评估、奖励、处罚等，促使所属企业、其他经济组织依据市场规则、规范运营。(3) 对所属企业组织违法违规行为进行查处。依据市场规则标准及要求，强化行业法律法规和政策的执行力，对违法违规者予以依法、依规查处，可视情节轻重，做出警告、通报、罚款、取消资格等处罚，一般会同政府有关经济监督和检察部门或行业自律组织共同进行。

行业主管部门的监督管理与行业所属企业组织依照市场规则运作，具有内在的统一性、一致性，表现为行业主管部门的业务监督管理与市场规则的制度、程序、措施内在统一、一致，同是规范市场主体及其活动行为。行业主管部门的行政规范指导与市场规则的原则、准则、规制内在统一、一致，同是调节市场主体及其活动行为。行业主管部门的微观监督管理与市场规则的具体约束标准、条例、细则内在统一、一致，同是调控市场主体及其活动行为。

行业主管部门的监督管理是一种标准的条块监管模式，在建立与完善社会主义市场经济体制的初期有存在的必然性和必要性，但同样具有不可避免的局限性，容易导致对市场规则运作监督管理的条块分割、行业垄断和行业保护主义，与市场规则的制度标准相冲突，并肢解了市场规则的制度标准，不利于市场开放和统一监管。随着社会主义市场经济体制的不断建立与完善，随着政府职能的转变，行业主管部门对市场规则运作的监督管理职能将会日益弱化，其发展趋势是将被政府部门监督管理体系代替，其职能将由有关政府监管部门承担。而行业发展规划、行业活动指导、行业法规和政策的实施职能将会得到日益强化，并将部分承担政府宏观调控职能。因此，行业主管部门的监督管理职能必将实现从微观监管向宏观监管的转变，将对统一市场体系的形成和统一市场规则的建立，实现包括所属企业组织在内的资源合理流动，产生重要的影响。

三、经济监督和检察部门监管

经济监督和检察部门是政府对多层次市场规则运作的综合监督管理机构，包括对市场规则运作各层面依法监督管理的税务、物价、质监、海关、工商、检验检疫等部门。经济监督和检察部门的监督管理是微观管理与宏观管理的统一。经济监督和检察部门的主要职能是实施宏观监督管理，依据国家有关法律法规和经济政策对市场活动进行调控、指导，维护市场规则的有序运作，确保市场规则及其制度标准的同一性、竞争性和公平性，并直接监督市场规则的运作，以调控多层次市场主体的活动关系、行为、秩序。

经济监督和检察部门也被称为市场调节组织或市场管理组织，是指国家调节市场的组织机构，以及与之相适应的调节手段和调节方法。其功能是政府运用各种经济和行政手段，对市场运行状态进行必要的适时调节，主要包括：

（1）随机性调节。

在市场运行出现紊乱时，例如，过度投机和市场垄断等，政府适时进行干预，消除紊乱现象，恢复市场运行的正常秩序。

（2）宏观性指导。

依据经济社会发展目标和市场运行规律，事前对市场运行实施引导，使之保持良好的运行状态。政府调节市场不是代替和破坏市场自身的功能，而是引导、弥补和推动市场机制作用的有效发挥。当然，并不排除在特殊条件下，比如在恶性通货膨胀或严重通货紧缩期间，政府对有关市场交易活动直接进行控制，例如价格管制等。

市场监督和检察部门可划分为三类：第一类是专门从事市场活动管理的机构，包括政府有关职能部门、政法系统有关机构、检察系统有关机构，例如财政、税收、工商、统计、审计、银行、物价等机构。第二类是从事市场流通技术管理的机构，例如计量标准、测试、质量鉴定等机构。第三类是从事社会性及群众性管理的机构，例如消费者协会、质量监督协会等民间组织机构。市场监督和检察部门的管理手段是一个包括多种市场管理手段的综合体，主要有：法律手段，如价格法、税法等；经济手段，如财政和金融手段；行政手段，如必要的行政通告、命令等。目前，中国市场监督和检察部门的管理方式还不完善，市场流通组织形式和管理体制还不适应社会主义市场经济发展的要求，市场调节和管理体制还不健全，管理方式和手段还较为滞后。要深化市场流通组织体制改革，建立现代企业制度；要深化市场调节和管理体制改革，完善市场调节和管理体系。

经济监督和检察部门的监管方式主要是根据国家法律法规和经济政策，依据国务院授权，行使对市场规则运作的规范监督管理。这主要包括：

（1）依据法律法规和经济政策的监督管理，确保市场规则运作的权威性、原则性。

近几年来，中国正在逐步加大经济监督和检察部门依法监管的力度，依法监管与市场规则日益融合，把市场规则运作提升到执法层面，用法律和经济政策维护市场规则运作，从法制上确保市场规则运作的权威性、原则性。

（2）依据行业质量国内外统一标准的监督管理，确保市场规则运作的规范性、标准性。

中国也在积极推进这方面的监督管理，自 2008 年三鹿事件发生之后，食品卫生行业质量国内外统一标准及规则在逐步强化，经济监督和检察部门对质量标准及市场规则运作监管的力度在加大，已经形成常态化的应急机制，其他方面的监督管理也在有序推进，把行业质量国内外统一标准及规则与市场规则及制度标准统一起来，强化经济监督和检察部门的综合调控能力，从规制上确保市场规则运作的规范性、标准性。

（3）自上而下和自下而上相结合的检查、指导、监督确保了市场规则运作的统一性、时效性。

形成市场规则运作信息和市场规则维护及监管信息的纵向信息反馈机制，建立经济监督和检察部门自上而下和自下而上相结合的检查、指导、监督的决策机制和执行机制，构建决策机制和执行机制的市场制度基础，以经济监督和检察部门监管机制的科学性和有效性从制度上确保市场规则运作的统一性、时效性。

伴随着社会主义市场经济体制的建立与完善和政府经济管理职能的转变，经济监督和检察部门对市场规则运作的监管职能将会得到日益强化，监管内容不断丰富及多样化，监管手段不断创新及现代化。法律赋予经济监督和检察部门的监管职能将会得到日益强化，其监管职能的综合性、交叉性将会日益凸显，必将使市场规则运作的力度、水平跃上一个新台阶，步入一个新阶段。

四、综合经济部门监管

综合经济部门是指对各领域或层面经济活动的宏观调控机构，主要职能是制定和实施经济发展战略及规划、经济政策、经济方针和相关措施等。

综合经济部门对市场规则运作的监督管理主要侧重于战略规划指导、经济政策调控，构成政府宏观调控的主要内容。也就是通过制定和实施经济发展战略及规划和宏观经济政策，以及运用法律、经济等手段，对市场规则的确立、运行、标准、效率等进行宏观监督、调控。例如，经济发展战略及规划的制定及实施，财政政策的制定及实施，货币政策的制定及实施，产业政策的制定及实施，贸易政策的制定及实施，均从不同层面直接影响、制约了市场运行的走向和市场规则运作的力度，其中，任何宏观调控内容方面的调整、变化，都会直接或间接地引起市场运行幅度的调整、变化和市场规则运作力度的调整、变化，从而确保了市场规则运作的灵敏度和灵活性，实现了政府宏观调控的既定任务、目标。

综合经济部门对市场规则运作的监督管理方式不是直接的，而是间接的，其特点表现为：通过制定经济发展战略及规划、经济政策、方针等，间接控制、引导市场运行，进而影响市场规则运作，使市场规则运作反映政府宏观调控的意图，其正效应以经济发展、市场繁荣、供求总体平衡予以体现。当然，如果经济政策失误，也会间接地影响市场规则的运作，反过来对经济政策调整产生影响，这种反作用可纠正经济政策失误和推进经济政策深化。通过经济发展战略及规划和经济政策的实施及具体转化，形成与市场规则相衔接的政策推动力和制约力，维护市场规则的制度权威性和标准性，为市场规则运作创造有利的政策环境，从而促进各类市场体系的不断完善与发展。通过经济发展战略和政策的适时调整，间接影响市场规则运作的方向和监督管理的重点，使适时调整后的经济发展战略和政策与市场规则运作的方向和监督管理的重点相一致，完成适时调整的发展战略任务和目标，即对市场规则运作的监督管理和经济发展战略及政策的适时调整具有相关性，并保持了特定形式的敏感度。

五、民间社团监管

民间社团是指依法形成的行业自律性团体或组织的总称，包括各种类型的行业协会、联合会和专业委员会，例如民间商会、个体劳动者协会、私营企业协会、消费者协会、社区服务组织等。

民间社团对市场规则运作的监督管理属于行业自律性约束及管理范畴。主要是对参与市场活动的所属会员进行技术教育、业务培训，例如专业技术训练、业务培训、就业和创业培训等；进行职业道德教育、文明自律教育等，例如行业道德规范学习、文明自律教育训练等；进行文化知识教育和提高素质教育，例如文化知识学习、素质教育辅导等。通过这些具体的自律约束和教育，使行业自律规制与市场规则有机结合起来，有利于从行业道德及自律的角度维护市场规则，为市场规则的有效运作创造条件。可弥补政府监督管理方面的某些失效和不足，是中国市场体系建设与发展的基本方向。

民间社团对市场规则运作监督管理的形式是多样化的有机统一。这主要有行业总体范围的监督管理、行业内部相关范围的监督管理、社区特定范围的监督管理、行业会员或社区成员的自律性约束等。随着社会主义市场经济体制的不断建立和完善，民间社团的自律性监督管理功能将会不断扩大，其作用的领域将会不断加深，并且渗透到维护市场规则运作的所有层面，形成与政府监督管理相互补充、相互配应、相互统一之势。

民间社团对市场规则运作的监督管理不具有行政强制力，主要以说服、教育、示范、引导等自律性手段为主，是一种非强制性的市场主体的心理共识或约定，构成软约束监督管理的主要内容。强调建立行业自律或专业团体自律的内在约束机制，例如道德约束机制、信用约束机制等，通过软约束监督管理使市场规则运作建立在德制基础之上。

由此可见，市场规则监督管理总体上是微观层面的具体监督管理，短期内在特定条件下仍以行政监管为主，政府行政干预和强制规范占主导地位，但从长期发展来看，行政监管必然转换到以经济和法律为主的监管轨道上来。因为市场规则本身就是市场经济规律的客观要求和表现形式，对其监督管理必须以尊重市场经济规律为基础、前提，不能违背这种客观要求和表现形式的规律性，任何形式的政府行政干预和强制规范都会导致市场规则扭曲、失效。

基于此，随着市场竞争的深化，市场主体及竞争领域的行业部门限制会被打破，行业部门的监督管理也将会逐渐淡化、消失，而经济监督和检察部门、综合经济部门的监管职责将会得到强化，市场规则的监督管理也将逐步由微观监管转向宏观监管，由具体监管转向创造相适应条件，由事后跟踪监管转向法制约束，由逐步建立规则转向有序维护规则，司法监管介入市场规则监督管理势在必行。

依据经济规律监管和依法监管是未来市场规则监督管理的主题，这个主题的核心是市场规则的监督管理是否有利于市场主体的自由选择和公平竞争，是否有利于发挥市场配置资源的基础性作用，是否有利于经济社会发展和社会和谐稳定。市场规则的监督管理在现象上是微观的具体监管问题，在本质上则是宏观的制约全局的关键问题，对于建立和完善社会主义市场经济体制至关重要。

要点总结

市场规则体系及其运作、功能和监管

体系	运作	功能	监管	主体	目标
市场规则体系	市场进出规则	判断市场主体资格	市场规则监管	市场经营主体	市场组织、环境监管
	市场竞争规则	甄别市场活动关系		行业主管部门	行业审查、规范监管
	市场交易规则	监督市场活动行为		经济监督和检察部门	市场活动、行为监管
	市场仲裁规则	公平处理经济纠纷		综合经济部门	宏观控制、维护规则
	市场规则比较	市场规则差异功能		民间社团	行业自律监管

关键词

市场规则；市场进出规则；市场竞争规则；市场交易规则；市场仲裁规则；市场规则运作；经营主体；行业主管部门；经济监督和检察部门；综合经济部门；民间社团；监督管理。

思考题

一、简述市场规则及其构成。

二、简述市场规则的实质、意义。

三、简述市场规则的具体运作过程。

四、简述市场规则的监督管理。

五、简述民间社团的监督管理及功能。

第八章

社会主义市场经济调控论

本章重点：宏观调控及其性质、特点；宏观调控国际协调；宏观调控理论；宏观经济政策；宏观经济政策体系、基本特征、调控、实质；宏观调控其他手段；宏观调控体系构成；转变宏观调控方式；宏观调控体系特性。

简要概括：市场经济决定宏观调控，宏观调控又反作用于市场经济。宏观调控本质上是对现代市场经济客观要求的反映，是市场经济有序发展的必然结果。宏观调控与市场经济既具有矛盾性，可同时产生调控失效或市场失灵，又具有统一性，可优势互补、相得益彰。宏观调控是市场经济失灵的杀手锏，是抑制资源错配和两极分化的控制阀，成为把握和配应市场经济的风向标。宏观调控的主体是政府，政府具有明确的宏观调控任务和目标，但政府与市场一样也不是万能的，容易产生宏观调控的失误或失败，需要政府不断检讨和评估，科学预测和决策，适时对宏观调控加以微调。建立与完善社会主义市场经济体制，需要政府发挥主导作用，需要政府在宏观上对经济运行实施系统的组织、协调、指导、控制。宏观调控不是政府的直接指令和行政干预，而是通过立法和制定经济政策，运用法律、经济、计划等手段，对经济运行实施间接的调节、指导和控制。宏观调控是政府选择的结果，并不排斥市场经济的作用，必须以市场经济的基础性作用为前提，是与市场经济相配应的能动控制、规范系统。

第一节　宏观调控

一、宏观调控的性质

与传统的自由市场经济不同，现代市场经济都是国家宏观调控的市场经济。即使是自由市场经济的典型美国也不例外，只是由于国家的性质不同，调控的目的和取向不尽相同而已。宏观调控的性质“就是要使市场在国家宏观调控下对资源配置起基础性作用”。“国家宏观调控和市场机制的作用，都是社会主义市场经济体制的本质要求，二者是统一的，是相辅相成、相互促进的。”① “社会主义市场经济的宏观调控比资本主义国家有更大的权威，更强的力度，能够更好地发挥计划和市场两种手段的长处，并在微观与宏观协调以及刺激经济效率与实现社会公正的关系方面，可以做得更好。”② 作为对市场经济规律特定要求反映的宏观调控，其功能是补充市场机制的不足，并不能代替市场机制及其调节，是包含计划手段的宏观调控。宏观调控必须以市场基础性作用为前提，解决市场失灵、失序等问题，宏观调控针对性较强，一定是短时期的，抓住重点，突破难点，绝不能长时期地动用宏观调控，否则，必然事倍功半，适得其反。

宏观调控是市场经济发展的必然产物，是与较高水平的社会分工和社会化生产基础上的现代市场经济紧密联系的经济范畴。宏观调控既产生于市场经济，又反映并作用于市场经济。宏观调控是对经济运行过程中的难点、问题实施调控、引导，这种调控、引导是以发挥市场资源配置的基础性作用为前提的，离开市场的基础性作用，也就无所谓宏观调控。

宏观调控是政府依据经济规律对经济运行过程实施总量和结构上的调节、控制和引导，宏观调控的主体是政府，一般指一个国家的中央政府，而经济运行过程则是宏观调控的客体或对象。也有国内研究者认为，宏观调控的主体是“以中央政府为主的国家各级政府”，并“对一定范围内经济总体的运行进行引导和调节的过程”。宏观调控是市场经济体制下的一个特定概念，是指“在市场对资源配置起基础性作用条件下的政府行为，而不是一切经济体制条件下、一切资源配置方式下的政府行为”，是指政府“运用经济政策和法律规范，通过利益调节和行为引导进行调控的方式”，是指政府调控“以总量平衡为主、以结构调整为主、以长远规划和战略部署为主”，是指政府调控“更侧重于考虑国家的整体利益和国民经济发展的总体效益”。实行政府宏观调控要“树立全局观念、系统观念、战略观念”。③

政府作为宏观调控的主体，在形式上与一般的行为主体没有什么不同，例如厂商、居民和非政府组织等。但由于政府是处于特殊地位的行为主体，被赋予一定的强制权力，这种强制权力是私人机构所没有的，因此，政府参与宏观调控及其配置资源的选择，可直接对经济社会产生重大影响，完全不同于一般行为主体的选择，可转换为政府与市场间的选择，政府选择与市场选择之间存在着某种内在的逻辑联系。政府作为宏观调控的主体，是对市场选择“失灵”的补充，有助于经济持续发展和维护社会公平、正义。“政府选择也具有不确定性和局限性。”④ 政府选择及其宏观调控需要及时总结，适时调整，认真评估，实践检验。

宏观调控是对经济体经济运行过程的调控。宏观调控以市场经济的存在和发展为基

---

① 中共中央文献研究室．江泽民论有中国特色社会主义（专题摘编）．北京：中央文献出版社，2002：73.

② 刘家声，禹健．社会主义市场经济理论是毛泽东商品经济思想和陈云市场思想的继承和发展．兰州大学学报，1999（2）：79-83.

③ 李兴山．宏观经济运行与调控．北京：中共中央党校出版社，2002：3.

④ 周振华．政府选择——中国经济分析．上海：上海人民出版社，2005：13.

础，表现为对经济体经济运行过程中各种宏观经济变量及其市场信号参数的调节、控制、指导。主要涵盖制定中长期发展规划，为经济发展提供导向指引；调节经济总量，保持经济总体平衡；激励市场主体行为，为微观经济活动创造良好环境；制定和实施各项宏观经济政策，促进经济结构合理优化；加大基础产业、基础设施建设，推进科技教育文化与经济协调发展，实施可持续发展战略；建立和健全社会保障制度，调节社会分配关系，坚持效率优先、兼顾公平原则；深化国企改革，促进国有资产保值增值；培育市场体系，规范市场行为，维护市场秩序；控制人口增长，保护自然资源和生态环境；等等。① 不能把以往计划经济体制下的政府对经济活动的计划管理与宏观调控相等同，政府对经济活动的计划管理实质上是把经济目标、任务加以层层分解，直接组织企业生产，干预企业活动，造成政企职责不清，企业生产经营活动被政府管住、管死，典型特征是对经济活动进行直接的行政指令、干预、控制。也就是说，以往的计划经济体制中只存在政府对经济活动的行政干预，并不存在真正意义上的宏观调控。

计划管理只是宏观调控的一种基本手段，宏观调控具有比计划管理更广泛的内容。除了计划管理手段之外，宏观调控还有法律手段、经济手段、政策手段，以及必要的行政手段等，是多种手段的有机组合，通过灵活地运用这些组合手段，统筹兼顾，突出重点，实现对经济体经济运行过程的宏观调控、引导。伴随着中国社会主义市场经济体制的初步建立，经济主体活动多元化、自主化和市场化，市场在资源配置中发挥基础性调节作用，客观上要求宏观调控更多地利用经济政策、经济杠杆等市场化手段。根据中国宏观调控的经验，一般采用三种组合：第一种是手段组合，即坚持主要运用经济手段、法律手段，辅之以必要的行政手段。第二种是政策组合，即发挥货币信贷政策、财政税收政策、土地政策、产业政策、外汇政策等多种政策的组合效应。第三种是工具组合，例如，在实施经济政策中，综合运用存款准备金率、利率、汇率、税率等市场化工具。计划和市场都是手段，深刻地揭示了宏观调控两手并用的运行模式，明确地展现出现代市场经济的新特点。在当代，无论何种形式的市场经济，都是计划与市场两种手段并用的市场经济，国家干预与市场作用并存。这是继亚当·斯密发现“看不见的手”和凯恩斯发现“看得见的手”之后的重大创新。②

从市场经济理论发展的历史来看，根据宏观调控的规定性，按照宏观调控与市场机制相互关系划分，大体上可概括为四种宏观调控模式：

（1）排斥市场机制作用的宏观调控模式。

苏联和东欧在社会主义国家时期，以及中国在改革开放之前，基本上都不同程度地实行这种宏观调控模式。此种宏观调控模式的主要特点在于政府不仅完全掌握宏观经济的决策权，而且完全控制微观经济活动，运用行政强制手段直接干预企业的生产经营活动，致使企业的微观活动自主权完全丧失。基本上采用单一的指令性计划指标进行控制，排斥市场机制的作用。由于排斥市场机制的作用，日益暴露出这种宏观调控模式的弊端，就是按行政隶属关系组织一切经济活动，否定企业作为市场主体的地位，把企业视为政府的附属物，否定市场机制配置资源的基础性地位、作用，割裂企业之间的

① 陈秀山. 比较经济学概论（修订本）. 北京：中国人民大学出版社，1998：258.

② 辛积山. 我国社会主义市场经济宏观调控理论与实践. 商场现代化，2009（1）：83-84.

横向经济联系，无视企业自身的利益。这必然会造成经济信息的失真和传递的失常，致使宏观决策的科学性受到损害。社会主义市场经济的宏观调控体系或模式就是在否定这种排斥市场机制作用的宏观调控模式的基础上形成和发展起来的。

（2）片面强调市场机制作用的宏观调控模式。

第二次世界大战之后的一些发达国家和某些进行体制改革的社会主义国家，均不同程度地实行这种单纯的市场主导型宏观调控模式。其显著特点在于单纯依托市场机制自发地作用及调节，资源配置及经济活动由“看不见的手”自发调节来完成，以期达到宏观调控的目标。片面强调发挥市场机制的自发调节作用，过分尊崇企业自主地位及分散决策权，必然会形成无法克服的矛盾，即企业过度分散决策和盲目追踪市场信号，一定会产生市场信息的不完全性，并与国家整体经济目标及利益相矛盾、相冲突。市场机制自发调节的直接后果就是经济运行的长期波动和伴随长期波动而产生的社会劳动的巨大浪费，引发周期性的经济衰退。“在自由放任国家不加干预的情况下，它的均衡会处于足够低的就业量的位置，而它的生活水平会处于足够困难的状态，以致它的储蓄率为零。”二战后英国和美国的经验表明，“被积累起来的财富已经达到如此大的地步，以致它们的资本边际效率的下降要快于利率在现有社会制度和心理因素影响下所可能有的降低程度。这一情况在以自由放任为主的社会条件下，妨碍着生产的技术方面本来就可以提供的合理的就业水平和生活水平。”① 这种片面的市场主导型宏观调控模式不能实现资源的优化配置和社会发展的公平、公正。建立社会主义市场经济的宏观调控体系或模式，只能对其进行科学合理的学习、借鉴，不能机械片面地模仿、照搬。

（3）计划指令和市场机制并列的宏观调控模式。

所有社会主义国家经济体制改革的初期都曾产生过这种模式。这种模式不再片面强调计划管理的直接指令和市场机制的自发调节，而是主张把二者并列地结合起来。这具体表现为，政府指令性计划管理的范围和程度大为减少，企业享有一定程度的生产经营自主权，市场机制的调节作用大为增强，政府除保留一部分行政计划性指令调节之外，更多采用价格、税率、利率等经济杠杆调节企业的生产经营活动。这样，一方面在经济运行的一些领域较多地实行市场机制调节；另一方面在经济运行的另一些领域强调计划指令的直接控制。随着改革的深入和社会主义市场经济的建立与完善，这种计划指令与市场机制调节并列模式的矛盾、困难日益显现，造成企业决策的二元走向，既盯着政府，又盯着市场，构成对政府行政权和市场调节的双重依赖，市场活动必然失去公平性、平等性，出现无序、混乱。显然，这种并列模式未能真正以市场机制为基础，政企职责还未真正分开，并且在市场体系不完善、市场规则不健全的条件下，难以实现既定的宏观调控任务、目标。经济运行存在“两张皮”的现象，必然导致宏观经济运行失控和微观经济运行无序的并发症。中国目前实行的宏观调控就是在彻底突破计划与市场并列的模式、采取市场取向改革的基础上形成和发展起来的。

（4）以市场机制为基础性调节的宏观调控模式。

这种宏观调控模式是从社会主义初级阶段的状况和生产力发展水平出发，认真总结、

---

① 凯恩斯. 就业、利息和货币通论（重译本）. 北京：商务印书馆，2002：225.

汲取上述三种宏观调控模式的经验和教训，在大胆地试和大胆地闯的基础上渐趋形成的。这种模式产生于中国改革开放初期，即20世纪90年代初，是在邓小平南方谈话之后形成的，并被1993—1995年的宏观经济迅速恢复平稳和有序增长予以证实，更为显著的标志则是1996年宏观经济成功地实现了“软着陆”，宏观调控机制、手段得到了基本确立与完善，宏观调控体系获得了系统的整合与发展。① 其主要特点是：在市场机制发挥调节作用的基础上，转变政府职能，使企业具有生产经营的自主权；宏观调控目标及实施手段均以市场状况为基础，并由市场检验、修正；政府通过市场信号、参数、规则等调节经济运行，通过市场立法和执法维护经济运行，使调节活动和执法活动符合宏观经济规律；计划指令和市场调节不再是为主和为辅的关系，不再是并列的板块结构，而是一种纵向的内在融合关系及结构；宏观调控以发挥市场机制调节作用为基础，突出重点、快速推进，灵活地实施宏观经济政策，创造有利于发挥市场基础性调节作用的软硬环境。宏观调控成为社会主义市场经济条件下的主导性经济运行调控机制。

二、宏观调控的特点

宏观调控的性质是就其本质而言的，宏观调控的特点是就其内容而言的。宏观调控是指通过立法和制定经济政策，运用法律手段和经济杠杆调控各种宏观经济变量和参数，主要是依据市场机制调节，并注入宏观经济政策目标实现的。立法和制定经济政策本身即以市场信息为基础，以宏观经济统计数据为依据。

宏观调控在不同的经济体范围内具有不同的特点。在中国社会主义市场经济条件下，宏观调控的显著特点是充分发挥全国一盘棋、集中力量办大事的优越性，可有效地处理国内与国外、中央与地方、全局与局部、宏观与微观、计划与市场的关系，更好地发挥市场的基础性调节作用，合理调整和优化经济结构，把握经济发展与拉动内需的综合平衡，保障和改善民生，实施科学的宏观调控，促进经济社会又好又快地发展。在资本主义市场经济条件下，特别是在应对国际金融危机的过程中，主要发达国家经济体所采取的“救市”举措均反映了各自国家宏观调控的特点。

概括起来，宏观调控的特点是：运用各种经济手段和法律手段引导经济运行及其走向。主要通过价格、税率、利率、工资、汇率等调节机制，通过法律、法规等手段强制性约束、规范、综合引导经济运行及其走向，而不是违背经济规律的直接行政干预、指令。通过对经济运行的外部条件施加影响，引导经济运行向经济发展战略目标趋近。宏观调控不直接干预微观经济活动，而由微观经济自主决策运行，对其调控的重点放在经济运行的外部条件上，即对社会经济体制条件、社会法制条件、社会基础设施条件、社会经济发展氛围等施加影响，建立良好的外部环境。宏观调控的间接性最终取决于社会生产力发展状况和水平，取决于社会资源配置的基本方式。间接性并不否定对某些领域、行业的直接调控，例如，对关系全局的某些重点领域或行业结构的调整，必然要运用直接控制手段才能见效，但不是把直接调控绝对化，而是使直接调控及其效果符合并体现间接调控的原则、精神。实践表明，纯粹的间接调控是不存在的，间接调控是通过某种恰当的直接运作而实

① 刘国光，刘树成. 论“软着陆”. 人民日报，1997-01-07.

现的，例如，关于西部大开发和振兴东北老工业基地等的调控即是如此。间接调控基于社会生产力发展状况、水平，基于社会资源配置方式、要求，基于集中精力和保证重点发展战略，总是会通过必要的直接控制及其效果体现出来的。

据研究资料分析，1996—2006 年是中国宏观调控成效最为显著的 10 年，经济与物价，第一、第二、第三产业，投资与消费，国际收支等主要关系都处于较为合理的范围内，社会总供求关系明显改善。经初步测算，1996 年全年社会总供求差率为－4.2％，处于正常范围内，基本达到了加强和改善宏观调控的预期目标，成功地实现了经济的“软着陆”，为近 10 年经济快速发展奠定了基础。宏观调控取得显著成效是因为：第一，调控目标明确，重点突出。坚持区别对待，有保有压，不搞“一刀切”，不搞急刹车。第二，调控适中，坚持总量适度和灵活调节相结合。在控制总量的同时，注意加强结构调整的力度，从加强农业基础入手，把促进粮食增产和农民增收作为首要任务，在制度、政策和投入方面采取了一系列重大举措。第三，调控手段灵活多样。强调市场导向和以经济、法律手段为主，宏观调控的间接性被成功地运用于经济运行之中。第四，调控与改革相结合。通过深化宏观经济体制改革，提高了宏观调控的能力。第五，注重各项政策目标之间的协调、统一。较好地兼顾了改革、发展、稳定的关系。从实际出发，注重效果，维护经济社会发展的全局稳定，推动了经济社会又好又快地发展，具有一定的可持续性。宏观调控的成效丰富了宏观调控的理论与实践，为今后的宏观调控积累了宝贵经验。

三、宏观调控的国际协调

国际金融危机表明，宏观调控已经超出一个国家或地区的限制，具有全球合作性质，具有国家间或国家与国际金融组织间广泛协调的内涵。

世界经济连为一体，具有联动性，只有一个国家或地区的宏观调控已无法应对，需要国际协调与合作，共同应对各种危机与挑战。而中国宏观调控的经验和办法，例如，集中资金优势，投资基础产业，改善民生，刺激消费，拉动经济增长，突出重点，集中力量办大事，加强政策微调、引导和市场调节、诱导相结合，注重宏观调控与市场基础性调节的对立与冲突，排除不利于市场基础性调节的体制和制度障碍，创造适宜的市场经济生态环境，使市场基础性调节与宏观调控目标及要求相契合，体现政府宏观调控的战略意图等，具有极强的针对性和适用性，可资借鉴。1998 年建立的中欧领导人定期会晤机制，每年进行一次的领导人定期会晤，涵盖政治、经贸、科技、能源、环保等广泛领域，具有广泛的宏观调控及国际协调的特征。1999 年建立的 20 国峰会，简称“G20 峰会”，近几年凸显了关于国际金融体系改革和金融监管的国际协调与合作，实质上是各主要经济体国家间宏观经济政策的国际协调。2005 年开始的年度中美战略经济对话（美国称作“高层对话”），涉及有关中美经济发展战略、财政政策、金融政策、贸易政策等宏观经济政策的协调与合作，消除分歧，凝聚共识，应对挑战，共同行动，成为宏观调控国际协调的一个成功范例。目前，中美战略经济对话开始实行双轨制，即实行中美战略对话和中美经济对话。2009 年 5 月 3 日，中、日、韩三国财政部长在印度尼西亚巴厘岛就筹建中的自我管理的区域外汇储备库的出资额达成共识，中国出资 384 亿美元、日本出资 384 亿美元、韩国出资 192 亿美元，分别占储备库总额的 32％、32％、16％，在发生金融危机时，该储备库以借款方式向出现流动性困难的成员提供资金帮助。中、日、韩三国表示要继续加强宏观经济政策协调，深化区域财政金融合作，为维护区域金融稳定、促进区域经济尽快增长做出积极努力。①

中国社会主义市场经济的宏观调控及经验，对于应对国际金融危机具有重要的借鉴意义。

国际协调与合作是指相互沟通与交流、相互学习、取长补短、达成共识，采取共同行动。推动宏观调控的国际交流与合作，并不断补充、完善宏观调控，而不是把宏观调控的经验和做法强加于其他国家或国际金融组织，以体现社会主义市场经济宏观调控的科学性、协调性和灵活性。

总结宏观调控的国际经验和教训，检讨和评估宏观调控的理论与实践。特别是分析和评估西方经济体宏观调控的理论与实践，加强对宏观调控的“救市”措施的借鉴与协调，针对各自国家或地区的特点和要求，把握好直接干预与间接指导的调控关系、虚拟经济与实体经济的发展关系、宏观控制与微观引导的协调关系、集中重点与兼顾各方的平衡关系、对内调控与对外协调的互动关系，推进宏观调控理论与实践的深入发展。

坚持宏观调控国际协调的中国社会主义市场经济特色。市场经济共性与社会主义基本经济制度的内在结合、统一，体现社会主义市场经济的个性及其社会主义的理性诉求和道德规范，突破西方市场经济理论的阈限，凸显社会主义市场经济理论的特色，深化市场经济的共性及其应用，扩大宏观调控的影响力，求同存异、共同发展，不断补充和完善社会主义市场经济宏观调控的要素及内涵。

及时吸纳具有参考价值的国际市场监管理念，不断完善宏观调控的国际协调。例如，美国的乔治·索罗斯就认为，以往关于国际金融市场趋向平衡、任何背离产生于随机的认识，在国际金融危机面前被证明存在着基本面上的错误。金融市场不能精确反映潜在状况，相反，其提供的图景经常是偏颇或扭曲的，即金融市场经常存在“自反性”，有些时候可能非常偏离所谓的平衡，很容易产生价格泡沫。为了使国际金融体系存活，国际监管必须加强，但也要小心过度监管。市场不完美，但监管可能存在更多问题。监管应该保持在一个合适的程度内，即力度最小又刚好能维持稳定。② 这种反思及认识对于中国的宏观调控和宏观调控的国际协调具有重要的参考价值。

四、宏观调控理论

现代宏观调控理论源于宏观经济学。宏观经济学最早可追溯到法国重农学派，重农学派的主要代表人物是弗朗索瓦·魁奈（Francois Quesnay，1694—1774）。魁奈是 18 世纪法国资产阶级古典经济学家，重农学派的创始人。魁奈于 1756 年和 1757 年为狄德罗主编的《百科全书》撰写的《农民论》和《谷物论》，也是魁奈最早发表的两篇经济学文章。之后又相继为《百科全书》撰写《人类论》、《租税论》和《利息论》。在这些经济理论中，魁奈提出了纯产品说、社会结构理论、资本理论、价值与货币理论等，正是这些经济理论

---

① 王敬中，周而捷．中日韩就筹建中的区域外汇储备库出资份额达成共识．新华网，2009-05-03.

② 乔治·索罗斯．全球化的金融市场需要全球化的监管．南方周末，2009-01-01.

为魁奈的《经济表》提供了强有力的理论基石，而关于纯产品说和三个阶级的划分理论则直接构成了《经济表》的理论基轴，贯穿《经济表》的始终，同样也是《经济表》的理论前提和重要假设。魁奈在《经济表》（1758）中第一次试图说明社会总资本的再生产和流通过程，并对此进行了探索和研究，这是他关于社会资本再生产学说和经济体系的全面总结。魁奈的《经济表》基本上有两个模式，具有前后演变的关系。在第一、第二、第三版和见于米拉波1790年的《人类之友》中的《经济表》所采取的是一个曲折连接线的模式。在魁奈和米拉波合著的《农村哲学》中，复杂的模式开始让位于提要的模式。而在魁奈的《经济表分析》中，提要的模式最后发展为《经济表算学范式》的新模式。这一模式成了《经济表》的基本模式。从国民经济社会生产的整体角度分析，魁奈在《经济表》中论述了全社会总资本的生产、流通和分配，在经济思想史上第一次提出了社会再生产理论，并展示了全部社会再生产过程的图式。①

马克思对魁奈的《经济表》给予高度评价，认为《经济表》是“政治经济学至今所提出的一切思想中最有天才的思想”，具有科学的价值，在肯定和赞扬《经济表》的同时，也批判了《经济表》的错误理论，在深刻解析《经济表》的图式之后、着手创建社会再生产理论之时，首先创绘出自己的《经济表》。马克思的经济表和魁奈的《经济表》之间确实存在某些内在联系。魁奈的《经济表》给予马克思诸多启发，马克思的经济表使魁奈的天才尝试成为真正的科学。虽然马克思最终放弃了用经济表的形式表述自己的社会再生产模型，但经济表却搭建起社会再生产理论框架，构成马克思社会再生产理论的雏形，并且在此基础上，建立了科学完整的社会再生产理论，从而确立了马克思主义宏观经济学理论。马克思关于社会再生产的理论包括三部分，可描述为：

第一部分：资本循环理论。以货币资本（G）为中心，阐明资本循环过程，其公式为G—W…P…W′—G′，（G—G′）。

第二部分：资本周转理论。以生产资本（P）为中心，阐述资本运动的速度和效益，其公式为P…W′…G…W′…P，（P…P）。

第三部分：资本再生产理论。以商品资本（W′）为中心，论述总资本的再生产和流通过程的统一，其公式为W…G′…W…P—W′，（W′—W′）。

从关于产业资本整体运动的分析中，可以看出社会再生产理论既有微观规定及分析，又有宏观规定及分析，而资本循环理论和周转理论则属于个别资本的微观再生产运动，资本再生产理论是整个产业资本的宏观再生产运动。这三部分微观和宏观再生产运动理论是不可分割的有机整体，共同构成马克思关于社会再生产理论的完整体系。在这一理论的基础上构建了马克思主义宏观经济学理论和微观经济学理论，即在资本循环理论和周转理论基础上产生微观经济学理论，在资本再生产理论基础上产生宏观经济学理论。②

社会主义市场经济的宏观调控理论必须立足于中国的具体实践，总结以往市场经济的宏观调控理论和实践经验，使之建立在马克思主义宏观经济学理论指导的基础之上。而西方经济学中宏观经济学里的关于国民收入核算和宏观经济模型的理论、货币理论与货币政

① 魁奈．魁奈经济著作选集．北京：商务印书馆，1997：216，224，234．

② 辛积山．中国社会主义市场经济宏观调控理论与实践．商场现代化，2009（1）：83-84．

策分析、财政理论与财政政策分析、国际贸易理论与国际贸易政策分析、宏观经济政策及管理、宏观调控架构、数量经济分析方法等，对于构建社会主义市场经济的宏观调控理论具有重要的借鉴意义和参考价值。

社会主义市场经济的宏观调控理论，以马克思主义宏观经济学理论为指导，吸收西方宏观经济学的理论和方法，立足中国实际，深化改革开放，在总结宏观调控理论与实践经验的基础上，建立起符合中国实际和特点的宏观调控理论。这主要包括：宏观调控理论基础；宏观调控主体与客体理论；宏观调控政策理论；宏观调控方法或手段理论；宏观调控的理论与实践；宏观调控监督和评价理论；宏观调控比较理论等。

第二节　宏观经济政策

一、宏观经济政策体系

对各种宏观经济变量的调控需要采取相应的宏观经济政策，需要各种宏观经济政策的综合运用和相互配合。宏观经济政策本身就表现为一个宏观经济政策体系，宏观经济政策体系主要由财政政策、金融政策、产业政策、收入分配政策等构成。

财政政策是中央政府为实现经济社会的可持续发展，综合运用财政预算、补贴、税收、国债、公共支出、政府投资等财政性调节手段，对一定时期的宏观经济变量实施各种调节政策的总称。财政政策实质上是贯彻和落实国家职能的重要手段，是政府干预经济运行、优化资源配置、促进经济增长的重要措施，是实现收入公平分配和经济发展战略的基本工具，是维护国家安全和推动经济社会发展与进步的有效方式。财政政策具有调控主体十分突出、调控目标十分明确、调控对象十分广泛、调控手段灵活多样和调控效能十分显著等特点。①

财政政策是宏观经济政策体系的重要组成部分，在系统调节社会供求总量方面发挥重要作用。财政政策的调节作用具体表现为：当社会商品供大于求之时，可适当增加财政支出，减少税收，刺激投资需求和消费需求的增长；当社会商品求大于供之时，可适当减少财政支出，增加税收和政府债务，抑制投资需求和消费需求膨胀。针对社会商品总供求之间的不同状况，财政政策的具体调节可实施基于供大于求的扩张性财政政策和基于求大于供的紧缩性财政政策。在实践中，2008 年上半年，面对通货膨胀的压力，中国采取紧缩性财政政策，但在下半年，面对国际金融危机，又采取扩张性财政政策，也叫作积极的财政政策。在同一个年度采取两种截然相反的财政政策实属罕见，表明财政政策与经济发展总量及变化密切相关，是具有弹性的宏观经济政策。

金融政策是为组织和管理货币资金的融通，对经济运行过程中货币资金供求总量关系所采取的各种调节政策或措施的总称。通过金融政策对货币资金供求总量关系进行系统调节，来对经济运行过程诸方面产生广泛影响和引导作用。金融政策的贯彻和落实，主要靠

① 刘家义. 宏观调控与财政政策. 上海：上海人民出版社，2001：167.

中央银行运用各种符合经济规律的金融调节手段，予以可操作性的调控。例如，中央银行根据宏观经济发展状况及需求，控制货币发行量、确定和调整商业银行的存款准备金率、调整中央银行对商业银行和其他金融机构的再贴现率、实施必要的公开市场操作等。金融政策的核心是货币政策中介目标的选择问题。货币政策中介目标的选择一般有三个基本标准：相关性、可控性和可测性。其中，货币供应量控制层次及其选择具有关键意义。目前，中国货币供应量的层次是：M0＝流通中的现金；M1（狭义货币供应量）＝M0＋活期存款；M2（广义货币供应量）＝M1＋准货币（定期存款＋储蓄存款＋证券公司保证金存款＋其他存款）。不同层次的货币供应量体现不同的购买力，代表强弱不同的社会需求，与经济的相关程度不同，因此，金融政策及其重要性也不一样。

尽管对货币供应量是否作为中介目标存在争论，但其所起的作用是至关重要的，应该创造一种有利于货币供应量发挥中介目标功能的货币控制机制。中央银行应根据经济的货币化程度及货币性资产的供应和创新情况，适时对货币供应量的统计口径进行动态调整。增加货币政策的透明度，发挥其引导作用。增强中央银行的独立性，赋予中央银行独立制定和执行货币政策的权利，避免多重目标的约束，强化中央银行的责任与义务，不断提高货币政策的操作水平。① 金融政策的具体调节作用表现为：当市场商品供大于求时，中央银行通过适当增加货币供应量、降低再贴现率、买进有价证券等途径，刺激社会需求的增长，由此形成扩张性金融政策。当市场商品求大于供时，中央银行通过适当减少货币供应量、提高再贴现率、卖出有价证券等途径，抑制社会需求的膨胀，从而形成紧缩性金融政策。同样，在2008年上半年，中央银行采取适度从紧的货币政策，以应对较为严重的通货膨胀；而在下半年，又采取适度宽松的货币政策，以应对国际金融危机。同一个年度采取两种完全相反的货币政策实属罕见，表明金融政策也是具有弹性的宏观经济政策，可根据宏观经济发展状况及变化做出适时的调整。“在中国，要使中央银行具有独立性是一件困难的事，或许要经历一段较长的时间。”“如何使中央银行既能与政府的经济政策相配合，又能独立地行使其职能还是一个值得深入研究的问题。”② 货币政策是指通过货币政策工具对宏观经济进行间接的调节和引导。③

产业政策是中央政府根据经济社会发展的要求，制定和实施的指导产业组织、调整产业结构的政策措施的总称。产业政策主要以经济运行过程中的供给状况为调控对象，对资源配置状况和变化趋势产生重要影响。产业政策包括产业组织政策和产业结构政策。产业组织政策主要是对不同产业内部和不同产业之间的组织状况实施调节，并对经济运行过程的供给总量具有重要影响。产业结构政策主要是按照产业结构的发展规律、特点，调整各产业部门之间及产业部门内部的关系，对经济运行过程中的供给总量结构产生重要影响。产业政策实施过程中的显著特点在于需要与其他宏观经济政策相配合，在于综合运用各种经济的和非经济的调节手段，才能取得预期的效果。

制定和实施产业政策，及时调整产业政策，就要抓住新技术革命带来的产业发展机

---

① 郭田勇．中国货币政策体系的选择．北京：中国金融出版社，2006：68，87，91．

② 董辅礽．改革与发展——论大转变中的中国经济．北京：中华工商联合出版社，华南经济新闻出版有限公司，1995：103．

③ 胡庄君，施祖麟．中国宏观经济分析．北京：社会科学文献出版社，2006：208．

遇，转变发展方式，走新型工业化道路。为此，要加快发展战略的转变、发展模式的转变和产业结构的转变。

(1) 积极推进发展战略的转变。

摆脱对传统比较优势的路径依赖，实施提升比较优势、提升国际分工地位的战略。发挥比较优势是参与国际分工的基本原则，但可以通过完善市场机制经由企业来实现；而提升比较优势和提升国际分工地位，则需要更多的外部支持，需要政府的大力推动，例如，通过降低外部风险，重点支持自主创新和自主发展；面向国际竞争，通过促进能够有效改善市场结构的龙头企业和战略产业的发展，促使中国在国际产业链分工中的地位得到快速提升。

(2) 积极推进要素投入模式的转变。

从物质要素投入主要依靠不可再生的物质要素投入为主，转向更多地依赖可再生的物质要素；从物质要素投入驱动向效率驱动转变，使经济增长更多地依靠自主创新、管理创新和劳动者素质的提高。更多地用可再生的能源资源替代不可再生的能源资源，更多地通过提升人力资本减少对不可再生资源的消耗，实现由粗放型增长向集约型增长转变。

(3) 积极推进产业结构的转型升级。

从经济增长主要依靠第二产业带动，向依靠第三产业协同带动转变。中国的产业结构矛盾并不在于数量的不协调，更主要的是研发、设计、营销、管理、品牌、分工深化细化等关键环节滞后的制约。要鼓励自主创新，鼓励建立与全球化相适应的营销体系，鼓励分工深化、细化，鼓励生产性服务业的发展，推进信息化与工业化的互动和融合，推进制造业、农业与服务业的互动和融合。在经济全球化和国际经济危机蔓延的条件下，产业政策的制定、实施和调整要有国际视野，统筹产业发展和布局，谋求更加和谐的国际关系。在国际分工产业链和价值链中改善分工地位，并不只是通过技术升级所能解决的，品牌、营销等都是提升分工地位的关键环节。从利用全球资源、整合资源出发，要实施“走出去”战略，以扩大制成品出口、扩大海外投资和技术交流等来促进国际分工，改善国际收支状况，改善国内经济增长对资源的依赖和对环境的影响。

收入分配政策是中央政府以国民收入分配过程为调控对象的宏观经济政策。国民收入分配过程作为社会再生产的中介环节，既与社会供求总量和供求结构的形成密切相关，又与经济运行过程中不同经济主体利益关系的协调紧密相连，因此，收入分配政策的调控具有把宏观经济变量的调节与经济主体之间利益关系的调节相结合的显著特点。政府可以通过改变国民收入的分配政策，从而影响经济运行过程中的总量与结构状况，也可以通过对个人收入分配政策的调整来调节社会成员的收入水平和收入差距，并且对社会成员的消费行为、储蓄和投资行为产生影响。

经过30多年的收入分配体制改革，中国已经彻底改变了计划经济条件下单一按劳分配的收入分配体制，建立了与社会主义市场经济体制相适应的以按劳分配为主体、多种分配方式并存，按劳分配与按生产要素分配相结合的收入分配体制。然而，由于现行的收入分配体制及政策还存在许多不完善之处，导致居民的收入差距不断扩大，所以需要对其进行调整和完善，以便缩小居民的收入差距，促进和谐社会的发展。就收入分配政策调整和完善而言，要突出两个重点：

第一，规范收入分配秩序。改革公务员工资制度，消灭灰色收入。建立国家统一的职务与级别相结合的公务员工资制度，适当拉开不同职务、不同级别之间的工资差距，增强工资的激励作用。除了必要的奖金、津贴以外，其他全部进入工资序列，同时取消实物分配，将实物分配货币化。推进国有企业管理体制改革，消除垄断行业职工不合理的高收入。要根据反垄断法，消除阻碍市场竞争的因素和垄断企业获得垄断利润的基础，进而降低垄断企业职工的不合理高收入，缩小行业之间的收入差距。健全收入分配的宏观调控机制，调整收入分配。要科学合理地制定最低工资标准，对劳动和资本间的分配关系进行调整，保障劳动者的合法权益。建立工资指导线制度，强化对企业工资总量的宏观管理。

第二，完善收入再分配机制。完善税收制度，加强税收对收入调节的力度。要调整税收结构，增加对所得和财产进行课税的税种，完善个人所得税制度。从国际经验看，一个完善的个人所得税制度对缩小居民差距能够起到显著成效。加拿大 1974 年纳税人的税前基尼系数为 0.38，税后基尼系数降低为 0.34；到 1993 年，纳税人的税前基尼系数为 0.37，税后基尼系数降为 0.33；而 1993 年英国家庭税前基尼系数为 0.53，税后基尼系数为 0.37。完善中国的个人所得税制度，使其在调整收入分配、缩小收入差距方面发挥积极作用。推进社会保障制度的改革和完善。目前要完善城镇和农村最低生活保障制度，保障城乡绝对贫困人口的基本生活。完善城镇养老保障制度，增强其对收入再分配的作用。加快医疗卫生体制改革，把具有外部性的公共卫生事业与个人医疗分离开来，加大政府对公共卫生事业的投入力度，推动城镇基本医疗保险制度改革，保障公民的基本健康，建立科学合理的费用控制机制，保障基本养老保险制度的健康发展。①

宏观经济政策体系还包括其他一些具有宏观调控意义的经济政策，例如，投资政策、消费政策、环境保护政策、资源节约政策、对外经济政策、可持续发展政策，以及政策环境建设等。② 这些经济政策及政策环境对于综合发挥宏观经济政策体系的系统调节、控制功能，将产生积极的影响。宏观经济政策体系是由多种不同侧面的宏观经济政策组成的，实施某一种宏观经济政策，可能会影响另一种宏观经济政策的效果，有时甚至会相互抵消，削弱宏观经济政策的调控力。因此，应科学地制定宏观经济政策，科学地实施宏观经济政策体系，明确宏观经济政策主体的职责及要求，强化宏观经济政策的执行力，建立宏观经济政策评价机制，突出重点，分步实施，综合协调，加强监督，在相互协调中有序推进。

二、宏观经济政策的基本特征

宏观经济政策的特征首先在于科学地调整宏观经济变量，使宏观经济变量的变动体现经济社会发展的战略目标和方向，然后通过宏观经济变量与市场运行变量之间的内在联系，以市场机制的充分作用为基础，对经济运行过程实施间接调控，贯彻政府宏观调控的意图，确保宏观调控目标的实现。

1. 宏观经济政策内容的自觉性

宏观经济政策的内容直接反映经济社会发展的目标和方向，构成宏观调控在现代市场

---

① 国情报告．发展和改革蓝皮书：完善中国收入分配体制的政策建议．看中国网，2009-03-24.

② 宋贤卓．中国经济发展软环境理论研究．北京：中国社会科学出版社，2006：229.

经济中的具体实现形式。宏观经济政策表现为确定经济运行总体趋向的参数性指标或计划，为各种具体经济活动规定一个大致的政策走向，因而宏观经济政策的内容一般是预期的和自觉的，经济活动及其计划安排必然要以宏观经济政策的内容作为其自觉贯彻、实施的基本形式。宏观经济政策内容本身即体现以经济社会发展战略目标为核心的政府宏观调控的总目标、总方向。

2. *宏观经济政策运行机制的市场性*

宏观经济政策运行及其作用的发挥以市场机制的调节为基础，反过来对市场运行变量施加影响和引导，从而实现其运作机制的宏观调节作用。宏观经济政策作用的直接对象是与市场运行变量内在相关的各种宏观经济变量，通过对宏观经济变量的调节、调整来引发市场运行变量的相应变动，使市场运行过程、方向符合政府宏观调控的意图、要求。例如，货币政策的变动、调整必然会导致货币供应量的相应变化，从而对作为市场机制的基本构成因素的价格、利率等产生重要影响，使价格、利率等市场机制的基础性作用过程、力度、方向受控于政府宏观调控的目标。

3. *宏观经济政策实施方式的法制性*

宏观经济政策是指借助于国家政权的权威性及力量，以强制的形式规定和调整各种宏观经济变量的变动，从而使宏观经济政策的实施方式具有法制性特点。例如，财政政策的具体贯彻和落实，即是借助于财政预算、税收、国债、财政补贴、转移支付等手段实现的，而政府在运用这些财政手段调节时，一般是采取法律法规的规定、约束和指令等形式进行的。宏观经济政策以法制性的强制形式制定及贯彻和实施，使之对宏观经济变量的调节、调整具有灵活高效的特点。当宏观经济政策借助于国家政权力量强制性地作用于各种宏观经济变量及其变动时，能够直接纠正某些宏观经济变量的偏差，缩短宏观经济变量自发调整实现平衡的时间、过程；能够反过来进一步加强宏观经济变量对市场运行变量的内在协调，从而有效地实现预期的宏观经济发展目标和宏观调控目标。

4. *宏观经济政策调控范围的普遍性*

宏观经济政策通过对宏观经济变量的调节、调整所形成的宏观调控，要比政府直接干预、指令、组织企业生产经营的调节面大得多。由于宏观经济政策直接作用于各种宏观经济变量，而宏观经济变量在宏观经济政策的指导下，会对整个经济活动产生广泛影响，使市场机制的自发调节过程受宏观调控目标的控制和引导，此时参与经济活动的所有市场主体及其分散的经营决策，事实上已经被置于政府宏观调控范围及其有序引导之下，从而使宏观调控的覆盖面大大地拓展和拓宽了。此种调控范围的普遍性可极大地增强政府宏观调控与市场机制基础性调节的有机联系，提高政府宏观调控的力度、效率和水平。

三、宏观经济政策调控

宏观经济政策作为市场经济条件下实施宏观调控的主要方式，集中表现在通过对各种宏观经济变量的调节，影响、作用于社会总供求关系，从而实现对经济运行过程中供求关系的间接控制。在以往的计划经济体制下，所谓宏观经济政策调控只是通过银行贷款指标的追加来增加货币供给，或者通过贷款指标的调整实施调控。在社会主义市场经济条件下，宏观经济政策调控通过建立和完善金融市场，为中央银行由直接调控向间接调控转变提供了平台，中央银行通过国债和央行票据的买卖可实现货币供给量的调节，实现货币政策的目标。①

这种间接控制既包括对总供给和总需求的调控，也包括对供给结构和需求结构的调控。供给与需求的矛盾，一方面表现为社会供给总量与社会需求总量之间的矛盾；另一方面表现为供给结构与需求结构之间的矛盾。在市场经济条件下，市场机制的基础性调节作用是指自发地调节经济运行过程中的供求总量平衡和结构平衡，但是，仅仅依靠市场机制的自发调节又必然造成经济运行过程的混乱，发生周期性的市场失灵、秩序失范现象。"供求总量失衡或供求结构失衡发展到一定程度，必然引起宏观经济的动荡。"② 因此，政府采取各种宏观经济政策调节供求之间的矛盾，抑制市场失灵及其负效应，控制秩序失范的维度，以求得供求总量平衡和结构平衡，这构成了宏观调控供给与需求矛盾的主要内容。

宏观经济政策调控原则上可划分为宏观经济政策的需求调控和宏观经济政策的供给调控两个基本方面。宏观经济政策的需求调控就是政府运用各种经济的和非经济的调节手段，对引起社会总需求和需求结构变化的各种宏观经济变量进行调节，从而使社会总需求和需求结构与既定的社会总供给和供给结构保持平衡。由于社会总需求和需求结构的状况事实上是多种宏观经济变量共同作用的结果：受经济运行过程中多方面因素的影响，因此对社会总需求和需求结构的宏观经济政策调控必然表现为多种宏观经济政策的共同实施和综合运用，主要包括财政政策、收入分配政策、金融货币政策、投资政策、消费政策和储蓄政策等。

宏观经济政策的需求调控及其直接目标是实现社会总需求的稳定增长。但社会总需求的稳定增长并不是一蹴而就的，会经常出现总需求的膨胀或总需求的萎缩状态，两种状态及其负效应都会对社会总需求的稳定增长构成威胁。所以，在社会主义市场经济条件下，对社会总需求的调控应是宏观经济政策调控的重点，即着眼于抑制总需求的膨胀和保持总需求的稳定增长。当前，应积极促进总需求的持续增长，特别是积极拉动内需，以应对国际金融危机。

宏观经济政策的供给调控就是运用多种宏观经济政策及经济的或非经济的调节手段，提高劳动生产率，刺激社会资本的形成和劳动供给的增加，从而促进社会总供给的增长和供给结构的完善。经济增长理论认为，在劳动和资本投入量不变的情况下，总供给的增长直接取决于劳动生产率的提高，而提高劳动生产率对于总供给的增长具有决定性意义。对劳动生产率提高的政策性调控，具体表现为运用分配政策、竞争政策、科技政策、产业组织政策和社会稳定政策等，以及这些政策功能的充分发挥。分配政策的功能在于为微观层次上按效率分配创造良好的体制条件和制度保障，在宏观上依据一定的社会公平原则，对利益分配结果实施有效调节，形成兼顾效率与公平的利益分配格局，从效率与公平两个方面激发经济活力，促进劳动生产率的提高。竞争政策的功能在于以强制性的政策形式禁止各种垄断行为，消除种种限制公平竞争的因素，发挥市场竞争促进生产力发展的积极作

---

① 黄泽民．中国金融运行研究（2002—2005）．北京：经济科学出版社，2006：175.

② 聂辰席，耿洁，王秀玲．宏观经济运行与调控．北京：社会科学文献出版社，1999：50.

用。科技政策的功能在于为科学技术的发展提供政策支持和良好的研发条件，以科技政策为导向，有利于科技人才的成长和科研人员积极性的发挥，有利于科技成果特别是高新技术成果的转化。产业组织政策的功能在于为社会总供给的增长提供有效的产业组织形式，并以政策形式约束各产业组织发展符合社会总供给有效增长的宏观调控目标。社会稳定政策的功能在于为发展生产力、提高人民生活水平、增强综合国力创造必要的社会环境、条件，使社会资源在优化的经济体制中得到合理配置。资本存量的增长可有效地加速社会总供给的增长，而刺激资本存量的增长是宏观经济政策供给调控的又一重要内容。刺激资本形成的政策调控具有重要的现实意义。其政策调控的功能在于调动国家、企业、个人积累和投资的积极性，通过刺激资本存量的增长进而促进社会总供给的增长。刺激资本形成的政策按功能和作用的对象划分，主要包括国家资本形成政策、企业资本形成政策、个人资本形成政策。社会资本存量的实际增长即是三方面政策共同作用的结果：(1) 国家资本形成政策是指中央政府将适当的国民收入用于积累和投资，并使积累和投资发挥高效作用的一系列调节积累和投资活动的准则、方针，其功能在于以政策形式强制确定积累和投资的比例，强制形成积累和投资效益的科学监控体系，使国家资本的形成过程有利于促进社会总供给的增长。(2) 企业资本形成政策是指中央政府促进企业自主建构其资本形成机制的系列激励政策和规则，其功能在于以政策形式对企业的自主投资及资本收益分配做出明确的规定，使企业通过积累和投资所形成的资本具有完全的自主权、使用权、分配权，刺激企业自主地形成资本的主动性、积极性、创造性，进而对社会总供给的增长产生积极影响。(3) 个人资本形成政策是指中央政府对个人资本形成与个人资本收益的基本政策观点和调控准则，其功能在于通过政策对合理的个人资本形成和合法的个人资本收益予以保护、扶持，以强化个人资本形成的规范性，从而通过个人资本的增长促进社会总供给的增长。

对劳动供给的增长实施规范的政策调控能够较快地促进社会总供给的增长。对劳动供给的政策调控也具有重要的现实意义。劳动供给的增长的基本要义是在增加劳动数量的同时提高劳动质量，并且内在地激发劳动者的主动性和创造精神。相应的劳动供给的政策主要包括与增加劳动数量相关的劳动就业政策、与提高劳动质量相关的劳动素质政策、与激发劳动者积极创造性相关的劳动收益政策。劳动就业政策是为扩大就业数量而实施的政策性刺激规则，主要功能在于以政策形式确立就业的途径和方式，通过扩大就业增加劳动供给数量，促进社会总供给的增长。劳动素质政策是为提高劳动者的知识、技能、文化等素质而制定的政策，例如，职业教育和在职培训政策、再就业政策、创业政策等。其功能在于通过政策强制保障劳动供给的质量和劳动者素质的提高，促进社会总供给的增长。劳动收益政策是为保障劳动者合法的经济利益及其实现，从经济利益上刺激劳动者积极性和创造性的政策规定，主要功能在于通过提高劳动者的劳动效率，促进社会总供给的增长。

宏观经济政策的供给调控在内容上可划分为对供给总量的调控和对供给结构的调控。宏观经济政策的供给调控及其直接目标，为总供给增长要素作用的充分发挥提供了政策保障，有效地促进了社会总供给的增长，使社会资源配置状况更为合理，获得了较好的经济效益和社会效益。显然，宏观经济政策的调控效用是各种经济政策协调配合的结果，可概括为五个类型：各种经济政策目标和内容的协调配合、主次协调配合、功能协调配合、时间上的协调配合、力度和效应的协调配合。①

供给侧改革一般指供给侧结构性改革，旨在调整经济结构，提升经济增长质量和效益，实现要素资源优化配置，是宏观经济政策的重要调节手段之一。供给侧改革对应于需求侧改革，以突出供给侧结构的主要矛盾和问题为导向，基于新发展理念、战略和适应需求侧要求的根本性结构调整与转换，促进劳动力、土地、资本、制度等要素系统创新。供给侧结构性改革，既强调供给又关注需求，既突出发展社会生产力又注重完善生产关系，既发挥市场在资源配置中的决定性作用又更好发挥政府作用，既着眼当前又立足长远。不断促进新的需求催生新的供给、新的供给创造新的需求，在互相推动中实现经济发展。供给侧结构性改革，要从生产端入手，重点促进产能过剩的有效化解，促进产业优化重组，降低企业成本，发展战略性新兴产业和现代服务业，增加公共产品和服务供给，提高供给结构对需求变化的适应性和灵活性。简言之，就是去产能、去库存、去杠杆、降成本、补短板。② 供给侧结构性改革，就是用增量改革促存量调整，优化投资结构、产业结构、产品结构、技术结构和管理结构，实现经济社会可持续发展；就是弥补结构性短板，矫正结构性扭曲，纠正结构性错配，促进资源整合与创新，优化配置与优化再生。稳步推进供给侧改革，是当前和今后一个时期宏观经济政策调控的重点。

四、宏观经济政策的实质

宏观经济政策是政府根据经济社会发展目标，调节宏观经济变量的基本方针和原则的政策体系。宏观经济政策一般表现为一个宏观的政策体系，由中央政府的产业政策、投资政策、财政政策、金融政策和收入分配政策等多方面政策综合组成。宏观经济政策是伴随着现代市场经济体制的建立与完善，作为政府调节、引导、干预经济活动的基本方式而逐渐产生和发展起来的。社会主义市场经济的宏观调控必然是以系统地制定和实施各项宏观经济政策这个基本方式表现出来的，而作为宏观调控核心的经济社会发展战略及其规划目标，也只有经过科学地分解为各项具体的宏观经济政策，通过运用各种经济的或非经济的调节手段贯彻和落实这些政策，才能最终得到实现。所以，宏观经济政策实质上是现代市场经济的产物，是现代市场经济宏观调控机制最重要的构成因素，是政府宏观调控与市场机制有机结合不可缺少的中间环节。

社会主义市场经济的宏观调控的直接作用对象是各种宏观经济变量，而调节各种宏观经济变量，不是直接干预企业微观经济变量的形成和变动，而是通过宏观经济变量与市场运行变量及企业微观经济变量之间的内在传导关系，达到对经济运行过程、方向和结果的有效调控。所以，政府调节各种宏观经济变量的基本方式即是按照经济社会发展战略及目标，制定和实施各项宏观经济政策，绝不应直接干预微观经济变量及市场运行规律。经济社会发展规划及目标是宏观调控的核心内容，规定了宏观调控的基本任务、方向、目标，

---

① 李一鸣，罗永明．宏观经济调控研究．成都：西南财经大学出版社，2006：39.

② 习近平．在省部级主要领导干部学习贯彻党的十八届五中全会精神专题研讨班上的讲话．人民网，2016-05-10.

而具体实行宏观调控必须经过宏观经济政策这个中间环节。只有把参考性的经济社会发展规划具体分解为各项宏观经济政策，并通过各种经济的或非经济的调节手段的综合运用，有效地实施宏观经济政策，才能实现对经济运行过程、方向的宏观调控，推动经济社会的有序发展。

宏观经济政策，一方面把市场经济条件下的经济社会发展战略及规划予以分解和具体化，使之具有可操作性；另一方面又以市场机制的合理调节为依托，按照经济社会发展战略规划目标调整宏观经济变量，从而影响、引导与宏观经济变量内在相关的市场运行变量，以实现调控经济运行过程、方向的目的。宏观经济政策与现代市场经济及其体制紧密联系，是建立在市场机制基础性调节的基础上并与市场运行变量具有内在关系的最主要形式。

第三节　宏观调控的其他手段

一、计划调控

计划调控是指政府按照预先确定的发展战略目标，运用各种计划形式和力量，有序地调节、控制经济运行的过程、方向。① 计划调控也被称为计划协调机制，既体现了人类对资源占有的公平要求，又体现了权力对资源配置的意志。计划调控一般与政府规划相联系，而不确定性是政府计划调控或政府规划的深厚根源。与市场机制所要处理的不确定性相比，计划调控所面对的不确定性是“派生的和独特的”。所谓派生的，“是指市场本身已经以自己的方式克服了一些不确定性，‘剩余的’不确定性需要政府予以帮助才能克服，或者说需要政府提供市场无法具备的条件”。例如，由政府改进涉外经济和国内经济的条件，提供宏观经济信息和长远发展规划，消除影响自由竞争的障碍等。② 社会主义市场经济以市场机制调节为基础，这一点必须充分地强调和确认。但是，市场机制调节具有盲目和消极的一面，从制度层面上讲还存在着市场无法克服的不确定性，计划调控的重要任务就是处理市场失灵问题，在强调市场机制基础性调节作用的同时，必须强调政府计划调控的重要性和必要性。也就是说，市场机制调节过程和方向要体现出由社会基本经济制度所要求的计划发展目标。政府宏观调控实际上是按照预期的社会经济发展目标，对经济运行过程实行计划调控，把经济运行过程和结果引导到政府预先确定和要求的方向上来。社会主义市场经济条件下的计划调控构成宏观调控体系的核心内容，规定了宏观调控的基本目标，确定了宏观调控的主要任务，选择了宏观调控的具体手段和方法。

概言之，没有计划调控便不能称其为宏观调控，政府计划不仅是实施宏观调控的重要手段，而且是宏观调控及作用机制的主导因素。计划调控也具有局限性，“计划调控只能是粗线条的、有弹性的和比较长期的，只是一种战略性的、滚动性的和开放性的计划调控，否则不仅不会增强反而将削弱克服不确定性的能力”③。

---

① 邓向荣. 资源配置机制与企业组织演化的理论研究. 北京：中国财政经济出版社，2005：126.

② 王文寅. 国家计划与规划：一种制度分析. 北京：经济管理出版社，2006：162.

③ 同②164.

计划调控在政府宏观调控体系中占有重要地位，发挥重要作用。计划调控为政府宏观调控体系的运作提出了基本目标，确定了具体任务。计划调控构成政府宏观调控的核心内容，其间接性的协调功能、引导功能可提高宏观调控的效率。计划调控为政府宏观调控适时地控制、引导宏观经济运行创造了条件。计划调控作为政府宏观调控的主导性因素，可有力地促进社会主义市场经济体制的建立与完善，推动经济社会发展。计划调控在政府宏观调控中占有突出地位，其广泛的协调、规范作用可实现社会主义基本经济制度所要求的系列基本发展目标，从而把局部利益和整体利益、当前利益和长远利益有机地结合起来。

在社会主义市场经济基础上的计划调控具有十分显著的特点。计划调控的对象不是计划经济体制下的企业及其生产经营活动，而是宏观经济运行过程，计划调控的意图和要求通过宏观经济政策形式表现出来，经由宏观经济变量的调节，形成间接的有效调控。计划调控的形式不是计划经济体制下的直接指令性计划，而是体现计划调控意图和要求的宏观经济调控手段，这一系列计划调控形式作用的充分发挥及展开，均是间接性的。计划调控机制不是计划经济体制下计划指标的层层分解和微观化，而主要表现为政府经济发展规划及其调控目标，由各种宏观经济政策去贯彻计划调控意图，通过反映市场机制基础性调节作用的计划控制来实现宏观调控目标。计划调控的形态不是计划经济体制下的直接干预企业经济活动，而是对引导企业经营的市场机制及环境实施必要的调控，计划调控意图要经过市场机制的系统调节来贯彻和实现，要经过市场变量对企业决策行为的制约、引导来体现，计划调控在形态上具有总量化和价值化的特点。计划调控的范围不是计划经济体制下的直接控制经济活动空间，而是在市场经济基础上，以市场为调控对象，其调控范围扩展到一切经济领域、方面，对所有市场主体及其自主决策行为，都具有内在的约束力、控制力，实现对经济运行过程的整体计划调控和间接引导。

二、经营性调控

经营性调控是指政府根据宏观调控目标的要求，直接经营一定数量的不以营利为主要目的的企业，以服从宏观调控的意图和要求。同时政府还开展一定限度的采购活动，通过直接经营企业和开展采购活动，调节社会生产和流通，以影响、调节宏观经济变量，使之按计划的调控要求发生变动，进而实现以市场机制基础性调节为基础的宏观调控。

经营性调控实际上是政府利用所掌握的物质力量，直接对市场运行状况、过程实施调节、干预。经营性调控可弥补其他调节手段之不足，组成宏观经济政策与计划调控相结合的调节手段，从而更有效地实现对市场运行状况、过程的宏观调控。按照作用领域和对象的不同，经营性调控可划分为生产性经营调控和流通性经营调控。

1. 生产性经营调控

生产性经营调控是政府为确保宏观调控的有效性，直接经营对经济社会发展具有重大影响的社会化程度较高的一定数量的企业，以此对市场机制的基础性调节加以更灵活、更迅速的控制和引导，实现经济社会发展的战略目标。从理论上讲，在中国社会主义市场经济发展的初期，政府直接经营的企业应是国有企业，特别是一定数量的国有大中型企业。直接经营的企业不实行两权分离，政府既拥有这些企业的资产所有权，又拥有这些企业的直接经营权，而对于参与生产性经营调控企业的选择、确认，尚在探索中。

在社会主义市场经济条件下，政府通过直接经营社会化程度较高的特定产业的国有企业，可以直接影响、制约其他生产性企业乃至整个社会生产的运营走向，以实现对经济过程、方向的有计划调控。当社会供给结构与需求结构失衡时，这些政府直接经营的生产性企业则按政府计划调控的要求、意图加以调整，从而发挥促进宏观经济协调发展的重要作用。可见，政府通过直接经营这些重要企业，依托这些重要企业产出总量及结构的变化，影响和调节各种宏观经济变量，进而对经济运行状况、过程、方向予以控制、引导。这种调控不仅具有效应显著、影响迅速等优点，而且为其他调控方式作用的充分发挥提供了保证。由于生产性经营调控企业服务于政府宏观调控的意图、要求，所以与一般性生产企业具有根本性区别，即生产性经营调控企业及其经济活动主要不是为了追求利润最大化，而是为了实现宏观调控的任务、目标；生产性经营企业不是市场竞争的主体部分，而是政府宏观调控的主体因素。

生产性经营调控企业作为政府宏观调控的主体因素，应遵循三个原则：第一，不是依据市场状况、需要从事生产经营活动，而是在政府宏观调控的计划范围内从事生产经营活动，生产经营活动只享有有限的自主权，也只承担有限的经营责任。第二，不是以营利为目的，而是以调节经济运行过程为目标，其亏损由政府承担，其发展基金由政府贷款支持。第三，不是相对独立的市场主体，而是具有控制功能的调控主体部分，其经营活动受政府直接控制，并始终把经济稳定和社会效益放在首位。

在市场经济条件下，生产性经营调控企业不是靠市场机制引导生产经营活动，但并非不参与市场活动，实际上是作为政府宏观调控的载体，被自觉地运用于配应、协调市场机制的运作过程。生产性经营调控企业不仅不会破坏市场竞争的公平性、有序性，还会确保市场竞争的层次性、规范性。

2. 流通性经营调控

流通性经营调控是政府为确保宏观调控的有效性，直接经营一定数量的对宏观经济有重大影响的运营程度较高的商业企业，通过直接经营商业企业来调控市场活动，把市场机制的作用引导到实现宏观调控的目标、要求、方向上来。流通性经营调控作为政府调控经济运行的重要手段，还可以通过对生产企业准确反馈市场信息，对消费者消费行为、方式加以引导，对市场活动发挥重要的调节和引导作用，并经由变动商品流量的形式，来更灵活、更迅速地实现宏观调控的目标。

同样，在理论上，流通性经营调控的商业企业，其经营销售活动主要服务于政府宏观调控的任务、目标，积极参与对经济运行过程、方向的调节，是宏观调控的主要部分，而不是一般的市场竞争主体。其经营销售活动同样不以营利为目的，其亏损由政府补偿，其发展由政府贷款予以支持，目的在于提高这些商业企业参与市场调节的经营能力、实力、效应、水平。

根据西方发达国家的成功经验，在流通性经营调控过程中，最为突出的是以政府采购方式调节市场活动。政府特别是中央政府，以消费者身份进行市场交易活动，通过合约订货关系影响各类企业的生产规模和方向，从而实现政府预计的宏观调控目标。具体而言，政府采购与政府直接经营商业企业的不同点在于：政府采购可直接影响、制约企业的生产规模、方向，而政府直接经营商业企业对企业经营方向的影响和制约是间接的。政府采购可直接转化为调节手段，具有快速、灵敏的特点，而政府直接经营商业企业则需间接转化，需要其他调节手段的配合，因而具有生效速度慢和交错的特点。政府采购实质上又从供给方面对社会总供求关系进行了宏观调控和引导，即政府采购的总量及结构的变动会对社会供求总量及结构产生重大影响，这样，政府可根据计划调控的要求，通过订货总量及订货结构的变化，有效地调控经济运行的过程、方向。政府采购也可依法委托具有一定经营实力和影响力的商业企业或供应商代理经营，依法受托的商业企业或供应商同样具有服务于宏观调控要求的流通性经营调控功能。政府采购在调控经济运行过程中的重要作用一般应以国家法律形式予以确立和保护，合约当事人各方都要对订货合约条款的履行承担法律责任，只有这样，政府采购与企业的经营活动才能相互配应、相互作用，有力发挥宏观调控的功能。

在中国实现生产性调控或经营性调控的关键是国有企业产权改革，特别是中央所属国有企业的产权改革，建立国有资产发展基金。

依法制定国有资产发展导向目录。导向目录是国有资产发展基金调控企业多种形式运营的指导性、规范性、纲领性文件，其功能是引导竞争性国有企业自主参与市场竞争，调控自然垄断性国有产业、支柱性产业和高新技术产业的创新发展，打破行政性垄断所强化的行业或部门垄断，规范公共产品和服务性企业的服务方式及社会效益，调整不同产业、行业国有企业计提基金的比例，调节运营行为，影响发展走向，鼓励国有企业特别是国有上市公司规范运营和制度创新等。导向目录应突破国有经济和非国有经济的界限，明确非歧视性和公平竞争规制，取消所谓的禁入和限制条件，支持和鼓励公平、公正和全面的市场开放，可成为非国有经济包括境外投资者确定竞争性或非竞争性领域、方向的重要参考依据。导向目录体现了国家发展战略的意图和目标，应成为政府实施宏观调控的重要手段之一。

发布年度企业国有资产发展报告。通过发展报告对国有资产运营实施绩效评价，规范国有资产运营及其效率，预测国有资产发展趋势，影响国有资产运营行为及走向，提示国有资产运营风险，引导绩效较差的企业运行机制的改革和运营模式的适时调整等。

采用国有资产发展基金调控、引导国有企业和非国有企业的发展，要比政府直接控制或经营企业更科学、更合理，因为宏观调控若陷入直接控制或经营企业，就会产生种种负面效应，严重制约宏观调控的质量与效率。而采用国有资产发展基金调控，可解除政府宏观调控的过重负担及繁杂性，使其专心于宏观调控的重点和主要方面，通过国有资产发展基金的专业性调控可形成适合中国特点及要求的生产性经营调控或流通性经营调控机制，这样生产性经营调控或流通性经营调控就会发生质的飞跃，实现政府宏观调控的既定任务、目标。

三、其他调控手段

其他调控手段是宏观调控手段体系的必要组成部分，主要包括：经济调节手段、法律调节手段、行政调节手段、伦理道德调节手段等。其他调控手段具有综合应用性和相对独立性等特点。

1. 经济调节手段

经济调节手段是指政府运用价格、税率、工资、利率、汇率、存款准备金率、再贴现率等的变动，以及公开市场操作等工具手段，灵活调节经济运行的规模、结构、总量和水平，把经济运行控制在既定的范围和程度之内，防止经济运行中周期性的通货膨胀、通货紧缩或滞胀。经济调节手段主要是指依靠价值形式、市场力量和工具对经济运行实施适时、适度的调控，需要宏观调控主体基于经济发展重点、难点及客观需要，实行宏观调控的科学决策，有序运用各种经济手段及其相互配合，打经济手段调控的组合拳，有效解决经济发展中的诸多突出矛盾和问题，应对经济运行中的各种风险，保持经济、金融运行的稳定和可持续发展。经济调节手段具有三个基本功能：

（1）配合宏观经济的总量调控。

对于关系宏观经济发展及总量调控的资源品价格以及税率、利率、汇率等进行适时、适度的调节，主要是对各种经济杠杆实施相应的变动，以影响、引导宏观经济运行及趋向，经济过热时相应提高利率、紧缩财政支出，经济偏冷时相应降低利率、增加财政支出，让企业着眼于长远发展，给市场相对稳定的预期。

（2）配合经济结构的调整。

用各种经济杠杆、价值形式的变动配合经济结构的调整，具有内在的规律性，是其他调节手段不可比拟的。这主要是通过重要商品价格的涨落、工资增减、税率调整、利率变动等引导经济结构调整的过程及方向，以市场化的相对稳定的经济手段积极配合，促进经济结构的调整及优化。但要防止对价值形式、经济杠杆做随意变动，行业过热就提高税率，使它冷却，刺激某行业发展就给予其税收上的优惠。“这种结构性调整的经济手段不是完全市场化，从某种意义上讲，依旧带有计划经济体制的特点。”① 中国传统的调控手段更多地依靠结构调控，地产过热时就限制地产，铁路运力不足时就投资铁路。

（3）对市场主体活动进行有序引导、调节。

市场主体活动是分散的，属于微观经济范畴，但分散的市场主体活动总是在经济手段调节和引导下有规律地进行的，又是一个活动着的有机整体，影响宏观经济的稳定运行及发展。某种价值形式的变化和经济杠杆的变动都会使市场主体活动产生敏感性反应，并做出相应的市场活动调整及策略选择，使其市场活动趋向经济手段调节的意图，实现宏观调控的既定任务、目标。

2. *法律调节手段*

法律调节手段是指政府依靠法权的力量，通过经济立法和政府机构执法，运用经济法律、法规调节、控制经济活动。法律调节手段包括用于调节经济运行的经济法、民法、行政法和刑法等，是政府对各种法律、法规综合运用的过程。经济法是法律调节手段的主要实现形式，是政府运用法律手段调节经济活动的主要法规。就本质而言，法律调节即法在宏观调控体系中的作用问题，法作为宏观调控市场经济的主要工具，包括法的引导作用、促进作用、保障作用和制约作用。②

一般而言，经济法可划分为三类：第一类是综合性法律，如经济计划法、经济核算法、经济合同法等；第二类是专业性法律，如农牧渔业法、企业法、外资经济法等；第三

---

① 周春生．用稳定的手段调控经济．新浪网，2006-02-18.

② 沈宗灵．法理学（第二版）．北京：高等教育出版社，2004：160.

类是监督性法律，如统计法、会计法、审计法、金融信托法、财政税收法等。

法律调节手段对于经济活动的调节主要表现为：（1）对经济活动进行直接调节。例如，政府通过物权法、知识产权法、合同法、会计法、基本建设法、公司法、商业法等，对经济活动主体内部生产和外部活动进行直接调节、规范。这有助于为市场机制运作提供法律保障，并通过市场机制的充分作用而实现法律的调节功能。例如，政府运用反垄断法等对经济活动实施调节，保障经济运行过程反映法制要求，体现法律保障作用和法律调节功能。（2）用法律手段维护其他调节手段的正常运行，并使其他调节手段法制化。例如，政府运用财政法、商业银行法等综合性法律调节手段，维护其他调节手段的有效实施，使其实施具有法律依据，反映法律的精神、规则和要义。

法律调节手段与其他调节手段相比，具有显著特点：

（1）普遍性。

法律调节手段运用的经济法律、法规，体现了国家的意志，构成社会经济活动的行为准则，具有普遍的约束力，任何市场主体进行活动都首先要考虑自己的行为是否符合法律、法规的要求，考虑行为的后果所应担负的法律责任。

（2）强制性。

法律调节手段是通过法律法规的严格执行而实现的，当市场主体的活动符合其要求时，其作为一种潜在的强制力量而存在，当市场主体的活动违反其要求时，便作为一种现实的强制力量发挥作用，并且这种强制性要比行政调节手段的强制性更根本、更持久、更稳固。

（3）稳定性。

法律调节手段所调节的只是经济活动过程中最稳定的经济关系，因而法律、法规及其调节手段的订立和修订都应非常慎重，遵循严格的立法程序，不能随意改动。

（4）规范性。

法律调节手段的定性和定量极强，每一条都做出细致的具体规定，并且只有唯一的解释，其规范性是不言而喻的，其他调节手段虽然也具有一定的规范性，但都不如法律调节手段的规范性鲜明。

（5）事前调节性。

法律调节手段通过法律法规事前为市场主体规定一个总体的活动准则和方向，使之明确在特定的条件下必须有所为或有所不为，即知道必须做什么、可以做什么和不做什么，并且通过载明不遵守法律、法规的惩罚，迫使市场主体依法生产经营，从而达到宏观调控的要求和目的。

法律调节手段作用的发挥以经济法制的健全与完善为前提，在中国，加快建立与完善经济法制已成为一项非常紧迫的重任。主要应从以下几方面入手：首先，经济法制应充分反映和适合经济规律的要求，使对法律调节手段的运用建立在经济规律基础之上。其次，继续完善经济立法，特别是对部门经济及其市场主体活动的立法，使对法律调节手段的运用建立在较完备的经济法律体系基础之上。最后，加强经济执法，把经济立法与经济执法有机结合起来，加强经济审判机制建设，加强经济执法队伍建设，加强经济法制信息系统建设，使法律调节手段的运用建立在系统的严格执法基础之上。

3. 行政调节手段

行政调节手段是指政府经济管理机构凭借政权力量，通过制定和发布政策、命令、指示、办法等形式，直接或间接地指导、控制经济活动，是社会主义市场经济宏观调控的必要组成部分。行政调节手段与计划经济体制下的行政指令具有根本性区别，属于宏观调控范畴，是宏观调控体系中的基本手段之一，决定于经济运行的内在要求，决定于社会主义市场经济的客观要求，决定于国家经济管理职能的必然要求。行政调节手段可补充经济调节手段和其他调节手段的不足，并与经济调节手段组成紧密的配应调节体系，以规范经济运行和经济秩序。例如，当某种商品生产者的生产规模和方向背离社会需求结构的要求，但因其仍能获利生产者不愿进行调整，并且经济调节手段也难以对其施加影响时，行政调节手段可充分发挥作用，强制该商品生产者对其生产规模、方向、结构加以必要调整。尤其是对于经济活动中的一些偏差因素，例如资源和需求转移、市场垄断等，只有采取行政调节手段予以纠正、规范，才能及时地防止偏差加大，快速地恢复正常的经济活动关系、秩序。

行政调节手段本身又是一个相对独立的有机整体，由政策和命令的制定与发布、行政管制、行政监督、行政奖惩等构成。行政调节手段可做不同类型的划分。按调节的时间划分，可划分为事前行政调节和事后行政调节。事前行政调节是为经济活动规定一个运行框架及调节规范。事后行政调节是经济活动出现偏差、问题之后，通过必要的行政干预和奖惩等予以纠正、规范。按调节的对象划分，可划分为对经营过程的行政调节和对经营条件的行政调节。对经营过程的行政调节是指行政调节手段直接进入经营活动内部，进行系统的指导和规范。例如，企业的主管部门、经济监督和检察部门对企业生产经营过程中发生的成本及支出的范围和经营、核算方法，以及信息披露等进行必要的检查、监督。对经营条件的行政调节是指运用行政调节手段对企业经营活动的外部环境进行必要的调节、规范。例如，通过对各类市场的严格监管，创造市场发展的良好环境，保护合法经营，禁止垄断，维护市场活动的公平性、公正性。按调节的范围划分，可划分为具体的行政调节和总体的行政调节。具体的行政调节是指行政系统、行政层次、行政区划中的某一主管机构，对所属范围的经济活动进行必要的调节、规范，一般是通过纵向和逐级下达行政指令而实现的。例如，某一部门或地区的主管机构对其所管辖范围内的经济活动实行必要的行政调节，加以系统控制。总体的行政调节是指政府通过政策和规定等行政手段、措施，对经济运行及其活动进行必要的调节、规范，其调节作用直接到达调节对象，很少经过中间层次、环节。例如，收入分配政策可直接规范、调节每个市场主体，必须按照经济增长和工资增长的比例关系，坚持效率优先、兼顾公平的原则，建立合理的分配机制。如果分配机制背离了收入分配政策，可通过必要的行政调节手段予以纠正。

比较而言，事前行政调节比事后行政调节更能减少不必要的损失，有利于实现经济运行的平稳性、有序性。对经营条件的行政调节比对经营过程的行政调节更能尊重企业的自主权，有利于增强企业发展的内在活力。总体的行政调节比具体的行政调节更能减少中间层次，有利于突破经济运行的封闭性，引导经济运行的横向联系。作为非经济手段调控主要内容之一的行政调节手段，具有显著的特点：

（1）强制性。

以国家政权的力量实现行政调节的意图、要求，有关调节经济运行及其活动关系的政策、命令、指示、规定等一经制定和发布，所有市场主体都必须遵循、执行，不得随意修改和自由选择。

（2）直接性。

通过对调节对象的直接作用而达到调节目的，不像经济调节手段需要经过市场机制的引导而对经济活动产生调节作用。

（3）快捷性。

行政调节手段的作用过程较短，不像经济调节手段需要一个较长的机制转换过程。

4. 伦理道德调节手段

伦理道德调节手段属于内在的、潜移默化的软约束调节系统，主要通过持久的道德价值观和诚信理念的宣传教育、舆论引导、典型示范、榜样感化等途径，对市场主体及其活动行为予以积极的规范、引导，具有其他调节手段不可比拟的优点。伦理道德调节手段通过市场经济伦理道德等广泛的社会宣传教育方式，可使市场主体形成正当与不正当、公正与偏私、诚信与虚伪等伦理道德观念，不需要外部的强制力就能够自觉地遵循道德原则和规范，正确地甄别和处理经济活动中的各种利益关系。

伦理道德调节手段及其对经济活动的约束、规范，不像其他调节手段那样必须由政府管理机构予以维系，而是通过经济运行过程中形成的伦理道德原则和规范自我约束进行的，自律性是伦理道德调节手段的本意、核心，即主要通过市场主体的内心信念、社会舆论、信用文化和职业道德的力量来维持，通过影响市场主体的理想信念、意志和行为动机来调节、规范其经济活动。伦理道德调节手段绝不是回避经济利益的空洞说教，而是以一定经济利益关系为基础的经济行为准则，是在反映经济规律要求的伦理道德约束下的经济活动规范。形成符合经济规律的伦理道德观念至关重要，因此，要进行长期的社会主义市场经济伦理道德观念的宣传、教育，包括：兼顾国家、企业、个人利益前提下的追求自身经济利益的观念；既追求经济利益又不唯利是图的观念；在政府宏观调控下的大市场观念；相互联系和协作基础上的市场竞争观念；追求经济效益应兼顾社会效益和社会责任的观念；等量劳动取得等量报酬的观念；以劳动致富为荣、以懒惰和无偿占有他人劳动成果为耻的观念；信息观念、知识观念、时间观念、技术观念、创新观念；等等。

发挥伦理道德调节手段的功能，主要是指通过构建伦理道德评价机制及氛围，约束各类市场主体的市场活动，这是一个无形的软约束过程，需要不断地强制灌输和逐步地确立。因此，伦理道德调节手段不是随时针对任何市场主体都适用的，必须在伦理道德评价机制及氛围已形成并对市场主体观念具有约束力之后，针对特定的市场主体活动，才能产生实际的系统调节作用。所以，建立符合社会主义市场经济要求的伦理道德观念，不是短期内就可做到的，需要长期的不懈努力、探索，推进社会主义物质文明、政治文明、精神文明、社会文明建设，逐步形成与四个文明建设相适应的市场经济伦理道德观念，从而为伦理道德调节手段作用的充分发挥奠定基础、创造条件。

社会主义市场经济的宏观调控，除了运用经济手段、法律手段和必要的行政手段之外，还要广泛运用伦理道德调节手段，伦理道德调节手段及其作用具有重要意义。市场主体若缺乏良好的职业道德和从业素质，就根本不会有正确的活动动机和活动行为，就可能不顾他人利益和社会利益而追求个人私利，从而违背市场经济伦理道德的原则、方向，在这种情况下，仅凭经济手段、法律手段和必要的行政手段是难以奏效的，只有运用伦理道德调节手段予以长期约束、规范，才能达到既定的宏观调控目的。在社会主义市场经济条件下，伦理道德调节手段发挥的作用范围更广泛、更重要、更关键，不仅能够调节经济手段、法律手段和行政手段所涉及的经济运行过程，而且能够调节经济手段、法律手段和行政手段所不能涉及的经济活动关系、行为和秩序，成为其他调节手段的重要补充。充分运用伦理道德调节手段，发挥伦理道德调节手段的作用，建立以伦理道德为核心的市场经济的软约束体系及调节机制，有助于市场主体科学的伦理道德观念和价值判断的形成，有助于明确经济活动中多方面市场行为的是非界限，有助于促进经济活动的公平竞争及对竞争方式的正确选择。可见，规范的伦理道德调节手段的形成及系统运作将是中国建立与完善社会主义市场经济体制过程中的一项十分必要和紧迫的任务。

第四节　宏观调控体系

一、宏观调控体系的构成

宏观调控体系是宏观调控借以实现的具体实践形式。就横向而言，中国宏观调控体系由国家最高立法机构、政府综合经济部门、经济监督和检察部门、行业主管部门构成。宏观调控体系的主体是中央政府。国家最高立法机构确定一定时期的经济社会发展战略目标，并提出对经济运行实行宏观调控的基本方向及要求，中央政府综合经济部门则依据经济社会发展的战略目标以及宏观调控的基本方向及要求，制定相应的经济和社会发展规划，根据经济发展的状况、需要，调整并实施各项宏观经济政策。例如，政府发展和改革部门的产业政策、投资政策、价格政策等；政府财政部门的财政政策、收入分配政策、税收政策等；中央银行的金融政策、利率政策、金融市场政策等。中央政府运用这些宏观经济政策调节和引导各种宏观经济变量，以实现对经济运行过程动态的调节与控制。政府经济监督和检察部门则根据国家最高立法机构通过的社会经济发展战略及宏观调控的基本方向和要求，根据政府综合经济部门制定的各项宏观经济规划和政策及其总体要求，结合本部门监督和检查的特点，依据国务院的授权，制定适合经济规律要求的综合监管战略、方针、原则、目标及实施办法，从而有力地推进宏观调控任务、目标的贯彻和落实。例如，政府经济监督和检察部门制定的有关税务、物价、海关、检验检疫、工商行政管理等宏观的经济政策规章、条例和细则等。运用各项经济监督和检查政策、规章、原则和方法等，对经济活动予以多侧面的调节、监督、控制，以必要的督导、查处措施维护经济运行秩序的稳定，推动经济活动符合宏观调控目标及要求。政府行业主管部门则依据宏观调控的战略目标、任务、要求，制定适合本行业发展特点的政策规章、原则和方法，对行业经济发展实施宏观调控。例如，政府农业、工业、交通、能源、通信、原材料等部门制定的行业政策和规章等。行业主管部门的宏观调控构成政府宏观调控体系的基本要素之一，其宏观调控的质量、效应直接关系政府宏观调控总目标、总任务的落实和实现。

国家最高立法机构、综合经济部门、经济监督和检察部门、行业主管部门及其行使各自的宏观调控职能，构成社会主义市场经济宏观调控体系横向联结的四个层面。其中，最高立法机构掌握宏观调控的总战略、任务、目标及要求。综合经济部门掌握实施宏观调控总战略、任务、目标及要求的相对平衡。经济监督和检察部门掌握实施宏观调控总战略、任务、目标及要求的运行规则和秩序。行业主管部门掌握实施宏观调控总战略、任务、目标及要求的行业贯彻落实及必要的补充调控工作。

宏观调控体系又表现为中央政府和各省、直辖市、自治区政府纵向联系的结构体系。中央政府的宏观调控总目标、任务必然要直接传导到各省、直辖市、自治区政府，由各省、直辖市、自治区政府结合本地的状况、特点，予以贯彻、落实，并及时地把贯彻、落实的信息、数据直接反馈给中央政府，从而构成一个纵向的上下传导和反馈的宏观调控体系。这具体表现为，国家最高立法机构和国务院作为宏观调控的最高主体系统，属于一级宏观调控主体的中枢，其宏观调控的意图、指令直接通过综合经济部门、经济监督和检察部门、行业主管部门的系统运作而得到贯彻和落实。作为宏观调控体系纵向结构首要环节的各省、直辖市、自治区立法机构和政府，属于二级宏观调控主体的核心，其职责在于认真贯彻一级宏观调控的战略、目标、任务及要求，结合本地的状况、特点，探索和制定适合本地方经济发展要求的宏观调控目标、任务、原则和方法，并直接传导到地方各级政府，经由地方各级政府落实及实施信息、数据的反馈，加以系统综合、整理、总结，再反馈给中央政府，构成政府宏观调控体系的上下传导的核心环节。由于二级宏观调控是结合本地区实际情况的创造性调控，因此必然使纵向结构的宏观调控体系的运作更灵活、更高效。同时，一级宏观调控主体要建立自上而下的执行、督导机制，对二级宏观调控主体的运作进行必要的检查、监督，防止二级宏观调控主体的反调控行为和地方保护主义。

宏观调控体系的另一基本内容即为宏观调控的手段。政府作为宏观调控的主体，特别是作为宏观调控最高主体的中央政府，要综合运用各种调控手段，实施更为灵活的宏观调控。这些综合运用的调控手段本身就构成了较为完整的手段体系，成为宏观调控体系的基本内容。这些调控手段主要有宏观经济政策、经济规划、经营性调控、法律和行政手段等。

伴随改革开放的不断深入，社会主义市场经济体制的日趋建立和完善，对宏观调控体系的构建和有效运作提出了更高的要求，要创造多方面的相关条件与之相适应，主要有：建立宏观调控理论体系，就宏观调控理论的体系构成、主体协调、手段组合、调控重点、监督检查机制等进行研究，为社会主义市场经济条件下的宏观调控奠定理论基础。进一步转变政府职能，尤其是转变中央政府和各省、直辖市、自治区政府的调控职能，为市场经济创造有利条件。

目前，各省、直辖市、自治区政府的调控职能较弱，严重依赖中央政府的调控，整体上处于被动的调控状态，应加快调控职能转变的力度，变被动为主动，发挥二级宏观调控主体的积极性和创造性。

健全市场经济法制体系，将社会主义市场经济的建立、发展与完善系统地纳入法制轨道，成为名副其实的法制经济。社会主义市场经济的宏观调控体系应建立在宏观调控理论体系基础之上；建立在政府转变职能和全方位服务基础之上；建立在法制健全和严格执法基础之上。

二、转变宏观调控方式

现代市场经济理论把宏观调控体系视为一个立体式网络结构，呈关联互动形态，是多层面调控合力的结构体，其运作必然是整体性的、强对象性的，有明确的宏观调控要务、重点、步骤和目标，对宏观调控客体具有特定的目标要求。现代市场经济理论把宏观调控体系视为一个立体式网络结构，呈关联互动形态，是多层面调控合力的结构体，其运作必然是整体性的、强对象性的，有明确的宏观调控要务、重点、步骤和目标，对宏观调控客体具有特定的目标要求。在区间调控的基础上，要注重实施定向调控。保持定力、有所作为、统筹施策、精准发力，在调控上不搞“大水漫灌”，而是抓住重点领域和关键环节，更多依靠改革的办法，更多运用市场的力量，有针对性地实施“喷灌”“滴灌”。[①] 转变调控方式是建立和完善宏观调控体系的前提，包括调控主体、调控方式、调控机制三方面内容。

调控主体包括：政府调控主体，以经济政策调控为中心；行业调控主体，以自律建设为中心；司法调控主体，以法制规范为中心；舆论调控主体，以软环境建设为中心。四个层面调控主体的职能及调控对象的重心是不同的，呈相互联动态势。问题是政府调控主体的权威被无限扩大化，功能被泛化，而其他三个层面的调控权则被替代化和边缘化，造成调控功能滞后，监管力度微弱，亟须实施调控主体结构的重组，缩小政府调控的范围，强化司法调控、自律调控、舆论调控和协调调控。

调控方式包括：经济政策引导、市场调节、立法和窗口诱导等宏观层面的调控方式；经济审查、执法监督、职业规范和道德自律等微观层面的调控方式；风险评估体系和调控信息数据库系统等技术层面的调控方式。问题是宏观层面和微观层面的调控方式极易混淆，甚至前者经常代替后者，而技术层面的调控方式有待优化。

调控机制包括：单一调控机制和混合调控机制、独立调控机制和协调调控机制、内部调控机制和外部调控机制，以及信用建设与监管体系建设的结合机制，这些构成宏观调控机制的基本要素。问题是信用建设与监管体系建设的结合机制尚未完全建立，薄弱环节较多，应加大基础建设的力度。

三者并行不悖，相互补充，取综合运作态势。调控机制的有效运行及目标在于调控的协调性、灵活性及明晰的战略取向。转变宏观调控方式，关键要把握几个重点：

（1）转变以行政为主导的调控方式，向依法调控和遵循经济规律的调控方式转变。这是宏观调控理念的根本性转变，具有制约全局的意义。向依法调控方式转变，就是强调宏观调控应具有相关的法律依据，受法律约束，接受法律的检验和监督，使宏观调控体系建立在法律规范基础之上。向遵循经济规律的调控方式转变，就是坚持市场取向改革的宏观调控方式，坚持市场发挥基础性调节作用的宏观调控方式。转变以行政为主导的宏观调控方式是社会主义市场经济条件下宏观调控理念的根本性转变，其转变效能的高低在于是否

---

① 张正富，郭信峰．李克强重申宏观调控新指南：不搞“大水漫灌”．新华网，2014-07-20.

依法调控和发挥市场基础性调节的作用。

(2) 转变宏观调控主体各自独立的调控方式，向宏观调控主体间有序协调的调控方式转变。这主要是转变宏观调控高层主体（如国家各有关部门）基于本部门利益的宏观调控方式和中央与地方两级封闭的宏观调控方式，使宏观调控主体的横向调控和纵向调控协调起来，使宏观调控政策，如财政政策、货币政策、产业政策、分配政策等，能够消除对立，相互配合，有机统一，提高宏观调控体系的整体效应及效率，走宏观调控主体间整体协调之路。

(3) 转变金融调控方式，适时、适度地调控金融体系。转变金融调控方式是转变宏观调控方式的关键环节，具有重要的现实意义，主要包括：转变“小金融”调控方式，向“大金融”调控方式转变，发挥金融机构的主体性、创造性，进一步把握好对政策工具的选择及力度，推进现代金融服务业发展；建构政策工具组合预调和微调的最优策略，提高金融调控方式的前瞻性、科学性，综合运用政策工具，适时、适度地调控金融体系的流动性，既防止通货膨胀又谨防通货紧缩，避免金融市场大起大落，提高政策传导的效率；加强金融业总量的宏观调控，影响和推动金融业结构调整、体制改革和发展方式的转变，加强对金融机构的监管，提高监管标准；建立微观审慎分析与宏观审慎分析相互协调的制度；改革条块监管体制，建立中央银行与各金融监管机构之间的制度性协调机制、信息共享与金融稳定协调机制和危机协调管理机制。

(4) 构建宏观调控的风险防范体系。构建宏观调控的风险防范体系是转变宏观调控方式的重中之重，日益显示出其重要性和紧迫性。宏观调控体系本身应当具有防范风险的功能，这是以往的宏观调控所忽视的重要领域、方面，需要在转变宏观调控方式中加以强化。应从三个方面着手：深化宏观调控体系改革，把风险防范贯穿于调控主体间协调监管之始终，形成宏观调控战略上的风险防范长效机制，把风险防范监管纳入相互关联的宏观调控系统，彼此制约、相互砥砺；提高两级宏观调控主体的内控机能和风险监管能力，形成两级宏观调控主体间的风险监管联动机制，各司其职，明确责任，强化监督；加强对经济运行的风险监测力度，建立科学的风险预警机制，从宏观调控层面完善风险防范监管的配套体系，实现由静态监管向动态监管的转变，时刻关注、控制、防范和化解各类市场风险。

转变宏观调控方式，应是宏观调控与中观调控、微观调控的有机结合，经济调节、法制规范、行政执法、道德约束的相互协调。此种宏观调控方式依托市场调节，与市场调节相结合，符合市场规律，反映市场要求，既是借鉴式的宏观调控，注意汲取国外的成功经验，又是探索式的宏观调控，紧密结合实际的经验总结，具有新兴市场国家宏观调控改革与发展的一般特点和规律。此种宏观调控方式也应是以诚信文化为背景的正向选择性调控，并在微观层面凸显信用管理组织的专业性调控功能。此种宏观调控方式在社会主义市场经济体制建立的初期，必然是以行政管理为主要手段的宏观调控，政府的职能定位是既当运动员，又当裁判员，政府宏观调控的权威具有无限性。但经过十几年的快速发展，社会主义市场经济体制的相关要素及条件基本形成，此种宏观调控方式已显得相对滞后，必然要实现宏观调控由模糊定位向清晰定位的根本性转变，由行政调控向经济政策调控的根本性转变，由无限调控向有限调控的根本性转变，由短期调控向长期调控的根本性转变。概括而言，必须转变单纯的行政调控方式，确立综合的自上而下的立体式调控方式，形成宏观调控与中观调控、微观调控相统一的调控体系、机制，构建市场风险防范的预警机制和市场主体逆向选择的约束机制，发挥立体式宏观调控的整体功能，走依法调控的宏观调控变革之路。

政府宏观调控有效或实现“政府有效”，才能实现资源配置的优化。因此，政府本身必须具备几方面条件：明确和正确地界定政府的作用范围；政府只能干能够干的事，不要做没能力干的事；政府必须选择合理地发挥作用的方式；政府干预的度必须合理；保证政府自身能有效地运行。这也就是实现从“政府失效”向“政府有效”的转变。①

三、宏观调控体系的特性

运用多种宏观调控手段，实施多种手段搭配的组合拳，综合调控和治理，并实施适时、适度的调控，方能保持宏观调控体系的灵活性。科学的宏观调控体系不能只图“疗效快”，习惯用“一刀切”式行政干预的“猛药”，而要“防疗兼备”，综合运用经济杠杆、法律手段、道德手段，做到区别对待，对症下药。宏观调控体系的特性体现为以下几点：

1. 实施差别性的宏观调控

对不同地区和不同产业应差别对待，特别应对不发达地区和落后产业的发展给予更大的“自由空间”。不发达地区和落后产业之所以不发达和落后，原因之一就在于地方政府控制得太死和市场化程度太低，所以宏观调控要为不发达地区和落后产业的市场化程度提高创造条件，否则政府“帮扶”下的不发达地区和落后产业将不仅不能壮大，反而更加依赖政府的扶持，形成程式化的“路径依赖”。通过实施差别性的宏观调控，引导并促进不发达地区加快经济结构调整，转变经济发展方式，引导并促进落后产业加快产业结构升级，把产业结构升级与环境保护统一起来，走创新发展之路。

2. 实施有弹性的宏观调控

对于经济发展中存在的大量违规项目，一方面对确实不符合国家产业政策和长远发展要求且有重大违法违规问题的项目，要坚决停下来；另一方面对由于项目审批环节太多，审批规定过时，而且存在符合地方经济发展实际却“违规”的项目，要检讨审批机制和审批规定本身是否科学，不能“一棍子打死”。形成宏观调控弹性的有压有放态势。

3. 实施经济性的宏观调控

善于运用税率、利率、汇率等经济杠杆引导企业的投资流向和产业发展。税率、利率和汇率等经济杠杆是影响企业投资回报和产业利润的内生发展方式，有节奏地引导企业投资和产业发展。实施经济性的宏观调控不仅震动性小、稳定性强，而且能够实现企业、其他经济组织和个人“自动地”差别对待的目的，从而发挥经济杠杆的基础性调节作用，形成优胜劣汰的竞争机制，产生鼓励先进、鞭策落后的激励功能，实现经济性宏观调控效率及效果的较佳化、较大化。

4. 实施法制性的宏观调控

综合运用国家有关法律、法规等“合法规制”手段，依法实施宏观调控，积极鼓励法

---

① 曾国安. 政府经济学. 武汉：湖北人民出版社，2002：369.

制基础上的平等竞争、公平竞争，构建规范的市场法制环境和市场竞争机制。依法限制各种形式的市场垄断及不正当竞争行为，反对市场活动中的保护主义，维护市场经济秩序，依法引导并促进宏观经济与微观经济协调发展。

5. 实施预警性的宏观调控

加强宏观调控的预警和评估机制的建设，制定科学的经济发展战略和规划，引导企业的战略走向及长远发展，避免“急功近利”的短期行为。对微观经济运行及企业活动提供及时的“风险提示”、“窗口引导”或“道义劝告”，摒弃生硬的行政干预或行政指令。①

概言之，宏观调控体系特性是宏观性、间接性、系统性、层次性的有机统一。宏观性即针对宏观经济总量或属于总量范畴的重大比例关系进行调节，不干预微观经济活动；间接性即通过宏观经济政策和经济杠杆间接地引导经济活动；系统性即宏观调控目标、任务的系统性和调控方式或作用方式的系统性；层次性即宏观调控体系面对调控客体或地域差异而形成的层次性及要求。

要点总结

宏观调控及宏观调控体系

调控性质	调控特点	调控策略	转变方式	调控理论
经济法律等	市场需要	部门上下协调	调控主体	法国重农学派
总量结构	间接引导	政策及手段整合	调控方式	西方宏观经济学
过程调控	优化结构	重点领域调控	调控机制	马克思主义经济学
调控手段	具体形式	调控范围	调控方法	调控目标
宏观经济政策	财政政策	财政、税收变量	积极政策、从紧政策	财政收支平衡
	金融政策	货币、金融变量	积极政策、从紧政策	货币金融稳定
	产业政策	产业规模、结构	政策重点、政策调整	经济增长、经济发展
	收入分配政策	分配和再分配	政策重点、政策调整	分配公平、社会公正
	其他政策	相应调控领域	政策重点、政策调整	相应领域稳定发展
计划调控	经济发展战略	宏观经济及决策	战略制定、落实及调整	宏观经济平稳运行
	经济发展规划	经济运行过程	制定、实施、调整规划	稳定发展、综合平衡
	具体计划指标	区域发展环境	具体指标落实及分解	区域经济有序发展
经营性调控	生产性经营调控	生产性企业经营	生产性企业示范、引导	经济有序发展
	流通性经营调控	流通性企业经营	流通性企业示范、引导	经济有序发展
其他手段调控	经济调节手段	经济运行变量	适时变动经济杠杆	经济平稳运行
	法律调节手段	依法活动行为	严格依法和执法	法制、规范、监督
	行政调节手段	依规活动行为	行政规范和引导	稳定、和谐、发展
	伦理道德手段	自律活动行为	行业自律和他律	和谐、进取、有序

① 中央党校邓小平理论和“三个代表”重要思想研究中心. 驾驭市场经济与宏观调控. 经济日报，2004-12-13.

续前表

调控性质	调控特点	调控策略	转变方式	调控理论
调控主体	中央政府部门	宏观层面	制定发展战略及政策	宏观经济稳定发展
	地方政府部门	宏观和中观层面	执行发展战略及政策	中央、地方协调发展
调控体系	纵、横协调体系	重点方面、环节	适时适度、弹性调控	实现重点发展目标

关键词

宏观调控；宏观调控主体；宏观调控客体；宏观调控性质；宏观调控理论；财政政策；金融政策；产业政策；收入分配政策；宏观经济政策调控；供给侧改革；计划调控；经营性调控；经济调节手段；法律调节手段；行政调节手段；伦理道德调节手段；宏观调控体系；转变宏观调控方式。

思考题

一、简述宏观调控的性质、特点。
二、简述宏观经济的政策及特征。
三、简述计划调控的含义及特点。
四、简述经营性调控的特点和意义。
五、简述转变宏观调控方式及其重点。

第九章

社会主义市场经济保障论

本章重点：社会保障的含义、要素、关系；社会保障制度的含义、构成、功能、改革；中国社会保障制度的现状和问题；建立和完善城镇社会保障体系；建立和完善农村社会保障体系；建立和完善社会保障体系及其原则、意义。

简要概括：社会保障与市场经济，现象上似乎相关度不高，本质上则密切相连。社会保障是市场经济的防火墙、保护伞。社会主义市场经济需要建立和完善与之相适应的社会保障、社会保障制度、社会保障体系，因为市场配置资源会造成收入差距拉大和社会公平扭曲，需要社会保障发挥安全网和减震器功能，减少、熨平市场配置的负效应，抑制、纠正市场失灵，确保社会安全和社会公平。市场经济是社会保障的奠基石、发源地。社会保障必须以市场经济为基础，反映市场经济的内在要求，确保市场经济基础性作用的有效发挥，社会保障制度、机制、功能的作用程度取决于市场经济体制、机制、功能的完善程度。社会保障与市场经济相互联系、相互配应、相互统一。积极推进社会保障要素和社会保障关系建设，深化社会保障制度改革，建立和完善社会保障体制，形成市场化的社会保障体系及机制，构成社会主义市场经济理论的重要组成部分，是中国当前和今后一项长期的发展任务。

第一节　社会保障

一、社会保障的含义

社会保障，是指国家通过立法，积极动员社会各方面资源，对社会成员特别是有特殊困难的社会成员的基本生活权利给予保障的社会安全系统或制度。社会保障的范围覆盖全社会，意指一个国家的所有社会成员，特别是生活困难的社会成员或群体。根据国家的经济和社会发展状况，应逐步增进社会成员的公共福利水平，提高国民的生活质量。

社会保障一词最早出自美国1935年颁布的《社会保障法》。美国1999年出版的《社会工作词典》将社会保障定义为：一个社会对那些遇到了已经由法律做出定义的困难的公民，如年老、生病、年幼或失业的人提供的收入补助。《不列颠百科全书》对社会保障的定义是：社会保障是对病残、失业、作物失收、丧偶、妊娠、抚养子女或退休的人提供的现金待遇。国际劳工局对社会保障的界定是：社会保障即社会通过一系列的公共措施对其成员提供的保护，以防止他们由于疾病、妊娠、工伤、失业、残疾、老年及死亡而导致的收入中断或大大降低而遭受经济和社会困窘，对社会成员提供的医疗照顾以及对有儿童的家庭提供的补贴。① 在中国，一些专家学者对社会保障做出了不同视角的定义。社会保障是国家和社会，通过国民收入的分配与再分配，依法对社会成员的基本生活权利予以保障的社会安全制度②。社会保障是社会（国家）通过立法，采取强制手段，对国民收入进行分配和再分配形成社会消费基金，对基本生活发生困难的社会成员给予物质上的帮助，以保证社会安定的一种有组织的措施、制度和事业的总称。③ 社会保障是一个十分古老的问题，是以政府和社会为责任主体的福利保障制度的统称。社会保障概念界定的多样化，是与各国社会保障制度的多样化相吻合的一种客观而又合理的现象。④

世界各国的社会保障模式大致可分为国家福利、国家保险、社会共济和积累储蓄四种，分别以英国、苏联、德国、新加坡为代表。中国的社会保障属于社会共济模式，即由国家、单位（企业）、个人三方共同为社会保障融资，这是一个较长期的发展趋势。强化个人责任已成为世界各国社会保障改革的共识。社会保障是现代市场经济和工业文明的产物，是经济社会可持续发展的"推进器"，是维护全体社会成员切身利益的"安全阀"，是确保社会安全的"稳定器"。社会保障的本质是维护社会公平，促进经济社会稳定发展。

二、社会保障要素

社会保障由社会保险、社会福利、社会救济、优抚安置、社会互助等要素组成。其中，社会保险是社会保障的核心要素。

（1）社会保险。

社会保险是国家通过立法建立的一种社会保障形式，特指一种社会保障机制，帮助社会成员面对某些社会风险，例如失业、疾病、事故、衰老、死亡等，或是保障基本的生存资源，例如教育、医疗等。社会保险的目的是使社会成员因年老、失业、患病、工伤、生育而减少或丧失劳动收入时，能从社会上获得经济补偿和物质帮助，以保障基本生活。社会保险以经济保障为前提。社会保险具有强制性、社会性和福利性的特点。按照中国劳动法的规定，社会保险项目分为养老保险、失业保险、医疗保险、工伤保险和生育保险五种。社会保险的对象是全体社会成员，社会保险资金主要来源于企业、其他组织（用人单

---

① 孟醒．统筹城乡社会保障．北京：经济科学出版社，2005：6.

② 陈良谨．社会保障教程．北京：知识出版社，1990：5.

③ 葛寿昌．社会保障经济学．上海：复旦大学出版社，1990：2.

④ 郑功成．社会保障学——理念、制度、实践与思辨．北京：商务印书馆，2000：4.

位）和劳动者个人的按比例缴费，政府给予资助。依法享受社会保险是社会成员的基本权利。社会保险的特征是：社会保险的客观基础是劳动领域中存在的风险，保险的标准是劳动者的人身权利；社会保险的主体是特定的企业、其他组织和个人（含亲属）；社会保险具有强制性；社会保险的目的是维持人力资本的再生产；保险基金来源于企业员工、其他组织劳动者的缴费及财政支持。

（2）社会福利。

广义的社会福利是指国家为改善和提高全体社会成员的物质生活和精神生活所提供的福利津贴、福利设施和社会服务的社会保障形式。狭义的社会福利是指国家向老人、儿童、残疾人等需要社会给予特殊关照的社会成员提供的必要社会保障形式。

（3）社会救济。

社会救济是指国家和社会对生活在贫困线以下的低收入者或者遭受灾害的生活困难者提供无偿物质帮助的一种社会保障形式。社会救济先于社会保险，属于初级形式的社会保障要素。维持最低水平的基本生活是社会救济的基本特征。社会救济经费主要来源于政府财政支出和社会捐赠。

（4）优抚安置。

优抚安置是国家对从事特殊工作的人及其家属，如军人及其亲属予以优待、抚恤、安置的一项社会保障形式。在中国，优抚安置的对象主要是烈军属、复员退伍军人、残疾军人及其家属。优抚安置主要包括提供抚恤金、优待金、补助金，举办军人疗养院、光荣院，安置复员退伍军人等。

（5）社会互助。

社会互助是指在政府的鼓励和支持下，社会团体和社会成员自愿组织和参与扶弱济困活动的社会保障形式。社会互助具有自愿性和非营利特征，其资金主要来源于社会捐赠和成员自愿缴费，政府从税收等方面给予支持。社会互助主要包括：工会、妇联等群众团体组织的群众性互助互济活动；民间公益事业团体组织的慈善救助活动；城乡居民自发组成的各种形式的互助组织的活动等。

社会保障要素是一个整体由“国家依法强制建立的、具有经济福利性的国民生活保障和社会稳定系统；在中国，社会保障应该是各种社会保险、社会救助、社会福利、军人保障、医疗保健、福利服务以及各种政府或企业补助、社会互助保障等社会措施的总称”①。社会保障是劳动力再生产的保护器。其功能是在社会成员遇到障碍时给予社会成员个人及家属以基本生活、生命的必要保障，从而维系人力资本的再生产及需要，保证社会再生产的有序运行。社会保障是社会发展的稳定器。通过社会保障对社会财富进行再分配，缩小各阶层社会成员之间的收入差距，避免贫富悬殊，使社会成员的基本生活得到保障，能协调社会关系，维护社会稳定。社会保障是经济发展的调节器，主要体现为对社会总需求的自动调节。在经济萧条时期，由于失业增加、收入减少，用于社会保障的货币积累相应减少，因失业或收入减少而需要社会救济的人数增加，社会用于失业救济和其他社会福利方面的社会保障支出也相应增加，这使得社会保障的同期支出大于收入，从而刺激了消费需

---

① 郑功成. 社会保障学——理念、制度、实践与思辨. 北京：商务印书馆，2000：11.

求和社会总需求。在经济繁荣时期，其作用则相反。社会保障可以解除人才流动的后顾之忧，使人力资本流动渠道通畅，有利于实现人力资源的合理配置。

社会保障蕴含经济保障、服务保障和精神保障三个层次。经济保障从经济上保障社会成员的生活，通过现金给付或援助的方式，解决社会成员遭遇生活困难时的经济来源问题。服务保障是指适应家庭结构变迁与自我保障功能弱化的变化，以提供服务的方式满足社会成员对个人生活照料服务的需求。例如，安老服务、康复服务、儿童服务等。精神保障是社会成员离不开的相应的情感保障，精神保障也是人的正常、健康生活的必要组成部分。现代社会保障还承担着为社会成员提供精神保障的责任。精神保障属于文化、伦理、心理慰藉方面的保障，突出体现了社会保障的人性化要求，属于更高层次的保障。在实践中，还难以将精神保障作为特定的保障形式加以建设，但制度化安排确实需要尊重并满足社会成员的精神保障需求。

三、社会保障关系

社会保障法的调整对象，即社会保障法所调整的社会关系，可称为社会保障关系。社会保障法是调整社会保障关系的法律规范的总称，也是保障社会成员基本生活需要和经济社会发展享受权的各种法律规范的总称。其调整以国家和社会为主体，是为保证有困难的劳动者和其他社会成员，以及特殊社会群体成员的基本生活，并逐步提高其生活质量而发生的社会关系的法律规范总和。

社会保障关系体现了国家、用人单位、劳动者的关系，并体现了经济发展与社会公平兼顾的原则。特别是劳动者个人在社会保障关系中的主体身份是双重的，不仅是社会保障被给付的主体，还是资金来源的主体。

社会保障关系具有人身关系和财产关系相结合的属性。除社会福利具有广泛性外，社会保险、社会救助、优抚安置都是针对特定社会群体的，只有具备一定的主体身份才能享受这些保障项目。而社会保障的核心是给付，通过给付，使保障对象获得生活必需。因此，社会保障关系又是一种典型的财产关系。

社会保障关系既不完全是平等主体间的关系，也不完全是体现国家权力的管理和服从关系。随着现代“公法私法化”和“私法公法化”的相互渗透，又出现了一个新的法域——社会法。社会法以社会利益为本，追求社会公平，社会保障法即为典型的社会法，其中既有国家权力干预的关系，又有公民享受国家给付的权利的关系。社会保障管理机构依法履行授益的约定的关系，也是一种社会连带责任关系。通过社会保障权利与社会保障义务，将国家、社会团体以及全体社会成员连为一体，形成一种社会连带责任关系。

社会保障关系中的权利和义务具有非对等性。社会保障关系既有不履行义务的法定权利，也有不享受任何权利的国家义务。前者体现在社会救济、社会优抚和社会福利法律关系方面，享受社会保障权利的公民，不需要履行任何社会保障义务（不需要履行缴费等法定义务），只要符合一定的条件或主体身份，即可享受社会保障权利。此外，在社会保障项目中，劳动者对养老、医疗和失业保险都负有缴费义务，其中，养老保险和医疗保险都充分体现了权利和义务对等的原则，但对失业保险来说，缴纳失业保险费是劳动者的法定义务，但并非所在地的缴费者都能享受失业保险待遇。现代市场经济条件下的社会保障关系不仅是对社会部分成员最低生活的保障，而且包括国家逐步改善和提高全体社会成员的生活质量。

第二节　社会保障制度

一、社会保障制度的含义

社会保障制度的原意是维护社会安全，是由政府专门管理机构根据国家社会保障法和其他有关法律所实施的一系列公共措施，并为由于各种原因造成短期、长期或永久性的中断生计的社会公民提供实物救济、资金资助或生活服务，以保证维持其一定水平的社会生活保障的各项制度的总和。现代市场经济关于社会保障的定义，已经突破了社会保障仅仅是关于扶贫济困的范畴，强调社会保障的社会公平内涵。现代社会保障制度以国家社会保障法律为依据，以政府社会保障政策为指导，以适合社会生产力发展状况为基础，以社会公平为原则，以社会保障网的构建为平台，以保障全体公民生活和社会安全为目的。社会保障制度是现代市场经济运行的必要条件。

社会保障制度产生于19世纪80年代的西方实行市场经济体制的国家。二战之后，按照联合国的规定，社会保障制度由社会保险和社会服务两大部分组成。1948年12月10日通过的《世界人权宣言》第二十二条规定，“每个人，作为社会的一员，有权享受社会保障，并有权享受他的个人尊严和人格的自由发展所必需的经济、社会和文化方面的各种权利”。第二十三条规定，“每一个工作的人，有权享受公正和合适的报酬，保证使他本人和家属有一个符合人的生活条件，必要时并辅以其他方式的社会保障”。第二十五条规定，“人人有权享受为维持他本人和家人的健康和福利所需的生活水准，包括食物、衣着、住房、医疗和必要的社会服务，在遭到失业、疾病、残废、守寡、衰老或在其他不能控制的情况下丧失谋生能力时，有权享受保障”。① 中华人民共和国成立后，从20世纪50年代开始实行一定范围的社会保障制度，即在城镇国有单位和集体单位，以及农村“五保户”等特殊困难群体中，实行一定范围的基本生活、医疗等保障，而且这种一定范围的基本保障的基础比较薄弱，涵盖面也较窄，保障的水平较低，城镇非国有单位的职工、城镇一般居民和人口众多的农民并未被纳入这种保障范围之内。改革开放之后，中国从20世纪90年代开始实行社会保障制度改革，由点到面逐步推开，通过建立与完善社会主义市场经济体制，中国社会保障制度获得了前所未有的发展。到目前为止，全国已经建立了以省级统筹为主的社会保障制度，社会保障基金稳步发展，并逐步把广大农民和农民工纳入社会保障范围，以社会公平和社会安全为核心的社会保障体系基本确立起来。

理论界把社会保障制度概括为由国家和社会组织对特定社会群体成员在生、老、病、死、伤、残、丧失劳动能力或因自然灾害面临生活困难时给予的物质帮助，以此保障每个社会公民的基本生活需要和维持劳动力再生产而建立的一种保障制度。② 这是关于社会保

---

① 联合国人权委员会．世界人权宣言．成都：四川人民出版社，1999：50.

② 何炼成．社会主义市场经济学．西安：西北大学出版社，1993：311.

障的比较传统的理论认识，还以特殊社会群体保障为重点，以公民基本生活需要保障为目标，显然，这种理论认识是对以保障公民基本生存需要为重点的较低层次的社会保障的反映。较高层次的社会保障不仅保障特定群体公民的基本生存需要，而且保障全体公民对社会安全和社会公平的需要，关注全体公民的社会保障制度的完善和保障水平的提高，关注通过社会保障促进社会安定、和谐、发展，社会安全和社会公平是社会保障制度的核心。

社会保障制度以政府或政府授权的社会保障基金组织为主体，依据国家社会保障法、其他相关法律法规和社会保障政策，通过社会保障基金的运作和风险评估，对社会公民的生活权利和发展权利给予特定内涵的基本保障，以调节社会群体或阶层的利益关系，促进社会和谐、维护社会稳定、保障社会公平。这具体表现为：

(1) 社会保障制度的主体是政府或政府依法授权的社会保障基金管理机构等组织。

对社会公民实行生活安全保障，必须借助政府和社会的力量，而社会保障基金的筹集和管理的责任主体只能由政府或政府依法授权的社会保障基金管理机构等组织承担。任何个人或部门都无法独立承担社会保障的角色，只能是政府或政府依法授权的社会保障基金管理机构等组织。

(2) 社会保障制度的基础是一定时期的经济发展状况、水平。

根据经济发展状况、水平，通过国家财政预算、企业缴纳和个人账户等筹集方式，形成社会保障基金。社会保障基金是社会财富分配的一种特殊形式，属于社会分配范畴，体现特定时期的经济社会发展及其社会分配关系，是社会生产方式发展和经济生活市场化的必然要求。

(3) 社会保障制度由国家立法予以保护。

通过国家立法建立社会保障制度，使社会保障成为国家和社会的一种使命、责任和制度。根据国情和社会生产力的发展水平及要求，以国家立法形式发展社会保障制度，推进社会保障事业，形成社会保障机制，这是建立与完善社会主义市场经济体制的需要，是社会发展和进步的必然结果。

(4) 社会保障制度的对象是全体社会公民。

政府或政府授权的社会保障组织，例如，社会保障基金管理机构等，有责任、义务通过建立与完善社会保障基金制度，构建稳固的社会保障体系，使社会公民普遍具有安全感、快乐感、幸福感和公平感。

(5) 社会保障制度的目的是建立以社会化为标志的生活安全网和社会公平机制。

通过建立社会保障制度，消除因自然灾害或社会波动而引发的各种不安全因素，有效解决因市场自发调节所产生的种种社会利益矛盾、社会差距、社会不公平等问题，保障社会生活稳定与和谐发展。

二、社会保障制度的构成

社会保障制度是一个相互联结的多层次制度体系，构成十分广泛的制度内容。社会保险制度是社会保障制度最基本的制度体系，特指国家以法律形式，对社会公民，特别是对失去就业机会以及暂时丧失或永久丧失劳动能力的社会公民，按照权利与义务对等的原则，实行确保其基本生活需要的一项社会保障制度，包括劳动保险、失业保险、医疗保险、养老保险等制度。目前，中国实行城镇职工基本养老保险（职保）、新型农村社会养老保险（新农保）和城镇居民社会养老保险（城居保）三类养老保险制度。在理论上，社会保险与金融保险是两个既严格区分又紧密联系的概念。二者的严格区分表现为：（1）立法范畴不同。社会保险是以国家立法形式确立的，具有强制性，金融保险是依据契约自由原则建立的，随意性较大。（2）基本属性不同。社会保险是按照权利与义务在经济上的对等原则确立的，属于社会福利性质，金融保险则是以营利为目的的商业活动行为，具有社会生产性质。（3）资金来源不同。社会保险资金来自按比例缴纳的公民个人的资金、企业的资金和政府财政补贴，金融保险资金全部由投保人承担。（4）对象和作用不同。社会保险的对象是全体社会公民，保障每个社会公民生病、伤残、失业时的基本生活需要，金融保险的对象是投保人，投保人根据生活的不同阶段及其财产、身体等状况酌情投保，以期望在将来发生意外时获得一定的经济补偿。二者的相互联系表现为：社会保险和金融保险均具有社会安全保障的属性和作用，金融保险应是社会保险的必要补充。

社会福利制度是社会保障制度高层次的制度体现，可划分为狭义的社会福利制度和广义的社会福利制度。狭义的社会福利制度是政府对各种失去生活保障的残疾公民或非残疾公民实行救济的保障制度，例如，政府对盲、聋、哑、残和鳏寡孤独者的生活保障等。广义的社会福利制度是政府和社会为改善和提高社会公民的物质文化生活质量、水平所提供的各种福利项目、福利设施和社会服务等的制度统称，例如，政府大力推进城乡经济社会一体化发展、加大基础设施建设、提供社区便民服务、改善落后生活条件、提高科教文卫发展水平等的制度保障体系。社会福利制度的特点在于社会公民所享受的各种福利不是直接从个人劳动报酬中获得的，而是通过有组织的经济增长和社会发展等途径获得的，例如，政府保护自然生态环境、构建和谐社会环境、提供各种公共福利设施等。不同的社会福利制度体现了一个国家一定时期社会生产力的发展水平和公共服务体系的完善程度。这主要包括：以全体社会公民为对象的公共福利制度，例如，社会公共福利设施和公共服务体系等；以特定群体公民为对象的准公共福利制度，例如，特定群体的各种特定的福利补贴等；以社会特定困难公民为对象的特殊福利制度，例如，对孤、老、幼、残等特殊社会成员的特殊福利制度；等等。可见，广义的社会福利制度是中国社会保障制度建设的重点，对建立稳固的社会安全网和社会公平机制具有重要意义。

社会救济制度是社会保障制度低层次的制度体现，特指对遭受自然灾害和其他不幸事故的受害公民，以及不是由主观因素引起的生活在贫困线以下的困难群体，提供物质帮助的制度体系。中国的社会救济制度包含两种形式：一种是对长期无法解决生活困难的社会公民的定期救济制度；另一种是对受到意外灾害的社会公民的临时救济制度。目前，对贫困线的界定，各国或地区都有所不同，联合国的界定所依据的是恩格尔系数，即：以家庭为单位，用于食物的开支在家庭收入中的比重占59%以上的家庭，为绝对贫困；占50%～59%的，为勉强度日；占40%～50%的，为小康水平；占20%～40%的，为富裕；占20%以下的，为极富。[①] 中国对贫困线的界定方法，一种是以全国划定老、少、边、穷等不发达地区的界限为标准，一种是收入不足以维持家庭最低生计的为贫困户。建立社会救济制度仍然是一项长期而繁重的任务，据国家统计局数据，截至2017年年底中国还有

① 何炼成. 社会主义市场经济学. 西安：西北大学出版社，1993：315.

3 000 多万贫困人口需要救助和帮助，需要建立稳定的社会救济保障机制。这种社会救济制度与以往的不同之处在于，应从科技扶贫、教育扶贫着手，使受救济者能够自食其力，能够通过自身的劳动改善和提高生活质量、水平，推进社会救济制度的可持续发展。

社会优抚制度是社会保障制度的一种特殊的保障方式，是政府和社会对优抚对象实行优待、抚恤和其他物质照顾、精神慰藉的社会保障制度。例如，政府和社会对军烈属、复退军人，以及生活贫困的劳动模范、见义勇为英雄等，实行社会主义的优抚制度，旨在保障其基本生活和从事其他社会活动。尽管社会优抚制度在世界不同国家的社会制度下具有极大的差异性，但是其共同特点都表现为对特定优抚群体的社会补偿性、救济性、保险性和福利性。社会优抚制度所保障的对象，也是社会救济制度和社会福利制度保障的对象，在社会主义市场经济条件下，社会优抚制度要与其他保障制度相结合，逐步向社会福利制度建设方面转变，使这部分社会群体逐渐摆脱对优抚制度的依赖，像其他社会公民一样，通过自身劳动，享有社会安全和社会公平。

三、社会保障制度的功能

依据社会保障制度理论，社会保障制度具有如下四大功能：

1. 社会稳定功能

社会保障制度具有较强的社会稳定功能，建立以社会化为标志的社会安全网和社会公平机制，可保障全体社会公民的社会生活安全和公平参与社会活动，及时消除各种不安全因素，保持社会和谐稳定。其较强的社会稳定功能主要是通过完善的社会保障基金制度及其运作实现的，可使社会特定失业群体在一定时期内得到补偿，使由种种原因造成劳动能力丧失和生活困难的公民及时得到救助、帮助。这样就可以相对地缓解种种社会矛盾，减弱社会震动频率，发挥“稳定器”“减震器”的功能。

2. 促进发展功能

经济社会的发展本质上取决于财富积累的数量和社会公民的素质这两个基本因素。社会保障制度对于社会公民素质的提高发挥着重要的作用，社会医疗保健事业的发展、社会生活服务设施的改善、人民生活水平的提高可以使社会公民的平均寿命和劳动年限得到延长，从而大大提高社会公民的身体素质并相对增加劳动总量和财富总量。社会公民患病有医疗保障、失业有救济保障、丧失劳动能力有生活保障，可以使其安全地和公平地参与经济社会活动，从而有利于不断提高社会公民的素质，提高社会生产力发展水平。社会保障水平的提高可以使社会公民的发病率降低和患病时间缩短，从而节约了用于医疗保健方面的资源，并且把节约了的资源转化为资本积累。社会保障制度是一种特定方式的生产力及人力资本投资，能积极地促进经济社会发展。

社会保障制度对于社会财富积累的增长也发挥着重要作用，主要表现为：依据有关法律法规，社会保障基金通过实业投资、储蓄投资和证券投资等形式，可直接转化为生产性基金、积累性基金、消费性基金等形式，实现社会保障基金的价值增值。通过社会保障基金的运作及价值增值的配置，也可以使消费基金转化为各种投融资基金，促进经济社会又好又快地发展。

3. 实现经济调节功能

社会保障的本质在于调节社会分配关系，可以通过调节社会分配关系引导各种经济和社会活动，不仅能够调节总供给和总需求的相对平衡，而且能够解决总供给和总需求不平衡的矛盾及其深层次问题。发挥调整经济结构、转变经济发展方式的功能，调节功能的直接性和广泛性直接刺激了个人消费需求的提高和公共需求的扩大。调节功能具有自动性和稳定性。在经济社会发展繁荣之时，社会保障支出可相对减少，社会收入就会相应增加；在经济社会发展衰退之时，社会保障支出可相对增加，社会收入就会相应减少。通过调节社会需求而实现经济调节的功能，具有重要的作用、意义。

4. 提高经济素质功能

社会保障制度有助于提高社会经济素质，突出表现为：对无收入和低收入的社会公民实行社会保障，使之能够共享经济发展的利益、成果。社会公民生活水平的普遍改善和提高，社会福利的增长和状况的改善，恰是经济发展素质提高的表现。服务性、福利性保障事业的发展、增长，有利于社会公民素质的进一步提高，从而为经济素质的提高与增长注入巨大的动力。有利于社会应对突发事件的自我调节能力的提高，这种自我调节能力典型地表现为经济素质的提高与增长，以及运行过程的持续稳定和巨大发展潜力。有利于公民的团队意识和集体主义精神的培养，以及凝聚力和向心力的提高。这种团队意识和集体主义精神及其凝聚力和向心力，同样是经济素质提高与增长的内在源泉和动力，直接通过社会保障的积极作用得到充分发挥和体现。

四、社会保障制度的改革

中国改革开放之前的社会保障制度主要包括社会救济、社会保险、社会福利和社会优抚等四个基本方面。中华人民共和国建立之初，以四个基本方面为基础，初步形成国家机关、行政事业单位、国有企业和城镇集体企业等各自独立的社会保障体系，即国有单位或集体单位职工就业、福利、保障三位一体，国家或企业统包的社会保障体制，是一种典型的低水平社会保障制度。但它对于保障劳动者的基本生活、促进社会安定、推动社会主义经济建设的发展，发挥了重要作用，应予以充分肯定。

由于这种社会保障制度与计划体制相适应，因而其与市场经济要求的社会保障制度具有根本不同的特征。这主要表现为：

(1) 国家统包、就业和福利高度合一的社会保障制度。

社会公民一旦就业，根据其就业的部门或行业所属性质，例如政府部门、国有企业和事业单位等，可享受国家规定的各种低水平的社会福利和保障待遇，衣、食、住、行、生、老、病、死全部由国家或企业、事业单位承担。

(2) 社会保障机构多样化。

财政、民政、劳动、人事和各级工会组织等部门，都参与管理社会保障业务，缺乏集中管理和安排的统一、高效的社会保障管理体制。

(3) 社会保障体系分散化和等级化。

由于公民就业的部门或行业所属性质不同，形成了各自独立的具有等级的保障体系，由此造成社会保障体系中受益者在待遇上的显著差别，并逐步演化为等级化的社会保障壁垒。

(4) 社会保障制度企业化、集体化。

社会保障制度的基础是国有企业和集体经济组织，社会保障经费主要由国有企业和集体经济组织承担，社会保障功能以企业所有制性质和经济实力为基础，造成不可避免的社会保障经费负担的不平衡。

（5）农村社会保障制度的低层次化。

改革开放之前的中国社会保障制度基本上以城市居民为重点，农村社会保障制度的基础十分薄弱，必然是低层次、低水平的社会保障，即农村社会保障项目不健全，覆盖面狭窄，只限于贫困救济层面，社会化程度低，大多数农民甚至没有任何保障，因此，难以发挥农村社会保障制度应有的功能。

改革社会保障制度，即改革低层次、低水平的社会保障体制，在经济不断发展的基础上建立与社会主义市场经济相适应的较高层次、水平的社会保障体制。

改革社会保障制度是建立与完善社会主义市场经济体制的必要条件。社会保障制度的重建、创新，社会保障及其功能的充分发挥，成为能否建立与完善社会主义市场经济体制的必要条件、因素。社会主义市场经济运行中的一系列深层次问题，例如，国有企业改革，事业单位改革，企业破产、兼并或重组，企业下岗职工再就业，大量农民工就业和创业，大学生就业和创业，困难群体最低生活保障等，都只有通过社会保障体制改革，建立覆盖城乡的比较完善的社会保障体系，才能得到根本解决。

改革社会保障制度是实现市场基础性调节的基本配应环节。实践证明，仅仅依靠市场基础性调节必然会带来难以预料的一系列社会矛盾、问题，例如，经济危机问题、企业破产问题、企业重组问题、失业问题、贫困人口问题、社会公平问题、公共资源生产和分配问题、生态环境恶化问题等。这些矛盾、问题仅靠市场经济是无法解决的，反而会加剧、扩大这些矛盾、问题，造成经济社会成本增加和资源、环境的破坏和浪费，导致经济社会发展停滞或倒退，例如，生态环境的破坏及其引发的一系列经济社会后果、难题等。因此，必须通过改革社会保障体制，建立覆盖全社会的社会保障体系，形成坚固的社会保障网或安全网，才能有效地缓解这些矛盾、问题，乃至根本解决这些矛盾、问题，弥补市场基础性调节造成的负效应，其地位日益显著、重要。改革社会保障体制成为市场基础性调节过程中的基本配应环节。

改革社会保障制度是推进政府宏观调控的相关因素、手段。政府宏观调控即是对宏观经济变量予以调节、控制，进而影响和制约市场运行变量及其变化，间接地引导、调控经济运行过程、速度、质量和效益，以实现特定时期的经济社会发展任务、目标。其中，制定相应的社会保障法律、法规，构建规范的社会保障制度，实施特定的社会保障方针、政策，采取必要的社会保障措施等，就是把社会保障体制视为政府宏观调控的相关因素、手段，通过启动和运用社会保障的安全网功能，实现既定的宏观调控任务、目标。可见，改革社会保障体制、建立和完善社会保障体系、发挥社会保障的特殊功能，可为政府宏观调控手段体系的日益健全、完善，为政府宏观调控的有效性、科学性奠定基础，为社会主义市场经济构建体制要件提供有效的制度支持。

改革社会保障制度，建立社会保障体系，是形成国民收入分配体制的主要渠道。市场经济客观上要求国民收入分配体制多元化，既有中央财政预算及其再分配，又有市场主体自身的积累及其再生产、再分配，也有灵活的市场价格、工资、利率的调整及其再分配，从而形成国民收入分配体制的社会化、市场化。其中，国民收入分配体制的每一个层面，特别是在基本生活来源及保障的一系列问题上，例如，困难群体的最低生活保障，公民的基本生活需求和保障，对市场价格、工资、利率调整的巨大支撑等，都是通过社会保障体制改革及多种保障形式实现的。社会保障制度作为国民收入分配体制形成的主要渠道，是市场经济的客观要求，对于缓解经济社会发展过程中的各种矛盾及压力、稳定和谐的社会生活关系、充分发挥国民收入分配和再分配的杠杆作用，具有突出的作用，并且将日益显示出其关键性和重要性。改革社会保障体制也是关系国计民生的最基本条件。关系国计民生的基本问题是社会公民的基本生存和发展问题。依据马克思主义的观点，基本生存问题是基础、前提，基本发展问题是目标、动力，没有基本的生存，便无从谈论发展，而离开发展，基本生存就将失去意义。基本生存问题和发展问题始终是辩证的、统一的。

改革社会保障体制，即为关于建立和健全社会公民的基本生存及发展的保障问题，特别是处于困境中的社会公民的基本生存和发展的保障问题。这种规范性极细、政策性极强、法制性极严的社会保障体制，可在一定时期的社会生产力发展状况、水平的基础上，确保全体公民分享社会保障成果，推进经济社会的进步与发展。这就在客观上为国家的发展、民族的兴盛、社会的进步开辟了一条最基本的道路，也为社会主义市场经济创造了最重要的体制条件。

第三节　社会保障体系

一、建立社会保障体系的原则

中国以往的社会保障制度是在计划经济体制条件下产生的，由于经济基础薄弱、保障资金匮乏、保障范围较窄，基本上实行供给制的保障方法，即政府保障经费，企业保障管理，由企业承担社会保障职能。这种社会保障制度已不适应社会主义市场经济发展的要求，改革以往的社会保障制度、建立适应社会主义市场经济要求的社会保障体系，成为改革与发展的必然选择。

建立与完善社会主义市场经济体制，必然要求改革以往的社会保障制度，确立与社会主义市场经济相适应的社会保障体系，意义重大。首先，改革以往的社会保障制度、构建社会化的以保障民生为基础的社会安全网和社会公平机制，可有力地推进社会主义市场经济体制的建立与完善。其次，改革以往的社会保障制度，建立与社会主义市场经济相适应、相协调的社会保障体系，可为各类市场主体活动创造公平竞争的制度基础和和谐环境。再次，改革以往的社会保障制度，合理调整国家、企业、个人的利益关系，确立三个基本方面比例合理的分担机制，把三个基本方面的利益结合起来，可充分发挥鼓励先进和鞭策后进的保障机制的作用。最后，改革以往的社会保障制度，有利于解决失业保障机制缺乏和社会资源合理配置要求之间的矛盾，解决社会保障程度低和人力资源合理流动要求之间的矛盾，解决人口老龄化压力不断增大和经济发展水平有限之间的矛盾。改革以往的社会保障制度，可克服社会保障制度建立过程中的种种矛盾及问题的制约，探索适应社会主义市场经济发展要求的社会保障之路，从而加快建立社会保障体系的速度。

依据十九大发展战略，“按照兜底线、织密网、建机制的要求，全面建成覆盖全民、城乡统筹、权责清晰、保障适度、可持续的多层次社会保障体系”。“全面实施全民参保计划。完善城镇职工基本养老保险和城乡居民基本养老保险制度，尽快实现养老保险全国统筹。完善统一的城乡居民基本医疗保险制度和大病保险制度”。①

建立多层次的社会保障体系。社会主义市场经济要求社会保障体系多层次化，包括社会保险、社会福利、社会救济、社会优抚、社会互助、个人储蓄积累等。建立多层次的社会保障体系，既是建立社会主义市场经济体制的基本任务，又是深化国有企业改革、转变政府职能、保持社会稳定和促进经济社会持续发展的重要举措。

社会保障水平要与社会生产力发展状况及其各方面的承受能力相适应。必须从社会主义初级阶段的实际状况出发，并与社会生产力发展水平相适应，与社会各方面的承受能力相适应，渐进地推动社会保障体系的建设。社会保障体系应由点到面，通过试点逐步展开，不能急于求成；社会保障体系及项目应由少到多，精心操作，逐项落实，稳步增长，不能随心所欲；社会保障体系及标准应由低到高、循序渐进、重点推进，不能主观想象。只有如此，才能逐步构建具有中国特色的反映市场经济要求的社会保障体系。

坚持社会保障的权利与义务、效率与公平的相互统一。要充分发挥经济与社会的双重功能：一方面满足社会公民最基本的生活需要，以及每个公民应享有的平等的社会保障权利，形成稳定的社会保障机制；另一方面充分发挥社会公民的主动性和创新精神，积极地为社会做贡献、为他人服务，履行应尽的社会责任、义务，形成积极的社会保障创新机制。在权利与义务相统一的基础上，坚持义务先行的原则，在效率与公平相结合的基础上，坚持效率优先的原则，使社会保障体系建立在经济与社会双重功能有机联系、协调发展的基础之上。

按照社会保障体系的不同类型确定保障基金的来源和保障方式。原则上应实行国家、企业或其他组织、个人三方面按比例负担，提倡社会互助、社会统筹和个人账户相结合，建立覆盖城乡的社会保障基金体系。

重点建立与完善社会养老制度体系和失业保险制度体系。强化政府的社会保障统筹功能和服务功能，硬化养老基金和失业保险基金的指标体系，约束企业的缴纳指标，优化企业结构，促进企业发展，提高企业的竞争力。

建立统一的社会保障管理机构，提高社会保障基金的监督管理水平，形成社会保障基金筹集、运营、监管的内部治理机制。社会保障管理机构和社会保障基金的运作要依法分离，社会保障机构主要行使社会保障的行政管理职能，社会保障基金运作要规范化、法制化，防范风险，保持透明度，形成社会保障基金运作的内控机制和外部监督机制。社会保障政策的统一化、一体化，社会保障监管的法制化、制度化，社会保障基金运作的内控化、透明化，成为建立社会保障体系的基本原则。

二、建立和完善社会保障体系

建立和完善社会保障体系，实现社会统筹和个人账户相结合的养老、医疗、失业、救

---

① 习近平. 决胜全面建成小康社会 夺取新时代中国特色社会主义伟大胜利——在中国共产党第十九次全国代表大会上的报告. 新华网，2017-10-27.

济等保障机制，是建立社会主义市场经济体制的重要内容，是顺利推进企业改革和结构调整的必要条件。[1] 应充分认识到，建立和完善社会保障体系，是经济体制改革和政治体制改革相互联结、制约的配套工程，要围绕社会民生、社会安全、社会公平这个保障核心，扎实推进社会保障体系建设，并适应建设具有中国特色社会主义的内在要求。要坚持从国情出发，突出重点，分类指导，因地制宜，稳步发展，保障民生，坚持有利于社会稳定、和谐发展的方针，逐步建立在微观上充满活力、在宏观上平衡协调的社会保障体系。

建立和完善社会养老保险体系。一方面改革由政府、企业统包的传统保障办法，由企业养老保险变为社会养老保险，采取基本养老保险、企业补充养老保险、个人储蓄养老保险相结合的方式；另一方面把社会养老保险的范围逐步扩大到全社会，所有社会公民都依法享有规定的社会养老保障。所有企业，包括外商投资企业和私营企业都必须参加养老保险。扩大养老保险到全社会是社会性质保险的要求。贯彻落实国务院关于社会保障的政策及要求，实现养老保险制度统一并轨，提高省级统筹层次，把行业统筹纳入地方统筹之中，积极组织实施，努力扩大覆盖范围，规范缴费义务，实行养老金社会化发放，提高基金支付能力。加强养老保险基金的监管，将养老保险基金纳入财政专户，实行收支两条线管理，防止基金被挤占挪用，防止违法违规操作行为。

建立和完善就业保障体系。要发挥政府和社会的积极性，保障有劳动能力而未就业的公民在失业期间具有最低水平的收入，以维持基本的生活，并对其进行就业培训，以扩大就业。就业保障体系建设的方向是，积极推进失业保险基金的社会统筹，减轻企业负担和政府财政的巨大压力，促进企业之间的公平竞争。1998 年以来，针对国有企业改革面临的突出困难，及时提出确保企业离退休人员基本养老金和国有企业下岗职工基本生活费按时足额发放的方案，有效地保障了 4 000 万名离退休人员和 2 800 万名国有企业下岗职工的基本生活。以促进再就业为中心，基本实现了下岗职工基本生活保障向失业保险的并轨。截止到 1998 年第二季度，中国已有 400 个城市实行了居民最低生活保障制度，约占城市总数的 2/3，约 225 万名生活贫困的居民得到了救助。截至 2005 年年底，国有企业实有下岗职工已减少到 61 万人，其中在再就业服务中心的下岗职工都能足额领到基本生活费并为其代缴了社会保险费。两个目标的实现缓解了国企改革和经济结构调整带来的社会震荡，有效化解了社会矛盾，有力地促进了体制转轨和国企改革的顺利进行。[2]

建立和完善医疗保障体系。深化医疗卫生体制改革，实行政府、企业和个人三方面分担医疗费用的原则，缓解政府财政和企业承受的压力，合理划定个人负担的比例，可将职工的部分医疗费用转化为工资。

大力发展社区服务。社区服务是社会保障领域的新增长点，客观上要求大力发展，逐步提高和完善。提高社会化管理服务水平，是减轻企业的社会事务负担，为参保人员提供优质高效服务的一项重要工作。2002 年以来，中国大力推进社会保险社会化管理服务建设，到 2005 年年底，三分之二的企业退休人员被纳入了社区管理。同时，城市街道社区劳动保障工作平台普遍建立，社会化管理服务取得突破性进展，社会保障服务职能延伸到

① 中共中央文献研究室．江泽民论有中国特色社会主义（专题摘编）．北京：中央文献出版社，2002：87．

② 田成平．加快推进社会保障体系建设．经济日报，2006-05-29．

基层。加强劳动保障信息系统工程（金保工程）的建设，为提升管理服务水平创造了条件。①

建立和完善优抚制度。包括制定优抚法律、法规，规范优抚制度；保障优抚对象生活，保护优抚对象权益；发挥政府的主导性，调动社会公民的积极性，推进优抚制度法制化、透明化。

对社会保障基金实施规范的监督管理。社会保障基金是社会保障体系的基石，建立社会保障基金监督管理机制，对社会保障基金运作进行风险评估并依法监督管理，防止社会保障基金被违规乱用、挪用、占用，有力推进社会保障体系的建立、完善和发展。2000—2005 年，社会保障基金的筹集和监管机制基本形成，中央财政养老保险补助资金达到 2 200 多亿元，积累了 2 000 多亿元的全国社会保障基金。同时，进一步强化基金监管工作，完善基金管理和监督的法规，严防挤占、挪用基金，研究探索基金的投资运营和保值增值，有效维护了基金安全。②

建立和健全农村社会保障体系是一项更为艰巨的历史任务。在计划经济体制下，中国农村长期处于落后的状态，农村人口多，居住分散，交通闭塞，文化落后，致使农村社会保障体系及其制度远远落后于城市，不适应农业发展和农村建设的客观要求。因此，建立和健全农村社会保障体系，必须坚持区别对待、形式多样、标准有别、速度不同的方针，由局部到整体、由低标准到高标准，逐步地建立与完善。

努力促进农村社会保障社会化。在农村发展和农民增收的基础上，要制定相应的农村社会保障政策，采取有效措施，广泛、深入宣传，转变农村的社会保障观念，群策群力，发挥各方面的积极性和创造性，使农村社会保障体系的组织管理、基金筹集、保障对象、服务活动等逐步社会化。不断强化农民的自我保障意识，积极缴纳自我保障基金，使保障对象扩散到全部农村人口。

努力解决农村集体经济对社会保障基金的扶助问题，政府应为农村社会保障基金增值提供政策性保护。因地制宜，制定政策，从集体经济收入中逐年计提相应比例的保障基金，确保保障基金到位。对保障基金的管理与使用要分开，建立制度化的监督机制，促进农业发展和农村进步。

加快推进农民医疗保险和养老保险制度建设，并纳入城乡一体化发展的统筹范围。政府、集体经济组织和农民按比例缴纳费用，合力组建农民医疗保险和养老保险基金，以此突破农村社会保障制度建设的瓶颈，为农村社会保障体系建设奠定基础。

建立强有力的农村社会保障组织管理体系。应根据农村的实际发展状况、特点和需要，切实落实农村社会保障规划，建立组织管理体系，发挥农民代表对社会保障基金的民主监督、管理作用，推进管理机构的职能健全化、公开化、社会化。目前，以农村最低生活保障制度、新型农村合作医疗制度、农村医疗救助制度、农村五保供养制度、自然灾害生活救助制度为主要内容的农村社会保障体系初步形成，被征地农民、农民工的社会保障工作取得了长足进展，开展农村养老保险试点，初步保障农民的基本生活。目前，中国农村社会保障体系正在逐步建立和完善之中，主要体现在：

---

①② 田成平．加快推进社会保障体系建设．经济日报，2006-05-29.

（1）农村最低生活保障制度基本建立。

20世纪90年代中期的试点工作后，中国逐步在有条件的地区推广农村最低生活保障制度，这项制度是对传统农村社会救济的创新。2007年，国务院印发了《国务院关于在全国建立农村最低生活保障制度的通知》，加快了这项制度的建设步伐。目前已全面覆盖有农业人口的县（市、区），正在向应保尽保迈进。截至2008年年底，已将4 284.3万人纳入农村低保，还有63.2万农村人口享受传统的农村社会救济，686.5万人次享受农村临时生活救助。

（2）新型农村合作医疗制度全面建立。

个人缴费、集体补助、政府资助相结合的新型农村合作医疗制度，于2003年开始试点和推广，到2008年年底已全面覆盖有农业人口的县（市、区），参合农民达8.15亿人，参合率为91.5%，提前两年完成任务。

（3）探索建立农村养老保险制度。

中国从20世纪90年代开始农村养老保险试点，后因客观条件制约而停顿。近年来，随着经济和社会发展水平的提高，开始探索不同形式的农村养老保险制度。目前，按照建立个人缴费、集体补助、政府补贴相结合的新型农村社会养老保险制度的要求，研究推进新型农村社会养老保险制度建设。

（4）农村救灾能力不断提高。

近年来，随着救灾应急响应、灾民生活救助、灾后恢复重建、备灾减灾、社会动员等机制的逐步建立和完善，农村救灾能力不断提高。2008年紧急转移安置灾民2 682.2万人，救济灾民8 000多万人次。

（5）农村社会福利事业逐步发展。

20世纪50—60年代，相继建设了以集中供养农村孤老对象为主的敬老院，还兴建了集中供养在乡老复退军人的光荣院。近年来，积极引导社会力量举办农村社会养老机构，农村社会福利事业逐步发展壮大。截至2008年年底，建有全国农村敬老院29 452个，收养孤老、孤残、孤儿158.1万人；建有光荣院1 336个，收养4万人。

（6）农村“五保”供养制度继续完善。

20世纪50年代，中国开始建立以保吃、保穿、保住、保医、保葬为基本内容的农村“五保”供养制度，这是新中国第一项农村社会保障制度。改革开放以来，农村“五保”供养制度不断完善。2006年修订的《农村五保供养工作条例》实现了从农民互助共济向以政府财政保障为主的重大转变。2008年年底，全国农村“五保”对象有543.4万人，基本实现了应保尽保。

（7）农村医疗救助制度建设顺利推进。

自2003年年底推行以来，目前已全面覆盖有农业人口的县（市、区）。自农村医疗救助制度建立以来，累计直接救助2 024.1万人次，累计资助9 458.3万人参加新型农村合作医疗。

（8）被征地农民社会保障工作扎实推进。

进一步规范了被征地农民社会保障的对象范围、资金来源和待遇水平，实行了社会保障资金不落实不得批准征地、同地同价和先保后征的措施。截至2008年年底，有1 300多万名被征地农民得到了不同形式的社会保障。

（9）农民工社会保障工作取得长足进展。

截至2009年，中国农民工总数约为2.3亿人，其中在城市就业的约为1.4亿人，与用人单位有劳动关系的约为7 000万人。全国有2 400多万名农民工参加了城镇企业职工基本养老保险，4 200多万名农民工参加了城镇基本医疗保险，4 900多万名农民工参加了工伤保险，1 500多万名农民工参加了失业保险。据统计，2003—2008年，中央财政共安排新型农村合作医疗补助资金416亿元，农村医疗救助资金66.6亿元，自然灾害生活救助资金745亿元。2007年，中央财政安排30亿元补助资金支持财政困难地区建立农村最低生活保障制度；2008年，中央财政补助规模增加到93.6亿元，并在计算农村税费改革转移支付时考虑了“五保”供养这一因素，帮助地方解决“五保”人员供养资金来源问题。①

创造良好的社会保障环境。建立权威的社会保障统一协调机构，统一政策，协调管理，突出重点，有序推进，为社会保障体系的建立和完善提供组织保证。建立和完善社会保障监督管理制度，把社会保障机构和社会保障基金管理分开，为社会保障体系的建立和完善提供制度保证。加快社会保障立法，为社会保障体系的建立和完善提供法律保证。深化社会保障制度改革，加大社会保障法律、法规和政策调节的力度，为社会保障体系的建立和完善提供机制保证。

健全覆盖城乡居民的社会保障体系，必须坚持“广覆盖、保基本、多层次、可持续”的方针。“广覆盖”，就是把人人享有基本社会保障作为社会保障制度建设的优先目标，并覆盖所有城乡居民。“保基本”，就是充分考虑社会各方面的承受能力，科学确定与经济社会发展相适应的基本保障水平。“多层次”，就是坚持以政府主导的社会保险、社会救助、社会福利为基础，以城乡居民基本养老、基本医疗、最低生活保障为重点，以慈善事业、商业保险为补充，构建多层次社会保障体系。“可持续”，主要是着眼长远，统筹协调，探索建立社会保障体系的长效机制，促进社会保障事业长期、稳定、可持续发展。

目前，中国社会保障体系还很不完善，城乡社会保障体系的发展还很不平衡，农村社会保障体系的发展明显滞后，存在基本保障制度覆盖面较窄、保障水平低、法律不健全、执法不到位等一系列亟待解决的问题。人口老龄化使老年人的养老、医疗、社会服务等问题更加突出，老龄化提前到来，社会保障体系面临着养老负担重、筹集资金难和医疗费用大等诸多挑战。城镇化进程加速给社会保障带来了新问题，如何适应城镇化建设过程中数亿农村转移劳动力的社会保障需求，是一个重大课题。与此同时，城乡居民医疗保险的可流动性及异地支付费用等问题也比较突出，客观上要求城乡社会保障体系不断细化与完善。

伴随着城镇化的推进，迫切需要加强制度的整合与衔接，加快实现管理服务的一体化。要坚持“广覆盖、保基本、多层次、可持续”的基本方针，以增强公平性、适应流动性、保证可持续性为重点，更加注重保障公平，注重统筹城乡发展，注重优质高效服务，注重可持续发展，加快建立健全覆盖城乡的社会保障体系。“十三五”时期，中国将全面推进社会保障制度改革，实现覆盖城乡居民的社会保障体系全面建成的目标；建

① 李学举. 国务院关于农村社会保障体系建设情况报告. 中国新闻网，2009-04-22.

立统一的城乡居民基本医疗保险制度和经办运行机制，基本医疗保险参保率稳定在95%以上。

三、建立和完善社会保障体系的意义

建立和完善社会保障体系，有利于进一步解放和发展生产力，有利于社会主义市场经济体制的建立和完善。由于社会保障对象的全面性及其特有的全覆盖功能，可为保障民生、社会安全和社会公平奠定基础、创造条件，可充分调动各阶层公民群体的积极性和创造性，促进社会生产力的解放与发展，有利于社会主义市场经济体制的建立和完善。

建立和完善社会保障体系，有利于发挥市场配置资源的基础性作用，有利于建立合理的社会分配制度。就实质而言，社会保障体系与资源配置和社会分配密切相关，社会保障体系可补充和完善市场基础性配置资源的不足，提高社会分配的质量，推动社会分配制度的健康发展，反映社会主义的理性诉求，促进社会分配制度的发展和完善。

建立和完善社会保障体系，有利于确保社会和谐稳定发展，有利于人民生活水平的不断改善与提高。社会保障体系构成社会主义市场经济条件下的一道社会安全网、解决社会问题的一种减震器，是社会和谐稳定发展的助推器、不断改善与提高人民生活水平的强动力，其重要性和积极意义不言而喻。

建立和完善社会保障体系，有利于推动经济社会可持续发展。社会保障体系构成社会主义市场经济的基本要素之一，其独特的作用，既是社会稳定的保障机制，又是社会进步的保障机制，是推动经济社会可持续发展的制度基础和基本动力。即社会保障体系对于经济社会可持续发展具有基本保障作用；对于经济社会可持续发展具有系统维护作用；对于经济社会可持续发展具有积极砥砺作用；对于经济社会可持续发展具有重要规范作用。

这种独特的作用有助于促进中国社会保障法的形成。社会保障法的制定及完善已被纳入系统的法制建设轨道，且多方面地体现在社会主义市场经济运行之中，体现在经济社会发展战略之中，体现在社会安全、公平正义和民生保障之中。

要点总结

社会保障及社会保障要素、制度、体系

社会保障要素	基本特征	社会保障制度	基本功能	社会保障体系	基本目标
社会保险	强制性	社会保险制度	社会稳定	养老保险体系	社会养老
社会福利	关照性	社会福利制度	促进发展	就业保障体系	社会统筹
社会救济	初级性	社会救济制度	经济调节	医疗保障体系	体制改革
优抚安置	特殊性	社会优抚制度	提高素质	社区服务体系	提高完善
社会互助	自愿性	社会互助制度	社会和谐	农村社保体系	全部覆盖

关键词

社会保障；社会保障要素；社会保障关系；社会保障制度；社会保险；社会福利；社

会救济；社会优抚；社会保障体制；社会保障体系；养老保险；就业保障；医疗保障；社区服务。

思考题

一、简述社会保障的含义、要素、关系。

二、简述社会保障的制度构成及功能。

三、简述社会保障制度改革的必要性。

四、简述建立社会保障体系的原则。

五、简述建立和完善社会保障体系的意义。

第十章

社会主义市场经济法制论

本章重点：市场主体活动；企业法人活动；企业破产制度；市场经济秩序；规范市场活动程序；保护消费者合法权益；确保产品质量；维护市场运行规则；宏观经济调控；税收征管制度；金融监管制度；市场法制监督。

简要概括：市场经济与市场法制须臾不可分离。市场法制是市场经济产生、运行的总构架基础，决定市场经济及其规则运作的制度机理，是市场经济成为法制经济的基础要件。市场经济要求市场法制与之相联系、相适应，反映市场经济规律，服务市场经济调节，为市场经济提供法制构架和法理依据。市场经济与市场法制相契合，并与中国实际需要、特点融为一体，是社会主义市场经济理论的现实基础和产生功能的内在基因。市场经济是自主经济，要求承认和尊重市场主体的自主性，依法确认市场主体资格，尊重市场主体的产权和自由选择。市场经济是契约经济，契约是市场的法律原型，市场经济最主要的特征就是经济关系的契约化，契约成为经济交往的基本形式。市场经济是竞争经济，需要依法限制各种垄断行为，维护公平、合理的市场竞争。市场经济是平等经济，必须依法确认市场主体之间的平等地位，保障所有市场主体平等地享有权利和履行义务。市场经济是开放经济，既要求建立开放的国内市场，也要求市场的国际化，必须遵循法律规则及其调整手段，必须按照现代法制要求融入世界经济法律体系之中。建立和完善社会主义市场经济法制，在中国一般是从规范各类市场主体活动行为、维护市场经济秩序、完善市场运行规则、实施宏观经济调控、强化市场法制监督等基本法律和法规层面展开的。

第一节　市场主体活动

一、企业法人活动

企业法人是社会主义市场经济的主要主体之一，是市场活动关系、行为、方式的主要参与者。确保企业法人生产经营的自主性及分散决策，就必须以法的形式对企业法人的主体资格、地位、权利、义务、作用和条件等做出明确的规定，依法约束企业法人的市场活动行为，确保经济活动关系的规范性、有序性。

企业法人的组织形式。从性质上区分，企业法人可分为两个基本层面：一个是公有制企业法人，另一个是非公有制企业法人。国有企业和集体企业符合政府规定的资金数额，有组织章程、组织机构和场所，能够独立承担民事责任，经主管机关核准登记，可取得法人资格。"三资"企业具备法人条件的，依法经工商行政管理机关核准登记，可取得中国法人资格。企业法人分立、合并或者其他重要事项的变更，应当向登记机关办理登记并公告，其权利和义务由变更后的法人享有和承担。国有企业法人以国家授予其经营管理的财产承担民事责任，集体企业法人以其集体财产承担民事责任，"三资"企业法人以其所有财产承担民事责任。

从内容上区分，企业法人可分为两种基本组织形式：一是有限责任公司，二是股份有限公司。《中华人民共和国公司法》明确规定，公司法人拥有独立的法人财产，享有法人财产权，是依法在中国境内设立的有限责任公司和股份有限公司。有限责任公司以其认缴的出资额为限对公司承担责任，其股东以认购的股份为限对公司承担责任。有限责任公司变更为股份有限公司或者股份有限公司变更为有限责任公司，应符合《中华人民共和国公司法》规定的有限责任公司或者股份有限公司成立的条件，其变更前的债权、债务由变更后的公司承继。有限责任公司成立后，应向股东签发出资证明书。股东不得抽逃出资。有限责任公司的权力机构是股东会，股东会会议由股东按照出资额比例行使表决权，公司章程另有规定的除外。有限责任公司设董事会和监事会，董事会设董事长 1 人，可以设副董事长。董事任期由公司章程规定，董事任期届满，连选可以连任，但每届任期不得超过 3 年。董事会聘任经理，经理行使生产经营权并对董事会负责，董事会可决定聘任或者解除经理职务。有限责任公司设监事会，股东人数较少或者规模较小的有限责任公司可设 1～2 名监事，不设监事会。监事每届任期为 3 年，任期届满，连选可以连任。

《中华人民共和国公司法》对一人有限责任公司做出了特别规定，其是指只有一个自然人股东或者一个法人股东的有限责任公司。一个自然人只能投资设立一家一人有限责任公司，一人有限责任公司不能投资设立新的一人有限责任公司。一人有限责任公司应在公司登记和营业执照中注明自然人独资或者法人独资。一人有限责任公司不设股东会，应在每一会计年度终了时编制财务会计报告，并经会计师事务所审计。一人有限责任公司的股东不能证明公司财产独立于自己的财产的，应对公司债务承担连带责任。

《中华人民共和国公司法》也对国有独资公司做出了特别规定，其是指国家单独出资、由国务院或者地方人民政府授权本级人民政府国有资产监督管理机构履行出资人职责的有限责任公司。国有独资公司不设股东会，由国有资产监督管理机构行使股东会职权。董事会成员由国有资产监督管理机构委派，其成员中应当有公司职工代表大会选举产生的职工代表。董事会成员任期不得超过 3 年。董事长、副董事长由国有资产监督管理机构从董事会成员中指定，经理由董事会聘任或者解聘，经国有资产监督管理机构同意，董事会成员可以兼任经理。监事会成员由国有资产监督管理机构委派，监事会成员不得少于 5 人，其中由公司职工代表大会选举产生的职工代表的比例不得低于 1/3，监事会主席由国有资产监督管理机构从监事会成员中指定。有限责任公司的股东之间可以相互转让其全部或者部分股权，股东向股东以外的人转让股权，应当经其他股东过半数同意，经股东同意转让的股权，在同等条件下，其他股东有优先购买权。有限责任公司的组织结构灵活、简便，运营规模、水平适度，比较适合中国现阶段经济发展的状况、特点，成为中国企业法人的主要组织形式。

股份有限公司可采取两种设立方式，一是发起人设立方式，二是募集设立方式。发起人设立方式，是指由发起人认购公司应发行的全部股份而设立公司。募集设立方式，是指由发起人认购公司应发行股份的一部分，其余股份向社会公开募集或者向特定对象募集而设立公司。《中华人民共和国公司法》明确规定，采取发起人设立方式的股份有限公司，注册资本为在公司登记机关登记的全体发起人认购的股本总额。在发起人认购的股份缴足前，不得向他人募集股份。采取募集设立方式的股份有限公司，其注册资本为在公司登记机关登记的实收股本总额。法律、行政法规以及国务院决定对股份有限公司注册资本实缴、注册资本最低限额另有规定的，从其规定。

《中华人民共和国公司法》关于上市公司组织机构的特别规定，是指其股票在证券交易所上市交易的股份有限公司。上市公司在一年内购买、出售重大资产或者担保金额超过公司资产总额30%的，应由股东大会做出决议，并经出席会议的股东所持表决权的2/3以上通过。上市公司设独立董事。上市公司董事会会议由过半数的董事出席即可举行，上市公司决议必须经全体董事过半数通过。出席董事会的无关联关系董事人数不足3人的，应将该事项提交上市公司股东大会审议。

对于企业法人股东权益的规定包括：

（1）对股东资产受益权的规定。

公司股东作为出资人按投入公司的资本数额或者持有股份的比例享有资产受益权，有限责任公司的股东按出资比例享受权益，股份有限公司的股东按持有的股份比例享受权益。

（2）对股东重大决策权的规定。

股东通过股东大会决定公司的经营方针和投资计划；审议批准公司的年度财务预算方案、决算方案；审议批准公司的利润分配方案和亏损弥补方案；对公司增加或减少注册资本、公司债券做出决议；对兼并、分立、变更公司形式，解散和清算等事项做出决议及修改公司章程等。股东在股东会或股东大会上按其出资比例或所占份额享有相应的表决权。控股股东依其出资额或者持有股份的比例享有表决权，并对股东会、股东大会的决议产生重大影响。

（3）对选择管理者权利的规定。

股东通过股东大会可选择和罢免董事，决定有关董事的报酬事项；选举和罢免由股东代表出任的监事，决定有关监事的报酬事项；审议批准董事会、监事会的报告；等等。

（4）对股份转让的规定。

股东持有的股份可依法转让，转让股份应在依法设立的证券交易场所或者以国务院规定的其他方式进行。发起人持有本公司股份，自公司成立之日起一年内不得转让。公司公开发行股份前已发行的股份，自公司股票在证券交易所上市交易之日起一年内不得转让。

企业法人权利和义务的规定包括：

（1）企业法人的投资权。

企业法人之间、企业法人与其他企业之间可以相互投资，并以出资额为限对所投资的法人或其他企业承担责任。向其他有限责任公司或股份有限公司投资，除法律另有规定外，不得成为对所投资企业的债务承担连带责任的出资人。

（2）企业法人设立分公司、子公司的权利。

设立分公司，应向公司登记机关申请登记，领取营业执照。分公司不具有法人资格，其民事责任由总公司承担。子公司具有法人资格，依法独立承担民事责任。

（3）企业法人的义务。

企业法人从事生产经营活动，必须遵守职业道德规范，诚实守信，接受政府和公众的监督。必须保护职工的合法权益，加强劳动保护，安全生产。加强公司职工的职业教育和岗位培训，提高职工素质。职工依法组织工会，开展工会活动，并维护职工的合法权益。企业法人还应建立中国共产党的基层组织，开展党的活动。公司股东应遵守法律、行政法规和公司章程，依法行使股东权利，不得滥用股东权利损害公司或者其他股东的利益；不得滥用公司法人独立地位和股东有限责任损害公司债权人的利益。滥用股东权利给公司或者其他股东造成损失的，应依法承担赔偿责任。滥用公司法人独立地位和股东有限责任，逃避债务，严重损害公司债权人利益的，应当对公司债务承担连带责任。

企业法人基本特征的界定。享有由股东投资形成的全部法人财产权，依法享有民事权利，承担民事责任。也就是说，企业法人对法人财产拥有独立的支配权，在财产关系和人身关系中受法律保护，违反合同或者不履行其他民事义务，或者侵害国家、集体和其他公民的财产权、人身权等应承担民事法律责任，以其全部法人财产，自主经营，自负盈亏，照章纳税，对出资者或者股东承担资产保值增值的责任。企业法人可充分自主地行使法律赋予的经营管理等项权利，依据有关法律、法规的规定，及时足额缴纳各项税款，对其生产经营活动及后果享有资产受益权并承担资产保值增值的责任。企业法人是以营利为目的的经济组织。在政府宏观调控下，企业法人依据市场需求自主地组织生产经营活动，提高经济效益和生产力水平。实行法人治理结构。建立和完善权责明晰、管理科学、激励和约束相结合的内部管理体制，明确股东会和股东大会、董事会、监事会等的权利、职责，激发出资者、经营者和公司职员等的积极性，使法人治理结构在内部制衡和外部监督下规范运作。

二、自然人经济活动

自然人经济活动，在中国主要指非法人的个体经济和私营经济的活动，也包括合伙人的经济活动，是中国非公有制经济的比较典型的形式，尤其是私营经济更具有典型意义。个体经济和私营经济是指经国家工商行政管理机关核准注册从事生产经营或者服务活动的个体工商户、家庭承包经营户、合伙人、私营企业主，以及从行政事业单位分离出来的个体的或者私营的经济组织。这里仅突出非法人的个体经济和私营经济两种非公有制经济组织的法律制度问题。

1. 个体工商户、家庭承包经营户和合伙人

个体工商户、家庭承包经营户和合伙人，是中国目前个体经济的主要存在形式，是社会

主义市场经济的主体之一，具体指从事生产经营或者服务的城乡个体劳动者、农村承包经营户等个体经营或者合伙经营的经济组织。《中华人民共和国民法总则》规定，公民在法律允许的范围内，经依法登记，从事工商业经营的，为个体工商户。个体工商户可以起字号。农村集体经济组织的成员，依法取得农村土地承包经营权，从事家庭承包经营的，为农村承包经营户。个体工商户、农村承包经营户的合法权益受法律保护。其债务，属于个人经营的，以个人财产承担；属于家庭经营的，以家庭财产承担。

两个以上公民按照协议，各自提供资金、实物、技术等，合伙经营，共同劳动，为个人合伙的经营活动。合伙人应对出资数额、盈余分配、债务承担、入伙、退伙、合伙终止等订立书面协议。合伙人投入的财产由合伙人统一管理和使用，合伙人经营积累的财产归合伙人共有。合伙人可以起字号，依法经核准登记，在核准登记的经营范围内从事经营。个人合伙的经营活动由合伙人共同决定，合伙人有执行和监督的权利。合伙人可推举负责人，合伙负责人和其他人员的经营活动由全体合伙人承担民事责任。合伙人的债务，由合伙人按照出资比例或者协议的约定，以各自的财产承担清偿责任。

(1) 个体工商户、家庭承包经营户、合伙人的权利和义务。

①财产所有权。

包括财产占有、使用、收益和处置等权利。对其所有财产的控制、管理，既可以自己占有，也可以让别人占有（如家庭成员占有）。个体工商户使用自己的财产从事生产经营取得的财产、利润、存款利息等，属于其合法的权益，可由其自由支配。有权对自己的所有物自由处置，例如，出卖、借出、抵押贷款等。财产所有权受国家法律的保护，法律禁止任何人或者组织侵占、哄抢、破坏或者非法查封、扣押、冻结、没收财产。任何个人或者组织都必须尊重个体工商户的基本权利。

②财产经营权。

依照规定的经营范围从事经营活动，任何组织或者个人不得干预、侵犯，按照生产经营范围的规定，可自主从事相关业务活动。按照法律的规定，有请帮手和带学徒的权利，有在银行开户和申请贷款的权利。

③横向联合权。

有权与其他工商户合伙经营，有权与企业法人和其他经济组织联合经营，可组成产、供、销一体化的经营实体，其合伙、联营的协议受法律保护。

④人身权。

主要包括字号权和荣誉权。经县以上工商行政管理机关依法核准注册之后，拥有刻图章、使用字号和依法转让字号的权利。在服务质量、产品质量、发展创新等方面表现突出，可获得政府或者社会团体的表彰，荣获荣誉称号，并对其荣誉权进行依法保护。

⑤知识产权。

对发明专利权、商标权、著作权等知识产权予以保护，有权要求侵权行为人停止侵权，并依法予以赔偿。

⑥相邻关系权利。

在生产经营过程中，经常与其他工商户、企业、居民、不动产所有人、经营人、使用人、采矿人、承包经营人等使用的土地、房屋相连接而发生相邻关系，并有权要求相邻的不动产所有人、经营人、使用人、承包经营人等提供截水、排水、通风、采光等方便的权利。

⑦起诉、应诉等诉讼权。

在诉讼法律关系中，具有独立的主体地位，当其合法权益被侵害时，有以自己的名义提起行政诉讼、民事诉讼和其他诉讼的权利，国家司法机关、行政机关予以依法保护。

根据权利与义务一致的原则，个体工商户（含家庭承包经营户和合伙人）既享有一定的权利，又必须承担相应的义务。

①正当经营的义务。

按照核定的生产经营范围活动，不得擅自改变经营方式。要文明经营，礼貌待客，诚实服务，接受社会监督。

②依法纳税的义务。

如实申报营业额和所得额，按照国家税法规定缴纳税款，不得弄虚作假，隐匿不报，偷税漏税。

③遵守法律的义务。

遵守国家的有关法律、法规和规章，做到知法守法，依法办事。

④履行合同的义务。

要诚实守信，认真履行合同，承担合同中规定的各项义务。

⑤偿还债务的义务。

因经营亏损、违反合同规定或者侵犯他人权利等，必须支付债款、违约金、赔偿费用的，应积极偿还。如果拖欠不还，法律具有强制执行的权利，包括冻结和划拨存款，查封和变卖财产等，强制其履行偿还债务的义务。

(2) 个体工商户、家庭承包经营户和合伙人的法律特征。

以本人、家庭或者合伙人的生产资料和本人、家庭成员或者合伙人的劳动从事经营活动。生产资料归劳动者本人、家庭或者合伙人所有，以劳动者本人、家庭成员或者合伙人的劳动为基础，成为个体工商户、家庭承包经营户和合伙人的本质特征。公民个人只有经县以上工商行政管理机关依法核准注册登记，才能成为个体工商户或者合伙经营组织。这一特征使之区别于无照经营者，无照经营者不属于个体工商户或者合伙经营组织的范畴。

个体工商户、家庭承包经营户和合伙人是公民作为民事主体从事民事活动的一种特殊形式，既可以是个人经营，也可以是家庭经营或者合伙人经营。以个人经营为单位，经营者个人除了享有公民权利和履行公民义务之外，还享有作为个体工商户的权利并履行相应的义务。以家庭或者合伙人为经营单位，仍然是以公民个人为主体，同样享有上述两种权利并应履行上述两种义务。个体工商户、家庭承包经营户和合伙人是一种生产经营单位。当个人、家庭或者合伙人作为个体工商户、家庭承包经营户或者合伙人时，此时个人、家庭或者合伙人就不再是一个单纯的消费单位，而成为一种以营利为目的的生产经营或者服务单位。

个体工商户、家庭承包经营户和合伙人不具有法人资格。个体工商户、家庭承包经营户和合伙人的生产经营或者服务收益，扣除向国家缴纳的税金之外，剩余部分归个人、家庭或者合伙人所有，其财产也是个人、家庭成员或者合伙人的财产，未形成独立于个人、家庭或者合伙人之外的财产。同时个体工商户、家庭承包经营户和合伙人没有组织章程、组织系统和组织管理机构，按照中国法律规定不具有法人资格，不成为法人，只对自身债务负无限连带责任。其中，个人经营的，以个人财产偿还；家庭经营的，以家庭财产偿还；合伙人经营的，以合伙人财产偿还。

2. 私营经济

(1) 私营经济组织形式。

私营经济是中国社会主义市场经济的重要主体，成为非公有制经济中比较典型的形式，其发展规模、水平要比个体经济高得多。2018 年 3 月 11 日，第十三届全国人民代表大会第一次会议通过《中华人民共和国宪法修正案》，明确私营经济是中国社会主义市场经济的重要组成部分，确认私营经济的市场主体地位、作用，明确私营经济存在及发展的法律地位，国家保护私营经济等非公有制经济的合法权利和利益，鼓励、支持和引导非公有制经济的发展，并对非公有制经济依法实施监督和管理。

私营经济是指企业资产属于私人所有，雇用工人在 8 人以上的营利性非公有制经济组织形式。可划分为三种类型：

①独资企业。

由一人投资经营的企业。独资企业的投资者对企业债务负无限责任，以投资者个人的全部财产偿还企业的债务。

②合伙企业。

由两人及以上按照协议投资，共同经营和共负盈亏的企业。合伙人对企业债务负无限连带责任，每一个合伙人都要以其个人财产对企业的债务负责，如果其他合伙人不能按约定的比例承担债务，应代其承担责任，之后再向其他合伙人追偿。依照国家法律及国家利益、债权人利益，合伙人对企业债务负无限连带责任，把债权人与多个合伙人的债权债务关系，转变为债权人与一个合伙人的债权债务关系，从而加重了合伙人的债务责任，有利于理顺企业的债权债务关系，推动经济活动的有序发展。

③有限责任公司。

投资者以其出资额为限对公司负责，公司以全部资产为限对其债务承担责任的企业。私营企业均可依法获得民事主体资格，成为经济法律关系的主体，独立从事生产经营活动。其法律基础在于：有限责任公司具有独立的企业财产，不会因某些投资者的变化而引发企业财产的随意变化，每个投资者仅以自己的出资额为限对公司债务负责，而公司以全部资产为限对公司的债务负责。有限责任公司具有较严密的组织结构，个别投资者不会轻易影响公司总的生产经营状况及活动。有限责任公司行使权利完全依照法律规定进行，不允许个别投资者随意干预。依据法律的规定，有限责任公司类型的私营企业具有法人资格，即私营经济类型中只有有限责任公司可以依法取得法人资格，而独资企业和合伙企业则不能取得法人资格。法人是具有民事权利能力和民事行为能力，依法独立享有民事权利和承担民事义务的组织。其构成要件是：依法成立；有必需的财产或经费；有自己的名称、组织机构和经营场所，独立承担民事责任。私营经济中的独资企业和合伙企业，其企业财产和投资者个人财产无法严格区分，没有自己独立的企业财产，财产属于投资者个人，因此不是法人。虽然私营经济的三种类型有自然人和法人之分，但在民事活动中的地位独资企业、合伙企业与有限责任公司是完全平等的。私营经济的法律地位与公有制经济的法律地位是同等的，不能把私营经济中的独资企业、合伙企业与不具备法人条件的不能成为民事主体的经济组织相等同。

（2）私营经济的权利和义务。

根据有关法律法规的规定，私营经济在享有民事权利的同时，必须承担相应的民事义务，同样是权利与义务的一致、统一。

①财产所有权。

私营企业投资者对其财产依法享有所有权和继承权。私营经济的财产所有权最能体现其性质。

②自主经营权。

核准登记的企业名称在规定的范围内享有专用权；在核准登记的范围内具有自主经营决策权；决定企业的机构设置及招工用工权；决定企业的工资制度和利润分配形式；按照价格法的规定，制定企业的产品价格和收费标准；订立合同、申请专利、注册商标、刊登广告等；企业发展基金可用于扩大再生产，向其他企业投资，还贷或者补充亏损，以及经政府税务机关同意的其他用途。

③涉外经济活动权。

按照有关法律规定，私营企业可以同境外企业、外国经济组织或者外商个人建立中外合资经营企业、中外合作经营企业，可以承揽来料加工、来样加工、来件装配、补偿贸易，以及从事对外经济活动中的自主品牌创新等。

④信贷权。

私营企业可以向银行申请贷款，其申贷与公有制经济和其他法人具有同样的权利。私营经济作为社会主义市场经济的重要主体之一，同社会主义经济制度相联系、相统一，必须服从政府的依法引导、监督。包括服从政府有关管理机关的注册登记管理；服从政府税务机关的税收监管；服从政府劳动部门的用工管理；服从政府环境保护部门的监督管理等。

三、企业破产制度

社会主义市场经济是竞争的经济，企业破产则既是市场竞争的必然结果，又是新一轮市场竞争的起点。企业破产是市场配置资源合理化的反映，同时也是建立与完善社会主义市场经济体制的条件。概括起来，这包括以下几个方面：

1. 企业破产界限

企业法人不能清偿到期债务，并且资产不足以清偿全部债务或者明显缺乏清偿能力的，依照《中华人民共和国企业破产法》的规定清理债务。从中国的实际状况出发，规定企业不能清偿到期债务，并且资不抵债，两个条件同时具备才构成破产的原因。参考国外通行的规定，企业法人明显缺乏清偿能力的，构成破产的原因。达到破产界限的企业不一定立即被宣告破产，可依照规定的程序进行重整，以使企业起死回生。

2. 企业破产财产

债务人被宣告破产后，债务人的财产被称为破产财产，人民法院受理破产申请时对债务人享有的债权称为破产债权。破产财产主要包括：有形财产、无形财产、货币和有价证券、投资权益和债权；未成为担保物的财产和已成为担保物的财产；破产申请受理后至破产程序终结前债务人取得的财产。国有企业破产财产的认定应根据其他相关法律和文件的规定办理。例如，破产企业以划拨方式取得的国有土地使用权不属于破产财产，在国有企业破产时，有关人民政府可以收回，并依法处置。纳入国家兼并破产计划的国有企业，其依法取得的国有土地使用权应依据国务院有关文件规定办理。

3. 企业破产程序

企业的破产程序主要包括：

(1) 破产申请的提出和受理。

债务人不能清偿到期债务，债权人可以向人民法院提出对债务人进行重整或者破产清算的申请。企业法人已解散但未清算或者清算完毕，资产不足以清偿债务的，依法负有清算责任的人应当向人民法院申请破产清算。即债权人可以提出重整或者破产清算的申请；债务人可以提出重整、和解或者破产清算的申请；依法负有清算责任的人可以提出破产清算的申请。人民法院受理破产申请的，应当自裁定做出之日起 5 日内送达申请人。债权人提出申请的，人民法院应当自裁定做出之日起 5 日内送达债务人。债务人应当自裁定送达之日起 15 日内，向人民法院提交财产状况说明、债务清册、债权清册、有关财务会计报告以及职工工资的支付和社会保险费用的缴纳情况。人民法院裁定受理破产申请的，应当同时指定管理人。人民法院应当自裁定受理破产申请之日起 25 日内通知已知债权人，并予以公告。人民法院受理破产申请后，债务人对个别债权人的债务清偿无效，有关债务人财产的保全措施应当解除，执行程序应当中止。

(2) 债权人会议。

债权人会议是在破产程序中代表全体债权人共同利益的意思表示机关，由破产债务人的全体债权人组成。依法申报债权的债权人为债权人会议的成员，有权参加债权人会议，享有表决权。债权人可以委托代理人出席债权人会议，行使表决权。代理人出席债权人会议，应当向人民法院或者债权人会议主席提交债权人的授权委托书。债权人会议应当有债务人的职工和工会代表参加。债权人会议的职权是核查债权；申请人民法院更换管理人，审查管理人的费用和报酬；监督管理人；选任和更换债权人委员会成员；决定继续或者停止债务人的营业；通过重整计划；通过和解协议；通过债务人财产的管理方案；通过破产财产的变价方案；通过破产财产的分配方案；人民法院认为应当由债权人会议行使的其他职权。债权人会议的决议由出席会议的有表决权的债权人过半数通过，并且其所代表的债权额占无财产担保债权总额的 1/2 以上。债权人认为债权人会议的决议违反法律规定，损害其利益的，可以自债权人会议做出决议之日起 15 日内，请求人民法院裁定撤销该决议，责令债权人会议依法重新做出决议。债权人会议的决议对于全体债权人均有约束力。

(3) 重整与和解。

债务人或者债权人可以依照《中华人民共和国企业破产法》的规定，直接向人民法院申请对债务人进行重整。债权人申请对债务人进行破产清算的，在人民法院受理破产申请后，宣告债务人破产前，债务人或者出资额占债务人注册资本 1/10 以上的出资人，可以向人民法院申请重整。人民法院经审查认为重整申请符合法律规定的，应当裁定债务人重整，并予以公告。在重整期间，有下列情形之一的，经管理人或者利害关系人请求，人民法院应当裁定终止重整程序，并宣告债务人破产：债务人的经营状况和财产状况继续恶化，缺乏挽救的可能性；债务人有欺诈、恶意减少财产或者其他显著不利于债权人的行为；由于债务人的行为致使管理人无法执行职务。

债务人可以依照《中华人民共和国企业破产法》的规定，直接向人民法院申请和解，也可以在人民法院受理破产申请后和宣告债务人破产前，向人民法院申请和解。人民法院经审查认为和解申请符合《中华人民共和国企业破产法》的规定，应当裁定和解，予以公告，并召集债权人会议讨论和解协议草案。债权人会议通过和解协议的，由人民法院裁定认可、终止和解程序，并予以公告。和解协议草案经债权人会议表决未获得通过，或者已经债权人会议通过的和解协议未获得人民法院认可的，人民法院应当裁定终止和解程序，并宣告债务人破产。经人民法院裁定认可的和解协议，对债务人和全体和解债权人均有约束力。和解债权人对债务人的保证人和其他连带债务人所享有的权利，不受和解协议的影响。因债务人的欺诈或者其他违法行为而成立的和解协议，人民法院应当裁定无效，并宣告债务人破产。债务人不能执行或者不执行和解协议的，人民法院经和解债权人请求，应当裁定终止和解协议的执行，并宣告债务人破产。人民法院裁定终止执行和解协议，和解债权人在和解协议中做出的债权调整的承诺失去效力。人民法院受理破产申请后，债务人与全体债权人就债权债务的处理自行达成协议，可以请求人民法院裁定认可，并终结破产程序。按照和解协议减免的债务，自和解协议执行完毕时起，债务人不再承担清偿责任。

4. 企业破产清算

企业破产清算包括：

（1）破产宣告。

人民法院依照《中华人民共和国企业破产法》的规定，宣告债务人破产的，应当自裁定做出之日起5日内送达债务人和管理人，自裁定做出之日起10日内通知已知债权人，并予以公告。债务人被宣告破产后，称为破产人，债务人财产称为破产财产，人民法院受理破产申请时，对债务人享有的债权称为破产债权。对破产人的特定财产享有担保权的权利人，对该特定财产享有优先受偿的权利。

（2）破产清算。

破产财产在优先清偿破产费用和共益债务后，依照下列顺序清偿：破产人所欠职工的工资和医疗、伤残补助，抚恤费用，所欠的应当划入职工个人账户的基本养老保险、基本医疗保险费用，以及法律、行政法规规定的应当支付给职工的补偿金；破产人欠缴的除前项规定以外的社会保险费用和破产人所欠税款。破产人无财产可供分配时，管理人应当请求人民法院裁定终结破产程序。自破产程序终结之日起10日内，管理人持人民法院终结破产程序的裁定，向破产人的原登记机关办理注销登记，并于注销登记完毕的次日，终止执行职务，但存在诉讼或者仲裁未决情况的除外。破产人的保证人和其他连带债务人，在破产程序终结后，对债权人依照破产清算程序未受清偿的债权，依法继续承担清偿责任。

（3）法律责任。

企业董事、监事或者高级管理人员违反忠实义务、勤勉义务，致使所在企业破产的，依法承担民事责任。债务人违反规定，拒不向人民法院提交或者提交不真实的财产状况说明、债务清册、债权清册、有关财务会计报告、职工工资支付状况和社会保险费用交纳情况的，人民法院可以对直接责任人员依法处以罚款。损害债权人利益的债务人的法定代表人和其他直接责任人员依法承担赔偿责任。管理人给债权人、债务人或者第三人造成损失的，依法承担赔偿责任。违反《中华人民共和国企业破产法》规定构成犯罪的，依法追究刑事责任。

第二节　市场经济秩序

一、规范市场活动程序

建立与完善社会主义市场经济体制，发挥市场配置资源的基础性作用，就必须建立维护市场活动程序的法律规范，确保市场平等竞争和公平竞争，形成规范的市场经济秩序。

1. 合同的订立和效力

《中华人民共和国合同法》规定，合同当事人的法律地位平等，应遵循公平原则和诚实信用原则，依法享有自愿订立合同的权利，一方不得将自己的意志强加给另一方。当事人订立合同，应当具有相应的民事权利能力和民事行为能力，也可委托代理人订立合同。依法成立的合同，对当事人具有法律约束力，受法律保护。订立合同可采用书面形式、口头形式或其他形式。当事人订立合同，采取要约、承诺方式。要约是希望和他人订立合同的意思表示，应符合两个规定，即内容具体确定和要约既可撤回也可撤销。内容具体确定表明经受要约人承诺，要约人即受该意思表示的约束。要约既可撤回也可撤销，但有下列情形之一的不得撤销：要约人确定了承诺期限或者以其他形式表示要约不可撤销；受要约人有理由认为要约是不可撤销的，并已经为履行合同作了准备工作。有下列情形之一的要约失效：拒绝要约的通知到达要约人；要约人依法撤销要约；承诺期限届满，受要约人未做出承诺；受要约人对要约的内容做出实质性变更。承诺应以通知的方式，在要约确定的期限内到达要约人。承诺生效时合同成立。承诺的内容应与要约的内容一致。当事人采用合同书形式订立合同的，自双方当事人签字或盖章时合同成立，当事人采用信件、数据电文等形式订立合同的，可在合同成立之前要求签订确认书，签订确认书时合同成立。当事人在订立合同过程中给对方造成损失的，应当承担损害赔偿责任。

订立劳动合同，应当遵循合法、公平、平等自愿、协商一致、诚实信用原则。依法订立的劳动合同具有约束力，用人单位与劳动者应当履行劳动合同约定的义务。用人单位应当依法建立和完善劳动规章制度，保障劳动者享有劳动权利、履行劳动义务。用人单位自用工之日起即与劳动者建立劳动关系，应当如实告知劳动者工作内容、工作条件、工作地点、职业危害、安全生产状况、劳动报酬，以及劳动者要求了解的其他情况；用人单位有权了解劳动者与劳动合同直接相关的基本情况，劳动者应当如实说明。建立劳动关系，应当订立书面劳动合同。用人单位与劳动者协商一致，既可以订立固定期限劳动合同，也可以订立无固定期限劳动合同，还可以订立以完成一定工作任务为期限的劳动合同。劳动合同期限 3 个月以上不满 1 年的，试用期不得超过 1 个月；1 年以上不满 3 年的，试用期不得超过 2 个月；3 年以上固定期限和无固定期限的劳动合同，试用期不得超过 6 个月。

当事人对合同的效力可以约定附条件和约定附期限。附生效条件的合同，自条件成熟时生效。附解除条件的合同，自条件成熟时失效。附生效期限的合同，自期限届至时生效。附终止期限的合同，自期限届满时失效。限制民事行为能力人订立的合同，经法定代理人追认后，该合同有效。行为人没有代理权、超越代理权或者代理权终止后以被代理人名义订立的合同，未经被代理人追认，对被代理人不发生效力，由行为人承担责任。行为人没有代理权、超越代理权或者代理权终止后以被代理人名义订立合同，相对人有理由相信行为人有代理权的，该代理行为有效。法人或者其他组织的法定代表人、负责人超越权限订立合同，除相对人知道或者应当知道其超越权限的以外，该代表行为有效。无处分权的人处分他人财产，经权利人追认或者无处分权的人订立合同后取得处分权的，该合同有效。有下列情形之一的合同无效：一方以欺诈、胁迫的手段订立合同，损害国家利益；恶意串通，损害国家、集体或者第三人利益；以合法形式掩盖非法目的；损害社会公共利益；违反法律、行政法规的强制性规定。无效的合同或者被撤销的合同自始没有法律约束力。合同部分无效，不影响其他部分效力的，其他部分仍然有效。合同无效、被撤销或者终止的，不影响合同中独立存在的有关解决争议方法的条款的效力。

2. 合同履行、变更和转让

当事人应当遵循诚实信用原则，按照约定全面履行自己的义务，根据合同的性质、目的和交易习惯履行通知、协助、保密等项义务。合同生效后，当事人就质量、价款或报酬、履行地点等内容没有约定或者约定不明确的，可以协议补充。不能达成补充协议的，按照合同有关条款或者交易习惯确定。当事人就有关合同约定不明确，依照有关条款规定仍不能确定的，适用下列规定：质量要求不明确的，按照国家标准、行业标准履行；没有国家标准、行业标准的，按照通常标准或者符合合同目的的特定标准履行。价款或报酬不明确的，按照订立合同时履行地的市场价格履行；依法应当执行政府定价或者政府指导价的，按照规定履行。履行地点不明确，给付货币的，在接受货币一方所在地履行；交付不动产的，在不动产所在地履行；其他标的，在履行义务一方所在地履行。履行期限不明确的，债务人可以随时履行，债权人也可以随时要求履行，但应当给对方必要的准备时间。履行方式不明确的，按照有利于实现合同目的的方式履行。履行费用的负担不明确的，由履行义务的一方负担。当事人约定由债务人向第三人履行债务的，债务人未向第三人履行债务或者履行债务不符合约定的，应当向债权人承担违约责任。当事人约定由第三人向债权人履行债务的，第三人不履行债务或者履行债务不符合约定的，债务人应当向债权人承担违约责任。当事人互负债务，没有先后履行顺序的，应当同时履行。当事人互负债务，有先后履行顺序，先履行一方未履行的，后履行一方有权拒绝其履行要求。先履行一方履行债务不符合约定的，后履行一方有权拒绝其相应的履行要求。债权人分立、合并或者变更住所没有通知债务人，致使履行债务发生困难的，债务人可以终止履行或者将标的物提存。债权人可以拒绝债务人提前履行债务或者部分履行债务，但提前履行或者部分履行不损害债权人利益的除外。合同生效后，当事人不得因姓名、名称的变更或者法定代表人、负责人、承办人的变动而不履行合同义务。

用人单位与劳动者应当按照劳动合同的约定，全面履行各自的义务。用人单位应当按照劳动合同约定和国家规定，向劳动者及时足额地支付劳动报酬。拖欠或者未足额支付劳动报酬的，劳动者可以依法向当地人民法院申请支付令，人民法院应当依法发出支付令。用人单位应当严格执行劳动定额标准，不得强迫或者变相强迫劳动者加班，安排加班的，应当按照国家有关规定向劳动者支付加班费。劳动者拒绝用人单位管理人员违章指挥、强令冒险作业的，不视为违反劳动合同。劳动者对危害生命安全和身体健康的劳动条件，有权对用人单位提出批评、检举和控告。用人单位变更名称、法定代表人、主要负责人或者投资人等事项，不影响劳动合同的履行。用人单位发生合并或者分立等情况，原劳动合同继续有效，劳动合同由承继其权利和义务的用人单位继续履行。当事人协商一致，可以变更合同。当事人对合同变更的内容约定不明确的，推定为未变更。债权人可以将合同的权利全部或者部分转让给第三人，但有下列情形之一的除外：根据合同性质不得转让；按照当事人约定不得转让；依照法律规定不得转让。当事人一方经对方同意，可以将自己在合同中的权利和义务一并转让给第三人。当事人订立合同后合并的，由合并后的法人或者其他组织行使合同权利，履行合同义务。订立合同后分立的，除债权人和债务人另有约定的以外，由分立的法人或者其他组织对合同的权利和义务享有连带债权，承担连带债务。用人单位与劳动者协商一致，可以变更劳动合同约定的内容，变更劳动合同应采用书面形式。

3. 对合同权利、义务终止和违约责任的规定

《中华人民共和国合同法》第九十一条规定，有下列情形之一的，合同的权利义务终止：债务已经按照约定履行；合同解除；债务相互抵销；债务人依法将标的物提存；债权人免除债务；债权、债务同归于一人；法律规定或者当事人约定终止的其他情形。合同的权利、义务终止后，当事人应遵循诚实信用原则，根据交易习惯履行通知、协助、保密等义务。第九十四条规定，有下列情形之一的，当事人可以解除合同：因不可抗力致使不能实现合同目的；在履行期限届满之前，当事人一方明确表示或者以自己的行为表明不履行主要债务；当事人一方迟延履行主要债务，经催告后在合理期限内仍未履行的；当事人一方迟延履行债务或者有其他违约行为致使不能实现合同目的；法律规定的其他情形。法律规定或者当事人约定解除权行使期限，期限届满当事人不行使的，该权利消灭。法律没有规定或者当事人没有约定解除权行使期限，经对方催告后在合理期限内不行使的，该权利消灭。合同解除后，尚未履行的，终止履行；已经履行的，根据履行情况和合同性质，当事人可以要求恢复原状、采取其他补救措施，并有权要求赔偿损失。合同的权利、义务终止，不影响合同中结算和清理条款的效力。债权人免除债务人部分或者全部债务的，合同的权利、义务部分或者全部终止。债权、债务同归于一人的，合同的权利、义务终止，但涉及第三人利益的除外。

《中华人民共和国劳动合同法》规定，用人单位有下列情形之一的，劳动者可以解除劳动合同：未按照劳动合同约定提供劳动保护或者劳动条件的；未及时足额支付劳动报酬的；未依法为劳动者缴纳社会保险费的；用人单位的规章制度违反法律、法规的规定，损害劳动者权益的；因劳动合同法有关规定的情形，致使劳动合同无效的；法律、行政法规规定劳动者可以解除劳动合同的其他情形。劳动者有下列情形之一的，用人单位可以解除劳动合同：在试用期间被证明不符合录用条件的；严重违反用人单位的规章制度的；严重失职，营私舞弊，给用人单位造成重大损害的；劳动者同时与其他用人单位建立劳动关

系，对完成本单位的工作任务造成严重影响，或者经用人单位提出，拒不改正的；因劳动合同法有关规定的情形，致使劳动合同无效的；被依法追究刑事责任的。劳动者患病或者非因工负伤，在规定的医疗期满后不能从事原工作或者用人单位另行安排的工作的；劳动者不能胜任工作，经培训或者调整工作岗位，仍不能胜任工作的；劳动合同订立时所依据的客观情况发生变化，致使劳动合同无法履行，经用人单位与劳动者协商，未能就变更劳动合同内容达成协议的，用人单位在提前 30 日以书面形式通知劳动者本人或者额外支付劳动者 1 个月工资后，可以解除劳动合同。劳动者有如下情形之一的，用人单位不得依照相关规定解除劳动合同：从事接触职业病危害作业的劳动者未进行离岗前职业健康检查，或者疑似职业病病人在诊断或者医学观察期间的；在本单位患职业病或者因公负伤并被确认丧失或者部分丧失劳动能力的；患病或者非因公负伤，在规定的医疗期内的；女职工在孕期、产前、哺乳期的；在本单位连续工作满 15 年，且距法定退休年龄不足 5 年的；法律、行政法规规定的其他情形。在解除或者终止劳动合同时，用人单位应出具解除或者终止劳动合同证明，并在 15 日内为劳动者办理档案和社会保险关系转移手续。

上述有关合同和劳动合同的基本规定，把各类市场活动程序及其市场主体行为规范化，使其合同关系、行为、秩序具有规范的法定权利和义务，从而使市场活动程序建立在法制基础之上，构成社会主义市场经济的法制要件之一。

二、保护消费者合法权益

1. 消费者权利

第一，安全的权利。消费者在购买、使用商品和接受服务时享有人身安全、财产安全不受损害的权利。消费者有权要求经营者提供的商品和服务符合保障人身安全、财产安全的要求。

第二，了解的权利。消费者享有知悉购买、使用的商品或者接受的服务的真实情况的权利。消费者有权根据商品或者服务的不同情况，要求经营者提供商品的价格、产地、生产者、用途、性能、规格等，以及商品的主要成分、生产日期、有效期限、检验合格证明、使用说明书、售后服务，或者服务的内容、规格、费用等有关情况。

第三，选择的权利。消费者享有自主选择商品或者服务的权利。消费者有权自主选择提供商品或者服务的经营者，自主选择商品品种或者服务方式，自主决定购买或者不购买任何一种商品，接受或者不接受任何一项服务，有权对商品或者服务进行比较、鉴别和挑选。

第四，公平交易的权利。消费者在购买商品或者接受服务时，有权获得质量有保障、价格合理、计量正确等公平交易条件，有权拒绝经营者的强制交易行为。

第五，损害赔偿的权利。消费者因购买、使用商品或者接受服务受到人身、财产损害的，享有依法获得赔偿的权利。

第六，成立社会组织的权利。消费者享有依法成立维护自身合法权益的社会组织的权利。

第七，获得相关保护知识的权利。消费者享有获得有关消费和消费者权益保护方面知识的权利。

第八，尊重的权利。消费者在购买、使用商品或者接受服务时，享有其人格尊严和民族风俗习惯受到尊重的权利，享有个人信息依法得到保护的权利。

第九，监督的权利。消费者享有对商品或者服务以及保护消费者权益工作进行监督的权利，有权检举、控告侵害消费者权益的行为和国家机关及其工作人员在保护消费者权益工作中的违法失职行为，有权对保护消费者权益的工作提出批评、建议。

2. 经营者义务

第一，依法履行义务。经营者向消费者提供商品或者服务，应当依照《中华人民共和国消费者权益保护法》和其他有关法律、法规的规定履行义务。

第二，接受监督的义务。经营者应当听取消费者对其提供的商品或者服务的意见，接受消费者的监督。

第三，说明、解释的义务。经营者应当保证其提供的商品或者服务符合保障人身、财产安全的要求。对可能危及人身、财产安全的商品和服务，应当向消费者做出真实的说明和明确的警示，并说明和标明正确使用商品或者接受服务的方法以及防止危害发生的方法。宾馆、商场、餐馆、银行、机场、车站、港口、影剧院等经营场所的经营者，应当对消费者尽到安全保障义务。

第四，报告、告知的义务。经营者发现其提供的商品或者服务存在缺陷，有危及人身、财产安全危险的，应当立即向有关行政部门报告和告知消费者，并采取停止销售、警示、召回、无害化处理、销毁、停止生产或者服务等措施。采取召回措施的，经营者应当承担消费者因商品被召回支出的必要费用。

第五，提供真实信息的义务。经营者向消费者提供有关商品或者服务的质量、性能、用途、有效期限等信息，应当真实、全面，不得作虚假或者引人误解的宣传。经营者对消费者就其提供的商品或者服务的质量和使用方法等问题提出的询问，应当做出真实、明确的答复。经营者提供商品或者服务应当明码标价。

第六，标明名称、标记的义务。经营者应当标明其真实名称和标记。租赁他人柜台或者场地的经营者，应当标明其真实名称和标记。

第七，出具购货凭证、服务单据的义务。经营者提供商品或者服务，应当按照国家有关规定或者商业惯例向消费者出具发票等购货凭证或者服务单据；消费者索要发票等购货凭证或者服务单据的，经营者必须出具。

第八，保证商品和服务质量的义务。经营者应当保证在正常使用商品或者接受服务的情况下其提供的商品或者服务应当具有的质量、性能、用途和有效期限；但消费者在购买该商品或者接受该服务前已经知道其存在瑕疵，且存在该瑕疵不违反法律强制性规定的除外。经营者以广告、产品说明、实物样品或者其他方式表明商品或者服务的质量状况的，应当保证其提供的商品或者服务的实际质量与表明的质量状况相符。经营者提供的机动车、计算机、电视机、电冰箱、空调器、洗衣机等耐用商品或者装饰装修等服务，消费者自接受商品或者服务之日起六个月内发现瑕疵，发生争议的，由经营者承担有关瑕疵的举证责任。

第九，贯彻规定、履行约定的义务。经营者提供的商品或者服务不符合质量要求的，消费者可以依照国家规定、当事人约定退货，或者要求经营者履行更换、修理等义务。没有国家规定和当事人约定的，消费者可以自收到商品之日起七日内退货；七日后符合法定解除合同条件的，消费者可以及时退货，不符合法定解除合同条件的，可以要求经营者履行更换、修理等义务。依照前款规定进行退货、更换、修理的，经营者应当承担运输等必要费用。

第十，接受退货的义务。经营者采用网络、电视、电话、邮购等方式销售商品，消费者有权自收到商品之日起七日内退货，且无须说明理由，但下列商品除外：消费者定做的；鲜活易腐的；在线下载或者消费者拆封的音像制品、计算机软件等数字化商品；交付的报纸、期刊。除所列商品外，其他根据商品性质并经消费者在购买时确认不宜退货的商品，不适用无理由退货。消费者退货的商品应当完好。经营者应当自收到退回商品之日起七日内返还消费者支付的商品价款。退回商品的运费由消费者承担；经营者和消费者另有约定的，按照约定。

第十一，不得作为的义务。经营者在经营活动中使用格式条款的，应当以显著方式提请消费者注意商品或者服务的数量和质量、价款或者费用、履行期限和方式、安全注意事项和风险警示、售后服务、民事责任等与消费者有重大利害关系的内容，并按照消费者的要求予以说明。经营者不得以格式条款、通知、声明、店堂告示等方式，做出排除或者限制消费者权利、减轻或者免除经营者责任、加重消费者责任等对消费者不公平、不合理的规定，不得利用格式条款并借助技术手段强制交易。格式条款、通知、声明、店堂告示等含有前面所列内容的，其内容无效。经营者不得对消费者进行侮辱、诽谤，不得搜查消费者的身体及其携带的物品，不得侵犯消费者的人身自由。

第十二，其他义务。采用网络、电视、电话、邮购等方式提供商品或者服务的经营者，以及提供证券、保险、银行等金融服务的经营者，应当向消费者提供经营地址、联系方式、商品或者服务的数量和质量、价款或者费用、履行期限和方式、安全注意事项和风险警示、售后服务、民事责任等信息。经营者搜集、使用消费者个人信息，应当遵循合法、正当、必要的原则，明示搜集、使用信息的目的、方式和范围，并经消费者同意。经营者搜集、使用消费者个人信息，应当公开其搜集、使用规则，不得违反法律、法规的规定和双方的约定搜集、使用信息。经营者及其工作人员对搜集的消费者个人信息必须严格保密，不得泄露、出售或者非法向他人提供。经营者应当采取技术措施和其他必要措施，确保信息安全，防止消费者个人信息泄露、丢失。在发生或者可能发生信息泄露、丢失的情况时，应当立即采取补救措施。经营者未经消费者同意或者请求，或者消费者明确表示拒绝的，不得向其发送商业性信息。

3. 对消费者合法权益的监督、保护

(1) 行政监督、保护。

政府应当加强组织、协调、引导，督促有关部门和社会组织做好保护消费者合法权益的工作，加强监督，预防危害消费者人身、财产安全行为的发生，制止危害消费者人身、财产安全的行为。工商行政管理部门和其他有关行政部门应当依照法律法规的规定，在各自的职责范围内，采取措施，保护消费者合法权益。

(2) 社会监督、保护。

政府有关行政管理部门应当听取消费者及其社会组织对经营者交易行为、商品和服务质量的意见，并及时调查处理。消费者协会应当开展广泛的社会监督，保护消费者的合法权益。

(3) 法律监督、保护。

人民法院应当采取措施，方便消费者提起诉讼。对符合《中华人民共和国民事诉讼法》起诉条件的消费者权益争议，必须受理，及时审理。

(4) 消费者组织监督、保护。

消费者协会和其他消费者组织是依法成立的对商品或者服务进行监督，保护消费者合法权益的社会团体。其职能主要包括：向消费者提供消费信息和咨询服务，提高消费者维护自身合法权益的能力，引导文明、健康、节约资源和保护环境的消费方式；参与制定有关消费者权益的法律、法规、规章和强制性标准；参与有关部门对商品或者服务的监督、检查；就有关消费者合法权益的问题，向有关部门反映、查询，提出建议；受理消费者投诉，并对投诉事项进行调查、调解；就损害消费者合法权益的行为，支持受害的消费者提出诉讼；对损害消费者合法权益的行为，通过大众传媒予以揭露、批评。

三、确保产品质量

1. 产品质量法适用范围

在中华人民共和国境内从事产品生产、销售活动，必须遵守《中华人民共和国产品质量法》。该法所称的产品，是指经过加工、制作，用于销售的产品。建设工程不适用产品质量法的规定，但是，建设工程使用的建筑材料、建筑构配件和设备，属于产品质量法规定的产品范围，适用产品质量法的规定。生产者和销售者依照产品质量法的规定承担产品质量责任。禁止伪造或者冒用认证标志等质量标志；禁止伪造产品的产地，伪造或者冒用他人的厂名、厂址；禁止在生产、销售的产品中掺杂、掺假，以假充真，以次充好。国家鼓励推行科学的质量管理方法，采用先进的科学技术，鼓励企业产品质量达到并且超过行业标准、国家标准和国际标准。国务院产品质量监督部门主管全国产品的质量监督工作。国务院有关部门在各自的职责范围内负责产品的质量监督工作。县级及以上地方产品的质量监督部门主管本区域内的产品质量监督工作。县级及以上地方人民政府有关部门在各自的职责范围内负责产品的质量监督工作。

2. 产品质量监督

产品质量应当检验合格，不得以不合格产品冒充合格产品。包括产品质量是否符合法律、行政法规对产品的要求；产品质量是否符合标准的要求；产品是否符合合同的要求；产品的生产厂名、厂址与产地是否真实。对于可能危及健康和人身、财产安全的工业产品，必须符合保障人体健康和人身、财产安全的国家标准、行业标准；未制定国家标准、行业标准的，必须符合保障人体健康和人身、财产安全的要求。根据通用的质量管理标准，推行企业质量体系认证制度。参照国际先进的产品标准和技术要求，推行产品质量认证制度。企业根据自愿原则可以向国务院产品质量监督部门认可的或者国务院产品质量监督部门授权的部门认可的认证机构申请产品质量认证。经认证合格的，由认证机构颁发产品质量认证书，准许企业在产品或者其包装上使用产品质量认证标志。对产品质量实行以抽查为主要方式的监督检查制度，对可能危及人体健康和人身、财产安全的产品，影响国计民生的重要工业产品以及消费者、有关组织反映有质量问题的产品进行抽查。监督抽查的产品，地方不得另行重复抽查；上级监督抽查的产品，下级不得另行重复抽查。根据监督抽查的需要，可以对产品进行检验。生产者、销售者对抽查检验的结果有异议的，可以自收到检验结果之日起15日内向实施监督检查的产品质量监督部门或者其上级产品质量监督部门申请复检，由受理复检的产品质量监督部门做出复检结论。

依照产品质量法规定进行监督抽查的产品质量不合格的，由实施监督抽查的产品质量监督部门责令其生产者、销售者限期改正。逾期不改正的，由省级以上人民政府产品质量监督部门予以公告；公告后经复查仍不合格的，责令其停业，限期整顿；整顿期满后经复查产品质量仍不合格的，吊销营业执照。监督抽查的产品有严重质量问题的，依照产品质量法有关规定处罚。产品质量检验机构必须具备相应的监测条件和能力，经省以上人民政府产品质量监督部门或者授权的部门考核后，方可承担产品质量检验工作。从事产品质量检验、认证的社会中介机构必须依法设立，不得与行政机关和其他国家机关存在隶属关系或者其他利益关系。产品质量监督部门或者其他国家机关以及产品质量检验机构不得向社会推荐生产者的产品；不得以对产品进行监制、监销等方式参与产品的经营活动。

3. 产品质量责任和义务

生产者应当对其生产的产品质量负责，符合产品质量法的规定和要求：产品不能危及人身、财产安全，符合保障人体健康和人身、财产安全的国家标准、行业标准；具备产品应当具备的性能，但是，对产品存在的使用性能的瑕疵做出说明的除外；符合在产品或者其包装上注明采用的产品标准，符合以产品说明、实物样品等方式表明的质量状况。生产者的产品质量应当明示担保的质量要求和默示担保的质量要求。产品或者包装上的标识必须真实，有产品质量检验合格证明；有中文标明的产品名称、生产厂厂名和厂址；根据产品的特点和使用要求，需要标明产品规格、等级、所含主要成分和含量，用中文相应予以标明；需要事先让消费者知晓的，应当在外包装上标明，或者预先向消费者提供有关资料；限期使用的产品，应当在显著位置清晰地标明生产日期和安全使用期或者失效日期；使用不当，容易造成产品本身损坏或者可能危及人身、财产安全的产品，应当有警示标志或者中文警示说明。生产者不得生产国家明令淘汰的产品；不得伪造产地，不得伪造或者冒用他人的厂名、厂址；不得伪造或者冒用认证标志等质量标志。生产者生产的产品，不得掺杂、掺假，不得以假充真、以次充好，不得以不合格产品冒充合格产品。销售者应当建立并执行进货检查验收制度，验明产品合格证明和其他标识。应当采取措施保证销售产品的质量。不得销售国家明令淘汰并停止销售的产品和失效、变质的产品；不得伪造产地，不得伪造或者冒用他人的厂名、厂址；不得伪造或者冒用认证标志等质量标志。销售者销售的产品，不得掺杂、掺假，不得以假充真、以次充好，不得以不合格产品冒充合格产品。

4. 损害赔偿

售出的产品有下列情形之一的，销售者应当负责修理、更换、退货；给购买产品的消费者造成损失的，销售者应当赔偿损失；不具备产品应当具备的使用性能而事先未作说明的；不符合在产品或者包装上注明采用的产品标准的；不符合以产品说明、实物样品等方式表明的质量状况的。销售者依照产品质量法的有关规定负责修理、更换、退货、赔偿损失后，属于生产者的责任或者属于向消费者提供产品的其他销售者的责任的，销售者有权向生产者、供货者追偿。销售者未按产品质量法的有关规定给予修理、更换、退货或者赔偿损失的，由产品质量监督部门或者工商行政管理部门责令改正。生产者之间、销售者之间、生产者与销售者之间订立的买卖合同、承揽合同有不同约定的，合同当事人按照合同约定执行。因产品存在缺陷造成人身、缺陷产品以外的其他财产损害的，生产者应当承担赔偿责任。由于销售者的过错使产品存在缺陷，造成人身、他人财产损害的，销售者应当承担赔偿责任。销售者不能指明缺陷产品的生产者，也不能指明缺陷产品的供货者的，销售者应当承担赔偿责任。因产品存在缺陷造成人身、他人财产损害的，受害人可以向产品的生产者要求赔偿，也可以向产品的销售者要求赔偿。属于产品生产者的责任，产品销售者赔偿的，产品销售者有权向产品生产者追偿。属于产品销售者的责任，产品生产者赔偿的，产品生产者有权向产品销售者追偿。因产品存在缺陷造成受害人人身伤害的，侵害人应当赔偿医疗费、治疗期间的护理费、因误工减少的收入等费用；造成残疾的，还应当支付残疾者生活自助费、生活补助费、残疾赔偿金以及由其抚养的人所必需的生活费等费用；造成受害人死亡的，应当支付丧葬费、死亡赔偿金以及由死者生前抚养的人所必需的生活费等费用。因产品存在缺陷造成受害人财产损失的，侵害人应当负责恢复原状或者折价赔偿。受害人因此遭受其他重大损失的，侵害人应当赔偿损失。

四、维护市场运行规则

保障市场经济有序运行，应维护市场运行规则，保护公平竞争，确保消费者利益和社会公共利益，预防和制止垄断行为，提高经济运行效率，促进社会主义市场经济健康发展。

1. 垄断行为

垄断行为包括：经营者达成垄断协议；经营者滥用市场支配地位；具有或者可能具有排除、限制竞争效果的经营者集中；滥用行政权力排除、限制竞争。具有市场支配地位的经营者不得滥用市场支配地位，排除、限制竞争。国有经济占控制地位的关系国民经济命脉和国家安全的行业以及依法实行专营专卖的行业，应当依法经营，诚实守信，严格自律，接受社会公众的监督，不得利用其控制地位或者专营专卖地位损害消费者的利益。行政机关和法律、法规授权的具有管理公共事务职能的组织不得滥用行政权力，排除、限制竞争。

（1）垄断协议。

垄断协议是指排除、限制竞争的协议、决定或者其他协同行为，即指经营者违反反垄断法的规定，损害消费者和其他经营者的合法权益，破坏市场运行规则，扰乱社会经济秩序的行为。《中华人民共和国反垄断法》禁止具有竞争关系的经营者达成以下垄断协议：固定或者变更商品价格；限制商品的生产数量或者销售数量；分割销售市场或者原材料采购市场；限制购买新技术、新设备或者限制开发新技术、新产品；联合抵制交易；国务院反垄断执法机构认定的其他垄断协议。禁止经营者与交易相对人达成下列垄断协议：固定向第三人转售商品的价格；限定向第三人转售商品的最低价格；国务院反垄断执法机构认定的其他垄断协议。行业协会不得组织本行业的经营者从事反垄断法禁止的垄断行为。

（2）滥用市场支配地位。

滥用市场支配地位是指经营者在相关市场内滥用具有能够控制商品价格、数量或者其他的交易条件，或者能够阻碍、影响其他经营者进入相关市场的市场地位。这主要包括：以不公平的高价销售商品或者以不公平的低价购买商品；没有正当理由，以低于成本的价格销售商品；拒绝与交易相对人进行交易；限定交易相对人只能与其进行交易或者只能与其指定的经营者进行交易；搭售商品，或者在交易时附加其他不合理的交易条件；对条件相同的交易相对人在交易价格等交易条件上实行差别待遇；国务院反垄断执法机构认定的其他滥用市场支配地位的行为。有下列情形之一的，可以推定经营者具有市场支配地位：一个经营者在相关市场的市场份额达到1/2的；两个经营者在相关市场的市场份额合计达到2/3的；三个经营者在相关市场的市场份额合计达到3/4的。被推定具有市场支配地位的经营者，有证据证明不具有市场支配地位的，不应当认定具有市场支配地位。

（3）经营者集中。

经营者集中是指经营者合并；经营者通过取得股权或者资产的方式取得对其他经营者的控制权；经营者通过合同等方式取得对其他经营者的控制权或者能够对其他经营者施加决定性影响。经营者集中达到国务院规定的申报标准的，经营者应当事先向国务院反垄断执法机构申报，未申报的不得实施集中。国务院反垄断执法机构做出不实施进一步审查的决定或者逾期未做出决定的，经营者可以实施集中。审查期间，经营者不得实施集中。国务院反垄断执法机构应当将经营者集中的决定或者对经营者集中附加限制性条件的决定，及时向社会公布。对外资并购境内企业或者以其他方式参与经营者集中，涉及国家安全的，除依照反垄断法规定进行经营者集中审查外，还应当按照国家有关规定进行国家安全审查。

（4）滥用行政权力排除、限制竞争。

滥用行政权力排除、限制竞争是指国家行政机关和法律、法规授权的具有管理公共事务职能的组织滥用行政权力，排除、限制竞争的行为。这主要表现为：滥用行政权力，限定或者变相限定单位或者个人经营、购买、使用其指定的经营者提供的商品。妨碍商品在地区之间的自由流通，包括对外地商品设定歧视性收费项目，实行歧视性收费标准，或者规定歧视性价格；对外地商品规定与本地同类商品不同的技术要求、检验标准，或者对外地商品采取重复检验、重复认证等歧视性技术措施，限制外地商品进入本地市场；采取专门针对外地商品的行政许可，限制外地商品进入本地市场；设置关卡或者采取其他手段，阻碍外地商品进入或者本地商品运出。以设定歧视性资质要求、评审标准或者不依法发布信息等方式，排除或者限制外地经营者参加本地的招标、投标活动。采取与本地经营者不平等待遇等方式，排斥或者限制外地经营者在本地投资或者设立分支机构。强制经营者从事反垄断法界定的垄断行为。

2. 经营者的义务和道德

（1）自愿原则。

经营者在法律法规允许的范围内，可自主地从事市场交易活动。有权决定是否参与某一市场交易活动，不受任何人的干涉；有权自主决定交易对象、交易内容和交易方式；经营者之间交易关系的确立、变更或终止，均以双方真实自主的意思表示为准则。

（2）平等原则。

经营者在法律法规允许的范围内从事市场交易活动，具有平等的法律地位，享有平等的权利能力。无论经济实力强弱、所有制或者地区、国别等属性如何，在市场交易活动中都具有平等的法律地位；在市场交易活动中相互间权利和义务的设定，都应是双方或多方自愿协商、意思表示一致的结果；在市场的进入或者退出等方面应享有平等的机会。

（3）公平原则。

经营者在市场交易活动中均应受到公平、公正对待。各方在享有权利和承担义务上不能显失公平，更不能一方只享有权利，另一方只承担义务；在交易手段的利用和交易机会的获得等方面，都应享有同等的权利；经营者的正当经营活动和其他合法权益不受任何行为的妨碍。

（4）诚信原则。

经营者在市场交易活动中应保持诚信理念，信守合同，恪守承诺，不得采取欺骗手段从事市场交易，牟取非法利益，侵害其他经营者的合法权益；应遵守诺言，严格履行合同义务。遵守公认的商业道德，不应收买竞争对手的雇员，或者采取不正当手段吸引竞争对手的客户；应尊重竞争对手或者消费者的隐私权；应当尊重客户的生活习惯和宗教信仰。

3. 执法机关和执法工作程序

县级及以上监督检查部门对不正当竞争行为进行监督检查，有权行使下列职权：按照规定程序询问被检查的经营者、利害关系人、证明人，并要求提供证明材料或者与不正当竞争行为有关的其他资料；查询、复制与不正当竞争行为有关的协议、账册、单据、文件、记录、业务函电和其他资料；检查与法律规定的不正当竞争行为有关的财物，必要时可以责令被检查的经营者说明该商品的来源和数量，暂停销售，听候检查，不得转移、隐匿、销毁该财物。监督检查部门工作人员监督检查不正当竞争行为时，应当出示检查证件。

4. 司法机关和行政机关

司法机关主要是最高人民法院和地方各级人民法院。人民法院执法的主要权限包括：处理有关不正当竞争的民事纠纷；依法追究不正当竞争行为人的刑事责任；处理经营者不服行政执法机关处罚决定的行政争议等。行政机关主要是县级以上监督检查部门。行政机关执法的主要权限包括：主动监督检查权；调查与检查权；强制措施权；行政处罚权；等等。执法程序包含两个方面：司法机关的执法程序和行政管理机关的执法程序。司法机关的执法程序包括民事审理程序、行政案件审理程序和刑事诉讼程序。民事审理程序主要有：起诉与管理；受理；审理前准备；审理；判决与裁定；当事人对判决或裁定不服，向上一级人民法院上诉。行政案件审理程序主要有：起诉与管辖；受理；审理与判决；上诉。刑事诉讼程序主要有：立案；侦查；提起公诉；审判；执行；等等。行政管理机关的执法程序包括立案与管辖、调查与检查、强制措施、行政处罚、行政复议、执行、送达等。对不正当竞争行为，行政管理机关视其情节轻重、造成损害的大小，分别做出处罚，主要有：责令停止违法违规行为；没收违法违规所得；吊销营业执照；罚款；移送司法机关追究刑事责任；等等。

维护市场运行的法律制度是多层面的立法与执法有序关联的统一，是司法机关与行政管理机关相互配合的统一，是法律手段与行政手段内在协调的统一，对于确保市场运行规则的公开性、透明性和公正性，系统维护市场经济秩序，促进市场经济有序运行，具有非常重要的意义。

第三节　宏观经济调控

一、国家预算制度

1. 预算体系

国家实行一级政府一级预算，设立中央，省、自治区、直辖市，设区的市、自治州，县、自治县、不设区的市、市辖区，乡、民族乡、镇五级预算。中央政府预算由中央各部门的预算组成。地方预算由省、自治区、直辖市总预算组成。地方各级总预算由本级政府预算和汇总的下一级预算组成；下一级只有本级预算的，下一级总预算即指下一级的本级预算。没有下级预算的，总预算即指本级预算。各部门预算由本部门所属各单位预算组成。国家实行中央和地方分税制。经本级人大批准的预算，非经法定程序，不得改变。预算收入和预算支出以人民币为计算单位。各级预算应当遵循统筹兼顾、勤俭节约、量力而行、讲求绩效和收支平衡的原则。

2. 预算管理职权

(1) 全国人大管理职权。

审查中央和地方预算草案及中央和地方预算执行情况的报告；批准中央预算和中央预算执行情况的报告；改变或者撤销全国人大常委会关于预算、决算的不适当的决议。全国人大常委会监督中央和地方预算的执行；审查和批准中央预算的调整方案；审查和批准中央决算。

(2) 地方人大管理职权。

县级以上地方各级人大审查本级总预算草案及本级总预算执行情况的报告；批准本级预算和本级预算执行情况的报告；改变或者撤销本级人大常委会关于预算、决算的不适当的决议；撤销本级政府关于预算、决算的不适当的决定和命令。县级以上地方各级人大常委会监督本级总预算的执行；审查和批准本级预算的调整方案；审查和批准本级政府决算。设立预算的乡、民族乡、镇的人民代表大会审查和批准本级预算和本级预算执行情况的报告；监督本级预算的执行；审查和批准本级预算的调整方案；审查和批准本级决算，撤销本级政府关于预算、决算的不适当的决定和命令。

(3) 国务院管理职权。

编制中央预算、决算草案；向全国人大做关于中央和地方预算草案的报告；将省、自治区、直辖市政府报送备案的预算汇总后报全国人大常委会备案；组织中央和地方预算的执行；决定中央预算预备费的动用；编制中央预算调整方案；监督中央各部门和地方政府的预算执行；向全国人大、全国人大常委会报告中央和地方预算的执行情况。

(4) 县级以上地方各级政府管理职权。

编制本级预算、决算草案；向本级人大做关于本级总预算草案的报告；将下一级政府报送备案的预算汇总后报本级人大常委会备案；组织本级总预算的执行；决定本级预算预备费的动用；编制本级预算的调整方案；监督本级各部门和下级政府的预算执行；向本级人大、本级人大常委会报告本级总预算的执行情况。

乡、民族乡、镇政府编制本级预算、决算草案；向本级人大做关于本级预算草案的报告；组织本级预算的执行；决定本级预算预备费的动用；编制本级预算的调整方案；向本级人大报告本级预算的执行情况。国务院财政部门具体编制中央预算、决算草案；具体组织中央和地方预算的执行；提出中央预算预备费动用方案；具体编制中央预算的调整方案；定期向国务院报告中央和地方预算的执行情况。地方各级政府财政部门具体编制本级预算、决算草案；具体组织本级总预算的执行；提出本级预算预备费动用方案；具体编制本级预算的调整方案；定期向本级政府和上一级政府财政部门报告本级总预算的执行情况。各部门编制本部门预算、决算草案；组织和监督本部门预算的执行；定期向本级政府财政部门报告预算的执行情况。各单位编制本单位的预算、决算草案；按照规定上缴预算收入，安排预算支出，并接受国家有关部门的监督。

3. 预算收支范围

预算收入包括：税收收入；依照规定应当上缴的国有资产收益；专项收入；其他收入。预算支出包括：经济建设支出；教育、科学、文化、卫生、体育等事业发展支出；国家管理费用支出；国防支出；各项补贴支出；其他支出。预算收入划分为中央预算收入、地方预算收入、中央和地方预算共享收入。预算支出划分为中央预算支出和地方预算支出。预算收入应当统筹安排使用，确需设立专用基金项目的，需经国务院批准。上级政府不得在预算之外调用下级政府的预算资金。下级政府不得挤占或者截留属于上级政府的预算资金。

4. 预算编制

中央预算和地方各级政府预算按照复式预算编制。复式预算的编制办法和实施步骤由国务院规定。政府预算收入的编制，应当与GDP的增长率相适应；政府预算支出的编制，应当贯彻厉行节约、勤俭建国的方针；中央和地方政府预算应安排必要的资金，用于扶助经济不发达的民族自治地区、中西部贫困地区发展经济文化教育事业；各级政府预算应当按照本级政府预算支出额的1%～3%设置预备费，用于当年预算执行中的自然灾害救灾支出及其他难以预见的特殊开支；各级政府预算应当按照国务院的规定设置预算周转金。

5. 预算审查和批准

中央政府预算由全国人民代表大会审查和批准。地方各级政府预算由本级人民代表大会审查和批准。国务院在全国人民代表大会举行会议时，向大会做关于中央和地方预算草案的报告。地方各级政府在本级人民代表大会举行时，向大会做关于本级预算草案的报告。国务院和县级以上地方各级政府对下一级政府报送备案的预算，认为有同法律、行政法规相抵触或者其他不适当之处，需要撤销批准预算决议的，应当提请本级人民代表大会常务委员会审议决定。各级政府预算经本级人民代表大会批准后，本级政府财政部门应当及时向本级各部门批复预算，各部门应当及时向所属各单位批复预算。

6. 预算执行

各级预算由本级政府组织执行，具体工作由本级政府财政部门负责。预算收入征收部门必须依照法律、行政法规的规定，及时、足额征收应征的预算收入，不得擅自减征、免征或者缓征，不得截留、占用或者挪用预算收入。有预算收入上缴任务的部门和单位，必须依照法律、行政法规和国务院财政部门的规定，将应当上缴的预算资金及时、足额地上缴国家金库，不得截留、占用、挪用或者拖欠。各级政府财政部门必须依照法律、行政法规和国务院财政部门的规定及时、足额地拨付预算支出资金，加强对预算支出的监督管理。县级以上各级预算必须设立国库；具备条件的乡、民族乡、镇也应当设立国库。中央国库业务由中国人民银行经理，地方国库业务依照国务院的有关规定办理。

7. 预算调整

各级政府对于必须进行的预算调整，应当编制预算调整方案。中央预算的调整方案必须提请全国人民代表大会常务委员会审查和批准。县级以上地方各级政府预算的调整方案必须提请本级人民代表大会常务委员会审查和批准。未经批准不得调整预算。地方各级政府预算的调整方案经批准后，由本级政府报上一级政府备案。

8. 决算

决算草案由各级政府、各部门、各单位在每一预算年度终了后，按照国务院规定的时间编制。编制决算草案必须符合法律、行政法规的规定，做到收支数额准确、内容完整、报送及时。国务院财政部门编制中央决算草案，报国务院审定后，由国务院提请全国人民代表大会常务委员会审查和批准。县级以上地方各级政府财政部门编制本级决算草案，报本级政府审定后，由本级政府提请本级人民代表大会常务委员会审查和批准。乡、民族乡、镇政府编制本级决算草案，提请本级人民代表大会审查和批准。各级政府决算经批准后，财政部门应向本级各部门批复决算。地方各级政府应当将经批准的决算报上一级政府备案。

9. 监督

全国人民代表大会及其常务委员会对中央和地方预算、决算进行监督。县级以上地方各级人民代表大会及其常务委员会对本级政府预算、决算进行监督。乡、民族乡、镇人民代表大会对本级预算、决算进行监督。各级政府应当在每一预算年度内至少两次向本级人民代表大会或者常务委员会做预算执行情况的报告。各级政府监督下级政府的预算执行；下级政府应当定期向上一级政府报告预算的执行情况，并向本级政府和上一级政府财政部门报告预算的执行情况。各级政府审计部门对本级各部门、各单位和下级政府的预算执行、决算执行进行审计监督。

10. 法律责任

各级政府未经依法批准擅自变更预算，使经批准的收支平衡的预算总支出超过总收入，或者使经批准的预算中举借债务的数额增加的，对负有直接责任的主管人员和其他直接责任人员追究行政责任。违反法律和行政法规的规定，擅自动用国库库款或者擅自以其他方式支配已入库的库款的，由政府财政部门责令退还或者追回国库库款，并由上级机关给予负有直接责任的主管人员和其他直接责任人员行政处分。隐瞒预算收入或者将不应当在预算内支出的款项转为预算内支出的，由上一级政府或者本级政府财政部门责令纠正，并由上级机关给予负有直接责任的主管人员和其他直接责任人员行政处分。

《中华人民共和国预算法》关于中央和地方各级政府预算、决算的编制和执行的具体规定，关于全国人民代表大会及其常务委员会和各级地方人民代表大会及其常务委员会对预算、决算的编制和执行的监督的具体规定，为确立符合市场经济要求的宏观经济调控奠定了法律基础，为宏观经济调控规定了方向，意义重大。

二、税收征管制度

1. 纳税人、扣缴义务人

法律、行政法规规定负有纳税义务的单位和个人为纳税人，负有代扣代缴、代收代缴税款义务的单位和个人为扣缴义务人。纳税人、扣缴义务人必须依照法律、行政法规的规定缴纳税款、代扣代缴、代收代缴税款。国务院税务管理部门主管全国税收的征收管理工作。各地国家税务局应当按照规定的税收征收管理范围分别进行征收管理。税务机关应当依照法定税率计算税额，依法征收税款或者退付税款。地方各级人民政府应当依法加强对本行政区域内税收征收管理工作的领导或者协调，支持税务机关依法执行职务，建立、健全涉税信息提供机制。各有关部门和单位应当支持、协助税务机关依法执行职务，及时向税务机关提供涉税信息。税务机关依法执行职务，任何单位和个人不得阻挠。

2. 税务机关的管理制度和职责

税务机关是指各级税务局、税务分局、税务所和按照国务院规定设立的并向社会公告的税务机构。税务机关应加强队伍建设，提高税务人员的政治业务素质。税务人员必须秉公执法，忠于职守，清正廉洁，礼貌待人，文明服务，尊重和保护纳税人、扣缴义务人的权利，依法接受监督。税务人员不得索贿受贿、徇私舞弊、玩忽职守、不征或者少征应征税款；不得滥用职权多征税款或者刁难纳税人和扣缴义务人。各级税务机关应建立、健全内部制约和监督管理制度。上级税务机关应当对下级税务机关的执法活动依法进行监督。各级税务机关应当对其工作人员执行法律、行政法规和廉洁自律准则的情况进行监督检查。税务机关负责征收、管理、稽查、行政复议的人员的职责应当明确，并且相互分离、相互制约。税务人员征收税款和查处税收违法案件，与纳税人、扣缴义务人或者税收违法案件有利害关系的，应当回避。

3. 税务管理

(1) 税务登记。

企业和企业在外地设立的分支机构及从事生产、经营的场所，个体工商户和从事生产、经营的事业单位，自领取营业执照之日起 30 日内，或者首次发生纳税义务 30 日内，由法定代表人或者其授权人员持有关证件，向税务机关申报办理税务登记。税务机关应当于收到申报的当日办理登记并发给税务登记证件。工商行政管理机关应当将办理注册登记、核发营业执照的情况，定期向税务机关通报。从事生产、经营的纳税人，税务登记内容发生变化的，自工商行政管理机关办理变更登记之日起 30 日内或者在向工商行政管理机关申请办理注销登记之前，持有关证件向税务机关申报办理变更或者注销税务登记。

(2) 账簿、凭证管理。

从事生产、经营的纳税人的财务、会计制度或者财务、会计处理办法和会计核算软件，应当报送税务机关备案。纳税人、扣缴义务人的财务、会计制度或者财务、会计处理办法与国务院或者国务院财政、税务主管部门有关税收的规定抵触的，依照国务院或者国务院财政、税务主管部门有关税收的规定计算应纳税款、代扣代缴和代收代缴税款。税务机关是发票的主管机关，负责发票印制、领购、开具、取得、保管、缴销的管理和监督。从事生产、经营的纳税人、扣缴义务人必须按照国务院财政、税务主管部门规定的保管期限保管账簿、记账凭证、完税凭证及其他有关资料。账簿、记账凭证、完税凭证及其他有关资料不得伪造、变造或者擅自损毁。

（3）申报纳税。

纳税人必须在法律、行政法规规定或者税务机关依照法律、行政法规的规定确定的申报期限内如实办理纳税申报，报送纳税申报表、财务会计报表以及税务机关根据实际需要要求纳税人报送的其他纳税资料。纳税人、扣缴义务人对纳税申报、扣缴税款申报的真实性和合法性承担责任。

4. 税款征收

税务机关依照法律、行政法规的规定征收税款，不得违反法律、行政法规的规定开征、停征、多征、少征、提前征收、延缓征收或者摊派税款。纳税人、扣缴义务人在法律、行政法规规定或者税务机关依照法律、行政法规的规定确定的期限内缴纳或者解缴税款。纳税人因有特殊困难不能按期缴纳税款的，经省、自治区、直辖市国家税务局、地方税务局批准，可以延期缴纳税款，但是最长不得超过3个月。纳税人未按照规定期限缴纳税款的，扣缴义务人未按照规定期限解缴税款的，税务机关除责令限期缴纳外，从滞纳税款之日起，按日加收滞纳税款万分之五的滞纳金。纳税人可以依照法律、行政法规的规定向税务机关书面申请减税、免税。减税、免税的申请需经法律、行政法规规定的减、免税审查批准机关审批。地方各级人民政府、各级人民政府主管部门、单位和个人违反法律、行政法规的规定，擅自做出的减、免税决定无效，税务机关不得执行，并向上级税务机关报告。企业或者外国企业在中国境内设立的从事生产、经营的机构、场所与其关联企业之间的业务往来，应当按照独立企业之间的业务往来收取或者支付价款、费用；不按照独立企业之间的业务往来收取或者支付价款、费用，而减少其应纳税的收入或者所得额的，税务机关有权进行合理调整。对未按照规定办理税务登记的从事生产、经营的纳税人以及临时从事经营的纳税人，由税务机关核定其应纳税额，责令缴纳；不缴纳的，税务机关可以扣押其价值相当于应纳税款的商品、货物。扣押后缴纳税款的，税务机关必须立即解除扣押，并归还所扣押的商品、货物；扣押后仍不缴纳应纳税款的，经县以上税务局（分局）局长批准，依法拍卖或者变卖所扣押的商品、货物，以拍卖或者变卖所得抵缴税款。税务机关有根据认为从事生产、经营的纳税人有逃避纳税义务行为的，可以在规定的纳税期限之前，责令其限期缴纳应纳税款；在限期内发现纳税人有明显的转移、隐匿其应纳税的商品、货物以及其他财产或者应纳税收入迹象的，税务机关可以责令纳税人提供纳税担保。纳税人不能提供纳税担保的，经县以上税务局（分局）局长批准，税务机关可以采取以下税收保全措施：书面通知纳税人开户银行或者其他金融机构冻结纳税人的金额相当于应纳税款的存款；扣押、查封纳税人的价值相当于应纳税款的商品、货物或者其他财产。纳税人在限期内已缴纳税款，税务机关未立即解除税收保全措施，使纳税人的合法利益遭受损失的，税务机关应当承担赔偿责任。纳税人、扣缴义务人未按照规定的期限缴纳或者解缴税款，纳税担保人未按照规定的期限缴纳所担保的税款，由税务机关责令限期缴纳，逾期仍未缴纳的，经县以上税务局（分局）局长批准，税务机关可以采取强制执行措施。欠缴税款的纳税人需要出境的，应当在出境前向税务机关结清应纳税款、滞纳金或者提供担保。未结清税款、滞纳金，又不提供担保的，税务机关可以通知出境管理机关阻止其出境。

5. 税务检查

税务机关有权进行下列税务检查：检查纳税的账簿、记账凭证、报表和有关资料，检查扣缴义务人代扣代缴、代收代缴税款的账簿、记账凭证和有关资料；到纳税人的生产、经营场所和货物存放地检查纳税人应纳税的商品、货物或者其他财产，检查扣缴义务人与代扣代缴、代收代缴税款有关的经营情况；责令纳税人、扣缴义务人提供与纳税或者代扣代缴、代收代缴税款有关的文件、证明材料和有关资料；询问纳税人、扣缴义务人与纳税或者代扣代缴、代收代缴税款有关的问题和情况；到车站、码头、机场、邮政及其分支机构检查纳税人托运、邮寄应纳税商品、货物或者其他财产的有关单据、凭证和有关资料；经县以上税务局（分局）局长批准，凭全国统一格式的检查存款账户许可证明，查询从事生产、经营的纳税人、扣缴义务人在银行或者其他金融机构的存款账户。纳税人、扣缴义务人必须接受税务机关依法进行的税务检查，如实反映情况，提供有关资料，不得拒绝、隐瞒。税务机关派出的人员进行税务检查时，应当出示税务检查证件，并有责任为被检查人保守秘密。

《中华人民共和国税收征收管理法》关于纳税人、扣缴义务人履行纳税义务的规定，关于国家税务机关及其工作人员职务的规定，关于税务管理的规定，关于税款征收的规定，关于税务检查的具体规定，为宏观经济调控及其财税调节手段的运作奠定了法律基础。

三、金融监管制度

1. 中央银行

（1）中央银行及其职能。

中国人民银行是中华人民共和国的中央银行。在国务院领导下，制定和实施货币政策，防范和化解金融风险，维护金融稳定。其主要职责是：发布、履行与其职责有关的命令和规章；依法制定和执行货币政策；发行人民币，管理人民币流通；监督管理银行间同业拆借市场和银行间债券市场；实施外汇管理，监督管理银行间外汇市场；监督管理黄金市场；持有、管理、经营国家外汇储备、黄金储备；经理国库；维护支付、清算系统的正常运行；指导、部署金融业反洗钱工作，负责反洗钱的资金监测；负责金融业的统计、调查、分析和预测；从事有关国际金融活动；国务院规定的其他职责。中国人民银行就年度货币供应量、利率、汇率和国务院规定的其他重要事项做出决定，报国务院批准后执行。向全国人民代表大会常务委员会提出有关货币政策情况和金融业运行情况的工作报告。依法独立执行货币政策，履行职责，开展业务，不受地方政府部门、社会团体和个人干涉。中国人民银行既是中央国家机关，又是一个特殊的金融机构，既对国务院负责，又向全国人大常委会汇报工作。

(2) 中央银行的业务。

中国人民银行可以运用下列货币政策：要求银行业金融机构按照规定的比例缴存存款准备金；确定中央银行的基准利率；为在中国人民银行开立账户的银行业金融机构办理再贴现；向商业银行提供贷款；在公开市场上买卖国债、其他政府债券、金融债券及外汇；国务院确定的其他货币政策工具。为执行货币政策，运用有关货币政策时，中国人民银行可规定具体的条件和程序。中国人民银行依照法律、行政法规的规定经理国库，可代理国务院财政部门向各金融机构发行、兑付国债和其他政府债券。可根据需要为银行业金融机构开立账户，但不得对银行业金融机构的账户透支。组织或者协助组织银行业金融机构建立相互间的清算系统，协调银行业金融机构相互间的清算事项，提供清算服务。根据货币政策的需要，可以决定对商业银行贷款的数额、期限、利率和方式，但贷款的期限不得超过一年。中国人民银行不得对政府财政透支，不得直接认购、包销国债和其他政府债券，不得向任何单位和个人提供担保。

2. 金融监督管理

中国人民银行依法监测金融市场的运行情况，对金融市场实施宏观调控，促进金融市场协调发展。中国人民银行的监督检查权包括对下列行为的监督检查：执行有关存款准备金管理规定的行为；与中国人民银行特种贷款有关的行为；执行有关人民币管理规定的行为；执行有关银行间同业拆借市场、银行间债券市场管理规定的行为；执行有关外汇管理规定的行为；执行有关黄金管理规定的行为；经理国库的行为；执行有关反洗钱规定的行为。中国人民银行也具有建议监督检查权，根据执行货币政策和维护金融稳定的需要，可以建议国务院银行业监督管理机构对银行业金融机构进行检查监督。根据履行职责的需要，有权要求银行业金融机构报送必要的资产负债表、利润表以及其他财务会计、统计报表和资料。与国务院银行业监督管理机构、国务院其他金融监督管理机构建立信息共享机制。建立、健全中央银行系统的稽核、检查制度，加强内部的监督管理。负责统一编制全国金融统计数据、报表，并按照国家有关规定予以公布。

(1) 国务院银行业监督管理机构及其职责。

国务院银行业监督管理机构负责全国银行业金融机构及其业务活动的监督管理工作。其监督管理职责主要包括：依照法律、行政法规制定并发布对银行业金融机构及其业务活动监督管理的规章、规则；审查批准银行业金融机构的设立、变更、终止以及其业务范围；对变更持有资本总额或者股份总额达到规定比例以上的银行业金融机构的股东的资金来源、财务状况、资本补充能力和诚信状况进行审查；对银行业金融机构的业务活动及其风险状况进行现场检查；对银行业金融机构实行并表监督管理；建立银行业金融机构监督管理评级体系和风险预警机制；建立银行业突发事件的发现、报告岗位责任制度；对银行业自律组织的活动进行指导和监督。

(2) 国务院证券监督管理机构及其职责。

该机构可以设立派出机构，按照授权履行监督管理职责。其主要职责包括：依法核准公开发行证券，即向不特定对象发行证券的行为；向特定对象发行证券累计超过 200 人的行为；法律、行政法规规定的其他发行行为。设立发行审核委员会，依照法定条件负责核准股票发行申请。审核股份公司公开发行股票的募股申请及相关文件。核准上市公司公开发行新股和非公开发行新股及其相关条件。核准上市公司发行可转换为股票的公司债券。核准程序应当公开，依法接受监督。确认保荐人的资格及其管理办法，保荐人应当遵守业务规则和行业规范，诚实守信，勤勉尽责，对发行人的申请文件和信息披露资料进行审慎核查，督导发行人规范运作。依照法定条件和法定程序做出予以核准或者不予核准的决定，不予核准的，应当说明理由。对已做出的核准证券发行的决定，发现不符合法定条件或者法定程序，尚未发行证券的，应当予以撤销，停止发行。已经发行尚未上市的，撤销核准发行决定。对上市公司年度报告、中期报告、临时报告以及公告的情况进行监督，对上市公司分派或者配售新股的情况进行监督，对上市公司控股股东和信息披露义务人的行为进行监督。

(3) 国务院保险监督管理机构及其职责。

该机构负责对保险业实施监督管理。其职责包括：批准设立保险公司的申请及其相关文件，应在自收到保险公司正式申请文件之日起 6 个月内，做出批准或者不批准的决定。批准保险公司在境内外设立分支机构、设立代表处。批准保险公司变更名称、注册资本、公司或者分支机构的营业场所，调整业务范围，公司分立或者合并，修改公司章程等事项。建立、健全保险公司偿付能力监管指标体系，对保险公司的最低偿付能力实施监控。检查保险公司的业务状况、财务状况及资金运用状况，并要求在规定的期限内提供有关的书面报告和资料。有权查询保险公司在金融机构的存款。对保险公司未按法律规定提取或者结转各项准备金，保险公司违反法律规定损害社会公共利益，可能严重危及或者已经危及保险公司的偿付能力的，可对其实行接管。接管期限届满，可决定延期，期限不超过两年。被接管的保险公司恢复正常的经营能力的，可决定接管终止。监督检查保险公司年度营业报告、财务会计报告及有关报表的报送。

(4) 金融监管治理制度。

一是监管独立性法律制度。金融监管权应具有法定的独立性，监管职权和目标应明确清晰，金融监管机构在行使监管权过程中不受其他政府部门、被监管者以及其他第三者的不当干涉和影响。监管机构应具有机构的独立性和预算的独立性。在机构设置、人员安排等方面确保金融监管机构的独立性。任何政府官员、金融机构及其他第三者采取任何威胁、强制、利益交换手段操纵或误导监管者，对监管者的监管政策或具体监管决定构成实质性影响的行为均构成违法。二是监管机构内控制度。建立监管规则制定权、监管执法权和监管审计监察权分立、相互制衡的内部权利安排的组织架构。借鉴国外经验，建立监管机构内部审计监督机构的法定化制度，将内控机制作为衡量和评价监管治理的重要指标。三是对监管者监管的法律制度。建立立法监督，中央政府的行政监督、司法审查和审计监督制度；建立监管者避免利益冲突制度，包括适当的财政制度、任职限制、其他利益冲突限制。四是监管透明度制度。建立金融信息透明度制度、监管的透明度和监管者尽职责任制度等。①

显而易见，与中国经济体制改革目标模式的选择相适应，必然要求建立和完善社会主

① 高晋康，谈李荣．开放条件下的中国金融法制建设．成都：西南财经大学出版社，2006：85．

义市场经济的法制基础，必然要求有相适应的社会主义市场经济法制相配套，建立健全社会主义市场经济法制是建立社会主义市场经济体制的保证，二者息息相关，相得益彰。改革每前进一步，法制建设也相应地推进一步；经济体制改革决定了法律制度的改革，经济改革目标模式的择定决定了法律建设目标的定位；建立社会主义市场经济体制是历史发展的必然选择，建立相应的社会主义市场经济法制也是历史发展的最终使命。①

第四节　市场法制监督

一、行政监督

市场法制监督是一个动态的监督体系，蕴含诸多方面的法制监督和再监督形式。行政法上的行政监督一般指对行政权力的监督，其监督对象是行政主体及其工作人员。根据不同的标准可对行政监督加以分类：以行政监督对象为标准，可分为一般行政监督与特别行政监督；以行政监督内容为标准，可分为公安、工商、海关、资源、环境保护、审计等行政监督；以行政监督的时间为标准，可分为事前行政监督、事中行政监督和事后行政监督；以行政监督任务为标准，可分为依据职权的行政监督和依法授权的行政监督。行政监督依据行政法，是行政管理活动的重要组成部分，遵循合法性、经常性、平等性、广泛性和有效性原则，以保证行政监督的合法性和有效性。最常见的行政监督方法主要有检查、审查、调查、检验、勘验、鉴定等。

1. 行政许可或行政审批

这是行政机关依法对社会、经济事务实行事前监督管理的一种重要手段，对于巩固行政审批制度改革成果，履行国家对外承诺，深化行政管理体制改革，从源头上预防和治理腐败，具有重要意义。行政许可法遵循合法与合理、效能与便民、监督与责任原则的总体思路，把制度创新放在突出位置，确立了行政许可必须坚持的六项原则，即：合法原则；公开、公平、公正原则；便民原则；救济原则；信赖保护原则；监督原则。县级以上人民政府必须建立、健全对行政机关实施行政许可的监督制度，上级行政机关应当加强对下级行政机关实施行政许可的监督检查，及时纠正行政许可实施中的违法行为。行政机关要对公民、法人或者其他组织从事行政许可事项的活动实施有效监督，发现违法行为应当依法查处；并着重对实施行政许可之后的监督检查做出规定：书面监督检查制度、实地监督检查制度、属地管辖制度和举报制度等。改进政府管理方式，提高行政效率，降低行政成本，形成行为规范、运转协调、公正透明、廉洁高效的行政管理体制，不断提高各级行政机关依法行政的能力和水平，推进市场监督机制的建立和完善。

2. 行政复议

行政复议法强调行政复议的一级复议制原则、便民原则、监督原则，是行政机关内部自我纠正错误的一种监督制度。行政机关无正当理由不受理复议申请的，上级行政机关应当责令其受理。对不依法受理复议申请、不认真做出复议决定等突出问题，规定严格的法

---

① 张德林. 法与市场经济. 济南：山东人民出版社，1998：202.

律责任，促使行政机关认真履行行政复议职责，做到有错必纠。行政复议范围包括：对行政机关做出的警告、罚款、没收违法所得、没收非法财物、责令停产停业、暂扣或者吊销许可证、暂扣或者吊销执照、行政拘留等行政处罚决定不服的；对行政机关做出的限制人身自由或者查封、扣押、冻结财产等行政强制措施决定不服的；对行政机关做出的有关许可证、执照、资质证、资格证等证书变更、中止、撤销的决定不服的；对行政机关做出的关于确认土地、矿藏、水流、森林、山岭、草原、荒地、滩涂、海域等自然资源的所有权或者使用权的决定不服的；认为行政机关侵犯合法的经营自主权的；认为行政机关变更或者废止农业承包合同，侵犯其合法权益的；认为行政机关违法集资、征收财物、摊派费用或者违法要求履行其他义务的；认为符合法定条件，申请行政机关颁发许可证、执照、资质证、资格证等证书，或者申请行政机关审批、登记有关事项，行政机关没有依法办理的；申请行政机关履行保护人身权利、财产权利、受教育权利的法定职责，行政机关没有依法履行的；申请行政机关依法发放抚恤金、社会保险金或者最低生活保障费，行政机关没有依法发放的；认为行政机关的其他具体行政行为侵犯其合法权益的。

3. 行政监察

行政监察是行政监察机关依据行政法和监察法，对国家行政机关遵守和执行法律、法规的监督检查制度。主要包括受理对国家行政机关、国家公务员和国家行政机关任命的其他人员违反行政纪律行为的控告、检举；调查处理国家行政机关、国家公务员和国家行政机关任命的其他人员违反行政纪律的行为；受理国家公务员和国家行政机关任命的其他人员不服主管行政机关给予行政处分的申诉，以及法律、行政法规规定的其他由监察机关受理的申诉；法律、行政法规规定的由监察机关履行的其他职责。行政监察机关履行职责，有权采取下列措施：要求被监察部门和人员提供与监察事项有关的文件、资料、财务账目及其他有关的材料，进行查阅或者予以复制；要求被监察部门和人员就监察事项涉及的问题做出解释和说明；责令被监察部门和人员停止违反法律、法规和行政纪律的行为。行政监察机关在调查违反行政纪律的行为时，可以根据实际情况和需要采取下列措施：暂予扣留、封存可以证明违反行政纪律行为的文件、资料、财务账目及其他有关的材料；责令案件涉嫌单位和涉嫌人员在调查期间不得变卖、转移与案件有关的财物；令有违反行政纪律嫌疑的人员在指定的时间、地点就调查事项涉及的问题做出解释和说明，但是不得对其实行拘禁或者变相拘禁；建议有关机关暂停有严重违反行政纪律嫌疑的人员执行职务。行政监察机关在调查贪污、贿赂、挪用公款等违反行政纪律的行为时，经县级以上监察机关领导批准，可以查询案件涉嫌单位和涉嫌人员在银行或者其他金融机构的存款；必要时，可以提请人民法院采取保全措施，依法冻结涉嫌人员在银行或者其他金融机构的存款。行政监察机关根据检查、调查结果，有下列情形之一的，可以提出监察建议：拒不执行法律、法规或者违反法律、法规以及人民政府的决定、命令，应当予以纠正的；本级人民政府所属部门和下级人民政府做出的决定、命令、指示违反法律、法规或者国家政策，应当予以纠正或者撤销的；给国家利益、集体利益和公民合法权益造成损害，需要采取补救措施的；录用、任免、奖惩决定明显不适当，应当予以纠正的；依照有关法律、法规的规定，应当给予行政处罚的；其他需要提出监察建议的。监察机关依法做出的监察决定，有关部门和人员应当执行。监察机关依法提出的监察建议，有关部门无正当理由反驳的，应当采纳。被监察部门和人员违反行政法、监察法规定的，由主管机关或者监察机关责令改正，对部门给予通报批评；对负有直接责任的主管人员和其他直接责任人员依法给予行政处分。对申诉人、控告人、检举人或者监察人员进行报复陷害的，依法给予行政处分；构成犯罪的，依法追究刑事责任。监察人员滥用职权、徇私舞弊、玩忽职守、泄露秘密的，依法给予行政处分；构成犯罪的，依法追究刑事责任。监察机关和监察人员违法行使职权，侵犯公民、法人和其他组织的合法权益，造成损害的，应当依法赔偿。

二、司法监督

司法监督在市场法制监督中具有重要地位、作用，司法监督包括人民法院监督和人民检察院监督。通过司法监督及其程序的有效执行，确保公民和市场主体的权益，强化市场法制建设，促进市场公平竞争，维护市场经济秩序，推进社会主义市场经济发展。

1. 行政诉讼监督

人民法院发现已经发生法律效力的行政判决、裁定违反法律、法规，依法对案件再次进行审理的程序，包括人民法院院长通过审判委员会决定再审；上级人民法院提审或者指令再审；人民检察院抗诉。公民、法人或者其他组织拒绝履行判决、裁定的，行政机关可以向第一审人民法院申请强制执行，或者依法强制执行。行政机关拒绝履行判决、裁定的，第一审人民法院可以采取以下措施：对应当归还的罚款或者应当给付的赔偿金，通知银行从该行政机关的账户内划拨；在规定期限内不执行的，从期满之日起，对该行政机关按日处50～100元的罚款；向该行政机关的上一级行政机关或者监察、人事机关提出司法建议。接受司法建议的机关，根据有关规定进行处理，并将处理情况告知人民法院；拒不执行判决、裁定，情节严重构成犯罪的，依法追究主管人员和直接责任人员的刑事责任。公民、法人或者其他组织对具体行政行为在法定期间不提起诉讼又不履行的，行政机关可以申请人民法院强制执行，或者依法强制执行。公民、法人或者其他组织的合法权益受到行政机关或者行政机关工作人员做出的具体行政行为侵犯造成损害的，有权请求赔偿。公民、法人或者其他组织单独就损害赔偿提出请求的，应当先由行政机关解决，对行政机关的处理不服，可以向人民法院提起诉讼。行政机关或者行政机关工作人员做出的具体行政行为侵犯公民、法人或者其他组织的合法权益造成损害的，由该行政机关或者该行政机关工作人员所在的行政机关负责赔偿。行政机关赔偿损失后，应当责令有故意或者重大过失的行政机关工作人员承担部分或者全部赔偿费用。各级人民政府可以责令有责任的行政机关支付部分或者全部赔偿费用，具体办法由国务院规定。

2. 民事诉讼监督

这是指人民法院、人民检察院或当事人，认为人民法院已经发生的判决、裁定及调解协议确有错误而提起或申请再审，由人民法院依法进行审理时所适用的诉讼程序。再审程序可由人民法院依职权、人民检察院提起抗诉以及当事人申请而发动。再审法院一旦决定再审，应当裁定中止原判决、裁定的执行，另行组成合议庭，根据不同情况适用相应的程序进行再审判。

3. 刑事诉讼监督

这是指人民法院、人民检察院对于已经发生法律效力的判决和裁定，发现在认定事实上或者在适用法律上确有错误，依职权提起并由人民法院对案件进行再次审判的一种诉讼程序。根据有关法律和司法解释，各级人民法院院长和审判委员会、最高人民检察院有权提起审判监督程序。当事人及其法定代理人、近亲属对于已经发生法律效力的判决、裁定，可向人民法院或者人民检察院提起申诉，是否能够引发再审程序要由人民法院、人民检察院决定。

4. 国家赔偿监督

依据国家有关规定，人民检察院行使国家赔偿的监督职能，受理赔偿请求人或者赔偿义务机关不服人民法院赔偿委员会做出的刑事赔偿决定或者民事、行政诉讼赔偿决定，以及人民法院行政赔偿判决、裁定的申请。最高人民检察院发现各级人民法院赔偿委员会做出的决定，上级人民检察院发现下级人民法院赔偿委员会做出的决定，具有下列情形之一的，应当自本院受理之日起 30 日内立案：有新的证据，可能足以推翻原决定的；原决定认定事实的主要证据可能不足的；原决定适用法律可能错误的；违反程序规定、可能影响案件正确处理的；有证据证明审判人员在审理该案时有贪污受贿、徇私舞弊、枉法处理行为的。下级人民检察院发现上级或者同级人民法院赔偿委员会做出的赔偿决定具有上列情形之一的，经检察长批准或者检察委员会审议决定后，呈报有监督权的上级人民检察院审查。人民检察院立案后，应当在 5 日内将《赔偿监督立案通知书》送达赔偿请求人和赔偿义务机关。①

5. 侦查活动监督

人民检察院对公安机关等侦查机关的侦查活动是否合法所进行的专门法律监督，即对侦查机关专门的调查活动以及采取的强制性侦查措施是否合法所进行的监督。负责对全国刑事犯罪案件（包括人民检察院直接受理侦查的贪污贿赂、国家工作人员渎职等犯罪案件）犯罪嫌疑人的审查批捕、决定逮捕、立案、侦查活动监督工作进行指导；承办应当由最高人民检察院办理的审查批捕、决定逮捕案件；承办下级人民检察院批捕检察部门工作中疑难问题的请示；指导未成年人涉嫌犯罪的审查批捕工作；研究审查批捕业务规范化建设。依据国家有关规定，人民检察院是国家法律监督机关，在加强对侦查机关侦查活动的监督过程中，应坚持在宪法的框架内进行活动。完善立法，健全侦查监督的程序，加强对侦查监督的强制性，强化对侦查机关侦查程序的制约，从而为诉讼参与人提供一个救济程序，并在检察机关对侦查机关的制约过程中实现程序正义。

三、审计监督

1. 国家审计监督

这是一项专门的财政经济法律监督制度。国家审计机关依法对国家机关、企事业单位的财政及经济活动进行审核检查，判断其合法性、合理性、有效性，目的是维护国家财政经济秩序，严肃财经纪律，加强经济管理，提高经济效益，为打击违法犯罪活动提供事实依据，促进廉政建设，保障国民经济健康发展。国家审计监督包括：财政预算的执行和财政决算；信贷计划的执行及结果；财务计划的执行和决算；基本建设和更新改造项目的财

① 中华人民共和国最高人民检察院．人民检察院国家赔偿工作规定．检察日报，2010-11-26.

务收支；国家资产的管理情况；预算外资金的收支；借用国外资金、接受国际援助的财务收支；与财政财务有关的各项经济活动及收益；严重侵占国家资产、严重损失浪费等损害国家经济利益的行为；国有企业承包经营责任的有关审计事项；国家法律、法规规定的其他审计事项，等等。国家审计机关有权检查被审计单位的会计凭证、会计账簿、会计报告和运用计算机管理财政收支、财务收支电子数据的系统，以及其他相关资料和资产。有权就审计事项的有关问题向有关单位和个人进行调查，并取得有关证明材料。经县以上人民政府审计机关负责人批准有权查询被审计单位在金融机构的存款。对被审计单位违反审计法规定的行为有权予以制止，经上级审计机关负责人批准，可采取相应的封存资产、冻结存款等监督措施。按照审计署规定的程序，对审计组报告进行审计并对被审计对象提出的意见一并研究后，提出审计机关的审计报告，对违反国家规定的财政收支、财务收支行为，依法予以处理、处罚，在法定职权范围内做出审计决定或者向有关主管机关提出处理、处罚的意见。

2. 机构审计监督

机构审计监督概指由会计师事务所受托承担的对企业或其他组织的审计监督。主要包括：受托对企业或其他组织的会计凭证、报表、数据系统和账簿等实施审计监督；受托对企业的真实经营状况、统计数据、存在问题等实施审计监督；受托对上市公司资本运营、资产负债、成本效益、会计报表、股东回报、信息披露等实施审计监督；受托对上述企业或组织的审计情况提供真实的审计信息、审计报告和客观公正的法律依据。目前，中国国内企业或其他组织委托的审计机构主要是会计师事务所，如国内排行靠前的中瑞岳华、立信会计、信永中和、天健、国富浩华、大信等审计机构。跨国公司在中国业务的审计一般由德勤、毕马威、普华永道、安永等国际著名会计师事务所受托承担。机构审计监督在审计监督中发挥更重要的作用，是审计监督和市场中介的统一体，比国家审计监督的范围更广泛、更深刻。

四、计量监督

1. 国务院计量行政部门监督

国务院计量行政部门对全国计量工作实施统一监督管理。主要包括：审批并颁发计量基准证书；批准单位和个人拆卸、改装计量基准，或者自行中断其计量检定的申请；有权废除技术水平落后或者工作状况不适应需要的计量基准，使计量基准的量值与国际上的量值保持一致；监督计量标准器具的使用，必须经计量检定合格，具有正常工作所需要的环境条件，具有称职的保存、维护、使用人员，具有完善的管理制度等。

2. 县级以上人民政府计量行政部门监督

县级以上人民政府计量行政部门根据需要设置计量检定机构，或者授权其他单位的计量检定机构，执行强制检定和其他检定、测试任务。执行检定、测试任务的人员，必须经考核合格。处理因计量器具准确度所引起的纠纷，以国家计量基准器具或者社会公用计量标准器具检定的数据为准。为社会提供公证数据的产品质量检验机构，必须经省级以上人民政府计量行政部门对其计量检定、测试的能力和可靠性考核合格。县级以上人民政府计量行政部门应当对制造、修理的计量器具的质量进行监督检查。

3. 计量行政部门的监督职责

其职责为贯彻执行国家计量工作方针、政策和规章制度，推行国家法定计量单位；制定和协调计量事业的发展规划，建立计量基准和社会公用计量标准，组织量值传递；对制造、修理、销售、使用计量器具实施监督；进行计量认证，组织仲裁检定，调解计量纠纷；监督检查计量法律、法规的实施情况，查处违反计量法律、法规的行为。县级以上人民政府计量行政部门的计量管理人员，负责执行计量监督、管理任务；计量监督员负责在规定的区域、场所巡回检查，并可根据不同情况在规定的权限内对违反计量法律、法规的行为，进行现场处理，执行行政处罚。县级以上人民政府计量行政部门依法设置的计量检定机构，为国家法定计量检定机构。国家法定计量检定机构的计量检定人员，必须经县级以上人民政府计量行政部门考核合格，并取得计量检定证件。其他单位的计量检定人员，由其主管部门考核发证。无计量检定证件的，不得从事计量检定工作。县级以上人民政府计量行政部门可以根据需要，采取以下形式授权其他单位的计量检定机构在规定的范围内执行强制检定和其他检定、测试任务：授权专业性或区域性计量检定机构作为法定计量检定机构；授权建立社会公用计量标准；授权某一部门或某一单位的计量检定机构，对其内部使用的强制检定计量器具执行强制检定；授权有关技术机构承担法律规定的其他检定、测试任务。

五、劳动监督

劳动监督是法定监督主体为保护劳动者的合法权益，依法对用人单位和劳动服务主体遵守劳动法的情况实行检查、督促、纠偏、处罚等一系列监督活动。

法定监督主体由国家劳动行政部门、工会组织和其他组织构成，并依法对用人单位遵守劳动法律、法规的情况进行监督和检查。劳动监督的对象是用人单位，劳动监督的内容是用人单位对劳动法律法规的遵守情况。劳动监督是保障劳动法得以切实贯彻执行的重要手段，具有监督主体的广泛性、监督对象的特定性、监督内容的全面性、监督性质的多样性等特征。劳动监督与劳动监察是保障劳动法切实执行的主要环节，是市场法制监督的主要内容之一。

1. 国家劳动行政部门监督

国家劳动行政部门主管全国的劳动监督工作，开展全国性的劳动监督，查处违法违规行为，保护劳动者的合法权益；采取各种措施，促进劳动就业，发展职业教育，制定劳动标准，调节社会收入，完善社会保险，协调劳动关系，逐步提高劳动者的生活水平；提倡劳动者参加社会义务劳动，开展劳动竞赛和合理化建议活动，鼓励和保护劳动者进行科学研究、技术革新和发明创造，表彰和奖励劳动模范和先进工作者；依照法律规定，支持和保护劳动者通过职工大会、职工代表大会或者其他形式，参与民主管理；创造就业条件，扩大就业机会；鼓励企业、事业组织、社会团体在法律、行政法规规定的范围内兴办产业或者拓展经营，增加就业；支持劳动者自愿组织起来就业和从事个体经营实现就业。

2. 县级以上各级人民政府劳动行政部门监督

县级以上各级人民政府劳动行政部门依法对用人单位遵守劳动法律、法规的情况进行监督检查，对违反劳动法律、法规的行为有权制止，并责令整改。监督检查人员执行公务必须出示证件，秉公执法，遵守有关规定，有权进入用人单位了解执行劳动法律、法规的情况，查阅必要的资料，并对劳动场所进行检查。在各自职责范围内，对用人单位遵守劳动法律、法规的情况进行监督。劳动行政部门应建立举报制度，受理对违反就业法行为的举报，并及时予以核实、处理。

3. 各级工会依法监督

各级工会依法维护劳动者的合法权益，对用人单位遵守劳动法律、法规的情况进行监督，包括对劳动者工作环境、利益诉求、依法诉讼和合法权益等的依法监督。任何组织和个人对于违反劳动法律、法规的行为有权检举和控告。

4. 劳动合同监督

国务院劳动行政部门负责全国劳动合同制度实施的监督管理。县级以上地方人民政府劳动行政部门负责本行政区域内劳动合同制度实施的监督管理，并在实施监督管理工作中，听取工会、企业方面代表以及有关行政主管部门的意见。可依法对下列实施劳动合同制度的情况进行监督检查：用人单位制定直接涉及劳动者切身利益的规章制度及其执行情况；与劳动者订立和解除劳动合同的情况；劳务派遣单位和用工单位遵守劳务派遣有关规定的情况；遵守国家关于劳动者工作时间和休息休假规定的情况；支付劳动合同约定的劳动报酬和执行最低工资标准的情况；参加各项社会保险和缴纳社会保险费的情况；法律、法规规定的其他劳动监察事项。

六、舆论监督

舆论监督是通过新闻媒介揭示现实生活中存在的问题并促使其解决的一种监督方式，是社会各界通过广播、影视、报纸、杂志、网络等大众传播媒介，发表自己的意见和看法，形成舆论监督机制，从而对国家、政党、社会团体、公职人员的公务行为以及社会上一切有悖于法律和道德的行为实行制约。这是从更广泛的领域对市场违法、违规行为的监督和对市场法制监督的再监督。因此，亟须制定和实行新闻监督法，依法实施舆论监督。

1. 新闻舆论监督

新闻舆论监督是社会公众行使民主权利的有效形式，通过报道、评论、讨论、批评、质疑、发内参等形式实现，核心是对市场法制监督的公开报道和新闻批评。新闻舆论监督需要掌握足够的市场违法、违规行为和法制监督的舆论信息，形成新闻舆论监督的事实及氛围，使社会公众对市场违法、违规行为和市场法制监督及其涉及的经济生活、政治生活和社会生活有充分的了解。新闻舆论监督在于对各种市场违法、违规行为和市场法制监督活动及其有关政治、经济和社会现象进行理性的、深度的评论，形成正面的新闻舆论监督导向。在信息日益丰富多样的条件下，新闻舆论批评显得越来越重要，通过社会公众对普遍关心的问题进行论辩、辩驳乃至争论，实现充分互动，最终产生心理共鸣，对市场违法、违规行为形成有效的舆论监督，对市场法制监督造成无形压力，生成有利于市场经济发展的新闻舆论监督机制，市场法制监督和再监督的自觉、自律机制，从而推动市场法制建设的发展与完善。然而，据统计，近几年来，中国因新闻舆论监督引发的新闻官司已经超过 1 000 起，新闻界的败诉率为 30%，屡屡败诉，即使有胜诉的，也使自身精疲力竭。

这表明新闻舆论承担着重大的法律责任，却没有得到切实的法律保障，也凸显了在新闻舆论监督法律责任的理解上存在着偏差。发挥新闻舆论监督的作用，首先要依法维护、保护新闻舆论监督的权益，加大新闻舆论监督的法制建设，使其有效监督建立在法治基础之上。

2. 公众舆论监督

公众舆论监督的主体是社会大众，包括公众对市场法制监督活动的评论、批评、赞扬、建议等。公众舆论监督不具有强制性，却具有一种精神的、道德的力量。当分散的、个别的议论引起人们的普遍关注，经过传播而形成社会舆论时，便代表着众多人的看法和意志，对市场违法、违规行为予以曝光、披露，并对市场法制监督产生重要的影响，形成市场法制监督的再监督氛围及效应。公众舆论监督与其他监督形式相区别，具有分散性、偶发性、连锁性和群体性等特点，一旦形成舆论监督的氛围，并以其特有的公开曝光方式所产生的作用及效果具有强烈的公众震慑力。同时，公众舆论监督也有负效应，如缺乏法律依据、事实依据或夸大对事实依据的曝光等，亟须加强对公众舆论监督的正确引导，有效抑制公众舆论监督的负效应，强化公众舆论监督的正效应。

3. 网络舆论监督

网络舆论监督有广义与狭义之分。广义的网络舆论监督是通过互联网表达的社会舆论监督，有公众舆论监督、媒体舆论监督和各种利益集团的舆论监督等。而狭义的网络舆论监督仅指以网民作为舆论主体的并在网上表达的舆论监督。

网络舆论监督是传统监督方式在网络信息化条件下的拓展，其本质也是事实监督。网络舆论监督的主体是网络媒体，包括传统媒体网站、各类新闻网站、博客、微博、论坛或个人跟帖等。与传统媒体监督相比，网络舆论监督更具有公开、透明、快捷、广泛、互动的特点。网络舆论监督实现了网络技术与民主监督的有机结合，与传统舆论监督相比具有独特的优势和强烈的时代特征，现已成为舆论监督最主要的形式，已成为反腐倡廉、民主法制建设和精神文明建设不可或缺的力量。

网络舆论监督属于公众舆论监督范畴，主要通过网络微博、邮件、聊天、视频等方式对市场活动行为和市场监督行为发表网评、网议、网帖、网曝，形成更强大的网络舆论监督氛围，生成更有效的网络舆论监督机制。网络舆论监督对于市场违法违规行为、执法违法行为、执法腐败行为和其他违法违规、败德行为的揭露、监督、谴责、惩治，发挥了不可替代的作用。网络舆论监督同样具有负效应，应因势利导，构建正确的网络舆论监督导向机制，加强网络舆论监督的法制建设，使之建立在法治基础之上。因此，要不断完善网络舆论监督制度，整合网络舆论监督资源，形成网络舆论监督的整体合力，加快网络舆论监督机制创新。

要建立一种网络舆情搜集、分析、判断及应急机制和信息共享、共同应对的合作机制，为推进网络舆论监督开辟新的空间。要不断完善网络舆论监督的规章制度和运行机制，分析网络舆论的特点，探索网络监督的规律，积极推进网络舆论监督的法制化、规范化。要努力搭建网络舆论监督的交流平台，拓宽网络舆论监督渠道，深化网络舆论监督途径，丰富网站内容，使网络舆论监督能够通畅、高效、规范运行，加强与网民的直接联系，提高网民参与网络舆论监督的积极性，进一步发挥网络监督的功能。要大胆创新监督形式，整合监督资源，加强网络监督与其他监督形式的互动，把网络舆论监督与其他体制内监督紧密结合，发挥各方面监督的积极作用，提高监督效果。要利用网络的优势畅通政府与社会的沟通机制，建立健全网络监管机制，为民众诉求、信息充分流动提供足够的空间，使网民监督与监督机关的专门监督充分整合，形成合力。

市场法制监督构成一个多层次的监督系统，是市场经济各个层面监督的总和，内含法律监督的一般意义。权力制约是法律监督的理论来源，法律监督是权力制约理论在法律活动中的具体运用。① 市场法制监督同样体现了法律监督的合法性原则、程序原则、民主原则、效率原则和服务原则。

要点总结

市场经济法制类型、调整关系和法律形式

类型	调整关系	法律形式	类型	调整关系	法律形式
市场主体活动	企业法人活动	公司法等	宏观经济调控	国家预算制度	预算法
	自然人经济活动	民法通则等		税收征管制度	税收征收管理法
	企业破产制度	企业破产法		金融监管制度	中央银行法等
市场经济秩序	规范市场活动程序	合同法等	市场法制监督	行政监督	许可法、复议法等
	保护消费者合法权益	消费者权益保护法		司法监督	行政、刑事诉讼法
	确保产品质量	产品质量法		审计监督	审计法等
	维护市场运行规则	反垄断法等		计量监督	计量法等
				劳动监督	劳动合同法等
				舆论监督	新闻监督法

关键词

公司法；民法通则；企业破产法；合同法；劳动合同法；消费者权益保护法；产品质量法；反垄断法；反不正当竞争法；预算法；税收征收管理法；中国人民银行法；银行业监督管理法；证券法；保险法；市场法制监督。

思考题

一、简述企业法人活动的法律规定。

二、简述保护消费者合法权益的法律规定。

三、简述反垄断法有关垄断的相关界定。

四、简述宏观经济调控的法律制度。

五、简述市场法制监督及主要调整关系。

---

① 沈宗灵．法理学（第二版）．北京：高等教育出版社，2004：452．

第十一章

社会主义市场经济发展论

本章重点：市场经济开放式发展、创新型发展、可持续发展；经济发展与经济增长；经济发展与经济增长的衡量指标；市场经济供给结构、需求结构、区域结构、总量结构；市场经济战略、原则、特征、目标模式、具体措施；开放战略格局。

简要概括：市场经济发展的内涵是开放式发展、创新型发展和可持续发展的统一。社会主义市场经济发展论的目的在于积极推进全方位开放战略，创新发展方式，提高经济运行质量，提升经济发展水平，形成可持续发展模式。市场经济结构由供给结构、需求结构、区域结构和总量结构组成，并蕴含产业结构、消费结构、区域发展、总量平衡等经济结构与经济发展的有机关联与统一，构成市场经济发展论的基础平台。市场经济的战略及内涵、原则和特征、战略经验、目标模式、具体措施和战略格局，构成市场经济发展论目标选择的基本原则和理论依据。坚持市场经济的路径选择，调整和优化产业结构、消费结构、区域结构和总量结构，转变经济发展方式，科学制定及实施市场经济战略，成为建立与完善社会主义市场经济体制的基本环节和主要任务，也是社会主义市场经济发展论的重要课题之一。

第一节　市场经济发展

一、开放式发展

市场经济的内涵就是通过市场机制的运作达到资源的合理配置，但市场经济的运作又是极其复杂的。所谓资源合理配置则是市场经济内外因素相互作用的结果。内外因素相互作用表明，市场经济一定是开放经济，开放式发展是市场经济的本质要求。这主要体现为：

（1）市场经济是具有普遍联系的经济。

市场经济以其内在的基础性调节机制能够把一个国家或地区范围内的经济形式有机地联系起来，并与世界经济相联通。无论何种类型的所有制经济形式，只要遵循市场经济的基础性调节规律，就会形成市场竞争基础上的相互联系、相互制约的开放式发展方式，是市场经济的基本特征之一。所以，开放式发展是市场经济规律的客观要求，具有不以人的意志为转移的客观必然性。

（2）市场经济是合理配置资源的经济。

合理配置资源是多种市场机制相互联结、渗透、作用的结果，在人类社会商品经济长期的历史发展过程中，可以选择多种配置资源的方式，但实践证明，市场经济是合理配置资源的较优方法或手段。在一个国家或地区范围内资源有限或稀缺的状况下，选择的资源配置方式必然是开放式的，只有通过世界范围的资源配置，确立共同的经济贸易规则，形成互惠互利的开放经济体系，才能达到资源的合理配置或共享。开放式发展成为市场经济规律的客观要求或选择，这种规律性要求或选择同样具有普遍的客观必然性。

（3）市场经济是多元化竞争的经济。

多元化竞争在内外封闭的框架内无法生成，真正意义上的多元化竞争的经济，必然是通过多层次、多渠道的多种经济形式平等、公平、公开竞争形成的。只有多元化竞争及其优胜劣汰机制发挥作用，才能形成开放式发展。实践同样证明，一个国家或地区的经济发展潜力、竞争力如何，只有通过开放经济的国际竞争、实力之比较方可显示出来。所以，开放式发展必然通过开放的方法、手段，寻找国内外多层次的竞争伙伴或合作伙伴，以求较有竞争质量的生存与发展空间，壮大和提高其竞争的整体实力，渐趋形成具有品牌价值的核心竞争力。显然，开放式发展及其运行机理也必然成为市场经济规律的客观要求或选择，同样表现出普遍的客观必然性。

（4）市场经济是追求质量和效益的经济。

市场经济机制运作的意图即追求经济质量和经济效益，特别是追求较高质量和较高效益。或者说，市场经济追求经济质量及效益的高增长，摒弃低质量及低效益，旨在追求一个国家或地区范围内的多层次劳动、资本、技术、管理等的集约运营和比较优势，力求低成本、高质量、高效益。此种低成本、高质量和高效益的追求，不仅仅局限于国内，必然追求国际范围的开放式发展。可见，这种追求质量、效益的经济发展一定是开放式发展，构成市场经济规律的又一客观要求或选择，也表现出普遍的客观必然性。

开放式发展的市场经济必以经济全球化、国际化为背景，开放式发展离不开世界。坚定不移地实行对外开放，发展同世界所有国家的经济贸易关系，开展广泛的互利合作，在开放式发展中发展自己，提高综合国力水平，是建立与完善社会主义市场经济体制的基本要求。概言之，开放式发展是社会主义市场经济现代化、国际化的客观要求；是社会主义市场经济联系化、互补化的客观要求；是社会主义市场经济竞争化、比较化的客观要求；是社会主义市场经济质量化、效益化的客观要求。开放式发展具有四种基本功能：

（1）优化经济结构功能。

开放式发展可直接影响一个国家或地区的产业结构、供求结构、区域结构、总量结构、收入分配结构等经济结构的变化，局部或整体启动经济结构调整、优化，协调与世界经济的交往方式，衔接走向，并强烈影响社会政治、文化、思想等社会结构和意识形态的变化。开放式发展可加快优化经济结构的关联度，有力促进经济增长，持续推进经济发展。

（2）提高经济素质功能。

开放式发展可促进国际资源在一个国家或地区范围的有效配置，提高经济增长水平和经济发展质量。自然，先进技术、高端人才等资源需要通过激烈的国际竞争和商贸谈判才能获得，但并不是引进的都是先进的。开放式发展可输出具有本国特点的商品、劳务、技能、方法等资源，促进本国资源在国际范围的有效配置，提高经济发展水平和综合国力水平。开放式发展是国内外两个市场的连接及其资源的互补，可较好地提高一个国家或地区的经济素质，特别是相关产业结构、产品质量、技术水平、人力资源和综合竞争力等，较快地提高单纯一个国家或地区内部发展所无法达到的具有国际竞争力的经济整体素质。

（3）控制经济均衡增长功能。

开放式发展不仅调剂一般商品、劳务等资源余缺，而且通过内外开放两方面运行机制的协调，达到均衡地控制供过于求或需求膨胀，实现国内供求关系相对平衡；均衡地控制进出口顺差或逆差，实现进出口总额相对平衡；均衡地控制财政顺差或逆差，实现预算收支相对平衡。最终达到控制经济均衡增长，促进经济社会可持续发展的目标。

（4）增强经济活力功能。

开放式发展实际上是一种巨大的经济社会变化、调节系统，使开放式发展中国家间的经济关系距离拉近，联系度紧密，经济效率互动性增强，可参照性更直接、更有效，可极大增强一个国家或地区经济发展的活力。实践证明，在中国，凡是开放式发展活跃的地区，其经济都充满生机活力；反之，开放式发展滞后的地区，由于体制保守、封闭，其经济发展没有活力。在国际上，凡是开放式发展普遍的国家或地区，其经济发展水平都显著提高，经济活力不断增强；反之，开放式发展程度较低的国家或地区，其经济发展水平和活力十分有限，甚至停滞或降低。40 年来，中国实行开放式发展政策，这成为其历史上经济发展最具活力的时期。从宏观上看，GDP 增长率、人均 GDP 比率、劳动生产率、人均国民收入增长率、供求总量和结构水平、进出口增长率、外汇储备余额、政府宏观调控能力等，都达到历史上前所未有的高度、水平，宏观经济整体实力大为增强。从微观上看，企业竞争力、产品市场占有率、技术研发实力、局部供求结构水平、服务质量、知识产权保护、环境保护机制、规避风险、市场主体决策能力等也取得了令人瞩目的成效，微观经济活力显著增强。

坚持开放式发展、发挥对外开放功能，犹如坚持改革、发挥改革功能一样，是社会主义市场经济的必备要件，是社会主义市场经济理论题中应有之义。

二、创新型发展

创新是引领发展的第一动力，创新型发展在创新、协调、绿色、开放、共享的新发展理念中居于首位。创新型发展对于实现市场经济发展目标、破解难题、厚植优势、优化配置具有重要意义，集中体现了中国市场经济发展战略、发展目标、发展方向、发展特点，具有管全局、管根本、管长远的导向功能。①

创新型发展涵盖两方面要义：市场经济手段或方法创新，发挥市场配置资源的基础性作用；市场经济体制和机制创新，积极推进具体制度的改革和创新。

市场经济手段或方法创新，重点在于发挥市场配置资源的基础性作用。依据西方经济学的基本观点，市场配置资源是自发的、自由的市场耦合过程，无须任何外部因素干预，并贯穿于经济社会发展的所有领域或方面，政府和社会组织的任务就是创造条件，保持和维护自由市场经济秩序。创新型发展就是学习和借鉴自由市场经济理论与实践的经验、教训，突破自由市场经济理论与实践的阈限，把发展转移到手段或方法创新上来，转移到重点发挥市场配置资源的基础性作用上来。所谓基础性作用是指市场配置资源的功能从所有领域或方面转移到或聚焦在经济社会发展的基础领域或方面，也就是商品或服务的生产、流通、分配、消费等资源配置方面，发挥市场的基础性作用。政府和社会组织要创造条件，以有利于促进市场经济手段或方法的创新，并始终保持和维护市场的基础性作用。发挥市场的基础性作用，还包括政府政策的制定和实施，社会法制的建立与完善，社会组织的运作和规范，都必须以市场的基础性作用为依据、前提。

市场经济体制和机制创新，重点在于推进适应市场经济的具体制度的改革和创新。以公有制经济为基础的多种所有制经济并存构成社会主义的基本经济制度，这个基本经济制度是长期的、稳定的、不变的，而在基本经济制度基础上构建的具体制度则是短期的、相对的、可变的。例如，具体的产权制度、交易制度、分配制度、服务制度、管理制度等是短期的、相对的、可变的，具体制度就是具体的经济体制和机制，市场经济体制和机制创新的重点就聚焦在这些具体制度或体制的改革创新方面。就此而言，创新型发展是具有中国特点或特征的发展，这构成社会主义市场经济发展的最显著特点或特征。

无论是手段或方法创新，还是体制和机制创新，都是一个不可分割的整体。手段或方法创新重点在于发挥市场配置资源的基础性作用，经济体制和机制创新重点在于具体制度的改革创新。前者的创新发展在于发挥市场的基础性作用，使市场的基础性作用实现创新式发展、跨越式发展，充满生机活力。后者的创新发展在于具体制度或体制改革的创新，使市场经济体制渐趋发展与完善，为发挥市场的基础性作用提供体制保证。前者的创新发展是市场经济发展的活力、动力，并有赖于后者的创新发展。后者的创新发展是市场经济的基础、平台，并服务于前者的创新发展。二者相互联系、有机统一，构成社会主义市场经济创新型发展的典型形态或方式，始终蕴含并体现了社会主义基本经济制度的要求及诉求。

创新型发展作为社会主义市场经济发展的典型形态或方式，也是现代发展理论的组成部分。现代发展理论认为，发展是社会、经济、政治三者相互联系的进步过程。发展就是经济和社会循序渐进的变革。传统的发展观鼓励发展中国家摒弃其传统，新的发展观则注重多样性，强调存在许多并行的发展道路。即使具有共同的长期发展目标，不同国家也很可能会找到实现共同的长期发展目标的不同路线，这就必然促使社会对创新能力而非效仿

① 申孟哲．五大发展理念 引领发展实践的“指挥棒”（习近平治国理政关键词⑥）．人民日报海外版，2016-02-03．

能力加以鼓励。传统并不是一种依靠，而是一种财富。新的发展观将人的能动作用放在中心位置，重视人类自身的发展、教育，以及建立和完善使协同工作更加有效的体制。① 基于现代发展理论的经济发展包含两方面要点：一方面指一定时期一个国家或地区经济数量的增加；另一方面指一定时期一个国家或地区由经济数量增加必然引起的经济结构的变化。经济总量及其变化与经济结构及其变化构成经济发展的基本内涵，而经济结构的变化以及由此引发的社会结构、政治结构、文化结构等的变化，是经济发展理论侧重研究的方面。创新型发展总是伴随着由经济增长推进的经济、社会、文化等多方面的变化，是经济社会综合发展和进步的过程。主要表现为：

（1）经济社会结构的变化。

这包括：投入结构变化，生产过程中投入要素比例变化，由劳动密集型向资本密集型、技术密集型、知识密集型转化等；产业结构变化，第一、第二产业相对缩小，第三产业相对扩大；收入分配结构变化，由以往单纯的按劳分配结构向以按劳分配为主体多种分配方式并存结构转化；社会结构变化，城市化、市场化、现代化水平越来越高，非农人口在总人口中的比重不断增加，人口老龄化趋势凸显等。

（2）经济社会质量变化。

由于科学技术的广泛应用，生产过程中的投入逐步减少，而产出则不断增加，成本降低、利润增长、经济效益提高；由于重视经济发展环境的建设，从而逐步减少经济运行中的剧烈波动，通货膨胀率、失业率被控制在安全稳定的范围内，经济运行稳定；由于社会医疗卫生水平的提高，婴儿死亡率下降，人的寿命延长，人的素质提高，健康卫生状况得到显著改善，生活质量不断提高；由于环境保护意识的提高，生态环境不断得到改善，环境质量逐步提升，环境污染及破坏生态平衡现象逐步减少，环境和生态状况发生根本性变化等。

三、可持续发展

市场经济可持续发展特指市场配置资源必须遵循资源禀赋总量及规模、水平的客观状况、要求，在资源禀赋总量结构及水平一定的基础上，不透支资源、不浪费资源、节约环保、合理配置，使市场经济能够可持续发展。

市场经济可持续发展与经济社会可持续发展是一致的。经济社会可持续发展的本意即是指对有限资源利用的合理性和可持续性，不可持续性是指有限资源无法满足经济社会发展日益增长的需要，面临资源枯竭或透支、浪费的现象。经济社会可持续发展以市场经济可持续发展为前提，必须持续关注资源禀赋总量结构及水平这个可持续发展的基础性问题，关注市场基础性作用的合理性、循环性和环保性问题，由此构成经济社会可持续发展的根本问题，两种可持续发展并行不悖，具有内在的一致性。经济社会发展还包括一系列软环境建设，即有利于经济发展的法制环境建设、政策环境建设、社会环境建设和诚信环境建设等。在社会主义市场经济条件下，“诚信环境作为经济发展软环境的子要素，其基本功能就是营造良好的社会氛围、降低企业交易成本和社会成本、促进社会经济

① 山里人. 经济发展与经济增长. 新浪网，2008-06-01.

可持续发展”①。

市场经济可持续发展与宏观经济调控及政策的目标是一致的。宏观经济调控及政策是配应市场调节特别是弥补市场失灵或失序而采取的应对性制度或机制，目的就是防止市场盲目性调节、过度性诱导、短视性错配，以及减少外部性和信息不对称性等现象，从宏观视角控制和引导资源的合理配置、高效利用，使宏观经济发展和微观经济循环具有可持续性。显然，市场经济可持续发展与宏观经济调控及政策的目标相吻合、一致，都强调资源配置的合理性、利用的高效性，二者一致性的核心问题是资源有限性与资源利用循环性、可持续性的矛盾及发展问题，凸显了市场经济可持续发展的主题。

市场经济可持续发展与转变经济发展方式密切相关。转变经济发展方式就是因为传统的粗放式经济发展方式致使有限资源枯竭，陷入高增长、高污染的恶性循环，导致经济发展不可持续，危及人类自身的发展及安全。转变经济发展方式不仅是生产方式由粗放型向集约型的转变，而且是生活方式的根本转变，更加关注资源的合理配置、循环利用，环境保护，生活质量和幸福指数。这种较高质量的根本性转变与市场经济可持续发展理念、方式、目标密切相关，是社会主义市场经济理论研究的前沿课题之一，具有重要意义。

转变经济发展方式，注重经济社会综合协调发展，坚持经济发展的耦合性、关联性、价值性和人文性的统一，体现了市场经济可持续发展的理念。转变经济发展方式，本质上就是坚持市场经济可持续发展，加快经济结构战略性调整，积极建设资源节约型、环境友好型社会，在合理利用自然资源、保护生态环境的基础上，促进经济社会协调发展。实际上，马克思很早就从唯物史观的角度揭示了社会进步的本质，强调社会进步遵循生产力发展的规律，受人类利益、需要的驱使和生产实践活动的支配。衡量社会进步的尺度主要是生产力发展水平和人的解放程度。转变经济发展方式应以人为本，坚持市场经济可持续发展理念、积极促进人的全面发展的经济社会发展战略，这样经济发展及物质财富的丰裕才具有真正的社会价值和属人的意义。

改革开放以来，中国的经济建设取得了巨大成就，社会发展状况也有了很大改观，贫困人口大幅度减少，城乡居民生活水平有效改善，社会公平逐步得到保障。然而，中国的自然条件和地理特点具有明显的先天脆弱性：人口数量巨大，活动频繁；资源和生存空间相对紧张；人均淡水、耕地、森林、草地资源和重要的矿产资源不到世界平均水平的一半。此外，废水、废气、固体废物等主要工业污染物的排放量继续增加，以城市为中心的环境污染仍在继续，并逐渐向农村蔓延。尤其是在过去的几十年间，企业和政府均片面追求 GDP 数量的增长，只注重经济效益，极力推行掠夺性消耗自然资源的经济增长方式，导致经济社会发展出现了一系列问题。这些情况表明，转变经济发展方式迫在眉睫。中国的经济社会发展战略不能再仅仅依靠 GDP 数量的增长，而应当被纳入社会这一大系统中去统筹兼顾，要有更为全面、更为辩证的要求，要更深刻、更自觉地把握经济发展的规律，采取更有力的措施提高经济发展质量和效益，促进经济社会又好又快地发展。转变经济发展方式反映了中国经济社会发展战略进一步走向深化，逐步与市场经济可持续发展

① 宋贤卓．中国经济发展软环境理论研究．北京：中国社会科学出版社，2006：314.

相适应。传统的经济发展方式是早期工业文明的产物，本质上蕴含着人与自然对立的理念。在近代欧洲，随着科学技术的发展、工业革命的推进、货币向资本的转化，追求经济增长的观念日益凸显。这一时期，西方学术界和公众认同的一个基本观点即是社会发展离不开人对自然的统治和奴役。空想社会主义者圣西门指出，社会进步应当是科学技术对工业社会的牵引，工业革命的本质在于“把人力作用于物”。物即自然，对物的占有和开发就是对自然的占有和开发。经济增长的神话似乎可以通过人的主体性扩张，利用科技工具等理性手段对自然资源进行疯狂掠夺和消费来实现。随着时间的推移，贫富悬殊、社会动荡、资源短缺、环境污染、生态失衡等严重后果开始逐渐显现，而平民教育、社会福利、医疗保健、环境改善、社会公平等进步因素则被当作经济增长的代价被牺牲掉了。显然，这种经济发展方式不利于人类文明的进步和生存条件的改善，应引起深刻检讨和反思。

市场经济可持续发展蕴含经济增长和经济发展两个基本方面。就此而言，经济增长与经济发展又是同一的。经济增长主要指国民收入和国民生产总值的提高，以产出量增加作为目标和衡量尺度。经济增长的重点是研究影响经济总量变化及增加的因素、生产要素如何有效配置及利用，以及经济效益增长的幅度和水平，以促进经济协调发展。经济发展比经济增长具有更广泛的含义，既包括增长所强调的产出扩大和增加，也包括生产和分配结构与机制的变革、社会和政治的变迁、人与自然的联系、生活质量和生活水平的持续提高，以及发展的自由选择和机会公平等。经济发展强调经济、社会、政治“质”的变迁或进化。经济增长要求回答“有多少”的问题，经济发展则既要回答“有多少”的问题，还要回答“有多好”的问题。经济发展的重点是选择正确的发展道路，确立科学的发展战略，明确既定的发展目标，加快科技、教育、文化发展，优化经济结构，发展循环经济，注重环境保护，实现经济、社会的可持续发展。经济发展与经济增长存在逻辑上的联系与统一。没有质的进化的经济增长是不可持续的；同样，没有量的增长的经济发展也是不可持续的。对于经济发展而言，经济增长是最基本的，但过分重视经济增长或者过分强调经济发展都会导致发展的不平衡和不可持续，妨碍社会进步和人的全面发展，这就是市场经济可持续发展的本质要求。

市场经济可持续发展与经济发展的历史进程也是一致的，伴随着经济发展的历史进程而变化，大致经历了四个阶段：第一阶段，从18世纪工业革命开始延续到20世纪40年代末，在这段历史时期中，市场经济发展与经济发展同步，是走向工业化社会的过程，也是强调经济增长的过程。第二阶段，20世纪50—70年代初，随着市场经济的发展，工业化进程加快，把经济发展视为经济增长和社会变革的统一，是伴随着经济结构、政治体制和文化法律变革的经济增长过程。第三阶段，20世纪70—80年代末，特别是自1972年联合国斯德哥尔摩会议通过《人类环境宣言》以来，市场经济发展更注重可持续问题，将经济发展看作与追求社会政治、经济、文化和人的发展和谐平衡的过程，注重人与自然环境的协调发展和可持续发展。第四阶段，自20世纪80年代末以来，市场经济可持续发展理念逐步深化，将经济发展视为人的基本需求逐步得到满足、人的能力发展和人性得到自我实现的过程，并以可持续发展观念的形成及在全球取得共识为标志。

四、发展路径选择

1. 走特色化之路

中国的市场经济发展必须选择走特色化之路，西方的自由市场经济已经走过了几百年的历程，积累了诸多成功经验和教训，社会主义市场经济可加以学习和借鉴。但社会主义市场经济又不能重复走西方自由市场经济的道路，重复自由市场经济发展的每一个阶段及细节。如果重复或复制的话，中国经济社会发展就会遭受重创，甚至是停顿或倒退，原因在于这种重复或复制会导致长期的贫富两极分化、阶层对立，引发社会激烈动荡，更无法后起直追，实现跨越式发展。走特色化之路就是注重中国国情，走有中国特色的市场经济创新之路。社会主义市场经济理论的显著特点、特征就在于此。

目前关于国情论和国际论的持续探讨和争论，本质上就是关于中国市场经济发展道路或路径选择的问题。一种观点认为，走西方自由市场经济发展道路，与国际接轨，就要突破国情论的制约，因为国情论是指导浅层次改革的理论，深层次改革必须坚持国际论，甚至强调摒弃国情特色，坚持普世价值观。这种观点把改革的深浅层次对立起来，把国情与国际对立起来，用深层次改革否定浅层次改革，用国际论否定国情论、特色论，并把国情特色等同于政府垄断、官员腐败，似乎深层次改革必须秉持普世价值观，走国际论道路，这才是唯一出路。实际上，改革是一个多层次的渐进展开的过程，把改革的深浅层次对立起来既不科学，也背离现实逻辑。国情论与国际论并行不悖，是一个相互联系的有机体，把国情论和国际论对立起来同样背离改革开放的理论与实践。至于用普世价值观代替有中国特色社会主义及其核心价值观更是鼠目寸光，出奇离谱。

2. 走科技化之路

走科技化之路，是中国市场经济发展选择的必由之路。市场经济发展必须与科技发展相结合，走科技振兴之路，具体包括：加强科技的基础研究和应用研究，建立适应并推动经济发展的科技研发、推广、应用的统一运行机制，大力培育生产要素市场，促进科技成果转化为现实生产力，提高、增强经济发展实力。运用科技改造、调整现实生产结构、产品结构、营销结构、管理体系，不断加大科技投入及资产重组、创新的力度，提高经济发展的科技含量和运营水平。运用科技特别是高科技开拓新的经济发展领域，建设效率高、竞争力强的新经济产业，直接提升经济总量和经济结构的层次、水平，提高经济发展的竞争实力、水平。加强科技进步、提升创新水平，大力推进生产手段的现代化，促进劳动者素质的提高。走科技化之路，不仅要将先进的科技成果物化在技术设备、生产手段和劳动对象上，转化为劳动者的综合素质，而且要通过科技进步、创新提升市场经济发展层次、水平。唯有如此，才能为市场经济发展增添科技动力，全面推动经济社会的发展与进步。

3. 走国际化之路

中国市场经济的发展必须走国际化之路。走国际化之路实质上就是走开放发展之路，中国在以往的计划经济体制下无法走出一条国际化道路，社会主义市场经济则可开辟一条开放的国际化道路。显然，国际化之路、特色化之路和科技化之路并不是三条互不重合的道路，而是一个相互联系的统一体，是中国社会主义市场经济发展道路的最佳选择。

走国际化之路就是走国际贸易之路。在马克思主义产生以前，对国际贸易理论贡献最大的是大卫·李嘉图（David Ricardo，1772—1823）。在李嘉图之前，占主导地位的国际贸易理论是亚当·斯密的绝对优势理论。绝对优势理论认为，一个国家只能出口其具有绝对优势的产品，这样才能从国际贸易中获得收益。按照这种理论，若一个国家在任何商品的生产上都不具备优势，这个国家便不能出口任何商品，而由于进口终归要由出口所得来支付，这个国家也就不能进口任何商品，因此，该国便不能参与国际贸易。李嘉图的理论突破了这一认识局限，为国际贸易奠定了新的理论基础，并使各国找到了参与国际贸易的实践准则。李嘉图以英国和葡萄牙两国为例，假定英国生产一单位毛呢要用100人/年的劳动，生产一单位葡萄酒要用120人/年的劳动；而葡萄牙生产一单位毛呢要用90人/年的劳动，生产一单位葡萄酒要用80人/年的劳动。按照绝对优势理论，这两个国家之间是不可能进行贸易的；而李嘉图认为英国可以出口具有比较优势的毛呢，进口不具备比较优势的葡萄酒。同样，葡萄牙生产葡萄酒比生产毛呢有比较优势，输出葡萄酒、进口毛呢是有利的。这样，两国都可以从贸易中得到好处。[①] 马克思批判地继承了李嘉图的国际贸易理论，在大量的实证分析基础上，创立了劳动价值论，为建立科学的国际贸易理论奠定了基础。马克思认为，一国生产率较高部门的劳动在国际上会被当作强度较大的劳动，能表现为更多的货币。如果用这些货币从国外换取本国生产率相对不高部门所生产的产品，无疑会节约社会劳动。劳动是价值的源泉，价值又总是物化在一定的使用价值上。无论财富的社会形态如何，使用价值总是构成财富的物质内容，节约社会劳动便是增加社会财富。

第二次世界大战以后，由于西方国家市场经济发展的程度不同，以及国与国之间不同的政治经济关系和各种不同的国际经济集团之间的矛盾，围绕着削减关税和非关税壁垒的争论一直非常尖锐且复杂。而且，这种争论又受到各种贸易保护主义理论的支持。贸易保护主义理论也在不断地发展，例如，国内外生产成本均等论、输出失业论、降低工资论、保护幼稚产业论、多样化论、次优理论、贸易条件论、国家安全论等。贸易自由主义理论认为完全的国际分工能增加全球的产出，从而能增加全人类的福利，但实现的前提是各国之间必须是友好的和善意的，否则，这种完全的国际分工便无法促进全球经济的均衡发展，甚至会产生穷者更穷、富者更富的后果。二战后南北经济发展的差距越来越大便是明证。显然，贸易自由主义理论只是在抽象了很多现实状况后的一种纯经济分析。

显然，走国际化之路，就是要充分利用国际贸易及国际分工的优势，针对不同产业的状况给予不同程度的保护，并应遵循国际化原则，主要包括：保护具有潜在比较优势的产业；积极参与国际分工，充分获取国际分工所带来的收益；保护军事工业；对某些垄断产业不予保护；等等。

第二节　市场经济结构

一、供给结构

市场经济结构是指在社会主义市场经济体制中的所有制结构和产业结构及其相互关

---

① 彼罗·斯拉法．李嘉图著作和通信集：第一卷．政治经济学及赋税原理．北京：商务印书馆，1962：114．

系。所有制结构是构成国民经济整体的各种经济成分，即各种生产资料的所有制形式在整个市场体系中的地位、作用及相互关系。产业结构是国民经济各产业间和产业内部各行业间的数量对比关系。① 准确地讲，这种关于市场经济结构的定义，更适用于关于经济结构的定义。市场经济结构应是配置资源的系统结构，既含手段或方法因素，也含体制或制度要素，包括供给结构、需求结构、区域结构和总量结构等。产业结构和消费结构等经济结构则是市场经济结构的具体形式。

市场经济供给结构是市场配置资源的基本方式之一，表现为从价值方面反映的最终进入市场交换过程的全部最终产品与劳务，标示国民经济的运行状况。② 一般由资源禀赋、供给价格、地理位置、经济体制和市场效率等因素构成。

设 r 为资源禀赋、p 为供给价格、g 为地理位置、t 为对外贸易、s 为经济体制、ef 为体制效率，则市场经济供给结构（SR_P）为：$SR_P=f(r, p, g, t, s, ef)$。

基于资源有限或生产可供给品的资源有限，供给结构可用集合表示为 $SR_P+(s+ef)\leqslant R$，$\leqslant$表示近似小于等于，R 表示资源禀赋总量。而经济体制和体制效率因素（$s+ef$）必然蕴涵在 SR_P 之中，则供给结构又可简化为 $SR_P\leqslant R$，表明供给结构及其提供的商品或服务必须小于或等于资源禀赋总量，不能超出资源禀赋总量这一底线，否则，供给结构就会透支资源，不可持续。

图 11-1 中的自右上至左下的曲线为供给线，弯折曲线为经济体制和体制效率线。供给线与经济体制和体制效率线相交的区间为资源合理配置区间。最佳配置点为（R'，P'）。经济体制和体制效率线不是直线升降的，有上升期也有下降期，左侧自下而上为经济体制和体制效率的上升期，是经济体制和体制效率的生长区或完善区，与供给线相交的部分为合理配置区间。弯折曲线的右侧自上而下为经济体制和体制效率的下降期，是经济体制和体制效率的调整区或重建区，与供给线相交的部分为合理配置区间。这表明经济体制和体制效率不是一成不变的，无论是上升期还是下降期都必须适时调整、完善和创新。经济体制和体制效率下降期达到一定程度后，又会重拾升势，如此上下波动，循环不已，实现资源供给结构的相对平衡，即 $SR_P+(s+ef)\leqslant R$。

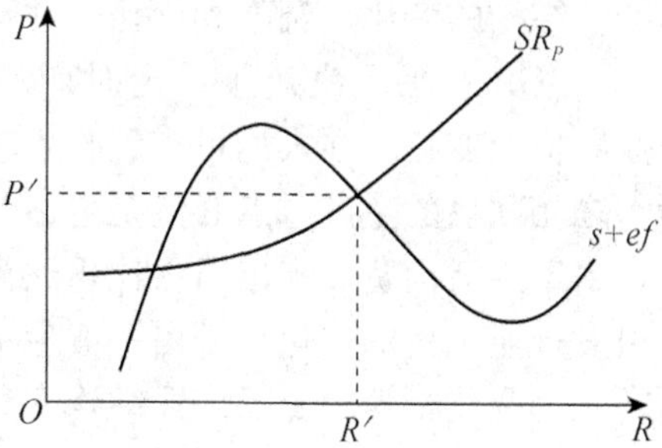

图 11-1　供给结构

市场经济供给结构是市场供给关系的基础。供给关系是供给结构的特定表现形式，并

① 李悦. 产业经济学. 北京：中国人民大学出版社，1998：666.

② 王海平，吴春波. 国民经济管理学. 北京，中国人民大学出版社，1994：319.

以商品生产、市场服务及其特定产业结构、行业结构、部门结构等具体经济结构形态表现出来。市场供给结构形成过程，既是供给关系相互作用过程，又是经济总量增长和经济结构优化过程，可直接促进经济有序、协调发展，总体上又表现为一个完整的市场经济供给结构。而供给关系及供给不足或过剩，则是供给结构要素失调的结果，调整供给关系应首先调整供给结构。

市场经济供给结构是市场供给机制的源泉。供给机制是供给结构要素相互作用的外在性调节机制，并以市场一般机制形式产生功能。供给机制作为市场的主要调节机制之一，是资源禀赋有限性与供给品生产、服务无限性的矛盾及其内在作用的结果，供给机制就是这种矛盾及其内在作用的外在调节方式。供给机制的调节作用可使产业结构等具体经济结构形态更加符合市场经济供给结构的内在要求，有序调节供给品的生产、服务，合理利用资源，节约资源，引导产业结构等具体经济结构转型升级、创新发展，形成灵活的市场供给机制。

市场经济供给结构的基础要素是产业结构。产业结构作为一定时期一个国家或地区的产业比例关系，是一个由产业投资组成的动态产业关系体，可进行多种类型的划分。世界各国或国际经济组织多采用三次产业划分法，三次产业及其产业结构在发展过程中呈不同方向的变化，组成动态的变化结构，有序地推动经济社会发展。或者说，第一、第二、第三产业结构合理变化本身，即是市场经济供给结构的典型形式。理论研究表明，三次产业结构的变化一般表现为：第一产业的产值比重和就业比重呈不断下降态势；第二产业的产值比重和就业比重呈先升后降态势；第三产业的产值比重和就业比重呈不断上升态势。这表明第三产业的发展和提升在产业结构变化中具有非常重要的作用。[①] 第一、第二产业面临结构老化、滞后的困境，对资源的需求远远超出资源供给底线，亟须转型发展，加大资源替代品的供给力度。而第三产业的发展则成为市场经济供给结构调整、优化的方向，有力地推动了现代流通业、服务业的发展，特别是现代金融服务业、互联网和电子商务的发展，促进了产业结构的优化及供给水平的提高。

产业结构变化也是市场经济供给结构选择的结果。市场经济供给结构决定基金积累的规模和投入方向，从而引起产业结构的变化、调整和优化，并最终决定产业结构变化的层次、水平。例如，GDP 和人均 GDP 水平既决定了一定时期的市场供给规模、水平及变化，也决定了一定时期的产业结构及变化，在人均可支配收入较低的情况下，用于生活的消费品支出占较大比重，而与之相联系的生产重点必然是生活消费品的生产，相反，在人均可支配收入提高的情况下，由于生活消费品支出所占比重逐渐下降，而耐用品、服务品等支出比重逐渐上升，必然引发产业结构的变化，即由一般生活消费品的生产为主向耐用品、服务品等的生产为主的转化、变化，这决定了产业结构变化的层次、水平和产品结构的升级、水平。市场经济供给结构及资源禀赋状况决定特定产业结构的形成及相应变化，如果一个国家或地区的资源禀赋较优，一般会形成以国内或地区内某些优势资源生产为主导的产业结构。如果一个国家或地区的资源禀赋匮乏，一般会形成以外向型生产、加工为主导的产业结构。而无论资源比较丰富还是比较匮乏，其产业结构的形成及侧重点总是与

① 姜国祥，潘英．中国社会主义市场经济概论．上海：华东师范大学出版社，1995：166.

之相适应的，而且这种适应又总是由低层次向高层次转化、变化，均可形成促进经济发展的良好态势。在中国，由一定的资源状况决定的产业结构及变化，必然是通过劳动密集型产业一定程度的发展，保证劳动者就业和生活水平提高之后，才可能有重点地向资本、技术、知识密集型产业逐渐转移、扩展，从而使产业结构变化与经济发展水平相适应，与社会生产力发展要求相适应。在开放经济条件下，国际市场的供给结构及变化会直接影响一个国家或地区的产业结构及变化，或者说一个国家或地区产业结构的变化直接与国际市场供给结构的变化相联系。如果国际市场的初级产品价格呈下降态势，那么初级产品出口国或地区必然会相应提高加工产品生产的比重，由此必然引起该国或地区产业结构的变化。如果国际市场的一般加工产品价格呈下降态势，那么一般加工产品出口国或地区也必然会相应提高深加工产品、高附加值产品生产的比重，由此也必然引起该国或地区产业结构的变化。前者实现由初级产品为主向一般加工产品为主的产业结构变化，后者实现由一般加工产品为主向深加工产品、高附加值产品为主的产业结构变化。

目前中国产业结构变化、调整和优化的重点主要是加强农业的基础地位，加大对“三农”的投入，不断提高农业发展水平。加强交通、通信、能源、环保等基础产业建设，缓解和消除基础产业“瓶颈”对经济发展的制约。加强劳动密集型传统产业和传统装备制造业等的改造力度，提高技术水平和创新能力。加强新能源、新材料、新工艺、新环保等高新技术产业的发展，加大科技创新力度，在关键和重点领域建立高新技术产业群。加强第三产业的转型与升级，推进现代金融服务业、环保服务业和有利于现代服务业发展的社会生态环境的建设，逐步提高现代服务业在经济发展中的比重。基于中国产业结构调整和优化的重点，可概括出其三个显著特点：产业结构变化的超前性，具有在短期内赶超世界发达国家的特点；产业结构变化的自立性，具有既吸取他国成功经验又独立自主走自己的路的特点；产业结构变化的阶段性，具有诸多阶段性变化、调整及衔接并形成阶段性环节统一的特点。

市场经济供给结构及其资源禀赋是流动的，伴随着经济体制的完善和市场效率的提升，具有聚集效应和引领功能。这种流动性的市场经济供给结构集中体现在经济发达地区的一线城市和中心城市，这些一线城市和中心城市的资源禀赋不一定很好，但其便利的地理位置和有效率的经济体制及市场效率，为市场经济供给结构优化及其资源禀赋的流动创造了有利条件，从而形成了流动着的资源禀赋集聚效应，并产生示范、辐射和引领功能。市场经济供给结构及其资源禀赋的流动性，还会产生另一种积聚和引领效应，就是在国家政策和中央政府支持的一线城市和中心城市的郊区，通过加大基础设施的投入，大力推进农业现代化和新兴城镇化建设，深化经济体制改革，提高市场效率，突出软环境建设，产生流动性较强的供给结构及集聚效应，形成具有引领功能的诸多卫星城或新城镇，可有效分散一线城市和中心城市主城区人口高度密集、交通拥堵等的压力，使其市场供给结构更合理、优化。国家扶持政策和政府转移支付，还可以使市场经济供给结构及资源禀赋流动向中西部落后地区倾斜，推进经济体制的改革创新，加强法制建设，提高市场效率，营造市场环境，形成落后地区具有集聚和引领效应的中心城市、区域城市群、中小城市、新兴城镇等供给结构体系，其示范效应、辐射作用和引领功能令人瞩目。

二、需求结构

需求结构是指社会总有效购买力在各产业中的分配比例，也指广义货币在各产业中的投入比例。它一般由资源禀赋、需求价格、地理位置、经济体制和体制环境等因素构成。

设 r 为资源禀赋、p 为需求价格、g 为地理位置、t 为对外贸易、s 为经济体制、en 为体制环境，则市场经济需求结构（DM_P）为：$DM_P=f(r，p，g，t，s，en)$。

基于资源有限或消费品的资源有限，需求结构可用集合表示为 $DM_P+(s+en)\leqslant R$，R 表示资源禀赋总量。而经济体制和体制环境因素（$s+en$）必然蕴涵在 DM_P 之中，则需求结构又可简化为 $DM_P\leqslant R$，表明需求结构及其消费商品或服务必须小于或等于资源禀赋总量，不能超出资源禀赋总量的极限，否则，需求结构也会透支资源，不可持续。

图 11-2 中的自左上至右下的曲线为需求线，弯折曲线为经济体制和体制环境线。需求线与经济体制和体制环境线相交的区间为资源合理配置区间。最佳配置点为（R'，P'）。经济体制和体制环境线也是弯折的，弯折曲线的左侧自下而上为经济体制和体制环境的上升期，是经济体制和体制环境的生长区或完善区，与需求线相交的部分为合理配置区间。弯折曲线的右侧自上而下为经济体制和体制环境的下降期，是经济体制和体制环境的调整区或重建区，与需求线相交的部分为合理配置区间。同样表明经济体制和体制环境不是一成不变的，无论是上升期还是下降期都必须进行相适应的变革、完善和创新。经济体制和体制环境下降期达到一定程度后，又会反转回升，如此上下波动，循环不已，实现资源需求结构的相对平衡，即 $DM_P+(s+en)\leqslant R$。

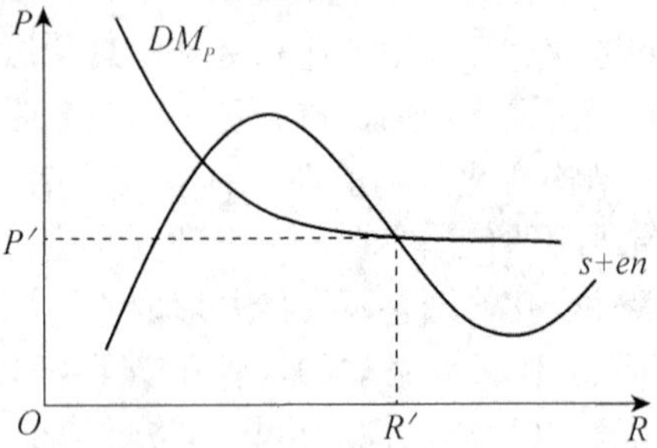

图 11-2　需求结构

市场经济需求结构是消费结构的基础。市场经济需求结构 $DM_P\leqslant R$ 表明，需求结构及其变化以资源禀赋总量为前提，不能超出资源禀赋总量的制约。在这个需求结构范围内，消费及消费结构的变化都是合理的，否则，消费结构便超出了市场经济需求结构的合理范围，透支和浪费了资源，就无合理性可言。因此，无论是生产消费结构还是生活消费结构，都必须以市场经济需求结构为基础，市场经济需求结构制约消费结构的形式及趋向，必然促进经济发展与消费结构变化，而经济发展与消费结构变化又会促进经济结构变化和经济社会发展与进步。就本质而言，消费结构的变化最终源于市场需求结构的变化，而不是相反。

市场经济需求结构决定消费结构的样式、层次和特点。消费结构的样式、层次和特点不是由生产消费和生活消费本身决定的，而是由市场经济需求结构决定的，是在 $DM_P\leqslant R$，即市场经济需求结构小于或等于资源禀赋总量的条件下和范围内形成的特定样式、层次和特点的消费及消费结构。当需求结构发展水平较低时，大量的资源禀赋沉淀、闲置，表示经济发展水平和消费结构较低，此时，消费结构必然处在旧样式、低层次和低特点之中。当需求结构发展水平较高时，资源禀赋沉淀、闲置的现象改变了，资源禀赋及优势得到有效利用，这就为经济发展和消费结构的转变、升级提供了契机，创造了条件，决定了消费结构的新样式、高层次和高特点。

改革开放之前，由于计划经济体制的制约，中国经济发展的水平较低，GDP和人均GDP增长十分缓慢，因而这决定了消费结构单一，需求层次、水平较低，消费结构处于超常稳定状态之中。据统计，1953—1978年人均国民收入年均增长率为4.1%，低于同期国民收入年均6.9%的增速，而同期职工年均工资的增速只有1.4%。因此，消费结构中用于生活必需品的支出比重长期居高不下，恩格尔系数在1957年时为58.43%，在1964年时为59.72%，处于十分贫困的状态。① 随着改革开放的发展及深化，经济发展速度的加快，GDP和人均GDP增长速度的提高，经济社会全面发展水平的提高，对消费结构的调整便成为一种客观要求，这就需要变革以往的低层次消费结构，向适应市场经济需求结构要求的较高层次消费结构方面转变，而消费结构的适时转变，尤其是扩大内需，必然会促进经济持续发展。

改革开放40年以来，中国经济持续发展，经济运行规模、水平不断提高，经济发展潜力增大，发展实力增强，经济总量、经济结构、产品结构等均发生了巨大变化。客观上要求消费结构发生根本变化，推动消费层次提高、消费增长加快、消费周期缩短，实现消费结构适时的调整、创新。其变化走向是：低消费结构(以必需消费品为主)—中消费结构(以一般耐用品为主)—高消费结构(以科技含量高的耐用品、服务品为主)。目前，中国基本上形成了城乡居民多层次的消费体系，这种多层次的消费体系与经济发展水平及居民可支配收入增长水平相适应；与居民生活质量提高的程度相适应。多层次的消费水平要求多层次的消费结构及变化与之相适应，主要表现为：多层次消费者对消费品的质量要求严格了；对消费服务的信誉规定升级了；对消费品位的样式确定苛刻了；对消费过程的时空选择多样了；对消费者权益的保护意识增强了。消费结构变化的多样性、多层次性，既是消费水平提高的客观要求，也是经济社会发展的必然结果。

经济发展以消费结构变化为动力，消费结构变化体现了经济发展的程度、水平，二者相互联系、内在统一，最终源于市场经济的需求结构及要求。经济发展规模、水平受制于消费结构的变化状况、水平，消费结构的变化状况、水平又取决于经济发展的质量、水平，二者相互制约、互为条件，最终源于市场经济需求结构给定的条件、范围和要求。离开市场经济需求结构给定的条件、范围和要求，经济发展程度、水平和消费结构变化、水平都将失去基础和动力，并难以合理界定。基于此，消费结构变化或调整的重点要以满足市场经济需求结构的要求为前提，由此大力提高农业发展水平，加快农业产业化、现代化，不断增加农民收入，扩大农民消费需求的规模、水平，逐步消除制约农民消费水平的难题。要保持消费结构变化与经济发展的相对平衡，并适当加大消费结构变化的力度，逐渐向高层次消费结构推移。要正确引导消费行为、消费趋向，适当鼓励居民超前消费，扩大预期消费水准，有力启动更高层次的经济发展规模、水平。

概言之，市场经济需求结构及其变化呈现三个特点，即需求结构变化的层级性、过

---

① 杨干忠. 社会主义市场经济概论. 北京：中国人民大学出版社，1996：150.

程性和非稳定性。层级性特点表明，经济发展水平和消费结构变化与需求结构变化相吻合，呈现低水平结构变化、较高水平结构变化和高水平结构变化相互联结、传导的层级性样态，其中，上一层级结构变化对于下一层级结构变化具有示范、影响、引导作用，从而注入需求结构变化、调整的活力，构成需求结构变化推动经济发展和消费结构提升的强劲动力。过程性特点表明，经济发展过程和消费结构调整过程与需求结构变化相适应，其中每一层级的结构变化作为特定水平的需求层次过程，既包含以往需求结构的合理因素，又蕴含未来更高层次需求结构的发展要素，是一个伴随需求结构变化的经济社会发展过程。市场经济需求结构变化是促进经济发展、消费水平提升的现实基础、条件。非稳定性特点表明，以往计划经济体制下需求结构的恒常性、稳定性已不复存在，市场经济需求结构总是处于不断的变化之中，或者需求结构内部基本关系发生变化，或者需求结构的一个甚至多个相关因素发生变化，呈现非稳定性特点。此种非稳定性既可引导经济发展及经济结构优化，又可优化消费结构及提升消费水平，从而表明市场经济需求结构变化的速度加快、频率加大、周期缩短、水准提高，是经济发展、消费潜力增强的集中体现。

三、区域结构

市场经济区域结构是市场配置资源的重要方式之一，由区域资源禀赋、地理位置、资源价格、经济体制、体制效率和体制环境等因素构成。

设 ar 为区域资源禀赋、p 为资源价格、g 为地理位置、at 为区域贸易、s 为经济体制、ef 为体制效率、en 为体制环境，则市场经济区域结构（AR_P）为：$AR_P=f(ar, p, g, at, s, ef, en)$。

基于资源有限或生产品、需求品的资源有限，区域结构可用集合表示为$AR_P+(s+ef+en)\leqslant AR$，$AR$ 表示区域资源禀赋总量。而经济体制、体制效率和体制环境因素（$s+ef+en$）必然蕴涵在 AR_P 之中，则区域结构又可简化为 $AR_P\leqslant AR$，表明市场经济区域结构及其生产、消费的商品或服务必须小于或等于区域资源禀赋总量，不能超越区域资源禀赋总量的制约，否则，区域结构也会透支资源，不可持续。

图 11－3 中的自右上至左下的曲线为供给线，自左上至右下的曲线为需求线，弯折曲线为经济体制、体制效率和体制环境线。区域供给线、需求线与经济体制、体制效率和体制环境线相交的部分，如 a、b、c 和供求线相交附近的 d 部分为资源配置合理区间或区域合理结构，而（AR'，P'）为最佳配置点。经济体制、体制效率和体制环境同样是弯折的，弯折曲线的左侧自下而上为经济体制、体制效率和体制环境的上升期，也是资源供求结构的较优区间。弯折曲线的右侧自上而下为经济体制、体制效率和体制环境的下降期，也是资源供求结构的调整期。下降期达到一定程度后，又会反转回升。无论处于上升期还是处于下降期，经济体制、体制效率和体制环境都必须与时俱进，不断适时调整与创新，如此循环往复，实现区域结构的相对平衡，即 $AR_P+(s+ef+en)\leqslant AR$。

市场经济区域结构制约区域经济发展的规模、水平。任何一个市场经济国家或地区的经济发展规模、水平，都与市场经济区域结构相关，受 $AR_P\leqslant AR$，即市场经济区域结构的制约，这既在经济总量和经济结构上予以体现，又在地域空间分布上予以展现，而地域

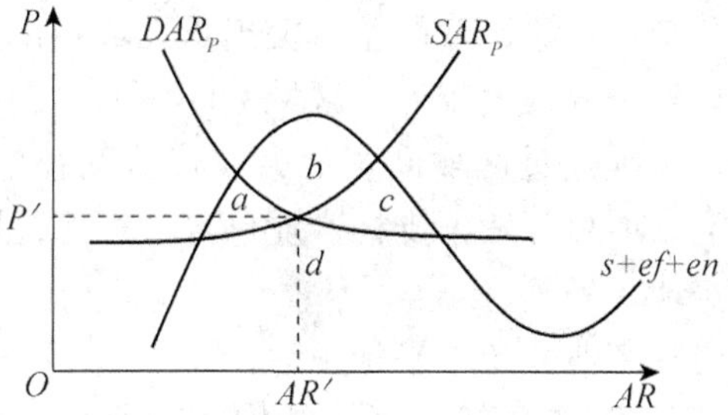

图 11-3 区域结构

空间分布问题即区域结构问题。区域结构的均衡程度可从空间层面展示一个国家或地区的经济发展规模、水平，区域结构及变化构成一个国家或地区经济发展的主要层面之一。

市场经济区域结构变化与区域经济发展规模、水平密切相关。市场经济区域结构变化与区域经济发展规模、水平成正比，并形成特定区域经济发展模式。市场经济区域结构优化必然启动区域经济均衡发展，直接影响区域经济发展的规模、层次和水平，构成以市场基础性调节为特征的区域结构变化与区域经济发展的正比关系及统一。

市场经济区域结构变化与区域经济发展具有时滞性和对立性。区域经济发展过程中的落后地区及地区间的市场分割等，是时滞性和对立性的典型表现。这种时滞性和对立性必然会阻碍市场经济区域结构优化及区域之间的相互联系和统一。因此，市场经济区域结构的整合、变化便成为一个非常关键的环节，需要政府和社会多方关注，包括实施区域发展战略规划、落实区域发展政策、加大区域基础设施建设、增加政府转移支付等举措，通过区域结构的整合、变化逐步形成区域市场的开放及竞争机制，促进区域经济社会的发展与进步，以改变市场经济区域结构变化与区域经济发展的时滞性和对立性的弊端。

市场经济区域结构决定、制约区域供求关系。区域供求关系相互联系、相互制约，并与供求价格互为因果，构成区域供求机制。区域供求关系及其变化取决于市场经济区域结构，受制于市场经济区域结构，而不是相反。这种决定和制约来自 $AR_P \leqslant AR$ 的客观要求，即区域结构及变化必须小于或等于区域资源禀赋总量，区域供求关系源于 $AR_P \leqslant AR$ 具有根本性意义。

市场经济区域结构具有整合功能。整合功能是通过市场深化和市场一体化实现的，表现为区域化空间结构主要因素“互动演进的逻辑过程”。包括市场秩序不断扩展及自由特征所产生的巨大包容性；市场竞争促使各类市场主体在创新中扩展交易范围和交易对象；地方性企业在成长中跨区域经营及由地方性向区域性转变；区域统一市场的形成和深化等。① 随着市场深化和市场一体化的推进，其整合功能也会趋于深化和一体化，从而实现区域结构优化及整合功能的提升。目前，中国市场经济区域结构存在诸多问题，主要有：

(1) 市场经济区域结构整合、优化水平不平衡。

这表现为东部地区结构比较优势明显，区域生产力发展水平较高，区域产业结构、产品结构、技术结构、供求结构较为合理，外向型经济规模趋大，区域 GDP 和人均 GDP 水平增长较快。中西部地区结构特别是西部地区结构相对滞后，潜在的资源禀赋优势无法发

① 荣跃明. 区域整合与经济增长. 上海：上海人民出版社，2005：96.

挥出来，区域结构“瓶颈”制约现象比较严重、突出，区域生产力发展水平较低，区域总量和结构矛盾突出，区域对外开放程度较低，区域GDP和人均GDP水平增长缓慢。这种结构性不平衡问题及差距，必须通过区域间资源禀赋优势互补，区域间结构整合、优化，大规模的基础设施建设，重点项目开发，支柱产业确定，东部地区支援，国家发展规划和政策的支持、引导等予以实现。

(2) 市场经济区域结构及产业分布不平衡。

经过40年的改革开放，中国市场经济区域结构及产业布局从东部沿海、沿江地区逐步向中西部地区纵深推进，国家加大了对中西部地区发展的投入力度，形成一批具有规模的现代工业园区、农业示范区、高新技术产业园区，区域结构及产业布局渐趋合理。中华人民共和国成立之初，沿海与内地工业总产值之比大体是7：3，到20世纪80年代末接近6：4，尤其是西部地区，1952年工业总产值仅占全国的4.34%，到1978年则占12.27%。尽管如此，目前市场经济区域结构及产业分布的差距仍很明显，区域间产业规模、水平的差别仍然很大，亟须通过西部大开发、振兴东北老工业基地、实施综合开放战略，促进市场经济区域结构及产业协调发展，扭转区域结构中产业分布不平衡的局面。

(3) 市场经济区域结构及供求层次不平衡。

东部地区因经济发展速度较快、水平较高，供求层次呈不断提高之势，体现在追求生活质量层次上。中西部地区因经济发展速度缓慢、水平较低，供求层次呈停滞或降低之势，体现在维持基本生活需要层次上，特别是区域结构间城乡居民间的生活差距，及农村和农民间的生活差距，更加剧了这种不平衡性。

(4) 市场经济区域结构及人均收入水平不平衡。

这表现为东西部地区人均国民收入水平差距较大，据统计，西部地区1952年人均国民收入只是东部地区的45.7%，1978年提高至52.6%；西部地区与全国平均水平相比，1952年为全国平均水平的43.3%，而1978年降至全国平均水平的33.9%，缩小近10个百分点。但总体上仍存在较大差距，例如，1978年上海市人均国民收入为2 247元人民币，而贵州省人均国民收入为156元人民币，最高和最低之比为14.4：1。到了1987年，上海市人均国民收入为3 816元人民币，而贵州省人均国民收入为465元人民币，差距降至8.2：1。区域间人均国民收入水平的不平衡十分明显。①

就市场经济发展战略的重点而言，中国市场经济区域结构及变化重点表现为：实施西部大开发战略和振兴东北老工业基地战略，集中全国资源，有重点、分步骤地实施，推动中西部地区经济结构间的整体协调、发展，提高全国区域经济发展质量、层次、水平。加强东中西部地区广泛互利合作，实现资源禀赋优势互补，促进区域结构间的合理整合和均衡发展，例如，东部地区对口支援中西部地区，形成优势互补和互利合作发展，促进区域间的快速发展和均衡发展。发挥区域间中心城市的带动作用，形成区域结构梯度延伸链，例如，以广深港为龙头的珠三角地区，以沪宁杭为龙头的长三角地区，以京津冀为龙头的环渤海地区，已经形成了较完善的市场经济区域结构体系，推动了区域结构的整合、优化。

---

① 杨干忠．社会主义市场经济概论．北京：中国人民大学出版社，1996：246.

四、总量结构

市场经济供给结构和需求结构的相互联系、制约及平衡，是市场经济的总量结构问题。市场经济总量结构是市场配置资源的总体结构，属于宏观经济范畴。总量结构也称总供求结构，总量平衡也称总供求平衡。依据宏观经济学原理，总量结构及平衡是指一定时期内，全社会所提供的有实际使用价值的商品和劳务的市场供应总量及构成与全社会对商品和劳务的有货币支付能力的市场需求总量及构成之间的平衡，并组成一个“金字塔形的结构体系”。具体划分为大类供求结构平衡，包括内外结构平衡、目的结构平衡和性质结构平衡；中类供求结构平衡，即产业结构平衡；小类供求结构平衡，即产品结构平衡。①

总量结构一般也由资源禀赋 r、供求价格 p、地理位置 g、对外贸易 t、经济体制 s、体制效率 ef 和体制环境 en 等因素构成。区域结构即总量结构的一个缩影，可用集合表示为：$SR_P+(s+ef)=DM_P+(s+en)$，或者 $ASR_P+(s+ef)=ADM_P+(s+en)$，也称总供给结构与总需求结构的平衡，又可简化为 $ASR_P=ADM_P$。总量结构平衡必须以 $SR_P+(s+ef)\leqslant R$、$DM_P+(s+en)\leqslant R$、$AR_P+(s+ef+en)\leqslant AR$ 为基础，以小于或等于资源禀赋总量为前提。

图 11 - 4 中的总供给线、总需求线与经济体制、体制效率和体制环境线的交点为总量结构最佳平衡点，其中的 a、b、c 和总供求线相交附近的 d 部分，为总量结构资源配置的合理区间，（R'，P'）为最佳配置点。弯折曲线左侧自下而上为经济体制、体制效率和体制环境的上升期，右侧自上而下为下降期。经济体制、体制效率和体制环境因素及趋势同样呈上下波动和循环往复之势，要保持上升期及生长期的优势，探索下降期及调整期的节点，致力于在上升期和下降期适时改革与创新。经济体制、体制效率和体制环境因素在总量结构及平衡中处于重要地位，总供给线、总需求线与经济体制、体制效率和体制环境线在上升期或下降期的交点，表明资源配置总量结构的相对平衡，并对总量结构优化产生重要影响。

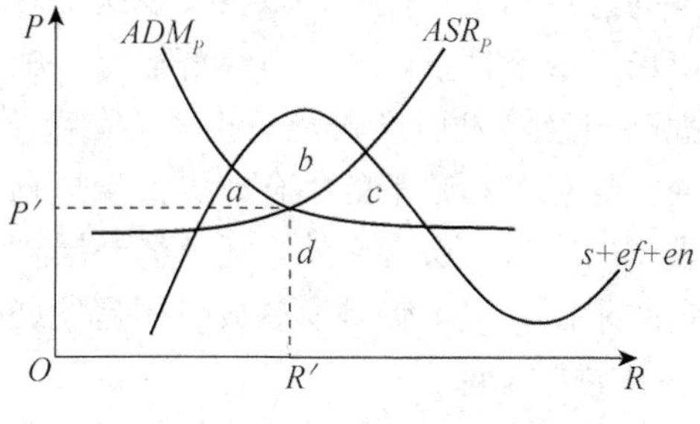

图 11 - 4　总量结构

总供给与总需求的结构平衡，同样基于资源有限或生产品、消费品的资源有限。总量结构必须兼顾总资源量的有限性，总平衡结构也如此。总平衡结构可视为一组总量函数关系的均衡，总供求结构基于总资源量约束并在某个特定条件下达到总量平衡。② 否则，必

① 江勇．宏观经济管理学．武汉：武汉大学出版社，1996：98，104．

② 左建华．总量经济学．北京：人民出版社，2002：54．

然导致资源及生态环境恶化，市场错配或市场功能丧失。

市场经济总量结构决定宏观经济总量平衡。宏观经济总量平衡的关键点是社会总供给与社会总需求的平衡，包括潜在总供给与潜在总需求、意愿总供给与意愿总需求、实际总供给与实际总需求、有效总供给与有效总需求等之间的平衡，这些总量平衡问题均来自市场经济总量结构及平衡的要求，取决于$ASR_P=ADM_P$，即社会总供求平衡取决于资源禀赋总量制约下的$ASR_P+(s+ef)=ADM_P+(s+en)$，并蕴含特定经济体制、体制效率和体制环境等基本制约要素，否则，社会总供求平衡就失去了总量结构基础及市场根基。

市场经济总量结构变化制约宏观经济总量变化。当市场经济总量结构由于资源禀赋总量变化而变化时，宏观经济总量也会相应发生变化，形成资源禀赋总量变化基础上的市场经济总量结构变化与宏观经济总量变化的联动效应，舍弃滞后等因素，二者的联动效应一般成正比例关系。例如，新能源、新材料、新工艺等技术创新因素提高了资源禀赋总量，并引发资源禀赋总量变化，定会产生市场经济总量结构变化，$ASR_P+(s+ef)=ADM_P+(s+en)$定会产生新变化，形成新的总量结构及平衡，由此势必引导宏观经济总量变化，形成宏观经济总量的新平衡。

第三节　市场经济战略

一、市场经济战略要义

市场经济战略是在国家经济发展战略原则、方针的指导下，为保证深化经济体制改革和建立社会主义市场经济体制所确定的具体战略措施的总和。经济发展战略是中央政府制定的一定时期内有关经济和社会发展的全局性战略体系和策略体系，构成一个国家或地区在较长时期内经济社会发展的总目标、总任务，以及实现这个总目标、总任务的基本原则和相关举措。在社会主义市场经济条件下，政府对经济运行实施宏观调控，就是以经济发展战略为主导。经济发展战略与经济发展模式密切相关，二者不一定完全吻合。“经济发展战略是中长期经济发展的指导思想和政策的集合，类似于规划，属于主观的东西；而发展模式，除构成发展战略重要内容这一层含义外，还有另一层含义，即反映经济发展的轨迹和历史过程，这属于客观的东西。但不管是发展战略还是发展模式，大体都包括发展目标、发展途径、发展方式三个主要方面。”①

经济发展战略统摄市场经济战略，市场经济战略体现经济发展战略。就理论而言，一个较为完整的市场经济战略包括市场经济战略目标、战略重点、战略原则、战略步骤、战略方法和实施措施等。其中，表现市场经济战略目标的内容，既有经济发展方面的目标，也有改善和提高社会生活方式、质量方面的目标。综合表示经济发展目标的主要有产业结构、产品结构、技术装备水平、国民收入、国内生产总值、社会最终产值、经济增长速

① 刘国光．中国经济体制改革的模式研究．北京：中国社会科学出版社，2009：353.

度、经济质量等；综合表示改善和提高生活方式、质量目标的主要有人均消费、物质生活和精神生活、文化娱乐和医疗保健等分类指标。这些目标及具体的分类指标，既有从量的方面表示的，也有从质的方面表示的，只有从量和质的总和及其结构予以表示，才能较为全面地体现一个国家或地区的市场经济战略目标及其发展水平以及改善和提高社会生活方式、质量的战略和策略。

正确制定市场经济战略，对于有效地调控经济又好又快地发展，具有重要的意义。正确的市场经济战略是政府组织和调控经济社会发展的基本依据。市场经济战略目标、部署、原则和要求，均具体体现在经济社会中长期发展规划之中，这种中长期发展规划即市场经济战略的具体化。各种经济改革举措、各种经济法律法规的制定、各种经济杠杆的运用、各种具体发展环境的建设，都是实现市场经济战略目标和任务而采取的必要方法或手段。从而表明，经济社会中长期发展规划即是市场经济战略的内在要求及实现方式，而正确地制定市场经济战略更具有关键意义。邓小平在20世纪80年代初提出到21世纪中叶实施“三步走”的发展战略；在20世纪90年代初提出到21世纪中叶赶上西方中等发达国家水平的发展战略；以及依据这些发展战略而制定的国民经济和社会发展的中长期规划，其关键意义、作用已经被社会主义经济建设和社会建设的实践所证实。

二、市场经济战略的原则和特征

1. 市场经济战略的原则

(1) 适合国情的原则。

市场经济战略具有纲领性和稳定性的特点，纲领性即为经济发展指明方向、道路。稳定性即指市场经济战略不能随意变更，只有在经济关系发生变化之后，才可进行相应调整。因此，制定市场经济战略必须建立在对国情深入研索的基础之上，使之适合国情状况、符合国情特点、反映国情需要、体现国情面貌。只有这样，市场经济战略才具有科学的指导性和现实的可行性。

(2) 利用国际环境的原则。

国际环境与一个国家或地区的经济发展状况相联系，有利的国际政治环境、国际经贸环境、国际文化环境、国际交往环境等，对一个国家或地区市场经济战略的制定具有重要的作用、影响。国际环境是制定市场经济战略的外部条件、基础，市场经济战略的制定又会影响、制约国际环境及其变化。理论研究表明，任何一个国家或地区的市场经济战略与其所处的国际环境密切相关，不同的国际环境会影响不同的市场经济战略的制定，利用有利的国际环境制定有利于一个国家或地区的市场经济战略，已成为一条普遍规律。所以，制定市场经济战略必须考虑自己所处的国际环境，并充分利用有利的国际环境。例如，改革开放以来，中国制定任何一项市场经济战略，都是以所处的国际环境为基础，特别是以所处的周边国际环境为基础，并且恰当地利用了国际和平与发展的大环境，利用了周边良好的经贸、文化和其他友好交往的国际环境。

(3) 符合经济规律的原则。

经济规律与人类的经济活动密切相关，其客观性不能离开人类的经济活动而独立存在，恰恰由于人类的经济活动才使经济规律得以产生、运动和表现出来。如果人类的经济活动符合经济规律的要求，就会有利于经济发展，改善和提高人类经济活动的质量及水平；如果违背了经济规律的要求，就会不利于或阻碍经济发展，人类经济活动的状况及效应必定会恶化。市场经济发展战略本质上是人类经济活动及其主观意志的产物，通过政府决策主体的加工、制作，体现在国家一定时期的发展规划之中，而市场经济战略的优劣、经济发展规划的成败，均取决于市场经济战略符合经济规律的程度、水平。因此，制定市场经济战略必须适合、符合经济规律，使之建立在充分地反映和适应经济规律的基础之上。

(4) 适度宽松的原则。

制定市场经济战略，要反对两种错误倾向：一要反对“左”的盲目倾向；二要反对右的保守倾向。两个错误倾向都与适度宽松的原则相悖，可导致市场经济战略制定的方向性失误。一般而言，制定的市场经济战略要具有自身的特点和规律性，如果市场经济战略的目标、任务定得过高，脱离实际，不但无法实现，反而会严重挫伤人的积极性和创造性，导致社会资源浪费，经济发展潜能受限，甚至停滞或者倒退。如果市场经济战略的目标、任务定得过低，与客观实际要求不适应，便无法充分利用现有的人力、物力和财力，同样会导致社会资源浪费，严重挫伤人的积极性和创造性，有碍经济发展，贻误发展良机。因此，制定市场经济战略必须遵循适度宽松的原则，发展战略目标、任务既不能定得过高，又不能过低，应当适度宽松，符合实际情况，反映特定时期经济发展规律的客观要求。

2. 市场经济战略的特征

市场经济战略具有三个基本特征：市场经济战略规定的目标是具有全局性的目标体，由总目标和系列分目标构成；市场经济战略的任务是长期内有待实现的重大任务集合体，由一系列重要任务组合而成；市场经济战略目标、任务所要解决的是关键性、根本性问题，是具有制约全局效果的重大的约束性问题链。

三个基本特征层次分明，相互联系，相互制约，结为一体，目标决定任务及相关问题，任务规定问题及实施方法，问题体现目标、任务及战略要点。此前，中共中央关于制定国民经济和社会发展的第十一个和第十二个五年规划的建议，以及国民经济和社会发展“十一五”规划纲要和“十二五”规划纲要，集中体现了市场经济战略的基本特征；把发展战略目标、任务及要解决的重大问题分别列为相互联系和相互制约的目标体、任务集合体和需要解决的重大问题链，并分层次地划分为若干具体目标、任务、步骤和方法，强调实现由发展战略目标、任务规定的约束性指标体系的重要性和现实意义。

三、市场经济战略目标模式

建立市场经济战略目标模式，要注重正确总结中国以往经济发展战略的经验，只有正确总结经验后才能使市场经济战略目标模式更为科学化、合理化。

(1) 必须建立一整套阶段性和局部性发展战略并与市场经济总战略相配应。

作为纲领性的市场经济战略，仅仅规定了市场经济发展的一般过程、目标、任务和方向，并不能做到非常全面，详细规定具体怎么办、如何办。而建立一整套阶段性和局部性发展战略，明确规定某个阶段和某一领域应围绕总战略方针干什么、怎么干，也叫具体实施计划，包括产业结构、产品结构、人口素质、人力资源流动、环境保护、区域发展、对外战略等，是十分必要的。把阶段性和局部性发展战略及其实施与市场经济总战略及其实施结合起来，形成阶段与整个过程、局部与全局、部分与整体相配应之势，既是中国以往经济发展战略之缺陷，又是社会主义市场经济战略所必需。

（2）必须建构一个合理的确保市场经济战略实施的经济体制。

经济体制是市场经济战略及其实施的制度保证。市场经济战略制定及其实施必须通过合理的经济体制的有效运行才能实现，没有与市场经济战略相适应的经济体制，将无法实现市场经济战略的目标和任务。中国以往经济发展战略制定及其实施的主要经验教训，即是缺少一个与之相适应的市场经济体制，计划经济体制不能够合理配置资源，不能够确保和顺利实施经济发展战略目标和任务，相反，会严重制约、阻碍经济发展战略目标、任务的实施、实现。所以，改革计划经济体制，主要是改革市场经济战略实施的体制部分，建立市场经济体制，必须紧紧围绕市场经济战略制定及其实施、落实，这也是其他国家市场经济战略制定及其实施的重要经验。

（3）必须正确处理生产与生活、积累与消费的关系。

生产、积累的最终目的是生活、消费。经济发展的本意是为了人类发展和社会进步。只有人类发展和社会进步了，才能推进人类潜能的多样性、需求的丰富性，并成为经济社会发展与进步的总标准。正确处理生产与生活的关系、积累与消费的关系，这也是中国以往经济发展战略制定及实施的主要历史经验、教训，即实施经济战略总是过分强调整体的长期目标、利益，忽视并损害局部的当前目标、利益；只片面追求生产及数量，忽视人民生活及质量；只片面强调积累及增值，忽视消费及发展。只有生产与生活的统一，积累与消费的一致，才能有效地启动和推进市场经济战略的制定及实施。经济发展和社会进步是在矛盾中进行的，生产与生活、积累与消费的相互矛盾及作用是人类社会生产最一般的基础和动力，实施市场经济战略必须正确处理生产与生活、积累与消费的关系，这是有关历史经验总结的最基本的结论。

（4）必须正确处理效率与公平的关系。

社会主义基本经济制度的建立从根本上解决了中国经济可以而且能够成为一种既有效率又具公平的经济的问题，但在计划经济体制下，现实经济活动却经常产生效率与公平相互对立、冲突的状况，当效率与公平发生实际冲突时，往往会出现进退维谷的困境，这也是一个沉痛的历史经验教训。所以，制定和实施市场经济战略必须汲取以往的经验教训，在确定市场经济战略目标、任务、步骤、重点的时候，正确处理效率与公平的关系，坚持符合市场经济要求的效率优先和兼顾公平的原则，即在效率优先的基础上兼顾公平，在效率优先发挥积极性作用的基础上注重整体的利益关系，从而走共同富裕之路，走社会主义现代化、市场化之路。只有如此，才能使制定和实施市场经济战略建立在市场经济系统调节的基础之上。

建立社会主义市场经济战略目标模式，即是对市场经济战略的仿真与总括，与以往计划经济体制发展模式相比，其具有鲜明的特点：强调经济结构的合理布局和发展的协调性；强调经济发展与社会发展的同步性；强调经济增长总量与增长速度的比例性；强调经济发展质量、水平与消费质量、水平的统一性；强调经济发展与市场开放的一体性。

社会主义市场经济战略模式主要包括：提高经济运行质量及经济效益和社会效益，扩大内需和促进发展的可持续的经济发展模式；以解决“三农”问题和发展基础产业为基础，以现代服务业和高新技术产业为先导的产业结构模式；以市场供求体系中的货币、信贷、外汇、贸易平衡为重点的总量动态平衡模式。

中国现代化建设的起点低，实施现代化的任务艰巨，所以，必须始终以提高经济效益和社会效益为中心，以扩大消费和满足人民物质文化生活需要为目的，客观上要求经济发展一定要有速度、有质量，但绝不可盲目追求高速度。经济效益主要反映了活劳动和物化劳动消耗与创造的新产品及价值之间的比较，即投入与产出的比较效益，这成为社会生产力发展状况最具代表性的标志。社会效益主要反映了经济发展与社会发展的协调关系、社会评价和质量效果的比较，是实现社会主义基本经济制度理性诉求的有效途径，建立与完善社会主义市场经济体制的决定性的、物质的和精神的条件。可持续的经济发展模式，就是要从以片面追求速度为中心的增长模式转到以提高效益、质量和环保为中心的发展模式上来，关键在于把握经济发展质量、效益和环保的关系，建立市场甄别和政府调控相结合的监管机制，促进经济又好又快发展，这是社会主义市场经济战略目标模式的核心要素。

以解决“三农”问题和发展基础产业为基础，以现代服务业和高新技术产业为先导，这构成中国产业结构的基本因素，主要表现为：一方面，中国农业人口多，农业产值比重大，农业技术水平低和农村劳动力文化水平低，农业总体素质较低、落后；另一方面，农业又是国计民生的基础，是以粮食为核心的消费品的主要来源。在社会主义市场经济战略目标模式中，必须牢牢把握以农业为基础，始终把解决“三农”问题和发展农业放在首位。同时，经济发展中的基础产业还比较落后，在产业结构调整中，必须以大力发展基础产业为重点，把发展能源、交通、通信、科技、文化、教育等作为经济发展的重中之重，力求使基础产业发展的规模和速度与经济社会发展的需要相适应。必须积极发展以信息咨询、中介服务、金融服务和高新技术产业为先导的现代服务业，推动经济社会发展。以解决“三农”问题和发展基础产业为基础、以发展现代服务业和高新技术产业为先导的产业结构模式，构成社会主义市场经济战略目标模式的关键要素。

以市场供求体系中的货币、信贷、外汇、贸易平衡为重点的总量动态平衡模式，在价值形态上主要表现为市场运行过程中的财政平衡、信贷平衡和外汇平衡，在使用价值形态上主要表现为商品或服务的供求平衡和进出口贸易的相对平衡。在经济运行过程中，如果用于积累和消费的总额超过国民收入总额，或者信贷投入和财政支出过大、货币流通量过多，或者用于积累或生活消费的价值形态的分配与实物形态的分配背离过大，那么就必然导致通货膨胀。因此，如何保持货币、信贷、外汇、贸易的总量平衡，如何保持国民收入总额与分配总额的平衡，是有效实现总量动态平衡的重点和关键，构成社会主义市场经济战略目标模式的重点要素。

四、市场经济战略的具体措施

1. 优先推进基础设施建设

社会主义市场经济与其他类型的市场经济一样，仍然是一种流动性、开放性的经济机制。要使商品、服务能够自由流动，就需要交通运输业，要使商品、服务信息能够及时传播，就需要通信业。优先推进基础设施建设，以此带动相关产业的发展，促进经济发展和市场繁荣。从这个意义上讲，基础设施建设的状况及水平构成社会主义市场经济战略目标模式的首选目标，成为社会主义市场经济发挥基础性调节作用的基本标志。优先推进基础设施建设，不仅是商品或服务使用价值运动的必然要求，而且是市场信息传输的客观要求。基础设施是连接市场经济运行过程的纽带，优先推进基础设施建设可使经济发展变量的弹性增大，使经济发展总量、质量获得规模经济效应，为社会主义市场经济战略的实施奠定基础，开辟道路。

2. 注重技术引进和技术创新相结合

技术设备和技术水平的现代化是一个国家经济现代化的决定因素和主要标志。中国原有的技术设备和技术水平比较落后，在市场经济条件下，改变技术设备和技术水平落后的局面，只靠技术引进是绝对不行的，必须走一条将技术引进与技术创新相结合之路。就理论而言，技术引进有三个优点：避免自主研发可能失败的风险；减少研发试制的经济成本；缩短掌握新技术的周期。所以，充分利用技术引进的优点，加大技术创新的力度，实现技术引进与技术创新的有机结合，将引进技术和创新技术不断转化为现实生产力。关注当代科学技术发展及成果的转化，注重科学技术成果应用必然引起的经济发展方式的转变，大力推进劳动密集型产业向资本密集型、技术密集型和知识密集型产业的转化，以自主发展、创新发展为主，积极探索技术引进与技术创新相结合的较佳措施、途径和方法。

3. 提高教育质量和管理水平

提高教育质量是开发科学技术和推动经济发展的智力基础。开发科学技术，提高经济发展水平，发展社会生产力，关键取决于生产者、经营者和决策者的较高素质，取决于人力资源的教育质量。百年大计，教育为本，教育是智力生成的基础，是攀登科技高峰的源泉，必须把教育放在首位。同经济发展相联系的教育，即是一种特殊形式的生产力，发展教育，特别是发展职业教育和创业教育，提高教育质量，由此带来的经济效益和社会效益，不仅有比例高的特点，而且有潜力大的特色。提高教育质量，即深化教育改革，使教育面向现代化，为社会主义现代化建设培养优秀人才。管理是全局性的组织技术，通过管理能够把孤立的劳动者组成一个有序的团队，把单项设备组成一个有机联结运作体系，把科学、技术和教育组成一个相互促进、相互制约、相互协调的动力系统。管理及管理水平的提高，是一种比某个单项科技更能影响经济发展和经济增长的技术。促进经济发展，提高经济效益和社会效益，坚持创新型发展道路，就必须首先提高生产者、经营者、决策者的管理水平，提高人力资源的配置水平。可见，提高教育质量和管理水平，构成一种具有强大竞争力的软实力，是社会主义市场经济发展的迫切要求，是广泛参与国际竞争的需要，成为社会主义市场经济战略最有效的具体措施。

4. 走外向型经济发展之路

走外向型经济发展之路是社会主义市场经济战略的具体措施之一，主要包括：在一个国家范围内各地区之间、行业之间相互开放，形成统一、开放、竞争、有序的国内市场体系；各个国家或地区之间的相互开放，形成更广泛的国际市场体系。邓小平称前者为对内开放，称后者为对外开放。走外向型经济发展之路，最主要的内涵特指后者，即对外开放。通过出口加工、外来加工、转口贸易、经济开放区、自由港或保税区、国际经济中心、国际贸易中心、国际金融中心、国际航运中心等外向型方式，使一个国家经济体由封闭走向开放，实现其经济发展的国际化。当然，这种以对外开放为中心的外向型经济发展之路，又必然以对内开放为基础、为平台，对内开放的程度、水平决定对外开放的程度、水平，而对外开放的范围、水平又会影响、带动对内开放的力度、水平。对内开放与对外开放相互促进、相互统一，构成走外向型经济发展之路的两个基本环节。社会主义市场经济战略的具体措施显著地表现在外向型经济发展之中，成为实现社会主义市场经济战略目标最主要的措施、手段。

第四节　开放战略格局

一、全方位、多层次的开放格局

改革开放以来，依据国情和社会主义市场经济的要求，中国由东向西、由南向北、由国内向国外基本上形成了全方位、多层次的开放格局，即经济特区—沿海开放城市—内陆开放区—沿边开放区—开发区—高新区—国家级新区—综合配套改革试验区—自由贸易试验区—“一带一路”等全方位、多层次的开放格局。

1980 年 8 月，中国第一批经济特区深圳经济特区和珠海经济特区建立，经济特区是中国改革的示范区、引领区和对外开放的“窗口”。30 多年来，中国已建立 8 个经济特区。

1984 年 4 月，中国第一批沿海开放城市设立，包括大连、秦皇岛、天津等 14 个沿海开放城市。

1984 年 9 月，中国第一个国家级开发区大连经济技术开发区诞生，国家级开发区点多面广，具有开发、开放、孵化、创新、引导功能。30 多年来，全国已建立 219 个国家级开发区。

1988 年 5 月，中国第一个国家级高新技术产业开发区中关村科技园区诞生，国家级高新区是全国科研机构和高等院校最集中、科技智力资源最密集的创新区、开放区，是中国的“硅谷”，具有极大的发展力、极强的辐射力。30 多年来，全国已建立 145 个国家级高新区。

1992 年 10 月，中国第一个国家级新区浦东新区成立，国家级新区具有先行先试和引导示范功能，已经成为区域经济开放、发展的重要路径。20 多年来，中国已成立 19 个国家级新区。

2005 年 6 月，中国第一个国家综合配套改革试验区浦东新区综合配套改革试验区成立。国家综合配套改革试验区分为不同类型，如开发开放、统筹城乡、“两型”社会建设、探索新型工业化道路、农业现代化、资源型经济转型等，被称为“新特区”。10 多年来，中国已建立 12 个国家综合配套改革试验区。

2013 年 9 月，中国第一个自由贸易试验区上海自由贸易试验区成立。2015 年 4 月，广东、天津、福建自由贸易试验区成立。2017 年 3 月，辽宁、浙江、河南、湖北、重庆、四川、陕西自由贸易试验区成立。自由贸易试验区与国际规则接轨，先行先试，大胆探索，开拓创新。至此，中国已建立 11 个自由贸易试验区。

2013 年 9 月，习近平在哈萨克斯坦纳扎尔巴耶夫大学的演讲中首次提出了“丝绸之路经济带”设想，倡导以点带面、从线到片、逐步形成区域大合作。2013 年 10 月，习近平在印度尼西亚国会的演讲中提出了“21 世纪海上丝绸之路”的新概念。由此，“一带一路”建设稳步走向亚欧非、走向世界。从国内改革开放到世界融合发展的全方位、多层次的开放格局基本形成，开放战略格局日趋完善。

二、经济特区

经济特区是在一个主权国家之内，根据经济发展战略规划和市场经济要求，划出一定的经济区域，实行特殊政策和灵活措施，以此为改革开放的试验区、对外开放的“窗口”。中国自 1980 年至 2014 年的 34 年间，先后设立了深圳经济特区（广东省，1980 年 8 月）、珠海经济特区（广东省，1980 年 8 月）、汕头经济特区（广东省，1980 年 10 月）、厦门经济特区（福建省，1980 年 10 月）、海南经济特区（海南省，1988 年 4 月）、喀什经济特区（新疆维吾尔自治区，2010 年 5 月）、霍尔果斯经济特区（新疆维吾尔自治区，2014 年 6 月）等七个经济特区，实际上是非特区的特区，国家在经济特区率先建立与完善社会主义市场经济体制，实行特殊的经济政策和经济运行体制。形成以引进外资为主的中外合资、中外合作、外商独资等经济形式，确立多种所有制经济形式并存、竞争和共同发展的经济结构；形成以外向型经济为主的实行市场调节的经济运行机制，确立以市场经济为导向的经济运行体制及管理体制；形成外来投资企业在税收、土地使用费、人员出入境、产品进出口等方面享有优惠的特区运营体系，确立国家赋予经济特区的广泛而独特的自主权。

作为改革开放的试验区，作为对外开放的“窗口”，经济特区始终保持大胆地闯、勇敢地试的特色，一开始就按市场经济的运行方式构建，按市场经济的基本规则运营，按国际惯例、准则的基本规范操作。“特区是个窗口，是技术的窗口，管理的窗口，知识的窗口，也是对外政策的窗口。”① 特区成为中国利用外资或外商直接投资最集中的地区，也是引进国外先进技术和管理最集中的地区。经济特区是中国利用境外资金、技术、人才和管理经验发展国家区域经济的重要手段，在中国工业化、城市化和现代化进程中发挥了重要作用，成为中国实施区域经济发展战略的重要形式。经济特区的地位和作用主要表现为：一是在经济体制改革中发挥“试验田”作用。二是在对外开放中发挥重要的“窗口”作用。三是在自主创新中发挥重要的排头兵作用。四是在现代化建设中发挥“示范区”作用。五是对香港、澳门顺利回归和繁荣稳定发挥重要促进作用。

经济特区不是政治特区，也不是“一国两制”下的特别行政区，具有鲜明的社会主义特色。经济特区在国家宏观调控下率先实行市场经济体制，具有社会主义物质文明和精神文明建设的示范意义，是社会主义的特殊行政区域。

三、沿海开放城市和沿海经济开发区

沿海开放城市也称沿海港口城市，是中国由北向南的沿渤海、黄海、东海、南海海岸线的开放区域。1984 年 4 月，国务院决定大连、秦皇岛、天津、烟台、青岛、连云港、南通、上海、宁波、温州、福州、广州、湛江、北海 14 个城市为沿海开放城市。国家允许

---

① 邓小平．邓小平文选：第三卷．北京：人民出版社，1993：51.

沿海开放城市创办经济技术开发区、高新技术产业开发区、出口加工区和保税区等，构成对外开放和市场化程度仅次于经济特区的开放层次。国家给予沿海开放城市的优惠政策主要有：（1）扩大沿海开放城市审批权限的自主权。凡是利用外资建设新企业和改造老企业，天津、上海每个项目的审批权限放宽到 3 000 万美元以下；广州、大连放宽到 1 000 万美元以下；其他城市放宽到 500 万美元以下。非生产性项目无论投资额多少，均由各开放城市自行审批。（2）扩大沿海开放城市招商引资政策的自主权。沿海开放城市可独自对外商实施优惠政策，包括外商投资的进出口机器设备、出口产品生产的原材料、自用交通工具、办公用品等免征关税；属于技术、知识密集型项目和交通、能源等建设项目，只征收 15%的企业所得税；属于一般性生产项目按 24%的税率征收所得税。①

沿海开放城市是中国经济、科学、教育、文化，以及交通、通信比较发达的地区，构成开放战略格局中内外广泛联系、协作的区域，其天然的地理条件和较发达的经济发展水平在开放格局中发挥着重要的作用。一方面，沿海开放城市可广泛地拓展对外开放的层面、水平；另一方面，可积极推动国内企业参与国际分工和国际市场竞争。

沿海经济开发区是继沿海开放城市之后，进一步扩大开放的区域，开放区更为广泛的前沿区域已经远远超出行政区划的限制，形成各具特色的相互联系的经济地理区域。1985 年 1 月，国务院决定开辟长江三角洲、珠江三角洲、闽南三角地带作为中国的沿海经济开发区。1987 年之后，又将辽东半岛、胶东半岛，以及河北、江苏、浙江、广东、广西等省、自治区的诸多沿海市县列入沿海经济开发区。这样，沿海经济开发区共包括 14 个省辖市、218 个市县，由辽东半岛到珠江三角洲，与 5 个经济特区和 14 个沿海开放城市共同构成近万里的大片狭长的对外开放前沿地带。对沿海经济开发区实行与沿海开放城市同样的优惠政策，对外商在开发区投资经营加工业，投资经营农、林、牧、渔等产业，给予系列优惠。沿海经济开发区以外向型经济为主，外向型经济占工业增长的 43%，约 1/4 是由出口实现的。目前，沿海经济开发区经济繁荣，人民富裕，教育文化发展，基础设施完善，城乡差别明显缩小，已经实现了“小康”目标。据统计，仅长江三角洲地区创造的年 GDP 和出口创汇额就占全国 20%以上。

四、内陆开放区和沿边对外开放区

20 世纪 90 年代，随着中国社会主义市场经济目标模式的确立，对外开放的速度加快。1990 年 6 月，国务院批准设立上海浦东新区，1992 年 6 月，进一步开放长江沿岸的合肥、南昌、长沙、成都 4 个省会城市，以及芜湖、武汉、九江、黄石、岳阳、重庆 6 市，长江沿岸 10 个主要中心城市全部开放。由此形成了以省会城市为中心的内陆开放区和以上海浦东新区为龙头的长江流域开放带。内陆开放区实行同沿海开放城市一样的优惠政策，凡是经国家批准建立的高新技术产业开发区、符合产业政策的重大项目和更新技术项目，均享受优惠政策，并允许拓宽利用外资的形式，灵活地吸引外资。内陆开放区突破了内陆各省之间以往的封闭局面，发挥了典型的引导、示范效应，对于内陆各省区深化改革，扩大开放，招商引资，吸收先进技术和管理经验，实施技术改造和产业结构优化，加快基础设施建设，建立

① 杨干忠. 社会主义市场经济概论. 北京：中国人民大学出版社，1996：277.

和完善市场经济体制，起到了重要的推动作用。

1992年初，继内陆开放区之后，国务院又先后决定沿边对外开放，形成沿边对外开放区，主要包括珲春、绥芬河、黑河、满洲里、二连浩特、伊宁、塔城、博乐、河口、畹町、瑞丽、凭祥、东兴13个边境市县，开放边贸口岸216个，边民互市市场292个。至此，一个以沿边开放城市为窗口，以边境市县为前沿，以省会中心城市为依托，面向东北亚、中亚和东南亚地区的多层次沿边对外开放格局基本形成。

沿边对外开放区享有与沿海开放城市一样的优惠政策，国家赋予其发展边贸更大的自主权，创造了良好的投资环境。沿边对外开放区由北到南，组成一个漫长的对外开放区域，极大地促进了边贸的快速发展，繁荣了沿边民族地区的经济、社会、文化，市场化程度逐步提高，对于建立与完善社会主义市场经济体制，提高沿边各族人民的生活水平，增强各民族大团结，缩小东西部地区发展的差距，发挥了重要作用。

五、国家级开发区和高新区

国家级开发区含义广泛多样：一是广义的各种类型开发区，由国务院批准设立的国家级经济技术开发区、国家级高新技术产业开发区、国家级出口加工区、国家级保税区、国家级旅游度假区等实行国家特定优惠政策的各类开发区；二是狭义的特定类型开发区，由国务院批准设立的某一种形式的国家级开发区。本书的国家级开发区概念特指狭义的特定类型开发区，即国家级经济技术开发区。

国家级经济技术开发区是国家对外开放的重要组成部分，均位于各省、市、自治区的中心城市、沿海开放城市和其他开放城市，在经济技术开发区内建设完善的基础设施，创造符合国际标准的投资环境，大力吸引和利用外资，形成以高新技术产业为主的现代化产业园区，成为对外开放的重点区域。国家级经济技术开发区在中国各种类型的开发区中居于首位。

国家级经济技术开发区是改革开放产物，主要是解决长期存在的机构效率低下、审批手续繁杂等制约经济社会发展的体制问题，打造改革开放区、技术创新区、企业孵化区、发展引领区，从而发挥国家级开发区重要的窗口、示范、辐射和带动作用，使之成为区域经济发展中的重要“增长极”。

从1984年到2015年，国务院先后批准设立219个国家级经济技术开发区。建设国家级经济技术开发区，既要充分发挥开发区的功能及优势，将经济特区的成功经验广泛推广和延伸，成为国家对外开放战略的重要组成部分，又要积极吸引国际资本及产业转移，引进外资、引进先进技术和先进制造业，扩大出口创汇，推动经济增长，促进经济发展。

国家级经济技术开发区可以划分为四个阶段：（1）创业发展阶段（1984—1990）。开发区起步阶段，基础薄弱，人才匮乏，资金短缺，白手起家。其间国家批准12个沿海港口城市建立14个国家级开发区。（2）快速发展阶段（1991—1998）。开发区快速发展，数量增长，质量提高，水平提升，实力增强，辐射面广。开发区与经济特区、高新技术产业开发区、保税区、边境自由贸易区、沿江沿边开放区等共同构成多层次、全方位的开放格局。其间国家批准设立21个国家级开发区。（3）稳定发展阶段（1999—2002）。开发区由东向西发展，中西部地区省会（首府）城市设立国家级开发区，稳定发展，扎实发展，国家级开发区覆盖全国。期间国家批准设立 14 个国家级开发区。（4）均衡发展阶段（2003 年以后）。开发区面临重要发展机遇与挑战，开始步入均衡发展、持续发展阶段。发展数量、质量、规模和效益成果显著，开发水平提高，辐射功能增强。① 截至 2015 年，国家批准设立的国家级经济技术开发区达 170 个。

国家级经济技术开发区建设的基本原则包括：其一，因地制宜，分类施策。坚持功能体系与发展阶段相匹配，不断提升开发区集聚度及其综合功能，从战略高度选择发展路径、实施差别化开发开放政策。其二，规划引领，长远谋划。坚持规划引领开发区功能改造，做好开发区功能拓展、产业升级、结构调整的中长期规划，提升规划的前瞻性和科学性，并与所在地区经济社会发展总体规划及具体实施相衔接。其三，优化功能，提质增效。坚持以人为本，补齐功能短板，完善产业功能，增强城市功能，改善基础设施条件，提高开发区综合承载能力和人口集聚能力。其四，改革创新，协同推进。理顺管理体制，强化开发开放，坚持制度创新，协同合力推进，加快转型升级。

国家级经济技术开发区建设的主要目标如下：加快推动开发区城市功能改造，到 2020 年实现开发区功能明显优化，产业竞争力明显提升，土地利用效率明显提高，公共服务和社会管理效能明显改善，集聚和吸纳人口能力明显增强，使具备条件的开发区成为产城融合、集约紧凑、功能完善、生态良好、管理高效的现代化城市综合功能区。巩固提升开发区产业集聚优势，强化开发区产业支撑，充分发挥开发区在技术、资金和人力资本等方面的优势，推动开发区产业向中高端升级。实施创新驱动发展战略，建立产业关键技术的发展平台，建设服务产业集群的信息服务平台，推动创新集群与产业集群融合发展，加强不同产业链与不同企业的协同协作。统筹规划开发区空间布局、产业布局，优化资源配置，推进开发区企业间的资源共享。强化开发区政府职能，理顺与地方政府职能关系，发挥精简高效优势，营造良好的创新创业环境，加强创新创业信息资源整合，助推资金、技术、人才、资本等要素的集聚力。

国家级高新技术产业开发区，简称“国家高新区”，是国务院批准成立的国家级科技工业园区，被称为中国的“硅谷”。国家高新区以智力密集和开放环境为依托，依靠国内科技和经济实力，充分吸收和借鉴国外先进科技、资金和管理手段，通过实施各项改革举措和优惠政策，实现软环境和硬环境的局部优化，把科技成果适时转化为现实生产力而建立起来的高新技术产业创新发展聚集化和集中化区域。

1988 年国务院开始批准建立国家级高新技术产业开发区。1988 年 8 月国家高新技术产业化发展计划——火炬计划开始实施，创办高新技术产业开发区和高新技术创业服务中心被明确列为火炬计划的重要内容。1988 年国务院批复全国首个国家级高新区北京中关村科技园区正式成立。1991 年批复沈阳高新区等 26 个；1992 年批复潍坊高新区、绵阳高新区等 26 个；2007 年批复宁波高新区 1 个；2009 年批复湘潭高新区和泰州医药高新区 2 个；2010 年批复烟台高新区、南阳高新区等 26 个；2011 年批复江阴高新区、临沂高新区等 5 个；2012 年批复长春高新区、温州高新区等 17 个；2013 年批复通化医药高新区、南通高新区等 9 个；2015 年批复长治高新区、锦州高新区等 32 个。至此国家级高新区共计

① 佚名. 国家级经济技术开发区的发展历程. 河北机构编制网，2012-11-20.

145个。

截至2016年，国家高新区综合实力前十名依次是：中关村国家自主创新示范区（北京）、张江国家自主创新示范区（上海）、成都高新区（四川）、西安高新区（陕西）、深圳高新区（广东）、杭州高新区（浙江）、合肥高新区（安徽）、武汉高新区（湖北）、苏州工业园区（江苏）、广州高新区（广东）。

国家高新区是国家在知识密集、技术密集的大中城市和沿海地区建立的发展高新技术产业的开发区。高新技术的范围包括：微电子科学和电子信息技术；空间科学和航空航天技术；材料科学和新材料技术；光电子科学和光机电一体化技术；生命科学和生物工程技术；能源科学和新能源、高效节能技术；生态科学和环境保护技术；地球科学和海洋工程技术；基本物质科学和辐射技术；医药科学和生物医学工程；其他在传统产业基础上应用的新工艺、新技术；等等。高新技术范围将根据国内外高新技术的发展进行不断补充和修订。国家级高新区十三五发展规划明确构建具有国际竞争力的现代产业技术体系，包括发展高效安全生态的现代农业技术；发展新一代信息技术；发展智能绿色服务制造技术；发展新材料技术；发展清洁高效能源技术；发展现代交通技术与装备；发展先进高效生物技术；发展现代食品制造技术；发展支撑商业模式创新的现代服务技术；发展引领产业变革的颠覆性技术。①

国家高新区是经济体制和科技体制改革的战略举措，要强化高新区功能建设，营造吸引优秀科技人员和经营管理者创新创业的良好环境，成为国家科技创新和产业化发展重要基地，在区域经济发展中发挥辐射和带动作用。1995年，国家科技部依托国家高新区组建国家火炬计划软件产业基地。从1997年开始批准部分高新区向APEC成员特别开放的科技工业园区，以促进中国与APEC成员在高新技术产业领域的交流与合作。2000年以后，国家科技部等有关部门认定数十个国家高新区为“国家高新技术产品出口基地”。国家高新区经济持续稳定增长，更加注重区域生态环境保护，成为国家自主创新的重要载体。企业在技术创新中发挥了主导作用，高新区企业科技实力雄厚，各类高技术人才济济，研发投入不断扩大，发明专利数量不断增加，高新技术产品不断丰富，技术性收入规模稳步扩大，新业态不断涌现，高端产业逐渐聚集，在区域经济发展中起着关键的支撑作用。

国家高新区以“发展高科技、培育新产业”为方向，坚持科技创新和制度创新双轮驱动，优化国家高新区、自创区战略布局，营造产业生态和创新创业生态，发展新经济，培育新动能，实现经济、科技、社会、生态和谐统一，有效支撑和引领经济中高速增长、迈向中高端水平。国家高新区将建设成为具有重大引领作用和全球影响力的创新高地，培育和发展战略性新兴产业的关键载体，转变发展方式和调整经济结构的重大引擎，建设创新型国家和世界科技强国的重要支点。将国家自创区建设成为体制机制改革和政策先行先试的创新特区，积极打造国家高新区“升级版”。

国家高新区以全球视野谋划和推动创新发展，积极集聚、整合、利用全球创新资源，加强科技开放合作，吸纳国际一流研发机构和海外高层次创新人才，营造全球创新成果、

① 科技部. 国家高新技术产业开发区“十三五”发展规划. 科技部网站，2016-07-28.

人才和研发机构云聚国家高新区的良好氛围。主要包括开展国际交流，吸引境外金融机构、投资机构，支持区内企业与跨国高技术公司建立战略伙伴关系，为科技产业的国际化提供制度条件。加强中国亚太经济合作组织（APEC）科技工业园区建设，积极探索与APEC成员之间以多种方式推动科技工业园区、企业孵化器和高新技术企业的国际交流与合作，实现共同发展。加大与国外企业孵化器、科学园区建立各种形式的合作关系，共建国际企业孵化器和海外孵化基地，推动中小科技企业跨国合作、经营与发展。强化高新技术产品出口加工区建设，优化产品结构，提高产品质量，助推高新技术产品出口及创汇能力，提高高新技术产品的国际市场占有率和竞争力。适应国际市场竞争及需要，持续推进国家高新区的国际化进程。

截至2014年年底，国家高新区内共有外资研发机构1 639个，较2013年增加127家，外资研发机构成为有效配置国际创新资源的重要平台。115家国家高新区内共有留学生创办企业26 969家，国家高新区企业从业人员中有留学归国人员11.1万人、外籍常驻人员5.6万人、引进外籍专家1.4万人，国家高新区吸纳大量国际优秀人才就职。同时，积极吸引国际资本进入，企业通过在境外资本市场上市、融资等方式吸引大量国际资金。国家高新区及其直属企业吸引外资实际投资额为70.1亿美元，较2013年同比增长5.2%，是全国实际使用外商直接投资金额增速（1.7%）的3.1倍；企业海外上市融资股本为375.6亿元，较2013年同比增长5.6%，其中，内资控股企业海外上市融资股本为279.2亿元，占高新区全部企业海外上市融资股本的74.3%。①

据统计，2013年114个国家高新区共实现工业总产值19.7万亿元，实现增加值5.8万亿元，占全国GDP的比重超过10%，工业增加值占同期全国第二产业增加值的比重为16%，出口创汇占同期全国外贸出口总额16.9%，上交税额1.1万亿元，出口总额3 700亿美元。实现营业总收入20.3万亿元，其中55个成为“千亿俱乐部”成员。2016年，145个国家高新区营业收入达28.3万亿元，同比增长11.5%，工业总产值20.5万亿元，同比增长10.3%。国家高新区集聚了全国50%以上高新技术企业，单位产出能耗仅为全国平均值的一半，每万名从业人员拥有发明专利107件，相当于全国平均水平的10倍。国家高新区超常规发展，取得了举世瞩目的成就，探索出一条具有中国特色的高新技术产业发展之路、开放之路、创新之路。

国家自主创新示范区（简称“自创区”）已成为培育和发展新兴产业的重要策源地。中关村自创区的下一代互联网、张江自创区的集成电路、武汉东湖高新区的光通信、深圳高新区的通信设备等创新型产业集群已经具备国际竞争力，在关键前沿技术开发、重大产品与装备制造、国际技术标准创制等方面涌现出一大批高端技术和产品。一批新的经济增长点、增长极、增长带正在加快形成。移动互联网、物联网、3D打印、可穿戴设备等新业态在国家高新区、自创区不断涌现。高效能计算机、人工非线性晶体、纳米材料和印制、智能机器人、中文信息处理、量子通信、人用禽流感疫苗、3G/4G技术及标准、燃料电池技术和应用等方面相继获得重要突破，开辟了产业发展新方向。

2015年，有21个国家高新区生产总值占所在城市的比重超过30%，其中7个超过

① 科技部. 国家高新技术产业开发区“十三五”发展规划. 科技部网站，2016-07-28.

50%。国家自创区积极探索产业协作、品牌共享、园区共建、技术输出、管理模式输出等辐射带动新机制，取得较好成效。中关村自创区与全国 23 个省（市、自治区）的 61 个地区（单位）建立了战略合作关系，园区企业在全国各地设立分支机构超过 8 300 个，约 80%技术合同的成交额辐射到北京以外地区。张江自创区在江浙等地共建 12 个科技园区，实现了区域间的协同发展。武汉东湖高新区与周边区域建立协同发展机制，形成了覆盖湖北全省的“光谷产业园”品牌。国家高新区深度融入全球经济体系，已成为全球创新网络的重要枢纽和节点。截至 2015 年年底，145 个国家高新区共入选国家“千人计划”3 438 人，留学归国人员 10.9 万人，外籍专家 1.3 万人，外籍常驻人员 5.5 万人，24 个国家高新区成为国家“海外高层次人才创新基地”。越来越多的国家高新区开始建设海外孵化器、海外产业园，探索产能合作、技术溢出和成熟模式的国际辐射。①

六、国家级新区和综合配套改革试验区

国家级新区是从 20 世纪 90 年代初开始设立的一种新开发开放的大城市区，是承担国家重大发展和改革开放战略任务的综合功能区，成为新一轮深化改革与开放的创新区。

国家级新区，按成立的时间顺序依次为：浦东新区（上海，1992 年 10 月）、滨海新区（天津，2006 年 5 月）、两江新区（重庆，2010 年 5 月）、舟山群岛新区（浙江，2011 年 6 月）、兰州新区（甘肃，2012 年 8 月）、南沙新区（广东，2012 年 9 月）、西咸新区（陕西，2014 年 1 月）、贵安新区（贵州，2014 年 1 月）、西海岸新区（山东，2014 年 6 月）、金普新区（辽宁，2014 年 6 月）、天府新区（四川，2014 年 10 月）、湘江新区（湖南，2015 年 4 月）、江北新区（江苏，2015 年 6 月）、福州新区（福建，2015 年 8 月）、滇中新区（云南，2015 年 9 月）、哈尔滨新区（黑龙江，2015 年 12 月）、长春新区（吉林，2016 年 2 月）、赣江新区（江西，2016 年 6 月）、雄安新区（河北，2017 年 4 月）。

国家级新区建设作为国家战略，是国家对新区这个特定区域发展的重新定位。在进一步整合资源的基础上，发挥新区的潜在比较优势和竞争优势，解决长期困扰中国经济的产业结构同构和产能过剩困局，进而优化产业布局，提升产业能级，提高经济发展质量和效益，探索深化改革开放的新路径。国家级新区建设实行更加开放和优惠的特殊政策，积极鼓励新区各项制度的改革与创新。

国家级新区紧紧围绕国家区域发展总体战略、总体布局、总体目标、总体要求和基本原则，严格落实新区总体方案和发展规划，突出体现落实国家重大改革发展任务和创新体制机制的试验示范作用，加快集聚特色优势产业，推动产城融合和新型城镇化建设，提高资源利用效率，改善生态环境质量，促进新区各项事业发展。国家级新区要在较长的时期内保持经济增长速度快于所在省（区、市）的总体水平，着力提升经济发展质量和规模，将新区打造成全方位扩大开放的重要窗口、创新体制机制的重要平台、辐射带动区域发展的重要增长极、产城融合发展的重要示范区，进一步提升新区在改革开放和现代化建设中的战略地位。

（1）规划引领、科学开发。

严格按照土地利用总体规划、城乡规划和新区总体方案要求，制定新区发展总体规划

① 中商产业研究院.《国家高新区创新能力评价报告（2016）》发布. 中商情报网，2017-06-05.

和相关专项规划，明确新区发展的战略目标、空间布局和重点任务，提出科学合理的开发方向，推进时序和管控措施，辐射带动周边区域加快发展、协同发展。

（2）产城融合、宜居宜业。

统筹考虑产业发展、人口集聚与城市建设布局，促进产业与城市融合发展、人口与产业协同集聚。适度控制开发强度，加强公共服务设施建设，不断改善区域环境质量，保持生态功能稳定，推动新区成为企业创新发展、百姓安居乐业的良好区域。

（3）节约集约、集聚发展。

节约集约利用土地、水、海域等资源，切实提高资源利用效能。充分考虑区域资源环境承载能力，科学确定主导产业，促进优势产业集聚发展，增强规模效益。加快转变新区发展方式，重点发展知识技术密集、资源消耗少、成长潜力大、综合效益好的新兴产业。

（4）改革创新、先行先试。

建立高效运转的行政管理机制，构建现代社会治理体系，营造良好营商环境。建立鼓励改革创新的机制，在符合中央全面深化改革部署要求的前提下，鼓励先行先试，创造可复制、可推广的经验，赋予新区更大的自主发展权、自主改革权、自主创新权。

从 2005 年 6 月开始，国务院先后批准设立 12 个国家综合配套改革试验区。依次为：上海浦东新区综合配套改革试验区（2005 年 6 月）、天津滨海新区综合配套改革试验区（2006 年 5 月）、（成渝）全国统筹城乡综合配套改革试验区（2007 年 6 月）、武汉城市圈和长株潭城市群综合配套改革试验区（2007 年 12 月）、深圳综合配套改革试验区（2009 年 5 月）、沈阳经济区国家新型工业化综合配套改革试验区（2010 年 4 月）、山西省国家资源型经济综合配套改革试验区（2010 年 12 月）、浙江省义乌国际贸易综合改革试验区（2011 年 3 月）、厦门深化两岸交流合作综合配套改革试验区（2011 年 12 月）、黑龙江省“两大平原”现代农业综合配套改革试验区（2013 年 6 月）。

国家综合配套改革试验区可划分为：重点实施开发开放的综合配套改革试验区，如上海浦东新区、天津滨海新区、深圳市、厦门市、浙江义乌市等试验区；重点探索统筹城乡发展的综合配套改革试验区，如成渝试验区；重点推进“两型”社会建设的综合配套改革试验区，如武汉城市圈和长株潭城市群试验区；重点探寻新型工业化道路的综合配套改革试验区，如沈阳经济区试验区；重点推动资源型经济转型的综合配套改革试验区，如山西省试验区；重点发展农业现代化的综合配套改革试验区，如黑龙江省“两大平原”试验区。

国家综合配套改革试验区常被称为“新特区”，是适应经济全球化一体化趋势和完善社会主义市场经济体制的内在要求，建立以全方位改革试点为特征，以制度创新为动力，对国家社会经济发展具有深远影响的试验区。国家综合配套改革试验区既具有经济特区、经济开发区、农村综合改革试验区的内涵，又涉及经济社会发展诸多领域的改革与开放，是一项全面制度体制改革与创新的系统工程。

国家综合配套改革试验区的核心在于“综合配套”，通过选择一批具有代表性及特点的区域进行综合配套改革，为国家经济体制改革、政治体制改革、文化体制改革和社会领域改革提供新经验和新路径。其宗旨是变革单纯的经济增长发展观，从经济发展、社会发展、城乡关系、土地开发和环境保护等多个领域推进改革与开放，形成相互配套的管理体制和运行机制。国家综合配套改革试验区要创造性地开展工作，重点在创新体制机制上下工夫，先封闭运行，做到风险可控、积累经验、以点带面、扎实推进。把发展目标与改革目标一起规划、把市场化改革与转变发展方式一同部署。当好改革实验的“侦察兵”“先遣队”，为改革攻坚提供新鲜经验和实践标杆。① 实施综合配套改革，能够有效解决经济体制改革的系统性和配套性，增强各方面、各领域、各层次改革的协调性、联动性，形成具有综合竞争力的新思维、新思想、新路径、新模式和新道路，有利于建立健全充满活力、富有效率、更加开放的新体制新机制，进一步完善社会主义市场经济体制，必将对全面深化改革开放、推动经济社会可持续发展产生深远影响。

十几年来，试验区大胆探索、先行先试，创造出了商事登记、教育“管办评”、市场采购贸易、科技和金融相结合等一系列经验做法，为推进重要领域和关键环节的改革积累了经验、探索了路径、完善了政策。一是全面落实简政放权，深化商事制度改革，深化综合监管执法体制改革，营造大众创业万众创新良好环境。二是加快完善现代产权制度，激发市场主体活力，健全技术创新激励机制，创新投融资体制，推进高水平对外开放。三是加快深化土地制度改革，探索“多规合一”制度，加快构建新型农业经营体系，创新农村公共服务和社会治理。四是率先建立绿色发展评估考核体系，开展“两型”标准化建设，完善第三方治理机制，完善城乡环境同治机制。五是完善政府购买服务机制，探索社会事业管办评联动机制，推进医养结合改革，培育多元化社会组织，加强社区建设与治理。国家综合配套改革试验区作为全面深化改革的“前沿阵地”，围绕确定的改革试验主题，着力加快转变政府职能，着力加快转变经济发展方式，着力加快统筹城乡改革，着力加快生态文明制度建设，着力加快社会事业改革，明确在 2018 年年底前完成 31 项具体改革任务，尽快形成可复制、可推广的试点经验。②

七、自由贸易试验区

2013 年 9 月，国务院印发中国（上海）自由贸易试验区总体方案的通知，明确规定了总体目标、实施范围、主要任务和措施等。

（1）总体目标。

经过 2～3 年的改革试验，加快转变政府职能，积极推进服务业扩大开放和外商投资管理体制改革，大力发展总部经济和新型贸易业态，加快探索资本项目的可兑换和金融服务业的全面开放，探索建立货物状态分类监管模式，努力形成促进投资和创新的政策支持体系，着力培育国际化和法治化的营商环境，力争建设成为具有国际水准的投资贸易便利、货币兑换自由、监管高效便捷、法制环境规范的自由贸易试验区，为扩大开放和深化改革探索新思路和新途径，更好地为全国服务。

（2）实施范围。

试验区范围涵盖上海外高桥保税区、上海外高桥保税物流园区、洋山保税港区和上海浦东机场综合保税区 4 个海关特殊监管区域，并根据先行先试推进情况以及产业发展和辐射带动的需要，逐步拓展实施范围和试点政策范围，形成与上海国际经济、金融、贸易、

---

① 佚名．李克强主持召开全国综合配套改革试点工作座谈会．中国政府网，2012-11-22.

② 国家发改委．关于进一步做好国家综合配套改革试验区工作的意见．国家发改委网站，2015-09-22.

航运中心建设联动的机制。

(3) 主要任务和措施。

加快政府职能转变。紧紧围绕面向世界、服务全国的战略要求和上海“四个中心”建设的战略任务，按照先行先试、风险可控、分步推进、逐步完善的方式，把扩大开放与体制改革相结合、培育功能与政策创新相结合，形成与国际投资、贸易通行规则相衔接的基本制度框架。改革创新政府管理方式，扩大服务业开放，选择金融服务、航运服务、商贸服务、专业服务、文化服务以及社会服务领域扩大开放，营造有利于各类投资者平等准入的市场环境。探索建立负面清单管理模式，借鉴国际通行规则，对外商投资试行准入前国民待遇，研究制定试验区外商投资与国民待遇等不符的负面清单，改革外商投资管理模式，构筑对外投资服务促进体系，推进贸易发展方式转变，深化金融领域的开放创新，营造相应的监管和税收制度环境。①

建设自由贸易试验区旨在通过开放促进国内改革，坚持先行先试，以开放促改革、促发展，率先建立符合国际化和法治化要求的跨境投资和贸易规则体系，使试验区成为中国进一步融入经济全球化的重要载体，打造升级版中国经济。② 这标志着适应社会主义市场经济要求的、与国际接轨的经济体制和管理体制的深层次构建已经启动，全方位开放格局由面的数量扩张转向点的深层突破，其先行先试的示范效应令人瞩目。

2015 年 4 月，国务院公布广东、天津、福建自贸区的总体方案，以及上海自贸区改革开放方案。广东、天津、福建自贸区统一正式挂牌成立。

广东、天津、福建自贸区继续作为改革开放的排头兵、创新发展的先行者，以创造更多可复制、可推广的经验为目标，在上海自贸区先行试点的基础上进一步扩大改革开放。主要体现在五个方面：其一，坚持制度创新。广东、天津、福建自贸区在复制上海自贸区成功经验的同时，探索投资管理制度、贸易监管、金融制度和事中事后监管领域的改革创新，探寻行政咨询体系、审管分离、审批归口的一些新做法。扩展区域之后的上海自贸区进一步实施公平竞争权益保护的试点。其二，服务国家战略。广东自贸区立足于推动内地与港澳经济深度合作，天津自贸区立足于京津冀协同发展，福建自贸区立足于深化两岸经济合作，上海自贸区在继续推进投资贸易便利化、货币兑换自由化、监管高效便捷化、法制环境规范化等方面担当“领头羊”。其三，建设开放高地。为进一步扩大开放，国务院办公厅发布统一适用于 4 个自贸区的外商投资负面清单，与上海自贸区的前两个负面清单相比，进一步缩小了限制范围，提升了自贸区的开放度和透明度。其四，辐射带动周边。广东自贸区将通过加工贸易转型，带动泛珠三角区域和内地的产业升级，天津自贸区通过促进京津冀协同发展辐射内陆的发展，福建自贸区着力加强闽台产业对接、创新两岸服务业合作模式，辐射带动海峡西岸经济发展，上海自贸区通过建设长三角区域国际贸易“单一窗口”，推动长江经济带的快速发展。其五，有效防控风险。在外商投资领域，国务院办公厅发布了自贸区外商投资国家安全审查的试行办法；在贸易领域，进一步推进口岸监管制度、检验检疫监管模式创新，严格防范偷漏税和质量安全风险；在金融领域，完善跨

---

① 国务院. 国务院印发中国（上海）自由贸易试验区总体方案. 中国政府网，2013-09-27.

② 曾会生. 上海自贸区今日挂牌 以开放促改革打造经济升级版. 中国新闻网，2013-09-29.

行业、跨市场的金融风险监测评估机制，构建宏观审慎的金融管理体系。加快实施自由贸易区战略，是适应经济全球化新趋势的客观要求，是全面深化改革、构建开放型经济新体制的必然选择，也是中国积极运筹对外关系、实现对外战略目标的重要手段。加快实施自由贸易区战略，发挥自由贸易区对贸易投资的促进作用，更好帮助中国企业开拓国际市场，为中国经济发展注入新动力、增添新活力、拓展新空间。加快实施自由贸易区战略，是中国积极参与国际经贸规则制定、争取全球经济治理制度性权力的重要平台，我们不能当旁观者、跟随者，而是要做参与者、引领者，善于通过自由贸易区建设增强中国国际竞争力，在国际规则制定中发出更多中国声音、注入更多中国元素，维护和拓展中国发展利益。①

广东自贸区依托港澳、服务内地、面向世界，将建设成为粤港澳深度合作示范区、21世纪海上丝绸之路重要枢纽和全国新一轮改革开放先行地。经过3～5年的改革试验，营造国际化、市场化、法治化营商环境，构建开放型经济新体制，实现粤港澳深度合作，形成国际经济合作竞争新优势，力争建成符合国际高标准的法制环境规范、投资贸易便利、辐射带动功能突出、监管安全高效的自由贸易园区。

天津自贸区以制度创新为核心任务，以可复制、可推广为基本要求，努力成为京津冀协同发展高水平对外开放平台、全国改革开放先行区和制度创新试验田、面向世界的高水平自由贸易园区。经过3～5年的改革探索，将建设成为贸易自由、投资便利、高端产业集聚、金融服务完善、法制环境规范、监管高效便捷、辐射带动效应明显的国际一流自由贸易园区，在京津冀协同发展和经济转型发展中发挥示范引领作用。

福建自贸区围绕立足两岸、服务全国、面向世界的战略要求，充分发挥改革先行优势，营造国际化、市场化、法治化营商环境，将建设成为改革创新试验田；充分发挥对台优势，率先推进与台湾地区投资贸易自由化进程，成为深化两岸经济合作的示范区；充分发挥对外开放前沿优势，建设21世纪海上丝绸之路核心区，打造面向21世纪海上丝绸之路沿线国家和地区开放合作新高地。②

2017年3月国务院分别印发辽宁、浙江、河南、湖北、重庆、四川、陕西自由贸易试验区总体方案，是新形势下全面深化改革和扩大开放的一项战略举措，对加快政府职能转变、积极探索管理模式创新、促进贸易投资便利化、深化金融开放创新，为全面深化改革和扩大开放探索新途径、积累新经验，具有重要意义。七大自贸区要当好改革开放排头兵、创新发展先行者，以制度创新为核心，以可复制、可推广为基本要求，在构建开放型经济新体制、内陆开放型经济发展新模式和建设法治化、国际化、便利化营商环境等方面，率先挖掘改革潜力，破解改革难题。要着力深化行政管理体制改革，提高行政管理效能，提升事中事后监管能力和水平，进一步推进简政放权、放管结合、优化服务改革。坚持稳中求进工作总基调，进一步解放思想、改革创新、大胆实践、积极探索、统筹谋划、加强协调，支持自贸区先行先试。加强组织领导，明确责任主体，精心组织好总体方案实施工作，抓好改革措施的落实，有效防控各类风险。国务院自由贸易试验区工作部际联席会议办公室、7省市人民政府、有关部门要创新思路、寻找规律、解决问题、积累经验；

---

① 习近平. 加快实施自贸区战略 加快构建开放型经济新体制. 人民网，2014-12-06.

② 陈君. 中国公布第二批自由贸易试验区总体方案. 今日中国，2015-04-21.

充分发挥积极性，因地制宜、突出特色，做好对比试验和互补试验；及时总结评估试点任务实施效果，加强试点经验系统集成，持续形成可复制、可推广的改革经验，充分发挥示范带动、服务全国的积极作用。持续推动西部开发、东北振兴、中部崛起和长江经济带发展、“一带一路”建设等国家战略的贯彻实施。

辽宁自贸区加快市场取向体制机制改革，积极推动结构调整，将自贸区建设成为提升东北老工业基地发展整体竞争力和对外开放水平的新引擎。形成与国际投资贸易通行规则相衔接的制度创新体系，营造法治化、国际化、便利化的营商环境，巩固提升对人才、资本等要素的吸引力，努力建成高端产业集聚、投资贸易便利、金融服务完善、监管高效便捷、法制环境规范的高水平高标准自由贸易园区，引领东北地区转变经济发展方式，提高经济发展质量和水平。

浙江自贸区将建设成为东部地区重要海上开放门户示范区、国际大宗商品贸易自由化先导区和具有国际影响力的资源配置基地。通过改革探索，基本实现投资贸易便利、高端产业集聚、法制环境规范、金融服务完善、监管高效便捷、辐射带动作用突出，以油品为核心的大宗商品全球配置能力显著提升，对接国际标准初步建成自由贸易港先行区。

河南自贸区加快建设贯通南北、连接东西的现代立体交通体系和现代物流体系，成为服务于“一带一路”建设的现代综合交通枢纽、全面改革开放试验田和内陆开放型经济示范区。形成与国际投资贸易通行规则相衔接的制度创新体系，营造法治化、国际化、便利化的营商环境，成为投资贸易便利、高端产业集聚、交通物流通达、监管高效便捷、辐射带动作用突出的高水平高标准自由贸易园区，引领内陆经济转型发展，推动构建全方位对外开放新格局。

重庆自贸区发挥战略支点和连接点的重要作用，成为“一带一路”和长江经济带互联互通重要枢纽，西部大开发战略重要支点。建成投资贸易便利、高端产业集聚、监管高效便捷、金融服务完善、法制环境规范、辐射带动作用突出的高水平高标准自由贸易园区，建成服务于“一带一路”建设和长江经济带发展的国际物流枢纽和口岸高地，推动构建西部地区门户城市全方位开放新格局，带动西部大开发战略深入实施。

湖北自贸区立足中部，辐射全国，走向世界，成为中部有序承接产业转移示范区、战略性新兴产业和高技术产业集聚区、全面改革开放试验田和内陆对外开放新高地。对接国际高标准投资贸易规则体系，力争建成高端产业集聚、创新创业活跃、金融服务完善、监管高效便捷、辐射带动作用突出的高水平高标准自由贸易园区，在实施中部崛起战略和推进长江经济带发展中发挥示范作用。

四川自贸区立足内陆，承东启西，服务全国，面向世界，建设成为西部门户城市开发开放引领区、内陆开放战略支撑带先导区、国际开放通道枢纽区、内陆开放型经济新高地、内陆与沿海沿边沿江协同开放示范区。建成法制环境规范、投资贸易便利、创新要素集聚、监管高效便捷、协同开放效果显著的高水平高标准自由贸易园区，在打造内陆开放型经济高地、深入推进西部大开发和长江经济带发展中发挥示范作用。

陕西自贸区发挥“一带一路”建设对西部大开发的带动作用，深化西部地区门户城市开放力度，建设成为全面改革开放试验田、内陆型改革开放新高地、“一带一路”经济合作和人文交流重要支点。形成与国际投资贸易通行规则相衔接的制度创新体系，营造法治化、国际化、便利化的营商环境，建成投资贸易便利、高端产业聚集、金融服务完善、人文交流深入、监管高效便捷、法制环境规范的高水平高标准自由贸易园区，推动“一带一路”建设和西部大开发战略的深入实施。①

八、“一带一路”

“一带一路”是“丝绸之路经济带”和“21 世纪海上丝绸之路”的简称。运用与有关国家既有的双边和多边机制，借助既有的区域合作平台，借用古代丝绸之路的历史符号，积极发展与“一带一路”沿线国家的经济合作伙伴关系，共同打造政治互信、经济融合、文化包容的利益共同体、命运共同体和责任共同体。多年来，世界 100 多个国家和国际组织积极支持和参与“一带一路”建设，联合国大会、联合国安理会等重要决议也纳入“一带一路”建设内容。“一带一路”建设逐渐从理念转化为行动，从愿景转变为现实，建设成果丰硕。

2014—2016 年，中国同“一带一路”沿线国家的贸易总额超过 3 万亿美元。中国对“一带一路”沿线国家的投资累计超过 500 亿美元。中国企业已经在 20 多个国家建设了 56 个经贸合作区，为有关国家创造了近 11 亿美元税收和 18 万个就业岗位。中国同“一带一路”建设参与国和组织开展了多种形式的金融合作。亚洲基础设施投资银行已经为“一带一路”建设参与国的 9 个项目提供了 17 亿美元贷款，“丝路基金”投资达 40 亿美元，中国同中东欧的“16＋1”金融控股公司正式成立。这些新型金融机制同世界银行等传统多边金融机构各有侧重、互为补充，形成层次清晰、初具规模的“一带一路”金融合作网络。“一带一路”建设参与国弘扬丝绸之路精神，开展智力丝绸之路、健康丝绸之路等建设，在科学、教育、文化、卫生、民间交往等各领域广泛开展合作，为“一带一路”建设夯实民意基础，筑牢社会根基。中国政府每年向相关国家提供 1 万个政府奖学金名额，地方政府也设立了丝绸之路专项奖学金，鼓励国际文教交流。各类丝绸之路文化年、旅游年、艺术节、影视桥、研讨会、智库对话等人文合作项目百花纷呈，人们往来频繁，在交流中拉近了心与心的距离。

“一带一路”倡议的提出，契合沿线国家的共同需求，为沿线国家开放发展开启了新的机遇之窗，是国际合作的新平台。“一带一路”倡议在平等的文化认同框架中谈合作，是国家战略性决策，体现和平、交流、理解、包容、合作、共赢的精神。

其一，发挥新疆独特的区位优势和向西开放的重要窗口作用，提升喀什经济特区和霍尔果斯经济特区开发开放窗口功能，深化与中亚、南亚、西亚等国家的交流合作，形成丝绸之路经济带上重要的交通枢纽、商贸物流和文化科教中心，打造丝绸之路经济带核心区。

其二，发挥环渤海、长三角、珠三角、海峡西岸等区域经济实力强、开放程度高、辐射作用大的优势，加快推进自由贸易试验区建设，积极推动环渤海经济圈、长江经济带、海峡西岸经济区发展。稳步推进雄安新区建设，推动拟议中的上海自由港规划和酝酿中的杭州大湾区构想。发挥深圳前海、广州南沙、珠海横琴、福建平潭等开放区的作用，深化与港澳台的合作，打造粤港澳大湾区。建设福建 21 世纪海上丝绸之路核心区。

---

① 佚名. 第三批七大自贸区总体方案印发：服务国家战略实施. 新华网，2017-03-31.

其三，突破中国东快西慢、海强陆弱的开放格局。“一带一路”倡议将推进新一轮对外开放的“一体两翼”，提升向东开放水平的同时加快向西开放步伐，助推内陆沿边地区进入开放前沿。遵循和平合作、开放包容、互学互鉴、互利共赢的丝路精神，与沿线各国在交通基础设施、贸易与投资、能源合作、区域一体化、人民币国际化等领域深度合作。

其四，发挥中国地缘政治优势，积极推进多边跨境贸易，深化交流合作，扩大开放层级，促进上海合作组织、欧亚经济联盟、中国-东盟（10＋1）、中日韩自贸区等国际合作的整合升级。合力打造丝绸之路沿线国家平等互利、合作共赢的平台，形成从波罗的海到太平洋、从中亚到印度洋和波斯湾的交通运输经济大走廊。目前，以中巴、中蒙俄、新亚欧大陆桥等经济走廊为引领，以陆海空通道和信息高速路为骨架，以铁路、港口、管网等重大工程为依托，一个复合型的基础设施网络正在形成。

其五，构筑世界经济贸易新的大循环，成为继大西洋、太平洋之后的第三大经济发展空间。“一带一路”地区覆盖总人口约46亿，GDP总量达20万亿美元。区域各国经济增长对跨境贸易的依赖程度较高：2000年各国平均外贸依存度为32.6％；2010年提高到33.9％；2012年达到34.5％，远高于同期24.3％的世界平均水平。根据世界银行数据计算，1990—2013年期间，世界贸易、跨境直接投资年均增长速度为7.8％和9.7％，而“一带一路”相关65个国家同期的年均增长速度分别达到13.1％和16.5％。“一带一路”建设以开放为导向，解决经济增长和平衡问题。①

“一带一路”建设实现了从理论设想转化为实践的重大跨越，建设速度和成果超出预期，不仅在沿线国家获得广泛响应，而且全球影响日益扩大。“一带一路”建设为促进世界经济增长，更好造福各国和各国人民打下了基础，创造了条件。“一带一路”建设正在成为推动世界经济全球化发展升级的新引擎。经济全球化有利于资源和生产要素在全球的合理配置，有利于资本和产品的全球性流通，有利于推进不发达地区经济发展，表明一个更加包容、普惠的升级版全球化实践已经在路上。中国是国际经济合作走廊的建设者，政策沟通、设施联通、贸易畅通、资金融通、民心相通的沟通者。只有搭上畅通平台，打破区域界限，才能带动国际合作向更大范围、更高层次、更高水平良性发展，才能为增进各国民众福祉提供不竭机遇。②

“中国坚持对外开放的基本国策，坚持打开国门搞建设，积极促进‘一带一路’国际合作，努力实现政策沟通、设施联通、贸易畅通、资金融通、民心相通，打造国际合作新平台，增添共同发展新动力。”“要以‘一带一路’建设为重点，坚持引进来和走出去并重，遵循共商共建共享原则，加强创新能力开放合作，形成陆海内外联动、东西双向互济的开放格局。优化区域开放布局，加大西部开放力度。赋予自由贸易试验区更大改革自主权，探索建设自由贸易港。创新对外投资方式，促进国际产能合作，形成面向全球的贸易、投融资、生产、服务网络，加快培育国际经济合作和竞争新优势。”③

---

① 习近平. 携手推进“一带一路”建设——在“一带一路”国际合作高峰论坛开幕式上的演讲. 新华网，2017-05-14.

② 贾文山. 从“五通”到“五路”：“一带一路”建设迈向命运共同体. 人民网，2017-05-19.

③ 习近平. 决胜全面建成小康社会 夺取新时代中国特色社会主义伟大胜利——在中国共产党第十九次全国代表大会上的报告. 新华网，2017-10-27.

开放战略与市场经济有序关联，开放战略理论与实践即是市场经济的客观要求，市场经济的要义即是推动经济体全方位对外开放，二者的有序关联渗透在社会主义市场经济理论之中，具有较强的理论价值和现实意义。理论上的开放战略应是有重点、分步骤的渐进式开放，而不是不分主次的盲目放开，开放战略是有条件、有序的开放，并与中国对外开放的实践过程相吻合，表明开放战略的广度和深度与市场经济的发展程度和成熟程度相关联、相统一。

要点总结

市场经济发展、结构、战略和开放格局

<table>
<tr><th>分类</th><th>内涵</th><th>特征</th><th>分类</th><th>关系</th><th>重点</th></tr>
<tr><td rowspan="4">市场经济发展</td><td>开放式发展</td><td>国际化</td><td rowspan="4">市场经济结构</td><td>供给结构</td><td>$SR_P \leqslant R$</td></tr>
<tr><td>创新型发展</td><td>基础性</td><td>需求结构</td><td>$DM_P \leqslant R$</td></tr>
<tr><td>可持续发展</td><td>环保性</td><td>区域结构</td><td>$AR_P \leqslant AR$</td></tr>
<tr><td>发展路径选择</td><td>特色性</td><td>总量结构</td><td>$ASR_P = ADM_P$</td></tr>
<tr><th>分类</th><th>要点</th><th>目标</th><th>分类</th><th>形式</th><th>功能</th></tr>
<tr><td rowspan="7">市场经济战略</td><td rowspan="2">市场经济战略要义</td><td rowspan="2">全局性突破</td><td rowspan="7">开放战略格局</td><td>经济特区</td><td>开放窗口</td></tr>
<tr><td>沿海开放城市</td><td>沿海联动</td></tr>
<tr><td rowspan="2">战略原则和特征</td><td rowspan="2">全面协调发展</td><td>内陆和沿边开放区</td><td>扩大开放</td></tr>
<tr><td>国家开发区和高新区</td><td>重点突破</td></tr>
<tr><td>战略目标模式</td><td>总量结构均衡</td><td>国家级新区和综合配套改革试验区</td><td>体制创新</td></tr>
<tr><td rowspan="2">战略具体措施</td><td rowspan="2">渐进式推进</td><td>自由贸易试验区</td><td>先行先试</td></tr>
<tr><td>“一带一路”</td><td>合作共赢</td></tr>
</table>

关键词

市场经济发展；经济发展；经济增长；市场经济结构；供给结构；需求结构；区域结构；总量结构；市场经济战略；战略目标模式；转变经济发展方式；经济特区；沿海开放城市；国家级开发区，国家级高新区，国家级新区；综合配套改革试验区；自由贸易试验区；“一带一路”。

思考题

一、简述市场经济发展及其具体发展方式。

二、简述市场经济发展路径选择及运作形式。

三、简述市场经济结构及具体结构形式。

四、简述市场经济的战略目标模式和具体措施。

五、简述多层次开放格局和“一带一路”倡议。

第十二章

社会主义市场经济价值论

本章重点： 效率优先及其价值主题；市场准则和检验标准的内涵；公平竞争及其价值原则；交易准则和互利互惠的要点；社会责任及其价值目标；责任制度和责任规则的要求；道德诉求及其价值宗旨；理性诉求的意义。

简要概括： 社会主义市场经济价值论是一般市场经济价值论的转化形式和表现方式，既蕴含一般市场经济价值理论的原则和方法，又具有其特殊的价值理念、原则、方法和目标，与一般市场经济价值论既有区别，又有联系。社会主义市场经济价值论是社会主义市场经济理论与实践统一的映现及升华，并贯穿社会主义市场经济发展过程之始终，构成社会主义市场经济理论的精神、灵魂。社会主义市场经济价值论由效率优先、公平竞争、社会责任和道德诉求等基本方面组成，凸显了社会主义市场经济的价值主题、价值原则、价值目标和价值宗旨，表明其价值理论的取向是“权变”的，绝不故步自封，要伴随实践的发展而补充、修正、创新和完善，具有典型的区别于一般市场经济价值理论的中国特色、特点。

第一节 效率优先

一、价值主题

价值主题是社会主义市场经济理论的中心问题，并伴随着社会主义市场经济理论的发展而变化，因为社会主义市场经济理论是一般市场经济理论变革的结果，同时影响其价值及价值主题。“理论变革影响价值，从而导致价值变化，这种反馈闭环的存在并不会使判定过程成为任何恶性的循环。”① 效率是指组织或个人为实现共同的目的，所用时间较少、

① 托马斯·S. 库恩. 必要的张力——科学的传统和变革论文选. 福州：福建人民出版社，1981：330.

投入成本较少、产出效益较高、管理效果较佳，是一个或若干个组织或个人可相互比较的概念，特指组织或个人效率的纵向比较和横向比较。效率优先是指众多组织或个人为实现某种结果或特定目标，使得许多资源达到较高程度或水平的集中，并不断实现资源配置的最优化，进而确立一个行业、部门、领域的比较效率优势或效应。最优化资源配置的评价标准是一个组织或个人能够又好又快地实现某种结果或特定目标。效率优先是一个或若干个组织或个人所普遍追求的较理想的资源配置方式，是一个多视角探寻的综合性概念，是市场经济的价值主题和基本标志。

西方市场经济理论始终探索追求效率优先的资源配置方式或价值主题。亚当·斯密认为，由“看不见的手”引导下的自由竞争可实现资源优化配置，并且在实现个人利益的同时也实现了社会利益最大化。马歇尔拓展了亚当·斯密的古典优化配置理论，主张边际效用理论的基础性功能可拓展到商品生产、交换、分配、消费、服务等诸多领域，以此为较优配置方式，从而实现理想的市场均衡状态。科斯等人的制度经济学则关注交易合约及效率的最优制度分析，强调最优制度决定了交易合约的形成及最佳效率，并构成了资源配置的最佳模式。凯恩斯否定古典经济理论的微观均衡配置方式，强调政府干预及其宏观经济政策的重要性、必要性，主张投资、消费和进出口平衡的宏观配置模式是最佳的资源配置模式。萨缪尔森把经济理论数量化，认为数理模型和制度机制相互关联，决定了资源配置的最优效率。加尔布雷斯的计划（企业内部）配置和市场（企业外部）配置理论，把计划与市场的关系纳入资源配置及效率范畴，提出了两种资源配置的合理性、兼容性和较优性理论。学习型组织理论则从组织学习的视角阐述了效率优先的要义，“为什么在许多团体中，每个成员的智商都在120以上，而整体智商却只有62？为什么1970年名列《财富》杂志‘五百大企业’排行榜的公司，到了80年代却有三分之一已销声匿迹？这是因为，组织的智障妨碍了组织的学习及成长，使组织被一种看不见的巨大力量侵蚀，甚至吞没了。因此，90年代最成功的企业将会是‘学习型组织’，因为未来唯一持久的优势是有能力比你的竞争对手学习得更快。”① 组织未来的竞争力不在于如何平衡资源，而在于提高资源配置效率，在于组织整体的学习力、凝聚力、协调力和创新力。

社会主义市场经济理论更关注资源的配置效率及优化问题，把效率优先作为其价值主题。效率优先是资源配置效率问题，与追求效率的程度相关，与公平问题不是同一层次的问题。效率优先关注资源配置的效益、效率及质量问题，把效益、效率及质量问题作为优先方向，强调资源配置始终以效率优先为价值主题和原则，市场经济有多种可供选择的资源配置方式，但效率优先的价值主题不会变化。这就是当代不同社会制度的国家会选择市场经济的原因。效率优先作为市场经济的价值主题，是追求效率的纵横比较问题，可在比较中优中选优，实现资源配置的效率及质量的提升，与公平不是同一层次问题。

效率优先是社会主义市场经济的价值主题，公平问题属于社会民生及保障范畴，与效率优先无直接相关性，二者分属于不同的层次或领域，不能直接等同、相互混淆。如果把市场经济与公平问题挂钩，那么只能造成市场经济的效率低下或无效率，解决公平问题的基础、活力就会丧失，并最终制约公平问题的合理解决。当前，中国利益格局失衡的关键

① 彼得·圣吉. 第五项修炼：学习型组织的艺术与实务. 上海：上海三联书店，2003：1.

在于社会权力失衡，这是造成贫富悬殊的根本原因，是社会地位有利者与社会地位不利者在表达和追求自身利益方面的能力的差异，其实质就是社会权力资源分配的不公平。从这个意义上讲，实现社会公平又是效率优先的重要前提。社会公平并不是对全体社会成员进行物质利益的平均分配，而是现代和谐社会的宪政要求，其核心是人的权利平等。就此而言，没有权利公平就没有效率。

效率优先是资源配置优化问题，与市场竞争实力相关，与贫富两极分化不是同一视角的问题。效率优先即资源配置优化或较优选择问题，体现了市场经济的价值主题，反映了市场竞争的实力，特别是市场主体的核心竞争力，构成市场经济永恒的竞争法则，即优胜劣汰法则。效率优先就是永恒的竞争法则的典型形式，效率优先拒绝懒惰、平庸及“搭便车”行为，秉持优胜劣汰法则，以质量求生存，以效率谋发展，以信誉立品牌，以达到资源配置优化的目的。贫富两极分化与效率优先价值主题或优胜劣汰法则的视角不同：前者是复杂的社会等级悬殊或差距拉大问题，属于社会发展中问题，尤其是社会分配问题；后者是资源配置优化问题，是市场竞争力问题，属于市场价值主题和竞争实力问题。同样，如果把贫富两极分化问题与市场价值主题问题相同一，那么市场经济就会由于两极分化社会问题的纠缠而效率递减，直至无效率，这是连资本主义市场经济也不愿看到的。无论是资本主义市场经济还是社会主义市场经济，竞争力都是每个企业乃至经济整体的生命线，而效率则是竞争力的决定性因素。只要采取以市场配置资源的基础性调节手段，市场竞争机制就会驱使企业把效率置于优先地位。效率优先是企业有竞争力的前提，属于企业的市场行为，是市场竞争规律所要求的，不取决于人们的主观愿望。[①] 贫富两极分化不是市场经济及其价值主题造成的，与效率优先无直接关联，属于复杂的社会发展问题，特别是社会分配问题。

效率优先是市场经济普遍性的价值追求，是市场经济基本属性之所在，与社会分配问题不能等同。效率优先是市场经济的价值追求，具有普遍性、一般性，决定所有市场主体的行为及其活动方式，社会主义市场经济的价值主题就是强调这种普遍性、一般性的意义。社会分配问题属于社会结构及其矛盾问题，与社会公平、公正、公义相关联，虽然社会分配问题也强调效率性，但更主要的是重视社会分配的公平性、公正性、公义性。尽管二者还有一些相似之处，但实质上不能等同。把社会分配问题与效率优先问题等量齐观将会极大地降低、妨碍资源配置的效率或优化，弱化效率优先的价值主题。

二、市场准则

效率优先既是社会主义市场经济的价值主题，也是社会主义市场经济的运行准则，甚至会成为政府政策导向的依据。

效率优先是普适的市场准则，既是企业运行的准则，也是政府改革、发展的导向性准则。普遍遵循市场准则的是各种形式的个体或合伙企业、民营企业，尤其是中小企业或小微企业，因为这些企业本身就是适应市场经济发展的产物，是名副其实的市场主体，坚持效率优先这一普适的市场准则是由这些企业的基因决定的。国有企业则不同，一些尚未彻

---

① 黄范章. 为“效率优先”辩. 中国经济时报，2006-05-16.

底实施改革的国有企业，其运行中的平均主义和“大锅饭”现象屡见不鲜，亟须深化产权改革、优化治理结构和转变增长方式，以效率优先为市场导向，逐步将其转变为遵循市场准则的充满竞争活力的市场主体。目前，在传统制造业中过量的国有企业不断制造新的过剩产能，形成对非国有企业的挤出，但在基础科学研究、重大科技专项、中小企业融资、新兴产业发展、重要基础设施，以及保障房、义务教育、社会保障等关系国民经济命脉的领域，国有企业的作用并没有充分发挥，一些地方政府不得不再建政府融资平台。部分国有企业从一般性产业中有序退出，转而进入更加重要的行业和领域，这将产生双赢效果，可大大提高市场配置效率，体现其价值的重要性。① 政府改革同样要遵循市场经济规律及要求，坚持政府管理体制和机制改革的效率性，坚持政府在转变经济发展方式中的效率性，坚持政府制定政策和实施政策的效率性，以效率优先的市场准则为基础，以效率优先的创新理念和创新机制为激励和鞭策。

市场竞争需要效率，社会公平也需要效率，效率优先应成为普适的市场准则。这是社会主义市场经济的一个显著特点。市场准则的真正要义应充分体现为提高社会效率，因为在宏观层次上只有使每个市场主体承担的成本比率与社会承担的成本比率都达到最大限度的吻合时，提高社会效率和社会可持续发展才得以实现。但市场准则更主要体现在微观层次上，依据“经济人假设”，每个市场主体总是窥视成本外部化的可能性，集中表现为对公共产品或公共资源的使用或侵占，对环境资源的严重破坏或转嫁成本，对消费者合法权益或利益的侵害。如果成本外部化在微观层次上得到实现，那么每个市场主体的效率就会在成倍放大社会成本的情况下得到提高，形成一种异化了的伪效率，表现为极大的破坏性、掠夺性以及低效率或负效率。强调提高社会效率的重要性并不排斥微观层次市场主体对利益及效率的追求，问题的关键在于市场主体追求成本外部化的欲望能够被市场规制有效控制或抑制，市场主体提供的各种要素应真实反映市场竞争效率和始终遵循市场准则。

市场准则以效率优先为基础，以市场交易关系为保证，是一种审慎的契约关系准则。以效率优先为基础，就是强调市场准则的效率性和规范性，必须以有效制度机制与价值观的高度一致为依托，制度机制是市场规范的一般形式，而价值观决定了市场规范的一般形式及行为的方向，表明市场准则是制度机制与价值观的内在统一。以市场交易关系为保证，就是建立有效率的市场交易关系，为市场准则构建有效率的市场交易关系及平台，使有效率的市场交易关系及平台蕴含一种审慎的契约关系或市场准则保护带。市场准则即达成的交易契约和制定的规则，市场主体为了生存、安全和发展的需要而达成契约和制定规则，离开了这些就意味着市场将失去规范性和凝聚力，会使对利益和效率的追求陷入负面的无序争吵和对峙之中，导致市场运行失调和市场秩序紊乱。

三、检验标准

效率优先是检验社会主义市场经济发展程度、发展水平、比较优势的标准。社会主义市场经济发展程度是一个规模概念，其规模的大小、高低由效率尺度来检验，体现了效率优先标准。也就是说，社会主义市场经济配置资源应以效率优先为尺度、标准，体现配置

① 陈清泰. 国企进一步改革需超越争议 公平竞争. 人民网，2012-06-04.

资源的效率程度、效率水平。而检验国有企业发展程度、非国有企业发展程度、混合企业发展程度大小、高低的尺度就是效率优先标准，体现社会主义市场经济的效率规模及整体竞争力。

社会主义市场经济发展水平则是一个层次概念，其发展层次、水平不是主观测定的，而是由客观的效率优先标准、效率程度来检验。社会主义市场经济的发展水平及效率优先标准，即各类企业的发展水平及效率优先标准，具体体现为各类企业的治理结构层次、管理水平、渠道优势、自主品牌、创新能力、核心竞争力水平等，体现社会主义市场经济的效率水平及综合竞争力。

社会主义市场经济比较优势是一个纵横比较概念，其相对的比较优势同样不是主观臆测的，而是客观的纵横比较的结果，包括各类企业的纵向比较、横向比较、内外比较和多层级比较等，其检验尺度即是效率优先标准。任何其他标准都从属于效率优先标准，都是效率优先标准的展开或延伸。这种比较优势及效率优先标准也适用于社会主义市场经济的国际化及其多层次的比较，体现社会主义市场经济的效率优势及比较竞争力。

第二节　公平竞争

一、价值原则

价值原则具有强烈的行为导向性，这种导向性以主体性意识为前提，“体现着主体内在尺度的意识，它以价值判断或评价为主要内涵”。主体性意识可概括为“价值意识”。①价值意识是主体的实践性意识，是直接服务于选择和行动的意识，是价值原则强烈的行为导向性基因。价值意识的选择和行动决定价值原则的行为和判断，价值原则的行为和判断决定价值竞争的公平性和公正性，并对市场竞争过程及其趋向发挥持久的导向性功能。

公平竞争是指市场主体之间和客体之间在公开、平等、公正的规则或条件下展开的行业竞争、部门竞争、规模竞争、水平竞争等竞争形式的总和。公平竞争是社会主义市场经济的价值原则。基于公平竞争的价值原则否定任何未经检验的假设，其提炼的是“指引行为的原则”。②

公平竞争强调市场活动关系的平等性、公平性。所有参与市场活动关系的市场主体或竞争主体，无论是熟悉者交易还是陌生人合作，无论是企业参与还是个人交往，无论是国内竞争者还是境外竞争者，在市场活动关系上都是平等的，无高低贵贱之分，在市场活动规则上都是公平的，无规则内外之别，在市场活动纠纷上都是依法调处的，无先天优势者。公平竞争遵循市场活动关系的平等性、市场活动规则的公平性、市场活动纠纷的法制性，是社会主义市场经济的价值导向原则。

公平竞争强调市场活动过程的公开性、公正性。竞争者或参与者以实力角逐市场竞争，以诚信参与市场竞争，维护者或裁判者以立法和执法手段规范市场活动过程，无论是

---

① 李德顺. 价值论. 北京：中国人民大学出版社，1987：206.

② 马克·图尔. 自由抉择的经济——政治经济学的规范理论. 北京：华夏出版社，2012：282.

在进入市场活动之前、在参与市场活动的过程中，还是在市场活动结束之后，都始终反对不正当竞争，禁止市场垄断和歧视，依法查处市场违法违规行为，保持市场竞争的公开性、公正性、透明性，这成为社会主义市场经济的价值规范原则。世界贸易组织认为公平竞争原则也适用于社会主义市场经济，在其倡导自由贸易的同时，始终注意对公平竞争的维护，并将其作为制定各项协议的主要原则。世界贸易组织所管辖的主要领域都体现了公平竞争原则：非歧视原则，包括最惠国待遇和国民待遇原则、组织成员间贸易的互惠互利原则；通过谈判逐步实现更大程度的市场准入和贸易自由化原则、促进公平竞争与贸易原则、鼓励发展和经济改革原则、贸易政策法规透明度原则等。

公平竞争强调市场活动监管系统的公正性、执法性。公平竞争靠市场法治和有效监管维护，不仅竞争者或参与者必须严格依法运作，而且管理者或监管者也必须秉公执法，立法者或执法者也必须依法办案，否则公平竞争就是空洞的、无效的。“尽管自由经济中，每个人对利润的追求是经济发展的动力，但仅有自由还远远不够。为保证追求利润与提升经济福利相统一，就必须建立一种竞争秩序。”“由于存在‘创造性毁灭’，竞争政策考虑的不只是保护单个竞争者，而是要把竞争作为一种制度加以保护。”① 依据制度经济学的交易合约理论，公平竞争即是对资源使用的竞争或资源配置的竞争，“一定要受到约束，人类才可以生存，因为没有约束的竞争必然带来的租值消散，会灭绝人类。这些约束可以有不同的形式，或不同的权利结构，界定着经济制度的本质”②。公平竞争是社会主义市场经济的价值保护原则。因为价值保护原则适用于所有市场竞争者，不仅包括国有企业、民营企业、各类中介服务组织，而且包括境外企业、外国驻华机构或组织、境外战略投资者等。

公平竞争也是基于竞争战略的选择。竞争是企业成败的关键，“竞争战略是要在竞争发生的产业宏观舞台上追求一种理想的竞争地位”，“旨在针对决定产业竞争的各作用力建立有利的、持久的地位”。竞争战略的选择由两个中心问题构成：一个是由产业长期盈利能力及其影响因素所决定的产业的吸引力；另一个是决定产业内相对竞争地位的因素。竞争战略的选择“一定源于对决定产业吸引力的竞争规律的深刻理解。竞争战略的最终目标是要运用这些规律或根据企业的偏好来理想地加以改变”③。公平竞争就是这种对产业吸引力的竞争规律的深刻理解、运用及选择，社会主义市场经济价值论及原则不在于祈求天然的公平竞争，而在于对竞争规律的深刻理解和运用，在于确立有利的、持久的竞争战略及诉诸理想的竞争优势地位。

公平竞争作为社会主义市场经济的价值原则，是通过政府与企业的关系转变，特别是在国有企业改革、治理结构优化、发展方式转变过程中实现的，其间各种争论不断。尤其是渐进改革过程中的所有制壁垒或鸿沟，短期内还很难打破。例如，政府对企业的许多政策都体现出所有制烙印，包括股权多元化的上市公司，每家企业都有一个所有制标签，在市场中形成了一条很深的所有制鸿沟，具有体制内和体制外的差别，其中国有企业处于优

① 曼弗里德·诺伊曼．竞争政策——历史、理论及实践．北京：北京大学出版社，2003：7.

② 张五常．中国的经济制度（神州大地增订版）．北京：中信出版社，2009：128.

③ 迈克尔·波特．竞争优势．北京：华夏出版社，1997：1，3.

势地位，其他非国有企业处于劣势地位，造成了企业之间地位、竞争的不平等、不公平。这主要表现为：国有企业特别是大型国有企业属于体制内，有行政级别，从而获得了稀缺资源的优势，如获得土地、矿产等自然资源，获得电网、电信等领域的特许经营权，获得政府投资项目等。国有企业可以方便地获得银行贷款。据统计，国有企业产出大约占 GDP 的 1/3，但获得的银行贷款约占全部贷款额的 70%。在一些上游产业中，国有企业在基础服务业等领域形成独家垄断，可获得超额利润。即便在竞争行业，一些重要产业的准入条件往往为大型国有企业量身定制，非国有企业被挡在市场准入和行政审批两道门槛之外。政府承担了过多的建设职能，在现有国有企业之外，通过融资平台又建立了一批国有企业。可见，公平竞争体制、机制的确立不是一蹴而就的，需要政府与企业两方面持续地深化改革与开放，鼓励所有企业公平竞争，所有资源都能最大限度地发挥潜能，所有企业都创新驱动，转型发展，为公平竞争创造相适应的条件。

二、交易准则

公平竞争以公平交易为基础，公平交易以公平执法为基础，这就是社会主义市场经济的交易准则。交易准则作为市场交易或等价交换的基本规制，通行于各类市场主体活动的全过程，成为维系公平竞争的基础，是各种市场交易谈判、签约、履约、违约究责的基本准则，构成公平交易的本质。

交易谈判是公平交易的前提，而交易谈判又以合约的拟定、解释、修改、意向共识达成为要件，这种谈判过程就是竞争者或潜在竞争者依据合约艰难地讨价还价的过程。依据波特的五力模型，五力包括竞争者、供货商、客户、潜在竞争者和政府有关部门，是交易谈判不可缺少的竞争因素，需要对其进行系统分析、科学判断、正确决策。其遵循的是公平交易的基本准则。

交易签约是公平交易的实质性展开，交易签约以交易谈判为基础，是交易谈判的既定展开形式。交易签约也是履约的前提，标示公平交易的开端、开始。依据制度经济学的观点，交易签约是交易合约的达成，交易签约构成制度性机制，是公平交易的主要内容。交易签约不仅是合约的签署、确认，更是交易遵循的准则和制度安排。公平竞争就是这种交易准则和制度安排的结果，具有制度性机理和法理依据。社会主义市场经济的交易准则即如此。

交易履约是公平交易的履行或执行及其结果，是公平交易的核心内容和意义所在。交易履约作为结果性交易形式，更具有公平交易准则的规定性、指向性和趋向性，无论其履约的是价值标的还是价值实体，都表示公平交易的完成和价值的实现，公平交易准则得到制度性实现，市场竞争的公平环境更加成熟。

交易违约必究责，这是公平交易准则的铁律，反映公平竞争这一市场价值原则的本质性要求。交易违约是市场交易过程中的常态，是经常发生的市场现象，存在诸多复杂因素，但违约必究责，这是公平交易准则的基本要求，具有法理性依据。违约必究责即追究违约者的责任，主要是追究违约者的经济责任，要其为违约付出相应的代价，同时也是对守约一方或违约被害者的一种经济补偿，以体现公平交易准则的法制性、公正性。这是社会主义市场经济价值原则的突出特点。

三、互利互惠

社会主义市场经济的价值原则更关注公平竞争原则的普遍性及其依法执行、落实，更强调公平竞争的起点公平、过程公平及其公开性和透明性，无论是熟悉人之间的交易，还是陌生人之间的合作，都应遵守公平竞争原则，坚持公平交易准则，互利互惠，实现双赢。

互利互惠和实现双赢是社会主义市场经济价值原则的出发点和落脚点。“天下熙熙，皆为利来；天下攘攘，皆为利往”，这句话比较形象地描述了各类参与者从事市场活动和市场竞争的心理状态及现实目的。其出发点和落脚点都是为了盈利，但盈利不仅是索取（己利），也是付出（他利），这是一个交易的平台，是各类市场交易者的利益分配和博弈过程。在微观上有赢有输，适者生存，人的生物性本能体现得淋漓尽致；但在宏观上则是利来和利往的交互作用、己利和他利的相互联结、互利互惠和实现双赢的有机统一，人的社会性机能体现得完美无缺。

互利互惠和实现双赢是社会主义市场经济价值原则的轴心。所有市场活动的参与者，无论是市场主体还是市场客体，无论是交易谈判还是交易履约，都是围绕互利互惠和实现双赢这一价值轴心展开的，尽管优胜劣汰不以人的主观愿望为转移，一部分参与者胜出，另一部分参与者被淘汰，但整体上胜出者或被淘汰者都是相对的、变动的，此时是胜出者，彼时就可能是被淘汰者，反之亦然。市场经济的竞争博弈没有常胜将军，也没有常败者，总是产生出人意料的整体上的竞争博弈均衡，即建立在公平竞争基础上的互利互惠和实现双赢。互利互惠和实现双赢，是一个比较理想的资源配置理念，体现了社会主义市场经济价值原则及交易准则。

互利互惠和实现双赢是社会主义市场经济价值原则的表征形式和实现形式。互利互惠和实现双赢的表征形式体现了社会主义市场经济的基本特点，特别是体现了社会主义基本经济制度的特点，成为社会主义市场经济与资本主义市场经济相区别的显著标志。互利互惠是双赢的特有形式，再现了社会主义市场经济的价值观及其原则，是构建社会主义和谐社会的基础，成为社会主义市场经济理论与实践结合的最典型形式。

第三节　社会责任

一、价值目标

社会责任是指企业或其他组织以有利于社会的方式进行经营和管理活动，并对社会所应负的责任。社会责任通常指企业或其他组织承担高于其目标的社会义务，即不仅承担法律上和经济上的义务，还承担追求对社会有利的长期目标的义务。

社会责任由经济责任、持续发展责任、法律责任和道德责任等构成。

（1）经济责任。

这是指企业生产、盈利、满足消费需求的责任，核心是创造利润、实现价值的能力，可从财务管理、产品服务、治理结构三个方面进行考察。

(2) 持续发展责任。

这是指保证企业与社会有序发展、协调发展的责任，可从环保责任和创新责任两方面进行考察。

(3) 法律责任。

这是指企业履行法律法规规定的各项义务的责任，可从税收责任和雇主责任两个方面进行考察。

(4) 道德责任。

这是指企业遵守社会准则、规范和价值观，回报社会的责任，可从内部道德责任和外部道德责任两个方面考察。

此外，也可以从责任管理、市场责任、社会责任和环境责任四个方面评价企业社会责任的发展水平。责任管理指标评价一个企业的社会责任发展规划、反商业贿赂制度与措施等；市场责任指标评价企业的成长性、收益性以及产品的合格率等；社会责任指标评价社保覆盖率、安全健康培训以及运营对企业的影响，社会责任是社会主义市场经济的价值目标；环境责任指标评价企业的环境管理和节能减排等。①

依据相关法律，社会责任是社会法和经济法所规定的组织或个人对社会整体承担的责任，是由角色义务责任和法律责任构成的二元结构体系。前者是指应承担的职责、应尽的责任，如岗位责任等，即角色义务责任或预期责任。后者是因没有做好或没有履行角色义务而应承担一定形式的不利后果或强制性义务，如违约责任、侵权责任等，即法律责任或过去责任。社会责任又可分为积极责任和消极责任。积极责任也称预期的社会责任，要求组织或个人采取积极行动，促成有利于社会发展的结果产生或防止不利于社会发展的结果产生。消极责任或过去责任、法律责任，只是在组织或个人的行为对社会产生有害后果时，要求予以补救。社会主义市场经济的价值目标就是强调依法规定的组织或个人的社会义务及责任转化为企业或个人的价值理念及目标，并形成恒久的价值观、经营观和发展观。

社会主义市场经济作为市场经济与社会主义相结合的产物，其资源配置方式或方法不仅追求价值利益及效率，而且承担有利于社会的长期目标实现的义务或社会责任，是追求价值主题和价值目标的统一体，集中体现在各类市场主体的市场活动之中。追求价值主题与市场主体的微观活动相联系，并始终映现在宏观活动之中；追求价值目标与市场主体的宏观活动相关联，并始终蕴含在微观活动之中。

社会主义市场经济的价值目标，同样基于市场失灵或市场经济的局限性，基于如何克服市场经济的弱点，与西方市场经济伦理反思及结论是一致的。西方发达国家的经验表明，自由企业的恶可以通过立法、舆论和公众监督以及企业本身的自我约束来防止。“如果市场工具的本性或局限性是以盈利而非道德来论英雄的，因而迫使人们唯利是图的话，那么现在考虑的是如何改变这种本性或局限性实现的条件，尽可能消除市场失灵的因素，促使市场经济以有益于社会公众的方式来发展。”② 社会主义市场经济及其价值目标是以防止市场失

① 中国社会科学院. 中国企业社会责任报告白皮书. 北京：经济管理出版社，2011：12.

② 诺曼·E. 鲍伊. 经济伦理学——康德的观点. 上海：上海译文出版社，2006：4.

灵或消除其局限性、强化伦理道德和社会责任为理论基础的，具有重要的现实意义。

二、责任制度

社会主义市场经济的价值目标是双重责任制度的表征形态：一方面企业或其他营利性组织追求利润，祈求效益最大化；另一方面企业或其他营利性组织承担创造文化、提供就业机会、提供高质量的产品和服务等社会责任或企业使命。一个企业或其他营利性组织的生存与发展，绝对不能以赚钱为唯一目标；任何企业都不是以营利为其最高使命，而是以服务社会、造福人类、改变生活等崇高使命作为其价值目标的。社会责任不仅是企业家的使命，而且是企业每个员工的追求，使命感是员工前进的永恒动力，它能唤起企业员工的工作热情和团队精神，以达到企业的价值目标，实现企业的崇高使命及社会责任。

社会责任制度化，建立和完善责任制度，是社会主义市场经济价值目标双重责任制度的具体化，具有普遍意义。毋庸置疑，社会责任制度化首先表现在企业层面上，特别是国有企业层面上，成为企业社会责任的风向标。责任制度是社会主义市场经济的高层次目标，落实到企业就必须正确处理高层次目标与基本目标及任务的矛盾，把高层次目标与基本目标有机结合起来。企业或其他营利性组织是社会财富的创造者，为社会提供物质产品和精神产品，基本目标及任务是经营和创新。如果企业或其他营利性组织失去了经营功能和创新功能，那么就丧失了其存在的基本价值。或者说，只有在经营功能和创新功能的基础上，高层次目标及其责任制度化才能得以具体实现。因此，任何企业或其他营利性组织的第一要务是务实经营和科学管理，提高经济效益和社会效益，进而实现其社会责任及其责任的制度化。

社会责任制度化，除了取决于企业或其他营利性组织的主导因素外，还取决于社会的经济体制和制度因素，在不同社会经济体制和制度下，企业或其他营利性组织的责任制度具有不同的表现方式。在中国，企业责任制度及其变化因政府职能改革与转变程度而变化。如果是大政府的体制和制度模式，那么由于政企不分，企业的责任制度或社会责任制度化就很弱，因为企业的责任制度或社会责任制度化由政府承担了，企业可以偷懒甚至“搭便车”。如果是小政府的体制和制度模式，那么由于政企分开，企业的责任制度或社会责任制度化就很强，所承担的非刚性的社会责任必然加大。因此，企业的责任制度或社会责任制度化取决于政府职能的改革与转变。

社会责任制度化是企业提高市场竞争力，树立品牌形象，实现可持续发展的必然选择。企业积极履行社会责任，将社会责任制度化理念融入企业的发展战略、生产经营和企业文化，有利于创新发展理念，转变发展方式，强化科学管理，提高职工素质，激发创造活力，提升品牌形象，增强核心竞争力，实现可持续发展。

社会责任制度化是企业经营国际化，参与世界经济竞争与合作的需要。企业是否承担社会责任，是否履行社会责任，社会责任制度化程度的高低成为衡量企业特别是品牌企业成功的重要标志，也是企业经营国际化、承担和履行国际社会责任的显著标志。

社会责任制度化对任何企业都具有普遍意义。无论企业的属性、规模、水平、效益如何不同，但在承担和履行社会责任，推进社会责任制度化，实现可持续发展的目标方面是一致的。

社会主义市场经济的价值目标及其责任制度或社会责任制度化，既与企业或其他营利性组织的生存与发展密切相关，又与政府的职能改革与转变紧密相连，是两个方面高度整合、契合的结果，凸显了社会主义市场经济价值目标的特点，甚至是其最主要的特点。

三、责任规则

社会主义市场经济的价值目标及责任制度可细化为责任规则，表明其社会责任具有相应规则。这可被概括为：承担和履行社会责任的法律规则、诚信规则、履约规则和监督规则。

承担和履行社会责任的法律规则，是社会主义市场经济价值目标及责任制度的法律依据，是依法履行社会责任的规则系统。承担和履行社会责任不是自发的、随意的，而是具有法律约束力的自主责任系统，承担和履行社会责任本身就是依法履行社会承诺和社会义务，是由市场经济法律、法规和规章规定的。例如，公司法就明确规定股份有限公司、有限责任公司以及其他类型的股份公司既要依法经营，又要承担社会责任。必须基于法律规则承担和履行社会责任，把社会责任看作自发的、可有可无的认知方式会背离社会主义市场经济的价值目标及行为准则。

承担和履行社会责任的诚信规则，是社会主义市场经济价值目标及责任制度的信用及信誉依据，是诚信、守信的规则系统。承担和履行社会责任就是坚守社会承诺，履行社会义务，遵守诚信规则，把企业可持续发展与履行社会责任统一起来，使之建立在诚信规则的基础之上。诚信规则主要包含信用承诺和信用履行两个方面：前者是对社会责任的确认和担当，并以企业或个人的信誉、名誉作担保，构成诚信规则的前提；后者是对社会责任的履行和执行，以体现企业或个人的信用度及信誉度。两个方面的诚信规则可确保承担和履行社会责任及信用承诺的定位和到位，表明社会主义市场经济价值目标及责任制度的信用程度和信用水平，其社会主义的特点和特征十分鲜明。

承担和履行社会责任的履约规则，是社会主义市场经济价值目标及责任制度的落实和执行依据，是关于社会责任的履约规则系统。遵守社会责任和履行社会责任的约定，犹如遵守和履行企业或个人的交易合约一样，应严格履行，按规则运作，确保社会责任的实现。履约规则主要包含执行规则和违约规则两个方面，执行规则的重点在于落实，应执行到位，绝不含糊。违约规则的重点在于违约的惩罚、名誉的降低和失信的代价，同样以信用和信誉为基础，是对企业或个人的信用、信誉和声誉的考验、检验。执行规则和违约规则具有违约惩罚和信誉降低两方面的失信代价，是企业或个人所珍惜和关注的，也是社会主义市场经济价值目标及责任制度的基本保障机制。

承担和履行社会责任的监督规则，是社会主义市场经济价值目标及责任制度的监管、监督依据，是关于社会责任的监督规则系统。承担和履行社会责任既要承诺，又要监督，承诺仅是承担和履行的一部分，另一部分就是监督规则，只有实施有效的监督规则，才能有效落实社会责任。监督规则主要包含制度监督规则和舆论监督规则。制度监督规则的要点在于法制化和常态化，承担和履行的社会责任有法可依，有章可循。舆论监督规则的要点在于大众化和机制化，承担和履行的社会责任具有广泛的民意基础、民众参与和媒体监督机制。监督规则是社会主义市场经济价值目标及责任制度的又一基本保障机制。

第四节 道德诉求

一、价值宗旨

道德诉求是人类社会理性的价值终极目标追求，是对一定社会的经济基础或生产关系的反映，以相对独立的整合形态或道德重塑既继承以往伦理道德之精华，又批判先前伦理道德之缺陷，构建自己的道德体系，并与其反映的社会经济基础或生产关系相互作用，凸显了特定结构的道德诉求机理。当这种特定结构的道德诉求机理与社会主义市场经济的基本价值相吻合、相协调，即市场经济与道德之间相互依赖与诉求时，便内在地提升了社会主义市场经济价值观，构成社会主义市场经济的价值宗旨。

社会主义市场经济彻底改变了中国传统的社会生产方式，激发了社会生活方式和价值观念的深刻变革。生产要素的自由流动必然形成企业或个人的独立化及自由竞争，从而导致异质因素的有机组合。市场范式对建立在血缘、地缘和依附群体基础上的同质社会及伦理关系提出了重大挑战，也是一种特定意义的反叛。这种挑战和反叛是必然的和必要的，因为人类社会的伦理道德关系及观念不是一种自在的自然存在，与发展变化中的经济基础或经济关系直接或间接相连，没有市场经济及其激发的新生产方式，就不可能孕育新生活方式、新价值观念，并为当代人与人之间的关系及其独立人格的发展开拓新的空间。伦理道德作为人类较高层次的价值选择之一，应当不断地实现自我更新，保持源源不断的内在驱动力，否则就会失去其存在的价值。市场经济对伦理道德的历史挑战和反叛正是伦理道德发展的历史动力。

市场经济及其道德诉求是社会主义市场经济价值宗旨内涵之所在。在西方文化及其思维方式中，理性主义具有较深厚的传统，但理性主义的内涵诠释是把道德作为理性的应有之义。在德国古典哲学中，康德提出人类认知的先天性、超验性可构造普遍性的科学知识。先天性、超验性“必须先天地存于心中，此种感性直观之纯粹方式，亦可名为纯粹直观”；“一切先天的感性原理之学，我名之为先验感觉论”。① 这种先天的认知能力和感觉经验充其量只能使人类知道“我们能知道什么”，而不能知道“我们应当做什么”。理性是人类特有的高级思维方式，但理性并不是解释世界的唯一方式；理性代表人类进行价值判断的能力，但价值判断并不只取决于理性。于是，哈贝马斯等人在对现代性的批判过程中，试图重建现代性，其“批判理论”接近一种注释学的“交往行为理论”，“把实证主义的科学概念用到这种理论中去”。② 将研究重点转移到人与人之间的交往关系上去，“要使交往合理化，就必须改革作为交往工具的语言表达形式。只有交往双方使用正确的语言表达形式，才能保证双方在交往中相互理解、相互信任，从而改善人与人之间的关系”③。其价值取向本身对于重新审视伦理道德在现代性重建中的作用具有重要意义。

---

① 康德．纯粹理性批判．北京：商务印书馆，2003：50.

② 《哲学译丛》编辑部．近现代西方主要哲学流派资料．北京：商务印书馆，1981：299.

③ 郑杭生．现代西方哲学主要流派．北京：中国人民大学出版社，1988：311.

社会主义市场经济开启了效率和公平的新时代，加速了经济社会发展进程。但市场经济的效率价值更直接、更普惠，在现象上似乎高于道德价值，不可避免地会产生某种负效应及破坏性。市场经济在打破原有伦理道德关系并推动创新发展的同时，也制造了新的伦理问题，其要害就是掩盖、弱化道德价值。伦理的追问或诉求，就是追问或诉求人生的终极关怀问题，没有这个向度的追问，经济和理性、效率和公平都不会给人带来真正的幸福，因而其存在的意义也就消解了。

市场经济的发展必然不断提出较高的道德诉求，而较高的道德诉求必然以道德批判思维为基础。马克斯·韦伯把经济力量比喻为火车头，价值取向则是铁轨，火车头是火车前进的动力，但铁轨决定火车运行的方向，火车头力量再大，也必须遵循铁轨引导的方向。伦理道德作为人类社会的存在方式和解释世界的方式，无疑决定着价值取向的维度和市场经济的内在诉求，是实现社会公平正义的重要途径。伦理道德可为市场经济提供公平正义的伦理原则；伦理道德可激发和促进市场经济活动效用及效率的最大化；伦理道德又是实现经济社会和谐发展的重要导向力量。个人主义是资本主义市场经济的道德核心，其价值宗旨是以人为中心，人本身就是目的，具有最高价值，社会只是达到个人目的的手段，一切个人在道义上都是平等的。① 个人主义作为资本主义市场经济的道德核心，客观上构成了利己主义的理论基础，成为市场经济发展的道德选择、道德评价的戒律和信条。在资本主义市场经济的发展过程中，个人主义与商品普遍化交互作用，使人与人之间的关系变成一种契约关系、业务关系和竞争关系，缺乏超功利的情感交往，造成人际关系的疏离、淡漠乃至紧张、冲突。个人主义膨胀的后果已经对社会机制产生了严重的负面影响。因此，对个人主义进行评判和再认识，应是社会主义市场经济道德原则的前提。

要使市场经济有序运行和协调发展，只注重个人本位是不够的，必须大力提倡社会公共利益及其思想和行为，这成为社会主义市场经济价值宗旨的传统文化基础。这方面中国传统的整体本位道德原则可以弥补自由主义的个体本位之缺陷。以整体本位为核心的天人合一、万物一体的中国传统道德原则具有强大的向心力和凝聚力，是个人存在的根据，并组成个人与社会的一体化结构。个人对社会而言，义务重于权利，整体利益重于个体利益，个人价值只能在整体社会中得以实现。社会主义市场经济的价值宗旨及道德诉求就是要提倡这种精神。社会发展与人的发展相关联，而人的发展与其价值追求相联系，必然要求道德的纯洁性、超越性和普遍性，这恰恰是中国整体本位道德取向的主旨之所在。

社会主义市场经济的价值宗旨及道德诉求，既以传统整体本位道德思想、原则为基础，吸取其精华，又是对以整体本位为特色的传统道德理念、意识的超越，也是对个体本位和整体本位道德取向的双重超越；既不是绝对的个人主义，也不是抽象的整体本位，而是二者积极因素的整合，是道义原则与利益原则、外在功利价值与内在精神价值、道德工具性与目的性的统一，因为传统整体本位的道德内涵难以满足社会主义市场经济弘扬主体、注重实效、提升正能量的内在价值诉求。

市场经济与道德追求内在契合，厘清市场经济规律，理应洞悉道德力量持续发展的可能性，以整合的目光关注经济发展的道德内涵。从历史和现实的角度看，道德和经济始终

---

① 《简明不列颠百科全书》编辑部．简明不列颠百科全书：第3卷．北京：中国大百科全书出版社，1985：406.

是双向的动力，这是道德力量之所以能不断完善市场经济的内在基础。人在自我完善的社会实践中，总会萌生合乎经济理性的道德自觉，正如经济发展的价值总要通过超乎经济的更高价值力量加以审视、评价一样。当市场经济的道德内涵流失时，注定要遭遇强烈的批判，背离深度发展的可能，使主体在意义缺失的境遇中漂流。道德精神与社会主义市场经济相伴随，社会主义市场经济强调主体的道德自觉和自律，高尚的道德追求是个人与社会发展的内在价值。社会主义市场经济发展与伦理道德发展相联通，体现中国特色社会主义和中华民族道德之精神，并为科学发展提供了历史性契机。排斥个体利益的道德与膨胀个体利益的道德一样，无法成为市场经济发展的内在精神动力，因为道德生活是本体论的事实构成存在本身的规定，个体利益与社会道德的内在价值不能分离。社会主义市场经济拒斥无限膨胀的个体利益和欲望迷失的个体利益，积极诉求人的自我实现和自我完善，认为缺乏道德归属的经济利益及行为会使主体遭遇空虚的境遇。主体的道德意识在于追求社会整体利益并从中获得精神满足，道德的经济基础表明应有与实有的价值张力，整合道德合理性和经济效率性，体认市场经济的道德内涵，秉持市场经济的价值宗旨。

二、道德自律

社会主义市场经济的道德诉求内在地规定了道德自律机制及其作用方式，道德自律与市场经济永恒相伴，构成社会主义市场经济理论的道德基础。

市场经济自产生之日起，就蕴含着深刻的、特有的道德倾向性。在商品生产和商品交换普遍化的发展过程中，人类在彼此间发生经济关系和交往关系的同时，也必然发生特定形式的伦理道德关系，经济关系和交往关系上的责、权、利的界定及展开必然是以肯定伦理道德上的责、权、利为基础的。两种价值取向必然内在一致，因为市场经济在发挥作用之时也为人类的具体行为选择留下了伦理道德因素作用的空间。市场经济运行在现象上似乎杂乱无章，但在本质上则遵循一系列市场制度、市场规则和市场机制，市场经济活动除了满足人类自身的经济利益需要之外，还会形成某些共同的利益及要求，而共同的利益及要求是每一个个体利益实现与延伸的现实基础。秩序不仅是经济社会发展对市场配置资源的外在要求，也是市场经济及其市场主体活动的内在要求。① 这种市场活动关系及其行为规范必然包含着市场主体的道德价值判断，其遵守和维护不仅依靠法制，而且依赖人们的认可、自觉和努力。这种经济伦理既伴随市场经济的产生而存在，也伴随市场经济的发展而完善。

市场经济的道德基础是客观存在的，离开道德基础市场经济就无法存在与发展。这种判断基于特定的价值原则，即市场经济尊重人的独立、自由，肯定人在人格、个性、尊严和机会等方面的平等，而独立、自由、平等也是市场经济活动关系的基础，成为市场经济确认的首要道德基础和道德原则。市场经济充分肯定和彰显个体价值与主体价值原则，既以承认个体利益诉求及其独立经营活动为前提，又以个体履行社会责任及其承担独立经营后果为归宿。市场经济内含人道主义的伦理原则，又具有人道主义伦理原则的局限性，市场经济秉持机会均等、机会公正，这不能确保结果上人的生存和发展的公平与公正，由

① 高静文，李钢．经济哲学论纲．北京：中共中央党校出版社，1999：189.

此，社会主义市场经济及其人道主义伦理原则更具有后发优势。市场经济的发展内在要求构建经济行为伦理规范及市场道德自律机制，市场经济活动不仅具有严格的法律规范，而且具有明确的伦理道德自律机制或道德约束机制。①

道德自律是社会主义市场经济的行为规范和基本准则，是各层次市场主体利益诉求的伦理基础和道德原则。所谓市场经济及其活动关系的道德底线就是强调道德自律的极端重要性，市场经济活动中的机会主义和道德风险则是道德失范和市场失灵的必然结果。机会主义和道德风险是市场经济发展中的必然现象，过多的机会主义和道德风险必然导致市场失灵，因而市场制度创新便应运而生。市场制度的作用在于规范人与人的相互关系，减少市场交易的信息成本和不确定性，从而把阻碍合作的因素减少到最低程度。道德底线不能突破，这是伦理价值判断问题，其道德自律要有法制相配合，方可有效。规避机会主义和道德风险是制度安排及规范问题，其道德自律要有市场制度约束相配应，方能彰显本色。社会主义市场经济更具有这两个层面上道德自律的社会基础和制度优势。

道德自律是市场经济的无形规范机制，主要靠市场主体价值判断和行为自律来维持，是否合乎道德要求及规范，要由市场经济的价值原则、道德舆论和评价机制予以判定，成为市场经济活动关系和秩序的无形规范系统。无形规范系统与有形规范系统相配应，即道德自律与市场法制和制度约束相配应，才能产生其特有的道德自律功能。或者说，道德自律必须具有市场经济的评价机制和激励机制，才能形成道德自律及其无形规范机制。良好的经济品德及道德自律只有在法治国家的环境中才能形成及更好地发挥效用，否则就得面对癌症般的弊病“腐败”。② 社会主义市场经济已经在市场软环境建设中积极推进了道德约束和道德自律，但在积极推进道德约束和道德自律的过程中，亟待构建道德自律评价和激励制度，为无形的规范机制打造运作平台，形成强有力的道德自律社会监督网，维系道德自律与他律、德治与法治的平衡及统一。

三、理性诉求

理性诉求与市场经济的伦理定位相关，市场经济的伦理定位是经济伦理的根本理论之一，取决于市场经济的运行机制与社会制度相结合的方式。市场经济与资本主义制度相结合，其伦理定位就是经济个人主义、人性全面异化，并在对立中得到前所未有的发展。经济个人主义是个人主义在经济领域中的表现，本质上肯定个人占有、支配财产的自由。市场经济与社会主义制度相结合，其伦理定位就是个人自由发展，人性逐渐与其本性发展相一致，根源于社会主义制度的生产目的、发展目标和理性诉求。社会主义市场经济为个人的自由发展提供了物质条件和运作载体，社会主义制度及其发展前景决定了个人自由发展将是所有人自由发展的前提和价值目标。③

市场经济的伦理定位取决于市场机制运行的方式，以及与何种社会制度相结合。此种认知关系到市场经济的伦理本质和对一系列经济伦理范畴的诠释，关系到社会主义市场经

① 高静文，李钢. 经济哲学论纲. 北京：中共中央党校出版社，1999：192.

② H. 罗尔夫·哈赛，赫尔曼·施奈德等. 社会市场经济辞典. 上海：复旦大学出版社，2004：263.

③ 章海山. 经济伦理及其范畴研究. 广州：中山大学出版社，2005：100.

济伦理及道德建设的取向。经济个人主义的伦理是经济学家和伦理学家对市场经济中个人经济活动和德性的一种理想化的表现，也是一种理性诉求，确实反映了市场经济的一种机制和运行方式。个人在经济领域中的私利的内容和实现形式是由历史决定的，由个人在经济关系中的地位规定。在不同经济的社会形态中，个人经济利益的内容实现形式均不相同，经济个人主义只是市场经济社会形态的产物。经济个人主义是市场经济内在本质在社会理论、伦理学说上的表现，根源于近代资本主义所有制和商品经济。经济个人主义作为一种价值观、道德观和经济伦理观及其理性诉求，得以产生、发展和完善的经济基础是市场经济，以及市场经济得以运行的经济体制或具体经济制度。市场经济与资本主义相结合，使经济个人主义得以在社会及人们的意识中生根发芽，成为占统治地位的意识形态，不管人们的主观意志如何，伦理道德必然是经济个人主义，并且支配人们的行为。

市场经济与社会主义相结合，由于所有制及其社会经济基础的根本性变化，经济个人主义将不再成为伦理定位，取而代之的是一种新的价值观、伦理观，即个人自由发展成为社会主义市场经济的伦理定位及理性诉求。个人自由发展表现为个人社会化及个人联合体氛围，由此合理调节人与自然、人与社会之间的物质交换，并把自然力量置于自身控制之下，而不再作为异己力量来统治自己；表现为社会生产尽量以最小的消耗、最无愧于人类本性的方式进行，使人成为自然、社会和自身的主人。个人的自由个性和全面发展成为人类发展的根本目的。①

社会主义市场经济的价值宗旨决定了道德诉求及其维度、方向，道德诉求与市场经济相互砥砺，开辟了社会主义市场经济的理性诉求之路。理性诉求是对道德诉求的反思与批判。理性诉求以科学精神为指导，以深刻反思为动力，建立在科学、理性、批判的基础之上。

在近代西方，经济学一度隶属于道德哲学，经济学旨在促进人类通往幸福生活的道路，赋予经济交往超越自身的更高目的和意义。亚当·斯密在《国富论》和《道德情操论》中分别探讨了经济人诉求和道德人诉求，前者由“看不见的手”支配，后者追求崇高理念。而在经济人和道德人之间抉择却构成了斯密难题，对经济和道德的理解构成基于不同人格的价值判断。任何经济人都不可能和道德决裂，任何道德人也不可能与经济绝缘，二者构成并非绝对对立的价值的两极。合规的市场经济活动及行为具有道德之魂，道德底线犹如生命底线一样不可逾越，追求崇高理念的主体必然对其经济行为给予道德承诺。

在实践中，经济人和道德人作为两种截然不同的人格人时常发生冲突。当获利机会胜过道德崩溃的风险时，市场竞争就引起经济人增加财富的无限欲望，这样一来，似乎道德缺失的经济活动及行为也有了合乎逻辑的诠释。这是因为道德追求不能带来短期利益，优化资源配置的市场经济很少直接考虑精神资源，把物质世界假定为取之不尽、用之不竭的源泉，在实现经济利益最大化的同时，破坏了物质世界的可持续发展，降低了经济社会发展应有的道德意义。其实，主体的道德自觉可转化为经济投入，市场经济不仅内含道德的生成机制，更依靠道德基础的有力支撑。市场经济属于道德经济，讲求彼此尊重、自由交易、平等互利，经济人通过自我发展，遵守产生预期结果的价值原则，进而成为道德人。

① 章海山. 经济伦理及其范畴研究. 广州：中山大学出版社，2005：106，109.

市场经济的道德取向具有长久的激励力，源于以科学、理性、批判为基础的价值宗旨及理性诉求。

社会主义市场经济同样蕴含着一般经济人诉求和道德人诉求，但不是价值两极及诉求的绝对对立，而是价值两极理性诉求的综合，这是由社会主义市场经济制度的本质决定的，是社会主义理念及诉求与市场经济体制相结合的结果，社会主义市场经济理性诉求的张力是前所未有的，根源在于其制度本身。

社会主义市场经济的价值宗旨及理性诉求，植根于社会主义市场经济理论与实践，源于中国整体本位道德传统，扬弃个人主义价值观，以个人与集体利益关系为轴心，以互利互惠为前提，以公平公正为杠杆，以奉献精神为导向，以民众根本利益为评判标准，以共同富裕为现实追求。理性诉求是社会主义市场经济价值宗旨的风向标，内含于社会主义市场经济发展实践中，并始终致力于批判、扬弃中国传统道德文化和市场经济的历史性问题，为市场经济在当代社会的发展确立一种新模式、开拓一条新路径，具有重要的现实意义。

要点总结

市场经济价值分类、形式、特点、功能

分类	形式	特点	功能	分类	形式	特点	功能
效率优先	价值主题	灵魂性	市场效率	公平竞争	价值原则	导向性	市场引导
	市场准则	保护性	活动规范		交易准则	契约性	活动规制
	检验标准	尺度性	价值标准		互利互惠	双赢性	价值效应
社会责任	价值目标	责任性	市场方向	道德诉求	价值宗旨	终极性	市场理性
	责任制度	约束性	活动信用		道德自律	自觉性	活动约制
	责任规则	履约性	价值承诺		理性诉求	批判性	价值判断

关键词

价值主题；市场准则；检验标准；价值原则；交易准则；互利互惠；价值目标；责任制度；责任规则；价值宗旨；理性诉求。

思考题

一、简述价值主题及其特点、意义。

二、简述市场准则的要点、要求。

三、简述价值原则及其特点、功能。

四、简述价值目标及其理论意义。

五、简述价值宗旨及其现实意义。

第十三章

社会主义市场经济标准论

本章重点：理论标准；理论标准的范畴、划分、相对性；政府标准；政府控制标准、政府标准弹性；企业标准；企业自主权、自由度、知识产权；市场经济地位、市场经济标准。

简要概括：社会主义市场经济标准论涵盖理论标准、政府标准、企业标准和市场标准，与世界通行的一般市场经济标准相一致。社会主义市场经济标准又具有与一般市场经济标准不同的理论基础、特点、发展、战略，这构成社会主义市场经济理论原则的基本要素。必须坚持理论标准、政府标准、企业标准和市场标准的中国特色，拓展社会主义市场经济标准论的国际空间，探索国际交往中的社会主义市场经济地位、标准及其话语权，积极推进社会主义市场经济理论与实践的发展与创新。

第一节　理论标准

一、理论标准的范畴

就广义的理论标准而言，人类设计的市场经济规则还需要人类自身加以纠偏、调整和完善，市场经济标准本质上即生态环境标准。而狭义的理论标准或市场经济理论标准，实际上是有关市场经济理论体系是否成熟的问题，是有关市场经济理论体系的基本标志问题。

理论标准以实践为准绳、参照，即市场经济理论体系是被实践证明了的具有特色的资源配置理论，而且这个理论已经被一国或地区的市场经济发展所接受、所运用，并且产生了一定的“蝴蝶效应”。社会主义市场经济理论即是这样的资源配置理论，具有其特定的理论标准。

理论标准的范畴是市场经济理论的理论基础、理论体系、理论借鉴、理论创新、理论辐射、理论实践等关系的总和，涉及市场经济理论标准是否成熟或成熟程度的诸多理论机理问题，是一个多层面的理论标准范畴系统。

社会主义市场经济理论的理论基础是马克思主义政治经济学和社会主义经济学，马克思主义政治经济学和社会主义经济学一脉相承，其商品理论、货币理论、价值理论、资本理论、市场理论、制度理论、产权理论、生产理论、消费理论、开发理论、调控理论等，本身即蕴含社会主义市场经济理论，只不过社会主义市场经济理论具有独特的观点、原则和方法，就像资本主义市场经济理论蕴含在西方经济学之中，但本身仍具有自己的鲜明特点、特色一样。因此，理论界一般把市场经济理论视为西方经济学；自由市场理论视为微观经济学，特别是微观经济学中的厂商理论、产出理论、供求理论、均衡理论、竞争理论、危机理论等；把调控市场理论视为凯恩斯经济理论，特别是凯恩斯的财政理论、税收理论、贸易理论、组合理论、控制理论等。同样，国内理论界也在寻找此路径，把社会主义市场经济理论视为西方经济理论，或者不承认有社会主义市场经济理论之说，直接称中国的市场经济理论为西方经济学理论在中国的应用，否定社会主义市场经济理论是其题中应有之义。与之相反，社会主义市场经济理论是个真命题，是客观存在的市场经济理论体系，这一点不容否定。

经过40年的改革开放，社会主义市场经济理论体系已经形成，这个理论体系相对独立、自成一体，具有显著的特点、特色，包括基础理论、改革理论、特征理论、主体理论、市场理论、中介理论、机制理论、规则理论、调控理论、法制理论、保障理论、环境理论、发展理论、价值理论、标准理论、比较理论等。这是社会主义市场经济理论体系的基本内涵及显著标志，是已经被改革开放实践反复证明和检验了的理论体系，其特有的理论标准毋庸置疑。

社会主义市场经济理论也离不开理论借鉴和理论创新，典型地比较借鉴了西方经济学理论，特别是亚当·斯密的古典经济学、以科斯为代表的新制度经济学、熊彼特的经济发展理论、凯恩斯的宏观经济学、以萨缪尔森为代表的新古典综合理论等。把其中的科学合理的因素与中国具体实践相结合，为社会主义市场经济理论的产生与发展奠定了基础。

社会主义市场经济理论作为发展中大国的创新型市场经济理论，独树一帜，坚持市场经济理论的中国特色，坚持改革开放基础上的市场经济与社会主义相结合，创造了市场经济与公有制、社会主义制度相结合的新理论模式，这是前所未有的理论创新和实践创新，打破了市场经济与私有制、资本主义制度相统一的理论模式，开创了社会主义条件下市场经济理论的发展新路。尽管一些发达国家还不承认中国的市场经济及理论，不承认中国的完全市场经济地位，但社会主义市场经济及理论的辐射力已经凸显，无论在八国集团、G20、金砖五国，还是广大发展中国家，中国的市场经济及理论模式都已被广泛地认知、研讨和认同，并为世界经济发展注入强劲的活力，社会主义市场经济理论的生机活力正在生成、释放和延伸，其理论价值、意义不亚于自然科学中的新物种的发现。

社会主义市场经济理论为理论标准范畴提供了新思想、新思维、新经验、新实践、新模式，表明理论标准的新趋向、新内涵，是西方市场经济理论所无法比拟的。

二、理论标准的划分

依据市场经济的发展程度、成熟程度，可把理论标准划分为成熟的市场经济理论、不成熟的市场经济理论、非市场经济理论。

西方发达国家的市场经济理论是成熟的理论标准之一，并被世界各国或地区较广泛地接受，因此有被滥用之嫌。例如，在中国，一涉及市场经济理论和实践问题，理论界均习惯运用西方市场经济理论予以诠释、解析、判断，用西方市场经济理论标准加以衡量，指责中国改革滞后、政府独大、产权模糊、国企垄断、民企稚嫩、竞争不公等的声音不绝于耳。显然，这是张冠李戴式的逻辑标准。社会主义市场经济理论虽然已经形成，但还不成熟，所以，不能用成熟的市场经济理论标准去衡量，求全责备，过度解读，妄加评论，这种衡量完全脱离了中国实际、中国情况、中国国情。

社会主义市场经济理论是不成熟的市场经济理论标准之一，尽管其理论功能已经显现，理论张力已经生成，但终究是不成熟的市场经济理论标准，世界仍然以质疑或否定的心态予以观察、分析和判断，将中国排除在完全的市场经济地位之外，这当属意料之中。不成熟的市场经济理论标准走向成熟的市场经济理论标准，不是与西方市场经济理论标准合二为一，而是重在理论发展与创新，在实践中加以验证、充实、完善，被实践所发展、证明、检验，尔后逐步延伸、走向世界，为世界所认同、所接受、所借鉴，直至与西方市场经济理论并驾齐驱，实现不可否定的又一成熟的市场经济理论标准。

非市场经济理论标准与非市场经济相联系，总体上不属于市场经济范畴，甚至是封闭经济或计划经济范畴。因此，西方发达国家经常以非市场经济理论标准对待、衡量非WTO国家或者已经加入WTO但还不符合其主观标准的国家，例如，否定中国的完全市场经济地位，用非市场经济标准诠释中国经济，对后起的发展中国家实施贸易壁垒和歧视。在理论标准方面，用成熟的市场经济理论标准衡量不成熟的市场经济理论，从而否定社会主义市场经济理论及标准，主张用西方市场经济理论及标准取而代之。社会主义市场经济理论目前正面临着成熟的市场经济理论标准和非市场经济理论标准的双重压制与挑战。

市场经济理论标准的划分不能照搬西方，必须探索社会主义市场经济理论标准的中国特点及话语权。之所以如此，与中国没有自己的知识体系密切相关。没有知识体系的一个严重结果就是中国没有自己的国际话语权。中国努力借用外在世界尤其是西方的知识体系来认识自己、解释自己。借用他人的话语权来向他人推销自己，这是中国知识界所面临的一种困境。很多人已经意识到了这一点：经济学家意识到了西方的经济学解释不了中国的经济实践，社会学家意识到了西方的社会学解释不了中国的社会实践，政治学者发现了西方政治学解释不了中国的政治实践。但是在实践上怎样呢？他们不是努力去发展中国自己的知识体系，而是继续使用西方的概念和理论。在中国这块土地上生存着无数的西方经济学家、西方社会学家、西方政治学家，却没有自己的经济学家、社会学家和政治学家。结果呢？大家越说越糊涂，越解释越不清楚。当然，也有一些人想关起门来，搞知识层面的“自主创新”。其结果也只是自说自话，说一些除了自己谁也听不懂的东西。中国的很多知识分子只知道、也只会用他们所认同的价值观来评判中国的实践，而不是经验性地研究中国实践。很多人像是被西方的知识体系洗了脑一般，非常满足于思维、思想被殖民的状态，掌握了几个西方概念就总觉得掌握了真理。“真理在手，就高人一等。用西方概念来训斥人，是很多中国知识分子的高尚职业。”① 在市场经济理论标准方面也是如此，往往对社会主义市场经济及其理论不屑一顾，嗤之以鼻，并习惯用西方市场经济理论及标准加以审视、质疑、解析，进而否定社会主义市场经济理论与实践。

三、理论标准的相对性

市场经济理论作为人类历史上的一种经济科学，产生于近代，繁荣于现代，与历史上的自然经济理论或计划经济理论不同，有其内在规定性。这种内在规定性与特定国家或地区的实际发展状况相一致、相吻合，究竟哪些国家的市场经济及理论是成熟的、公认的、标准的，哪些国家的市场经济及理论是不成熟的、不被公认的、非标准的，都具有相对性，不能被绝对化。承认市场经济理论具有一定标准是正确的，但把这个理论标准绝对化、简单化则是不可行的，市场经济理论标准应是绝对性和相对性的辩证统一。

理论标准是相对的，意味着成熟的市场经济理论标准也是相对的。任何一个经济体，无论是发达的还是发展中的，都可以用这个理论标准加以衡量，来判断其市场经济及理论的属性。理论标准的相对性本身也是粗略的、差异化的、弹性的、变化的，现实中不存在百分之百的市场经济理论标准。理论界一些坚持绝对标准论的学者认为，为达到一个统一的认识，并能够形成统一的结论，即使现实中没有纯粹的市场经济理论，理论上也需要百分之百的完全的市场化标准，否则不同经济体的比较就会失去统一的理论标准，同一个经济体不同领域或不同时期的比较也会发生困难。而坚持相对标准论的学者则认为，世界上不存在百分之百的市场经济及理论，也不存在百分之百的市场化国家，只有理论标准和市场化程度的相对比较及排序才有意义。

国内理论界的部分学者往往把市场化作为完全标准，这是一个绝对化的理论标准。绝对化强调市场经济理论的绝对数值清楚明晰，一目了然，但绝对化与现实有差距、不相符。而用相对的理论标准判断市场化程度是可行的、符合实际的，相对指标只列次位，简单易行、理由充分。理论标准的相对性及其相对位次排列，并不否认一系列中间过程存在绝对数值的测度、若干中间环节存在绝对数值的结果，甚至还需要再相对比较与均衡。绝对数值判断与相对位次排序既相互区别，又相互统一。

显然，理论标准不能绝对化、完全化，绝对性的市场经济理论标准是没有的，而相对性的市场经济理论标准则是一个大体上的平均标准，是一种比较实际的相对性标准。相对性市场经济理论标准来自实践标准及其标志性分类，具有相对的时空定位和特定目的。或者说，市场经济理论标准及框架不是绝对的，既不是一个点，也不是一条线，而是表征市场经济基本特征的相对区间、允许有一定理论差异和偏离的状态区间，是以市场经济理论共性为主、以差异为辅而形成的丰富多彩的市场经济理论及其状态区间。

在理论标准方面，西方发达国家将市场经济理论标准绝对化，具有广泛的控制权、话语权，实质上所谓的市场经济地位、贸易游戏规则、保护主义特别是绿色保护等，都是其理论标准的具体化、绝对化，发达国家不会轻易放弃其固有的理论优势、控制优势和垄断优势，同时将发展中国家纳入这个理论标准之中，发展中国家只能接受、遵守这个标准，

① 郑永年. 中国为什么没有自己的知识体系？联合早报，2011-09-20.

不允许反对、质疑这个标准，其理论标准具有天然的绝对性、霸道性。在微观领域，社会主义市场经济理论标准仍然要遵循西方市场经济理论标准，特别是在国际经济与贸易领域更是如此。可以预期，在一个较长的历史时期内，社会主义市场经济理论标准将集中在国内，还无法快速生成其理论标准的硬核和保护带，没有与西方市场经济理论标准一比高下的竞争力。西方市场经济理论标准仍将占据主导地位，影响和制约社会主义市场经济理论标准，初始阶段和生长阶段的趋同性将是一个较长期的过程，并与理论标准的相对性冲突。

可见，社会主义市场经济理论标准与西方市场经济理论标准不一样，不能用西方市场经济理论标准来衡量社会主义市场经济理论标准，社会主义市场经济理论标准要比西方市场经济理论标准“复杂得多”。什么是市场经济理论标准？各个国家并没有统一的标准，而且西方国家的标准有一些是合理的，有一些则对中国不一定适合。例如，西方市场经济提倡经济的自由度要大，但对社会主义市场经济来说，宏观调控是应有之义。“这是因为社会主义市场经济坚持公有制为主体，另一方面西方自由主义的老路被实践证明并不是尽善尽美的。”①

第二节 政府标准

一、政府控制标准

政府控制标准是市场经济的具体标准之一，具有特定的指向性。

西方国家十分关注一个经济体的政府对市场的管控行为，具体关注或关心的问题包括：政府对自然资源、人力资源和社会资本的占有、分配与控制问题；对经济运行的控制和管理权限问题；对生产的控制问题；对国内外贸易的控制问题；对中介组织的控制问题；等等。归根结底，是关于资源由市场配置还是由政府配置的问题；关于资源利用和定价由市场决定还是由政府决定的问题；关于政府是否尊重和保护市场主体的经营自主权的问题；关于是否对企业有不公平的对待的问题。概言之，这即是关于政府作用的问题，政府与企业关系的问题，政府控制标准是否公开透明及其规范化的问题。

美国商务部定义的非市场经济国家，是指不按市场成本和价格规律进行运作的国家。对市场经济有六个法定标准或要求，即货币的可兑换程度、劳资双方工资谈判的自由程度、设立合资企业或外资企业的自由程度、政府对生产方式的所有和控制程度、对资源分配和企业产出及价格决策的控制程度、商务部认为合适的其他判断因素。六个法定标准具体针对不成熟的市场经济国家及政府，例如中国等发展中国家。此外，还特别关心对出口国的出口管理，例如，政府是否对企业的出口活动进行控制，包括对企业经营和出口许可的限制性规定、任何减少对企业控制的立法、其他减少对企业控制的措施、企业出口价格是否由政府确定或需由政府同意、出口商是否有权协商合同条款并签订合同或其他协议、出

① 李兴山. 市场经济并无统一标准. 新浪网，2010-03-01.

口商在选择管理层时是否不受政府限制而有自治权、出口商在分配利润和弥补亏损上是否有独立的决定权等。

欧盟以法令形式规定判定市场经济地位的五条标准，即市场经济决定价格、成本、投入等，企业有符合国际财会标准的基础会计账簿，企业生产成本与金融状况不受前非市场经济体制的歪曲，确保破产法及资产法适用于企业，汇率变化由市场供求决定等。

加拿大强调五个方面的标准，即：(1) 政府部门在经济政策、经济管理活动中发挥的作用是否不干扰市场经济的正常运行，包括政府定价的比重，国内商品及服务的定价机制，产品生产和服务提供的计划管理和市场限制情况，对国内及国际贸易管理的情况，以及政府机构和职能进一步改革的情况。(2) 政府部门对企业生产、销售、采购、融资等方面如何管理和管制。(3) 政府决定外贸企业可进行对外贸易的条件、程序，政府对进出口产品配额、价格的指导和管制等。(4) 国有企业的市场化程度，包括企业所有制形式，国有企业改制的时间与完成方式，政府控制的国有企业要素价格（包括原材料、能源、劳动力成本）以及产品数量、价格如何确定；企业的资金管理、业绩管理、利润分配、劳资关系以及贷款的获取方式等。(5) 利率在不同企业、不同产业和内外贸不同部门中是否有差异，汇率对出口商而言是否由市场形成，企业换汇及存汇是否具有自主权等。

可见，西方发达国家对市场经济标准的法律规定，是根据反倾销中影响公平贸易的因素归纳的，具有很强的针对性，提出的市场经济标准有一定的区别，美国直接提出国家的市场经济标准问题，欧盟和加拿大主要规定企业和行业的市场经济标准问题。但这种区别只是表面上的，就其内容而言，涉及的问题是相同和相近的，本质上是一样的。这些标准构成了一个体系，而非单独使用，不是只根据某一条判断，而是围绕这些标准体系将调查结果综合起来，判断企业或产业是否达到市场经济的临界水平，得出该国或该行业、企业是否已经具有市场经济条件的结论。在具体处理反倾销案件时，与哪一个国家打官司还要针对当事国标准来抗辩。目前，欧美关于“跨大西洋贸易和投资伙伴关系”的谈判正在启动，并计划在两年内达成协议。协议将强调对等开放市场，加强贸易管理体制的协调，并更新贸易规则，主要涉及三大方面：取消关税、清除非关税壁垒和谋求建立全球贸易新规则。欧盟 2010 年发布更新后的全球贸易战略，核心实际上是欧盟的新一代自贸区协定，囊括了新战略的主要内容，主要包括知识产权、公共采购、投资协定、市场准入、公平贸易、可持续发展等方面的内容。欧美自贸区谈判将利用自身在国际贸易中的制高点，进一步推进全球贸易新规则的制定。欧盟和美国均是中国的重要贸易伙伴和出口市场，但欧盟的全球自贸区战略中没有中国，美国主导的跨太平洋伙伴关系协定（TPP）谈判中也没有中国，这将给中国对外贸易的未来发展带来冲击，给中国如何避免缺席占据贸易制高点的游戏规则的制定带来重大挑战。[①] 建立和完善政府控制标准，中国政府面临国内改革和国际挑战两大方面的压力，还有很长的路要走。

此外，美国三大信用评级机构（标准普尔、惠誉、穆迪）关于国家或地区经济体、国际组织的信用评级或信用等级升降，特别是一国政府在经济发展中的地位、权限、主权债务信誉度，以及政府与企业关系等，从国际信用评估视角直接或间接地明确了政府控制标

---

① 陈新. 贸易规则之变——实力是硬道理（国际论坛）. 人民日报，2013-02-18.

准及其内涵，对政府标准的界定具有现实意义。

政府控制标准的关键在于政府和市场的根本分离，但中国目前还无法实现根本分离，同时无法在短期内建立独立的市场经济法制。市场经济不仅仅是市场，也不仅仅是经济，而是需要建立一整套市场、政府和法制三位一体又互相分离的关系。实行市场经济 20 多年后的今天，中国已经遭遇了一系列瓶颈问题。与此同时，市场经济也必然带来另一组政府、社会和个人的三位一体关系及其深刻变化。这在中国经济社会转型过程中，尤其是在社会形态转型过程中更加清晰可见。市场经济条件下的政府与市场之间究竟应该呈现一种什么样的关系？这个问题不仅困扰今天处于转型期的中国，而且是西方经济学人和政治学人经常讨论的问题。只不过今天的中国由于处于从计划经济体制向市场经济体制的转型期，人们的认识显得尤其混乱而已。①

政府控制标准及管理体制要适应市场经济的要求，正确处理政府与市场、企业的关系。政府控制标准的核心就是，一个国家的资源主要由政府配置还是由市场配置，政府控制标准与市场经济标准如何协调及处理，这成为政府控制标准的重点和难点问题。政府控制标准并不要求通过理论模型或者完全竞争的放任式经济予以判定，要承认市场经济条件下政府控制标准的多样性，不能千篇一律。

在中国社会主义市场经济条件下，政府控制标准还有计划或规划问题，可以说，中国政府是计划或规划的积极倡导者和实践者，无所不在的五年发展规划表现在所有领域、方面，无论是中央政府还是地方政府，无论是营利性组织还是事业单位，都制定了较详细的规划，并且五年规划的形式多于内容，问题多多。但毕竟是以市场为基础的计划或规划，把政府职能纳入计划或规划之中，加以可掌控的约束，可大大减少政府微观干预企业、市场的概率，有助于政府的职能改革及其适应市场经济发展的根本性转变，反映了中国特色的政府控制标准及要求。

二、政府标准弹性

在现实中，政府控制标准或政府行为规范化，往往用政府规模和干预程度近似地体现出来。无论政府在市场经济中发挥作用的程度是大还是小、是大政府还是小政府、是强政府还是弱政府，政府控制标准的核心问题还是如何正确协调和处理政府与市场、政府与企业的关系问题。西方古典经济学（以亚当·斯密为代表）强调小政府，主张市场完全自由化；现代经济学（以凯恩斯为代表）则强调大政府，认为市场完全自由化不能达到供求均衡，政府干预经济方能扩张有效需求，实现供求均衡。新古典综合理论（以萨缪尔森为代表）的主流倾向是实行政府与市场相结合，在市场配置资源的基础上政府应发挥组织和引导作用，政府通过对经济的干预实施对资源的再配置，并成为资源市场配置方式的必要补充。政府的作用即是确立法律体制、决定宏观经济稳定政策、影响资源配置、提高经济效率。政府控制标准还要建立影响收入分配的合理机制，既要少干预市场，又要少干预企业，但不能放弃提供公共产品和追求稳定的经济环境的责任。有纯粹的、完全的市场经济，没有政府无限干预、行政保护的市场经济。要减少政府的过度干预，防止垄断，促

① 邱震海．现阶段中国改革需要重视的几个问题．联合早报，2011-08-12.

进竞争，政府控制标准必须建立在法治基础之上。

然而，对于不同国家、不同发展阶段、不同经济问题而言，政府作用程度的大小、强弱是有特定区别的，或者说，政府控制标准应是弹性的。对于成熟的市场经济体而言，政府对市场直接干预的作用小了，但对市场间接影响的作用大了。同时，一些政府仍保留有较强的国有资本，其对产业政策有更多的依赖。例如，美国和英国强调市场机制的作用比日本和北欧国家更多一些，而日本和法国则对指导性计划和产业政策有较大的认同。对于中国这样一个转型中的发展中大国，要通过改革开放对以往的政府职能进行改革、调整，将全面干预变为重点干预，并从制度上强化尊重和保护企业的经营自主权，日趋公平地对待各类企业，要求政府在立法、执法和宏观方面发挥更大的作用。如果弱化政府对改革的领导，减少对市场主体的支持，市场经济将会变得面目全非。尽管在成熟的市场经济体和经济转轨国家中都存在政府适度干预和市场自由运行相结合的现象，但政府作用的大小和对市场干预程度的强弱是有差异的，这种差异是处于市场经济不同发展阶段的对应性表现方式。

所有的政府行为都涉及管制，如果政府管制超过一定程度，势必影响市场经济的正效应或正效率，最终导致市场经济的基础性地位、功能失效，但必要的政府管制是不可或缺的，因为必要的政府管制可以保护国家的利益、推动社会进步，确保公民自由享受其劳动成果。政府对市场干预范围及程度的合理性判断，依此类推到不同经济体及其差异性区间的相对界定，是测度政府控制标准与市场经济标准是否协调的理论基础。

第三节　企业标准

一、企业自主权

企业自主权作为企业标准之一，是检验社会主义市场经济成熟与否的基础性、标志性标准，企业自主权仍然围绕政府与企业的关系展开。在中国，企业自主权虽然是法律规定的自主行为，但与政府职能改革、政府管理方式转变密切相关。然而，政府简单的放权并不等于企业的产权独立和经营自主，还需要政府改革职能、转变管理方式，从法律、政策、环境、监管等方面为企业自主经营和行为市场化创造条件。企业标准是检验政府与企业关系、企业与市场关系的试金石。

在西方发达国家，美国关心企业的产出数量和价格决策，自主经营和出口权，选择管理层、分配利润和弥补亏损的决定权，协商合同条款并签订合同的自主权等，始终关注企业在行使上述自主权时有没有政府介入，是不是真实的企业自主权，并将此作为一项主要标准对发展中国家指指点点，挥舞这根永不生锈的标准大棒，根据其利益及需要行使标准的话语权、控制权、保护权。欧盟同样关心企业决定出口价格和出口数量的权利、企业是否有符合国际财会标准的基础会计账簿、企业融资和向国外转移利润的权利、企业商业活动的自由权等。欧盟与美国大同小异，仍然紧盯着政府是否干预、企业是否自主。加拿大除关心上述方面外，还关心企业所有制形式和国有企业改制情况等。总括起来，西方发达国家关心企业经营活动行为是市场化的还是行政化的，即关心企业经营的自由化问题。

企业自主权及其行为市场化，成为判断一个国家是否为市场经济的标准。发达国家关于企业自主权及标准的解释具有权威性、普遍性，也是社会主义市场经济关于企业自主权的定义及标准。依据企业标准，企业自主权和行为市场化不仅体现在法律上，而且贯穿在经营活动中，企业始终是一个独立的经济实体，表现为产权明晰，经营自主，管理科学，决策民主。企业对价格、产量、利润、进口和出口等方面，按照市场规则，根据市场供求关系，实行自主经营与决策，即企业行为市场化。具有自主权和行为市场化有助于企业提高效率和承担风险，有助于企业实现资源配置的合理化。

二、企业自由度

企业自由度是企业标准的又一项重要指标，是社会主义市场经济的微观基础和检验标准，企业自由度是一个纵向的比较标准，围绕企业的组织形式、产权及治理、增长方式和管理权变更等展开。

依据西方发达国家关于企业自由度及标准的经验，企业自由度及标准是在变化的，在不同时期、不同发展阶段，企业的组织形式、公司治理模式是多样的，特别是国有企业的情况复杂多样，发达国家对国有企业的管理模式也是不同的、变化的。据世界银行统计，到20世纪80年代初，国有企业占全球国内生产总值的比重平均为10%，占全球总资本的份额则为35%。应按照一定标准判断各类企业尤其是国有企业的市场化程度，并据此判断市场经济程度。应允许这些标准具有一定的弹性、一定的区间、一定的自由度。例如，不能认为20世纪90年代的英国是市场经济国家，而英国在20世纪70年代国有化程度高峰时期就不是市场经济国家；也不能认为美国把国有企业大部分出租给私人垄断组织的方式是市场经济，而意大利通过国家级控股公司对企业进行层层参与、逐级控制的模式就不是市场经济。1972年，国有企业占本国全部资产总额的比重，英国为29%，法国为33%，意大利为30%，联邦德国为30%，日本到20世纪80年代初也达到35%。① 企业自由度及标准是变化的，依据不同的发展情况而不同。

中国企业特别是国有企业的自由度及标准也是变动的，随着改革开放的不断发展、深入，企业自由度及标准也在变化。表现为企业自由度不断扩大、企业标准不断提高，而政府职能也相应发生转变，政府简政放权和扩大企业自主权、自由度；政府改革管理体制、推进建立现代企业制度；政府转变发展方式、注重企业治理结构优化和企业转型发展。企业自由度与政府改革正相关，企业自由度及标准伴随政企关系的变化而变化。

企业自由度及标准不是彼此分明的，而是亦此亦彼的。在中国，政府的作用无所不在，这是因为所有领域的改革、规划、安排都是由政府启动、由政府推动、由政府检查、由政府评价的，企业改革及标准也是如此。企业自由度及标准的实现程度与政府改革及推进力度呈正相关关系，企业自由度及标准的确立、发展、变化，正是政府改革程度及标准的确立、发展、变化的结果。从这个意义上看，政府改革程度、力度及标准是企业自由度及标准的前提条件。离开这个前提条件，改革就会停滞，发展就会减弱，企业权责就会失

① 智麟. 西方国家的国有企业比例及思考. 国际观察，2010-02-28.

序，企业自由度及标准就难以建立起来，尤其在短期内必然如此。

三、知识产权

知识产权是关于人类智力活动创造的成果和经营管理活动的特定标记、信誉所依法享有的权利。知识产权是一种无形财产权，是智力劳动产生的成果的所有权，它是依照各国法律赋予符合条件的著作者、发明者、成果拥有者在一定期限内享有的独占权利。知识产权由人身权利和财产权利两部分构成，也称精神权利和经济权利。所谓人身权利，是指权利同取得智力成果的人的人身不可分离，是人身关系在法律上的反映。例如，作者在其作品上署名的权利，对其作品的发表权、修改权等，即为精神权利。所谓财产权利，是智力成果被法律承认后，权利人利用其智力成果取得报酬或得到奖励的权利，也被称为经济权利。一类是版权，另一类是工业产权。

近十几年来，中国又提出“自主知识产权”的概念，“是指在科技创新过程中所产生的一方独立研制开发的，他人不能提出权利要求的科技成果”。“自主知识产权包括权利主体自主和权利客体自主两个方面。所谓自主是指知识产权权利人能够独立自主地、不受相关原知识产权权利人的影响、实现某种知识产权资产的财产价值的权利。”①

知识产权是智力创造性劳动取得的成果，并且是由智力劳动者对其成果依法享有的一种权利。知识产权是企业、其他组织或个人依法享有智力成果的权利。广义的知识产权及标准包含企业知识产权及标准，而狭义的知识产权及标准主要指企业知识产权及标准，企业知识产权及标准更具有代表性。

知识产权及标准具有智力创造性、无形资产性、独占性、利益不可分性、地域性、时间性等特点，只有权利人才能享有，未经权利人许可，他人不得行使其权利。智力成果不仅是思想的，而且是思想的表现，但与思想的载体不同。权利主体独占智力成果为排他的利用，类似于物权中的所有权。知识产权的对象是人的智力创造，属于智力成果权，指在科学、技术、文化、艺术领域从事一切智力活动而创造的精神财富依法所享有的权利。知识产权的客体是人类的创造性智力劳动成果，这种智力劳动成果属于一种无形资产，但与属于物理产物的无体财产（如电气）、属于权利的无形财产（如抵押权、商标权）不同，是人的智力活动（大脑的活动）的直接产物。知识产权取得的利益既有经济性，也有非经济性，两方面结合成一体不可分。知识产权既与人格权、亲属权不同，也与财产权不同。知识产权的地域性是指除签有国际公约或双边、多边协定外，依一国法律取得的权利只能在该国境内有效，受该国法律保护。知识产权的时间性是指各国法律对知识产权分别规定了一定期限，期满后则权利自动终止。

显然，知识产权的所有者除企业或企业员工外，还有其他组织和个人，更多的是指个人，这个所有者十分广泛，对其界定也较为复杂。而企业知识产权则是企业群体或团队的无形资产，企业员工的知识产权也可视为企业知识产权的一部分。企业知识产权及标准由国家法律确认，并通过企业自身发展及应用或市场转让使用权之后产生功能，一是依法确认，二是依法保护。

---

① 陈昌柏. 知识产权经济学. 北京：北京大学出版社，2003：431，436.

（1）依法确认。

这是指一般依据通行的知识产权国际标准或国内标准，不能自行设定标准，因为知识产权具有同一的智力创造、发明技术的规则、尺度、标准。企业知识产权及标准代表一国知识产权及标准的程度、实力、水平。

（2）依法保护。

这主要是指立法保护知识产权，政府执法保护知识产权，两方面的知识产权保护都涉及企业标准问题，也是企业自主权和自由度的重要标准。企业知识产权保护是中国企业标准的核心要素之一，也是中国企业标准的短板之一，企业知识产权保护是企业的薄弱环节。政府必须加大知识产权依法保护的力度，企业将知识产权保护作为企业标准的重中之重，可有效提升企业标准，提高企业自主经营水平及核心竞争力。同时，依法保护也是国际性趋势，是一国改革开放程度和经济社会发展软环境的标志性要素，是组成企业国际竞争力的主要因素之一。

为了推动企业技术创新，保护经济持续增长，必须注意“鼓励创新和强化保护之间的微妙平衡，侵犯知识产权对发明创造是致命的打击，然而过于严格地实施知识产权保护，以至于阻碍竞争，会使知识产权拥有人变得懈怠，从而抑制发明创造的实施和推广应用”①。

目前，中国企业用知识产权保护和引导创新还显得不够，企业作为创新主体的关键是要将有关知识产权法律制度的利用变成创新过程的自觉行为，明确建立企业知识产权保护体系是重要的手段之一。在企业内部建立知识产权保护体系是适应组织创新的需要、达到技术创新目的的整个创新活动的内在需求。②

第四节　市场标准

一、市场经济地位

市场经济地位是西方发达国家及其经济体对发展中国家参与国际贸易所设置的门槛或标准，依据是否承认一个国家的市场经济地位，给予一个国家市场待遇或市场壁垒，从中掌控国际贸易规则的话语权，形成发达国家在国际贸易体系中的强势地位和竞争优势。把发展中国家划分为市场经济地位国家和非市场经济地位国家两种，给予相应的贸易优惠或贸易歧视，使得发达国家可长期占据国际贸易的控制权，非市场经济地位的国家在一个较长时期内遭受贸易歧视、壁垒和不公平待遇，必须老老实实地争取获得市场经济地位或熬过过渡期并付出沉重代价。

2001年12月11日，经过长达15年的艰苦谈判，中国正式加入WTO。在其后短短的3年中，中国清理、修改了2 500多项法律法规，废除了其中的800多项；关税总水平从40%下降到10.5%；接下来还有15年的过渡期。前后30多年，黑发变白发，白发已稀疏，除非美国等主要发达国家或经济体提前承认，否则必须在煎熬中度过过渡期。获得市

① 陈昌柏．知识产权经济学．北京：北京大学出版社，2003：440.

② 刘凡，刘允斌．产权经济学．武汉：湖北人民出版社，2002：280.

场经济地位的严厉和苛刻程度可见一斑。

截至 2016 年 12 月 11 日，15 年的过渡期已过，美国、欧盟、日本等西方经济体仍以种种借口拒不承认中国的市场经济地位，仍对中国采取违背 WTO 规则和准则的不公平不公正的反倾销、反补贴和惩罚性高额关税等贸易制裁措施及行为。

就国情而言，社会主义市场经济是中国特有的资源配置方式，是市场经济共性与社会主义个性相结合的产物，理论界对其质疑声不断，在国际上获得普遍认可的可能性较低。这就是市场经济地位的中国现实。

就开放而言，社会主义市场经济作为中国特有的市场方法和机制，一旦面向国际、走向世界，就一定要华丽转身，参与西方发达国家掌控的游戏规则，并要遵从和适应这个游戏规则，长期面临非市场经济地位的竞争劣势、贸易保护主义的歧视、各种名目的不公平待遇，包括：近年来美国对中国企业在美投资的歧视，长期禁止对中国出口高技术产品；欧盟对中国企业各种名目的惩罚性关税、绿色环保壁垒等。中国正在经受西方发达国家或经济体对中国市场经济地位的承认、评价和考验。

就发展而言，市场经济地位被承认、评价和考验的过程，是一种无形的压力，这种无形的压力也有激励社会主义市场经济的一面。既然市场经济地位不会很快被认可，就说明中国在某些方面离国际游戏规则的要求还存在很大的差距，需要虚心向发达国家学习，借鉴西方市场经济的经验和教训，自立自强、努力奋斗、开拓进取、勇于创新，把市场经济的理论与实践推向深入，构建有中国特色的社会主义市场经济，以雄厚实力参与国际竞争，赢得国际声誉及认可。市场经济地位是否被承认、认可也有一个硬道理方案，这就是持续发展和增强实力。

实践证明，社会主义市场经济地位已经在确立之中，作为一个全新的社会主义发展公式嵌入当代史，激活了中国经济，激发起亿万民众的积极性、创造性。自 20 世纪 90 年代初开始，经过 20 多年的不懈努力，中国经济保持平稳较快增长，到 2011 年国内生产总值超过日本居美国之后排名世界第二。中国入世 10 年与世界共赢。世界经济格局发生了深刻变化，以中国等新兴经济体为代表的发展中国家的地位持续上升，对世界经济增长的贡献越来越突出。中国经济总量跃居世界第二，是最大的外汇储备国、世界经济的引擎和发动机，人均 GDP 迈进中等收入国家行列；学有所教、劳有所得、病有所医、老有所养、住有所居正从百姓的愿景一步步化作现实。中国加入世界贸易组织，跃居全球最大出口国。随着非歧视、透明度、国民待遇、公平竞争等世贸规则渗入体制、机制，中国成功融入世界经济主流，中国声音在国际舞台上更加响亮。绝大多数商品和服务的价格被放开，市场体系茁壮发育，走向统一开放，资本、技术、劳动力、土地等要素的市场化进程加快；国企改革攻坚克难，行政管理体制改革渐次突围，财税、金融、外贸、农村、投资、社会保障、资源价格、垄断行业等领域的改革步步推进，综合配套改革试点范围不断扩大。从短缺走向充裕，从卖方市场变为买方市场，从单纯追求经济增长转向追求以人为本、全面协调可持续的科学发展。社会主义市场经济不仅带来物质上的丰富和实惠，更带来思想解放、观念更新、人员自由流动、发展机会增多，以及平等、竞争、效率、规则、法治等市场意识的提高。① 市场经济与社会主义在相互的化学反应中极大地解放和发展了

① 任仲平. 社会主义市场经济改变中国命运. 人民网，2012-07-10.

生产力。社会主义市场经济焕发出前所未有的生机与活力。

二、市场经济标准

根据现代市场经济理论的主要内容，从国内外市场经济发展的历史和现实出发，借鉴西方发达国家反倾销对市场经济标准的法律规定，有五大因素特别重要，可从中概括出五条具有共性的标准，即政府作用问题、企业权利与行为问题、投入要素的成本与价格问题、贸易问题和金融参数问题。五大因素或标准的选择有两大特点：其一，不强调市场经济的完整性，突出分类指标的标志性，即把市场经济中对贸易影响最大的五因素作为判断的标志性指标，进行综合分析。其二，不强调按市场经济理论的逻辑性分类，而是强调按与公平贸易的相关性分类。①

市场经济标准与市场经济地位相互关联、互为条件。市场经济标准就是对市场经济地位的确认，而市场经济地位本身即体现市场经济标准。

在宏观上，西方发达国家的市场经济标准可概括为四点：自由而活跃的私有经济占主导地位；政府不干预经济活动并提供服务；中央银行的独立性及可自主发行世界自由流通货币；国家经济体秉持自由、民主、人权等普世价值观。这种具有西方色彩的市场经济标准，就是市场经济等于资本主义的观念及思维定式，不是也不应是社会主义市场经济标准。与之相对应，社会主义市场经济标准突出国有经济为主导、多种经济形式并存，按劳分配为主导、多种分配方式并存，政府宏观调控及对经济活动的有规划引导，市场经济法制体系和法制监督体系，市场文化及软环境系统，中国特色社会主义及其核心价值观，等等。

在微观上，市场经济标准又是具体的、有针对性的。发达国家关于市场经济的标准，始终聚焦于贸易环境公平化问题：对内关心一国政府对资源分配的控制程度，产品投入是否以市场价格支付，市场能否决定投入要素的价格，企业成本的真实性，国有企业要素价格（包括原材料、能源、劳动力成本以及产品数量、价格是如何确定的），知识产权的保护程度等；对外关心贸易活动是自由的还是被压制的、市场基础设施和市场立法及司法是否健全、市场中介是否具有独立性及发挥什么样的作用、贸易政策中的企业定价是否自主、政府如何管理出口和出口企业、企业是否有商业活动的自由等。与之相关，也特别关注反倾销被调查国的利率和汇率是否由市场形成，本币是否可兑换或可兑换程度，利率在不同企业、不同内外贸部门、不同产业中是否有差异，企业金融状况是否受非市场经济体制的歪曲，企业是否有向国外转移利润或资本的自由，企业换汇及存汇是否有自主权，知识产权保护的国际信誉度等。关注利率和汇率两大金融参数的形成和适用范围的公平性，进而涉及这些参数的形成基础，即金融体制的合理性问题。

显而易见，在微观方面市场经济标准以市场经济地位为轴心，市场经济地位的确立是市场经济标准建立的前提。市场经济标准以政府与企业关系为中心，政府标准与企业标准互为关联，取决于政府干预程度与企业自由程度的内在统一。市场经济标准由政府与企业关系的诸多具体标准构成，而诸多具体标准中的主导性标准就是市场经济地位的确立。

---

① 李晓西．市场经济标准．中国网，2003-04-03.

就微观而言，社会主义市场经济标准与西方市场经济标准并无多大差别，都是围绕政府与企业关系展开的，因为企业的自由程度决定于政府减少干预的程度，而政府职能的改革与转变则具有决定性意义。尽管如此，中国还存在着实力强大的国有企业，绝大多数国有企业通过股份制改革，建立现代企业制度，组建企业集团或跨国集团，能够适时转换体制、机制，自主参与市场竞争，而且竞争实力还很强大。特别是涉及国计民生的中央政府主管的大型或特大型国有企业集团，其重要地位和作用不言而喻。

然而，以西方市场经济标准来看这是不允许的，因为国有企业有政府支持的背景，无论如何自主参与市场竞争都是政府保护的不公平竞争，以牺牲民营经济利益为代价，是不公平的市场垄断或独占，不承认中国的市场经济地位应在预料之中。显然，在微观层面社会主义市场经济标准与西方市场经济标准是存在很大差别的。这种差别既有中西方关于市场经济体制或制度认识差异问题，也有关于市场经济理念或价值观迥异的问题。

在宏观层面，社会主义市场经济标准与西方市场经济标准存在很大差异，这也与政府干预企业和市场的程度相关。主要表现为政府实施宏观调控的一系列强势标准，即政府宏观调控的主导性、方向性、原则性、约束性标准及维度，以大政府视角参与市场经济活动及管理，企业和市场似乎处于被动的从属地位，由政府宏观调控所左右；社会主义基本经济制度和政治制度也制约、影响着政府、企业和市场的相关程度及标准，与西方市场经济及其基本经济制度和政治制度要求的小政府角色大相径庭。

宏观层面差异产生的原因在于，社会主义市场经济及其标准的确立，不是市场自发的、缓慢的演化过程，而是由政府启动的快速的主动推进过程，也就是市场经济的跨越式发展过程。或者说，政府职能改革与转变程度发挥着主导作用，若无政府特别是中央政府的主动改革、积极参与、依法管理、有效维护，社会主义市场经济及其标准就不可能建立起来。

因此，必须经过较长时期的政府与企业、企业与市场的磨合之后，大政府角色转换为小政府角色才具备可能性、现实性。在短期内完全实现大政府角色的转换是不现实的，只能是部分的、某些方面的角色转换，因为缺少政府能够全面实现成功转换角色的内、外部基本条件，这也是社会主义市场经济标准与西方市场经济标准在宏观方面差别较大的根本原因。

要点总结

市场经济标准及其类别、方式、特征、意义

类别	方式	特征	意义	类别	方式	特征	意义
理论标准	理论标准范畴	多层面	创新性	企业标准	企业自主权	自主性	微观标准
	理论标准划分	不成熟	话语权		企业自由度	权变性	灵活标准
	理论标准相对性	区间性	参照性		知识产权	排他性	智力标准
政府标准	政府控制标准	多样性	协调性	市场标准	市场经济地位	成熟程度	中国特色
	政府标准弹性	对应性	灵活性		市场经济标准	政府强势	宏观主导

关键词

理论标准范畴；理论标准划分；理论标准相对性；政府控制标准；政府标准弹性；企业自主权；企业自由度；知识产权；市场经济地位；市场经济标准。

思考题

一、简述市场经济理论标准范畴及其特征、意义。
二、简述市场经济理论标准相对性的要点、功能。
三、简述企业标准及企业自主权、自由度。
四、简述市场经济地位的理论意义和现实意义。
五、简述市场经济标准与市场经济地位的关系。

主要参考文献

[1] 阿瑟·奥肯. 平等与效率——重大抉择. 北京：华夏出版社，2010.

[2] 奥利弗·E. 威廉姆森. 资本主义经济制度——论企业签约与市场签约. 北京：商务印书馆，2002.

[3] 巴曙松. 中国金融市场大变局. 北京：北京大学出版社，2006.

[4] 保罗·A. 萨缪尔森，威廉·D. 诺德豪斯. 经济学（第十四版）：上. 北京：首都经济贸易大学出版社，1996.

[5] 保罗·A. 萨缪尔森，威廉·D. 诺德豪斯. 经济学（第十四版）：下. 北京：首都经济贸易大学出版社，1996.

[6] 保罗·萨缪尔森，威廉·诺德豪斯. 经济学（第十九版）：上册. 北京：商务印书馆，2012.

[7] 彼得·圣吉等. 必要的革命——可持续发展型社会的创建与实践. 北京：中信出版社，2010.

[8] 彼得·圣吉. 第五项修炼：学习型组织的艺术与实务. 上海：上海三联书店，2003.

[9] 彼得·圣吉. 第五项修炼 心灵篇——体悟当下、深层学习实践、塑造未来. 北京：中信出版社，2010.

[10] 彼罗·斯拉法. 李嘉图著作和通信集：第一卷. 北京：商务印书馆，1962.

[11] 毕宝德. 土地经济学（第三版）. 北京：中国人民大学出版社，1996.

[12] 布坎南. 自由、市场和国家. 北京：北京经济学院出版社，1988.

[13] 曹凤岐. 中国资本市场创新. 北京：北京大学出版社，2003.

[14] 曹凤岐等. 中国资本市场发展战略. 北京：北京大学出版社，2003.

[15] 曹均伟，李南山. 探索国资监管的创新之路——宝钢派出监事会的国有资产监督模式. 上海：上海财经大学出版社，2005.

[16] 陈昌柏. 非营利性机构管理. 北京：团结出版社，2000.
[17] 陈昌柏. 知识产权经济学. 北京：北京大学出版社，2003.
[18] 陈大夫. 环境与资源经济学. 北京：经济科学出版社，2001.
[19] 陈岱孙. 政治经济学史：下册. 长春：吉林人民出版社，1981.
[20] 陈华山. 社会主义经济论. 北京：经济科学出版社，2002.
[21] 陈湘舸. 新市场社会主义导论. 上海：上海三联书店，1998.
[22] 陈秀山. 比较经济学概论（修订本）. 北京：中国人民大学出版社，1998.
[23] 陈云. 陈云同志文稿选编（一九五六——一九六二年）. 北京：人民出版社，1981.
[24] 陈章武. 管理经济学. 北京：清华大学出版社，1996.
[25] 成思危. 虚拟经济论丛. 北京：民主与建设出版社，2003.
[26] 程天权. 法律基础（第二版）. 北京：中国人民大学出版社，2005.
[27] 大卫·哈维. 新自由主义简史. 上海：上海译文出版社，2010.
[28] 戴维·罗默. 高级宏观经济学. 北京：商务印书馆，1999.
[29] 戴文标. 公共经济学导论. 上海：上海人民出版社，2002.
[30] 戴园晨. 中国经济的奇迹——民营经济的崛起. 北京：人民出版社，2005.
[31] 邓荣霖. 现代企业制度概论. 北京：中国人民大学出版社，1995.
[32] 邓向荣. 资源配置机制与企业组织演化的理论研究. 北京：中国财政经济出版社，2005.
[33] 邓小平. 邓小平文选：第二卷. 北京：人民出版社，1994.
[34] 邓小平. 邓小平文选：第三卷. 北京：人民出版社，1993.
[35] 董辅礽. 改革与发展——论大转变中的中国经济. 北京：中华工商联合出版社，华南经济新闻出版有限公司，1995.
[36] 法律出版社法规中心. 中华人民共和国反不正当竞争法（注释本）. 北京：法律出版社，2007.
[37] 法律出版社法规中心. 中华人民共和国反垄断法. 北京：法律出版社，2007.
[38] 法律出版社法规中心. 中华人民共和国行政复议法（注释本）. 北京：法律出版社，2012.
[39] 法律出版社法规中心. 中华人民共和国行政监察法（注释本）. 北京：法律出版社，2010.
[40] 法律出版社法规中心. 中华人民共和国行政诉讼法. 北京：法律出版社，1989.
[41] 法律出版社法规中心. 中华人民共和国行政许可法（注释本）. 北京：法律出版社，2006.
[42] 法律出版社法规中心. 中华人民共和国劳动法. 北京：法律出版社，2008.
[43] 法律出版社法规中心. 中华人民共和国劳动合同法（附劳动合同法等配套规定）. 北京：法律出版社，2008.
[44] 法律出版社法规中心. 中华人民共和国民法通则（注释本）. 北京：法律出版社，2006.

[45] 法律出版社法规中心. 中华人民共和国审计法. 北京：法律出版社，2006.

[46] 法律出版社法规中心. 中华人民共和国税收征收管理法（注释本）. 北京：法律出版社，2007.

[47] 法律出版社法规中心. 中华人民共和国宪法（注释本）. 北京：法律出版社，2006.

[48] 法律出版社法规中心. 中华人民共和国预算法（注释本）. 北京：法律出版社，2006.

[49] 冯·哈耶克. 个人主义与经济秩序. 北京：生活·读书·新知三联书店，2003.

[50] 冯之浚. 循环经济导论. 北京：人民出版社，2004.

[51] 冯之浚. 知识经济与中国发展. 北京：中共中央党校出版社，1998.

[52] 弗·冯·维塞尔. 自然价值. 北京：商务印书馆，1982.

[53] 弗雷德蒙德·马利克. 正确的公司治理. 北京：机械工业出版社，2009.

[54] 傅利平，吴兆彤. 社会主义市场经济理论与实践. 天津：天津大学出版社，2009.

[55] 高洪深，杨宏志. 知识经济学教程. 北京：中国人民大学出版社，2001.

[56] 高晋康，谈李荣. 开放条件下的中国金融法制建设. 成都：西南财经大学出版社，2006.

[57] 高静文，李钢. 经济哲学论纲. 北京：中共中央党校出版社，1999.

[58] 高尚全. 论计划与市场. 北京：人民日报出版社，1992.

[59] 葛寿昌. 社会保障经济学. 上海：复旦大学出版社，1990.

[60] 弓孟谦. 资本运行论——《资本论》与市场经济研究（第二版）. 北京：北京大学出版社，2004.

[61] 龚士其. 西方发达国家的市场经济. 北京：中国轻工业出版社，1994.

[62] 郭建青，刘凤良，宋利芳. 西方主要发达国家市场经济大观. 北京：中国经济出版社，1993.

[63] 郭田勇. 中国货币政策体系的选择. 北京：中国金融出版社，2006.

[64] 国务院法制办公室. 中华人民共和国产品质量法（注解与配套）. 北京：中国法制出版社，2008.

[65] 国务院法制办公室. 中华人民共和国企业破产法（注解与配套）. 北京：中国法制出版社，2008.

[66] 国务院法制办公室. 中华人民共和国消费者权益保护法. 北京：中国法制出版社，2006.

[67] 何爱平. 灾害经济学. 西安：西北大学出版社，2000.

[68] 何炼成. 社会主义市场经济学. 西安：西北大学出版社，1993.

[69] 何小峰，韩广智. 资本市场理论与运作. 北京：中国发展出版社，2006.

[70] 贺强，杜慧芬等. 我国资本市场的发展与创新. 北京：中国财政经济出版社，2005.

[71] 胡锦涛. 全面落实科学发展观//中共中央文献研究室. 深入学习实践科学发展

观活动领导干部学习文件选编. 北京：中央文献出版社，党建读物出版社，2008.
[72] 胡庄君，施祖麟. 中国宏观经济分析. 北京：社会科学文献出版社，2006.
[73] 黄炳志. 中国统一市场经济学. 上海：华东理工大学出版社，2006.
[74] 黄顺基. 走向市场经济时代. 北京：中国人民大学出版社，1998.
[75] 黄亚钧等. 知识经济论. 太原：山西经济出版社，1998.
[76] 黄泽民. 中国金融运行研究（2002—2005）. 北京：经济科学出版社，2006.
[77] 黄芝晓，白康斌. 市场经济模式概览. 北京：中共中央党校出版社，1993.
[78]《简明不列颠百科全书》编辑部. 简明不列颠百科全书：第3卷. 北京：中国大百科全书出版社，1985.
[79] 江勇. 宏观经济管理学. 武汉：武汉大学出版社，1996.
[80] 江泽民. 江泽民文选：第二卷. 北京：人民出版社，2006.
[81] 江泽民. 江泽民文选：第三卷. 北京：人民出版社，2006.
[82] 姜国祥，潘英. 中国社会主义市场经济概论. 上海：华东师范大学出版社，1995.
[83] 蒋学模. 政治经济学教材（第十版）. 上海：上海人民出版社，1999.
[84] 康德. 纯粹理性批判. 北京：商务印书馆，2003.
[85] 科斯，诺思，威廉姆森等. 制度、契约与组织——从新制度经济学角度的透视. 北京：经济科学出版社，2003.
[86] 魁奈. 魁奈经济著作选集. 北京：商务印书馆，1997.
[87] 莱昂·瓦尔拉斯. 纯粹经济学要义. 北京：商务印书馆，1997.
[88] 李德顺. 价值论. 北京：中国人民大学出版社，1987.
[89] 李丰才. 邓小平发展生产力思想研究. 长春：东北师范大学出版社，1998.
[90] 李京文. 知识经济概论. 北京：社会科学文献出版社，1999.
[91] 李连科. 价值哲学引论. 北京：商务印书馆，1999.
[92] 李曙光. 中国征信体系框架与发展模式. 北京：科学出版社，2006.
[93] 李松森. 中央与地方国有资产产权关系研究. 北京：人民出版社，2006.
[94] 李文溥. 转轨中的宏观调控. 北京：经济科学出版社，2006.
[95] 李晓慧，韩晓梅. 审计学理论与案例. 大连：东北财经大学出版社，2013.
[96] 李兴山. 宏观经济运行与调控. 北京：中共中央党校出版社，2002.
[97] 李一鸣，罗永明. 宏观经济调控研究. 成都：西南财经大学出版社，2006.
[98] 李悦. 产业经济学. 北京：中国人民大学出版社，1998.
[99] 李忠民. 知识经济发展理论. 北京：中国社会科学出版社，2006.
[100] 厉无畏，王振. 转变经济增长方式研究. 上海：学林出版社，2006.
[101] 厉以宁. 非均衡的中国经济. 北京：中国大百科全书出版社，2009.
[102] 厉以宁. 中国经济改革与股份制. 北京：北京大学出版社，1992.
[103] 厉以宁. 资本主义的起源——比较经济史研究. 北京：商务印书馆，2004.
[104] 列宁. 列宁选集：第三卷. 北京：人民出版社，1972.
[105] 列宁. 列宁选集：第四卷. 北京：人民出版社，1972.

[106] 林毅夫，姚洋. 中国的奇迹——回顾与展望. 北京：北京大学出版社，2009.
[107] 刘凡，刘允斌. 产权经济学. 武汉：湖北人民出版社，2002.
[108] 刘桂斌. 社会主义市场经济学新论. 北京：人民出版社. 1998.
[109] 刘国光. 中国经济体制改革的模式研究. 北京：中国社会科学出版社，2009.
[110] 刘家义. 宏观调控与财政政策. 上海：上海人民出版社，2001.
[111] 刘嗣明. 世界市场经济模式及其最新演进：上卷. 北京：经济科学出版社，2008.
[112] 刘嗣明. 世界市场经济模式及其最新演进：下卷. 北京：经济科学出版社，2008.
[113] 刘小玲. 制度变迁中的城乡土地市场发育研究. 广州：中山大学出版社，2005.
[114] 刘毅. 金融监管问题研究. 北京：经济科学出版社，2006.
[115] 刘长庚等. 联合产权制度及企业内部治理结构研究. 北京：人民出版社，2007.
[116] 柳卸林. 知识经济导论. 北京：经济管理出版社，1998.
[117] 卢现祥，朱巧玲. 新制度经济学. 北京：北京大学出版社，2007.
[118] 鲁友章，李宗正. 经济学说史：下册. 北京：人民出版社，1983.
[119] 罗伯特·D. 阿特金森，拉诺夫·H. 科尔特. 美国新经济——联邦与州. 北京：人民出版社，2000.
[120] 罗尔夫·哈赛，赫尔曼·施奈德等. 社会市场经济辞典. 上海：复旦大学出版社，2004.
[121] 罗肇鸿，张仁德. 世界市场经济模式综合与比较. 兰州：兰州大学出版社，1994.
[122] 马洪. 什么是社会主义市场经济. 北京：中国发展出版社，1993.
[123] 马洪. 中国市场发展报告. 北京：中国发展出版社，2004.
[124] 马君潞. 中国资本市场对外开放发展研究. 天津：南开大学出版社，2005.
[125] 马克·图尔. 自由抉择的经济——政治经济学的规范理论. 北京：华夏出版社，2012.
[126] 马克思，恩格斯. 马克思恩格斯《资本论》书信集. 北京：人民出版社，1976.
[127] 马克思，恩格斯. 马克思恩格斯文集：第二卷. 北京：人民出版社，2009.
[128] 马克思，恩格斯. 马克思恩格斯文集：第三卷. 北京：人民出版社，2009.
[129] 马克思. 剩余价值学说史：第一卷. 北京：人民出版社，1975.
[130] 马克斯·韦伯. 经济与社会：上卷. 北京：商务印书馆，1997.
[131] 马歇尔. 经济学原理：上卷. 北京：商务印书馆，1965.
[132] 马歇尔. 经济学原理：下卷. 北京：商务印书馆，1965.
[133] 迈克尔·波特. 竞争优势. 北京：华夏出版社，1997.
[134] 曼弗里德·诺伊曼. 竞争政策——历史、理论及实践. 北京：北京大学出版社，2003.
[135] 毛蓉芳，肖勤福，赵黎青. 当代西方国家的市场经济体制——中国构建市场经济体制的借鉴. 北京：人民出版社，1995.

[136] 毛泽东. 毛泽东著作选读：下册. 北京：人民出版社，1986.
[137] 聂辰席，耿洁，王秀玲. 宏观经济运行与调控. 北京：社会科学文献出版社，1999.
[138] 诺曼·E. 鲍伊. 经济伦理学——康德的观点. 上海：上海译文出版社，2006.
[139] 帕萨·达斯古普特，伊斯梅尔·撒拉格尔丁. 社会资本——一个多角度的观点. 北京：中国人民大学出版社，2005.
[140] 普塔斯瓦玛哈. 萨缪尔森与现代经济学基础. 北京：华夏出版社，2011.
[141] 齐艺莹. 国有资本效率论. 北京：经济科学出版社，2005.
[142] 青木昌彦. 比较制度分析. 上海：上海远东出版社，2001.
[143] 琼·罗宾逊，约翰·伊特韦尔. 现代经济学导论. 北京：商务印书馆，1982.
[144] 全国干部培训教材编审指导委员会. 社会主义市场经济概论. 北京：人民出版社，2002.
[145] 全国人大法工委. 中华人民共和国公司法. 北京：法律出版社，2005.
[146] 全国人大法工委. 中华人民共和国合同法. 北京：法律出版社，2004.
[147] 全国人大法工委. 中华人民共和国刑事诉讼法. 北京：法律出版社，2005.
[148] 荣跃明. 区域整合与经济增长. 上海：上海人民出版社，2005.
[149] 萨伊. 政治经济学概论. 北京：商务印书馆，1997.
[150] 山口重克. 市场经济：历史、思想、现在. 北京：社会科学文献出版社，2007.
[151] 邵燕. 虚拟经济与中国资本市场的发展. 北京：市场出版社，2006.
[152] 沈坤荣等. 中国资本市场开放研究. 北京：人民出版社，2005.
[153] 沈琴琴，杨伟国. 全球视野下的劳动力市场政策. 北京：中国劳动社会保障出版社，2008.
[154] 沈宗灵. 法理学（第二版）. 北京：高等教育出版社，2004.
[155] 石良平，黄炳志等. 宏观经济学. 北京：高等教育出版社，2000.
[156] 史先诚. 我国经济转型期的兼并控制规则和政策研究. 北京：人民出版社，2005.
[157] 舒元等. 开放条件下企业发展的制度建设研究. 广州：中山大学出版社，2005.
[158] 思拉恩· 埃格特森. 经济行为与制度. 北京：商务印书馆，2004.
[159] 斯大林. 斯大林选集：下卷. 北京：人民出版社，1979.
[160] 斯坦利· 杰文斯. 政治经济学理论. 北京：商务印书馆，1997.
[161] 宋承先. 现代西方经济学（宏观经济学）（第二版）. 上海：复旦大学出版社，1997.
[162] 宋涛. 政治经济学教程（第四版）. 北京：中国人民大学出版社，1995.
[163] 宋贤卓. 中国经济发展软环境理论研究. 北京：中国社会科学出版社，2006.
[164] 苏星. 邓小平社会主义市场经济理论与中国经济体制转轨. 北京：人民出版社，2008.
[165] 孙东升. 资本、体制与中国农业发展. 北京：经济科学出版社，2003.
[166] 孙凡保. 资本市场与风险投资——以美国为例. 北京：中国经济出版社，2005.

[167] 孙冶方. 社会主义经济的若干理论问题. 北京：人民出版社，1979.

[168] 谭根林. 循环经济学原理. 北京：经济科学出版社，2006.

[169] 陶长琪，陈文华等. 新概念经济. 南昌：江西人民出版社，2005.

[170] 陶长琪. 信息经济学. 北京：经济科学出版社，2001.

[171] 田国强，张帆. 大众市场经济学. 上海：上海人民出版社智慧出版公司，1993.

[172] 童潇. 走向学习型社会——社会发展的第四级台阶. 上海：上海三联书店，2004.

[173] 托马斯·S. 库恩. 必要的张力——科学的传统和变革论文选. 福州：福建人民出版社，1981.

[174] 王东京，王天义. 中国市场经济十大理论问题. 北京：中共中央党校出版社，1999.

[175] 王国刚. 中国资本市场的深层问题. 北京：社会科学文献出版社，2004.

[176] 王海平，吴春波. 国民经济管理学. 北京：中国人民大学出版社，1994.

[177] 王强，陈易难. 学习型政府——政府管理创新读本. 北京：中国人民大学出版社，2003.

[178] 王维. 学习型组织之路——关于“学习型组织”的思考与探索. 上海：上海三联书店，2003.

[179] 王文寅. 国家计划与规划：一种制度分析. 北京：经济管理出版社，2006.

[180] 王益，孙波，李万寿. 资本形成机制与金融创新. 北京：经济科学出版社，2003.

[181] 魏杰. 社会主义经济调节通论. 北京：人民出版社，1994.

[182] 魏杰. 社会主义市场经济理论·制度·体制. 北京：高等教育出版社，1994.

[183] 魏杰. 社会主义市场经济通论. 北京：中国人民大学出版社，1993.

[184] 魏杰. 市场经济前沿问题——现代经济运行方式. 北京：中国发展出版社，2001.

[185] 吴飞. 大众传播经济学. 杭州：浙江大学出版社，2003.

[186] 吴季松. 21 世纪社会的新趋势——知识经济. 北京：北京科学技术出版社，1998.

[187] 吴季松. 知识经济学——理论、实践和应用. 北京：北京科学技术出版社，1999.

[188] 吴剑辉. 经济组织的治理逻辑. 北京：中国经济出版社，2005.

[189] 吴敬琏，刘吉瑞. 论竞争性市场体制. 北京：中国大百科全书出版社，2009.

[190] 吴敬琏. 当代中国经济改革. 上海：上海远东出版社，2003.

[191] 吴敬琏. 通向市场经济之路. 北京：北京工业大学出版社，1992.

[192] 吴敬琏. 中国增长模式抉择（增订版）. 上海：上海远东出版社，2008.

[193] 吴晓求. 中国资本市场：从制度变革到战略转型. 北京：中国人民大学出版社，2007.

[194] 吴易风，王健，方松英. 市场经济和政府干预. 北京：商务印书馆，1998.

[195] 吴易风. 马克思主义经济学和西方经济学——吴易风文选. 北京：经济科学出版社，2001.
[196] 吴振坤. 市场经济学. 北京：中共中央党校出版社，1994.
[197] 伍柏麟. 国有企业核心论. 上海：复旦大学出版社，2002.
[198] 伍柏麟. 社会主义市场经济学教程. 上海：复旦大学出版社，1993.
[199] 武春友，张米尔. 技术经济学. 大连：大连理工大学出版社，1998.
[200] 习近平. 决胜全面建成小康社会 夺取新时代中国特色社会主义伟大胜利——在中国共产党第十九次全国代表大会上的报告. 新华网，2017-10-27.
[201] 习近平. 习近平谈治国理政. 北京：外文出版社，2014.
[202] 许崇正等. 民营经济发展与制度环境. 北京：中国经济出版社，2008.
[203] 许云霄. 公共选择理论. 北京：北京大学出版社，2006.
[204] 薛暮桥. 中国社会主义经济问题研究. 北京：人民出版社，1979.
[205] 亚当·斯密. 道德情操论. 北京：商务印书馆，1997.
[206] 亚当·斯密. 国民财富的性质和原因的研究：下卷. 北京：商务印书馆，1974.
[207] 晏智杰. 古典经济学. 北京：北京大学出版社，1998.
[208] 杨承训. 中国特色社会主义经济学. 北京：人民出版社，2009.
[209] 杨干忠. 社会主义市场经济概论. 北京：中国人民大学出版社，1996.
[210] 杨瑞龙. 现代企业产权制度. 北京：中国人民大学出版社，1996.
[211] 杨圣明. 社会主义市场经济基本理论问题研究. 北京：经济科学出版社，2008.
[212] 于祖尧. 试论社会主义市场经济//新望，范世涛. 中国经济学经典文选：上. 北京：华夏出版社，2011.
[213] 余文烈，姜辉. 市场社会主义历史、理论与模式. 北京：经济日报出版社，2008.
[214] 约翰·S.戈登. 伟大的博弈——华尔街金融帝国的崛起. 北京：中信出版社，2005.
[215] 约翰·肯尼斯·加尔布雷斯. 经济学与公共目标. 北京：华夏出版社，2010.
[216] 约翰·梅纳德·凯恩斯. 就业、利息和货币通论（重译本）. 北京：商务印书馆，1999.
[217] 约瑟夫·阿洛伊斯·熊彼特. 经济发展理论——对利润、资本、信贷、利息和经济周期的探究. 北京：中国社会科学出版社，2009.
[218] 曾国安. 政府经济学. 武汉：湖北人民出版社，2002.
[219] 张德林. 法与市场经济. 济南：山东人民出版社，1998.
[220] 张泓铭等. 住宅经济学. 上海：上海财经大学出版社，1998.
[221] 张军. 比较经济模式：关于计划与市场的经济理论. 上海：复旦大学出版社，1999.
[222] 张抗私，周鹏等. 当代劳动经济学. 北京：经济科学出版社，2000.
[223] 张维迎. 博弈论与信息经济学. 上海：上海人民出版社，2004.
[224] 张文魁. 中国国有企业产权改革与公司治理转型. 北京：中国发展出版

社，2007.
[225] 张闻天. 关于集市贸易等问题的一些意见//新望，范世涛. 中国经济学经典文选：上. 北京：华夏出版社，2011.
[226] 张五常. 中国的经济制度（神州大地增订版）. 北京：中信出版社，2009.
[227] 张五常. 经济组织与交易成本//新望，范世涛. 中国经济学经典文选：下. 北京：华夏出版社，2011.
[228] 张展. 中国市场中介组织的发展研究. 北京：中国经济出版社，2006.
[229] 张卓元，王伟光. 中国经济学 30 年（1978—2008）. 北京：中国社会科学出版社，2008.
[230] 章海山. 经济伦理及其范畴研究. 广州：中山大学出版社，2005.
[231] 赵石宝，杨敏. 中国市场经济体制论. 北京：人民出版社，1994.
[232]《哲学译丛》编辑部. 近现代西方主要哲学流派资料. 北京：商务印书馆，1981.
[233] 郑功成. 社会保障学——理念、制度、实践与思辨. 北京：商务印书馆，2000.
[234] 中共中央文献研究室. 江泽民论有中国特色社会主义（专题摘编）. 北京：中央文献出版社，2002.
[235] 中共中央文献研究室. 三中全会以来重要文献选编：上. 北京：人民出版社，1982.
[236] 中国法制出版社. 中华人民共和国保险法（实用版法规专辑：金融法）. 北京：中国法制出版社，2008.
[237] 中国法制出版社. 中华人民共和国证券法（实用版法规专辑：金融法）. 北京：中国法制出版社，2008.
[238] 中国法制出版社. 中华人民共和国中国人民银行法（实用版法规专辑：金融法）. 北京：中国法制出版社，2008.
[239] 周宏. 资本市场效率：理论和经验研究. 大连：东北财经大学出版社，2005.
[240] 周晓梅. 我国现阶段私营经济发展问题研究. 北京：经济科学出版社，2006.
[241] 周振华. 政府选择——中国经济分析. 上海：上海人民出版社，2005.
[242] 朱国宏，刘子馨. 知识经济时代的来临. 上海：复旦大学出版社，1998.
[243] 朱国宏. 经济社会学. 上海：复旦大学出版社，1999.
[244] 朱舜，赵峰. 社会主义经济理论创新与中国经济发展. 成都：西南财经大学出版社，2005.
[245] 猪木武德. 经济思想. 北京：生活·读书·新知三联书店，2005.
[246] 邹德文，张家峰等. 中国资本市场的多层次选择与创新. 北京：人民出版社，2006.
[247] 左建华. 总量经济学. 北京：人民出版社，2002.

图书在版编目（CIP）数据

社会主义市场经济理论/李丰才编著．—3版．—北京：中国人民大学出版社，2018.7
21世纪经济学系列教材
ISBN 978-7-300-25915-4

Ⅰ.①社… Ⅱ.①李… Ⅲ.①中国经济-社会主义市场经济-经济理论-高等学校-教材 Ⅳ.①F123.91

中国版本图书馆CIP数据核字（2018）第133247号

21世纪经济学系列教材
社会主义市场经济理论（第三版）
李丰才 编著
Shehui Zhuyi Shichang Jingji Lilun

出版发行	中国人民大学出版社		
社　　址	北京中关村大街31号	**邮政编码**	100080
电　　话	010－62511242（总编室）		010－62511770（质管部）
	010－82501766（邮购部）		010－62514148（门市部）
	010－62515195（发行公司）		010－62515275（盗版举报）
网　　址	http://www.crup.com.cn		
经　　销	新华书店		
印　　刷	固安县铭成印刷有限公司	**版　　次**	2010年6月第1版
开　　本	787 mm×1092 mm　1/16		2018年7月第3版
印　　张	24 插页1	**印　　次**	2024年1月第4次印刷
字　　数	558 000	**定　　价**	52.00元

教学支持说明

1. 教辅资源获取方式

为秉承中国人民大学出版社对教材类产品一贯的教学支持，我们将向采纳本书作为教材的教师免费提供丰富的教辅资源。您可直接到中国人民大学出版社官网的教师服务中心注册下载——http://www.crup.com.cn/Teacher。

如遇到注册、搜索等技术问题，可咨询网页右下角在线 QQ 客服，周一到周五工作时间有专人负责处理。

注册成为我社教师会员后，您可长期根据您所属的课程类别申请纸质样书、电子样书和教辅资源，自行完成免费下载。您也可登录我社官网的"教师服务中心"，我们经常举办赠送纸质样书、赠送电子样书、线上直播、资源下载、全国各专业培训及会议信息共享等网上教材进校园活动，期待您的积极参与！

2. 高校教师可加入下述学科教师 QQ 交流群，获取更多教学服务

经济类教师交流群：781029042

财政金融教师交流群：766895628

国际贸易教师交流群：162921240

税收教师交流群：119667851

3. 购书联系方式

网上书店咨询电话：010-82501766

邮购咨询电话：010-62515351

团购咨询电话：010-62513136

中国人民大学出版社经济分社

地址：北京市海淀区中关村大街甲 59 号文化大厦 1506 室　100872

电话：010-62513572　010-62515803

传真：010-62514775

E-mail：jjfs@crup.com.cn